Carl Gotthilf Büttner

Wörterbuch der Suahelisprache

Suaheli-Deutsch und Deutsch-Suaheli

Carl Gotthilf Büttner

Wörterbuch der Suahelisprache
Suaheli-Deutsch und Deutsch-Suaheli

ISBN/EAN: 9783337232344

Hergestellt in Europa, USA, Kanada, Australien, Japan

Cover: Foto ©Thomas Meinert / pixelio.de

Weitere Bücher finden Sie auf **www.hansebooks.com**

III

WÖRTERBUCH

DER

SUAHELI - SPRACHE

SUAHELI-DEUTSCH und DEUTSCH-SUAHELI

NACH DEN VORHANDENEN QUELLEN

BEARBEITET

VON

Dr. C. G. Büttner

LEHRER DES SUAHELI AM SEMINAR

STUTTGART & BERLIN

W. SPEMANN

1890

DEM ANDENKEN

IHRER HOCHSELIGEN MAJESTÄT

DER

KAISERIN UND KÖNIGIN AUGUSTA

Vorwort.

Das vorliegende Buch ist zusammengestellt worden, um denjenigen unserer Landsleute, welche sich entweder daheim oder draussen in Ostafrika mit dem Suaheli beschäftigen wollen, in handlicher Form den bis jetzt bekannten Wortvorrath dieser Sprache zu bieten.

Es ist dazu vor allem Steere's »Handbook of the Swahili language« und Krapf's »Dictionary of the Swahili language« benutzt. Dabei ist versucht worden, des letzteren schwankende Orthographie nach Möglichkeit gegen die von Steere auszutauschen. Ferner ist das »Pocket Vocabulary« von Shaw benutzt worden. Einzelne Veränderungen und Zusätze sind nach den Angaben meines geehrten Collegen am hiesigen Seminar für Orientalische Sprachen, des Herrn Sleman ben Said ben Achmed Essarmi gemacht.

Da es für manche praktische Zwecke wünschenswerth erscheinen möchte, die Wörter arabischer Abkunft in dem Suaheli zu kennen, so ist im ersten, suaheli-deutschen Theil der Versuch gemacht, diese durch ein beigesetztes a. zu bezeichnen. Bei dem Mangel genauer Vorarbeiten in diesem Stück wird voraussichtlich noch manches hierin mangelhaft erscheinen müssen; indessen hoffe ich, dass das meiste meiner Angaben begründet erscheinen wird, und ich wollte nicht die Gelegenheit versäumen, nach dem Vorgange Krapfs auf das Verhältniss des Suaheli zum Arabischen hinzuweisen. Vielleicht dass ein Arabist hieraus Veranlassung nimmt, die Sache einmal gründlich durchzuarbeiten.

Im zweiten, deutsch-suaheli Theil bezeichnet ein beigesetztes m., dass das vorliegende Wort möglicher Weise nur im Dialect von Mombas vorkommt, und dass man daher im Gebrauch dieses Wortes in Sansibar selbst vorsichtig sein muss.

Bei den Substantiven ist in einer Klammer die von ihnen regierte Genitivpartikel beigefügt, wo es nöthig erschien. Ein Strich – vor dem Wort bezeichnet, dass beim Gebrauch das nöthige Präfix hinzugefügt werden muss, also bei allen Infinitiven *ku* u. s. w.

Ich möchte zum Schlusse noch darauf hinweisen, dass der zweite, deutsch-suaheli Theil dieses Wörterbuches seiner Natur nach nur eine Unterstützung des Gedächtnisses sein soll. Wer auf Suaheli sprechen und schreiben will, muss seine Gedanken zunächst in eine dem Geiste der fremden Sprache angemessene Form bringen und nicht bloss damit zufrieden sein, dass er die deutschen Wörter übersetzt. Wenn also Jemand für ein deutsches Wort, das er auf Suaheli sagen will, in dem Wörterbuch keinen Ausdruck findet, so möge ihm das ein Zeichen sein, dass der von ihm gedachte Satz noch zuerst etwas anders gewandt werden muss, ehe er dem Afrikaner völlig verständlich werden kann. Ebenso ist nie zu vergessen, dass die angegebenen Suaheliwörter dem danebenstehenden Deutschen doch immer nur nach einer gewissen Seite entsprechen und sich fast nie ganz mit demselben decken, dass man sich also immer erst nach Möglichkeit der eigentlichen Bedeutung des Suaheliwortes vergewissern muss, ehe man es anwendet.

Berlin, den 13. Januar 1890.

C. G. Büttner.

Verzeichniss der Druckfehler.

S. 97 b. 16 statt	-ruk-husia	lies:	-ru-khusia
» 100 a. 24 »	séláha, sélakha	»	seláha, selákha
» 102 b. 20 »	-shindihiʒa	»	-shindikiʒa
» 109 b. 36 »	kuskika	»	kushika
» 118 a. 38 »	tórati	»	toráti
» 135 b. 41 »	-wasia	»	wasia
» 145 a. 43 »	einen	»	eines
» 147 b. 4 »	-fuata	»	-fuasa
» 157 a. 8 »	-komanija	»	-komanya
» 160 a. 12 »	-pete manisha	»	-petemanisha
» 168 a. 30 »	-tawbuʒa	»	-tabwuʒa
» 171 a. 17 »	schanuo	»	shanuo
» 174 a. 10 »	Gläubiger	»	Gläubigen
» 175 b. 7 »	peun	»	penu
» 181 a. 9 »	mutahádamu	»	mutakádama
» 191 b. 23 »	hipánawaʒi	»	kipanawaʒi
» 201 b. 37 »	vinundúnúndu	»	vinúndunúndu
» 209 b. 40 »	rus-ha	»	ru-sha
» 210 a. 7 »	kipmo	»	kipimo
» 220 b. 13 »	bunduhi	»	bunduki
» 262 b. 17 »	yani	»	gani

Suaheli-Deutsch.

A.

aáli, auserwählt, gut. a.

aási, ungehorsam, rebellisch. a.

.ibáidan, immer. a.

-ábiri, hinübersetzen, als Passagier (nicht als eigener Unternehmer) mit einem Schiff, einer Karavane reisen. a. -abiria, hinüberfahren nach einem gewissen Ort. -abirisha, einen andern über einen Fluss und dgl. hinüberbringen.

-ábudu, dienen, anbeten, verehren. a. -abudia, jemandem Verehrung erweisen. -abudisha, jemand zum dienen veranlassen, zu einer andern Religion bekehren.

-ácha, lassen, verlassen, vgl. -ata. -achia, für jemand übrig lassen. -achilia, vergeben, -achana, sich trennen.

áda pl. maáda, Sitte, Gewohnheit, übliches Geschenk, Trinkgeld. a.

ádábu, Höflichkeit, Anstand. a.

ádamu, Adam, Mensch. a.

adána, mpiga adána, der Muezzin, welcher zum Gebet ruft. a.

adáwa, Feindschaft. a.

-ádi, begleiten, aus Freundschaft bis an die Thür oder ein Stück Weges. a.

adia (ya), Geschenk. a.

ádibu, erziehen. a.

ádili (ya), Gerechtigkeit, Billigkeit. a. -ádili, gerecht sein. -adilisha, zum gerechten Benehmen veranlassen.

-ádimika, nicht vorhanden sein. a.

adinássi pl. wadinássi muana wa watu, ein freigeborener Sohn von freien Eltern. a.

-adúa, die zur zauberischen Heilung eines Kranken nöthigen Vorbereitungen treffen.

ádúi pl. maádúi und ádui, Feind. a.

aée, ja.

aémbwe (la), Leim, Gummi.

aénzi, Macht, Herrschaft. a.

áfa (la), Gefahr, Schreckbild, Feind. a.

afathali, es ist besser. a.

áfia (ya), Gesundheit. a.

-áfia, weggeben, herausgeben.

-afikána, übereinkommen. a. -afikánisha, vermitteln, versöhnen.

afiúni, Opium. a.

áfu (ya), wilder Jasmin.

-áfu, befreien, retten, bewahren, heilen. a.

-áfya, schwören lassen. vergl. -apa.

-agáa, verloren gehen, umkommen (Mer.)

-iga, Abschied nehmen. -agána, von einander Abschied nehmen, einander versprechen, übereinkommen. -agia, einen Abschiedsgruss überbringen, ein Versprechen geben. -agilisha, jemand einen Auftrag an einen geben, z. B. Schuld einzufordern. -agiza, beauftragen. -agiza, etwas an jemand zur Aufbewahrung übergeben.

agizo (la), Auftrag.

-agua, ärztlich (zauberisch) behandeln, voraussagen. -agulia, jemand etwas voraussagen.

ahaa! Interjection der Antwort.

ahadi (ya) Bund, Vertrag, Versprechen a. -ahádiana, einander versprechen.

aháli (ya pl. za), Angehörige, Familie. a.

áhera, die andere Welt (der Verstorbenen). a. aheri, das letzte. a.

ahsánta! gut gemacht! danke schön! a.

áibu, Schande. a. *-aibisha*, zum Schämen bringen, tadeln. *-aibika*, sich schämen müssen.

-áili, auf sich nehmen, schuldig sein, die Ursache sein. a.

áina (ya), Sorte, Art. a. *-áini*, bestimmen, *-ainia*, einzeln aufzählen. *-ainisha*, anzeigen.

-áishí, leben, dauern. a.

-ájábu (ya), Bewunderung. a. *-ajabisha*, in Staunen versetzen.

ájáli (ya), Tod, Schicksal. a.

Ajam = Ajem, Persien. a.

ájara, Verdienst. a.

ajári, 1) Verstellung, Heuchelei, 2) dicke, saure und gepfefferte Sauce.

ajib! wunderbar! a.

ájili (ya), Ursache, Grund. a.

-ájiri, miethen. a. *-ajirisha*, vermiethen.

Ajemi, ein Persier. a.

aka, Interjection des Erstaunens.

-aka! bauen mit Steinen. cf. *-wáka*, *-akia*, für jemand bauen.

akali (ya), einige, wenige. a.

akári, berauschendes Getränk. a.

-ákhiri, aufschieben. a.

akhiyari, besser, a.

aki, Stiefmutter.

-akla, verschlucken, aufschnappen.

akiba (ya pl. ʒa), Aufgespartes, Vorrath. a.

akida (ya oder wa), pl. maakida, Hauptmann, Offizier. a.

-ákidi, genügen. a.

-ákifu, einbringen an Gewinn, hinlegen. a. *-akifia*, jemand etwas anvertrauen.

akika (ya), Feier bei dem Tode eines Kindes. a.

akiki (ya pl. ʒa), ein rother Edelstein. a.

ákili (ya pl. ʒa), Verstand, Klugheit. a.

akina, ihr, Anrede an jüngere Leute.

-akiri, zurückbleiben. a.

ákrába, (ya pl. ʒa), Verwandter. a. *akraba kkuuméni*, Verwandter von

Vaters Seite. *akraba kukéni*, Verwandter mütterlicher Seite.

ákrába, Zeiger an der Uhr. a.

álá (ya pl. ʒa), Scheide.

aláfu, tausende. a. cf. *alf*.

alámá (ya pl. ʒa), Zeichen. a.

alámu (ya pl. ʒa), Flagge. a.

akisiri, die Gebetsstunde der Muhamedaner um 3 Uhr Nachmittag. a.

alf = alfu, tausend. a.

alfajiri, die erste Gebetsstunde morgens 4 Uhr. a.

alhamisi, Donnerstag. a.

-alia, Striemen machen (beim Schlagen).

álifu, der erste arabische Buchstabe, das Alphabet. a.

-alika, knacken, krachen, intr. *-alisha*, knacken, trans.

-alika, einladen, zu Hülfe rufen, herbeirufen.

-alikwa, sich medicinischen Räucherungen unterwerfen.

alili, sehr (altes Suaheli).

-alimisha, unterrichten. a.

alisa, Tanzplatz.

Allah, Gott. a. *allah-allah*, ich beschwöre dich, geschwinde, unverzüglich.

allah bilkheir, Gott segne dich, Antwort auf den Gruss. a.

almaria, Stickerei.

almaʒi (ya), Diamant. a.

ama-ama, entweder — oder. a.

-ama, auf dem Bauch liegen. *-amia*, auf einer Sache liegen.

ámáli (ya pl. ʒa), 1) Handlung, Geschäft, That. 2) Zauber um jemand zu tödten. a.

amáni (ya), Pfand, Depositum. a.

amána (ya), Frieden, Sicherheit. a. *-amania*, vertrauen auf jemand. *-amanisha*, Vertrauen erwecken.

amári (ya nanga), Ankertau.

-ámba, sprechen. *-ambia*, zu jemand sagen. *-ambilia*, viel zu oder gegen jemand reden.

-amba = -wamba, die Bettstelle beschnüren.

-ambaa, vorbeigehen ohne zu berühren. -ambaza, vorbeibringen ohne anzustossen.

ambari (ya), Ambra. a.

-ambáta, festkleben, anhaften. -ambatana, an einander haften.

ambaye kuamba, ambao kuamba u. s. w., welcher, welche.

-ambiza, etwas heranbringen.

ambo (la), Gummi.

-ambua, abschälen, ein Stück abbeissen, vernichten. -ambuka, abgeschält werden.

amdelhän (ya), ein gewisser Seidenstoff.

americano, Baumwollenzeug.

-ámili, ausführen. a.

-ámini, glauben, -ámini, zuverlässig, glaubwürdig. a.

amiri (wa) pl. maamiri, Fürst, Offizier. a.

-amka, aufwachen, -amkia, jemandem seine Aufwartung machen. -amsha, aufwecken.

ámri, Befehl, Auftrag. a. -amuru, befehligen. -amuria, jemandem einen Befehl oder Auftrag geben.

Amu, die Insel Lamu.

amu, des Vaters Bruder. a.

-amúa, richten.

amud (ya) pl. maamüd, Säule. a.

-ámwa, an der Brust saugen. -amwisha, säugen.

-anána, weich, dünn, sanft. (Wind, Zeug.)

-andáa, Speisen künstlich zubereiten, kochen (mit Kunst). -andalia, für jemand Speisen bereiten.

-andáma, mit jemand gehen, ihn begleiten, bei jemand sein. -andamána, einander begleiten. -andamia, hinter jemand herlaufen, begleiten. -andamisha, begleiten lassen.

-andika, auflegen, auftragen, steuern, schreiben.

anga (la), Himmel, Atmosphäre, Licht.

-anga = -wanga, rechnen, zählen.

-angaa, starr sehen, erstaunt sein. -angaza, in Erstaunen setzen. -angalia, ansehen, nach etwas sehen, suchen. -angalilia, eifrig suchen. -angalilika, anschaubar sein. -angama, hängen bleiben. -angamia, fallen. umkommen, verloren sein. -angamika, verloren sein. -angamisha, zerstören, verderben.

-angema, muthlos sein.

-angika, an der Wand hängen.

-angúa, 1) herunternehmen. 2) ausbrüten. 3) Früchte vom Baum schneiden und herabwerfen.

-anguka, herunterfallen. -angusha, umstürzen.

-angura, auskratzen.

-ania, sich vornehmen, wünschen, wollen. a.

-anika, in der Sonne oder an der Luft trocknen. -anikia, für jemand etwas zum trocknen aufhängen oder ausbreiten.

ankra, Rechnung (Hindostani).

-anúa, aus der Sonne oder dem Regen nehmen. -anúka, aufhören mit regnen.

anwáni (ya), Adresse eines Briefes. a.

-ánza, anfangen, beginnen. -anzia, für jemand anfangen. -anzilia, ernstlich anfangen.

Anzwáni, die Insel Johanna.

ao, oder.

-apa, schwören. -apia, für jemand oder in betreff jemandes schwören. -apiana, einander schwören. -apiza, beschwören. -apizana, einander beschwören. apizo, pl. maapizo, die Beschwörung.

Arabúni, in Arabien.

arabúni (ya), Handgeld. a.

arak zelin, Arak von Ceylon. a.

arathi (ya), Vergebung. a.

arba'a, vier. a.

-árda, Eier legen.

ári, etwas, worüber man sich schämen muss. a.

aria, Theil, Abtheilung.

-árifu, benachrichtigen. a.

-arithi, gefallen. a.

arobaini, vierzig. a.

ásali (ya), Honig, Syrup. a.

aser (ya), die Zeit von 3—5 Uhr Nachmittag. a. cf. *alaseri*.

áshara, zehn. a. *asharini*, zwanzig. a.

asherati, Ausschweifung, ein Lüderlicher. a.

-ashiria, jemandem ein Zeichen geben. a.

-áshkali, sich bessern (vom Kranken) a.

-áshki (ashiki), in Liebe brennen. a.

ashur, Zollabgaben. a.

-asi, seine Pflicht vernachlässigen, störrisch, ungehorsam sein. a. *asi* pl. *maasi*, Ungehorsamer.

asikári, Soldat. a.

asili, Wurzel, Ursprung. a.

asitasa, noch nicht, vorher.

askari = asikari, Soldat. a

assúbukhi, Morgen, morgen. a.

astáhili, würdig. a.

aswahi, rein, lauter. a.

-ata = -acha, lassen, verlassen, erlauben. (Momb.) *-asha*, zum verlassen, bewegen. *-ishisha*, eine Scheidung veranlassen. *-atana*, einander verlassen. *-atanisha*, eine Scheidung veranlassen. *-atia*, um jemandes willen verlassen. *-atika*, verzeihlich sein. *-atilia*, vergeben.

-atamia, Eier ausbrüten. *-atámisha*, der Henne Eier unterlegen.

-athabatisha, unter Aufsicht halten. a.

athabu, Strafe. a.

athama, Erhabenheit. a. *-athimika*, erhöht sein.

athia, Gabe, Geschenk. a.

-áthibu, züchtigen, quälen. a *-athibia*, um einer Sache willen strafen. *-athibisha*, zum strafen veranlassen

-athima, *athimika*, siehe *athama*.

-athini, die Moslem zum Gebet rufen. cf. *adana*.

ati, beim Sprechen eingeschobene Partikel = sehen Sie, so denke ich u. dgl.

-atúa, spalten. *-atúka*, von selbst aufreissen, spalten.

-aúa, umhergehen und nachsehen. *-aúka*, genug ausgewachsen sein, um Frucht zu bringen. *-ausha*, einen herumführen und zeigen.

-auni, helfen, beistehen. a.

-aupe = -eupe, weiss.

-aúʒa, Platz machen, aus dem Wege gehen.

-ausi = -eusi, schwarz.

aushi, Dauer, unvergänglich, niemals. a.

-awa, weggehen. *-awia*, ausgehen zu jemand, um ihm neues zu erzählen, *-awilia*, jemand Neuigkeiten überbringen.

awala, Schatzanweisung a.

awali, Anfang, der erste, zuerst. a.

-awáʒa, 1) bemitleiden. 2) vertheilen. a.

awesia, eine Art Dhau.

-awini, helfen, unterstützen. a.

-awithi, tauschen, Tauschhandel treiben, a

-aya, spalten (veraltet).

ayáiri, ein Betrüger. a.

ayari (ya nanga), Ankertau. a.

-ayika, schmelzen, auflösen.

-ayithi, ermahnen. a.

-aʒa, überlegen, nachdenken.

aʒama (ya), Nasenring. a.

aʒima, Zauber um Schlangen zu vertreiben, entlaufene Sklaven zurückzubringen u. dgl. *-aʒimia*, jemand bezaubern. a.

-aʒima, leihen, entleihen. *-aʒimia*, für jemand leihen. *-aʒimana*, einander leihen.

-aʒima (-áʒimu), sich vornehmen, sich zu etwas entschliessen. a. *-aʒimia*, sich entschliessen, für jemand etwas zu thun.

-aʒiri, verachten, verleumden. a.

aʒiʒi, selten, kostbar, eine Seltenheit, eine Kostbarkeit. a.

aʒma, Wohlgeruch. a.

aʒur, Meineid. a.

B.

Wenn ein Wort unter b nicht gefunden wird, siehe auch p.

baa (ya), Uebel, Unglück. a.

baa pl. mabaa, ein Nichtsnutz. a.

baada (ya), nachher, nach. a. baaden, hernach.

baanda (ya), Dach, Strohdach.

baathi, einige. a.

baazi (ya), eine Art Erbse.

baba (ya, wa pl. za), Vater. babaye, sein Vater. baba mdogo, Mutters Bruder. baba wa kambu, Stiefvater. babaye watoto oder babaye waana, Unglücksvogel, Eule, mit welchem die Kinder geschreckt werden.

-babaika, stotternd sprechen.

-babata, dünn schlagen (beim Schmieden).

-babia, füttern (ein Kind).

babu, 1) Grossvater, Grossmutter, Vorfahren. 2) eine Kinderkrankheit.

badala (ya), Ersatz. a. badili, Tausch. Betrug. -badili, tauschen. -badilika, ausgetauscht sein. -badiliana, mit einander tauschen.

badita, süsse Kartoffeln, Bataten.

badi, Theil. a.

badiri, Geld verschwenden. a.

bado, noch, noch mehr, noch nicht. bado kidogo, bald.

badwi, badwivi (ya) pl. mabadwi, mabadwivi, uncivilisirter Mensch, Wilder. a.

bafe pl. mabafe, eine giftige Schlange.

bafta (bafuta), eine Art Baumwollenzeug.

baghala, eine Art grosser indischer Dhau.

baghala (wa), Maulthier. a.

-bagua, von einander trennen, ordnen. -baguka, getrennt sein. -bagukana, uneinig sein.

bahami, einfältig. a.

bahari (ya), die See. a. bahari kü, die grosse, offene See. bahari elali, der Persische Meerbusen. bahari ya sham, das rothe Meer. baharia, der Matrose.

bahasa, billig. a.

bahasha (ya), eine Art Tasche, Aktenmappe. a.

bahatisha, rathen. a.

-bahia, nach etwas suchen, bis es gefunden ist. a.

bahili, ein Geizhals. a.

baina, zwischen. a.

-baini, unterscheiden, erkennen, beweisen. a. -bainika, bekannt, deutlich werden. bainikana, mit einander bekannt werden. -bainisha, klar machen, darstellen.

bajua = pagua, abreisen.

Bajuni = Mgunia, ein Eingeborner des Landes zwischen der Mündung des Juba und Witu.

bakhti (bahati) (ya), Glück, Zufall. pers.

baki, Rest in der Rechnung. a. -baki, übrig bleiben.

bakora (ya), Spazierstock, Krückstock. a.

bakshishi, ein Geschenk, Trinkgeld. a.

bakuli (ya) pl. mabakuli, eine Schüssel. a.

balamwezi, Mondschein.

balinga (ya pl. za), eine Hautkrankheit.

balasi (ya) pl. mabalasi, eine Art Wasserkrug.

baleghi (ya), mannbar. a.

bali, aber. a.

balungi pl. mabalungi, Citrone.

bamba (la) pl. mabamba, eine dünne Platte.

bambo oder bambu, Instrument, um einen Sack mit Getreide oder dgl. Proben zu entnehmen.

bamwua (ya), Springfluth.

bamader (eigentl. pl. zu bandari), Landungsplatz, Hafen, speziell an der Somaliküste. a.

banagiri oder banajiri, eine Art Armband.

banda (la), ein Schuppen, vergl. baanda.

-*banda*, mit einem Steine aufbrechen.
-*bandia*, für jemand aufbrechen.
-*bandabanda*, in Stücke brechen.

-*bandúa*, in Stücke zerschlagen *bandulia*, für jemand zerschlagen. -*bandubandu*, in ganz kleine Stücke zerhauen. -*banduka*, verlassen, sich abtrennen.

bándari (ya), Hafen, Landungsplatz, s. *benader*. a.

bándera (ya), Flagge. a.

bandi (la), gehefteter Saum.

bandía, mtoto wa bandia, Puppe.

-*bandika*, anlegen, auflegen. -*bandikisha*, auflegen lassen.

banduru (ya), die Stelle, in den Fahrzeugen der Eingeborenen, wo das Wasser ausgeschöpft wird.

bangi (ya), wilder Hanf. pers.

baniya (ya), Tempel, speciell der in Mekka. a.

banja, Nüsse knacken.

banyani pl. *mabanyani*, heidnischer Indier (von Cutch).

-*banza; -jibanza*, sich an die Wand drücken, um einen andern vorbeizulassen.

banzi (la) pl. *mabanzi*, Splitter.

bao (la kómwe), Spielbrett mit 32 Löchern für ein bei den Bantuvölkern sehr beliebtes Spiel.

bapa, die breite Seite. *ku piga bapa la upanga*, mit der flachen Klinge schlagen.

bara, eine Art Antilope.

bara oder *barra*, wüstes Land, Küste. a. *barafu*, völlige Wüste.

baraba, gerade, eben.

baragumo (ya), Musikinstrument, Horn.

baraka (ya), Segen. a.

barakóa, die Maske der muhamedanischen Frauen. a.

barámu, Flagge.

baráre, eine Art Heuschrecke.

bárasi, eine Hautkrankheit, Art Aussatz. a.

baraza, eine Steinbank oder dgl. vor oder in dem Hause, auf der man bei öffentlichen Besprechungen sitzt. a.

baridi (ya), kalter Wind, kalter Nebel. a. -*baridisha*, abkühlen. *baridi yabisa*, trockene Kälte = Rheumatismus.

-*bariki*, segnen. a. -*barikia*, grüssen.

bariyo, Rest der Abendmahlzeit, den man zum Frühstück des andern Tages aufhebt. *(Lamu.)*

barizi, auf der *baraza*, zusammensitzen und berathen. a.

barúti (ya), Schiesspulver. türk.

bárwa (ya) pl. *mabarwa*, Brief, Rechnung, Zahlbefehl.

barzuli, ein Dummkopf. a.

basási, ein listiger Mensch, Schwindler, Schuldenmacher.

basbási (ya), Muskatblüthe.

-*báshiri*, anmelden (günstiges). a. -*bashiria kheri*, jemand etwas glückliches anmelden.

-*básiri*, voraussehen. a.

bassi, genug, ausschliesslich, ferner. a.

bástola, Pistol. europ.

bata (la), Ente. *bata la mzinga*, Truthahn. *bata la bukini*, Gans. *bata ziwa*, Moewe.

bátani oder *bátini*, Bauch, Körper, Rumpf. a.

batéla oder *betéla (ya)* pl. *mabatéla*, ein grosses Boot, Dhau.

báti (la), Zinn, Loth zum Löthen.

-*batili*, vernichten, abschaffen, übertreten. a. -*batilika*, abgeschafft sein. *bátili*, werthlos, sündig.

batli, Schiffslog.

bátobáto (la), Flecken (wie auf dem Fell eines Panthers).

baura = paura, Anker der europäischen Schiffe.

bausi (la), Splitter.

bavuni, längs, vergl. *ubavu*.

bawa (la), grosser wilder Hund.

bawa (la), der Flügel eines Vogels.

bawába (la) pl., die Thürangel. a.

bawábu (ya), der Thürhüter, Kerkermeister. a.

bawára, Hartebeest.

-*baya*, schlecht, böse.

-bayabaya, schwatzen.

-báyini, erkennen, wissen. a. *báyani*, offenbar, bekannt.

bayázi, der Krämer, besonders einer, der die Leute betrügt. a.

-beba, ein Kind im Tuch auf dem Rücken tragen.

bebera = beberu (wa pl. *za)*, ein Bock.

bédeni (ya) pl. *mabédeni*, eine Art Dhau.

béga (la), die Schulter.

begi, breites, blaues Zeug.

behewa, der innere Hof eines von Steinen erbauten Gebäudes. a.

bei, Handel, Preis. a.

-beja, seitwärts sehen. *-bejea*, nach jemand seitwärts sehen. *-bejeka*, seitwärts angesehen werden.

beina = baina, zwischen. a.

beko; muenyi beko, ein Vorsichtiger.

-bekúa, einen Schlag abwenden, parieren.

belaghámu, Schleim im Halse (nach Erkältung). a.

bembe, Leibgericht, welches eine Frau ihrem Liebhaber während des Ramadan zusendet.

béndera = bandera, Flagge; die rothe Flagge bedeutet Waffenstillstand, die weisse Fortsetzung der Feindseligkeiten.

-benúa, herausstecken, entblössen. *-benuka*, hervorkommen, entblösst sein.

berámu (ya), Fahne. a.

beresati (ya), eine Art indisches Zeug.

beréu, Theer, schwarze Farbe.

betela = batela, ein grosses Boot.

béti, Haus. *beti ya risasi*, Kugel- oder Schrotbeutel. a.

betili, eine Art Dhau. a.

bézimu (la), Schnalle.

bia (la) grosse Schüssel.

-biabia, nach etwas suchen, sich geschäftig zeigen.

biái hali, jedenfalls. a.

biáshera, Handel und Verkehr. a.

bibi (ya) pl. *mabibi*, Grossmutter, Ehrenname für Frauen.

bibo (la), eine Frucht.

-bichi, grün, unreif, frisch.

bidii (ya), Anstrengung, Eifer. a.

-bifu = -bivu, reif.

bikira, Jungfrau. a.

bila, billa, ausser. a.

bilashi, umsonst. a.

bilau, Reis und Fleisch zusammengekocht.

biláuli, bilauri (ya pl. *za)*, Glas. a.

bildi (ya pl. *za)*, das Bleigewicht, Loth.

bilisi (ya), ein böser Geist. a.

biliwili (ya pl. *za)*, Diestel.

bilkanúni (ya), Gleichheit. a.

bima, Sicherheit. ind.

-bimbirisa, heiss sein (vom Feuer).

binadámu, Adamssohn, Mensch. a.

binagili, Art Armspange der Frauen.

-binda, säumen. *bindi (la)*, Saum.

bindo (la), vergl. *kipindo, upindo*, ein Tuch, in welches man sich etwas hineinschütten lässt.

-bini, erfinden, ersinnen. a. *-binia*, über jemand Lügen erzählen.

binti (wa) pl. *benáti*, Tochter. a.

binzimu (la), Schnalle.

birika (ya) pl. *mabirika*, ein grosses Wassergefäss, Theekessel, auch Badewanne, Cisterne. a.

birinzi (ya pl. *za)*, ein Gericht von Reiss, Fleisch, Pfeffer u. dgl.

-bisha, an die Thür eines fremden Hauses klopfen und *hodi* rufen, um seine Ankunft anzuzeigen. *-bish.ina*, mit einander scherzen, auch mit einander zanken. *-bish.inya*, zusammen mengen, zusammen kneten. *-bishia*, für jemand anklopfen, jemandem widerstehen, ihn verspotten.

bisi, gerösteter Mais.

bitana, doppelt gefüttert (von Kleidern).

bithaa, Waare, Handelsgut.

-bivu, reif.

biwi (la), Haufen Unkraut im Garten, gesammelt, um verbrannt zu werden.

biȥari, eine Art Samen zur Bereitung des Currypulvers gebraucht. a.

boa, eine grosse Schlange.

-bófya, mit den Fingern sanft befühlen, z. B. eine Frucht, um zu erfahren, ob sie reif ist. -bofyeka, befühlen lassen.

boga (la), Kürbiss, auch sonstiges Gemüse.

-bóghodu, heimlich, verleumden. a. -boghodiana, einander verleumden.

bogi, boji, eine Art Bier.

bohári, bokhári, Waarenhaus.

boko (la), Flusspferd.

boko boko, ein Gericht von Weizenmehl, Fleisch u. s. w.

boksumu, Schiffszwieback. a.

-bókwa, eine reiche Ernte haben.

bokwa, Jackfrucht.

bóma (la), Palisadenzaun oder Steinmauer um ein Dorf.

bomba, Pumpe. europ.

bómbo, ein Gartengemüse.

bómu (la), der Schall der langen grossen Trommel.

bónde, boónde, eine Tiefebene, ein Thal.

bóngo (la), Schädel.

-bonyéa, einsinken, stecken bleiben im Boden. -bonyésha, einen Eindruck in etwas machen.

bonth, Brücke. europ.

-bópa, sich hart oder weich anfühlen. vergl. bofya.

bópo (la), eine Wasserstelle.

bora, gross, vornehm, wichtig. a.

bóri (ya), 1) der Kopf der Pfeife der Eingeborenen. 2) die Wüste, Einöde. a.

bóriti (ya pl. ȥa), Dachbalken.

borohoa, ein Gericht der Eingeborenen von Erbsen und Bohnen.

-borónga borónga, jemandes Arbeit verderben. borónga borónga, Stümperei.

boroshóa, ein schwarzes Insect in den Düngerhaufen.

-bóvu, schlecht, verdorben.

bóȥa, ein narkotisches Präparat von wildem Hanf.

bráhim, eine Art Aal (wird nicht gegessen).

búa, Stahl, wie ihn der Schmied verarbeitet.

búa (la), der Stengel des Mais- und Hirsekolben.

-buabúa, ein wenig hacken.

buba, eine Hautkrankheit.

bubu, búbwi (wa), pl. mabubwi, taubstumm.

-bubujika, hervorbrechen, herausfliessen.

-buda, Einfluss haben. a.

budi, buddi, Ausweg. a. sina budi, ich muss.

buferekin, bundúki ya buferekin, doppelläufiges Gewehr. a.

bugu (la), pl. mabugu, eine Art Weide.

búhuri, Weihrauch. a.

buibui, Spinne.

búka, Sorge.

Buki, Bukini, Madagascar.

búku = púku, Ratte, grosse Maus.

-bukúa, bekannt machen. -bukúka, bekannt werden.

buli pl. mabuli, Theekessel.

buhudi (ya), Hahn eines Fasses.

bumba (la), ein Klumpen, ein Pack. bumba la nyuki, Bienenschwarm.

búmbwi, ein Gericht von Reismehl mit geriebener Kokosnuss.

bumu, Raa des Grosssegels.

bumúnda (la), eine Art Gebäck.

búnda (la), ein Pack.

bundi, ein Vogel.

bundúki, Muskete. a.

bungala, eine Art Reis.

búngo (la), eine Baumfrucht, Art Mispel.

búngo (la), eine nicht grosse Schüssel.

bungíu (la), eine Schüssel.

-búni, anfangen, erfinden. a.

búni (wa), der Strauss.

buni, Sohn, Sohne (Lamu). a.

búni, bumi (ya), Kaffeebohne. a.

búnȥi (la), grosse Stechfliege.

-buothu, hassen. a.

búpuru (la), eine leere Schaale. *bupuru la kibva,* Hirnschale.

-burái, verzichten auf etwas. a.

búri, grosser Elephantenzahn.

buriáni, Abschied, bei dem herkömmlicher Weise um gegenseitige Verzeihung gebeten wird.

Burikao, Port Durnford (Hohenzollernhafen).

búrre, umsonst, vergeblich.

búru, mit lauter Stimme.

búrüda; chuo cha buruda, Buch mit Gebeten bei einem Sterbenden zu lesen.

búrudi, Kälte. a. *-búrudi,* kalt sein. *-burudika,* abgekühlt werden, sich erfrischen. *-burudisha,* abkühlen, erquicken.

burudi, Thurm der Burg von Sansibar.

-búruga, den Boden gründlich durcharbeiten, um alle Unkrautwurzeln zu beseitigen.

-buruganya, durch Unterbrechen verderben.

buruháni (burháni), Beweis, Zeichen. a.

búruji, Burg. a.

-burúra, schleppen.

búsa, eine Art Bier von Weizen und Mais.

busára, Geschicklichkeit. a.

busáti, eine Art Matte aus Muskat. a.

busháshi, eine Art dünnes Zeug.

bushúti (la), Mantel von schwarzem Wollenzeug.

bustáni (ya), Garten. a.

bustúri, Decke.

-búsu (bussu), küssen, die Hand küssen. a. *busu,* der Kuss. *-busiana,* einander die Hand küssen.

-búsuri, sehen. a.

buti, Art Dhau.

búu (la), Maden im Fleisch.

búyu (la), die Frucht des Boabab.

-buyúka, aufbrechen (vom Geschwür).

búzi pl. *mabuzi,* grosse Ziege.

-bwága, Früchte vom Baum abschlagen. *kubwaga mansa,* ein schreckliches Verbrechen begehen.

bwana, der Herr. *bwana mdogo,* der junge Herr.

-bwathi, auferwecken. a.

-bwéa, hervorragen, aufgeschwollen sein.

bweta, Kästchen.

Ch.

Worte mit *ch,* welche hier nicht aufgeführt sind, suche man auch unter *k.*

cha oder *chayi,* Thee.

cha, Stall.

-chä, sich fürchten. Betone *kucha.*

-chä, aufgehen (von der Sonne). Betone *kucha; usiku kucha,* die ganze Nacht.

chábuduchábudu, zerrissen, voll Löcher. *-chábuduchábudu,* zerrissen, voll Löcher sein.

-chácha, gähren, säuern, wogen (von der See gesagt).

chácha (ya, pl. *za),* eine Art Gras.

-chachága, Wäsche waschen.

chacháwi (ya), Durcheinandersprechen, Lärm. *-chachawra,* lärmen. *-chachawiza,* fortwährend den Redner unterbrechen.

-chache, wenig, nicht viel.

-chachia, in Verlegenheit setzen, herausplatzen.

chachu, Sauerteig, Hefen. *-chachuka,* sauer machen, sauer werden, branden (von der See).

chafi, 1) eine Fischart. 2) ein Insect, welches Schwellung verursacht, wo es den Körper berührt.

cháfu, (la), pl., die Backe.

chafu, ein Korb, um Garneelen zu fangen.

-*chafúa*, schmutzig machen. -*chafúka*, schmutzig sein. -*chafulia*, beschmutzen, besudeln.

-*chafúa*, in Unordnung bringen, verwirren. -*chafuka*, in Unordnung sein. -*chafúkachafuka*, ganz und gar in Verwirrung sein.

-*chafya*, niesen.

chagina = jagina, tapfer, muthig.

-*chagua*, auslesen, auswählen.

cháhili, 1) ein unwissender. 2) einer der keine Gefahr kennt, ein Muthiger. a. -*chahilika*, muthig sein.

chai, Thee.

-*chákáa (cháká)*, alt und abgetragen werden.

-*chakácha*, 1) Oel auspressen. 2) das Haus ausleeren, wenn man fortziehen will. -*chakachika*, ausgepresst sein.

chakápu, ein wildes Thier, welches dem Federvieh nachstellt.

cháki, Kalk, weisse Farbe.

chaki chaki, umhergestreut.

chakogéa (cha), eine Badewanne.

-*chakúa; -jichakua*, den Mund verächtlich verziehen.

chakúla (cha pl. *vya)*, Speise.

chakúnwa (cha pl. *vya)*, Trank.

-*chakua*, schaben, kratzen.

chale, eine Art Fisch.

chali, rückwärts.

chamba cha jicho, ein weisses Häutchen auf dem Auge.

chamba = kwamba, das heisst, wenn, obgleich.

chámba pl. *vyamba*, ein kleiner Felsen.

chambo pl. *vya-*, Köder.

-*chambúa*, Baumwolle rein machen.

chamburo, durchlöcherte Platte zum Drahtziehen.

chánchela; pepo ʒa chamchela, Wirbelwind.

chamsa kánwa, Frühstück.

-*chana*, kämmen.

chana (la), 1) ein Bursche *cf. kijana.* 2) die Bienenmade.

chanda (cha), Finger, Zehe. 1) *chanda cha gumba*, Daumen. 2) *chanda cha sháhada*, Zeigefinger. 3) *chanda cha tokâ*, Mittelfinger. 4) *chanda cha kati ya kando*, der Ringfinger. 5) *chanda cha misho*, der kleine Finger.

chanda (la) pl. *machanda*, das Blatt des Kokosnussbaumes.

chandala (pl. *vyandala*), Rest von Speisen, der für den nächsten Tag verwahrt wird.

chandarúa, chandalúa, ein Sonnendach, Mosquitonetz.

changa = shanga, Holz spalten.

chánga, Klarheit des Himmels nach dem Regen.

changa, Blödigkeit.

-*changa*, unreif, jung, frisch.

changa; kúla kwa kuchanga, ein Picknick.

-*changamka*, munter, unterhaltend sein.

-*changanya*, mischen. -*changanyika*, gemischt sein. -*changanyisha*, verwirren.

changarawi, Kies.

changawe (ya) pl. *káwe ʒa changawe*, Kiesel.

chango pl. *vyango*, 1) Pflock, an dem man etwas aufhängen kann. 2) die Gedärme.

changu, eine Art Fisch.

chángwa, eine wüste Gegend.

-*chanja*, zerhauen, z. B. Holz, Brennholz suchen.

chanja, Betrüger.

cháno pl. *vyáno*, eine Holzplatte, niedriger Tisch oder Stuhl der Araber, um Speise hinaufzusetzen.

-*chanyáta*, in kleine Stücken schneiden und so kochen.

chanʒi (la), das Einschlafen der Glieder, Krampf.

chanʒo pl. *vyanʒo*, der Anfang zum Flechtwerk einer Matte.

cháo pl. *vyáo*, Walzen, um Schiffe, schwere Bäume u. dgl. auf dem Lande weiter zu bewegen.

chápa pl. *vyápa*, 1) Marke, 2) Fischflosse.

chápa, chápára, völlig betrunken.

chapéo, Hut. europ.

-chapúa, die Trommel schlagen. *chapuo* pl. *vya-*, eine kleine Trommel.

-charakása, ein Geräusch machen, indem man durch Gras geht.

cháro pl. *vyaro*, Karawane, Reise, Expedition.

chasása, eine Art Perlen.

chasi, eine Art Bimstein.

chasusi pl. *wachasusi*, Kundschafter.

chavu pl. *vyávu*, das Netz.

-chavu, schmutzig, ungewaschen.

chawa, die Laus.

-cháwacháwa, nicht still sitzen können.

chaʒa (la), grosse essbare Muschel.

cháyi, Thee.

chéche, die braune Manguste.

-chechéa = -tetea, lahm gehen. *-checheméa*, lahm sein.

chéchi (la), Funke.

-chefúa, Ekel erregen, *-chefúka*, sich ekeln. *-chefúsha*, Ekel erregen.

chége, pl. *machege*, wässerig, schlecht, unnütz.

chégo (la), Backenzahn.

-chéka, lachen. *-chekeléa*, lachen über etwas, jemand erfrischen, erquicken durch freundliches Benehmen. *chéko (la)*, das Lachen.

-chekúa, aufwerfen, aufgraben. *-chekúka*, aufgegraben sein.

-cheléa, sich vor etwas fürchten.

chelebi, eine Art Kuchen.

chelema, wässerig.

cheléʒa pl. *vyeléʒa*, die Boje.

-cheleʒa, bis zum nächsten Tage behalten, auf die Seite legen, auf der Seite halten. *-chelewa*, vom Morgen überrascht werden. *-chelekeʒa*, einen Tag überschlagen bei eiliger Reise im Durstfelde. Vergl. *-cha*.

chembámba, etwas dünnes, z. B. ein kleiner dünner Wurm.

chembe pl. *vyembe*, 1) ein Korn. 2) eine eiserne Pfeilspitze.

chembe cha moyo, die Herzgrube.

chembeu pl. *vyembeu*, der Meissel.

chemchem, Quelle. a.

-chém'ka, -chemúka, kochen, brodeln.

-chemúa, niesen.

-chendéa, spazieren gehen.

chenderúa, ein Schattendach.

chenéne pl. *vyenéne*, ein Heimchen.

cheneo, das Wesen.

chenéʒo pl. *vyeneʒo*, der Massstab, Messschnur.

chenge pl. *vyenge*, ein Grasbündel zum Feueranmachen.

chengeléle, Gedärme (Dünndarm).

chengéu pl. *vyengeu*, Lampenschirm.

-cheni, kalfatern.

chenʒa, eine Art grosser Orange. *chenʒa cha kiajemi*, persische (gute) Orange.

chéo pl. *vyeo*, Maass, Stellung in der Welt, Stand, Ehre.

chepechepe, nass vom Regen.

chéra pl. *vyera*, ein Gegenstand, welcher als Ziel für Schiessübungen aufgestellt wird.

cherari (cha), Tau, um die Segel zu hissen.

Cheráwi, ein Mangrovesumpf auf der Insel Sansibar.

cherévu, List.

cheréhe pl. *vyerehe*, ein Mühlstein, der gedreht werden kann.

chérife, eine Leine, Fische zu fangen. a.

cherika, Vogel (Art Dompfaff).

chéte pl. *vyéte*, Markt.

-chetéa, auf etwas stolz sein, sich brüsten.

chetéʒo pl. *vyetéʒo*, Räuchergefäss.

chethamu, eine Art Aussatz. a·

chéti pl. *vyéti*, ein kleines Petschaft, ein Pass, eine Marke.

-chéuka, aufkochen, brodeln. *-chéusha*, aufkochen. trans.

cheukia pl. *vyeukia*, Blüthe und Frucht der mcheukia, eines Parasiten.

chewa, eine Fischart.

-*cheza*, spielen, tanzen. -*chezea*, mit jemand spielen.

-*cheza* = -*cheleza*.

chibéne (*ya*), arabischer Käse von Maskat. a.

chicha (*ya* pl. *za*), der geschabte und ausgepresste Kern der Kokosnuss.

chiguzo pl. *viguzo*, eine kleine Säule, Stütze.

chikichi pl. *machikichi*, die Früchte der Oelpalme.

chilezo pl. *vilezo*, Boje.

-*chilia*, für jemand fürchten.

-*chimba*, graben.

-*chimbia* = *kimbia*, weglaufen.

chimbo, Fallgrube.

-*chimbúa*, ausgraben, abgraben. *chimbuko*, der erste Anfang, Natur einer Sache. *mavingu ya chimbuka*, am Horizont steigen Wolken auf. *jua la chimbuza*, die Sonne bricht durch die Wolken.

chimbúle, eine Vogelart.

chinamizi, Verbeugung.

-*chingirisha*, abgiessen, ohne den Bodensatz aufzurühren.

Chini, China.

chini, unten, unter.

-*chinja*, schlachten nach Art der Moslem.

chinusi, ein Wassergeist, der die Schwimmenden in die Tiefe zieht.

chinyango, ein Stück Fleisch, wie es der Schlächter erhält.

chiocho pl. *vyocho*, eine Bratpfanne.

-*chipuka*, spriessen. *chipukizi*, ein Schoss, junge Pflanze.

chiroko, eine Hülsenfrucht (Art Erbse).

choo (*cha*), der Abtritt.

chóa, Flechte, Schorf.

-*chocha*, stochern. -*chochea*, Feuer anmachen.

-*chogówe* (*cha*), ein langer Stock mit Haken, um die Früchte von den Bäumen abzunehmen.

chojo (*cha*), Ofen, besonders des Töpfers.

-*choka*, ermüdet werden. -*chosha*, ermüden.

chokaa, Kalk.

chokea (*cha*), ein Gerstenkorn im Auge.

chokochoko, eine Frucht.

-*chókora*, mit einem Messer stechen. *chokora* pl. *machokora*, Anhänger.

-*chokoza*, reizen, necken.

-*choma*, 1) stechen, stochern. 2) brennen, kochen, backen, rösten -*chomea*, für jemand backen. -*chomeka*, gebacken, gebraten sein.

chombo (*cha*), Werkzeug, Gefäss, Schiff, Boot.

-*chomeka*, etwas in's Zeug hineinstecken. -*chomekwa*, bezaubert sein.

-*chomeléa*, flicken.

-*chomóza*, heiss sein.

chonda muzi, die Unterlippe.

-*chonga*, behauen. -*chongea*, für jemand behauen. -*chongeleza*, verleumden.

chonge (*ya*), der Eckzahn, Hundezahn.

chongo (*cha*), 1) Höcker. 2) der Verlust eines Auges.

chóngwe, ein grosser Fisch.

-*chongoka*, abschüssig sein.

chonni (*cha*), noch nie Gesehenes.

-*chónsa*, betrübt sein.

chonswe (*wa*) pl. *vyonswe*, Krüppel.

chópa (*la*), eine Hand voll.

chópi; *kwenda chopi*, lahm sein, hinken.

-*chopóa* = *kopóa*, aus der Hand reissen. -*chopoka*, aus der Hand fallen.

-*chóra*, eingraben, ausschnitzen. *choro* pl. *machoro*, die Schnitzerei.

-*chosha*, müde machen.

chosho, (*cha*) Badeplatz, Waschplatz.

-*chota*, ein wenig auf einmal mit den Fingern nehmen.

-*chovya*, eintauchen. trans. -*choveka*, eingetaucht sein.

choyo pl. *vyoyo*, Geiz, Gier.

chozi (*wa*), ein schwarzer Vogel mit langem Schnabel.

chozi (*la*), Thräne.

chúa (*cha*), Frosch.

-*chubúa*, quetschen, die Haut abstossen. -*chubuka*, verletzt sein.

chubwi (ya pl. *ʒa!,* Bleigewicht oder Stein, an die Angel zu befestigen.

chuchu (wa) pl. *machuchu,* Pygmäe.

-*chuchumia,* sich auf die Zehen erheben, um etwas zu erreichen.

chui (wa pl. *ʒa!,* Leopard.

chuia,. Seil an der Rinde des Boabab.

-*chuja,* durchseihen.

-*chuka,* Furcht zeigen in dem man die Waffen nicht ablegt.

chuki (ya pl. *ʒa!,* launisches Wesen. -*chukia,* jemand nicht vertragen können, hassen -*chukiʒa,* jemand ärgerlich machen.

chuku, ein Horn zum Schröpfen.

-*chukúa,* tragen, unterstützen.

chula (cha) — *chura,* Frosch.

chúma (cha!, Eisen.

-*chuma,* sammeln, einen Gewinn machen

chumba (cha!, kleines Zimmer, Kammer.

chumbe kiumbe, eine Creatur.

chumu (ya!, Glück.

chumvi (ya!, Salz. *chumvi ya haluli,* Bittersalz.

-*chuna,* die Haut abziehen. -*chunika,* abgezogen sein.

-*chunga,* Vieh weiden.

chunga (ʒa!, Hülse. (Kipemba'.

-*chunga,* sieben

chungu pl. *vyungu,* irdener Kochtopf.

chungu (wa!, Ameise.

chungu (ya pl. *ʒa!,* ein Haufe.

-*chungu,* bitter.

-*chungúa,* herabwerfen, z. B. Früchte von einem Baum. -*chungulia,* jemandem zuwerfen.

chúngwa pl. *machungwa,* eine Orange.

-*chungulia,* gucken.

chuni pl. *machúni,* ein Wasservogel, weiss mit langen Beinen.

chunjua, eine Warze.

chuno kiuno (cha), die Hüfte.

chunvu (cha!, eine Salzkruste.

chúo (cha!, 1' ein Buch. 2) ein spitzer Stock in die Erde gesteckt, um die fasrige Hülse von der Kokosnuss zu entfernen.

chúpa (ya pl. *ʒa!,* im pl. auch *machupa,* Flasche.

-*chúpa = tupa,* hinwerfen. -*chupia,* auf etwas werfen, zerschmettern.

chúpi, eine Vogelart.

-*chupúka,* sprossen. -*chupúʒa,* hervorbringen.

-*churúka,* unerwartet weggeben. -*chururika,* herunterlaufen (vom Wasser'. -*churukiʒa,* das Wasser ableiten.

-*churupúka,* entschlüpfen.

chúrusi, eine Art Meissel.

churúwa, Masern.

-*churuʒa,* einen Laden haben, Krämer sein.

-*churuʒika,* auslaufen, von Flüssigkeiten.

chusa (cha!, Harpune.

chusu (cha!, eine Eidechsenart.

-*chwa (kúchwa!,* untergehen (der Sonne).

D.

-*da (kú-da),* legen (Eier'.

-*dabánga,* mit schmutzigen Fingern anfassen.

-*dábiha,* opfern. a. *dábihu,* Opfer.

dabo (dabbo) pl. *madabo,* ein Heer, eine Schaar.

-*dada,* geschwind wiederkommen. a.

dada, Schwester (Koseworl.

-*dádisa,* gürten, umwinden.

-*dádisi,* ausspähen, ausfragen, besondere Dinge, die einen nichts angehen

dado ya pl. *ʒa!,* Würfel, Spiel um Geld. a.

daftiri, Contobuch. pers.

dáfu (la), die Kokusnuss, halbreif, wenn die Milch am besten ist.

dagaa, ein kleiner Fisch.

-dahajia, bedürfen. a.

dáhara, Zeit. a.

-dahi, opfern, darbringen.

dáhibu, bereit.

-dáhidi, sich bemühen etwas gut zu machen.

dahiri, offenbar, klar. a.

-dai, beanspruchen. a.

dáifu, schwach, krank. a.   *-daifika*, schwach, krank sein.   *-daifisha*, schwächen, krank machen.

-dáili, nachfragen.

dáima, immer. a.   *-dáimu*, irgendwo bleiben. *-daimisha*, fortfahren.

-dairika, zerstreut werden.

dajali, Betrüger. a.   *mesiah addajali*, Antichrist.

daka (la), eine grosse Kokosnuss, welche abfällt.

-dáka, erfassen. *-dakia*, für oder gegen jemand etwas anfassen.

dakáka, alt, nutzlos.

-dakalika, müde sein. *-dakalisha*, bei der Arbeit stören, ermüden.

dakáwa, ein langes Tau.

dakika, Minute. a.

dáku, das nächtliche Fest der Moslem beim Ramadan.

-dakuliza, verneinen, widersprechen.

daláli, ein Makler, Auctionator. a.

dalia, ein kosmetisches Pulver.

dalili, ein Führer, ein Zeichen, das den richtigen Weg weist, Spur. a.

-dálimu, betrügen a. *dálimu*, der Betrüger.

-dálisha, zu Schanden machen.

-daliza = -taliza, glätten.

dallasini, Zimmt.

dáma, 1) rechtliche Geltung. 2) ein Brettspiel.

-damáa = tamaa, sehnlich verlangen. a.

damána = -thamana, Sicherheit, Bürgschaft. a.

damáni, die letzten Monate des Südmonsum, Ende August bis Mitte November, auch die ganze Zeit des Südmonsum von April an.

dambi = thambi, Sünde, Vergehen. a.

-damini = -thamini, Bürgschaft leisten. a.

dámu, Blut. a.

-danga, 1) sorgfältig Wasser schöpfen, ohne den Bodensatz aufzurühren. 2) umherschleudern.

-danganya, betrügen. *-danganika*, ein Lügner und Betrüger sein. *-danganisha*, unmöglich machen, verhindern.

danya, Biestmilch.

dánzi pl. *madanzi*, Orange.

dapa, dapo pl. *madapa, madapo*, ein Palmblatt, mit dem man sich gegen die Sonne schirmt.

dárabi (la), eine Frucht.

dáraja pl. *madáraja*, 1) Treppe, Brücke. 2) Würde. a.

dáraka (ya), Pfand. a.

dárasa (ya), 1) Schule, in der man lesen lernt. 2) Lesebuch. a.

dári (ya pl. *za)*, das obere Stockwerk. a.

-dárizi, sticken. pers. *darizi*, die Stickerei.

daruméti (ya), der Innenbord der Dhau.

-dasini, Dolch.

-dasúa, deutlich sprechen.

dáu (la), eine Dhau.

dauáma, immer. a.

daulati, die Regierung. a.

dáusi, der Pfau.

dawa (la), Medicin. a.

-dawáda, sich waschen vor dem Beten. a.

dawati, ein Schreibzeug. a.

dayima, immer. a.

-debadéba, hausiren.

deffe, einmal. a.

-dehaki, verspotten. a.

-déheni, ein Boot oder Schiff mit Fett einreiben, wie es die Afrikaner thun. *déhéni*, Fett dazu. a.

-deka, launisch sein.

delali = dalali.

delekátwi, ein Singvogel.

deli, die Spitze des Elephantenzahnes. a.

delki, der Schritt des Esels. a.

dema, eine Art Fischreuse.

demani, Segeltau.

demani = damani.

denge, ku kata denge, den Kopf so scheeren, dass nur auf dem Wirbel Haare stehen bleiben.

dengu (ya pl. ʒa), eine Art indischer Bohne.

-dénguri, verächtlich von jemand reden.

déni pl. madeni, Schulden. a.

dérba (ya pl. ʒa), ein Schlag, ein starker Wind. a.

derbini, Fernrohr. a.

déredére, ein kleiner grauer Vogel.

-derewénga, rütteln, sieben.

déria, ein Besatz am Kisibao.

destúri, Sitte, eine Spiere in der Takelage der Dhau. a.

-deteleka, unterbrechen, auslassen.

-detenéa, etwas auf den Zehenspitzen zu erreichen suchen.

-deúa, wegnehmen, z. B. einen Topf vom Feuer.

deúli, eine seidene Schärpe. a.

-deúri, spotten. a.

devai, französischer Wein, Claret. europ.

dia (ya), Wehrgeld, Blutgeld. a.

diáka (la), Köcher.

diára (la), Segnung.

dibáji, der übliche gute Stil beim Briefschreiben, die förmliche Anrede im Brief. a.

-didimia, untersinken.

digali, ein Theil der Wasserpfeife, das Rohr, welches den Kopf mit dem Wassergefäss verbindet.

diháka (ya), Spott. a.

-dii, dahin schwinden, vergehen. a. -diika, verbrauchen, diisha, verbrauchen, jemand schwächen.

-dika, verdorben sein.

-diki, in Noth bringen, ängstigen, quälen. a.

-dikika, in der Enge, in Noth sein.

-dikisha, bedrängen, ängstigen.

-diki (ya), Angst, Noth, Bedrängniss.

-dikidiki, in ganz kleinen Stückchen zerbrochen, ganz fein gemahlen.

dika (la), Landungsplatz.

dili, eine Schlange.

dilladilla, verschiedenes.

dindia, Hefen.

dini (ya), Religion, Gottesdienst. a.

dira, ein Vogel.

dira (ya pl. ʒa), der Schiffskompass. a.

-dira, kurz, schneiden. -dirika, kurz geschnitten sein.

-dirabu, spinnen.

-diriki, tüchtig sein, schneidig handeln. a.

dirisha (la), Fenster.

-dirishi, offenbaren, darstellen.

diriʒi, Panzer. a.

-ditimia, auf hoher See sein.

diwani pl. madiwani, Rathssitzung,Rathsherr. a.

doana, Haken.

-dobéa, reich werden. -dobeʒa, reich machen.

-dobea, gelb werden (von Blättern).

dobi, 1) ein Wäscher. 2) = topi, eine rothe Mütze. chombo ki dóbi, das Schiff ist voll geladen.

-doda, etwas anstossen, herunterstossen.

-doda, tröpfeln.

dodo, eine Mangoart.

-dodóa, immer nur ein wenig nehmen.

dódófu pl. madodófu, ein Fisch, dessen Fleisch giftig sein soll.

dodóki (la), eine essbare Frucht.

-dodóra, herausgraben, herausnehmen.

-dófika, dünn werden, abmagern. a. -dofisha, jemand mager machen, belästigen.

-dogo, klein, jung, jünger.

dohâni, dokhân (ya), 1) eine Art hoher Korb. 2' Schornstein. a.

dóhori (ya), Zeit des mittägigen Gebets der Moslem. a.

dókwa, eine Art Bier.

dómo pl. *madómo*, Vorsprung, Schnabel.

-dona, picken(Vögel), beissen (Schlange).

donda (la), wunde Stelle.

dondo, 1) eine kleine Muschel. 2) Stärke (für die Wäsche).

-dondóa, Körner auflesen. *-dondóka*, einzeln fallen lassen.

dondoro, eine Antilopenart.

dónge (la), Klümpchen.

dongóa (la), Lehmklumpen.

-dononóka, genügendes Auskommen haben.

-dotéa, den Docht der Lampe heraufziehen.

dóti, ein Stück Zeug von einer gewissen Länge (c. 4 yards).

-dotóma, rasch gehen oder segeln.

-dótora, aufkratzen (die Erde).

-doya, spioniren.

draa (la), die arabische Elle, vom Ellbogen bis zur Spitze des Mittelfingers. a.

dúa, Gottesdienst, Theologie. a.

-duala, erstaunt sein.

duara (ya), Winde, Krahn. a.

dude (la), etwas, auf dessen Namen man sich nicht besinnen kann, x.

-dudia, auffüllen.

dúdu (la), Insect, Wurm, Made. a.

dudúu (la), leichte Geschwulst.

-dudúa, arm werden.

-dudúka, die Krätze bekommen.

dudúmi, ein grosses Horn. *-dudumía*, durchbohren, ein Loch machen. *-dudumisha*, hineinpressen.

-dudusha, 1) verspotten, 2) fett machen.

duduvule, eine Art Hornisse.

dufi, eine Schildkrötenart, welche zuweilen giftig ist.

dufu (la), Schwachheit. *dufu*, schwach, geschmacklos.

dúfuda (dafda), dicke Wolke.

duka · dukanu pl. *maduka*, ein Laden (pers.).

-dukiʒa, heimlich zuhören. a. *dukiʒi* pl. *madukiʒi*, Horcher.

-dulli, herunter lassen z. B. eine Flagge. a. *dulli (ya)*, Elend. *-dullisha*, unglücklich machen. *-dullia*, geschehen, sich ereignen.

-dullu, offenbar werden.

dume cf. *-ume*. *bala dume* pl. *mabata madume*, Enterich.

dúmmi (ya), Rauchsäule.

dummu, Kanne, Waschwasserkanne.

-dúmu, fortfahren. a. *-dumía*, bei etwas fest bleiben. *-dúmisha*, fortfahren lassen.

dundúma, zur Ruhe kommen.

dundu (la), ein grosser Flaschenkürbis, eine Art Korb.

-dundwá, verkrüppeln, nicht reif werden.

-dunga, durchbohren.

dunga (la), eine Art Korb vorn Niassasee.

dunge (la), die grüne Schale mancher Früchte.

dungu (la), eine Hütte auf Stangen für Feldwächter.

dungumáro, 1) ein böser Geist, 2) die Trommel, ihn zu bannen.

duni, klein, wenig, niedrig. a.

dúnia (ya), die Welt. a.

-dunsa, nach etwas riechen.

dunsi, Klätscherei.

dúpa (ya pl. *ʒa)*, Feile, Raspel.

-dupa, überschreiten.

durabini, Fernrohr. a.

-duru, umgeben.

-durunnika, sich vermehren.

-durwrika, tröpfeln.

-dúrusi, zum studieren regelmässig zusammen kommen. a.

dusamáli (ya), seidenes Tuch, das die Frauen um den Kopf wickeln.

-dutama, kauern.

dutu, Hervorragung.

dutu (la), Grösse, Gestalt.

dutúma, sieden.

duuni, ein Dhausegel.

duʒi pl. *maduʒi*, ein Klätscher.

E.

-*ea* = *wea* cf. *wa*, 1) rein sein. 2) jucken. 3) Erfolg haben, glücken. (Momb. veraltet.)

ebbe = *lebéka*, zu Befehl.

eda; kukalia eda, sich in der Zurückgezogenheit halten, wie eine Wittwe, die um ihren Mann trauert.

-*edaha*, Schlachtopfer. a.

edashara, elf. a.

-*edi*, seine Dienstzeit aushalten. a.

eema = *dema*, Fischreuse.

eftari (ya), Reisgericht, welches an die Clienten vom Patron im Ramadan ausgetheilt wird. a.

-*egéma*, sich jemand nähern. -*egeméa*, sich auf etwas lehnen.

-*egésha*, dicht heranbringen. -*egeshana*, sich einander nähern.

ehée, ja!

-*eidili*, lernen, was recht ist. a. -*eidilisha*, Gerechtigkeit lehren. *eidili (ya)*, Gerechtigkeit.

eidini (ya), Erlaubniss. a.

eiwä, *ewallä*, ja, gewiss! a.

ekérahi, ein herausforderndes, beleidigendes Wort. a.

-*ekúa*, beim Biegen brechen.

-*ekundu*, roth.

ela, ausser, aber. a.

eläfu (elfu) pl. *elafu*, tausend. a.

-*eléa*, 1) schwimmen. 2) sich krank fühlen. 3) klar werden. -*eléza*, 1) schwimmen lassen. 2) überall bekannt machen. -*elekéa*, sich als wahr herausstellen. -*elekeäna*, einander gerade gegenüberstehen. -*elekéza*, auf etwas hinrichten.

-*eléka*, ein Kind rittlings auf der Hüfte oder dem Rücken tragen. -*elekäna*, sich vertragen.

-*eleléza*, abschreiben, nachahmen.

-*elemea*, zu etwas drängen. -*eleméza*, sich bedrängen. -*elemezäna*, einander stark drücken.

-*elemisha*, unterrichten. a. *elimu (ya)*, Wissenschaft, Unterricht. a.

elfu, tausend.   *elfeen*, *elfain*, zwei tausend. a.

-*elimisha* = -*elemisha*.

-*elkhamis*, Donnerstag. a.

elki, ein Bestandtheil des Currypulvers. a.

-*ema*, gut, angenehm, schön.

-*embámba*, enge, dünn.

émbe (la), Mangofrucht.

émbwe (la), Leim, Gummi.

emdauara, rund. a.

emrabba, viereckig. a.

-*enda*, gehen. -*endéa*, wohin gehen. *endéka*, gangbar sein. -*endeléa*, geschwinde vorwärts schreiten. *maendeléo*, Fortschritt. -*endeléza*, hinter einander gehen. -*endésha*, zum Gehen veranlassen.

-*enéa*, überfliessen, sich ausbreiten, bekannt werden. -*enénza*, sich an einem andern messen. -*enenzesha*, zum messen veranlassen. -*enenzäna*, einander messen. -*eneo (la)*, die Ausbreitung. -*enéza*, vertheilen.

-*enéna* = *enda*.

-*enga*, Canavawurzel zerschneiden, um sie zu kochen.

-*engaenga*, mit Sorgfalt behandeln, verwöhnen.

-*enenza*, messen. -*enenzäna*, sich an einander messen.

-*envi*, besitzend, habend.

-*engúa*, abschäumen.

-*enza*, jemand besuchen, fragen, wie es ihm geht. -*enzäna*, einander besuchen.

enzi, *ezi (ya)*, Herrschaft, Macht, Majestät, Souverainetät. a.

-*eonga*, hin und her schütteln.

-*epa*, auszuweichen suchen. -*epea*, einem Dinge auszuweichen suchen. -*epeka*, zu vermeiden sein. -*epúa*, wegsetzen, abwischen, wegtreiben. -*epuka*, weggehen, sich enthalten, vermeiden. -*epukäna*, entfremdet sein. -*epukika*, zu vermeiden sein. -*epulia*, wegnehmen von etwas. -*epuliza*, niedriger stellen. -*epusha*, zum weggehen, sich enthalten, bewegen. -epushua, verboten sein. -epushana, an einander vorbeigehen. -epusanya, sich von jemand trennen.

-epesi, leicht, nicht schwer, schnell.

-erévu, listig, schlau. -erevuka, listig, schlau werden. -erevusha, listig, schlau machen.

érfa, die Ladung eines Schiffes. a.

ésha, letzte Gebetszeit der Moslem, von 6—8 Uhr Abends. a.

ésse, eine Schraube.

estadi, einer, der eine Sache gut versteht, Meister. a.

estaránge, ein Brettspiel, Schachspiel. a.

-esterehe, ohne Sorgen sein. a.

-eúa, Wasser nach einem Gebet zur Hülfe gegen Krankheit aussprengen.

-eúpe, weiss, rein, klar.

-eusi, schwarz.

ewá, ja! a.

-ewedéka, Alpdrücken haben. -ewedesha, Alpdrücken verursachen.

-eza weza, im Stande sein, gewachsen sein. a. -ezesha, jemand in den Stand setzen, etwas zu thun.

-ezéka, ein Dach mit Stroh decken. -ezúa, abdecken.

ezi = enzi.

F.

-fa (kúfa), sterben. -fia, -filia, -feléa, einem gestorben sein. -fiwa, jemand durch den Tod verloren haben. -fisha, den Tod verursachen. -fishia, verderben. trans.

-faa, nützen, taugen. -falia, nützen zu etwas. -faana, einander nützen.

-fafanua, ausfinden, erkennen, klarmachen, verstehen. -fafanisha, ähnlich sein. -fafanuka, klar werden. -fafanukia, jemand klar sein. -fafanulia, jemand klar machen. -fafanusha, verdeutlichen.

-fagánza, einschlafen.

-faganzi, schwielig werden.

-fagia, fegen.

fáháli pl. mafáháli, männlich. a.

-fáhamu, verstehen, sich erinnern. a. -fahamika, verständlich sein. -fahamisha, verständlich machen.

-fáhari, -fakhari, sich rühmen. a. fáhari (ya), Ruhm.

-faja, Stall.

-fakiri (a. pl. fukara), arm. a.

-fakúa, ganz abschneiden.

-fala = -faa.

Fáladi, alter Name für Mombas.

fáláki (ya), Astronomie, Astrologie. a.

falani fulani, ein gewisser, N. N. a.

fali (ya), Vorzeichen. a.

-falia, siehe -faa.

-fana, sich als gut erweisen, Erfolg haben.

-fanana, sich ähneln. -fananisha, ähnlich machen.

fánguru (ya), Stockzwinge.

fanusi (la), Laterne. a.

-fanya, cf. faa, machen, thun. -fanyia, mit Bezug auf jemand handeln. -fanyika, möglich, auszuführen sein. -fanyikia, erfolgreich sein für jemand. -fanyiliza, jemand Erfolg verschaffen. -fanyizia, einem gut thun. -fanyizika, Glück bringen.

fara (ya), Rand, bis an den Rand voll. a.

farágha (ya), Geheimniss, Einsamkeit. a. -faraghúa, -faragúa, sich absondern, allein sein.

-fáraja, Trost, Linderung. a. -fáraji, segnen, trösten. -farajika, erquickt sein.

fáraka fáriki.

farínga pl. mafarínga, das Küchlein. a.

fárasi pl. mafárasi, das Pferd. a.

fáriki, abgesondert sein, sterben. a. *-farakána, -farakiana*, von einander getrennt, im Streit sein.

-fáriji - fáraja.

-fárishi, sich ausbreiten. a.

-fáritha, bezahlen. a.

fároma (ya), ein Block, auf den gewaschene Mützen gestreift werden, damit sie nicht einspringen. a.

fárathi (ya), Nothwendigkeit, Bedürfniss, Geschäft, von dem jemand seinen Unterhalt hat. a.

farúmi (ya), Ballast.

fashini (ya), der Bug des Schiffes.

fásihi, rein, lauter, durchsichtig. a. *fáseha*, Reinheit, Klarheit.

fásili (ya), ein Setzling, Schoss. a.

-fásiri, erklären, übersetzen. a. *-fasirika*, übersetzt werden. *fásiri (ya)*, Erklärung, Uebersetzung.

fataki (ya), ein Zündhütchen. a.

fáthali, vorzüglich. a.

-fáthehi, ertappt werden, bestürzt werden. a.

fáthili, Freundlichkeit, Gunst. a. *-fathili*, eine Gunst erweisen. *-fathilika*, freundlich behandelt werden. *-fathilisha*, jemand von sich durch Gunstbezeugungen abhängig machen. *-fathiliȝana*, einander Freundlichkeit erweisen.

fátiha, die erste Coransure, welche von den Moslem bei vielen Gelegenheiten gebetet wird. a.

-fatíishi, sehr neugierig sein. a.

-fáwiti, festhalten, hindern. a. *fawiti (ya)*, Störung.

fayida (ya), Vortheil, Gewinn. a. *-fayidi*, gewinnen, Vortheil haben.

faȝaa (ya), Verwirrung, Unruhe. a. *-faȝaika*, unruhig sein. *-faȝaisha*, beunruhigen, schrecken.

feka - fieka, ausroden, um Ackerland zu gewinnen.

felefele (ya), eine Art minderwerthiges Mehl. a.

feleji, guter Stahl. a.

-feleti, Geld geben, damit eine Schuld bezahlt werden kann, befreien. a.

feli pl. *mafeli*, Vorzeichen (besonders böses), der Beginn. a. *ku piga feli*, zum (bösen) Vorzeichen dienen.

fenessi finessi pl. *mafenessi*, die Jackfrucht.

feràga faragha, Geheimniss. a.

ferasi farasi, Pferd. a.

ferdausi (ya), Paradies. a.

fereji (ya), ein Abzugskanal. a.

fersidi - forsadi, eine Art Maulbeerbaum. a.

fetha (ya), Silber, Geld. a.

fethàluka (ya), rother Edelstein, rothe Perlen, Korallen.

-fethehe, tadeln, beschimpfen, entehren. a.

-fetwa, ein Urtheil auf Grund des Islam abgeben. a.

feuli, der Raum im Hintertheil der Dhau, wo Sachen zum täglichen Gebrauch verwahrt werden. a.

fi, in, *tano fi tano*, fünf mal fünf. a.

fia, eine Art Spuckschlange.

-fia, zurücklassen, sterben, verkrüppeln.

-fiagia (cf. fagia), fegen.

-fianda, verletzen, quetschen.

fiandi: bunduki ya fiandi, Karabiner.

-ficha, verstecken, verbergen. *-fichia*, sich vor jemand verstecken, ihm auflauern.

-fidi, auslösen, befreien. a. *-fidia*, für jemand das Lösegeld bezahlen. *fidia (ya)*, das Wehrgeld, Lösegeld.

-fieka, ausroden.

-fieta, zerdrücken.

-fifia, verschwinden. *-fifilia*, beim Zählen, Abrechnen betrügen.

figa pl. *mafiga*, die drei Steine, auf welche ein Topf gesetzt wird.

figili, eine Art weisser Rettich.

figo ya pl. *ȝa)*, Niere.

-fika, ankommen, erreichen. *-fikana*, zu einander kommen. *-fikia, -fikilia*, bei jemand ankommen, einen angehen. *-fikiliana*, zusammenkommen, congruiren. *-fikiliȝa*, ankommen lassen, hereinführen. *-fisha*, hinbringen.

-fikija, zwischen den Fingern zerkrümeln.

fikira, Gedanke, Ueberlegung. a. *-fikiri*, nachdenken, überlegen.

fil, der Thurm im Schachspiel. a.

-fila =*fia*, sterben.

filimbi, die Flöte.

-filisi, subhastiren. a. *-filisika*, Bankerott werden.

-fililisa, durch Betrug erhalten. *-fililisika*, betrogen sein.

fimbo (ya), ein langer Spazierstock.

finessi = *fenessi (ya)*, eine Jackfrucht.

-finginyuka,) sich winden, sich rollen,
-fingirika,) wie eine verwundete Schlange.

-finika =*-funika*, zudecken z. B. einen Topf.

-finya, kneifen. *-finyana*, zusammengedrückt, enge sein.

-finyanga, die Töpferei betreiben, mit den Füssen treten.

-fioa, 1) schneiden. 2) schelten.

-fioga, unter die Füsse treten.

-fiokota, zwischen den Händen drehen, Seil drehen.

-fionda, aussaugen

firigisi (ya), der Kropf der Vögel.

firu pl. *mafiru*, eine Frucht.

-firuka, ärgerlich werden. *-firusha*, jemand reizen.

-fisadi, verderben, etwas Böses im fremden Hause thun. a. *fisadi*, ein Bösewicht.

-fisha, 1) tödten, am Tode schuld sein. 2) bringen.

fisi, Hyäne.

-fita = *-ficha*.

-fithuli, stolz sein, sich etwas einbilden. a.

fitina (ya), Feindschaft, Hass, Verläumdung. a. *fitina* pl. *mafitina*, Verläumder, Verletzer. *-fitini*, Feindschaft anrichten.

-fitiri (ya), Almosen am Ende des Ramadan ausgetheilt. a.

fito (pl. v. *ufito*), lange dünne Stöcke zum Häuserbau und zum Korbflechten.

-fiua, abschneiden, zuschnappen lassen. *-fiuka*, zuschnappen, losgehen, ablaufen (wie eine Springfeder). *fiuko (ya)*, eine Art Falle. *-fiuza*, in einer Falle fangen.

-fiusia, bei langsamen Feuer kochen.

-fiwa (cf. fa), durch den Tod verlieren.

fiwi (pl. *za*), eine Art Bohne.

-fokéa, ein Ackerfeld mit Sand zudecken (bei Ueberschwemmung).

fombo (la), ein Klumpen.

-fomóa, abbrechen.

fondogóa, ein übler Geruch im Mehl.

fongónya (la), eine Baumfrucht.

forari = *furari*, mit Stricken zerbrochenes zusammenbinden. a.

foramali, *foromali (ya)*, eine Raa.

-fórota, schnarchen.

forsadi, Art Maulbeere.

fortha (ya), Zollhaus. a.

frasi, Pferd, Springer im Schachspiel. a.

-fu, todt. *maji mafu*, Nippfluth.

fua (ya), eine Holzschüssel.

fua (la), die Brust. *ana mafua*, er hat Brustschmerzen.

fua = *rua*, schlagen, hämmern, schmieden, rasch nach etwas fassen. *kufua nguo*, Wäsche durch Klopfen waschen.

-fuáma, auf dem Bauche liegen. *-fuamiza*, umstürzen, zum kentern bringen.

-fuaza, verwunden, einschneiden. *-fuazika*, sich mit etwas Scharfem schneiden.

-fuáta, kauen.

-fuáta, nachfolgen, jemand anhangen, gehorchen. *-fuaza*, jemand verpflichtet sein, ganz ergeben sein. *-fuatána*, einander begleiten. *-fuatia*, jemand für sich gewinnen.

fuáwe (la), ein Amboss.

fudifudi, auf das Gesicht (fallen u. dgl.) *-fudikiza*, das Unterste nach oben kehren.

fufu (la), eine leere Schale, Muschel u. dgl.

-ſuſúa, wieder zum Leben erwecken.
-ſuſuka, wieder auferstehen. -ſuſu-liʒa, zum Leben wieder erwecken.

-ſuſúma, jemand überraschen.

-ſuſúmka, rasch aufwachsen.

ſuſumonye, in der Küche (Pemba).

-ſuſurika, überfliessen, überkochen.

-ſúga, aufziehen (Thiere), zähmen. -ſugika, zähmbar sein.

ſugu, ſuguſugu, Zänkerei.

-ſuja, ein Leck haben, verschwenden. -ſujika, auströpfeln, verschwendet werden.

ſujo (la), Hin- und Herlaufen, Unruhe, Unordnung.

ſujoſujo, Langsamkeit, Trägheit.

-ſuka, eine kleine Grube wieder voll-füllen.

-ſuka moshi, rauchen. -ſukiʒa, räuchern. ſukiʒo, Räucherwerk.

ſúkara (eigentlich pl. zu ſakiri) pl. ma-ſukara, ein sehr armer Mensch. a. -ſukarisha, die Verarmung jemand veranlassen.

ſuke (la), grosser Schweisstropfen.

ſukka (ya), ein Festgericht der Ein-geborenen.

ſuko (la), ein grosser Sack.

ſukombe, eine Art Lämmergeier.

-ſukúa, ein kleines tiefes Loch graben, wie z. B. für einen Pfahl. -ſukúa-ſukúa, ein Loch aufwühlen. -ſukúka, aufgegraben werden können.

ſúkwe (pl. von uſúkwe), feiner Sand.

-ſukujika, verdorben werden.

-ſukúʒa, wegtreiben, verbannen. -ſuku-ʒana, einander vertreiben. -ſukuʒia, wegtreiben von jemand.

ſúkwa pl. maſukwa, eine Taubenart.

ſuláni (= ſeláni, ſaláni), ein gewisser, ein gewisses, N. N. a.

ſuli, die rechte Seite (Merima).

ſuli (ya), die Zeit, wenn der Nordwind zu wehen anfängt (Oct., Nov., Dec.).

-ſulia, in Metall arbeiten, schmieden, ciseliren. -ſuliʒa, zum Schlagen ver-anlassen. kuſuliʒa magini, laufen.

ſuliſuli, sehr, viel.

-ſúma, jemand mit Geschoss treffen, weben. -ſumanya, plötzlich auf je-mand stossen, jemand überraschen.

-ſumanyana, ohne guten Grund in ein fremdes Haus gehen.

-ſumia, nähen.

-ſúma = vuma, blasen, brüllen, schnauben.

-ſúmba, schliessen, zumachen, z. B. die Augen, die Hand

ſúmba (la), ein Klumpen.

ſúmba (ya), ein Schlafsack von Matten.

-ſumbáma, kriechen.

-ſumbáta, mit der Hand umfassen, um-spannen. -ſumbatika, umfasst sein. -ſumbáʒa, erfassen.

-ſumbika, in heissen Sand oder heisse Asche stecken.

ſumbo (la), ein Klumpen, ein ver-borgenes Ding, Räthsel, Gleichniss.

-ſumbúa, öffnen, an die Luft bringen, vergl. ſumba. -ſumbuka, zum Vor-schein kommen. -ſumbulia, offen-baren, erklären.

-ſumſúmka = vuvumka, rasch wachsen.

ſumi, eine Art Fisch.

-ſúmka, leck werden.

ſúmo (la), ein Speer mit breiter Klinge.

ſúmu, König.

-ſumúa (cf. ſúma), auseinanderreissen, Verbundenes trennen. -ſumuka, aus-einandergehen. -ſumukána, sich trennen.

ſúnda (la), einen Mund voll.

-ſúnda = ſunʒa, lehren.

ſundajúngu (la), eine Art Mantis religiosa.

ſundarere (la), eine Schlangenart.

ſúndeſúnde (la), Regen und Dunkelheit am Morgen.

ſúndi pl. maſúndi, ein Meister. -ſundisha, lehren. ſúndisho (la), der Unterricht.

ſúndo (la), der Knoten. -ſundúa, auf-binden. -ſundúʒa, aufbrechen.

ſúnga, die Zibethkatze.

ſúnga (la), das lange Haar einiger Araberstämme.

-funga, binden, dicht machen. -ji-funga, sich mit etwas Mühe geben. -funga-mana, dicht verbunden sein. -fun-ganya, zusammenpacken, sich zur Reise rüsten. -funganisha, anbinden. -fungiza, in's Schlepptau nehmen. -fungia, jemand etwas verschliessen. -fungika, angebunden sein. -fungiza, jemand festhalten, blokiren.

fungate, die erste Woche nach der Hochzeit, da der Vater der Braut dem jungen Paar die Kost zuschickt.

fungo pl. mafungo, die Zibethkatze.

fungu (la), ein Theil.

-fungua (vgl. funga), losbinden, öffnen. -funguka, losgehen. -fungulia, für jemand losmachen. -fungulika, frei werden. funguo (ya), Mehrzahl von ufunguo, Schlüssel. -funguza, Speise während des Ramadans geben.

-funika, zuklappen.

funo pl. mafuno vuno, die Erndte.

funo, eine Art Antilope.

funsu pl. mafunsu, Trübung des Wassers.

-funua, aufklappen. -funuka, geöffnet, offenbar sein.

funza, eine Made

-funza vergl. fundi, zeigen, lehren. -funzika, unterrichtet sein, wissen.

fuo (la), Schaum.

fupa (la), ein grosser Knochen.

fupi, kurz. -fupiza, verkürzen.

-fura, schwellen. a

furaha (ya), Freude, Vergnügen. a. -furahi, sich freuen. -furahia, über etwas sich freuen. -furahisha, erfreuen.

-furari, zerbrochenes wieder zusammenbinden.

furda fortha, Depot, Zollhaus. a

-furijika, zerfallen durch Vermoderung).

-furika, überkochen, überlaufen.

furukombe = fukombe, eine Geierart.

-furukuta, in Bewegung setzen, schütteln.

furuma faruma, ein Block, Mützen aufzuspannen.

furumi farumi, Ballast.

-furumiza vurumisha, schleudern, werfen.

-furunga, durchwaten. -furungika, überschätzen.

furungu (la), 1) eine grosse Citrone. 2) Fussring der Frauen. 3) ein Kinderspielzeug.

furuni (ya), eine Art Backofen auf den Schiffen. a.

furushi pl. mafurushi, ein Bündel, in ein Tuch eingebunden. a.

-fusai, arm machen. -fusaika, arm werden.

fusi fussi pl. mafussi, schwarzer Sand, Kehricht.

fussus (fusfus), Edelsteine a.

futa pl. mafuta, Talg, Fett.

-futa -vuta, ziehen, abwischen, durchstreichen.

futari, die erste Speise nach dem Fasten. a.

futi pl. mafuti, Knie (Lamu).

-futua, ausschütteln. -futuka, ärgerlich werden. -futukia, ausschelten.

-futua, ausrupfen, ans Licht bringen. -futulika, ausgerupft sein. -futulira, offenbar werden. -futuza, hervortreiben, gut wachsen lassen.

futuri (ya), die Spanne. a.

futuru = futari. a.

fuu (la), eine kleine schwarze Frucht.

-fuuza (fuza), geradeaus gehen.

fuvu (la), eine leere Schale. fuvu la kitwa, Hirnschale.

fuzi, das Schulterblatt.

fyoma, lesen.

G.

gádi (ya), Stütze für ein Fahrzeug, damit es auf dem trockenen Lande nicht umfällt. -gádinu, ein Fahrzeug stützen.

-gágáa, sich hin und her rollen. -gagáʒa, rollen. trans.

-gága (gangaʹ, zaubern, um wilde Thiere fern zu halten.

gai (laʹ, eine grosse Scherbe.

gála (laʹ, eine Art wilder Katze.

galawa (yaʹ, ein kleines Boot mit Ausleger.

gale (laʹ, eine Holzart.

galili (la, Schildkrötenschale.

galme (laʹ, der kleine Besanmast der Dhau.

gamba; ji-gamba, rühmen, preisen.

gambia (jambiaʹ pl. magambia, der Dolch.

-gamia, mit Bosheit ansehen.

gána (yaʹ, die Ruderpinne.

ganda (laʹ, die Rinde, Hülse.

-ganda, gerinnen. -gandama, stecken bleiben. -gandamia, sich direkt an etwas anlehnen, drücken. -gandua, losmachen. -ganduka, frei werden.

gando (laʹ, 1) ein verlassener Platz, 2) die Klaue der Krabbe.

-ganga, umwickeln, spleissen, heilen, curiren.

gango (laʹ, Band, Klammer.

gani, was?

ganja (laʹ, die Handfläche.

ganju (laʹ, eine Frucht.

gano (laʹ = kano, die Sehne.

ganʒi (laʹ, das Stumpfwerden der Zähne.

gári (la, eine Karre, Wagen.

gáribu = jaribu, versuchen. a.

-gáriki = ghariki, untertauchen. trans. a.

garofúu (yaʹ, Gewürznelke.

-gaúa, abschälen.

gángáu, eine Vogelart.

-gaúka = genka, sich umdrehen, wälzen.

-ganʒa, wechseln, verändern. (Merima.)

-gáwa, theilen, austheilen. -gawánya, mit anderen Antheil haben an etwas. -gawania, jemand sein Theil sichern. -gawanika, getheilt sein.

gébali (yaʹ pl. magebali, Stein, Felsen, Korallenkalk.

-gema, Palmwein auffangen.

genge (laʹ pl. magenge, Corallenfels.

-gengeúka, zu vermeiden suchen.

-geni, fremd.

genʒi: mkun genʒi, jemand, der die Wege gut kennt.

geréʒa (yaʹ, eine Burg, Gefängniss.

-gesa, drechseln.

géshi (yaʹ, Heer. a.

gesi (yaʹ, ein Yard (der Bananen).

gesila (o pishi.

geso (laʹ, Drechselbank.

-geúa, verändern. -geúka, verändert werden. genʒi (laʹ, die Veränderung. -genʒia, für jemand, in Bezug auf jemand verändern.

gháfála, plötzlich. a. -ghafalika, thöricht, übereilt handeln.

ghaidi, Aerger. a.

-ghairi, ändern. a. ghairi, ohne. a.

ghála (ya pl. maʹ, ein Waarenraum. a.

ghálati, Lüge. a.

gháli, theuer. a.

-ghálibu, überwinden. a.

-ghálima, wollüstig sein. a.

-ghámma, im Handel selten geworden sein. a.

ghámmu, Sorge, Angst. a.

ghángi, eine Art Dhau. a.

ghanima, Vortheil, Geschäftsgewinn. a.

ghanja, Art Boot. a.

ghárama, Unkosten. a.

ghárati, Ding, Geschäft. a.

gharika, die Fluth, Fluthen. a. -ghariki, überschwemmt werden. -gharikisha, überschwemmen.

-gharimia, sich Unkosten machen. a.

ghasi, Angst, Zweifel. a.

ghaʒiya, Unruhe, Tumult, räuberischer Ueberfall. a.

ghathabu, Aerger. a.   -*ghathabika*, ärgerlich sein. -*ghathabisha*, ärgern.

ghawini, unabhängig, selbstständig. a.

-*ghelibu*, bemeistern, beherrschen. a.

gheiri, Eifersucht. a.

ghofira pl. *maghofira*, Vergebung. a. -*ghofiri*, vergeben. -*ghofiria*, jemand vergeben.

gholam, junger Mann. a.

ghorofa (*ya* pl. *ʒa*), der Oberstock eines Hauses. a.

-*ghoshi, ghushi*, verfälschen. a.

ghubari(*la*), Regenwolke, Staubwolke. a.

ghubba, eine Bay. a.

-*ghumiwa*, sich entsetzen, sich ängstigen, rathlos sein. a.

ghururi, Unverschämtheit. a. *ghurika*, unverschämt sein.

-*ghusubu*, beschwindeln. a.

gidam, der Sandalenriemen. a.

-*gigiʒa*, überraschen.

gilgilän, ein Bestandtheil des Curry-pulvers. a.

ginsi (*ya* pl. *ʒa*), die Art. a.

-*gisi* · *kisi*, rathen, das Segel wenden. a.

gissi gani, wie viel?

góa (*la*), die Wamme der Rinder.

goa; mtundo goa, der vierte Tag von heute.

goba (*la*), getrocknete Cassava.

-*góba*, beendigen.

-*goboa*, Maiskolben abpflücken (wider den Willen des Eigenthümers).

gódoro (*la*), Matratze, Polster.

gófi (*la*), die Haut von muhógo.

gófia (*ya*), die Rolle, der Flaschenzug.

gofu, verlassen. (Adj.).

gogo (*la*), ein Balken, Stamm, Klotz.

-*gogóa*, wegschaffen.

-*gogoróda*, jemand zwingen.

-*gogóta*, schlagen.

gogota, eine Art Specht.

goigoi, eine Art Ibis.

góle (*la*), der Kropf.

goma (*la*), Pauke.

gomba (*la*), ein Bananenblatt.

-*gomba*, sich widersetzen, streiten. -*gombeʒa*, verbieten. -*gombana*, mit einander streiten.

gombo (*la*), ein Blatt aus einem Buche.

góme (*la*), Rinde, Splitter, eine Art Muschel.

-*goméa*, zumachen (mit dem Schloss der Eingeborenen).

-*gonga*, schlagen.

gónge (*la*), Fasern der wilden Aloe.

-*gongóa*, die Hacke oder die Messer-klinge vom Stiel nehmen. -*gongóka*, vom Stiel abfallen.

-*gongojéa* · -*jigongojea*, sich am Stocke weiter schleppen.

-*gongoméa*, Nägel einschlagen, warmes Eisen auf die Erde zum abkühlen legen.

gongonda, grüner Kakadu, Corythax Livingstoni.

gongwe, eine Art Trommel.

-*gónjoa*, Schmerz empfinden.

-*gonya*, die Geister der Vorfahren be-sänftigen (mit Räucherungen).

-*gopéa*, eine Wunde wieder zum Bluten bringen, sie neu aufreissen.

góra (*ya*), ein Stück Zeug von etwa 30 Yards.

gordi, Art gedruckter Kattun.

gorfa · *ghorofa*, der obere Stock. a.

-*gorodéʒa*, auf die Seite schieben.

gorómwe (*la*), Art grosser Eidechsen.

gorongóndwa, Art Eidechse.

goshi, Segelhalse.

-*gota*, klopfen, schlagen. -*gotagota*, mit den Fingern trommeln. -*gotana*, ancinander stossen.

gote (*la*), Knie. *ku piga magoti*, nieder-knieen.

-*gotéʒa*, Worte verschiedener Dialekte durcheinander bringen.

-*góʒa*, Speise wieder aufwärmen.

grasu · *garofuu* (*ya*), Gewürznelken.

guba (*la*), Blätter des *mgadi* Baumes, welche als Parfum gebraucht werden.

gúbari (la), dicke Regenwolke. a.

gubba = ghubba (la), g. *la mto*, Bucht. a.

gubéti (ya) pl. *ma-*, Vordertheil der Dhau.

gubiti, Gerstenzucker (?).

gubu, Musikinstrument (bestehend aus Bogen und Kalabas).

gude, 1) Ahle. 2) Art Taube.

gudi, Dock für Schiffe.

gudulia, *guduwia*, poröses Thongefäss.

gugu (la), Unkraut im Getreide. *-gugu*, wild, unbebaut.

-gugumia, herunterschlucken.

-gugúna, an etwas knabbern.

-gugurúsha, Geräusch machen, wie eine krabbelnde Maus.

gugúta (ya), ausgedroschener Maiskolben.

-guia, nehmen, ergreifen (Merima).

gúmba (ya), Daumen, grosse Zehe.

-gúmbaa, nicht klar sehen, wie ein Trunkener. *-gumbáʇa*, betäuben.

-gumbána, an etwas anstreifen, mit etwas zusammenstossen.

gúmbo; gúmbo la ndā, grosse Hungersnoth.

gumegume; bunduki ya g., Steinschlossgewehr.

-gúmu, hart, schwer.

-gúna, brummen, murren.

-gundúa, überraschen, einen der sich versteckt hält.

gungu (la), Art Tanz.

-gungúmka, verschwinden (vom Nebel gesagt).

gúnya (la), Art Reisssack.

gunyombe, eine Krankheit des Cassava.

gunʇi (la), Maiskolben.

-gúra, den Wohnplatz wechseln. a.

-gurisha, verbannen.

gurágu, ein betäubender Stoff, der geraucht wird (ähnlich wie Hanf).

gúrguru, rasselndes Geräusch.

guru, Art Zucker.

gurudumo (la), Rad.

gúrufu (la), offener Weg.

guruguru, Art Eidechse, die in Erdlöchern lebt.

-gurugusha, pfuschen.

-gúsa, leise berühren.

-guta = -gota, anstossen.

gutu, Stumpf eines verstümmelten Gliedes.

-gutúa, jemand aufschrecken. *-gutúka*, aufgeschreckt werden.

guu (la), Fuss.

-gwa, fallen (Tumbatu).

-gwáma, gequescht werden, eingeklemmt werden.

gwaʇe, Wildschwein.

H.

ha, Zeichen des Negativs.

ha, Contraction für *nika*, z. B. *hamwona = nikamwona*, und ich sehe ihn.

hába, wenig.

habábi (pl. ma), mein Herr! (eigentlich mein Freund). a.

habali, jähzornig. a.

habári (ya), Neuigkeit, Geschichte, Botschaft. a.

hábba, Gummi, Vogelleim.

habba pl. *ma-*, Liebe. a.

habda, ein Schiffstau.

habla (ya) = kabla, bevor. a.

habushia, ein Abessynier.

hádia (ya), Betrug, List. a. *-hádia*, betrügen. *-hadáika*, betrogen sein.

hádari = háthari, Vorsicht. a.

háddi (ya), Grenze. a.

hadia, Gabe, Opfer, Vermächtniss. a.

hadimu (pl. ma), im Land selbst geborener Sklave. a.

hadithi (ya), Geschichte, Ueberlieferung. a. *-hadithi*, Geschichten erzählen.

hafifu, leicht. a.
-*hafithika*, bewahrt bleiben. a.
hai, lebendig. a.
haiba (ya, schöne Gestalt, Würde. a.
haina, da ist nicht.
hautássa, noch nicht.
haj, die Pilgerfahrt nach Mekka. a.
haji pl. *mahaji*, Mekkapilger, Bekehrter.
haja (ya), Verlangen, Eigenschaft. a.
-*hajiri*, auswandern. a. -*hajirika*, lange ausbleiben.
hakali; ku mshika hakali, jemand Eintrittsgeld bezahlen lassen, weil er mit in neue Arbeit eintritt.
hákimu, Richterspruch, Geldstrafe. a.
háki (ya, Gerechtigkeit, Recht, Rechtsausspruch bes. auch auf Lohn. a.
hakika, Wahrheit. a. *hakika yangu*, (u. s. w. mit pron. possessivum), gewiss ich, ist gewiss für mein Theil.
-*hakiki*, erproben. a.
hakim, Arzt. a.
hákimu (wa) pl. *ma-*, Richter. a.
-*hákiri*, demüthigen. a.
hako, er ist nicht da.
hakúna, da ist nicht.
halifa, *haláfu*, jetzt gleich. a.
halali, erlaubt (nach dem Islam). a.
halasa (ya), Löhnung der Seeleute. a.
hali (ya), Zustand, Gesundheit. a. *u hali gani*, wie geht es?
hali, Fragepartikel. a.
-*halibu*, schwärzen. a.
-*hálifu*, übertreten, sündigen. a.
halili yako, zu Ihren Diensten. a.
hálisi, wirklich, genau, echt. a.
halúla (ya, Mandelentzündung.
haluli; chumvi ya haluli, Bittersalz.
hálwa, Art von arabischem Confect. a.
-*hama*, die Wohnung wechseln, verziehen. a. -*hamisha*, verbannen.
hamali pl. *ma-*, Träger, Kuli. a.
hamámi (ya, öffentliches Bad. a.
hamáya, Schutz. a. *fi hamayat el alemani*, unter deutschem Schutz.

hamdi (ya), Preis, Lob. a.
-*hami*, beschützen. a.
-*hamili*, schwanger sein. a.
hamira (ya), Sauerteig. a.
hamna, hier ist es nicht.
hamo, es ist nicht hier.
hamu (ya) ghammu, Sorge, Angst. a.
hamumi (ya, eine Art Taback.
hana, er hat nicht.
-*hana*, mittrauern. a.
hanámu (ya) pl. *ma*, Bug einer Dhau.
hanamu, *henamu*, schief.
handáki, trockener Graben, in Befestigungen. a.
-*hangaika*, Eifer zeigen.
hangwe, Haken, Krummheit, Unaufrichtigkeit; der arabische Buchstabe ع
-*hamikiza*, unterbrechen in der Rede, überschreien beim Zank.
hanjar, Säbel. a.
hanza, gewisse Masttaue.
hanzúa, Schwerttanz nach Beendigung des Ramadan.
hao, *hawo*, jene.
hapa, hier.
hapana, da ist nicht, es giebt nicht.
hapo, dort.
-*hara*, an Durchfall leiden. a.
harabu, ein Spitzbube. a.
-*háraja*, sich grosse Ausgaben machen. a.
haráka, rasch, geschwinde. a. -*haraka*, eilig sein.
haramia, Räuber, Pirat. a.
harámu, verboten (nach dem Islam). a.
harara, Hitze, Eile. a. *hararii*, ein Hitzkopf.
hardál, Senf.
hári, Hitze, Schweiss. a.
-*háribu*, zerstören, verderben. a. -*haribika*, verdorben sein.
-*harijia*, ein Fest geben, verschwenden. a.
-*harimu*, für verboten erklären. a.
harióe, Interjection, Ruf, wenn ein Schiff sichtbar wird.

hariri *(ya)*, Seide. a.

hárúfu *(ya* pl. ẓa*)*, Buchstabe, besonders die arabischen. a.

harufu *(ya* pl. ẓa*)*, Geruch.

hárusi, Braut; Hochzeit. a. bwana harusi, Bräutigam.

hásá, hasai *(ma-)*, castrirt. a. -hási, castriren.

hasída *(ya)*, Brei von mtama-Mehl. a.

hasanta ahsanta*'*, bravo, danke schön. a.

hasira *(ya)*, Verlust.

hásha, durchaus nicht, gewiss nicht.

hasháráti, ein Herumtreiber, Nichtsnutz. a.

háshiki *(ya)*, brennende Liebe. a.

hasho *(ya* pl. ma-*)*, Stück Holz, mit welchem ein Leck zugestopft ist.

-hásibu, zählen. a.

hasida *(ya)*, eine Art Brei.

hásidi *(ya* pl. ma-*)*, Neid, Missgunst. a. -hasidi, beneiden.

hasira *(ya)*, Aerger. a. -hásira, verletzen. -hasirika, verletzt sein.

hassa, genau. a.

határi, Gefahr. a.

-háthari, vorsichtig sein. a.

hathiri, bereit, fertig. a.

-hatia, jemand anklagen. hatia *(ya)*, Unrecht, Sünde, Verbrechen. a.

hatima, Ende, zuletzt. a. -hatimisha, beendigen.

hatta, bis. a.

hattámu *(ya* pl. ẓa*)*, Zaum. a.

hatti, Handschrift, Dokument, Testament. a.

hatúa *(ya)*, Schritt. a.

háwa, diese.

hawale, jene.

háwá *(ya* pl. ma-*)*, Concubine.

háwa *(ya)*, Luft. a.

háwa, hawái *(ya)*, Liebe, Lust, Verlangen. a.

háwala, Wechsel. a.

-hawili, sich verbürgen. a.

haya, diese. hayale, jene. hayano, jene. hayo, diese.

háya *(ya)*, Scham, Bescheidenheit, Ehrgefühl. a.

haya *(heiya)!* rasch, geschwinde.

hayámbo hauajámbo, es geht ihm gut.

hayanwáni, ein wildes Thier, Dummkopf.

hayúko hako, er ist nicht hier.

hazámu pl. ma*)*, Gurt, Nasenring der Frauen in Zanzibar. a.

házina *(ya)*, Schatz. a.

hazitassa hatassa, noch nicht.

-hedaji, verlangen, brauchen. a.

hedaya *(ya)*, Geschenk. a.

-hehema, aus Schwachheit zittern.

heiba — haiba *(ya)*, Schaden. a.

hejazi, die Provinz Hejaz in Arabien. a.

hekalu, der Tempel in Jerusalem, grosses Gebäude. a.

-hekemia, niesen.

hékima *(ya)*, Weisheit, Verstand. a.

héma *(ya)* pl. ma-, Zelt. a.

-hema, nach Luft schnappen. (Merima).

-hémdi, -hemidi, loben, preisen. a.

heusirami *(ya)*, Rohr der Tabackspfeife.

henẓa *(ya)*, Segeltau, Halyard.

héri — kheri *(ya)*, Glück. a. kua heri, lebe wohl.

heria, Ruf, wenn man zuerst ein Schiff kommen sieht.

hérimu *(pl. ma)*, Gleichheit, Gleichaltrigkeit. a.

héro *(ya)*, hölzerne Schüssel.

herufu = harufu, Buchstabe. a.

hesa hesa, Interjection der Aufmunterung an Arbeiter.

-hesábu, zählen, berechnen. hesabu *(ya)*, Rechnung, Meinung. a.

héshima, Ehre, die man jemand erweist; Ehrengeschenk (des Gastes an den Gastgeber). a. -heshimu, Ehre erweisen.

hessi, Schraube. -hessi, schrauben.

hetti, Menstruation. a.

hezáya *(ya)*, Schande. a.

hii, dieses. hiile, jene.

hiána (vom sing. uhiána), Härte.

hiathi, verstorben.

-hibia, gefallen. a.

hidima (ya, Dienst. a.

-hifathi, beschützen, bewahren. a.

hijo, dieses.

hikaya, etwas wunderbares, unerhörtes (eigentlich Mährchen). a.

hiki, dieses. *hikile*, jenes.

hila (ya), List, Betrug. a.

hili, dieses. *hilo*, jenes.

hima, geschwinde, rasch. *hima hima*, geschwinde! *-himia*, antreiben. *-himija*, beschleunigen.

-himili, tragen, ertragen. a.

hindi (la, pl. *ma-)*, Mais.

-hini, etwas zurückbehalten, verweigern. a.

hinna, Henna. a.

hino, dieses.

hirimu (wa pl. *ja*, Altersgenosse. a.

hiriji (ya pl. *ja*, Amulet auf dem Leibe zu tragen. a.

hissa, Verzeihung. a.

hitima (ya pl. *ja)*, Begräbnissmahl, Lesen der Grabgebete. a.

-hitimu, den Schulunterricht durchgemacht haben. a.

hivi, diese. *hivile*, jene. *hivyo*, auf solche Weise. *hivyo vioyo*, genau so

hiyari (ya, Auswahl. a.

hiyo, diese.

-hiji, Schande machen. *-hijika*, zu Schanden gemacht werden.

hiji, diese. *hijile*, jene.

hodari, stark, kühn, tapfer. a.

hodi, Ruf des Besuchers, ehe er in ein fremdes Haus eintritt.

hóduma, Dienst, Arbeit, Geschicklichkeit. a. *-hodumu*, einen Dienst leisten.

hofu = khofu, Furcht. a.

hogo (la, eine recht dicke Canavawurzel.

hohe hahe, Interjection, um äusserste Armuth auszudrücken.

hoho (ya); mkate wa hoho, Pfefferkuchen.

-hojihoji, dringend bitten. a.

hókumu (ya, Gericht, Urtheil. *-hókumu*, aburtheilen. a.

homa, Fieber. a.

hóri, ein schmaler Meeresarm. a.

hóri (la pl. *ma-*, eine Art Canoe.

horohóro, eine Art Vogel.

hosiko, kaum, mit genauer Noth.

hósumu, Streit. a.

hótuba, Vorlesung und Gebet in der Moschee. a.

hójuni, Angst, Sorge. a.

hu, Verbalpraefix für alle Klassen zur Bezeichnung einer gewohnten Thätigkeit. *hunena*, er pflegte zu sagen.

hua, Taube.

hubba, Liebe, Zuneigung. a.

-hubiri, Neuigkeiten berichten. a.

hudumu (ya, Dienst. a. *-hudumia*, jemandem dienen.

-húduru, sich versammeln. a.

-hui, wieder aufleben. a. *-huika*, sich erholen. *-huisha*, erwecken.

huja (hoja), Ursache, Sache, Geschäft. a. *-hujiana*, etwas mit einander zu thun haben.

hujambo, sind Sie wohl?

-huji, jemand ausfragen.

-hújuru, jemand verlassen. a.

huko, dort. *huku*, hier. *hukule*, dort hinten.

huku, pron. demonstr. des Infinitivs.

-hukumu = -hokumu, richten, Urtheil sprechen. a.

-hulu, auslassen. a.

-húluku, erschaffen. a.

humo, dort, von dort.

humu (ya = *hamu*, Betrübniss. a.

humule, dort.

huno, dies.

huo, dieser.

húri, ein Freigelassener. a. *huru* (pl. *ma*), frei (kein Sklave). a.

húruma, Barmherzigkeit. a. *-hurumia*, barmherzig sein gegen jemand.

-hussu, theilen, Testament machen. a. hussu (ya), Theil, Testament. -hussia, jemand etwas vermachen, einen Auftrag geben.

-húsudu, ohne Grund beleidigen und schädigen. a.

-húsumu, mit jemand streiten, zanken. a.

húsuni, Burg. a.

-húsuru, belagern. a.

-huthuria, wagen, hinzukommen. a.

huu, dieser. huule, jener dort. huyo, dieser. huyu, dieser. huyule, jener dort.

-huȥika, mit einbegriffen sein.

huȥuni (ya), Angst, Sorge, Bekümmerniss. a.

hwenda (= hu enda, es pflegt zu geschehen), vielleicht.

I.

-ia (wia), Schuld ausstehen haben. -iwa, verschuldet sein. -iwisha, die Zahlung einer Schuld durch gerichtliche Klage erzwingen.

iasi (ya), eine indische Medicin für Wunden.

-iba (ku - iba), stehlen. -ibika, unbewacht, wie für den Dieb daliegen.

ibáda (ya), Dienst, Gottesdienst. a.

iblis, Teufel. a.

idádi (ya), das Rechnen, die Zahl. a.

-idili, Anstand lernen. a. idili (adili) (ya), Anstand, artiges Benehmen.

idini (ya), Erlaubniss. a.

-ifia, verderben, verpfuschen.

iftahi, Glück bringend. a.

-iga, verspotten, besonders Fremde durch Nachahmung ihrer Sprache.

-ihtaji, verlangen, wünschen. a.

ihtilafu, verschieden. a.

-ihtimu, mit der Schule fertig werden. a.

ijara (ya), Löhnung. a.

ijáȥa, Belohnung.

ikhiari = ni kheri, besser, eher, lieber. a.

ikhtiari, Wunsch, Wille.

iki, Dicke im Gegensatz zur Breite.

-ikiȥa, quer hinüberlegen.

iko, dort ist es.

ila (ya), Schande, Fehler, Tadel. a.

ile, jenes.

ilimu (ya), Lehre. a.

ilio, das, was ist. ilioko, das, was dort ist.

iliȥi, ein Zaubermittel gegen Löwen. a.

ilkanūn, die Regel, Vorschrift. a.

ilki, Cardamom.

illa, ausser. a.

illakini, aber, sondern. a.

illi, damit. a.

ima-ima, entweder — oder. a.

-ima, aufstehen (obs.). -imamia, aufstehen gegen jemand, jemand befallen. -imisha, aufrichten.

-ima, die Kost eines anderen verzehren.

imani (ya), Glaube, Vertrauen. a.

imára (ya), Festigkeit, Stärke. a.

-imba (kuimba), singen. -imbia, jemand besingen. -imbika, singbar sein. -imbisha, singen lassen.

imbu, Moskito.

-inama, sich neigen, sich beugen. -inamia, sich wohin neigen. -inamisha, beugen. -ji-inamia, sich niederbeugen. -ji-inamisha, sich niederbiegen.

inchi (ya), Land, Gegend.

-inda = -winda, jagen.

inda, Unverschämtheit, Unruhe. ku fánya inda, stören, belästigen.

-inga, verscheuchen, z. B. die Vögel.

-ingi, viele.

-ingia, hineingehen, hineinkommen. -ingilia, in etwas hineingehen. -ingiȥa, einlassen.

-ingine, anderes.

ini (pl. ma-ini), Leber.

-inika, auf eine Seite legen.

inna, wirklich. a.

inshallah, so Gott will. a.

-inua, aufheben. *-inuka*, aufgerichtet sein. *-ji-inua*, sich erheben. *-inulia*, um einer Sache willen erheben. *-inulika*, um einer Sache willen errichtet sein.

inya (wa), Mutter.

-inyi, besitzend.

inʒi (pl. *mainʒi*), Fliege.

iowe, Schrei, Lärm.

-ipa, begehren, wünschen.

ipi, Schlag mit der Oberseite der Hand.

ipi, was? *kama ipi*, wie?

ipu (la), Geschwulst.

-ipua, vom Feuer nehmen.

iriba (ya), Wucher. a.

-irika, ohnmächtig werden (?). *iriʒa*, beunruhigen.

iriwa, Schraubstock.

-isa, 1) gefallen, lieben (poët), 2) sich sättigen.

is.ira, Verläumdung. a.

ish, Interjektion der Abweisung, Zurechtweisung.

-isha, beendigen. *-ishia*, *-ishilia*, beendigen um einer Sache willen. *-ishilisa*, beendigen.

ishara (ya), Vorzeichen, Omen, Modell. a.

-ishi *-isha*, leben, andauern. a.

isilakhi, Gewinn. a.

isilimu (wa) pl. *maisilamu*, Muhammedaner. a.

isimu (ismu), Name, Name Gottes. a.

istiska (ya), Wassersucht. a.

istiwai, *hat el istiwai*, Equator. a.

-ita, 1 rufen, 2) in eine Form giessen. *-itana*, einander rufen. *-itia*, um einer Sache willen rufen. *-itika*, Antwort geben, wenn man gerufen ist. *-itikia*, für jemand Antwort geben. *-itikiʒa*, seinen Beifall ausdrücken. *-itikiʒana*, sich gegenseitig Beifall bezeugen.

ithini, Erlaubniss. a.

itilafu, Gefahr. a.

ito (la), Knöchel am Fuss.

-iva, reif, gar sein. *-ivisha*, gar kochen.

ivo pl. *maivo*, Stiel des Drillbohrers *(keke)* der Eingeborenen.

-iʒa, verweigern.

-iʒara, Klätscherei machen a.

J.

-ja, kommen. *-jia*, zu jemand kommen. *-jika*, zugänglich sein. *-jiwa*, Besuch bekommen.

-jaa, voll werden. *-jaliʒa*, anfüllen. *-jawa*, voll sein. *-jaʒa*, anfüllen. *-jaʒwa*, angefüllt sein.

-jaa, Müllhaufen, Kehrichthaufen.

jaa: shika majira ya jaa, steure nach Norden.

jaali, mächtig, glücklich sein. a. *-jaalia*, jemand glücklich machen, ihn segnen.

jabali pl. *majabali*, Felsen, Felskuppe. a.

jabári, Herrscher (Titel Gottes). a.

-jáidi, dringend bitten. a.

jáddi (ya), Hunger, Elend. a.

jáddi (ya), Steinbock (Himmelszeichen). a.

jáddi (ya), Urgrossvater, Vorfahr. a.

-jadili.ina, sich streiten mit jemandem. a.

jáfi, Insect, welches über die Haut kriechend, wie eine Nessel brennt.

jáfu, Korb aus Rohr, um Garneelen zu fangen, Fischreuse.

jága, Schuppen, um Korn und dergl. aufzubewahren.

jágina, muthig, kühn. a.

jáha, Macht, Glück. a. *kilango cha jáha*, die Thür des Paradieses.

-jahabu, aufs Land ziehen, ein Boot und dergl. jahabu (la), Stütze eines ans Land gezogenen Schiffes und dergl.

jaháʓi (ya pl. ma-), Schiff, Fahrzeug.

-jahi, mächtig machen.

jáhi, Nordpol.

-jáhili, 1) unwissend. 2) keine Furcht kennen, furchtlos sein. a. jáhili, muthig, tapfer.

jáhim, Hölle. a.

-jaja, anfangen zu verderben, zu verfaulen.

jálada (ya pl. ʓa), 1) Deckel eines Buches. 2) Peitsche. a.

jáli, rein, aufrichtig (?).

-jáli, fürchten, ehren. -jalia, beschenken, segnen. -jaliwa, gesegnet, mächtig sein.

jamáa (ya pl. ʓa), Gesellschaft, Familie. a. -jámaa, sammeln, versammeln.

jamála, Höflichkeit, Anstand. a.

jam.inda (pl. maj-), runder Korb von Rohr mit Deckel.

jambia (la) pl. majambia, krummer Dolch.

jambo (la pl. majambo oder mambo), Umstand, Zustand, Geschäft. jambo, mir gehts gut · si jambo. hujambo, dir gehts gut. hajambo, ihm gehts gut. jambo sana, guten Tag.

jamia oder jamii, Menge, Masse, Haufe. -jamia, versammeln. -jamiisha, versammeln.

jámvi (pl. majamvi', grobe Matte von Palmblattstreifen, den Fussboden zu bedecken.

jána, gestern. mwaka jana, voriges Jahr.

janiba, Schmutz, Unreinigkeit. a.

jángwa pl. maj-, Wüste.

jáni pl. maj-, Blatt. jani kiwiti, grün. -janua, Blätter treiben.

jarari, ein gewisses Schiffstau.

-járibu, versuchen. a.

jarifa pl. maj-, eine Art Schleppnetz. a.

jasása, eine Art Perle.

jásho, grosse Hitze.

-jasiri, wagen, muthig sein. a. -jasirisha, muthig machen.

-jasisi, auskundschaften, ausforschen. a.

jasmini, Jasmin.

jássi (la) pl. maj-, Schmuck im Ohrläppchen.

jauri (ya), Ungerechtigkeit, Willkür, Unterdrückung, Tyrannei. a.

jauʓi (ya), ein Paar. a.

jawa, grobes indisches Töpferzeug.

jawabu pl. ma-, Antwort, Zustand. a.

jawáwa (ya), weiches Holz.

jawi (ya), eine Art arabischen oder indischen Zeuges.

jaʓi (ya), 1) eine gewöhnliche Sache, von der Ueberfluss vorhanden ist. 2) Lohn, Belohnung.

-je, Fragepartikel.

je, Interjection = He!

jébali (jabali) (la) pl. maj-, Fels. a.

jebu, ein Frauenschmuck, unter dem Kinn getragen.

-jelidi, einbinden, ein Buch. a.

jemadári pl. maj-, Befehlshaber. a.

jembe (la), die Hacke der Eingeborenen.

jembéni, Säge der Europäer.

jéna, Art kleiner Schalthiere.

jenáb, Seite. a. ila jenab, an S. Wohlgeboren.

jenénʓa (ya) pl. ma-, Bahre. a.

-jenga, bauen.

-jéngo (la) pl. ma-, Gebäude, Haus (von Holz, Baumaterial. -jéngua, ein Gebäude niederreissen.

jénna, das Paradies der Moslem.

jénʓa (ya), Mandarinenapfelsine.

-jepa, rauben, stehlen.

-jepéa, lieben (alte Sprache).

jéraha (ya), Wunde. a.

jérehe (ya), Schleifstein.

-jeribu -jaribu, versuchen. a.

-jéruhi, verwundet werden. a.

jéshi (la), ein Heer, eine Menge. a.

jésila, Go pishi.

jéte, Markt, der in manchen Gegenden alle vier Tage abgehalten wird.

-jetéa, aufgeblasen sein.

-ji-, Reflexivpronomen.

jibile (la), Antwort. Vergl. *-jibu.*

jibrani (ya), Vortheil, Gewinn. a. *-jibrika*, Vortheil haben.

-jibu, antworten. a. *-jibiwa*, eine Antwort erhalten.

jibwa (la) pl. *majibwa*, ein grosser Hund.

jicho pl. *macho*, Auge. *jicho la maji*, Quelle.

-jidahi, sich Mühe geben. a.

jifu pl. *majifu*, Asche.

jifya pl. *mafya*, einer der drei Steine, auf welche der Kochtopf gesetzt wird.

-jigamba, sich rühmen.

jihidat, Fleiss, Eifer. a.

jiko pl. *meko*, die Feuerstelle. *jikoni*, in der Küche.

-jilia, zu jemand um einer Sache willen kommen.

jiliwa pl. *majiliwa*, Schraubstock.

jimbi pl. *majimbi*, Hahn.

jimbo (la), bewohnter Landstrich. *kuosha na jimbo*, ein neugeborenes Kind mit Wasser und Medicin waschen.

jimla, die Summe, das Ganze. a.

jina pl. *majina*, Namen.

jinamizi, 1) Verneigung. 2) Alpdrücken. 3) Todtenstille. 4) Art Fisch.

-jinika, sich tief verneigen.

jinni pl. *majinni*, Dämon. a.

jino pl. *meno*, Zahn. *jino la ufunguo*, Bart des Schlüssels. *meno la kaa*, Scheeren des Krebses.

-jinya, die Stirn runzeln.

jioni, Abend.

jipu pl. *majipu*, eine Beule.

jirani (wa) pl. *ma-* oder *(ya)*, Nachbar. a.

-jiri, herankommen. a.

jisi, Beschaffenheit.

jisima (ya), Leib, Körper. a.

jisu pl. *maj-*, ein sehr grosses Messer.

-jitenga, aus dem Wege gehen, besonders Personen, die man nicht ansehen darf, wie z. B. den Schwiegereltern.

jiti pl. *majiti*, Baumstumpf.

jitimai, grosser Kummer.

jito — jicho pl. *mato*, Auge (Mombas). *jito lagu*, der Knöchel am Fuss.

jitu pl. *matu* oder *majitu*, ein grosser, starker Mensch.

-jituka, sich die Zähne an harten Dingen verderben.

jivi, wildes Schwein.

jivumbe, Räucherwerk.

jiwe pl. *majiwe* oder *mawe*, Stein, Felsen.

jodari, Art Fisch.

jogóo, *jogoi* pl. *ma-*, der Hahn.

johari (la), Juwel, Edelstein. a.

joho (ya), Wollenzeug, langer Rock der Araber. a.

jóka (la) pl. *majoka* oder *mijoka*, grosse Schlange.

joko, Ofen des Töpfers.

joko — toko, Art Wicke.

jókojóko, Energie.

-jokoza, jemand nicht in Ruhe lassen.

jóma, Knittel.

jombo (la) pl. *majombo*, ein sehr grosses Gefäss.

-jongea, näher kommen. *-jongeana*, einander näher kommen. *-jongeleana*, einander näher kommen. *-jongeza*, *-jongezea*, näher bringen. *-jongezana*, einander näher bringen.

jongo, Gicht.

-jongoja, den Bräutigam bei der Hochzeit auf den Schultern tragen.

jongóo (la) pl. *majongoo*, schwarzer Wurm, mit vielen Füssen.

-joniota, nicht brennen wollen (z. B. Tabak).

jórgia (wa), weisse Sklavin (aus Georgien).

-joróro, weich.

jóto (ya), Hitze.

joya (la) pl. *majoya*, Art Kokosnuss.

józi, Wallnuss. a.

józi (ya), ein Paar. a.

jua (la), Sonne. *jua kitwani*, Mittag.

-júa, wissen, kennen, verstehen. *-juana*, einander kennen. *-juisha -júvia*, be-

kannt machen. -*jula*, an etwas erinnern. -*juikana*, bekannt sein mit jemand.

juba (la), Stemmeisen.

-*juburu*, zwingen. a.

jugo, Erdnuss.

jugu, Ameisenhaufen, Termitenhaufen. Merima.

jugwe (la), langes Seil.

juhudi (ya), Anstrengung, Eifer. a.

juku, Risiko.

jukumu, Schiffsladung von Gütern verschiedener Eigenthümer.

jukwari, Gerüst.

juma, Freitag, Woche. *juma ya mosi*, Sonnabend. *juma ya pili*, Sonntag. *juma ya tatu*, Montag. *juma ya nne*, Dienstag. *juma ya tano*, Mittwoch.

jumaa, Versammlung. a.

jumba (la), grosses Zimmer, grosses Haus.

jumbe pl. *majumbe*, Adliger, Vornehmer, Dorfoberhaupt, Vermittler, Gesandter.

-*jumbeza*, aufhäufen.

jumla (ya), die Summe, alles zusammen. a. -*jumlisha*, zusammen zählen.

jumu (ya), Schicksal. *jumu ngema*, Glück. a. *jumu mbaya*, Unglück.

jumubi, Süden. a.

junya, eine Art Mattensack.

jura, ein Paar.

-*juta*, betrübt sein, bereuen. -*jutia*, betrübt sein wegen einer Sache. -*jutisha*, betrüben.

juto (la) Strom.

juu, oben. *juu ya*, über.

juya pl. *majuya*, Schleppnetz.

juzi, vorgestern. *mwaka juzi*, voriges Jahr.

-*juzu*, verpflichtet sein, müssen. a. -*juzia*, zwingen.

juzuu (la), Kapitel des Koran. a.

K.

-*kaa*, bleiben, wohnen, sitzen. -*kaa kitako*, niedersitzen. -*kalia*, um einer Sache willen sitzen bleiben z. B. *ku - m - kalia*, betrauern. -*kawa*, zaudern, zögern. -*kawia*, -*kawilia*, versäumen. -*kawisha*, aufhalten. -*kaliana*, einander aufhalten. -*kalika*, bewohnbar sein.

kaa (la), Kohle. *kaa la moshi*, Russ.

kaa (ya), Landkrabbe.

kaa la kinwa, *kaakaa (la)*, Gaumen.

kaamba (la), grosser Krebs, Hummer.

-*kaanga*, braten. *kaango (la)*, irdener Topf, Fleisch darin zu braten.

kaba ya kanzu oder *kaba la kanzu*, Saum um das Halsloch des *kanzu*.

-*kaba*, würgen, erdrosseln.

kabaili, etwas Grosses z. B. *kabaili ya watu*, die Honoratioren. a. *thambi kabaili*, Todsünde.

kabala, gegenüber. a.

kabari (ya pl. *za)*, Keil.

-*kabihu*, ergreifen, fassen. a.

kabati (ya), Schrank.

kabibu, schmal, enge. a.

kabila, Familie, Clan. a.

-*kabili*, vor jemand sein, gegenüberstehen, trotzen. a. -*kabiliana*, einander gegenüberstehen. -*kabilisha*, vor jemand stellen; vor jemand bringen, senden. -*kabilisha nyaraka*, Briefe senden.

kabili, Flötenspieler.

kabisa, durchaus, gewiss, ganz und gar.

-*kabithi*, sicher in die Hand geben, fest in der Hand halten. a. *kabithi*, Sparsamkeit.

kabla (kabula), früher. a. *kabla ya*, vor, ehe.

kabosi, Harfe.

kabuli, Genehmigung. a.

kaburi (la, Grab. a.

-*kadamisha (kadimisha)*, voranschicken. a.

kadámu, Diener, der unterste der drei Vorarbeiter in der Plantage. a.

-kádiri, denken, voraussetzen. a. -kadirika, denkbar sein.

kádiri (kadri) (ya), Maass, Betrag; mässig, ungefähr. a. kadri gani, wieviel?

kafára (ya) pl. ma-, Zauber, um Uebel abzuwenden.

káfi = kahafi pl. ma-, Schaufelruder. (Merima).

káfila, grosse Karavane. a.

káfiri pl. ma-, Heide, Nichtmuhamedaner, a.

kaftáni, Kaftan. a.

-kafukia, laut schreien.

káfule, kéfule, Interjection der Verachtung. a.

káfuri, Kampher. a.

kága (ya), Geschwulst.

-kága, einen Zauber zum Schutz einer Sache anwenden.

kágo (la), ein Schutzzauber.

kagongo (cha), kleiner Stock. kagongongo, ein ganz kleines Stöckchen.

-kagúa, hin- und hergehen, um etwas zu beaufsichtigen.

káha la yayi, Eierschale.

káhaba pl. ma-, Prostituirte. a.

káhadi, Epidemie, wie Cholera,Pocken. a.

kahafi (la), Schaufelruder.

káhawa, Kaffee. a.

káhini, Zauberpriester, Wahrsager. a.

káida, Regelmässigkeit. a. ya kaida, regelmässig.

-kaidi, widerspänstig.

káimu pl. makáimu, der Stellvertreter des Fürsten. a.

kajúa, untergehende Sonne.

káka (la), Fingerkrankheit.

káka pl. ma-, Schale der Apfelsine, des Eies, welche weggeworfen wird.

kaka, Bruder (im Kihadimu).

-kakamuka, vor Anstrengung stöhnen.

kakássi, ein wenig bitter.

-kakáta, Leibschmerzen haben.

-kakawána, kräftig sein, fähig Anstrengungen zu ertragen.

káki, ganz dünner harter Zwieback.

kala, Fuchs (?).

kala, Wort. a.

kalafati, kalfatern. a.

kalái, Bratpfanne.

kalíla, Blütenscheide der Kokospalme, Honigwabe.

kálamu (ya pl. ma-), Rohrfeder zum Schreiben. a.

kalasha, kleines Stück Elfenbein. a.

kále, längst vergangen, alt.

kalfáti (ya), Werg, welches zwischen die Schiffsplanken gestopft wird, um sie dicht zu machen. a.

-kali, scharf, strenge, bitter, wild, stark.

kali, vielleicht.

-kalia siehe kaa.

-káliba, scharf, heiss, sauer sein. a.

-kálibu (ya), Gussform, Schmelzofen. a.

-kálifu, beunruhigen, quälen, ärgern. a.

kálima, freies Wort, Selbstständigkeit. a.

-kalipia, bedrohen, schimpfen. a.

-kalubu (ya), Haken. a.

káma, gleich wie, wie, wenn, als. a.

-káma, melken.

kama manga (la), Granatapfel.

kámasa, etwas schönes (?).

kámasi pl. mak-, Nasenschleim. futa kamasi, die Nase schnauben. sinveji kamasi, ich habe den Schnupfen.

-kamáta, fassen, ergreifen. -kamatana, einander ergreifen.

kamba (la), Wabe.

kamba (wa pl. ja), Krebs.

kambá (ya), Tau.

kámbo, Stiefkind. baba wa kambo, Stiefvater. mama wa kambo, Stiefmutter.

kambi, Hütte, wie die Reisenden sie sich machen, Kraal ums Lager.

kámbu (ya), Spross, Zweig.

káme, durch die Ebbe trocken gelegt, überhaupt trocken, wüste.

káni, Zwiebelgewächs mit rothen Blüthen.

-*kamia*, tadeln, hart zusetzen, bedrohen, reizbar sein.

kámili, ganz, völlig. a. -*kamilia*, -*kamilika*, vollkommen, ganz sein. -*kamilisha*, fertig machen. -*kamilifu*, vollständig, fertig.

-*kamúa*, auswinden, ausquetschen. -*kamulia*, auspressen.

kámwe, durchaus nicht, niemals.

kana = *kama*, gleich wie, als, wenn.

kana, Ruderpinne.

-*kána*, verneinen, leugnen, verleugnen. -*kania*, für jemand ableugnen. -*kanika*, geleugnet werden. -*kanisha*, -*kanyusha*, -*kanusha*, zum Ableugnen veranlassen, ableugnen.

kamádili pl. *ma*-, Kämmerchen mit Kloset auf den Schiffen der Eingeborenen.

kanda (la), 1) langer Mattensack, unten breiter als oben. 2) Riemen.

-*kanda*, kneten, massiren. -*kandamana*, einander kneten. -*kandamiza*, drücken. -*kandika*, bewerfen, z. B. eine Mauer mit Lehm.

kanderinya (ya), Wasserkessel, Theekessel.

kande, kandi (ya) pl. *ma*-, grosser Vorrath.

kandia, kleiner Pfad.

kandili pl. *mak*-, Laterne. a.

kandindi, Graphiurus Kapensis.

kando (la), verlassene Werftstelle.

kándo (ya pl. *za)*, Seite, Rand, Küste, Strand. *kando (ya)* oder *kandokando (ya)*, längs.

kángá (wa pl. *za)*, Perlhuhn.

-*kánga (kaanga)*, braten, mit Fett oder Butter. -*kanga moto*, wärmen.

kánga la mnazi, Zweig der Kokospalme, welcher angezapft wird, um den Saft zum Palmwein zu erhalten.

kangága (la), Art Grass in Sümpfen.

kangája, 1) kleine Mandarinenapfelsine. 2) Art Fisch ohne Schuppen.

kani; mbeja wa kani, junger, ordentlicher, starker Mensch.

kánia, Medicin für die *mshipa* (Blutgefäss) Krankheit.

kániki, dunkelblauer Kaliko.

kanisa (ya) pl. *ma*-, christliche Kirche.

kanji, Stärke (zur Wäsche), Arrowroot.

kanju (la), Art Nuss.

kanju = *kanzu*.

káno (la), Sehne.

-*kanza (kanga)*, wärmen.

kansi, die grosse Knolle einer Kriechpflanze.

kántára (ya), Brücke. a.

kanu (wa), Art Marder.

kanúni, etwas nothwendiges. a.

kanwa (la), Mund.

-*kanyaga*, niedertreten, zertreten.

kanzi (ya), 1) Schatz. 2) besondere Speise, wie sie eine Muhamedanerin ihrem Geliebten während des Ramadan sendet.

kanzu (ya), langes Hemde.

kao (la), Wohnplatz.

kaoleni, ein unzuverlässiger, doppelzüngiger Mensch.

kapa pl. *ma*-, Art Rock.

kápi (ya) pl. auch *makápi*, Rolle, Flaschenzug.

kápi (la) pl. *makápi*, Spreu, Hülsen.

kapo, da ist nicht.

kápu pl. *ma*-, grosser Korb.

kapwai, Art Reis.

kar, eine Million (indisch).

karafu mayiti, Kampfer (?).

kárama, Wichtigkeit, Einfluss, Ehre. a.

kárámu (ya), ein Zweckessen, zur Ehre jemandes. a.

karáni, Sekretär, Schreiber, Supercargo. a.

karara, holzige Blüthenscheide der Kokospalme.

karasia, Art Milchgefäss.

karata (ya), Spielkarte. europ.

karatasi (kartasi (ya), Papier. europ.

káratha, Anleihe auf kurze Zeit ohne Zinsen. -*kirethi*. Geld auf kurze Zeit ohne Zinsen leihen, trans. und intrans. a.

3*

kária (ya), Stadt. a.

kariadu, Art Zeug.

kárib, 1) nahe. 2) komm näher, komm herein. a.

karibu (ya) pl. auch *ákraba*, naher Verwandter. a. -*káribu*, sich nähern. *karibu ya* oder *na*, nahe. -*karibia*, sich jemand nähern. -*karibiana*, einander näher kommen. -*karibisha*, näher bringen.

karimu, freigebig. a.

-*karirisha*, recitieren.

karo, 1) Bezahlung in Naturalien. 2) Jähzorn.

kása pl. *ma*-, Schildkröte.

kasabu (ya), Zeug, in welches Goldfäden verwoben sind.

kasara (ya), Aerger, Heftigkeit. a.

kasási (ya), Rache, Wiedervergeltung. a.

kasha (la), Kiste, Koffer.

-*káshifu*, heruntersetzen, verläumden. a.

kasia (la), Ruder. *vuta makasia*, rudern.

kasiba (ya) pl. *ma*-, Gewehrlauf. a.

kásidi, Vorsatz, Absicht; absichtlich.

kasiki (ya) pl. *ma*-, grosser irdener Krug.

kásiri (ya), Ende, spät, zuletzt. a.

-*kásiri*, ärgern. a. -*kasirika*, sich ärgern. -*kasirikia*, sich ärgern über etwas. -*kasirisha*, jemand ärgern. -*kasiriana*, einander ärgern.

kaskázi, der vom Dezember bis März wehende Nordwestwind: die trockene Zeit. *kaskazini*, im Norden, von Norden, nach Norden.

kassa (kasoro), weniger. a.

kassi, hart, stark, heftig. -*tia kassi*, spannen, schnüren. -*kwenda kassi*, eilends laufen, stürzen.

kassimele, Milchsaft der Kokosnuss.

kassi (ya), Faden, Schnur, Garn.

kasúko, grüner Papagei, Pionias fuscicapillus.

káta (ya) pl. *makata* oder *(za)*, Löffel aus der Schale einer Kokosnuss.

káta (ya), Grassring, um die auf dem Kopfe getragenen Lasten zu stützen.

káta, Blatt im Buche, Heft.

-*káta*, schneiden, fällen, entscheiden. a. -*katika*, abgeschnitten, entschieden sein, abbrechen. -*katiana*, einander beschuldigen. -*katakáta*, klein hauen.

-*katáa*, verweigern, zurückweisen. -*katalia*, um einer Sache willen zurückweisen. -*kataza*, verbieten.

-*kátaba*, schreiben. a.

katámi (ya), Hanf, Flachs. a.

kátha, Eile. a.

kathalika, gleicherweise. a.

kátha wakátha, viel, viel mehr. a.

kati, innen, mitten in. *katihati*, ganz in der Mitte.

kátibu pl. *ma*-, Schreiber. a. -*katibia*, für jemand schreiben.

katika, in, zu, auf, während.

katili, Mörder, Todschläger kann auch Ehrentitel eines Helden sein).

katiti, ein wenig.

káto (la), Aufhören, Hemmung. -*katiza*, unterbrechen, hemmen.

kátu (ya), Art Gummi, die mit Betel gekaut wird.

-*katúa*, poliren. -*katuka*, glänzend, polirt sein.

-*kaúka*, trocken werden. -*kausha*, trocken machen. -*kavu*, trocken.

káuli, Wort. a.

káuma, die Kalumbawurzel.

káumu (ya), Genosse, Soldat. a.; pl. auch *ákwamu*, Soldaten.

káuri, Kaurimuschel.

-*káwa*, bleiben, zögern, aufgehalten sein (s. *kaa*).

káwa (la), 1) Schimmel, *ku fanya kawa*, verschimmeln. 2) ein Korbdeckel, um Speisen u. s. w. vor Staub zu schützen.

kawádi, (Schimpfwort) schlechter Mensch.

kawáida (ya), Nothwendigkeit, Gewohnheit, Voraussetzung. a.

káwe (ya) pl. *(za)*, Steinchen, Kiesel.

káya (la), Art Schalthier.

kayámba (la), Art Rassel, welche beim tanzen und zaubern gebraucht wird.

-kaẓa, befestigen, dicht machen. -kaẓa mbio, schnell laufen. -kaẓika, fest werden. -kaẓana, einander festhalten.

kaẓi (ya), Geschäft, Arbeit, Anliegen.

kaẓimwi, todte Kohle.

káẓo (la), Druck, Kniff.

-ke, weiblich.

kebába (cha pl. ẓa), ein Maass, der vierte, aber auch der dritte Theil des pishi.

keeẓo, Drechselbank.

kéfule, Interjection der Verachtung.

-kéfyakéfya, verächtlich behandeln, seinen Spass mit jemand treiben.

kéke (ya), Bohrer der Eingeborenen.

kekee, rundes Armband von Silber der eingeborenen Frauen.

kekévu (ya), der Schlucken.

kékwe, Unkraut.

-keléa, einkerben, einsägen.

keléle (ya) pl. makeléle, Lärm, Getöse, Geschrei.

-kéleti, sitzen.

-kéma, jemand rauh behandeln, anschreien. -kemea, jemand um einer Sache willen anfahren.

-kemáa, beendigen.

-kémba, eingiessen.

kembémbe, Gänsehaut, von Frost oder Fieber.

kénda, neun; wa kenda, der neunte.

kendá pi = kwenda wapi, wo geht es hin?

kénde (la), Scrotum.

-kénga, betrügen. -kengána, einander betrügen.

kénge, grosse Wassereidechse.

kengéa (ya), Klinge.

kengée, der Schaft grosser Straussenfedern, von dem der eigentliche Flaum weggenommen.

kengée ya júa, die Sonnenscheibe.

kengéle, Glocke. -piga kengéle, die Glocke läuten.

-kengeúa, auf die Seite drehen. kengeúka, auf die Seite gedreht sein.

kengéwa (wa pl. ẓa), Art Hühnerhabicht.

kéra, Unruhe, Aufregung.

keráni -- karáni, Schreiber. a.

-kerekéta, reizen, kratzen (von Halsund Augenschmerzen).

kerenyénde (kerinyénde), Wasserjungfer, eine Art Wachtel.

kerenyénsa, Stückchen, Scherbe.

-keréẓa, raspeln, drechseln.

-kérimu = -kárimu, ein Fest geben. a.

kéro _ kéra, Unruhe.

-késha, wachen, die Nacht mit etwas zubringen. -kesheẓa, wach erhalten.

kesha (ya), Nachtwache.

kesho, morgen. késho kútwa, übermorgen.

kéte (ya), Kaurimuschel.

-kethebisha, zum Lügen veranlassen. a.

-keti, niedersitzen, bleiben, wohnen. a.

-kétisha, niedersitzen lassen.

kéu, Schlag, Streich.

kéukéu, Schluchzen.

khábari (ya), Neuigkeit. a.

khadáa, Betrug. a.

khafífu, unwichtig. a.

kháini, Verräther. a.

-kálifu, widerstehen, opponiren. a.

khamastáshara, fünfzehn. a.

khámi, Läufer im Schachspiel.

khámsi, fünf. a. khámsini, fünfzig. a.

khárdali (ya), Senf. a.

-kháriji, ausgeben. a.

khátari, kühn, tapfer. a.

khátti, Brief, Handschrift, Document. a.

khátima, Ende, Vollendung. a. -khatimisha, vollenden.

khatiýa, Fehler, Sünde. a.

kháẓana (ya), Schatz. a.

kheiri (ya), Glück, glücklich, gut. a. kua kheiri, lebe wohl.

khéma (ya), Zelt. a.

-khini, betrügen. a.

-khitari, auswählen. a.

khitima nẓima, ein vollständiges Exemplar des Koran. a.

khofu, Furcht, Gefahr. a. -khofisha, in Furcht setzen.

khorj, Eselsattel. a.

-khúbiri, Neuigkeiten erzählen. a.

khúsumu, Feindseligkeit. a.

-khútubu, predigen. a.

khuʒurúngu, braungelber Stoff zum *kanʒu* der Männer.

kia pl. *via*, Klinke, Drücker.

-kia, über etwas hinübersteigen.

kiada, langsam, deutlich. a.

kiagano, Versprechen, verabredeter Platz zur Zusammenkunft.

kiali (cha), Funke.

kialio (cha), 1) Korn, das man zur Abendmahlzeit braucht. 2) Bratenleiter.

kiáma = kiyama, 1) Sündfluth, wie sie vor dem Ende der Welt nach dem Glauben der Suaheli — Moslemin kommen wird. 2) Auferstehung der Todten. a.

-kiamámba, vertrocknen.

kiamba (cha), Klippe in der See oder im Fluss.

kiamo, Biestemilch.

kiána (cha), Topfdeckel.

kiánga (cha), klares Wetter nach dem Regen.

kiapio (cha), Jubelgeschrei.

kiápo (cha), Eid, Gottesurtheil.

kiárabu, Arabisch.

kiási (cha), Maass. *kiasi cha bunduki*, Patrone. *kiasi gani*, wieviel.

kiáti (cha), Schwärmer, Feuerwerkskörper.

kiátu (cha), Sandale, Schuh.

kiawanyo (cha), Maass.

kiaʒi (cha), Süsskartoffel.

kibába (cha), ein Maass (c. ⅐ Liter), ein Viertel.

kibago (cha), Fussbank, Klotz.

kibaku (cha), Flecken.

kibakuli (cha), Art Kafferkorn.

-kibali, gedeihen.

kibánda (cha), Hütte. *kibanda cha uso*, Stirne.

kibandúo (cha), kleine Zauberkalabass (Merima).

kibanyani; ndege ya kibanyani, ein Vogel, Symplectes kersteni.

kibánʒi (cha), Splitter.

kibáo (cha), Brett, Waarenfach.

kibapára (cha), Armer (Schimpfwort).

kibarabára (cha), Art langer Fisch, Schwätzer.

kibáranʒa (cha), kurzer, schwerer Stock.

kibáraʒa (cha), kleiner Steinsitz.

kibárra (cha), kleine Wüste.

kibárua (cha), Zettel; Tagelöhner, welcher für seinen Zettel seinen Lohn empfängt, Kuli.

kibáta (cha), kleine, vertrocknete Kokosnuss.

kibatobáto (cha), Flecken, wie der Leopard sie hat.

kibátu (cha), Blechgeschirr.

kibáuro (cha), unnützes Geschwätz.

kibáwa cha kanga, Art Schlange von der Farbe des Perlhuhns.

kibe, Kunstausdruck im *kodwe* Spiel (Steinchenspiel).

kibebéru (cha), Bart des Ziegenbockes.

kiberámu (cha), Flagge.

kiberéti = kibriti (cha), Schwefel, Schwefelholz. a.

kibéte (cha), kleiner Fuss.

kibeti (cha), Zwerg.

kibía (cha), irdener Topfdeckel.

kibiongo (cha), ein alter, schwacher Mensch.

kibirika (cha), steinerner Wassertrog.

kibóbwe (cha), Binde, den Bauch einzuschnüren.

kibodóo (cha), Stock, um ein Seil damit anzuspannen.

kibofu (cha), Blase, Kropf.

kibogoshi (cha), kleiner Ledersack.

kiboko (cha), Flusspferd.

kibondwe (cha), Brei (aber noch nicht gekocht).

kibosange (cha), Glassperle.

kibrani (ya), Verdienst, Vortheil. a. *-kibrika*, Vortheil haben. *-kibrisha*, jemand zu einem Vortheil verhelfen.

kibriti, Schwefelholz. a.

kibwéta *(cha)*, Kapsel, Büchse, Pult.

kibuhudi *(cha)*, Kummer. a.

kibula, Richtung nach Mekka, wohin die Muhamedaner beim Gebet neigen; in Sansibar also nach Norden. a.

kibumba *(cha)*, ein kleines Päckchen von irgend etwas.

kibúnchu *(cha)*, grosses Flechtwerk um Korn aufzubewahren.

kibungúu *(cha)*, irdenes Küchengeschirr.

kibúnʒi, Ende des persischen *(Neru;nʒi)* Jahres.

kiburi *(ya)*, Stolz, Hochmuth. a.

kiburipembe *(cha)*, Art Vogel.

kibuyu, kleines Gefäss aus der Schale der Frucht des Boabab, welches z. B. zum Auffangen des Palmsaftes gebraucht wird.

kibuʒi *(cha)*, Böckchen; vergl. *mbuʒi.*

kibwa, kleiner Hund.

kichaa *(cha)*, Mondsucht. *mwenyi kichaa*, mondsüchtig.

kicháka *(cha)*, Haufen Holz, Dickicht.

kichála *(cha)*, Bündel. *kichala cha mʒabibu*, eine Traube.

kichéko *(cha)*, Lücheln, Kichern.

kichikichi *(cha)*, die kleinen Nüsse in der Frucht der Oelpalme.

kichiléma *(cha)*, das Herz an der Spitze der Kokospalme, welches als Salat gegessen wird.

kicho *(cha)*, Furcht, gefährlicher Ort.

kichochéo *(cha)*, das Anschüren des Feuers, Werkzeug dazu.

kichochoro *(cha)*, sehr schmaler Gang zwischen den Häusern in Sansibar.

kichwa ⸗ kitwa *(cha)*, Kopf.

kidáka *(cha)*, noch ganz kleine, unreife Kokosnuss, vergl. *kitale, dafu, koroma, naʒi.*

kidaka cha nyumba, Nische, Schlupfwinkel im Hause.

kidako *(cha)*, Perinäum.

kidanga *(cha)*, noch ganz unreife Frucht.

kidari *(cha)*, Brustbein, das Bruststück vom geschlachteten Thier.

kidaua *(cha)*, kleines Gefäss. *kidaua cha wino*, Tintenfass.

kidauati *(cha)*, kleine Schachtel, Kästchen.

kidémbe *(cha)*, Lispeln.

kidéme *(cha)*, Theil der Gedärme.

kidéri *(cha)*, Krankheit des Federviehs.

kidéte *(cha)*, Wiesel, Ratte (?)

kidévu *(cha)*, Kinn, Bart.

kidi, es genügt. a. -kidia, jemand zufrieden stellen.

kidiku *(cha)*, eine Art Edelstein.

kidimbwi *(cha)*, Lache am Strande, welche bei der Ebbe zurückbleibt.

kidimu; kuku wa kidimu, Huhn mit gesträubten Federn.

kidinga popo, das Dengue-Fieber.

kidinkwiri *(cha)*, Art giftiger Fisch.

kidogo *(cha)*, ein wenig, ein bischen.

kidóko *(cha)*, schnalzen mit der Zunge.

kidóle *(cha)*, Finger, Zehe. kidole cha gumba, Daumen.

kidónda *(cha)*, Wunde.

kidóndo *(cha)*, Reisig zum Feueranmachen.

kidónge *(cha)*, Klümpchen, Pille.

kidongóa *(cha)*, Klumpen harten Lehms.

kidóto *(cha)*, Binde, mit welcher den Kamelen, die am Göpel gehen müssen, die Augen verbunden werden.

kidúde *(cha)*, irgend eine Kleinigkeit; ein Ding, auf dessen Namen man sich eben nicht besinnen kann.

kidúdu *(cha)*, Zerstreutheit, plötzliches Vergessen einer bekannten Sache.

kidudúmi *(cha)*, Horn der *Kungu*-Antilope, mit dessen Tönen man die Schweine von den Gärten fern zu halten sucht.

kidúlu *(cha)*, Art Zeug, Sammet. (?)

kidúndu *(cha)*, Kalabass (Lamu).

kidúnga *(cha)*, Korb mit breitem Rande.

kieléʒo *(cha)*, Modell, nach dem etwas zu arbeiten ist.

kiémbe *(cha)*, kleiner Mangobaum.

kiévu *(cha)* = kidevu, Kinn, Bart.

kiendeléʒo *(cha)*, Fortschritt.

kiénge *(cha)*, Bündel trockener Kokosblätter.

kiénʒi (cha', Tragbahre.

kiſá (cha), Pfanne ' des Steinschlossgewehrs.

kiſadúro (cha), Husten der Kinder.

kiſáſa (cha', Krämpfe, Epilepsie. a.

kiſalme, auf königliche Art.

kiſamſani (cha', stinkendes Insekt.

kiſíno (cha', Ebenbild, Aenlichkeit.
kiſáni, desgleichen.

kiſamúa (cha), das Aufheben, Aufdecken.

kiſaránga (cha', ein ganz junges Küken.

kiſaramsa, französisch.

kiſárasi (cha), Pferdchen, nach Art
eines Pferdes. a.

kiſáru (cha', kleines Nashorn.

kiſaúme = *kiſalme,* auf königliche Art.

kiſauongo (cha), Käfer, welcher sich
todt stellt, wenn man ihn anrührt.

kiſídio (cha', Bezahlung (in Naturalien).

kiſíko (cha', Ankunft, Reiseziel.

kiſo (cha), Sterbeort.

-kiſu, genügen. a. *-kiſía,* jemand zufrieden stellen.

kiſu ndúgu, 1) Steissbein, welches nach
der Meinung der Muhammedaner
nicht verfaulen soll. 2) Brustschmerzen.

kiſúa (cha', 1) Brust (des Menschen).
2) kleiner hölzener Teller.

kiſúete, Eichkätzchen (?).

kiſúſu (cha', leere Schale der Kokosnuss.

kiſúko (cha', 1) Säckchen, Geldbörse.
2) kleiner Wasserkrug.

kiſúmba (cha', Mattensack, Schlafsack.

kiſúmbu (cha), Sack oder Korb um
Kokosnüssen den Saft auszupressen.

kiſúndo (cha), Knoten. *kiſundo cha
mguu,* Ferse.

kiſúngo (cha', etwas das festmacht, z. B.
Knopf, Gefängniss, Handschellen.
kiſungo cha dini, Ehrentitel Muhammeds.

kiſungu (cha', kleiner Theil.

kiſungua (cha', etwas, das öffnet. *kiſungua kanwa,* Frühstück. *kiſungua
mlango,* Geschenk, welches der
Bräutigam der Duenna der Braut

machen muss, ehe er sie das erste
Mal besucht.

kiſungúo (cha', kleiner Schlüssel.

kiſuniſúni; ku lala kiſuniſuni, auf dem
Bauche liegen.

kiſuniko (cha), Deckel.

kiſúno (cha) vergl. *mavuno,* Erndte.

kiſúo (cha', Stock, welcher in die Erde
gesteckt wird, um damit die Fasern
der Kokosnuss abzuschälen.

kiſúpa (cha', kleiner Knochen.

kiſúrushi (cha', ein Bündel Reis, Mehl
oder dergl. in die Ecke eines Tuches
gebunden.

kiſúsi (cha), Schutt.

kiſúu (cha', Schale der Kokosnuss.

kigága (cha', Schorf.

kigái (cha', Scherbe, auch Dachziegel.

kigánda cha mkóno, kiganga, kiganja,
Handfläche.

kigelegéle (cha), Freudengeschrei (wenn
ein Kind geboren ist und bei andern
festlichen Gelegenheiten).

kigerenyénʒa (cha), kleine Scherbe.

kigeugéu, wankelmüthig.

kigiri, Bestechung.

kigiso (cha), Hühnchen.

kigógo (cha', 1) Holzblock. 2) Wundschorf.

kigómba (cha), kleine Banane.

kigóngo (cha', 1) Keule. 2) Höcker
eines Buckligen.

kigósho (cha), Krümmung, Haken.

kigóta (cha), Stengel des Kafferkorns,
welcher wegen seiner Süssigkeit gekaut wird.

kigóvi (cha), kleines Fell, Stückchen
Leder.

kigúba (cha), das gerollte Blatt des
Mgaddi Baumes.

kigúdwia (cha', irdener Wasserkrug
mit engem Halse und mit Henkel.

kigúgu, dicht, zusammen.

kigugúmiʒa, kigugumiʒi (cha), Stotterer,
Stammeler.

kigugúta cha hindi, Maiskolben, von
dem die Körner entfernt sind.

kigúli (cha¹, Furcht, Schrecken.

kigúmba (cha), eiserne Pfeilspitze.

kigunamáwe (cha¹, Art kleiner Fisch.

kigúnda (cha¹, Antilopenhorn.

kigúngu (cha¹, irdenes Küchengeschirr.

kigúni (cha¹, kleine, oblonge Mattensäcke, in welchen die Datteln aus Arabien nach Sansibar gebracht werden.

kigúni, ein kleines Stückchen Brennholz.

kigúnʒi (cha¹, letzter Tag des persischen Jahres.

kigúta (cha), schattiger, kühler Hain.

kigúʒo (cha¹, kleiner Pfosten.

kigwe (cha¹, gellochtene Schnur, Besatz.

kiharúsi (cha¹, Krampf. a.

kihéma (cha¹, Schilderhaus für den Gartenwächter. a.

kihérehére (cha moyo¹, Herzklopfen.

kihindi, nach indischer Art.

kihóri (cha), ein kleines Kanoe.

kiíngu (cha¹, Wölkchen.

kiíni cha mti, das Mark eines Baumes.

kiíni cha yayí, das Eigelb.

kiúnimáto (cha¹, Augenverblendung, Taschenspielerei.

kiúnúa mgóngo, Trinkgeld.

kiúsha, nachdem dies beendigt ist, hernach.

kiúvuívu, aschfarben.

kijakáʒi (cha¹, kleines Sklavenmädchen.

kijalúba (cha¹, kleine Büchse, welche die Frauen auf der Brust tragen.

kijamánda (cha, kleine längliche Büchse, in welcher Betel und Arecanuss getragen wird.

kijámba (cha), kleiner Felsen.

kijána (cha¹, junger Mann, junges Mädchen.

kijánga, jung, unreif, unverständig.

kijapi (cha¹, das Zeichen, welches die Eingeborenen von Jagga und Usambara an der Stirn machen.

kijáraha (cha), Geschwür, kleine Wunde. a.

kijégo (cha), Kind, welches mit Zähnen geboren wird und welches Unglück bringt.

kijelejéle = kigelegele, Freudengeschrei.

kijembe (cha¹, Taschenmesser der Europäer.

kijengéle cha ajári, Sauce von Mangofrüchten und süssem Palmwein.

kijibóko (cha), kleines Flusspferd.

kijibwa (cha¹, kleines Hündchen.

kijicho (cha), kleines Auge, neidischer Blick.

kijigúu (cha), kleiner Fuss.

kijiji (cha), kleines Dorf.

kijiko (cha), kleiner Löffel.

kijimbi (cha), junger Hahn.

kijingajinga (cha¹, thörichte, unverständliche Weise und Rede.

kijiri - kigiri, Bestechung.

kijisu (cha¹, kleines Messer.

kijitánsu (cha), kleines Aestchen.

kijiti (cha¹, Bäumchen, Busch, Splitter.

kijito (cha), Bächlein.

kijitwa (cha), kleines Töpfchen.

kijiwi, diebisch.

kijiwe (cha¹, Steinchen. *vijiwe vijiwe*, leichter Ausschlag im Gesicht bei Kindern.

kijóbwa (cha), kleines Büschel.

kijogóo (cha¹, Art Muschel.

kijóli (cha¹, die Schaar der Sklaven eines Herrn.

kijómba, nach Art der Suaheli von Mombas.

kijómbo, kleines Fahrzeug, Boot.

kijongo - kigongo, Höcker eines Buckligen.

kijóyo (cha), Herzchen, Verlangen nach etwas.

kijukúu (cha¹, Urgrosskind.

kijúmba (cha¹, Häuschen.

kijúmbe (cha¹, Heirathsvermittler.

kijúni (cha), Vögelchen.

kijúto (cha¹, Bächlein.

kikáango (cha¹, kleiner Topf, darin zu braten.

kikáka (cha), Eile.

kikále, nach alter Art, aus alter Zeit.

kikámba, nach Art der Wakamba.

kikánda (cha), Säckchen.

kikánzu (cha), Hemdchen.

kikáo (cha), Wohnort, Eigenschaft, Betragen.

kikápu (cha), Säckchen.

kikasiki (cha), kleiner Krug für Honig, Fruchtsäfte u. dergl. a.

kikáwe (cha), Steinchen.

kikáza (cha), die Holzstücke, welche man über der Fenster- und Thüröffnung einmauert.

kike (cha), Weiblichkeit. *mkono wa kike*, die linke Hand.

kikéti (cha), blaue Glasperle, bei den Wakamba im Innern beliebt.

kikeukéu (cha), Schluchzen.

kikia (cha), Schwänzchen.

kikisa, in gebrochenen Worten sprechen.

kiko (cha), Tabackspfeife aus einer Kokosnuss. *kiko cha mukono*, der Ellenbogen. *kiko cha moto*, Feuerstelle ausser dem Hause.

kiko cha Wagallo, Marktflecken bei den Galla.

kikóa, gemeinschaftliche Mahlzeiten, bei denen der Reihe nach einer der Gesellschaft nach dem andern die Kosten trägt.

kikófi (cha), Innenseite der Finger. a.

kikohózi (cha), trockener, quälender Husten.

kikói (cha), weisses Lendentuch, mit bunten Streifen am Rande.

kikóka (cha), Art Grass.

kikolólo (cha), Sauce aus gemahlenen Bohnen mit Kokosmilch.

kikómba (cha), Heisshunger.

kikómbe (cha), kleine Muschel, Tasse.

kikómbo (cha), ein kleines krummes Ding.

kikómo (cha), das Ende, Ziel. *kikómo cha uso*, Stirn, Stelle der Augenbrauen.

kikómu, völlig reif.

kikondóo (cha), Schäfchen.

kikóngo (cha), grosser krummer Dorn.

kikóngwe (cha), ganz alter Mensch.

kikóno (cha), 1) Parirstange am Griff des *upanga wa imani* genannten Schwertes. 2) Schnabel der kleinen Fahrzeuge der Eingeborenen.

kikónyo (cha), Blüthenstengel der Gewürznelken.

kikópe (cha), Augenlid.

kikorómbwe (cha), lauter Ruf in die Hand.

kikósi (cha), Nackengrube am Halse.

kikóto (cha), 1) Peitsche. 2) Armband von Messingdraht.

kikótwe (cha), Art fliegender Fisch.

kikózi (cha), Schaar, Bande, Hinterhalt.

kikúa (cha), Wurzel des *Mlilana*-Baumes.

kikujia (cha), Stückchen von den Fingernägeln.

kikúkū (cha), Armband. *kikúku cha ku pandia ferasi*, Steigbügel.

kikumbo; ku piga kikumbo, auf die Seite stossen.

kikundi (cha), Trüppchen.

kikuta (cha), Steinmäuerchen.

kikúti (cha), Schakal.

kikuaju (cha), Frucht der *Mkuaju*.

kikwakwi (cha), Wirbelwind.

kikwapa (cha), 1) Schweiss der Achselhöhle. 2) Blätter, welche der Tabackspflanze ausgebrochen werden, damit sie sich desto besser entwickelt.

kikwási (cha), Stein des Anstosses.

kikwáta (cha), grosser krummer Dorn.

kikwézo (cha), Leiter, Treppe.

kikwi (cha), tausend, Myriade.

kikwili (cha), Art Schlange.

kila, Furcht. a.

kilalo (cha), Nachtlager, besonders auf der Reise.

kilamo (cha), Biestmilch.

kilango (cha), eine enge Durchfahrt. *kilango cha bahari*, Meerenge. *kilango cha jaha*, Pforte des Paradieses.

kiléfi (cha), kleines Boot.

kilegesámbwa (cha), Kniescheibe.

kiléle *(cha)*, Gipfel eines Baumes oder Berges. a. kileléta *(cha)*, Gipfel.

kiléma *(cha)*, Krüppel.

kilemba *(cha)*, Turban. kilemba cha jogoo, Hahnenkamm.

kilembwe *(cha)*, Brustwarze.

kiléo *(cha)*, berauschendes Getränk.

kiléta = kijego.

kilévu = kidevu, Kinn.

kilifu *(cha)*, die zeugähnliche Hülle der jungen Palmblätter.

kiliháfu, der erste Magen der Wiederkäuer.

kilili, kleine Bettstelle.

kilima *(cha)*, Erhebung des Bodens, Hügel, Berg.

kilimáto (vergl. kiinimáto), Zauberei, Taschenspielerei, Augenverblendung.

kilimbili *(cha)*, Handgelenk.

kilimi *(cha)*, Zäpfchen im Halse (?).

kilimia *(cha)*, das Siebengestirn (?).

kilimo *(cha)*, Acker, Ertrag des Ackers.

kilindi *(cha)*, tiefes Wasser.

kilinge *(cha)*, dunkeler, unverständlicher Spruch, wie ihn der Zauberer gebraucht.

kilingo *(cha)*, 1) das Behauen des Balkens. 2) Gerüst für den Gartenwächter.

kilinsi *(cha)*, Armband von Perlen

kilio *(cha)*, Weinen, Heulen.

killa = kulla, jeder, alle. a.

kilongóla *(cha)*, Führer auf der Reise.

kilúbe *(cha)*, rothe, runde Bohne.?

kilúdu *(cha)*, Art rothes Zeug.

kima *(wa pl. ʒa)*, Affe.

kima *(cha)*, 1) Preis, Werth. 2) hernach, schliesslich. a.

kimáji, feucht. a.

kimámu *(cha)*, Kehricht. a.

kimánda *(cha)*, Eierpfannkuchen.

kimandáno, etwas gelbes.

kimánga, Arabisch (von Maskat).

kimánga *(cha)*, Art sehr feines Korn.

kimángo *(cha)*; chwi kimango, ausgewachsener Leopard.

kimángo *(cha)*, Mühlstein.

kimashámba, ländlich.

kimáto; ku lala kimáto, die Nacht über wachen.

kimba *(cha)*, Leiche.

-kimbia, laufen, weglaufen, fliehen, entrinnen. -kimbilia, vor jemand fliehen, jemandem nachlaufen. -kimbiʒa, auf den Lauf bringen. -kimbiʒia, zur Flucht vor jemand veranlassen.

kimbosange *(cha)*, hochgeschätzte Art rother Perlen.

kimbúgwe cha hindi, schlecht gewachsener Mais. (Merima).

kimburu *(cha)*, ein Raubvogel.

kimbuyu *(cha)*, Nippfluth.

kimeléa *(cha)*, was von selbst gewachsen ist.

kimembei; daraja ya kimembei, Leiter.

kiméni *(cha)*, Stolz.

kimérti *(cha)*, Pistole.

kiméta kimérti *(cha)*, Funkeln, Glanz.

kimetimeti *(cha)*, Glühwurm.

kimia *(cha)*, Netz.

kimio *(cha)*, Halskrankheit, Bräune.

-kimisha, 1) ärgerlich sein über jemand, tadeln. 2) sättigen. -kimwa, müde, überdrüssig sein.

kimkunnu *(cha)*, Lüge.

kimo *(cha)*, Gestalt, Grösse.

-kimu, über ein Jahr fortbleiben.

kimungu *(cha)*, Kornwurm.

kimungúnye *(cha)*, Art Gurke.

kimurimuri = kimetimeti, Glühwurm.

kimwóndo *(cha)*, Sternschnuppe.

kimya *(cha)*, Stille.

kina *(cha)*, Tiefe.

kina *(ya)*, Geschlecht, Familie, Haus, Besitz. a. kina sisi, Leute wie wir. makasha haya ya kina Abdallah, diese Kisten gehören zu Abdallas Leuten.

-kinai, selbst zufrieden sein, überzeugt, beruhigt sein. a. -kinaisha, befriedigen, sättigen, Ueberdruss erregen.

kinamassi, nasser, kalter Boden, sumpfiges Land.

kinamiẓa, Todtenstille.

kinamiẓi - *kiinamiẓi*, sich auf seine Arbeit niederbeugen. *nyama ya kinamiẓi*, ist das Stück, welches der Schlächter für seine Arbeit bekommt, gewöhnlich das Halsstück.

kinamiẓi, ein verlassener Platz.

ʹkinanda (cha), Art Guitarre, überhaupt jedes Saiteninstrument.

kinara (cha), ein kleiner Thurm, Zinne, Leuchter. a. *ku tia vinara*, einen Kragen besäumen.

kinaya (cha), Ueberhebung, Unverschämtheit.

kinda (cha), junges Vögelchen. *kinda kibwa*, junger Hund.

-*kindana*, widersprechen, im Wege stehen.

kindi (cha), kleines Thier mit langem Schwanz (Eichkätzchen).

kindóro (cha), süsse Kartoffel (auf Pemba).

kindu (cha), Frucht des *Mkindu* Baumes.

kindúgu (cha), Verwandtschaft, Bruderschaft.

kinga (cha), Feuerbrand.

kinga (cha), Ende, Gränze, Schicksal.

-*kinga*, pariren, auffangen, schützen. -*kinga mvua*, Regenwasser auffangen. -*kingana*, einander beschirmen. -*kingika*, beschützt, sicher sein.

kingája (cha), Armband von Perlen und Korallen, von Frauen um die Mitte des Armes getragen.

kingalingáli, rücklings.

-*kingáma*, quer über liegen. -*kingamia*, quer vor jemand liegen, jemand im Wege sein. -*kingamina*, aneinander vorbeigehen. -*kingamisha*, hindern zu nichte machen.

kingójo (cha), Wache.

kingóngo; kuwa na kingóngo, durch die Nase reden.

kingóẓi (cha), die alte Sprache von Melindi, der poetische, jetzt in Sansibar fast unverständliche Dialekt.

kingubwa (cha), die geleckte Hyäne.

kingúo (cha), Stück Zeug.

kini := kiini, das Innerste.

-*kini*, wahr sein. a. -*kinika*, gewiss sein über eine Person oder Sache.

kinika, nach Art der Wanika.

kiningina (cha), Grosskind.

kinjunjuri; ku kata kinjunjuri, den Kopf kahl scheeren und nur ein Büschel stehen lassen.

kinono (cha), Mastthier.

kinóo (cha), Wetzstein.

-*kinsa*, verweigern, streiten über etwas. -*kins.ina*, mit einander streiten. -*kinsania*, über etwas streiten.

kinu (cha), Mörser.

kinubi (cha), Harfe.

kimundumundu, nur im pl. *vimundumundu*, kleine Klumpen Lehm, wie sie vom Wasser, welches eine Wand hinunter rinnt, gebildet werden.

kimungu (cha), eine kleine Karavane von 12 — 20 Mann.

kimwa (cha), Mund.

kinyá (cha), Excremente.

kinyágo (cha), Vers, Reim; etwas womit man die Leute ängstigt.

kinyegere (cha), luchsartige grosse Katze.

kinyoẓi (cha), Barbier.

kinyúmba, verwandt von Mutters Seite.

kinyúme, 1) hinten, hinter, nach. 2) Art des Sprechen, bei welcher die Silben der Worte umgestellt werden, damit der Fremde nicht verstehen möge.

kinyúndo (cha), kleiner Hammer.

kinyúndu (cha), ein kleiner Höcker.

kinyunya (cha), Art Kuchen.

kinywa (cha), Getränk. *kinywaji (cha)*, Getränk.

kio, (cha), Angel.

kiodári (cha), gewürfeltes Zeug.

kióga (cha), Pilz.

kioja (cha), etwas wunderbares.

kiokósi (cha), Fundgeld.

kionda, Schmecker.

kionda (cha), Wunde.

kiongoẓi := kirongoẓi, Führer der Karavane.

kiongwe (cha), Esel aus Gallaland, welche sich nicht reiten lassen wollen.

kióo (cha), Spiegel, Glas, Fensterglas.

kiópo (cha), Stange mit eisernem Haken um aus einem Brunnen u. dergl. hineingefallene Gegenstände herauszufischen.

kiosha miguu, Geschenk, welches der Bräutigam der Duenna *(kungu)* der Braut bei seinem ersten Besuch zu machen pflegt.

kiota = kiote (cha), Nest, in welches Eier gelegt werden.

kiowevu, eine Flüssigkeit.

kioʒa (cha), Fäulniss.

kipa mkono, Geschenk, welches der Bräutigam der Braut macht, wenn sie sich ihm zum ersten Male entschleiert.

kipáa (cha), Strohdach, die Längsseite eines Daches. *kipaa cha mbéle*, vordere Dachseite. *kipaa cha nyuma*, hintere Dachseite.

kipáambo (cha), Hausschmuck, Zimmerschmuck, als welcher die aufgehängten Haus- und Küchengeschirre dienen.

kipágo (cha), die Oberschwelle der Thür, Stufe einer Leiter.

kipáje (cha), Art Kafferkorn.

kipáji (cha), 1) Gabe. 2) *kipaji cha úso*, Stirn und Schläfen. 3) Parfüm aus Amber und Sandelöl, womit die Frauen Stirn und Schläfen salben. 4) schwarzer Fleck auf dem Nacken der Ringtaube.

kipakája (cha), eine kleine Fischreuse.

kipáku (cha), Flecken oder einzelnstehende Locke auf dem Kopf.

kipámba (cha), Stück fettes Fleisch.

kipánawáʒi (cha), Hase.

kipánde (cha), Stück. *vipánde vya kupimia*, nautische Instrumente.

kipanga (cha), grosser Raubvogel, Pferdefliege. *ungurúwe kipánga*, Art Wildschwein mit langem Schwanz.

kipapára (cha), Donnerkeil.

kipára (cha), Glatze, Tonsur.

kiparia (cha), kleine Kalabass, als Trinkgefäss benutzt.

kipálo (cha), Theebrett.

kipátu cha kikójo, Nachtgeschirr.

kipáwa (cha), Stufe einer Leiter.

kipawále (cha), Art Bohne.

kipéle (cha), Pustel.

kipéndi (cha), Günstling, Freund.

kipengée cha mto, Krümmung eines Flusses.

kipénu (cha), Schuppen, Seitencabine auf dem Schiff.

kipényo (cha), schmaler Durchgang, Schlupfwinkel.

kipepéo (cha), 1) Fächer, um das Feuer anzufachen. 2) Schmetterling. 3) essbare Fischart.

kipérea (cha), kleines Kanoe, das zwei Männer trägt.

kipéto (cha), Paket, halbgefüllter Sack.

kipi = kipia (cha), Hahnensporn, Klaue.

kipigi (cha), Regenbogen (?).

kipilipili; nyéle ʒa kipilipili, Wollhaar.

kipimo (cha), Maass.

kipindi (cha), Zeitmass, Stunde, Periode.

kipindo (cha), Tuch, in welches eine Leiche gewickelt wird, ehe sie gewaschen und mit dem eigentlichen Todtenkleid bekleidet wird.

kipindupindu (cha), Cholera.

kipingiti (cha), die Knoten am Grashalm oder Rohr.

kipingo (cha), Halsband von Perlen.

kipini (cha), Heft, Stiel, Schmuck, den die Frauen in den Ohrläppchen oder in der Nase tragen.

kipipa (cha), Fässchen.

kipito (cha), Durchgang, Ausgang.

kipo (cha), Frucht des *Mpo*-Baumes.

kipófu (cha), Blindheit, Blinder.

kipoóʒa (cha), Lähmung.

kipopóo (cha), Päckchen Taback.

kipóra (cha), junger Hahn, der noch nicht zu krähen angefangen hat.

kipúja (cha), Bündel Katferkorn.

kipukúsa (cha), Viehkrankheit.

kipúli (cha), ein gewisser halbmondförmiger Ohrenschmuck der (Wanika-) Frauen aus dünnem Messingblech, von denen ca. 5—6 am Rande der Ohrmuschel befestigt sind.

kipúmba (cha', Dummkopf, Thor.

kipúngu (cha', 1) Fisch mit gefährlichen Finnen. 2) Art grosser Geier.

kipungúo (cha, Fehler, Mangel.

kipúpa (cha', Gefrässigkeit.

kipúpwe (cha', der kalte Wind im Juni und Juli, die kalte Zeit.

kipúre (cha, Art Taube.

kipwa (cha', Felsen und Sandbänke, welche durch die Ebbe trocken gelegt werden.

kikwépwe (cha', Hautkrankheit.

kiráhi, Unverschämtheit. a.

kiráka (cha), Flick, Untiefen in der See. a. *mapwaji ya kiraka*, flache Küstensee.

kirémba (cha), Urenkel.

kiri, annehmen, bekennen. a.

kiriba (cha', Schlauch aus der abgezogenen Haut eines Thieres. a.

-kirihi, verächtlich behandeln, reizen. a.

-kirihika, ärgerlich, gereizt sein.

-kirimu, ein Fest zu Ehren jemandes geben. a.

-kirithi, Geld leihen. a.

kirirwa (cha', Schraubstock.

kirobóto (cha', Floh, Hühnerlaus, Spottname der Söldner von Hadramaut in Sansibar.

kirú (cha', 1) Aerger. 2) lederne Kriegsmaske, Federbusch, welcher bei festlichen Gelegenheiten oder im Kriege auf den Kopf gebunden wird.

kirukia (cha, Schmarotzerpflanze auf Obstbäumen.

kirúmbi (cha), Zauberstab des Karavanenführers.

kirúngu (cha), kleine Keule.

-kisa, einen Tag überschlagen. *kuku anakisa*, das Huhn legt Eier einen Tag um den andern.

kisa (cha', Ursache, Grund, Sache, kurze Geschichte. a. *kisa cha kóko*, der Kern einer Frucht.

kisífu (cha', Darm, voll Mist, eines Thieres.

kisíga (cha', Maass = 2 *kibaba*, Hälfte des *pishi*.

kisagaunga, ganz kleine essbare Krabbe.

kisáhani (cha', kleiner Teller oder Schüssel. a.

kisandúku (cha', kleiner Kasten. a.

kisása, Gegenwart.

kisisi (cha', Blutrache, Wehrgeld. a.

kisebábu (cha', Wettstreit. a.

kisengesénge, vorwärts und rückwärts.

kisha = *kiisha*, nachher, nach.

kishída, kleines Bündel Perlen.

kisháka (cha', Wäldchen.

kishándo (cha', Spiel der Kinder.

kishízi (cha', zum Verkauf auf eine Schnur gereihte Fische.

kishénzi (cha', nach Art der *Washenzi*, der »Wilden«.

kishi, Königin im Schachspiel.

kishigíno — kisigíno (cha', Hacke, Ellbogen.

kishíku (cha', Stumpf.

kishimo (cha', Abgrund.

kishinda (cha', Ueberrest der im Gefäss, im Mörser zurückbleibt.

kishindi (cha), etwas Ausgezeichnetes.

kishíndo (cha', Geräusch, Lärm, Ton.

kishógo (cha', Hinterkopf, Nackengrube.

kishóka (cha', kleines Beil.

kishónde (cha), trockner Mistfladen, der als Brennmaterial benutzt wird.

kishóroba (cha', kleines Maniokbeet.

kishwára (cha', Tauschleifen am Schiff zum Befestigen der Ruder und dergl.

kishúbaka (cha', eine kleine Nische. a.

kishúnda (cha', kleines aus Gras geflochtenes Körbchen.

kishúngi (cha', Zipfel.

-kisi, über Stag gehen mit den Segeln, rathen.

kisibáo (cha), Ueberzieher.

kisibíti (cha', Kümmel.

kisibo (cha, Spitzname.

kisigíno — kishigíno (cha', Hacke, Ellbogen.

kisiki cha mona (cha', Regenbogen.

kisikusiku, gegen Abend.

kisima (cha, Brunnen.

kisimba *(cha¹*, Häuschen für Thiere, Hühnerhaus, Falle.

kisimba *(cha)*, kleiner Löwe.

kisimbo *(cha)*, Angelschnur der Fischer.

kisimu *(cha)*, Brand, Honigthau im Getreide.

kisimwi *(cha)*, leere Kokosnuss.

kisingia *(cha)*, Angelhaken für Haifische.

kisingizo *(cha)*, Vorwand.

kisinyie, ganz kleines Küchlein, älter als kisiwi.

kisirani *(cha)*, Vorzeichen. a.

kisiwa *(cha)*, Insel (auch Landsee).

kisiwi *(cha)*, Küchlein, das eben aus dem Ei gekommen ist.

kisma, Theil. a.

kisóloti *(cha)*, Stück Zeug, dritter Theil des doti. a.

kisómbo *(cha)*, Teig aus gestampften Mbazibohnen und Kassava.

kisóngo *(cha)*, Stück Holz, und Schnur oder Seile damit zu drehen.

kisonóno *(cha)*, Gonorrhoea.

kistiri *(ya)*, Deckung, Schirm *(= choo)*.

kisu *(cha)*, Messer.

kisúa, Anzug, Kleider.

kisudúo, durch Arbeit verdiente Kost.

kisugulu *(cha)*, Erdhügel, Damm, Wall.

kisukusuku *(cha)*, Ellenbogen.

kisungúa *(cha)*, Verstauchung des Fusses.

kisungura *(cha)*, kleiner Hase.

kisúnsi *(cha)*, Schwindel.

kisuse *(cha)*, eine Art Skorpion (Momb.).

kisusi *(cha*, Dach auf der Giebelseite.

kisusúli *(cha)*, 1) Art Drache, welchen die Kinder steigen lassen. 2) Wirbelwind (?).

kisuto = kisutu *(cha*, Art bedrucktes Baumwollenzeug.

kitábu *(cha)*, Buch. a.

kitakatáka *(cha)*, Stäubchen.

kitakizo *(cha)*, Kopf- und Fussende der Bettstelle der Eingeborenen.

kitáko *(cha*, der Hintere. kukaa kitako, sitzen.

kitáko *(cha)*, das Stück, welches übrig bleibt, wenn eine Kokosnuss gerieben wird.

kitále *(cha)*, unreife Kokosnuss, in welcher sich Fleisch und Milch bereits zu bilden anfängt.

kitáli *(cha)*, Segelleinwand.

kitálu *(cha)*, Mauer von Steinen.

kitamba *(cha)*, kleine Kuh.

kitambáa *(cha)*, Stück Zeug, Lappen, Lumpen. kitambaa cha kufutia mkono, Handtuch. kitambaa cha meza, Serviette.

kitámbi *(cha)*, Stück Zeug, etwa ein halbes doti = 5—6 mikono.

kitámbi *(cha)*, Netzfett eines geschlachteten Thieres.

kitámbo *(cha)*, kurze Zeit.

kitámiri *(cha)*, Art böser Geist.

kitána *(cha)*, kleiner Kamm.

kitánda *(cha)*, Bettstelle der Eingeborenen.

kitánga cha mkono, die flache Hand. kitanga cha jamvi, kleine Matte, wie sie unter den Mühlstein gelegt wird, um das Mehl aufzufangen; Gebetsmatte; runde Matte, Speisen hinauf zu legen. kitanga cha mizani, Wagschale. kitanga cha pepo, Art Tanz. kitanga cha mwezi, Vollmond.

kitángo pepeta, Art kleiner Kürbiss.

kitáni, Flachs, Lein.

kitanitáni, rücklings.

kitánsa; mbao za kitansa, Planken, welche quer über den Boden des Schiffes liegen.

kitánu, Splitter.

kitánzi *(cha)*, kleine Schleife.

kitáowa, die Art eines Frommen.

kitápo, Frostschauer, Fieberschauer.

kitapukúzi *(cha)*, kleiner Zweig.

kitára *(cha)*, Krümmung. Upanga cha kitara, Säbel.

kitása *(cha*, Schloss, Kistenschloss.

kitáta *(cha)*, Verwirrung.

kitáwe *(cha)*, Art lästiges Unkraut in den Plantagen.

kitáwi *(cha*, Zweig, Busch.

kitáya (cha), Kinnbacken.

kite(cha), Stöhnen bei grossem Schmerz, schwerer Arbeit.

kitetéfu (cha), Schluchzen, welches dem Weinen vorausgeht.

kitefute (cha), Wange.

kitéko (cha), Lachen vor Freude. (Momb.).

kitetele (cha), Ebene mit weiter Aussicht.

kitéma kuni, ein Insekt.

kitémbe (cha), schwere Zunge, Stammeln, Lispeln.

kitendawili (cha), Räthsel.

kiténdo, *kiténde (cha)*, That, Handlung, Grossthat.

kitengéle (cha), Rundung.

kitéo (cha), 1) kleiner Korb zum Sieben. 2) Reis und andere Speise, welche man befreundeten Personen als Geschenk sendet, welche bei der Trauer oder aus anderen Gründen eine Zeit lang zurückgezogen leben.

kitéte (cha), ein kleines eichkätzchenartiges Thier.

kiteteméza (cha), Zittern der Hände.

kitétemo (cha), Zittern.

kitewatéwa (cha), ein kleiner, dünner Wurm.

kitéwe, 1) kleiner Wurm. 2) Lähmung der Beine.

-kithiri, wachsen, sich vergrössern, sich vermehren. a.

kithúle, arm elend. a.

kiti (cha), Stuhl. *kiti cha ferasi*, Sattel. *kitiba (cha)*, Sitte, Gesetz. a.

kitikinki, Krümchen.

kitimbi (cha), List.

kitimbo (cha), das Graben, Kabale.

kitinda mimba, das letzte Kind einer Frau.

kitindio, Platz, wo Mittags geruht wird.

kito: *kito cha pete*, rother Edelstein.

kitója (cha), die scharfe Spitze eines Grasses *(nyási ya óndo pl. maondo)*.

kitóka = kishoka, Beil.

kitoléo (cha) = kitowéo, Fleisch, Fisch und anderes, was zu dem gekochten

Reise oder dem Kafferkornbrei hinzugenommen wird, um die Speise schmackhaft zu machen.

kitóma (cha), kleiner Kürbis, der zu Kalabassen verbraucht wird.

kitóne (cha), Tropfen, kleine Wunde.

kitónga (cha), 1) Häuptling (bei den Wakamba. 2) Hydrocele (?).

kitónge (cha), Speise, die in den Händen zum runden Klos geformt wird, ehe sie in den Mund gesteckt wird.

kitongóji (cha), Dorf.

kitongotóngo (cha), verächtlicher Seitenblick.

kitópa (cha), reifer Kolben des Kafferkorns.

kitória (cha), essbare Frucht des *Mtoria* Baumes.

kitorónge (cha), kleine Geschwulst.

kitotéo (cha), Feuerzange vgl. *kichocheo*.

kitóto (cha), 1) kleines Kind. 2) enger Durchgang zwischen zwei Häusern. 3) kleiner Korb.

kitótwe (cha), Art Fisch.

kitóvu (cha), der Nabel.

kitowéo = kitoléo, Fleisch oder Fisch, der zum Reis gegessen wird.

kitu (cha), Ding.

kitúa (cha), 1) Schatten eines Baumes. 2) Busch.

kitugúta (cha), Backenknochen.

kitukíži (cha), Neuigkeitskrämer.

kitúko (cha), Erschrecken, Furcht.

kitukíu (cha), Urenkel.

kitulízo (cha), Beruhigungsmittel.

kitúmbi (cha), Korb aus den grünen Blättern des Kokosbaumes.

kitúmbúa (cha), Art Pfannkuchen.

kitunari; mpunga wa kitunari, Art Reis.

kitúnda (cha), Bauer im Schachspiel.

kitúndwi (cha), Wasserkrug.

kitúnga (cha), kleine runde irdene Schale.

kitungúle (cha), 1) Art Hase. 2) Art Spinne.

kitungúu (cha), Zwiebel.

kitunúʒi (cha), grosser Fisch, der auch Menschen verschlingt.

kitúo (cha), Halteplatz, Lagerplatz auf der Reise, Kapitel im Buche.

kitúpa (cha), Fläschchen.

kitutáni (cha), Umgegend eines Ortes.

kitwa (cha), Kopf.

kitwangómba, Purzelbaum.

kitwakitwa, kopfüber, kopfunter.

kitwána (cha), Junge.

kitwéa, einsam, allein.

kitwitwi (cha), kleiner Strandvogel, Bachstelze, dryoscopus thamnophilus.

kiu (ch), Durst.

kiúa (cha), Art Fisch.

kiuaji, etwas tödliches, schädliches.

-kiuka, etwas überschreiten.

kiúma (cha), Gabel.

kiúma mbúʒi, Art Eidechse.

kiumánʒi (cha), kleines Insekt, welches Fliegen fängt.

kiúmbe (cha), Kreatur.

kiumbíʒi (cha), Trommelbegleitung zum Liede: *sheitani ndoo, tu pigane fimbo.*

kiúnda (cha), Art Falle (Momb.).

kiúnga (cha), 1) Garten, Obstgarten. 2) Vorstadt.

kiúnga (cha), ein rother Fisch.

kiúngo (cha), 1) Gelenk. 2) etwas saures um die Sauce *(mtuʒi)* zu würzen.

kiungúja, Sprache, Art von Sansibar.

kiungulia (cha), Sodbrennen, Magenaufstossen.

kiungúrumo (cha), Knurren eines Raubthiers.

kiungwána (cha), Art, Sprache eines freien Mannes.

kiúno (cha), Hüfte, Lende.

kiúnʒa (cha), Planke, mit welcher die Leiche bedeckt wird, ehe man das Grab zuschüttet.

kiúnʒe (cha), Verdrehung der Worte, wenn die Silben umgestellt werden = *kinyúme.*

kiúnʒi (cha), hölzernes Gebäude, Schiff.

kiuwáji, mörderisch, tödlich.

kivi (cha), Ellbogen.

kivímba (cha), der Umfang.

kivúko (cha), Fuhrt, Ueberfahrtsstelle.

kivúli (cha), Schatten.

kivúmi (cha), Brüllen, Gebrüll.

kivúmo (cha), der rollende Ton des Donners.

kivúnga cha nuéle, langes Haar.

kivyáʒi (cha), Geburt.

kivyalíwa (cha), ein im Lande selbst geborener Sklave, kein importirter.

kiwafuwáfu, seitwärts.

kiwambáʒa (cha), Lehmmauer.

kiwámbo (cha), etwas, das straff wie ein Trommelfell übergespannt ist.

kiwánda (cha), offener Platz zwischen den Häusern, Hof, Bauplatz.

kiwángo (cha), Zahl, Grad, Stellung.

kiwángwa (cha), Schnecke, deren Gehäuse als Schmuck getragen wird.

kiwánja = kiwánda.

kiwányo (cha), Splitter, Keil.

kiwáo (cha), grosses Fest.

kiwávi (cha), Nessel, Seenessel.

kiwavu chána, Rippen (Lamu).

kiwe (cha), Bläschen auf der Haut.

kiwéko (cha), Unterarm.

kiwéle (cha), Euter.

kiwéo (cha), Oberschenkel von Thieren.

kiwéte (cha), Lähmung der Beine.

kiwéwe (cha), Erstaunen.

kiwi, schüchtern, mondblind, geblendet.

kiwida (cha), das Loch, in welchem der Mastbaum befestigt ist.

kiwífu, fertig.

kiwiko = kiwéko, Unterarm, Unterschenkel.

kiwiliwili (cha), Rumpf.

kiwímba = kwímba (cha), Umfang.

kiwimbi (cha), kleine Welle, Katzenpfötchen, die über die See läuft, wenn der Wind sich erhebt.

kiwíngu (cha), kleine Wolke.

kiwinyowínyo (cha), Schaukeln eines kleinen Kindes auf den Armen.

kiwíti, grün.

kiyáma *(cha)*, Auferstehung.

kiyambáʒa = kiwambáʒa, Lehmmauer.

kiyambo *cha*, Nachbarschaft.

kiʒa *(cha)*, Finsterniss.

kiʒao *(cha)*, Eingeborner.

kiʒáʒi *cha*, Geburt, Generation.

kiʒibo *(cha)* = kiʒibiko *(M.)*, Pfropfen.

kiʒimbi *(cha)*, Käficht.

kiʒinda *(cha)*, Jungfrau.

kiʒinga *(cha)*, angebranntes Stück Holz.

kiʒingiti *cha)*, Schwelle.

kiʒingo *(cha)*, Windung eines Flusses.

kiʒio *(cha)*, Hälfte einer Apfelsine, einer Kokosnuss.

kiʒiwi *(cha)*, taub.

kiʒiʒi, kleine Hürde.

kiʒuiʒo *cha)*, Hinderniss.

kiʒuka *(cha)*, 1) trauernde Wittwe. 2) böser Geist.

kiʒuli *(cha)*, Schwindel.

kiʒungu, europäisch.

kiʒunguʒungu *(cha)*, Leichtsinn.

kiʒushi, ein Eindringling.

kiʒúu *(cha)*, böser Geist, der auf Befehl seines Meisters Menschen tödtet.

kiʒwi, kiʒwiʒi *(cha)*, Hinderniss.

ko, wo, worin.

kō *(la)*, Kehle.

kŏ *la)* pl. mákó, Mutterthier.

kóa *(la)*, Silberring zum Schmuck der Säbelscheide, des Gewehrlaufs.

kóa *(wa* pl. ʒa)*, pl. auch makóa, Schnecke.

-kóa, sich baden.

kóbe *(la)*, kleine Landschildkröte.

kobu, convex.

koche pl. makoche, Frucht der mkoche Palme.

kodi, Miethe.

kódo *(la)*, Deputatsland der Sklaven, von dessen Ertrag sie sich beköstigen müssen.

-kodóa, die Augen weit aufreissen.

-kodolea, jemand anstarren.

kódwe, Steinchenspiel.

kofi *(la)*, flache Hand. a.

kofia *(ya)*, Mütze, Fez. a.

kófila *(ya)*, Caravane. a.

kófu *la)*, Ruine.

-kofúa, entkräften, entnerven. -kofuka, entkräftet, ganz mager werden. -kofusha, entkräften.

kófuli - kufuli *(ya)*, Vorhängeschloss.

koga *la)*, Staub, der sich auf unbenutzten Geräthen anhäuft.

koga - ku-oga, waschen.

kógo *la)*, Hinterkopf.

kóho, grosser Raubvogel.

-kohóa, husten. -kohóʒa, zum Husten reizen. -ji-kohoʒa, sich räuspern, um sich jemand bemerkbar zu machen.

kohóʒi *(ya)* pl. ma-, Schleim.

koikoi pl. ma-, Art böser Geist.

koja, Halskette der Frauen in Sansibar.

-kojóa, harnen. kojoʒi *(la)*, Urin.

-kóka, in Brand stecken, auf dem Feuer braten.

koke ya moto, grosses Feuer, um Bäume und Büsche von einem Stück Lande wegzuschaffen, das man neu kultiviren will.

koko *(ya* pl. ʒa)*, pl. auch makoko, Stein in einer Frucht.

kóko pl. makoko, Busch, Dickicht.

-kokoméa, durch einen Keil befestigen.

-kokomóka, sich erbrechen.

-kokoréka, gackern.

-kokórota, auf der Erde schleppen.

-kokóta, ziehen, schleppen. -kokoteʒa, langsam und sorgfältig arbeiten.

kokóto *la)*, Steinchen, wie man sie in die Lehmwände hineindrückt.

kokwa *la)*, Steine, Kerne in den Früchten.

kole la naʒi, Gruppe von Kokosbäumen.

-koléa, sich der Person oder der Sachen jemandes bemächtigen, um sich für die Schuld seines Verwandten oder Landsmannes schadlos zu halten.

-koléa, richtig würzen. kertasi ya kolea (in alter Sprache), Schreibpapier.

kóleköle, Art Haifisch.

koleo *(la)* = kweléo, Zange.

-kologa, anregen.

kolokólo, Truthahn.

koma (la), Frucht des mkoma Baumes.

-koma, aufhören, ans Ziel gelangen. koma usije, halt, bleibe stehen. -komanya, bekommen, ergreifen. -koméa, einschliessen. -komesha, verbieten.

koma (wa pl. ʒaʾ, Geist eines Verstorbenen, der den Verwandten im Traum erscheint.

-komáa, ausgewachsen, erwachsen sein.

komáfi, Frucht des mkomáfi Baumes.

kóma mánga (la), Granatapfel.

-komáʒa, sich über jemand lustig machen.

-komba, aushöhlen, auskratzen. -kombeka, ausgehöhlt, ausgeleert sein. -kombereka, ganz verarmen.

komba (wa ʒaʾ, Art Affe, der die Bananen und den Palmwein sehr liebt (simia antellus).

komba miko pl. ma-, Art Käfer.

komba móyo pl. ma-, Sparren der Strohdächer auf den Hütten der Eingeborenen.

kombáti, Gerüst.

kombe (ya pl. ʒaʾ, 1) Art Muschel, Auster. 2) Werkzeug, um Holzgefässe innen auszuhöhlen.

kombe (ya) pl. ma-, grosse ovale Schüssel. kombe la mkono, Schulterblatt.

kombeo, Schlinge.

kombo (ya) pl. ma-, Krümmung, Fehler.

kombo (la), der Ueberrest von Speisen und dergl.

-kombóa, verbiegen, verderben. -komboka, verbogen sein. -kombokombo, krumm.

-kombóa, Lösegeld zahlen, befreien. -komboʒa, befreien. -komboleʒa, die Befreiung veranlassen.

kómböra (la), Bombe, Granate.

komboʒi, Lösegeld.

komda (la), Kaffeetopf.

kome la pwani, Art essbare Muschel.

kome (ya), kleine Fahne des Karavanenführers.

komeo (la) pl. ma-, hölzernes Schloss der Eingeborenen. -komea, mit einem solchen Schloss verschliessen. -komelea, verschliessen.

komio (ya), Schlund.

komo la úso, Stirn.

kómwe (la), Frucht der mkómwe Pflanze, welche zum bao Spiel gebraucht wird.

komvi, Spreu.

-konda, mager werden. -kondesha, mager, elend machen.

kondavi (ya), 1) grosse Perle, wie sie die Frauen an den Gürteln tragen. 2) Kern von Früchten.

konde, Faust. ku piga moyo konde, sich ein Herz fassen, entschlossen sein.

konde (ya pl. ʒaʾ, 1) urbar gemachtes Land. 2) Stein einer Frucht, in welchem die Kisa (der Kern) ist.

konde konde, der Bienenfresser (merops philippensis).

kóndo (ya), Streit, Kampf, Krieg, Feindschaft.

kòndöo (wa pl. ʒaʾ, Schaf.

kóndo ya nyuma, Nachgeburt.

-kónga, alt und schwach werden. -kongesha, alt und schwach machen.

konge (la), Rinde, aus deren Fasern Stricke gedreht werden.

kongo; mweʒi kongo, erstes Viertel des Mondes. mnaʒi kongo, alter hoher Kokosnussbaum. kongo ʒa mbuba, Rückenschmerzen und Geschwüre der Pockenkrankheit. nyumba ya kongo, ein rundes Haus, wie die Wakamba es machen.

kongó (ya pl. ʒaʾ, gabelförmiger Ast des mkoma Baumes.

-kongoa, Nägel, Zaehne ausziehen, in Stücke zerlegen.

kongomero, Kehle.

-kongoja, wanken, wackeln.

kongowea, alter Name für Mombas.

kongwe, abgenutzt, alt.

kongwe (ya): ku tóa kongwe, ein Lied anstimmen.

kóno (la', langer Handgriff, langer Ast.

kóno (ya pl. ʒaʾ, mal. kono ya pili, ya tatu, zweimal, dreimal.

-konóa, die Maiskolben abbrechen.
-konolea, für jemand die Maiskolben
abbrechen.
konokono, Schnecke.
-kónya, übervortheilen bei einer Vertheilung, zu viel nehmen. -konyeƺa,
einen Wink mit den Augen geben.
konyeƺo (la), Wink mit den Augen.
konyeƺa (la), Passionsblume.
-konyóa, abpflücken (Früchte, Maiskolben). -konyoka, von selbst abfallen.
konƺi (ya pl. ƺa), eine Hand voll.
konƺo, lange Stange, deren Spitze in
Feuer angekohlt ist, Schlangen damit
zu tödten, spitzer Pfahl in der Fallgrube.
kóo = ko, Schlund. 2) Mutterthier. kóo
la kuku, Bruthenne.
koónde pl. ma-, Deputatsland der
Sklaven = kodo.
kópa (la), ein Stück getrocknete Kassawa, gewässert und gekocht.
-kópa (alte Sprache), 1) Güter auf Credit
nehmen. 2) täuschen, betrügen.
-kopea, für jemand auf Credit
nehmen. -kopesha, auf Credit geben.
kópe (la), Docht einer Kerze.
kope ƺa mato, die unteren Augenlider,
siehe ukope.
-kopeƺa, winken (?).
kópo (la), grosse metallene Schale,
Dachrinne.
-kopóa = chopoa, die Haut abziehen,
schinden, aus der Hand reissen.
-kopoka, abgezogen, aus der Hand
geglitten sein.
kópwe (la) pl. ma-, kopwe la mdomo,
Kanne mit Schnauze. kópwe la máji,
Wasserrinne am Dach.
-kóra, 1) sättigen, füllen. 2) geliebt
werden, anhänglich sein. -kóra mánƺa,
ein schweres Verbrechen gegen jemand begehen.
koradáni (ya), Blockscheibe am Takelwerk.
koráni (koróani, kuruáni), Koran. a.
korbani (ya), Opfer. a.

korja (ya), Pack (Handelsausdruck).
korja ya nguo hat 20 doti. korja ya
miti oder ya bóriti hat 20 Stangen.
Die korja Perlen hat 20 × 100 kleine
Schnüre.
kòrò, alles zusammen, durchaus.
-koroana, ins Wasser tauchen.
korobésa (la), das Männchen der Hausthiere.
korodani = koradani.
korófi, Vogel, welcher Unheil anzeigt.
-korofika, arm, elend sein. -korofisha,
arm, elend machen.
-koróga, das Wasser aufrühren, es
schmutzig machen.
-kóroma, knurren, schnarchen.
koroma (la), fast reife Kokosnuss.
korongo, Kranich.
korongo (la), Loch in der Erde, in
welches Saame gelegt werden soll.
kóröro (la), Röcheln.
kóröro, Geierperlhuhn.
kórösho (la), reife Nuss des mkanju
Baumes.
-kóróta, schnarchen.
-korowéƺa, zuschnappen, fangen.
korti, nguo ya korti, korti ya dondo,
Art Kaliko (?).
koru, Art Antilope, «waterbuck».
-kósa, irren, fehlen, nicht erreichen,
beleidigen, sündigen. -kòsakósa,
schwer verfehlen. -kósána, uneinig
sein. -kóséka, verfehlt, begangen,
gesündigt sein. -kósekána, abwesend,
nicht zugegegen sein. -kósesha, in
die Irre leiten, verführen.
kosa (la), Irrthum, Fehler.
koshi (la, ya pl. ƺa), lederner Schuh.
NB. koshi langu ist grösser als koshi
yangu.
kósi, Ausguck, Wächter.
kósi (la) pl. ma-, Halswirbel.
-kosudia = -kusudia, beabsichtigen. a.
kota (la), Stengel einer Art Hirse, die
wie Zuckerrohr gekaut werden.
kota (ya), Krümmung, Haken.
kotama, ein langes Messer mit krummer Spitze, zur Gewinnung des
Palmsaftes benutzt.

kote kote, auf allen Seiten.

kóto (la), grosse Haifischangel.

kovo pl. ma-, Schramme, Narbe.

kowe, kleine rothe Krabbe, welche die Wanika essen.

kóʒi (wa) pl ma-, grosser Raubvogel. kosi pingu, Lämmergeier.

-kúa, wachsen, gross werden. -kuʒa, hervorbringen, vergrössern.

kúa pl. mikúa, Schösslinge, welche aus der Wurzel des mlilana Baumes hervorwachsen.

-kuba = kubwa, gross.

-kúbali, annehmen, anerkennen. a. -kubalia, zustimmen. -kubalisha, zur Zustimmung veranlassen. -kubalika, annehmbar sein. -kubaliana, einander zustimmen.

kúbba (la), gewölbtes Gebäude über dem Grabe eines muhamedanischen Heiligen oder Scheichs. a.

-kubúa, ebben.

-kubwa = kuba, gross.

kucha pl. von ukucha, Fingernägel, Klauen.

kucha, das Morgengrauen. usiku kucha, die ganze Nacht.

-kudamiʒa, voraussenden. a.

kudu, Pocken, Syphilis (?).

kufu, grüne Farbe stehenden Wassers.

kúfuli (ya), 1) Vorlegeschloss. 2) Streifen auf dem debuani Zeug. a.

kufuli; mkono wa kufuli, die rechte Hand (kigunya).

-kúfuru, abfallen vom Glauben (der Muhamedaner). a. - kufúrisha, jemand für einen Heiden halten.

-kufuru, verlachen, verspotten. a.

kugúni, Hartebeest (bos elaphus).

kuháni pl. ma-, Betrüger, Schwindler (eigentlich Priester, Zauberer). a.

kuku (wa pl. ʒa), Huhn, Geflügel.

-kukúu, alt, abgetragen.

kuku na huku, hin und zurück.

-kukúsa, jemand aus dem Hause hinauswerfen.

-kúkúta, vertrocknen, steif, hart werden. -kukutáfu, vertrocknet, zusam-

mengeschrumpft. -kukutika, abtrocknen, nachdem man im Wasser gewesen. kukútu, trocknen, aufgetrocknet.

-kukúta, den Staub herausschütteln, ausklopfen.

kukutiko, Lähmung, Schlaganfall (?).

kulábu (ya), Bootshaken, Haken, mit welchem der Schneider seine Arbeit befestigt, Haken. u.

kulastara, Name eines Vogels (?).

kulé, dort.

-kulia, zu gross, zu schwer für jemand werden.

kuliko, wo es ist, Partikel, um die Steigerung auszudrücken.

kulikóni, warum?

kulíwi, ein Insekt.

kulla - killa, jeder, alle.

-kulúla, herausnehmen, übertreffen.

kululu, Art Kauri. Cypraea tigris.

kulúngu, Art Antilope.

kuma (ya) pl. ma-, Vagina.

-kumanga, den Staub ausklopfen.

kumba pl. ma-, ein Süsswasserfisch.

-kumba, auf die Seite stossen, völlig ausplündern. -kumbána, gegen einander rennen. -kúmbiʒa, -kumbiʒia, jemand eines Verbrechens beschuldigen.

kumba móyo = komba moyo, Sparren.

-kumbatia, umarmen. -kumbatiana, einander umarmen.

kumbe? Ausruf der Verwunderung, dass etwas so ist oder nicht so ist, wie man gedacht.

kumbi (la), das weiche Mark der Spitze des Kokosbaumes, welches gegessen wird; Kokosfasern.

kumbi, Beschneidung.

kumbikumbi, Termiten, welche Flügel bekommen haben.

-kumbuka, sich erinnern. -kumbukla, sich an etwas erinnern. -kumbusha, erinnern. kumbukumbu, Erinnerung.

kumbuu pl. von ukumbuu, Gürtel.

kumbwáju-a, Art Trommel, Pauke.

kumekucha, es tagt, Osten.

kumi (la), zehn.

kumpuni pl. *ma-*, Jemand, der sein Geschäft durchaus versteht.

-kumúnta, ausschütteln.

kumvi, Reisspreu.

kumwoto, Durchschlag (Küchengeschirr).

kuna, dort ist.

-kuna, kratzen.

kunáʒi, kleine essbare Frucht des *mkunaʒi* Dorns, Schlehe.

-kunda = -kunja, falten, runzeln.

-kundáa, von kurzer, kleiner Statur sein.

kundamánʒi, weisse kurze, aber dicke Schlange.

kunde pl. von *ukunde*, Bohnen.

kundi (la), Heerde, Trupp.

-kundúa = -kunjua, entfalten.

kúnga (ya), Geheimniss.

-kúnga, besäumen, einfassen.

-kungamána, sich in Schaaren versammeln. *-kungana*, sich in Schaaren zum Kriege hie und da sammeln.

kungariʒi, Mittel gegen den Husten.

kungáwa, obgleich.

kunge ʒa mwáfi, der harte, schwarze Kern des Holzes von *mwafi* Baum.

kungo pl. von *ukúngo*, Rand.

kungo (ya pl. *ʒa)*, Frucht des *mkungo* und des *mwafi* Baumes.

kungu (wa pl. *ʒa)*, Antilopenart.

kungu manga, Muskatnuss.

-kungúa, ausplündern.

kungúma pl. *ma-*, Beere des *mkunguma* Baumes.

kungúni (wa pl. *ʒa)*, Wanze.

kungurási, Frucht des *mlilána*, wird gegen den Husten gebraucht.

kúnguru, Krähe.

-kungúta, ausschütteln, abschütteln.

kungúto pl. *ma-*, Art Korb, der als Sieb oder Filter gebraucht wird.

kunguyu, Art grauer Eule.

-kunguʒúa, ausplündern.

kúni pl. von *ukuni*, Brennholz.

-kunia, die Augenbrauen verächtlich ziehen.

-kunikia, einnicken, schläfrig sein.

-kúnja, zusammen falten, zusammen wickeln. *-kunjana*, runzeln. *-kunjika*, faltig, zusammengefaltet sein. *-kunjúa*, auseinanderfalten. *-kunjua miguu*, die Beine ausstrecken.

kunjú, eine Wurzel (Art *uwanga)*, welche zur Noth gegessen werden kann.

kunráthi, bitte, entschuldige. a.

-kunyata, zusammenziehen, flehentlich ansehen.

-kunyua, kratzen, heimlich berühren. *-kunyuka*, durchgekratzt sein. *-kunyúra*, jemand heimlich ein Zeichen geben.

kúo (ya), das Stück Land, das dem Sklaven zur Bearbeitung zugemessen wird.

kupáa pl. *ma-*, hölzerner Riegel.

kupa = kupe, Buschlaus, Zecke.

kupa (la), Dach von *mia* (Zuckerrohr).

-kupúa, etwas vom Kleide abschütteln. *-kupulia*, irgend wohin abschütteln.

kura (ya pl. *ʒa)*, Loos. *ku piga kura*, das Loos werfen.

kúrasa pl. von *ukúrasa*, Papier. a.

kúrò, Art Antilope.

kuru, Kreis, Ball.

-kurubia = -karibia, nähern. a.

kurumbiʒi, ein Singvogel.

kúrúrú, 1) kleine weisse Strandkrabben. Merima. 2) Grille (Unguja).

kúrúsi wa ngombe, Ochse.

-kúsa, jemand plagen.

-kusanya, versammeln. *-kusanyika*, versammelt sein.

kushoto, links.

kúshulú, Saum. a.

kúsi (ya), Südwind, welcher vom Mai bis October weht. *kusini*, südlich.

kustubani (ya), Fingerhut.

kusubára, Koriandersaat, zum Currypulver.

kúsúdi, Absicht, absichtlich. a. *-kusudia* beabsichtigen.

-kúsúru, abkürzen. a.

kút (ya), Burg. a.

kúta pl. von *ukuta*, Mauer.

-kúta, begegnen, finden, zustossen. -kutia, jemand begegnen. -kutána, zusammenkommen. -kutanika, versammelt sein. -kutanisha, zusammen bringen.

kúti pl. ma-, Zweig der Kokospalme.

kúto pl. ma-, Locke.

kútu (ya', Rost. kutu ya mweʒi, Flecken im Monde.

-kutuka, erschreckt sein, aufspringen. -kutusha, erschrecken. trans.

-kúu, gross, vornehm. ana makúu, er ist eitel.

kuukéni, von Mutters Seite.

kuumeni, von Vaters Seite.

kuve, Feldratte (?).

kuvuli; mkono wa kuvuli, die rechte Hand.

-kuʒa, grösser machen, vergrössern, wachsen lassen, erheben. -kúʒa, ausgewachsen.

kuʒa = ku-uʒa, verkaufen.

kúʒi, irdene Wasserflasche. a.

kuʒikáni, Begräbniss.

kuʒimu, im Grabe, unter der Erde.

kwa, durch, mit, zu, bei, für, wegen.

-kwáa, mit dem Fusse anstossen, stolpern, stammeln. -kwaʒa, stolpern lassen. -kwaʒa meno, mit den Zähnen knirschen.

-kwafukia, jemand anschnauzen.

kwake, bei seinem Hause.

kwanya, ein Vogel.

kwaje? wie? womit?

-kwakia, wegschnappen.

kwakúa (la), Frucht des mkwakúa Baumes.

kwále, Art Wachtel.

-kwáma, verstopft werden, stecken bleiben. -kwamisha, verstopfen, beklemmen.

-kwámba (eigentlich zu sagen), dass, wenn, nämlich, obgleich.

kwángu, bei mir, in meinem Hause.

-kwangúa, das Wasser mit Sorgfalt abgiessen, damit kein Bodensatz mit kommt, abkratzen, auskratzen.

-kwanúa, abbrechen, niederreissen. -kwanúka, abgebrochen sein. -kwanyuka, abbrechen (intr.), von Zweigen gesagt, die unter einem Kletternden brechen.

kwanʒa, zuerst.

kwáo, ein Stein des Anstosses.

kwáo, zu, bei ihrem Hause.

kwápa, Achselhöhle. kwapani, unter dem Arme.

kwára, Art Geier.

-kwaruʒa, längs etwas streifen.

kwáta (la), Schlag mit Hufe, Fussstoss.

kwáto pl. von ukwato, Huf, gespaltene Klaue.

-kwatúa, putzen (Messer, Schwerter).

kwayo, ein Stein des Anstosses.

-kwéa, hinaufsteigen, erklettern. -kwéʒa, erheben, erhöhen. -ji-kweʒa, sich rühmen, prahlen. -kweleka, ersteigbar sein.

kwékwe (ya', Unkraut.

kweléa (ya), Dünung.

kwekéo (ya), Zange.

kweli (ya), Wahrheit.

kwema, es geht gut.

kwembe (wa', Wasservogel mit langem Schnabel.

kweme, Same einer Kürbissart.

kwenda, vielleicht.

kwensi (wa), grüner Papagei.

kwenu, bei euch in, nach eurem Hause.

-kwenyúa, zerreissen.

-kwepa, aus dem Wege gehen.

-kweta, erheben.

kwete pl. ma-, Gans (?).

kwetu, bei uns, in unserm Hause.

kwéu, hell, klar.

-kweʒa, ein Boot aus dem Wasser herausziehen.

kwiba siehe iba.

kwikwe, Schlucken.

kwili, Art Schlange.

kwiu, Heisshunger.

L.

la, nicht, nein. a.

-lá (kúlá), essen, verzehren, ausgeben. *-lána*, intim mit einander verkehren. *-lia*, essen. *mkono wa kulia*, die rechte Hand. *-lika*, essbar sein. *-liána*, reih um essen. *-lisha*, füttern, weiden.

-laabu, mit etwas spielen, sich mit etwas unterhalten. a.

laana pl. *ma-*, der Fluch. a. *-laani*, verfluchen. *-laanisha*, einen Fluch über jemand bringen.

labéka (lebéka), hier bin ich. Antwort des Untergebenen, wenn er gerufen wird. a.

lábuda, vielleicht. a.

ládu, runder Pfefferkuchen der Eingeborenen. a.

lafúa, *-jilafúa*, alles haben wollen, was man sieht. *-lafúka*, unersättlich sein.

láfuthi (ya), Entschuldigung (besonders leere Entschuldigung). a.

láhámu (ya), Loth zum Löthen. a.

lahaula (ya), Gotteslästerung. a.

lahu (ya), Blatt Papier. a.

láika pl. *maláika*, Flaumhaare auf dem Körper (nicht Haare auf dem Kopf und im Bart).

láini, dünn, fein, zart. a. *-lainika*, zart sein. *-lainisha*, glätten.

láiti, Interjection des Bedauerns: o dass es doch anders wäre. a.

láken, aber, sondern. a.

-laki, entgegen gehen. a.

lákini = *laken*.

láki, hunderttausend (Indisch).

lákri (ya), Siegellack (Indisch).

-lála, sich niederlegen, niederbeugen, schlafen. *-lalia*, auf etwas liegen. *-lalika*, guten Platz zum Schlafen bieten. *-laza*, zum Schlafen bringen.

-lalaika, verhungern.

-laláma, bekennen, um Erbarmen und Verzeihung bitten. *-lalamia*, jemand um Verzeihung anflehen. *-lalamisha*, zum Bekenntniss veranlassen (durch Schläge u. s. w.)

lámu (ya), Theer, Pech, Leim.

-landa, gleich sein.

lango pl. *ma-*, Thor, Stadtthor.

-lapa, ausgehungert sein, so dass keine Speise verschmäht wird.

lasirmali, grosses Vermögen.

-latamia, ein Kind erziehen. a.

láuna (la), Tadel. a.

-laumu, einen Prozess gegen jemand anstrengen. a.

launi (ya), Bild, Form, Art; gleich wie. a.

-lavia, stehlen.

-lawa, herkommen.

-lawana, einander schimpfen.

-laza, niederlegen, siehe *-lala*.

lázima (la), Nothwendigkeit, Sicherheit, Pfand. a. *-lázimu*, verpflichtet sein, müssen. *-lazimisha*, zwingen, verantwortlich machen.

-léa, erziehen. *-leza*, erziehen lassen.

lebeka = *lábeka*, hier bin ich. a.

-legéa = *-regéa*, losgehen, weich werden. a.

-lehemu = *-láhamu*, löthen. a.

-lekéa, ins Auge fassen, gegenüberstehen. a. *-lekeána*, einander gegenüberstehen. *-lekeanisha*, gegenüberstellen. *-lekeza*, hinrichten auf etwas, wohin steuern, auf etwas zielen. *-lekezana*, die Waffen gegen einander richten, sich vertragen.

lelam, durch Auktion.

lele (siehe *lala*); *yu lele*, er schläft. *amelele*, er schlief. *usiku leli*, zu nachtschlafender Zeit.

lema pl. *ma-*, Fischnetz, Reuse.

lemáa, Entstellung a. *mwenyi lemaa*, Krüppel.

-lemba, betrügen.

lemba (la), Hahnenkamm (?).

lembelembe, überfliessend voll.

lembézi (la), Hagel (im Kiseguha).

-leméa, sich auf etwas lehnen, schwer auf jemand lasten, niederdrücken. *-lemeana*, einander belästigen. *-leméza*, auf einander häufen. *-lemezána*, gegen einander lehnen.

-lenga, nach etwas zielen. -lengana, auf einander zielen.

lengelenge pl. ma-, Blatter, Blase.

léo, heute.

léppe (la), Schläfrigkeit.

lesáni (ya), Stimme, Sprache. a.

léso = laéso (ya), Tuch, Taschentuch (portug. lenço).

-léta, bringen, holen, reichen. -letéa, jemand etwas bringen.

léu (la), Proviant für die Reise.

léúli, eine Art theures Zeug.

-lewa, trunken werden. -levya, trunken machen. -levuka, wieder nüchtern werden.

-lia, weinen, schreien, heulen, klingen. -lilia, beweinen. -liza, zum weinen veranlassen. -lizana, miteinander weinen.

-licha, erlauben. licha, adv. wenn es erlaubt ist.

-lihamu = -léhemu, löthen. a.

lijámu, Gebiss des Zügels. a.

-lika, essbar sein, aufgegessen, verbraucht, abgenutzt sein.

-likiza, entlassen, frei lassen, Urlaub geben, entwöhnen.

liko (la), Landungsplatz.

-lima, beackern. -limika, urbar sein. -limisha, beackern lassen.

lima; wali wa lima, Festessen bei einer Hochzeit.

-limatia, zurück bleiben auf der Reise. -limatisha, auf der Reise aufhalten.

limáu (la), Lemone, Citrone. pers.

-limbika, völlig reif werden lassen, geduldig warten, bis man an die Reihe kommt. -limbúa, von der neuen Erndte essen. -limbusha, die Erstlinge zum schmecken heranbringen.

-limki (wird nur in der negativen Form gebraucht), Mangel haben.

-limúka, schlau sein. -limúsha, schlau machen, jemand einen Streich spielen.

-linda, aufpassen, bewachen, beschützen. -lindia, für jemand bewachen. -lindo (la), Stelle der Wache.

lindi (la), Grube, tief gelegener Platz.

-linga, den Kopf beim Tanzen hin und her neigen.

-linga, eben, gleich machen. -lingana, einander gewachsen sein. -lingania, gleich machen. -linganika, gleich sein.

-lingána, nach jemand, der in der Nähe ist, rufen

lini, wann?

-lipa, bezahlen. -lipia, für jemand, an jemand bezahlen. -lipika, zahlbar sein. -lipisha, jemand bezahlen lassen. -jilipiza, sich rächen.

lisáni (ya), Zunge, Stück Zeug, welches vor eine Oeffnung gesetzt wird. a.

-lisha, -lishiza, füttern, weiden cf. la.

liwa, ein wohlriechendes Holz aus Madagascar.

liwali pl. maliwali, Statthalter. a.

-liza, verkaufen.

-liza, jemand zum weinen bringen.

lo, loo, Ausruf der Verwunderung.

-loga, verzaubern.

loma, Fuchs, Dachs (?).

lónyo (ya), ein Prunkstück (das nicht zum Gebrauche dient).

lózi (ya) pl. ma-, Mandel. a.

luba, Blutegel.

lugwámu, Gebiss des Zügels. a.

lugha (ya pl. za), Sprache, Dialekt. a.

lúja pl. ma-, ein Erzdieb.

lúkuma, Bestechung. a.

lúlu (ya), pl. ma-, Perle. a.

-lumba, etwas in feierlicher Weise erzählen. -lumbika, eines nach dem andern auflesen.

lúmbwi (wa), Chamäleon.

luththa, Wohlgeruch, Wohlgeschmack. a.

lúva, Sandelholz (?).

lwanga, ein Vogel.

M.

-máa, voll sein. a.

maadím, während, unterdessen. a.

maadíli, begünstigt. a.

maáfa (ya), Tod. a.

maafikáno, Geschäft, Vertrag. a.

maáfu (ya), Vergebung, Erlösung. a.

maagáno (ya), Vertrag, Bund.

maagíʒo (ya), Auftrag, Richtung, Empfehlung.

maakúli (ya), Beköstigung. a.

maalikáno, Schicht, Lage.

maálim, sicherlich, gewiss. a.

maamúma, Wilde, Heiden.

maámvi (ya), Geklätsch, Verläumdung.

maámúʒi (ya), Urtheil. a.

máana (ya), Meinung, Bedeutung, Grund, Ursache. a.

maandáʒi (ya), allerlei Kuchenwerk.

maandiko, maandikio (ya), das Anrichten der Speisetafel, das Schreiben, Beschreibung.

maandíshi (ya), alles was zur Speisetafel und zum Schreiben gehört, Schrift.

maangaliʒi (ya), Erscheinung.

maangúko (ya), Fall, Zerfall, Ruine.

maápiʒo (ya), Beschwörung, Fluch.

maáribu (ya), Schelmenstreich. a.

maárifa (ya), Wissenschaft, Wissenswerthes. a.

maarúfu (ya), Berühmtheit. a.

maási (ya), Abfall, Rebellion. a.

maaʒal, während. a.

maaʒimo, Anleihe.

mabakia (ya), der Rest. a.

mabelakhe (ya), reich an Gütern und Weisheit. a.

mabiwi (ya), Holzhaufen.

mabumda (pl. zu *bumda*), Honigkuchen, die für die Reise gebacken werden.

machela (ya), Sänfte.

machéʒo (ya), Spiel, Tanz.

machukio (ya), Ekel.

madáha (ya), Höflichkeit, Anmuth. a.

madáhiro (ya), gemessenes Wesen.

madáka (ya), Verlangen.

madakáta (ya), abgefallene Blätter, Reisig.

madangányo (ya), Täuschung, Betrug.

madáraka/ya),Vorbereitung,Proviant. a.

madáyo (ya), Lügengewebe.

madéfu (ya), Bart.

madéssi (ya), Spiel der Kinder.

madévu (ya), eine Reisart.

mádhabi (ya), Secte. a.

mádini (maadini) (ya), Erz, Metall. a.

madóadóa (ya), gefleckt.

madogóvi, besondere Art des Trommelns bei Beschwörungen.

madóro (ya), unnützes Geschwätz.

madúkwa (ya), Gerüst zum Bau.

maenénʒi (ya), Gang, Verhalten.

maenéo (ya), Ausbreitung.

maenéʒi (ya), Vertheilung, so dass jeder Anwesende etwas erhält.

maengaénga (ya), was zwischen Himmel und Erde schwebt.

mafáia (ya), Nutzen, Vortheil.

máfa (ya), Begräbnissplatz.

mafafanúsi (ya), Erklärung.

máficho (ya), Versteck.

máfu (ya), Tod, Erstorbenes. *maji mafu*, Nippfluth.

mafúa (ya), Schnupfen und Husten.

mafundisho (ya), Lehre, Vorschrift.

mafúne (ya), Schwächlichkeit, Kränklichkeit. a.

mafungulia ngómbe, die Stunde, wann die Rinder auf die Weide getrieben werden (um 8 Uhr Vormittags).

mafúno = mavúno (ya), Erndte.

mafúrufúru (ya), Finsterniss.

mafúta (ya), Fett, Oel.

mafúu, gebrechlich, zersprungen.

magádi (ya), rohe Soda. a.

magámba (ya), Fischschuppen.

magandi ya maziwa, abgeschöpfte Milch.

maganda (ya), Hülsen, Spreu.

magangao (ya), Verödung, Ruin.

magaribi = maghrebbi, Abend, Westen, Abendgebet. Abendland (Marokko). a.

mageúzi (ya), Veränderung.

maghófira (ya), Vergebung. a.

maghrib ayuk, Nordwesten. a.

maghrib akab, Südwesten. a.

maghubba (ya), Bucht eines Stromes. a.

magilisi (ya), Sitzung. a.

mágo pl. von kágo, Zauber.

magúgu (ya), Unkraut, Unterholz.

magúmegúme; bunduki ya magume-gúme, Muskete.

magundalo, Folterwerkzeug.

mahába, Liebe, Zuneigung. a.

mahali (pl. mwahalì, Ort, Stelle. a. mahali pa, in Stelle von. mahali pote, überall.

mahana, Krebsgeschwulst.

máhari (ya), Geschenk, dass der Bräutigam den Eltern oder Verwandten der Braut vor der Hochzeit zu machen hat. a.

mahárazi, Ahle des Schuhmachers.

mahati (ya), Art Reissmaass des Zimmermanns. a.

mahazámu = mahazimu (ya), Gürtel, Shawlgürtel. a.

mahindi (ya), Mais.

máhiri, geschickt. a.

-máhiri (mahhiri), bezaubern, durch Zaubermittel ergründen. a.

mahóka (ya), böser Geist, Wahnsinn.

mahórama (ya), Art Zeug.

mái pl. zu i, Eier (Mombas).

máisha (ya), Leben, Lebensdauer. a.

maishilio (ya), Ende, Ziel.

maiti = mayiti (ya), Leichnam. a.

majáni (ya), Gras; der Singular jáni bedeutet ein Blatt.

majahaba, Dock. a.

majáribu = magáribu (ya), Versuchung. a.

majázo (ya), Belohnung.

majéngo (ya), Baumaterial.

maji (ya), Wasser. maji maji, nass.

maji ya kunde, Bohnensuppe, rothbraun.

majibili (ya), Antwort. a.

majibu (ya), Antwort. a.

majifúno (ya), Hochmuth, Selbstüberhebung.

majilio (ya), Ankunft.

majilipo = majilipa (ya), Rache.

majira (ya), Zeit.

májira (ya), Curs eines Schiffes. a.

majirukhu, verwundet, halbtodt. a.

majóka (ya), Ermüdung.

majonsi (ya), Kummer. a.

majóri, ein Aeltester.

majúni (ya), ein Präparat von Haschisch, Opium, Honig, Eiern u. s. w. a.

majuruhu, halb todt. a.

majutio (ya), Reue, Bekümmerniss über etwas.

majuto (ya), Reue.

makalalío, Motte (Spottname der Madagassen in Sansibar).

makali (ya), Schärfe.

makamio (ya), Drohung.

makámu, schlank, im Mannesalter stehend, hoch gestellt. a.

makanádili (ya), Waarenraum im Hintertheile der Schiffe der Eingeborenen. a.

makáni (ya), Wohnort, Wohnung. a.

makáo (ya), Wohnort, Wohnung.

makápa; pepo za makápa, plötzlicher Windstoss.

makási (ya), Scheere. a.

makáta; ku piga makáta, nach hinten ausschlagen.

makatáa (ya), Contract. a.

makatázo, Einwand, Hinderungsgrund.

makátibu, Vertrag. a.

makázi (ya), Wohnung, Existenz.

makengéza (ya), Schielen.

makháud, sehr krank. a.

-mákhiri, mit Zauberei umgehen.

makhúshumu = mákhshumu, der, die Geehrte, z. B. die Schwester. a.

makhtáji, Wunsch, Begehren. a.

makhtásar, Buch, Heft. a.

maki (ya), Dicke, Stärke.

makimbilio (ya), Zufluchtsort.

makindáno (ya), Entgegnung, Einwurf.

makini (ya), stilles, ruhiges, anständiges Wesen. a.

makiri (ya pl. ʒa), Art Leiste, die als Thürangel dient, Klampe an der Dhau.

makómbo (ya), Ueberrest von Speise.

makombóʒi (ya), Lösegeld.

makosekáno (ya), Mangel, Abwesenheit.

maksái, Ochse. a.

makubáchi (ya), befestigte Stellung. a.

makúfuru (ya), Unglauben, Heidenthum. a.

makúli (ya), Speise. a.

makulima (ya), Ackerbau.

makúmbi (ya), Kokosfaser. makumbi ya usúmba, Kokosfaser zu Matratzen.

makúndo (ya) pl. mi-, Windung der aufgerollten Angelschnur.

makungamáno (ya), Versammlung.

makúngu (ya), Morgenröthe.

makúo (ya), kleine, enge Grube.

makúpa (ya), Untiefe, Furt.

makusanyiko (ya), Versammlung.

makusúdi (ya), Absicht, Vorsatz, absichtlich, mit Fleiss. a.

makutáno (ya), Menge, Schaar.

malaika (wa pl. ʒa), Engel. a.

málaki (wa), Fürst, König. a.

malalo (ya), Nachtlager.

maláu (ya), gerichtliches Verfahren.

malaʒi (ya), Schlafstelle, Ehebett.

maldadi (wa), Stutzer.

maleléʒi = maleléji, Zeit, wenn die Monsume wechseln und man nach allen Richtungen schiffen kann, Mitte März bis Mitte April und Mitte November bis Mitte Dezember.

malénga (wa), ein Barde.

malévi (ya), Trunkenheit.

maléʒi (ya), Erziehung.

mali (ya pl. ʒa), Eigenthum, Besitz, Geld. a.

máliki, eine Arbeit beginnen. a.

malimo, Schiffskapitän, Steuermann. a.

malinʒi, Aufsicht.

malio, malilio (ya), Klage, Weinen. malio ya kiko, das Sprudeln des Wassers in der Wasserpfeife.

malipiʒi (ya), Rache.

malipo (ya), Lohn, Bezahlung.

malisha (ya), Weidefeld.

maliwátu, Badezimmer.

maliyandimu, Art Spiel.

-maliʒa, beendigen. a. -maliʒika, beendigt sein.

maliʒi (ya), Geräusch.

malki, König. a. malkia, Königin. a.

málu, Art Antilope.

máma (wa oder ya pl. ʒa), Mutter; der untere Mühlstein, cf. mwana. mama wa kambo, Stiefmutter.

mamávia (wa), Schwiegervater, -mutter, Schwager, Schwägerin.

mámba (wa pl. ʒa), Krokodil.

mámba (ya pl. ʒa), Fischschuppe.

mámlaka, Gewalt, Autorität, Herrschaft. a.

mana = mwana, Kind.

manádira (ya), Vergebung, Freundlichkeit.

manamiʒe, Einsiedlerkrebs.

manda la ʒima, Speise, die auf den nächsten Tag verwahrt wird (Lamu).

mandáno = manjáno (ya), ein Gewürz.

mandishi (ya), Schrift.

mandondo (ya), lange Trommel.

mandundu (ya), lange Fransen.

manemane (ya), Myrrhen.

Manga (ya), Arabien, besonders Maskat. pilpili ya Manga, schwarzer Pfeffer.

mangaribi = magharibi, Westen, Sonnenuntergang. a.

mango (ya pl. ʒa), runder, harter, schwarzer Mühlstein.

mani, Gewicht, ungefähr 3 Rottel.

mankúl, etwas, was aufgebraucht und fortgeworfen ist. a.

manowári, Kriegsschiff. engl.

mansúli (ya), Mantel.

mánúfá (mánúfe), etwas sehr kostbares.

manúka (ya) = manukáto, Geruch, Wohlgeruch.

manúkú (ya), Abschrift. a.

manyíga (ya), Hornisse.

manyúnyo (ya), Regenschauer.

manza (ya), ein Hauptverbrechen.

máo ya jua, Osten.

maómbo, Kraut mit grossen Blättern.

maombolézo = maomboléza, laute Klage.

maómvi (ya), Bettelei.

maóndi, Geschmack.

maondoléo (ya), die Wegnahme.

maonéfu (ya), Neid.

maongézi (ya), Geschmack.

maóngo (ya), Rücken.

maongozi ya Muungu, der Wille Gottes.

maonji (ya), der Versuch, die Probe.

Maónwe, französische Insel Mayotte bei Madagaskar.

mapáji (ya), Geschenk.

mapakízi (ya), Frachtgeld

mapalílo (ya), Zeit des Behackens der Pflanzungen.

mapápuropápuro, Gekritzel.

mapatano (ya), Verständigung, Vertrag.

mapema, frühe.

mapendáno (ya), gegenseitige Liebe.

mapendéfu, Liebe, mit der der Redende geliebt wird.

mapéndo (ya), Achtung, Zuneigung, Liebe.

mapénzi (ya), Liebe, Verlangen, Wille.

mapigáno (ya), Kampf, Schlägerei.

mapindi (ya), Windung.

mapióro (ya), doppelzüngig.

mapiswa (ya), Einfalt, Albernheit.

mapógo (ya), Augenkrankheit, Schielen.

mapoóza (ya), unreife Früchte, welche zu früh abfallen, unnütze, unzweckmässige Dinge.

mapóso, Heirathsantrag (Unguja).

mapóza (ya), Heilmittel.

mára, zuweilen, mal. a. mara moja, einmal. mara mbili, zweimal u. s. w. mara ya pili, zum zweiten Mal. mara nyingi, viel mal. mara ngapi, wie viel mal.

maradúfu (ya), doppelt. a.

marahába, gut! sehr gut! danke schön! willkommen! a.

marakaráka, karrirt, scheckig.

-márari, über eine Sache nachdenken. -mararia, von jemand gutes oder böses voraussetzen.

marásharásha (ya), Tröpfeln, Hast, Oberflächlichkeit. a.

márashi (ya), wohlriechendes Wasser. marashi ya Búrobo, Kölnisches Wasser. marashi mawardi, Rosenwasser.

márathi (ya), Krankheit. a.

mardudi (ya), Rückkehr. a.

maregéo (ya), Rückkehr. a.

marehému (wa), einer der Barmherzigkeit erlangt hat, verstorbener. a.

marénga (ya), Auslieger des galawa.

marére (ya), ein gewisses Moos, das zum Färben benutzt wird.

marfúk = marufúku, verboten. a.

márgeli (ya), grosser Topf. a.

marhámu (ya), Salbe. a.

marijani = marigani, rothe Koralle. a.

Márika, Stadt an der Somaliküste.

marika, ein Altersgenosse.

marikábu = merikábu (ya), Schiff der Europäer. a.

marisáa (ya), Schrot. a.

-marisi, sich umschauen.

maritháwa (ya), Ueberfluss, Genüge. a.

marizábu (ya), Wasserstrahl.

marjáni, rother Edelstein, rothe Koralle. a.

maróaróa: ku tója maróaróa, kratzen.

marúdi (ya), Rückkehr. a.

marúgurúgu (ya), Geschwulst ohne Geschwürbildung.

marúngu (ya), böse Laune.

62   marwasi — matéka.

marwasi; ngoma ya marwasi, Art Trommel.

masáa (ya), Ueberrest.

masafi, Reinheit. a.

masáhaba (ya), die Freunde, besonders die Gefährten Muhammeds. a.

masáhibu (ya), Freundschaft. a.

masáibu (ya), Unglück. a.

masakini — meskini, ein Armer, Elender. a.

masalkheiri, Gruss am Nachmittag. a.

masámeha = masámeho (ya), Verzeihung. a.

masángo, spiralförmig zum Schmuck um den Unterarm gewickelter Draht.

masanufi, ein Taschentuch, das man um die Schulter bindet. a.

masárifu (ya), Spesen, Proviant. a.

masáʒo (ya), übrig gelassenes, Rest (von Speisen).

mashaka, Zweifel, schwierige Lage. a.

mashápo (ya), Bodensatz.

masháriki (ya), Osten, Ostwind, östlich. a.

mashendéa (ya), wässriger, schlecht gekochter Reis, dünne Suppe.

mashérti; ku weka mashérti, wetten. a.

mashetáno (ya), Menge, Menschen.

mashindáno (ya), Streit, Wettstreit.

mashindéa = mashendéa.

mashindo; kwenda kwa mashindo, traben.

mashóni (ya), Näharbeit.

mashúa (ya pl. ʒa), Boot, Cargoboot.

mashúr = mashuhur, merkwürdig. a.

mashútumu (ya), Verdacht. a.

masia; kwenda masia, auf- und niedergehen.

masifu (ya), Lobpreisung. a.

masihára (ya), Spiel, Scherz. a.

masika (ya), Regenzeit, Winter (März bis August).

masine (ya), Gaumen, Kinnbacke.

masingiʒio (ya), Verläumdung.

masiʒi (ya), Russ, Schmutz an den Kochtöpfen.

maskáni (ya), Wohnplatz. a.

maskini = masikini, Armer. a.

máso (ya), Schneide (eines Messers, Schwertes).

masómbo (ya), Gürtel aus Stoff, mehreremale um den Leib gewunden.

masóngo (ya), Stickerei.

Másri = Misri, Egypten. a.

mastúkhu (ya), Schwester von demselben Vater und derselben Mutter, im Verhältniss zu ihrem leiblichen Bruder so genannt.

masúa (ya), Schwindel.

masukúo (ya), geschliffener Stein. (?)

masúso (ya), Art von hängendem Bücherbrett.

mataajabu (ya), Erstaunen, Verwunderung. a.

matabía túmbiri, ein Baum.

matábwatabwa (ya), dünne Reissuppe.

matáfu (ya), Kiemen der Fische.

matakatifu (ya), Heiligkeit.

matáko (ya), der Hintere.

matákwa (ya), Wunsch, Wille.

matamángo (ya), Liebe.

matambavu (ya), die Seite eines Menschen, Art Amulet.

matamuko (ya), Aussprache, Dialect, Provinzialismus.

matana (ya), Aussatz. a.

matandiko (ya), Bettzeug.

matánga (ya), grosse Matten, Segel. kukáa matánga, in tiefster Trauer sein (5 bis 15 Tage lang). ku ondóa matanga, mit der Trauer aufhören.

matangamano (ya), Mischung, grosse Menge Menschen.

matánitáni, rückwärts.

matása (ya), dicke Reissuppe der Eingeborenen.

matáta (ya), Verwickelung, Verwirrung.

matawále (ya), Uferregion eines Flusses, Süsswasserseees.

matáyo (ya), Vorwürfe.

máte (ya pl. ʒa), Speichel.

matefal (pl. átefal), Ziegel. a.

mategeméo (ya), Stütze, Unterstützung.

matéka (ya), Beute, Gewinn.

matélába = matilába = matálába, Naturgesetz, Gesetz, Sitte. a.

matélái = matláa, Ostwind. a.

matembeʒi (ya), Spaziergang, Umherstreifen (oft mit schlimmer Nebenbedeutung).

matengo (ya), die Ausleger eines Kanoe.

matepukuʒi (ya), Aufschlag aus den Wurzeln eines gefällten Baumes.

matéso (ya), Leiden durch Krankheit, Armuth u. dgl.

matetési (ya), Fürsprache (z. B. für einen Gefangenen).

matetési (ya), Gackern der Henne, wenn sie ein Ei gelegt hat.

mateto (ya), Streitigkeit.

mateusi (ya), Wahl.

mathábahu (ya), Altar. a. mathabuha (ya), Opfer.

matháhábi (ya), Secte, Ueberzeugung. a.

mathára (ya), Unheil. a.

mathehébi = mathahábi.

mathúbudu (ya), Bestätigung. a.

matiko; ku tia matiko, Eisen härten.

matindi (ya), grüner Mais.

matindo (ya), Schlachthaus.

matira (ya), Wiege.

matiti 1) pl. von titi, Euter. 2) ku enda matiti, traben.

matláa (ya), Ostwind. a.

matóbōsha, Art Kuchen.

matokéo (ya), Ausgang.

matongóʒi (ya), Begierde.

matópe (ya), Schmutz.

matuéo jua, Sonnenuntergang.

matukáno (ya), Schimpfen mit unfläthigen Wörtern.

matukio (ya), Zufall.

matukúʒi (ya), Trägerlohn.

matumaini (ya), Zutrauen, Hoffnung. a.

matumbáwe (ya), Korallenfelsen.

matúmbo (ya), Baucheingeweide.

matumbwitúmbwi (ya), geschwollene Backe.

matumishi (ya), Dienst.

matúnga (ya), Weidefeld.

matúni (ya), das Abziehen des Felles.

nyama ya matuni, Fleisch, welches derjenige als Lohn erhält, der das Schlachten und Zerlegen eines Thieres übernommen.

matúo oder matuéo ya jua, Westen (Momb.).

maturuma, Schiffsrippen.

matusu(ya),Schimpf- und Schmähreden.

matuvúmu (ya), Anklage, Tadel.

matuváʒi, Schellen.

maugúʒi (ya), Krankenpflege.

maujiʒa (ya), Wunder. a.

maukilifu (ya), Vorsatz.

mauliʒo (ya), Frage.

maumivu (ya), Schmerz.

maúngo (ya), Rücken, Gelenke. uti wa maúngo, Rückgrat.

maunsi ya chombo, Erbauung eines Schiffes.

mausio (ya), Ueberlieferung, Auftrag. a.

máuti (ya), Tod. a.

mavio (ya) = maváʒi, Kleidung, Anzug.

mavi (ya), Dung, Exkremente.

maviá (wa), die Mutter des Gatten.

mavigo ya maji, Blätter, welche auf das Wasser im Kruge gelegt werden, damit es nicht überfliest, wenn der Krug auf dem Kopfe getragen wird.

mavulio (ya), schlechte, abgetragene Kleider, die man andern zum Gebrauch überlässt.

mavúmi (ya), Gemurmel.

mavunda, einer der alles zerbricht, das ihm unter die Hände kommt.

mavundevunde (ya), zerrissenes Gewölk.

mavuno, Erndte.

mawáʒo, Gedanke.

mawiajua = mawio jua, Sonnenuntergang.

mawimbi (ya), Brandung.

mawindo (ya), Jagdbeute.

máyiti (ya), todt. a.

mayúkwa (ya), Gerüst.

maʒao (ya), Frucht, Ertrag.

maʒiko (ya) = maʒiarini, Begräbnissplatz.

maʒingiwa, Belagerung.

maʒishi (yaʾ, Leichentücher.

maʒóka (yaʾ, 1) Dämonen. 2) Art Messingdraht.

máʒu (yaʾ, Art Banane.

maʒungunʒo (ya), Unterhaltung, Gespräch.

maʒwéʒo (yaʾ, Gewohnheit, Sitte.

mba (ya pl. *ʒaʾ*, Hautkrankheit, Rötheln.

mbabúro (waʾ, Schramme, besonders von einer Vogelklaue.

mbaharía (waʾ, Seemann. a.

mbalánga (waʾ, Hautkrankheit der Hände, Füsse u. s. w.

mbaléghi, mannbar werdend. a.

mbáli, weit ab, entfernt.

mbamba kofi, Art Baum.

mbánde, tiefste Ebbe.

mbango, Vogel mit grossem hakigen Schnabel, wie ein Papagei, Mensch mit vorstehenden Zähnen.

mbáno, eiserner Hammer.

mbáraka, 1) ein Baum. 2) Segen. a.

mbaríngo (ya pl. *ʒaʾ*, ein kurzer Knüttel.

mbárika pl. *mi-*, Kastorölbaum.

mbárowái, Schwalbe (?).

mbárüti pl. *mi-*, Art Unkraut, Diestel.

mbashiri pl. *wa-*, ein weitblickender Mann, der die Zukunft vorher erkennt. a.

mbasi pl. *mi-*, eine Art Baum, dessen Holz zum Feuerreiben gut ist.

mbasúa pl. *mi-*, Schwindel.

mbáta (ya pl. *ʒaʾ*, Kokosnuss, deren Kern völlig trocken ist.

mbáthiri pl. *wa-*, ein Verschwender. a.

mbáti pl. *mi-*, Wallplatte, Dachbalken, der auf der Mauer aufliegt.

mbáu pl. zu *ubau*, Bretter.

mbávu pl. von *ubavu*, Rippe.

mbawa pl. zu *ubáwa*, Flügel.

mbayína (ya), Unvereinbarkeit (wie etwa von Oel und Wasser). a.

mbayáni (ya), stadtkundig. a.

mbayuwáyu, Schwalbe.

mbáʒi pl. *mi-*, Busch mit bohnenähnlicher essbarer Frucht. *mbaʒi (ya* pl. *ʒaʾ*, die Frucht selbst.

mbea pl. *wambea*, ein Verläumder unter Freunden.

mbéga pl. *wa-*, Art Affe, schwarz mit weissem Haar auf den Schultern.

mbégu, Samen.

mbéja pl. *wambéja*, junge, ordentliche Person, die etwas auf sich hält.

mbéko (yaʾ, Geschenk, in Erwartung späterer Gegenleistung gegeben.

mbéle (yaʾ, Vorderseite. *mbéle (ya* oder *ʒaʾ*, bevor, vor.

mbémbe pl. *wa-*, wilde Biene.

mbéyu (yaʾ, Saat.

mbia pl. *mi-*, Art Mangrove.

mbibo pl. *mi-*, eine Art Baum »cashewnut tree«.

mbilikimo, Pygmaee.

mbiliwili (ya pl. *ʒaʾ*, 1) Art Dornbaum. 2) Handgelenk (?).

mbingu pl. von *uwingu*, Himmel.

mbinja, pl. zu *ubinja*, Pfiff. *ku piga mbinja*, pfeifen.

mbio (ya pl. *ʒaʾ*, Lauf. *ku piga mbio*, rasch gehen, laufen.

mbiomba, Mutters Schwester.

mbirambi ʒako, Trostwort für den, der einen nahen Verwandten verloren.

mbishi, Widersetzlichkeit.

mbisho wa pépo, Gegenwind.

mbisi, gerösteter Mais.

mbiu pl. *mi-*, Büffelhorn, als Musikinstrument gebraucht.

mbo, Penis.

mbóga (ya pl. *ʒaʾ*, Zukost zum Reis, z. B. Fleisch, Sauce, Gemüse.

mboga pl. *mi-*, Kürbis.

mbóna, zwar, aber doch, doch ja, was ich sagen will, warum doch?

mbongéa, Dünger·

mboni (ya pl. *ʒaʾ*, Augapfel, werthvolle Sache.

mboni, Süden.

mbono pl. *mi-*, Ricinusbaum.

mbúsa pl. *wa-*, Art wilde Biene.

mbu pl. *wa-*, Moskito.

mbúba (ya pl. *ʒaʾ*, böse Geschwulst.

mbúji, geschickt, tüchtig.

mbúlu, eine Art Krokodil (?).

mbulúkwa, Narrenstreich.

mbumbu (ya pl. ʒa), Art Bohne.

mbumbwaʒi, starr vor Erstaunen oder Entsetzen.

mbúnduki, eine Art Strauch.

mbungu, Sturm.

mbúni (wa), Verfasser, Autor. a.

mbúni (wa pl. wa oder ʒa), Vogel Strauss.

mbúruga, Frucht des gleichnamigen Baumes, von den Zauberern zum Wahrsagen benutzt.

mburukénge (wa pl. wa oder ʒa), Art grosser Eidechse, deren Fett gegen Ohrenschmerzen benutzt wird.

mbúyu pl. mi-, 1) Affenbrotbaum. 2) Gefäss aus der Frucht des Affenbrotbaumes, jedes ähnliche Gefäss, z. B. mbuyu la tango, Calabass.

mbúʒi (wa pl. ʒa), Ziege. mbuʒi ya kunia naʒi, ein Instrument, Kokosnüsse zu schaben.

mbwa, Hund. mbwa mwitu, wilder Hund, Schackal.

mbwa, Genitivpartikel für wa z. B. mwana huyu mbua nani, wem gehört dieser Junge.

mbwáji, geizig.

mbwayi, böse, wild.

mbwe, kleine weisse Kiesel, grösser als changarawi.

mbwéha pl. wa-, Fuchs.

mbweu, Aufstossen, Rülpsen.

mcha Muungu, ein Gottesfürchtiger.

mchache, wenig.

mcháfu, schmutzig.

mchágo pl. mi-, das Kopfende des Bettes.

mchána = mtána, heller Tag.

mchánga = mtánga, Sand.

mchapi tumbíri, ein Baum.

mché pl. miche, Sämling, Pflänzchen, Steckling.

mche, eine Art Holz.

mchéji, ein Baum.

mchekesháji pl. wa-, ein Spassmacher.

mchéle, rein gemachtes Getreide, besonders Reis.

mcheléma, wässerig.

mchéwa wa hindi, Maiskolben.

mchéʒo pl. mi-, Spiel.

mchi pl. michi, Mörserkeule zum Stampfen des Getreides.

mchicha, Art Spinat.

mchikíchi pl. mi-, Oelpalme.

mchiliʒi, Traufe, Dachrinne.

mchongómia pl. mi-, Dornbusch mit kleiner, schwarzer, essbarer Frucht.

mchorochoro, Jemand, der sehr rasch schreiben kann.

mchóvu, müde, ermattet.

mchukúʒi pl. wa-, Träger.

mchúmba (wa), Bräutigam, Braut.

mchumbulúru pl. wa-, Art Fisch.

mchúnga pl. wa-, Hirte.

mchungwa pl. mi-, Citronenbaum.

mchurúʒi pl. wa-, Krämer.

mchúʒi, Sauce, Curry.

mchwa (wa) pl. auch michwa, weisse Ameise.

mda = muda pl. mida, Termin, Zeit. a.

mdádisi, ein Untersucher, Prüfer.

mdágo, eine Art Unkraut.

mdahálo = msanye (kiámu), Stamm der Eingeborenen bei Malindi.

mdáifu, schwach. a.

mdáku pl. wa-, ein Klätscher, Verläumder.

mdala pl. mi-, Trägerlast (schwere Gegenstände an beiden Enden des Stockes festgebunden).

mdalasíni, Zimmet.

mdálimu, ein Betrüger. a.

mdána, böses Vorzeichen.

mdáni, Art Baum, aus dessen Holze Mörser gemacht werden.

mdánʒi pl. mi-, wilder Apfelsinenbaum. mdanʒi wa kiʒungu, mit süssen Früchten. a.

mdarahání, Indisches Zeug.

mdáua, ein Gegner.

mdauíra, Kreis, Rundung. a.

mdawári, das weiche ٮ im arabischen. a.

mde, ein Baum.

mdebdabína pl. *wa*, Störenfried. a.

mdéki pl. *mi-*, Ladestock. a.

mdelásini = *mdalásini*, Zimmetbaum.

mdenéngwa = *mdéni*, Schuldner.

mdéruba pl. *mi-*, Feuerstahl. a. *mdéruba wa pépo*, Sturm, Orkan.

mdila pl. *mi-*, Kaffeetopf, Kaffeemühle.

mdilifu, kraftlos, elend. a.

mdimu, Citronenbaum.

mdirifu, wohlhabend. a.

mdiʒi pl. *mi-*, ein Baum.

mdo pl. *mido*, Kissen. a.

mdómo pl. *mi-*, Schnabel. Von der Lippe des Menschen wird lieber *mwomo* gebraucht.

mdónga, ein Baum.

mdónsi, ein Flussfisch.

mdoya pl. *wa-*, Spion.

mdu pl. *midu*, ein Baum.

mdu pl. *mindu*, Hackmesser, Sichel.

mdude pl. *mi-*, Ausdruck der Verachtung.

mdúdu, Wurm, Insect. a. *mdudu wa sikio*, Ohrenschmalz. *mdudu wa chanda*, Fingergeschwür.

mdudúdu, ein Baum.

mdukúo, leichter Schlag auf die Wange.

mdúle, ganz armer. a.

mdúle pl. *mindúle*, Zelt, Cajüte.

mdúli, Art Teller, welcher aus Sur in Arabien importirt wird.

mdúmu, Krug mit Schnauze (für parfümirtes Wasser).

mdungumáro, Name eines bösen Dämon, der durch den Ton der *dungumáro-*Trommel verscheucht wird.

-méa, wachsen, gedeihen. *-meléa*, auf etwas wachsen.

medïm, Schildpatt.

-méga, mit der Hand aus der gemeinsamen Schüssel essen.

meiti, todt. a.

-méka, *-mekaméka*, glänzen, glitzern.

méko pl. von *jiko*, Feuerstelle, Küche.

-meléa cf. *-mea.*

meléʒi (wa), das Rollen eines auf offener Rhede vor Anker liegenden Schiffes.

mélham, Heftpflaster. a.

-memetéka, glänzen, glitzern. *-memetesha*, glitzern lassen. *-memetuka*, funkeln.

-ména, jemand verächtlich behandeln.

ména pl. von *jéna*, Erdlöcher.

ménde, Motte, auch Ausdruck für Rupie.

mendemesera, Spindel.

menénsi = *maenénsi*, Betragen.

méno pl. von *jíno*, Zähne. *menomeno*, Zinnen.

mentár, Haarzange.

-ménya, 1) Speise mit der Hand aus der Schüssel nehmen. 2) schlagen, enthülsen.

mérhem = *marehému*, der verstorbene, entschlafene. a.

meriki; bunduki ya mériki, Luntenschlossgewehr.

merikébu, Schiff der Europäer. a. *merikébu ya tajá*, ein Kauffahrer. *merikébu ya móshi*, Dampfschiff.

Merima, das Küstenland von Afrika, südlich von Sansibar.

-meriméta, glänzen, scheinen, funkeln.

mersa, Hafen. a.

merthawa, Ueberfluss, Fülle. a.

meshmáa, Kerze. a.

mésiki = *méski*, Moschus, Parfüm. a.

meskíni, Armer. a.

meskíti, Moschee. a.

-méta, glänzen. *-metaméta*, glitzern. *-metésha*, blank putzen. *-metuka*, von weit her glänzen.

meteméte (wa), Glühwurm.

méthili (ya), Gleichniss, Bild. a.

méʒa, Tisch. portug.

méʒi = *mweʒi*, Mond.

mfá, Ofen, Darre.

mfá, Fleisch, welches einem Fremden als Zukost zu seinem Reis gegeben wird.

mfáa, das Mittelstück einer Thür.

mfádu (ya pl. *ȿa!,* ein grosser Getreidekorb, hält 10 gisila.

mfálme = mfálume = mfaume, Häuptling, König.

mfáno pl. *mi-,* Bild, Gleichniss, Modell.

mfáraja, Trost. *mfáráji,* Tröster. a.

mfaramfára, eine Eidechse, Chamaeleon. (?)

mfaránsa, mfárasa, ein Franzose.

mfárasa, eine dünne leichte Matratze. a.

mfárika (ya pl. *ȿa!,* weibliches Wesen, das noch nicht geboren (von Menschen und Thieren). a.

mfásiri, Erklärer, Dolmetscher. a.

mfáthaha, Schande, Schmach. a.

mfáthili pl. *wa,* freundlich, edelmüthig. a.

mfedéha, ein Baum.

mfeko wa meno, Lücke zwischen den Zähnen.

mféni, Baum, dessen Holz aus Arabien und Indien eingeführt wird, um es zu Masten zu verwenden.

mfethuli, ein roher Geselle. a.

mfi pl. *mifi,* Stachel, Pfeil. *mfi wa kigúmba,* vergifteter Pfeil mit Eisenspitze. *mfi wa mrembe,* vergifteter Pfeil mit Holzspitze.

mfiéle = mȿee, alter Mann, alte Frau.

mfifílisi pl. *wa-,* Betrüger.

mfilisi, einer, der seines Schuldners Eigenthum versteigern lässt, weil dieser nicht bezahlen kann. a.

mfinángi, Töpfer.

mfinessi, Jackfruchtbaum, artokarpus integrifolia.

mfióȿi, ein Zänker, Tadler.

mfipápo, ein Baum.

mfisifisi, mfitaji, einer, der etwas versteckt.

mfitini, ein Friedensstörer. a.

mfiwi, der Bohnenbusch.

mfo pl. *mifo,* Strom, Giessbach.

mfódoro, Einladung zum Fest. a.

mfombi, Wassergraben.

mfomgónia, ein Baum, dessen Früchte von den Wadahálo gegessen werden.

mforoya, ein Baum.

mforsaji, ein Maulbeerbaum.

mfu, ein Todter.

mfúa pl. *wafúa,* Schmied. *mfua* pl. *mifua,* Blasebalg.

mfuási, ein Anhänger, Gefolgsmann.

mfuáti, Art rother Ameise.

mfúfu, ein Baum.

mfufumaji, ein Baum.

mfúgo pl. *mif-,* Hausthiere. Der Plural bezeichnet die verschiedenen Arten.

mfuje = mvuje, übelriechender Gummi, Assa foetida.

mfuke = mvuke, Schweiss, Dampf.

mfúko pl. *mi-,* Beutel, Tasche.

mfule, Art Baum.

mfúli (kigunya), Mann.

mfuma, Weber.

mfumbáti pl. *mi-,* die Seitenstücke der Bettstelle.

mfumbe pl. *mi-,* die Oberseite der Hacke der Eingeborenen.

mfumbi pl. *mi-,* Graben um Wasser zu leiten.

mfúnda, ein Baum.

mfúndo pl. *mi-,* Aerger, böse Laune, Neid.

mfúne, ein Baum mit glatter weisser Rinde.

mfungo, die letzten drei Tage vor Beginn des Ramathan (des Fastenmonats der Muhamedaner).

mfunguo, Name der Monate nach dem Ramathan.

   mfunguo wa mosi = dem arabischen Monat *shaowal.*

   mfunguo wa pili = thilkaada.

   mfunguo wa tatu = thilhaji.

   mfunguo wa nne = moharram.

   mfunguo wa tano = safar.

   mfunguo wa sita = rebia el auwal.

   mfunguo wa saba = rebia el akhr.

   mfunguo wa nane = jemád el auwal.

   mfunguo wa kenda = jemád el akhr.

die übrigen drei Monate werden meist mit den arabischen Namen: *rájab, shábaan = mlisho, rámathan* genannt.

mfunṛáji, mfúnṛi, Lehrer.

mfunúnu, Baum, aus welchem ein Parfüm bereitet wird.

mfúo pl. *mifúo,* der weisse Sand am Strande, ein Streifen.

mfúpa pl. *mifúpa,* Knochen.

mfupápo, ein Baum.

mfúre, tiefe Schüssel der Wanika.

mfurla pl. *mi-,* Mantel.

mfúrugo, Unruhe.

mfurúmfu pl. *wa-,* Gazelle.

mfúṛi pl. *wa-,* Metallarbeiter, Schmied.

mfyoṛi, ein Lüsterer.

Mgálla, ein Galla.

mgáli, Bootsstange.

mgánda pl. *mi-,* 1) Baum, der am Meere wächst. 2) Reisgarbe.

mgánga pl. *wa-,* Zauberdoctor, Arzt.

mgangajále, Name eines Baumes.

mganyándo, harter Boden in der Plantage.

mgeni, ein Fremder.

mghad, kurzer Galopp, Canter. a.

mgi, stark, dick.

mgina, neues Grass.

mgó pl. *migo,* ein grosser Taschenkrebs.

mgóa wa ngombe, die Wamme des Rindes.

mgogoro, ein Hinderniss, Stein des Anstosses.

mgója mlango, ein Thürhüter.

mgóli, Scropheln, Flechte.

mgolösa, Baumstumpf.

mgómba pl. *mi-,* Bananenbaum, Bananenplantage. *mgómba wa tombaku = 20* Tabackstücke (bei den Wateita).

mgombwe, eine Muschel, Cassis rubra.

mgómvi pl. *wa-,* ein händelsüchtiger Mensch.

mgondo wa maji, Kielwasser.

mgóngo pl. *mi-,* der Rückgrat, der Rücken, Höcker des Kameels. *nyumba ya mgongo,* Schutzdach. *kiinúa mgóngo,* ein Geschenk, Trinkgeld.

mgonjwa pl. *wa-,* ein Kranker.

mgósa, Baum, aus dessen Rinde Lunten fabrizirt werden.

mgóti, Stengel von Hirse oder Mais.

mgóto, Geräusch.

mgu pl. *migu,* Art Kornwurm.

mgímba, 1) Widerhaken an grossen Pfeilen. 2) Frau, die noch nicht geboren.

mgúmi pl. *mi-,* Walfisch, von dem das Ambra kommen soll.

mgúnda, Ackerland.

mgúne, junge *mkoma* Palme, deren Blätter zu Matten, Körben und dgl. verarbeitet werden.

mgunyva, ein Eingeborener von der Küste zwischen Patta (Siwi) und dem Juba.

mgúno pl. *mi-,* Knurren, Brummen.

mgurumgúru, grosse Art Eidechse, welche sich Löcher in die Erde gräbt.

mgúrumo pl. *mi-,* Donner. *mgúrumo wa simba,* Brüllen des Löwen.

mgurúre, ein Baum.

mguu pl. *mi-,* Fuss, Bein. *kwenda kwa miguu,* gehen.

mguuri, Thal.

mhási, Eunuch, kastrirtes Thier. a.

mhimbati pl. *mi-,* Keule mit ovalem Kopf.

mhimili pl. *mi-,* Bindebalken. a.

mhindi pl. *wa-,* muhamedanischer Indier.

mhindi pl. *mi-,* Mais.

mhitáji, einer der etwas nöthig hat. a.

mhogo pl. *mi-,* Kasawa, Maniok.

mhulu, grosse Baumeidechse.

mhunṛi pl. *wa-,* Handwerker. *mhunṛi wa mawe,* Maurer. *mhunṛi wa chuma,* Schmied. *mhunṛi wa fetha,* Goldschmied.

mia pl. *wa-,* hundert. a. *mieteen = miteen,* zweihundert.

mialamu, die Enden eines Stückes Zeug. a.

miayu, das Gähnen.

miba *(ya* pl. *za) = mwiba,* Dorn. *miba ya samaki,* Gräte.

midirára, immer.

mifu pl. *máfu,* ein Insect, welches das Vieh belästigt.

mifúa (pl. von *mfúa),* Blasebalg.

mikaha, Heirath.

mikambe; *ku piga mikambe,* beim Baden mit dem Kopfe untertauchen und mit den Beinen plätschern.

miko, Vorschriften des Zauberdoctors für den Kranken. *fulani hana miko,* N. N. beobachtet nicht die Vorschriften des *mganga.*

mila, Sitte.

miléle, Ewigkeit, ewig. a.

milhoi, fabelhaftes Märchenwesen, Dämon, grosser Affe.

-milhki = -milki, besitzen, regieren. a. *milki (ya),* Besitzthum, Herrschaft. a.

milla *(ya* pl. *za),* alte Sitte. a.

milumbe, eine lange Rede.

mimba *(ya* pl. *za),* Schwangerschaft, Schwellung.

mimbara = mimbari, Nische in der Moschee, welche die Richtung nach Mekka anzeigt; Predigtstuhl in der Moschee; Art Bettstelle. a.

mimi, ich, mich, mir.

-mimina, ausgiessen, ausleeren. -miminia, für jemand ausgiessen. -miminika, übergegossen sein, überfliessen.

mini, rechts. a. *mini wa shemáli,* rechts und links.

-minya, auspressen. -minyuka, zerbrechen.

minyonyóno, Geflüster.

mio pl. von *umio;* Schlund.

miongoni mwa, was das anbetrifft, mit Beziehung darauf.

mionsi; *ku piga mionsi,* pfeifen.

miraji, Feiertag, Fasttag. a.

mirimo, Anstelligkeit, Dienst.(?)

mirisáa = mirisáu, feines Schrot. a.

misgida, Krümmung. a.

mishitari, gekrümmt. a.

miski, Moschus. a.

Misko, Russland.

Misri, Egypten. a.

miteen, zweihundert. a.

mithili, Aehnlichkeit, Gleichheit. a.

miunsi, das Pfeifen.

miwani *(ya),* Brille.

miye, ich, der ich bin.

miza meza, verschlucken.

mizani *(ya),* Waage.

mizi, mizizi, Wurzelfaser.

mjafari, ein Dornbaum.

mjagga, Mensch aus Daggeland.

mjakazi pl. *wa-,* Sklavin.

mjangáo, Bestürzung.

mjanni *(wa),* Wittwe.

mjaniáto, ein Gericht der Eingeborenen aus Fisch mit Bananen und Kassava zusammengekocht.

mjánja *(wa),* ein Schwindler.

mjánne, ein Baum.

mjáro, der mit einer Karavane Mitreisende.

mjásiri, tapfer, muthig, unverzagt. a.

mjassúsi, neugierig, wissbegierig. a.

mjéledi, Peitsche. a.

mjengo, Gebäude.

mjénza, ein Fruchtbaum.

mji, Stadt, Flecken, Dorf.

mji, Gebärmutter.

mjiari, Steuerreep.

mjinga, ein Unverständiger, Grüner.

mjisikafiri, eine kleine Eidechse.

mjója, ein Baum, aus welchem Canoes gemacht werden.

mjoli, Mitsklave.

mjomba, Oheim.

mjoo, die zweite Saatzeit im Jahr «Juli, August, September».

mjombakaka, eine grosse Eidechse.

mjü, der Landwind.

mjugu, Erdnuss.

mjukuu, Verwandter, Grosskind.

mjumba = mjomba, Oheim.

mjumbe pl. *wa-,* Bote.

mjúme, ein Handwerker, welcher Messer- und Schwertgriffe aus Holz oder Horn fertigt.

njumu, eingelegte Arbeit.

njusi, Eidechse.

mjuvi, ein Wissender (auch einer, der alles besser wissen will, ein Schwätzer).

mkaa, ein Baum, dessen Rinde für den Rheumatismus gut sein soll.

mkabala, gegenüber. a.

mkabiti, ein guter Haushalter. a.

mkadi, Pandane.

mkája, Leibbinde der Wöchnerinnen.

mkakasi pl. *mi-*, Dose zu Schnupftaback oder dergl.

mkalimani pl *wa-*, Dolmetscher. a.

mkamajuma, ein Baum.

mkamba, Eingeborener von Ukamba.

mkamba pl. *mi-*, Krabbe.

mkamilifu, vollkommen. a.

mkamshe, Art hölzerner Löffel. a.

mkandáa, Baum mit nutzbarer Rinde.

mkando, gebogenes Eisen.

mkaragaʒo, starker Taback.

mkasama, Dividiren. a.

mkasiri, Baum, mit dessen Rinde die Fischnetze schwarz gefärbt werden.

mkáta, Ende Band, Aufhänger.

mkatáa, fester Entschluss. a.

mkatále, Stock, in welchem die Füsse von Gefangenen befestigt werden. a.

mkate, Brod, Brotschnitt, Fladen.

mkatili, ein Mörder, ein Held. a.

mkáto wa nyumba, Abtheilung im Hause.

mkato, Brod (in der alten Sprache).

mkáʒi pl. *wa-*, ständiger Einwohner.

mkaʒo, das Engesein, Drücken.

mke, Frau, Weibchen.

mkébe, Topf, Räuchergefäss.

mkéka, Matte.

mkewa, unreifes Korn, welches nicht ganz reif ist.

mkereʒa, Drechsler.

mkia, Schwanz, Schweif.

mkilemba, ein Mann mit einem Turban.

mkimbiʒi, ein Deserteur, Bandit.

mkináifu, ein unabhängiger Mann.

mkinda, jung, noch nicht ausgewachsen.

mkindu, Art Palmbaum.

mkiʒi, Art Fisch.

mkiwa, ein ganz Armer.

mkó, Schmutzfinke.

mkóba, kleine Tasche.

mkóche, baumförmige Boranuspalme.

mkójo, Urin.

mkóko, 1) Mangrove. 2) eine rothe, dicke Schlange.

mkokóto, Schleppspur.

mkoma, eine Palme, aus deren Saft Palmwein gemacht wird.

mkomboʒi, Erlöser.

mkóndo, Pfad, Strömung in der See.

mkóne, ein Baum.

mkóngo, Krankheit.

mkongójo, Stab der alten Leute.

mkóno pl. *mi-*, Arm (Unterarm), Elle, Hand, Griff, Stiel.

mkongwe, ein alter, schwacher Mensch.

mkópi, Betrüger.

mkórofi, einer der den Leuten das Geld (im Spiel u. dgl.) abzunehmen versteht. a.

mku, Pfosten, an welchen Verbrecher, die durchgepeitscht werden sollen, angebunden werden.

mkúa, ein Baum.

mkúbwa, gross.

mkúcha, Kralle, Klaue.

Mkuchyo, Makdischu.

mkúfu, Kette.

mkufunʒi pl. *wa-*, Lehrer.

mkuke pl. *mi-*, Speer.

mkuku, Kiel eines Schiffes.

mkulifu, ein arbeitsscheuer Mensch.

mkulo, trichterförmiger Mattensack um das Kokosnussöl zu filtriren.

mkumavi, eine Art rothen Holzes, die in Sansibar viel gebraucht wird.

mkumbi, Kopalbaum.

mkumbúu, Gürtel.

mkunási, eine Art Dornbusch mit essbaren Früchten.

mkundáchi, ein Fisch.

mkundúfu, heiter.

mkúnga pl. *wa-*, 1) Hebeamme. 2) Aal.

mkúngu, 1) eine Art Baum. 2) der Stamm der Banane, an welchem die Früchte, die *ndíʒi*, in einzelnen *matana* sitzen.

mkunguru, das Klimafieber.

mkwáfi, Angehöriger eines mit den Massai verwandten Stammes.

mkwakwa, ein Baum.

mkwamba, Art Dornbusch.

mkwáyu, Tamarinde.

mkwassi, ein Wohlhabender.

mkwe, Schwiegervater oder -Mutter, Schwiegersohn oder -Tochter.

mlafi, Schwelger. *mlafu*, gefrässig.

mlála, Palmenart, Hyphäne.

mlango pl. *mi-*, Thüre.

mlanʒa pl. *mi-*, Stock, um etwas daran zu tragen.

mlariba pl. *wa-*, Wucherer.

mle, dort.

mlevi pl. *wa-*, Trunkenbold.

mlegéfu pl. *wa-*, Schwächling.

mléha, Baum mit leichtem Holz, zu Masthäumen und Canoes gebraucht.

mléle, immer.

mléle pl. *mi-*, lange, gekrümmte Feder im Schwanze des Hahnes oder des Strausses.

mlémbe pl. *mi-*, Bogen.

mléʒa, *mleʒo* pl. *mi-*, Boje.

mléʒi pl. *wa-*, Wärter, Wärterin (von Kindern).

mli pl. *mi-*, Fussfessel.

mlia pl. *mi-*, Streifen.

mlija pl. *mi-*, Rohr, um Bier und andere Flüssigkeiten dadurch zu trinken.

mlima pl. *mi-*, Berg.

mlimo pl. *mi-*, Ertrag des Ackerlandes.

mlingóte pl. *mi-*, Mast. *mlingote wa galme*, Vordermast. *mlingote wa maji*, Bugspriet.

mlínʒi pl. *wa-*, Wächter.

mlio pl. *mi-*, Schrei, Schall.

mlisámo pl. *mi-*, Rinne.

mlisha, *mlishi* pl. *wa-*, Hirte.

mlisho pl. *mi-*, Nahrung. *mweʒi wa mlisho*, der elfte Monat, der dem Ramadan vorausgeht.

mlhwa, Baum mit wohlriechendem Holz.

mlole, Hahnenkamm.

mlómo pl. *mi-*, Lippe.

mlumbáji pl. *wa-*, beredt.

mlúmbo pl. *mi-*, Bericht.

mméa pl. *mi-*, aufgehender Keim.

mnáda pl. *mi-*, Verkauf, Auktion; Ding, das verkauft wird. *mnadi* pl. *wa-*, Hausirer.

mnáfiki pl. *wa-*, Lügner, Heuchler. a.

mnana pl. *wa-*, ein Vogel, andropodus flavescens.

mnanaʒi pl. *mi-*, Ananasbusch.

mnára pl. *mi-*, Thurm. a.

mnásáa pl. *mi-*, Beleidigung, Schmach. a.

mnawála pl. *mi-*, Schiffscontract. a.

mnáʒi pl. *mi-*, Kokosbaum.

mnéni pl. *wa-*, Redner.

mngaʒidja, ein Eingeborener der Komoren.

mngwana, freier Mann, Herr.

mnika, ein Eingeborener vom Stamme der Wanika.

mnimbi, Name eines grossen Fisches.

mno, sehr.

mnofu, Fleischigkeit.

mnoga pl. *mi-*, grünes Tabacksblatt.

mnyamávu, ein stiller Mensch, der sich nicht geschwinde in Aufregung bringen lässt.

mnyámbi, muthwillig.

mnyangángyi pl. *wa-*, Räuber, Tyrann.

mnyéo, kitzelndes, stechendes Gefühl.

mnyiriri pl. *mi-*, Arme des Tintenfisches.

mnyonge pl. *wa-*, ein unbedeutender Mensch.

mnyororo (mnyoo) pl. *mi-*, Kette.

mófa, Backofen der Araber, kleine runde Kuchen.

mohulla, Termin. a.

-moja, eins.

Mola, Herr = Gott. a.

moma, eine giftige Schlange.

Mombee, Bombay.

mongo = *maongo*, der Rücken.

mongu pl. *mi-*, Kornwurm.

monso pl. *monso*, wilde Katze.

mora pl. *mi-*, Art schlechten indischen Reises.

mori pl. *miori*, Talg.

Moris, Mauritius.

moshi pl. *mioshi*, Rauch.

mosi, eins. *ya mosi*, das erste.

moskiti, Moschee. a.

mota, Flechtwerk.

móto pl. *mioto*, Feuer.

móyo pl. *mi-*, Herz.

mpagaʒi pl. *wa-*, Träger.

mpáji pl. *wa-*, freigebiger Mensch.

mpaka pl. *mi-*, Grenze.

mpamba pl. *mi-*, Baumwollenpflanze.

mpanda, *nchi wa mpanda*, aufsteigendes Land.

mpándo pl. *mi-*, Säezeit.

mpanʒi pl. *wa-*, Säemannn.

mpapáyu pl. *mi-*, Melonenbaum.

mpato, Gitterwerk.

mpeleleʒi, Spion.

mpenyéʒi pl. *wa-*, Spion, Verräther.

mpénʒi pl. *wa-*, Liebling, Günstling.

mpéra pl. *mi-*, Guavabaum.

mpiga ramli pl. *wa-*, ein Wahrsager.

mpiko pl. *mi-*, ein Stock, Lasten daran zu tragen.

mpindani, gelähmt, verkrümmt.

mpingo pl. *mi-*, Ebenholz.

mpini pl. *mi-*, Griff, Stiel.

mpira pl. *mi-*, Cautschuk.

mpishi pl. *wa-*, Koch.

mpofu, blind.

mpóndo pl. *mi-*, Schifferstange.

mpopó pl. *mi-*, Arecanussbaum.

mpotévu - *mpotéʒi* pl. *wa-*, Verschwender.

mpóto, *mpotóe* pl. *wa-*, ein Trotzkopf, Nichtsnutz.

mpoʒi pl. *wa-*, Arzt.

mpumbáfu pl. *wa-*, ein Narr.

mpúnga, Reis in den Hülsen.

mpungati pl. *mi-*, Art Cactus.

mpungúfu, unvollständig. *mpungufu wa akili*, ein Thor. *mpungufu wa ungwana*, der Sohn eines Kebsweibes, Freigelassener. *mwéʒi mpungufu*, Monat, der nur 29 Tage hat.

mpuʒi pl. *wa-*, Schwätzer.

mpwa, Strand, der bei Ebbezeit trocken ist.

mpwéke pl. *mi-*, kurzer, dicker Knüttel.

mrábba pl. *mi-*, Viereck, Quadrat. a.

mradi, Vorsatz. a.

mramáa, das heftige Rollen eines Schiffes. a.

mráo pl. *mi-*, Lunte. a.

mráshi, Flasche zu Parfüm. a.

mredya, Pfeifenkopf.

mrémbe, Pfeil mit Holzspitze (oft vergiftet).

mreno pl. *wa-*, Portugiese (wohl von *reyno*, also = der Königliche).

mrima, die Küste gegenüber Sansibar.

mrithi, der Erbe. a.

mrúba pl. *mi-*, Blutegel.

mrungúra, *mrungúʒi* pl. *wa-*, Dieb.

mrututu, Kupfervitriol, Blaustein.

msádda, Hülfe, Beistand. a.

msádaka, wahr, Wahrheit. a.

msádari pl. *mi-*, Krümmung. a.

msáfara pl. *mi-*, Karavane. a.

msáfei, gelehrter, weisser Mann. a.

msáfihi, ein unverschämter, stolzer Mensch. a.

msáfiri, Reisender. a.

msáhabu pl. wa, Genosse. a.

msáhafu pl. mi-, Manuscript (besonders des Koran). a.

msáhala, Abtritt. a.

msaho wa mshale, Köcher.

msáháu, vergesslich. a.

msaji, Teakholz.

msála (musala), ovale Gebetsmatte. a.

msálaba, Stock, um die Füsse der Gefangenen festzuhalten, Kreuz. a.

msaliti, einer der Geheimnisse ausplaudert. a.

msámeha (msámehe), Vergebung, Aufschub einer Zahlung. a.

msamesáme pl. mi-, ein Baum.

msámilo pl. mi-, hölzernes Kopfkissen.

msánda; upanga wa msánda, ein Schwert geringerer Sorte. a.

msandarúsi pl. mi-, Kopalbaum.

msangáo, Erstaunen.

msáni pl. wa-, Handwerksmeister, besonders Schmied. a.

msapáta pl. mi-, ein Tanz. .

msáro pl. mi-, Dornbaum.

msása pl. mi-, Baum, dessen rauhe Blätter zum poliren gebraucht werden.

msáio pl. mi-, Ueberrest.

mselekhisha pl. wa-, Friedenstifter. a.

msemaji, Redner, beredt.

msémi pl. wa-, ein Redner, Schwätzer.

mséto pl. wa-, ein Gericht, aus Hirsebrei und Bohnen (chooko) bereitet.

mshabaha pl. mi-, Aehnlichkeit, Form. a.

msháhara pl. mi-, Monatsgeld, Lohn. a.

mshakíki pl. mi-, ein Hölzchen; Fleisch, das auf einem solchen gebraten wird.

mshále pl. mi-, Pfeil.

mshárika pl. wa-, Geschäftstheilhaber, Compagnon. a.

mshárri pl. wa-, ein händelsüchtiger Mensch. a.

mshéheri pl. wa-, Eingeborener aus Sheher in Süd-Arabien. a.

mshéto pl. mi-, ein Gericht aus allerlei Gemüsen.

mshiki shikio pl. wa-, der Mann am Ruder.

mshinda, mshindi pl. wa-, ein Ueberwinder. mshindani, Trotzkopf. mshindaniži, ein Gegner. mshinde, ein Unterworfener.

mshindi pl. mi-, ein Baum.

mshindilio pl. mi-, Ladung eines Gewehrs.

mshindio, pl. mi-, Einschlag eines Gewebes.

mshindo, plötzliches Geräusch, Krach, Knall.

mshipa pl. mi-, Ader, Krankheit, welche in den Adern stecken soll. ku toa mshipa, zu Ader lassen. ku kanda mshipa, an den Puls fassen.

mshipávu, widersetzlich.

mshipi pl. mi-, Schnur, Zeugstreifen, Gürtel.

mshóni wa nguo, Schneider. mshoni wa viatu, Schuhmacher.

mshóno pl. mi-, Saum.

mshtaki pl. wa-, Ankläger.

mshúko, das Herabkommen, das Zurückkehren vom Gebet, die Zeit bald nach den Gebetsstunden.

mshúmbi, Haufen (von Körnern).

mshupáfu pl. wa-, Narr.

mshupátu; mshindio wa mashupatu, die Schnüre der Kitanda.

msia, Art Fisch.

msíba pl. mi-, Unglück, Elend, Trauer. a.

msíbo, Spitzname.

msífu, Schmeichler.

msijána, unverheirathet?

msikita pl. mi-, in Streifen getrocknetes Fleisch.

msikiži pl. wa-, Zuhörer.

msimamiži pl. wa-, Aufseher.

msímba; kwenda msimba, schwimmen.

msimbáti, ein Baum.

msimu pl. mi-, Monsun.

msindano; mpunga wa msindano, Reisart.

msindarusi pl. mi-, Baum mit hartem, schwerem Holz.

74

msindi pl. *mi-*, Art Mangrove.

msinji, Fundament, Graben für dasselbe.

msinʒi, Art Mangrove.

msipwe, Art Fisch.

msiro, Speise, die man aus medicinischen Gründen vermeidet.

msiri pl. *wa-*, Vertrauter, der unsere Geheimnisse kennt. a.

msissi pl. *mi-*, Früchte einer Mangroveart, welche zum Färben der Netze gebraucht werden, auch wird Tinte davon gemacht.

msitani = baraʒani (in Pemba).

msitu, Wald.

mso, junges Huhn, das bald anfangen wird, Eier zu legen.

mso, Maass von 60 pishi = 1 Arabische jesila oder 4 viganda = c. 260 Liter.

msóa pl. *mi-*, grosser Haufe von Menschen.

msóbemsóbe, auf die Seite geneigt.

msoháli, ein Träger, besonders der unterwegs zurückbleibt.

msomári pl. *mi-*, eiserner Nagel. a.

msómbo pl. *mi-*, Brei von gekochten Erbsen.

msóndo pl. *mi-*, lange Trommel..

msóngo, Geflecht.

msóngo pl. *mi-*, Schiff.

msóno pl. *mi-*, das Schnarchen.

msónobari pl. *mi-*, Baum mit leichtem Holz, von dem Planken gemacht werden können = *msunobari*.

msonyo, das Pfeifen.

mswefu, erfahren, erprobt.

mstádi pl. *wa-*, Meister. pers.

mstahamili, geduldig. a.

mstáhifu pl. *ma-*, ein Verständiger, der jedem seine Ehre zukommen lässt. a.

mstahiki pl. *wa-*, geehrt. a.

mstamu, Schuh, Block, in welchem der Mast auf dem Kiel steht. a.

mstári pl. *mi-*, Linie. a.

mstofele, eine Frucht (custard-apple).

-msŭ; kú-msu, untergehen, versinken (von Schiffen).

msuaha, fehlerlos, gerade. a.

msuáki pl. *mi-*, Hölzchen zum Reinigen der Zähne. a.

msuáni, Schleier der muhammedanischen Frauen.

msúdu, Bettvorhang.

msúfi, Baum, der eine Art Baumwolle erzeugt. a.

msuhuliwa, Friedenstifter.

msúka, Spitze einer Hacke, einer Axt, eines Messers und dergl.

msukáni pl. *wa-*, Steuermann, Steuer. a.

msukáno pl. *mi-*, das Holz, in welchem das Eisen des Drillbohrers der Eingeborenen steckt. a.

msuméno pl. *mi-*, Säge.

msumkule, Schwert des Liongo.

msunobari, Fichtenholz.

msúnswa pl. *mi-*, Blutegel.

msúnʒo pl. *mi-*, der Griff an dem oberen Mühlstein der Eingeborenen.

msurwaki pl. *mi-*, der Pflock an den Holzschuhen der Eingeborenen, welcher zwischen die Zehen genommen wird.

msūsu pl. *wa-*, ein Neuling, Grüner.

msusu pl. *mi-*, Schwanzhaar, Schwanzfeder.

msweni, Cholera.

mtǎa pl. *mi-*, Stadtviertel.

mtáala pl. *mi-*, Studium, Uebung. a.

mtábaka pl. *mi-*, Reihe. a.

mtábari, glaublich. a. *mtábiri* pl. *wa-*, Wahrsager. a.

mtada pl. *mi-*, Baum, dessen Holz zu Fackeln genommen wird.

mtahámari pl. *wa-*, Trunkenbold. a.

mtái pl. *mi-*, Ritz, Schramme.

mtaimbo pl. *mi-*, Brecheisen.

mtajiri pl. *wa-*, Kaufmann, Reicher. a.

mtakáso pl. *mi-*, das Rauschen neuer Kleider.

mtakatifu pl. *wa-*, rein, heilig. a.

mtakómbe pl. *mi-*, ein Baum.

mtali pl. *mi-*, Fussspangen.

mtáma pl. *mi-*, Kafferkorn.

mtámba pl. *mi-*, Färs, junges weibliches Thier, das noch nicht geboren hat.

mtambáʒi pl. *mi-*, Spur, die ein kriechendes Thier im Sande hinterlassen.

mtámbo pl. *mi-*, Sprungfeder, an einer Falle, am Flintenhahn.

mtína = mchána, Tag, Mittag.

mtanashati, Stutzer.

mtánda pl. *mi-*, Streifen.

mtánde pl. *mi-*, Aufzug (eines Gewebes).

mtánga = mchanga pl. *mi-*, Sand, Erde.

mtánge pl. *mi-*, Wagebalken.

mtángo pl. *mi-*, Kürbiss, Melone.

mtangulishi pl. *wa-*, der Vorgänger.

mtáni pl. *wa-*, Landsmann, Stammesgenosse.

mtánne pl. *mi-*, Baum mit hartem Holz.

mtaówa pl. *wa-*, ein Frommer. a.

mtaramu, schlau.

mtasálabu pl. *mi-*, Geräusch eines durch Gebüsch brechenden Thieres.

mtáshi, Sehnsucht.

mtáta pl. *mi-*, ein Baum.

mtatágo pl. *mi-*, Baumstamm, der quer über einen Fluss gelegt, als Brücke dient.

mtau pl. *mi-*, schwere Last, die von zweien an einem Stocke getragen werden muss.

mtáwa pl. *mi-*, ein Baum.

mtawánda pl. *mi-*, Art Holzschuh.

mtáwi = mcháwi pl. *wa-*, Zauberer.

• *mté* pl. *mi-*, Keim, Knospe.

mtégo pl. *mi-*, Falle. ·

mtéle = mchele pl. *mi-*, enthülster Reis.

mtemaʒánje pl. *wa-*, Art Schlange.

mtémbo, Pech.

mtendáji pl. *wa-*, ein thätiger Mensch.

mténde pl. *mi-*, Dattelbaum.

mténdo pl. *mi-*, That.

mténgo pl. *mi-*, Bahre.

mtépe pl. *mi-*, genähtes Boot, wie es die Leute in Lamu und Patta haben.

mtepeʒéfu pl. *wa-*, schlaffer Mensch.

mtéshi, scherzhaft. *mtestéshi* pl. *wa-*, Spassmacher.

mtesi, ein händelsüchtiger, zänkischer Mensch.

mtete pl. *mi-*, Pulvermaas.

mtétemo pl. *mi-*, Erdbeben.

mtéu, *ku-piga mteu*, aufkochen.

mtéuʒi pl. *wa-*, wählerisch.

mthalimu pl. *wa-*, ungerecht. a.

mthámini, Sicherheit. a.

mtháwa pl. *wa-*, ein Frommer. a.

mthulimu, Betrüger, Dieb. a.

mti pl. *mi-*, Baum, Pfahl, Stange.

mti, krebsartiges Geschwür.

mtishamba, Zaubermittel.

mtii pl. *wa-*, ein gehorsamer Mensch. a.

mtiliʒi pl. *mi-*, Wasserrinne.

mtima pl. *mi-* (alte Sprache), Herz, Geist.

mtinda mimba, das letztgeborene Kind.

mtindi wa maʒiwa, Buttermilch.

mtindi pl. *wa-*, Schlächter.

mtindo, Zuschnitt, Ebenmaass.

mtini pl. *mi-*, Feigenbaum. a.

mtinʒi = mtindi pl. *wa-*, Schlächter.

mtiriri pl. *wa-*, einer, der absichtlich Böses thut.

mtitimo cf. *mtetemo*, Rollen des Donners.

mto pl. *mi-*, Fluss. *mto wa bahari*, Meeresarm.

mtóbwe pl. *mi-*, Holz, zu Spazierstöcken passend.

mtofaa pl. *mi-*, eine apfelähnliche Frucht.

mtófu, einer, dem etwas fehlt. *mtofu wa macho*, blind. *mtofu wa haya*, schamlos.

mtohára pl. *wa-*, ein Reiner. a.

mtóki, Schwellung der Leistendrüsen.

mtomo, Festigkeit, Sicherheit (eines Baues).

mtomoko pl. *mi-*, Baum mit essbaren Früchten.

mtomondo pl. *mi-*, Baum, dessen Früchte nach Indien exportirt werden (Barring tonia).

mtóndo, Tag nach übermorgen. *mtondo goo*, der vierte Tag von heute.

mtondóo pl. *mi-*, hoher Baum, dessen Früchte Oel geben (Calophyllum inophyllum).

mtondóo pl. *mi-*, hölzerner Fingerhut der Eingeborenen.

mtongéʒi pl. *wa-*, ein Ruhestörer.

mtongotongo pl. *mi-*, Art Euphorbie.

mtongoʒi pl. *wa-*, ein Stutzer.

mtónyo pl. *wa-*, Adler.

mtoria pl. *mi-*, Kautschukfeige (Ficus elastika).

mtoro pl. *wa-*, Flüchtling, Bandit.

mtoto pl. *wa-*, Kind. *mtoto wa watu*, Kind anständiger Leute.

mtoto wa meʒa, Schublade.

mtoʒa ushura pl. *wa-*, Zolleinnehmer

mtu pl. *wa-*, Mensch, Person, Jemand *mtu numie*, Mann. *mtu mke*, Frau.

mtúa pl. *mi-*, ein Busch, dessen Frucht *tua* als Arzenei gebraucht wird.

mtúfali pl. *mi-*, Ziegel. a.

mtúfu, mager, schwach, arm. a.

mtukúu pl. *wa-*, Urgrosssohn.

mtúku, sehr arm, elend, jämmerlich, nichtsnutzig.

mtukúfu pl. *wa-*, Vornehmer, Reicher.

mtukútu, unruhig, ungehorsam, unartig, frech.

mtukúʒi = *mchukúʒi wa-*, Träger.

mtulinga pl. *mi-*, Schlüsselbein.

mtulifu, ruhig, gehorsam, still.

mtumaini, zuversichtlich, vertrauend. a.

mtumba pl. *mi-*, ordnungsmässig zwischen drei Stöcke verpackte Last.

mtumba wa chuo, Bücherkorb. Vergl. auch *mchumba*.

mtumbwiʒi, neugierig, Spion (Lamu).

mtumbwi pl. *mi-*, Boot aus einem Baumstamm gehöhlt, ohne Auslieger.

mtume pl. *wa-*, Bote, Apostel, Profet. pl. *mitume!*

mtumishi pl. *wa-*, Diener.

mtumwa pl. *wa-*, Sklave.

mtundaúfu pl. *mi-*, wilder Jasmin.

mtundóo pl.*mi-*, Baum mit weichem Holz.

mtundu, schädlich, unnütz, verkehrt.

mtunga = *mchunga* pl. *wa-*, Hirte.

mtungi pl. *mi-*, Wasserkrug.

mtungúja pl. *mi-*, ein Strauch.

mtupa pl. *mi-*, Euphorbie, aus welcher ein Gift für Fische präparirt wird.

mtutu, Art Maulbeerbaum.

mtuʒi = *mchuʒi* pl. *mi-*, Sauce.

mtwána pl. *wa-*, Sklave.

mtwango pl. *mi-*, Mörserkeule.

múa pl. *miwa*, Zuckerrohr.

mubatharifu, ein ausgelassener Mensch. a.

múda (wa), Zeitraum. a.

mudu; -ji mudu, sich erholen nach einer Krankheit.

muhadimu pl. *wa-*, Ureinwohner von Sansibar, Bauer. a.

muhali, Aerger, übele Laune. a.

muhálifu pl. *wa-*, Uebertreter. a.

muharabu, *muharibivu* pl. *wa-*, schädlicher Mensch, Beleidiger, Zerstörer, Verderber. a.

muharuma, seidenes Tuch, das an Stelle des Turbans getragen wird. a.

muhitáji, einer der etwas wünscht, etwas braucht. a.

muhongolo, Copalbaum (Kinika).

muhtásari, Auszug, Compendium. a.

múhula, Termin, an welchem eine Schuld fällig wird. a.

múhuri, Siegel. a.

múhwa, Oheim mütterlicher Seits.

mukari pl. *wa-*, Lügner, Betrüger, Schwindler. a. *mukari wa nakirri*, Engel, welche die Bösen im Grabe peinigen, indem sie ihnen ihre Sünden vorhalten.

muli, klug, verständig.

-múlika = *mwilika*, leuchten, glänzen.

múlki = *milki (ya)*, Herrschaft. a.

múne = *muume*, männlich.

-mumúnya, zerreiben, zerdrücken.

mumúnya (la), Art Gurke, aus deren harter Schale allerlei Gefässe gemacht werden.

mumyáni, Mumie.

múnda pl. *mi-unda*, Pflanzung (Kinika).

múnda pl. *mi-*, Harpune.

mundi pl. *mi-*, Schienbein.

mundu pl. *mi-undu*, Art Sichel, Gartenmesser, Beil.

munga pl. *mi-*, ein Baum.

mungine, ein anderer.

mungwana pl. *wa-=muungwana*, freier Mann, Herr.

munyi = muinyi, Herr.

munyu pl. *miunyu*, Salz.

múo pl. *mi-uo*, spitzes Holz zum Graben.

muómo pl. *mi-*, Lippe.

murdútu, Vitriol.

musála, Gebetsmatte der Muhammedaner. a.

musáma, Vergebung. a.

músimi, *músimu*, die Nordwinde, die von Dezember bis Februar wehen. Einige rechnen die Zeit des *musimi* bis zum Juni, die Zeit, wenn die Schiffe von Norden in Sansibar eintreffen, December — März.

mustarifu, Mann des Mittelstandes, weder reich noch arm.

mustiri pl. *wa-*, Kunde, Käufer. a.

mutaabir pl. *wa-*, glaubwürdig. a.

mutakádamu pl. *wa-*, Vorgänger, Führer. a.

muthúngu, ein Baum.

mutía, Gehorsam. a.

muuáji pl. *wa-naji*, Mörder, Todschläger.

muugúzi, Krankenpfleger.

muújiza pl. *mi-*, Wunder, Ueberraschung. a.

muumbáji, Schöpfer.

muumishi pl. *wa-*, Schröpfer, Bader.

muundi = mundi, Schienbein.

muungámo, Geständniss.

Muúngu, Gott.

muungwána pl. *wa-*, freier Mann.

muunzi pl. *wa-*, Schiffszimmermann.

muzimo, Opferplatz, an welchem Geister sich aufhalten. Die Affenbrotbäume werden gewönlich dafür gehalten.

mvati pl. *wa-*, weisse Ameise.

mvi, graue Haare.

mviazi pl. *wa-*, Erzeuger.

mvili = mvuli, Schatten.

mvinyo pl. *mi-*, Wein.

mviringo, Rundung.

Mvita, Mombassa.

mvua pl. *mi-*, Regen. *mvua wa mwaka*, Regen im August, Winterregen.

mvuje, Assa foetida.

mvuke, Dampf, Dunst.

mvukuto pl. *mi-*, Hebebaum.

mvulana pl *wa-*, Jüngling, dem der Bart eben zu wachsen anfängt.

mvule, die kleine Regenzeit, Oktober und November.

mvuli = mvili, Schatten.

mvuma pl. *mi-*, Boranuspalme.

mvulimivu, geduldig. *mvumi* pl. *mi-*, ein Baum. *ku pita na mvumi*, vorbeieilen, vorbeistürzen.

mvunda, *mvunja*, Zerstörer.

mvungu pl. *mi-*, hohler Baum, der hohle Raum in einem solchen. *mvungu wa kitanda*, der Raum unter dem Bett.

mvuvi pl. *wa-*, Fischer.

mwáa pl. *miáa*, Streifen von den Blättern der *mkoma* Palme, Pandane, welche zu Matten, Säcken, Seilen u. dgl. verarbeitet werden.

mwabeké pl. *mi-*, ein Baum, von dem man Stöcke schneiden kann.

mwádiko, ein Fisch.

mwádini pl. *wa-*, Muezzin, Gebetsausrufer in der Moschee. a. *mwádini wa shikio*, Theil des äusseren Ohres

mwáfa, Frucht.

mwafa, *ku-mwafa*, vergeben. a.

mwáfaka, Uebereinkunft, Handelsgeschäft. a.

mwáfi, Verschwender.

mwafi pl. mi-, ein Baum, dessen Frucht die Töpfer zum Glätten und Verzieren ihrer Waare gebrauchen.

-mwafúa, in Stücke zerbrechen. -muafuka, in Stücke zerbrochen sein.

-mwága, ausgiessen, vergiessen, ausleeren. -mwagiá, eingiessen, einschenken. -mwáika, ausgegossen, verschüttet sein.

mwajisifúni pl. wa-, ein eingebildeter Mensch.

mwaka pl. mi-, Jahr. mwaka jana, voriges Jahr. mwaka juʒi, vorvoriges Jahr.

mwako pl. mi-, Brand, helles Feuer.

mwaladi pl. wa-, Lamm. a.

mwalámu pl. mi-, Streifen im Zeuge. a.

mwále pl. mi-, ein Palmbaum.

Mwali, die Insel Mohilla.

mwáli, Flamme. a. mwana mwali, Jungfrau.

mwali, eine Palme.

mwalika pl. mi-, ein Baum.

mwálimu pl. wa-, Lehrer. a.

mwalio pl. mi-, Holzstückchen, welche wie eine Bratenleiter in den Topf unter die zu kochenden Stücke gelegt werden, damit sie nicht anbrennen.

mwalishi wa harrúsi pl. wa-, Hochzeitsbitter.

mwamále, Behandlung. a.

mwámba pl. mi-, Riff, Felsen, Wallplatte, auf welcher das Dach des Lehmhauses ruht. mwamba nyama, eine Grassart, lästiges Unkraut in den Plantagen.

mwambáo, ku futa mwambáo, rudern (nur bei grossen Böten).

mwámbi pl. wa-, Verläumder.

mwámfi, freigebig, verschwenderisch.

mwaminifu, treu, zuverlässig. a.

mwamnáku, ein Fisch.

mwamshónswa pl. mi-, Seestern.

mwámu pl. wa-, Schwager, Bruder des Mannes. a.

mwamúa, mwamúʒi, mwámʒi pl. wa-, Richter, Schiedsrichter.

mwana, die Frau vom Hause, sofern sie noch jung ist. Auch die eigene Mutter wird im Gespräch so genannt. Je der Mehrzahl wird kina mwana gesagt.

mwána pl. wa, Kind, der obere Mühlstein. mwanangu, mein K. mwanao, dein K. mwanawe, sein K. mwanetu, unser K. mwanawenu, euer K. mwanawo, ihr K. mwana maji, Seemann. mwana Adamu, Mensch. mwana funʒi, Schüler, Lehrling. mwana maua, Gespenst.

mwana mume, Mann. mwana mké, Frau. mwana mwali, Jungfrau.

mwanamiʒi, kleine Landschnecke.

mwanda = mwanʒo, Anfang. mwandamo, Beginn des Monats.

mwandáni pl. wa-, Freund, Freundin, Concubine.

mwandáʒi pl. wa-, Koch.

mwandikaji pl. wa-, Schreiber, Aufwärter bei Tisch.

mwandiko pl. mi-, 1) Pflaster, Wundpflaster. mwandiki, einer, der solche Pflaster zubereitet und auflegt. 2) Schrift. mwandishi, Schreiber

mwándo pl. mi-, Flecken, Dörfchen.

mwanga, 1) Licht, Glanz, Schein. 2) Art Reiss. 3) eine Pflanze.

mwangáa pl. mi-, eine Art eiserner Schellen, die Tänzer an den Beinen befestigen.

mwangádi pl. mi-, ein Baum.

mwangáfu pl. wa-, ein geschickter Mensch, der alles, was er gesehen, sogleich nachmachen kann.

mwangaliʒi pl. wa-, Aufseher.

mwangáʒa, 1) Licht, Erleuchtung, Klugheit, Einsicht. 2) kleine Lichtöffnungen oben in den Wünden der Zimmer.

mwangelle pl. mi-, eine Pflanze, die als Gewürz und zu industriellen Zwecken benutzt wird.

mwángo pl. mi-, 1) ein Holz mit Löchern für die irdene Lampe der Eingeboren. 2) = mlango, Thüre. 3) Busch.

mwángu, in meinem Hause.

mwángwi, Echo.

mwáni pl. mi-, Seegras.

mwánika pl. mi-, fabelhafte Riesenschlange, die im Innern Afrikas leben soll.

mwánya, Lücke zwischen den Zähnen, enger Durchgang.

mwánza, Musikinstrument (Art Brummtopf) der Wanika.

mwánzi pl. miwánzi, hohles Rohr, Bambus. mwanzi wa ku angalia, Fernrohr.

mwánzo, Anfang.

mwáo, Hölzer, auf denen im Boot die Ladung gelegt wird, damit sie nicht nass wird.

mwapuza, Dummkopf.

mwárábu pl. wa-, Araber. a.

mwarika pl. mi-, ein Baum.

mwáshi pl. wa-, Maurer.

mwata pl. mi-, eine Euphorbie.

mwavuli pl. mi-, Sonnenschirm.

mwawana; mambo hayá mwawana, diese Sache ist klar.

mwawázi, Beiname Gottes, der Regent. a.

-mwáya — -mwaga, vergiessen.

mwáyo; ku piga miayo, gähnen

mweléko pl. mi-, Tuch, in welchem die Kinder auf dem Rücken getragen werden.

mweléwa, verständig, klug, einsichtig.

mwéli, bettlägerig krank.

mwémbe pl. mi-, Mangobaum.

mwendangúu, grosser, unersetzlicher Verlust.

mwendelezi pl. wa-, Abschreiber, Copist.

mwendo, mwenendo pl. mi-, Gang, Reise, Benehmen.

mwenge pl. mi-, ein Bündel Stroh.

mwenyéji pl. wa-, Gastfreund.

mwenyéwe pl. wenyewe, er selbst.

mwényi — mwinyi pl. wenyi, Herr, Besitzer. Mwenyi wezi, der Allmächtige. mwenyi chongo, Einäugiger. mwenyi inchi, Landesherr. mwenyi

kuhubutu, Prediger. mwenyi kichaa, Wahnsinniger. mwenyi mali, Reicher. mwenyi kupooza, ein Gelähmter.

mwénzi pl. wenzi, Genosse, Freund, Gefährte. mwenzangu, mein Freund.

mwéve pl. mi-, eine Pflanze, mit Kolben wie die Wasserbinse.

mwewe pl. miewe, 1) Habichtart. 2) ein Fisch.

-mweya, stehlen.

mweza, einer, der etwas ausrichten kann (im guten und schlechten Sinn.

mwezi pl. mi-, Mond, Monat (wird nach dem Monde gerechnet). mwezi mpungufu, Monat von 29 Tagen. mwezi mwandamu, Monat von 30 Tagen.

mwiba pl. mi-, Dorn.

mwibaji, diebisch.

mwigo, Art grosser Taube.

mwiko pl. mi-, Löffel, Kelle. kushika mwiko, Maass im Essen und Trinken halten.

mwiko pl. mi-, Ueberrest von Speisen, der für den folgenden Tag verwahrt wird.

mwili pl. mi-, Leib.

mwimbáji, Sänger.

mwimo pl. mi-, Seitenpfosten der Thürrahmen.

mwina, Blut aus der Nase.

mwinda pl. wawinda, mwinsi, Jäger.

mwinga jini, heilkräftige Pflanze.

mwiro pl. mi-, Rüssel des Elephanten.

mwisho pl. mi-, Ende, Beschluss.

mwishwa pl. mi-, Kleie.

mwito pl. mi-, Einladung, Vorladung.

mwitu pl. mi-, dichter Wald. nyama ya mwitu, wildes Thier.

mwivi pl. wevi, Dieb.

mwóga pl. waoga, Feigling.

mwokózi, Erlöser.

mwombáji, mwombi, Bettler.

mwombézi, Vermittler, Fürsprecher.

mwóngo pl. wa-, Lügner, Betrüger.

mwóngo pl. miongo, Zeit von 10 Tagen, in welche das Sonnenjahr (Nairuz) getheilt wird.

mwongófu pl. wa-, Proselyt, Bekehrter.

mwongóshi wa kaʒi, geschickter Handwerker, der vieles versteht.

mwongóti (cf. mlingóte) pl. mi-, Mittelmast.

mwongóʒi pl. wa-, Führer einer Karavane.

mwóno, das Schnarchen.

mwósha, mwoshi, Leichenwäscher.

mwóʒi pl. wa-, Bräutigam.

mwuja, Welle, Risico, Gefahr. a.

mwujiʒa, Wunder. a.

mwɪnʒi, Schiffszimmermann.

mʒaa pl. wa-, Vater oder Mutter. mʒaa bibi, Urgrossmutter.

mʒabibu pl. mi-, Weinstock, Trauben. a.

mʒáha, Spott. a.

mʒalia pl. wa-, im Lande selbst geborener Sklave.

mʒálisha pl. wa-, Hebeamme.

mʒándiki pl. wa-, Heuchler, Betrüger.

mʒaramu, Wasserlache.

mʒáʒi pl. wa-, Erzeuger. si mʒaʒi, er hat keine Kinder.

mʒee pl. wa-, alt (von Jahren).

mʒembe, sorglos.

mʒi pl. mi-, Wurzelfaser.

mʒia, ein kleiner, dem Aal ähnlicher Fisch.

mʒige, Heuschrecke.

mʒigo pl. mi-, Last, Trägerlast.

mʒlma, gesunder, lebendiger, ausgewachsener Mensch.

mʒinga pl. mi-, hohler Cylinder von Holz, wie er als Bienenstock benutzt wird, Kanone. reali ʒa mʒínga, Spanischer Dollar.

mʒingi pl. mi-, Graben, in welchen das Fundament eines Hauses gelegt wird.

mʒingile mwambiji, Räthsel.

mʒingo, Umfang, Drehung.

mʒio, was man nicht essen darf, ohne Schaden zu nehmen.

mʒishi pl. wa-, Leichenbesorger.

mʒiʒi pl. wa-, Todtengräber.

mʒo, 60 pishi.

mʒóga pl. mi-, Leiche, Aas.

mʒomári, Rosenwasser. a.

mʒuka, böser Geist.

mʒingu wa pili, Königin im Kartenspiel.

„　　„ tatu, Bube　„　　„

„　　„ une, König　„　　„

mʒingu pl. wa-, Europäer. mʒungu pl. miʒungu, wunderbares, auffälliges Ding.

mʒunguko, Umgehung.

mʒushi, Neuerer, Ketzer.

mʒuʒi pl. wa-, ein Klätscher, Verläumder.

mʒuʒu, Dummkopf.

mʒwea pl. wa-, gewöhnt.

N.

na, und, auch, mit, durch.

náam, ja. a.

nábi pl. manábi, Prophet. a. nabihisha, ermahnen.

-nádi, öffentlich ausrufen, z. B. Waaren, die man verkaufen will. a.

nádira, selten. a.

naemu, Statthalter des Sultans. a.

náfaka (ya), Getreide, besonders sofern es als Tauschmittel an Stelle des Geldes beim Handel gebraucht wird. a.

náfási (ya), Raum, Zeit, Gelegenheit. a. nafisisha, jemand Gelegenheit geben.

-náfisi, jemand mit Geld in seinem Geschäft unterstützen. a.

náfsi (ya), Seele, Athem. a., selbst, z. B., mimi nafsi yetu, ich selbst.

naháu (ya), Erklärung, Bedeutung von Worten, Grammatik, Orthographie. a.

-nahma, rächen. a.

nahotha ya maji, Wassertank.

náibu, Abgeordneter, Stellvertreter. a.

nájisi, Schmutz, Unreinigkeit. a.

nakáa, List.

nakáwa, gleichmässig gut, schön. a.

nakhóda, Kapitän (Eingeborener). a. nakhoʒa el mali, Superkargo.

-nákili, abschreiben, kopiren. a. nakl, Abschrift.

nakshi, Holzschnitzerei. a. kukáta nakshi, mit Schnitzereien verzieren. -nakhishiwa, geschnitzt oder mit eingelegter Arbeit verziert sein.

nakudi, baares Geld.

-nama = -inama, sich niederbeugen.

nami, und ich.

namna, Sorte, Muster, Gestalt.

-namúa, herauswickeln, heraushelfen z. B. aus einer Falle.

nána, Grossmutter (Kigunia), Dame.

nána (nána), Münze. a.

-nanasúka, -nanauka, tagen, sich öffnen (von den Wolken gesagt).

nánaʒi (la) pl. ma-, Ananas.

náne, acht.

nánga (ya), Anker. kutia nanga, ankern.

náni, wer?

namigwanʒula, eine Eidechse.

-nanúa, auseinander ziehen. -nanuka, von einander gezogen sein, von einander losgehen.

nao, und sie.

-násáa, fangen (in der Falle). a.

násáa (pl. mi-násáa), Schande, Ungnade, Beleidigung. a.

násába, Stolz, böse Laune. a.

násába, Stammbaum. a. -nasibisha, Jemandes Abkunft erforschen.

násaha, Rath, Ermahnung. a. -nasi, warnen. a. -nasiha, vorschlagen. -nasihi, bitten, ersuchen.

násibu, Glück, Schicksal. a. kwa násibu, zufällig. -násibu, bestimmen.

-násii, beschimpfen, schmähen, an den Pranger stellen. a.

násya, Vögel in der Schlinge fangen.

nasur, Geschwür. a.

-náta, kleben, haften an etwas. -natána, an einander haften.

náthári, Ansicht, Gedanke, Einsicht, Belieben, Gelübde. a. -nathiri, sehen, anschauen, einen Blick werfen nach etwas. ku weka nathiri, geloben.

-nauiri, von eingeriebenem Oel glänzen.

nauli (ya), Fracht. a.

-nawa, sich waschen. -nawika, sich gewaschen haben.

naʒáa, Streit, Zank. a. -naʒiyana, sich streiten.

náʒi, Kokosnuss. naʒi kavu, Copra.

naʒiri = nathiri, Gelübde. a.

ncha (ya), Spitze, Ende.

nchi inchi (ya), Erde, Land, Gegend.

ndáa (ya), Hunger, Hungersnoth.

ndafu (ya), Fäulniss, Fäulnissgeruch.

ndagu (ʒa), eine Art Unkraut.

ndála (ya), Sandale.

ndáma (wa pl. ʒa), Kalb.

ndáni, inwendig, drinnen. ndani kwa ndani, im Geheimen.

ndarobo; ku sema ndarobo, Geheimsprache sprechen.

nde = nje, ausserhalb.

ndéfu, lang.

ndege (wa), Vogel.

ndenge (wa pl. ʒa), Ziegenbock.

ndéo, Uebersättigung, Faulheit.

ndere; unga wa ndere, Zaubergift.

ndewe (ya, Loch in der Ohrmuschel, um Schmuck einzuhängen.

ndeʒi, ein Thier.

ndi - li, ndimi, ich bin es; ndiwe, du bist es; ndiye, er ist es; ndisi, wir sind es; ndinyi, ihr seid es; ndio, sie sind es. Ferner ndio, ndiyo, ndicho, ndilo, ndipo, ndiko, ndimo, ndivyo, ndiʒo.

ndimi (ʒa) pl. von ulimi, Zunge.

ndio, so ist es.

ndiwa, Taube.

ndiʒi (ya), Banane (Frucht).

ndoa (ya), Hochzeit, Heirath.

ndo - njoo, komm her.

ndole (ʒa) pl. von *udole*, Fingernägel, die grossen Finger.

ndongo (ya), Lehm.

ndongóa (ya), Rind, welches vor der Thür eines Hauses, in dem eine Leiche liegt, geschlachtet wird, »um derselben den Weg zum Grabe zu öffnen«.

ndonya (ya), Lippenring der Nyassafrauen.

ndóo (ya), Schale der Frucht des Affenbrotbaumes, dann Eimer, Schöpfgefäss.

ndoto (ya), Traum.

ndovu (wa), Elephant.

ndū, nduu (ya), Erdnuss.

nduele (ya), Schmerzen von Krankheit.

ndúgu (wa oder ya), Bruder, Schwester, näher Verwandter *ndúgu ku nyónga*, Milchbruder, Milchschwester.

ndúi (ya), Pocken.

ndúli (ya), wilder, roher, zu Thätlichkeiten neigender Mensch.

nduma kwili, Schlange, welche auch am Schwanze einen Kopf haben soll.

ndume, männlich (zur *nyumba* Klasse). *ndume ʒa mpunga*, Reis in Hülsen.

ndumiko (ya), zum Schröpfen benutztes Horn.

ndúsi (ya), Kasten.

néema (ya), Gnade, Güte (Gottes), Reichthum, Ueberfluss. a. *-neeméka*, begünstigt sein (von Gott), reich sein, Ueberfluss haben. a.

-negesha, fälschlich beschuldigen.

nejisi = najisi, unrein. a.

nelli, Wasserpfeife.

-néma, -némka, -nemúka, nepa, sich biegen, sich verbiegen.

némba, nembo, Stammesabzeichen.

némsi, Wohlstand, Ansehen. a.

-nena, sagen, sprechen. *-nenána*, mit einander sprechen, streiten. *-nenéa*, gegen oder für jemand sprechen, tadeln. *-nenéka*, ausgesprochen werden können. *-nenéʒa*, zum Sprechen bringen. *-neneʒána*, mit einander streiten.

-néne, dick, gross, stark. *-nenépa*, fett, stark werden.

néno (la), Wort, Sache, Angelegenheit.

néra (ya), Joch. a.

nenyikéa = nyenyekéa, demüthig, herablassend sein. *nenyiekevu*, demüthig, herablassend.

néros, Neujahrstag des Persischen Sonnenjahres.

nfi, nifi (ya), Bienenstachel.

-ngaa = -ngara, scheinen.

ngadu, Landkrabbe.

ngalawa (ya), Boot.

ngama (ya), 1) weisser Thon. 2) Schiffsraum.

ngamba, Schildkrötenart, welche Schildpatt liefert.

ngambo (ya), die andere Seite eines Flusses.

ngamia (wa pl. ʒa oder wa), Kameel.

nganassa (ya pl. ʒa), Hecke um Haus oder Garten, Kraal.

ngáno (ya pl. ʒa), Fabel, Mährchen, Geschichte.

ngánu, ngáno (ya), Weizen. *amekula ngano*, er ist in Ungnade gefallen.

ngáo (ya), Schild. *ngáo ya nyumba*, Vorder- und Hintermauer der Hütten der Eingeborenen.

ngára (ya), junge Maiskolben.

-ngára, -ngála, -ngáa, scheinen, glänzen, durchsichtig, klar sein. *-ngariʒa*, fest ansehen, anstieren. *-ngaʒa*, glänzen, scheinen lassen.

ngariba pl. *ma-*, Beschneider.

ngáwa (wa pl. ʒa), Zibethkatze.

ngáwa, part. ähnlicher Bedeutung wie *mbona*, wie? was? aber, jedoch.

ngáʒi (ya), Leiter.

Ngaʒidja, die grosse Comoren Insel.

nge (wa pl. wa), Scorpion.

ngedere, ein Affe.

ngema, gut (von der *nyumba* Klasse).

ngeu (ya), rothe Erde, Rothstift.

-ngia = -ingia, hineingehen.

-ngine, verschieden, anders.

ngiẓi, 1) Tintenfisch. 2) frischer süsser Palmwein, welcher zu Syrup eingekocht wird.

ngóa (ya), Neigung, Lust, Verlangen. ku lia ngoa, aus Neid weinen, wenn man nicht auch bekommt, was dem andern gegeben wird.

-ngóa = -nyoa, ausreissen. -ngóka, ausgerissen, ausgerottet werden. -ngowa meno, zahnen.

ngóe (ya), Haken, um Früchte von den Bäumen abzunehmen. ha ngóe, der arabische Buchstabe ع cf. mdawári.

ngofu, Fischroggen.

-ngója, warten, Geduld haben. -ngojea, auf jemand warten, aufwarten. -ngojana, einander erwarten.

-ngoka, knicken.

ngóle (ya), Tau.

-ngóma, Trommel, Musikinstrument, überhaupt Musik, Conzert. ngoma ya msondu, dünn und lang. ngoma ya yapuo, kleine Trommel, welche zur Begleitung der grossen geschlagen wird. ngoma ya kumbváya, hat vier Füsse. ngoma ja tari, Handpauke.

ngómbe (wa pl. wa), Rind.

ngóme (ya pl. ẓa), Schloss, Burg, Festung.

-ngonda, Fische trocknen, einpökeln.

-ngonga, Brechreiz.

ngonge, Blattstreifen zum Nähen.

ngóẓi - ngovi (ya), Fell, Haut, Leder.

-ngúa, abschäumen.

ngúmi (ya), 1) Faust. 2) Walfisch.

ngúmu, hart (zur nyumba Klasse),

ngúo (ya), Zeug, Kleid. nguo ya meẓa, Tischtuch nguo ya mahi, dickes Zeug. ku tenda nguo, den Aufzug machen zum Gewebe.

nguri, ein Werkzeug des Schuhmachers.

ngúru, ngúu, Art Haifisch, der von den Eingeborenen gerne gegessen wird.

-nguruma, donnern, brüllen. ngurumo, Gebrüll, Rollen des Donners in der Ferne.

ngurunga, grosser Felsen.

ngurúre, ein Baum.

ngurúẓi, Pflock, Pfropfen.

ngurúwe, ngúue (wa pl. ẓa), Schwein.

nguue, rothe Erde.

ngúva (wa), eine Art Fisch.

ngúvu (ya), Stärke, Macht, Gewalt, Kraft.

ngúyu (ya), Knöchel.

ngúẓi (ya), Loch im Boden eines Bootes, um das eingedrungene Wasser herauszulassen.

ngúẓo (ya pl. ẓa), Pfosten, hölzerner Pfeiler, Säule.

ngwe pl. von úgwe, dünnes Seil.

ngwe, zur Behauung zugewiesenes Land.

ngwena, Wasserthier, Krokodil, Seehund.

ngwiro, grosse Art Ameise.

ni, ich. -ni-, Objectspronomen.

ni, Copula, steht bei allen Personen und Klassen unverändert.

ni, Präposition beim Passivum — durch, mit, von.

-ni, 1) Endung des Locativs. 2) Pluralendung des Imperativ. 3) Fragepartikel, Abkürzung von nini, was?

niá (ya), das Innere eines Menschen, Herz, Geist, Bewusstsein, Gewissen, Neigung, Entschluss. -nia, entschlossen sein zu etwas.

nika = nyika (ya), Wildniss, Einöde.

nikwata, kleine Eidechse.

nili, Waschblau.

nina (ya), Mutter (seine Mutter?), (alte Sprache).

ninga, ein grüner, den Tauben ähnlicher Vogel.

-ninginya, schwingen.

nini, was?

ninyi, ihr. ninyi nyote, ihr alle.

-ninyia, von eingeriebenem Oel glänzen.

nira, Joch.

nisha, Stärke (für die Wäsche).

njáa (ya), Hunger.

nje, Aussenseite. nje ya, ausserhalb. kwa nje, draussen.

6*

njema, gut.

njia (ya), Weg, Pfad, Strasse.

njiri, ein Thier.

njiwa (wa pl. za), Taube. *njiwa ya mwitu*, wilde Taube. *njiwa manga*, Haustaube.

njombo, roth und gelb gestreifter Fisch.

njoo, komm her. *njooni*, kommet her.

njozi, Erscheinung, Vision.

njuga (ya pl. za), Schelle, Glöckchen, das als Schmuck getragen wird.

njumu, eingelegtes Silber.

njugu, Erdnuss. *njugu nyassa*, weiche E. *njugu mawe*, harte E.

-nne, vier.

-nóa, schleifen, schärfen. *-noleka*, geschärft werden können.

nóker, Diener. a.

nókóa (wa), Vorarbeiter, Aufseher.

nókota (ya), Fleck, Punkt. a.

noleo (la), 1) Schleifstein. 2) Metallring um das Messerheft.

-nona, fett werden. *-nonesha*, mästen. *-nono*, fett.

nondo, Motte.

-nonga, fortwährend schwatzen. *-nongona*, *-nonyona*, flüstern. *-nonyeza*, zuflüstern. *-nonyezana*, mit einander heimlich reden.

nongo (ya), Schmutz.

noóndo, 1) Motte. 2) Fabelhaftes Ungeheuer.

nshi (ya), Augenbrauen.

nsio (ya), grosser Wasserkrug.

nso (ya), Niere.

nsu (wa), grosser Geier.

nta = ncha (ya), Spitze.

nta (ya), Wachs.

nti = nchi (ya), Land, Erde.

-nuia, 1) im Sinne haben. 2) sich auf die Fasten im Ramadan vorbereiten.

-nuka, riechen. *tumbáko ya ku nuka*, Schnupftaback. *nukáto (la)*, Wohlgeruch. *-nukiza*, ausschnüffeln.

-nukú, abschreiben. a.

nukuzáni (ya), Verminderung, Abzug. a.

numbi (ya), Fischzug.

-numbuka = -nyumbuka, biegsam sein.

-núna, unzufrieden sein mit jemand, mit jemand knurren. *-nunisha*, jemand ärgern.

nundu (ya), Höcker.

nungu (la), 1) Theil, Portion. 2) Kokosnuss (Temba).

-nungunikia, murren.

nungwe (wa pl. za), Stachelschwein.

-nunúa, kaufen. *-numulia*, für jemand kaufen.

-nunúza, zahnen.

-nura, die Worte eines Eides nachsprechen.

núru (ya), Licht, Schein, Helligkeit. a.

-nusa, riechen.

nussu, nuss (ya), Hälfte. a.

núsura (ya), Hülfe, Beistand. a. *-nusuru*, beschützen, beistehen.

nuzura, Kleinigkeit. a.

-nwa = -nywa, trinken.

-nya, kú-nya, regnen, ein Bedürfniss verrichten. *-nyesha*, Regen verursachen.

nyáa (ya), Fingernägel.

-nyáka, auffangen, z. B. einen Ball. *-nyakúa*, im Sprunge fangen.

nyála (za) pl. zu ála, Scheiden.

nyalio (ya), Bratenleiter.

nyama (ya), Thier, Fleisch. *marathi ya nyama*, böses Hautgeschwür. *nyama mbi*, wildes Fleisch.

nyamáfu (ya), verendetes Thier.

-nyamaa, schweigen, stille sein. *-nyamalia*, stille sein über etwas. *-nyamaza*, stillen. *-nyamávu*, still, ruhig.

nyambu (wa), Giraffe.

-nyambuka, überreif sein, zerfallen.

nyima (ya), eiserne Pfeilspitze.

nyanana, sanft, linde.

-nyangalika, eine Art von *-mnyangalika gani?* Was für eine Art Menschheit ist es.

-nyanganya, rauben.

nyamgwa (za) pl. von wangwa, Wüste.

nyanya, kleine essbare Frucht.

-*nyanyasa*, verächtlich behandeln, belästigen.

-*nyanyuka*, zerrissen, zerfetzt sein.

nyani (wa) pl. *ma-nyani*, ein Affe.

-*nyapa,-nyapia*, beschleichen, pürschen.

nyara (ya), Beute, Raub. *mtu nyara*, Kriegsgefangener.

nyaraka (za) pl. von *waraka*, Brief. a. *nyasi (za)* pl. von *unyasi*, Gras.

-*nyata*, schleichen. -*nyatia*, beschleichen.

nyati (wa), wilder Büffel.

-*nyatia*, -*nyatuka*, eilen, schnell sein.

-*nyauka*, zusammenschrumpfen, zusammentrocknen.

nyawe, seine Mutter.

nyayo pl. von *wayo*, Fussspuren, Fusstapfen.

-*nyea*, jucken, kitzeln. -*nyege*, Kitzel.

nyegi; kuwa na nyegi, in Hitze gerathen.

-*nyekeléwa*, sich sicher fühlen gegen etwas.

nyekúndu, roth (zur *nyumba* Klasse).

nyéle (za) pl. von *unyele*, Haar. *nyele za kipilipili*, Wollhaar. *nyele za singa*, glattes Haar.

nyeléo pl. *ma-*, Poren der Haut.

nyembamba, dünn, schmal (zur *nyumba* Klasse).

nyembe (za) pl. von *wembe*, Rasiermesser.

-*nyemelea*, etwas in der Stille beschleichen.

nyemi, ein Tanz.

-*nyénya*, aushorchen.

-*nyenyékea* *nenyekéa*, bescheiden, demüthig sein.

nyepési, hell (zur *nyumba* Klasse).

-*nyésha*, Regen verursachen.

-*nyeta*, stolz, unverschämt sein. -*nyeléa*, sich verlassen auf etwas, auf etwas trotzen.

nyevu, feucht.

nyika (ya), Wildniss, Einöde.

-*nyima*, verweigern, abweisen, abschlagen.

nyiminyimi, in kleinen Stücken.

nyingi, viele.

nyingine, andere.

nyinginya, Aussatz.

nyinyi, ihr.

nyinyoro, eine Blumenzwiebel.

nyóa (la), Feder.

-*nyóa*, rasieren. *wembe wa ku nyoléa nuele*, Rasiermesser.

nyóe (ya), grüne Heuschrecke.

-*nyogóa*, den Körper strecken und dehnen.

nyoka (wa pl. *za)*, Schlange.

-*nyoka*, gerade sein.

nyombe, Haare aus der Mähne oder dem Schwanz eines Pferdes.

nyonda (ya), Prüfung.

nyonga pl. von *unyonga*, Hüfte. *nyonga ya sarara*, die Lenden.

-*nyonga*, erdrosseln.

-*nyonganyonga*, hin und her schwanken.

nyongo (ya), Galle.

-*nyongóa*, sich dehnen und strecken.

-*nyongonyea*, ermüdet, ermattet sein.

-*nyónya*, saugen. -*nyonyesha*, säugen.

-*nyónyo*, Ricinus?

-*nyonyóa -nyonyoya*, rupfen.

-*nyonyota*, Schmerz verursachen.

nyonyóta (la); nyonyóta la mvúa, Sprühregen.

-*nyónza*, mit fortwährenden Schimpfreden belästigen.

nyoróro, glatt, eben (zur *nyumba* Klasse).

-*nyósha*, gerade machen, ausstrecken, ausbreiten. -*nyóshwa*, gerade, ausgestreckt sein.

nyota (ya), Stern.

nyota (ya), Durst.

nyotanyota, Tropfen. -*nyotanyota*, tröpfeln.

nyóte, ihr alle.

nyóya (la), Feder.

nyóye = nyoe (wa), grüne Heuschrecke.

nyóyo (za) pl. zu *moyo*, Herz.

-nyúa, abbeissen.

nyúfa (ʒa) pl. von ufa, Spalt, Riss.

nyugo (ʒa) pl. von ugo, Zaun.

nyugwe (ʒa) pl. von ugwe, Seil, Strick.

nyuki (wa pl. ʒa), Biene. asali ya nyuki, Bienenhonig.

-nyukúa, zwicken, kneifen.

-nyuma (ya), Rücken, hinten, zurück. nyuma ya, hinter.

nyuma (ʒa) pl. von uma, Gabel.

nyumba (ya), Haus.

nyúmbo, Gnu.

nyumbu, Maulesel (Unguja).

-nyumbúa, beugen, quälen. -nyumbuka, -nyumbulika, gebogen, biegsam sein. -nyumbusha, biegsam machen.

nyundo (ya pl. ʒa), Hammer.

nyúngu (ya pl. ʒa), Kochtopf.

nyúngunyúngu (ya), Beingeschwüre.

nyuni (wa pl. ʒa oder wa), Vogel.

-nyúnya, aussaugen. -nyunyiʒa, besprengen.

nyuo (ʒa) pl. von uo, Scheide.

nyushi (ʒa) pl. von ushi, Augenbraue.

nyuso (ʒa) pl. von uso, Gesicht.

nyuta (ʒa) pl. von uta, Bogen.

nyuto (ʒa) pl. von uto, Eiweiss.

nyuʒi (ʒa) pl. von uʒi, Faden.

-nywa, -nwa, trinken. -nyweka, trinkbar sein. -nywésha, tränken.

-nywea, dünne werden, hinschwinden.

nʒi (ya) pl. ma-nʒi, Fliege.

nʒige (wa), Heuschrecke.

nʒigunʒigu, ein Schmetterling.

nʒima, gesund, ganz (zur nyumba Klasse).

nʒito, schwer. asali nʒito, dicker Syrup.

nʒuri, schön, hübsch.

O.

-o-, Relativpronomen.

-óa, 1) sehen (Temba). 2) heirathen (vom Manne gesagt). -oléwa, heirathen (von der Frau gesagt). -oʒa, heirathen lassen, verloben. -oána, einander heirathen. -oaʒa, heirathen.

-óga, fürchten. -ogofisha, ogofya, in Furcht setzen. -ogopa, fürchten.

-óga, durch Zaubergift tödten, bezaubern. -ogotea, bezaubern.

-óga, sich baden. -ogeléa, schwimmen. -ogeleʒa, schwimmen machen. -osha, waschen, abspülen.

-óka, backen, braten (direkt auf dem Feuer).

-okóa, unbeschädigt erhalten, bewahren, die Schuld für jemand bezahlen. -okoka, unversehrt erhalten sein. -okoʒa, in Sicherheit bringen, erretten.

-okóta, finden, auflesen.

ole, wehe. ole wangu, wenu u. s. w., wehe mir, euch u. s. w. ole ni wa watu, wehe den Leuten.

-oleʒa, ähnlich machen, der Vorlage gemäss arbeiten.

-omba, bitten, beten. -ombéa, für jemand bitten. -ombelea, über jemand trauern, ihn beweinen. -ombeʒa, zum bitten veranlassen. -ombolea, ein Lied mit Refrain singen.

ómo (la), vordere Spitze des Schiffs. pepo ʒa omo, Gegenwind.

-omóa, feuchtes Land aufgraben, umgraben. ku omóa vita, Streit gegen jemand anfangen. -omoka, feucht, in Folge dessen weich werden.

ómri (ya), Alter. a.

-óna, sehen, finden, merken, fühlen, erhalten. ku-ona kiu, dürsten. ku-ona háya, sich schämen. ku-ji-ona, sich fühlen, vorgeben (simulare). -onána, begegnen. -onea, einen bedächtig, vorsichtig ansehen, etwas fehlerhaft an jemand finden. -onéka, sichtbar werden, erlangt werden. -onekána, zu sehen sein, sichtbar werden. -ónya, sichtbar machen, zeigen, warnen. -onyána, einander beweisen, einander warnen. -onyeka, gewarnt werden. -onyéʒa, zeigen, weisen.

ondo (la), 1) eine Art hohen Grases, das zum Dachdecken benutzt wird. 2) Knie.

-ondóa, wegnehmen. -ondóka, aufstehen, weggehen, fortgehen. ondoka mbele yangu, gehe von mir fort. ku-ondoka kaltka ulimwengu, die Welt verlassen, sterben. -ondokéa, aus Ehrerbietung vor jemand aufstehen, um einer Sache willen aufstehen. -ondokeléa, aufstehen und weggehen. -ondolea, hinwegnehmen, fortnehmen. -ondolea huʒuni, trösten. -ondoleana, einander wegnehmen. -ondosha, fortschaffen, vertilgen.

-ónga, schwanken, wanken.

-ongéa, 1) Zeit zubringen. 2) (im Momb.) viel werden, sich vermehren. -ongéʒa, hinzufügen, vergrössern, vermehren. -ongeʒéa, mit Rücksicht auf etwas vergrössern. -ongeʒéka, gross werden, der Vergrösserung fähig sein.

-ongóa, leiten, vorausgehen, führen auf dem richtigen Wege, bekehren. -ongóka, auf dem richtigen Wege sein, bekehrt, gerade sein. -ongoána, übereinstimmen, zusammen passen. -ongoléa, richtig führen, ein Kind beruhigen. -ongósha, zurecht bringen, etwas ordentliches leisten, gut erziehen. -ongoʒa, an die Spitze bringen, vorausgehen lassen, führen, leiten. -ongoʒana, hinter einander gehen.

-ongófya, mit Versprechungen betrügen.

-ongonga, übel werden, Brechneigung verspüren.

-ongúa, brüten, ausbrüten. pass. -ongulíwa.

-onguʒa, verbrühen, anbrennen, verbrennen, austrocknen.

-ónja, prüfen, schmecken, versuchen.

-ónʒa, verwunden, verletzen (auch mit Worten). -onʒéka, verwundet, verletzt sein.

-opóa, herausnehmen, wegnehmen (besonders die Krankheitsursache), heilen. -opóka, gesund werden. -opoléa, 1) für jemand herausnehmen. 2) heilen.

órfa = ghórfa (órofa) (ya), Söller, das obere Stockwerk.

-óroka (kinyássa), über einen Fluss setzen.

-oróro, weich, glatt.

-ósha, waschen. -osheka, gewaschen sein. páhali pa ku-oshewa, Ort, wo die Leichen gewaschen werden.

osia, Gelahrtheit.

-óta, träumen. -óʒa, Träume verursachen. -otána, von einander träumen. -otesha, zum Träumen veranlassen.

-ota, würmen am Feuer, braten, rösten, keimen, treiben (von Pflanzen). -otama, zusammengekauert sitzen. -otea, gegen jemand auf der Lauer sitzen, auflauern. -otamia, brüten. -otesha, liebkosen, pflegen.

-ote, jeder, alle.

-ovu (-bovu), verfault, verdorben, verderbt, schlecht.

-owáma, eingetaucht sein. -owámisha, eintauchen.

óya (Merima), sich ausruhen, pausiren. -oyesha, ausruhen lassen.

óya (ya) pl. nyoya, eine Hand voll.

-oʒa, verfaulen, verderben, intr. -oʒesha, verfaulen lassen.

P.

pa, Localpartikel.

-pa (ku-m-pa), geben. ku-pewa, empfangen, erhalten.

-paa, hinaufsteigen. -paʒa, aufsteigen lassen. -paʒa pumʒi, Athem schöpfen. -paʒa miele, Reis grob mahlen.

paa, abkratzen, abreiben. -paa moto, Feuer in einem Scherben holen. -palia, für jemand kratzen. -palika, ausgekratzt sein.

paa (wa pl. wa oder ʒa), Zwergantilope.

paambo (la), Schmuck, Verzierung, Hausrath.

paanda (ya), Trompete, Bremse.

paange (ya), Bremse.

pacha, Zwilling. -pachika, z. B. einen Pfeil auf den Bogen legen, ein Messer in den Gürtel stecken.

padiri (padre) pl. mapadiri, Geistlicher (aus Indien importirt).

padógo, eine kleine Stelle, nahezu, beinahe.

pafu (la), Lunge.

-paga, mit Macht schlagen, harpunieren.

-pagaa, -pagara, auf der Schulter tragen, ergreifen (vom bösen Dämon gesagt, der den Besessenen ergreift). pagáro (la), auf der Schulter getragenes Zaubermittel gegen gewisse böse Geister. -pagaʒa, auf der Schulter tragen lassen. -pagúa, abnehmen, abstreifen (Blätter).

-pagwa (ya), Widerhaken eines Pfeils.

pahali, Platz in der Nähe.

paja (la), Schenkel, Lende.

paije (ya), rothe Hirse (Pemba).

paji la úso, Stirne.

paka (wa pl. wa und ʒa), Katze.

-paka, einsalben, einreiben, bestreichen, bewerfen (eine Mauer). -pakana, einander salben, bestreichen.

-paka, die Gränzen bestimmen. -pakána, aneinander gränzen. -pakánisha, angränzen.

pakacha (la) (pakaja), 1) eine Art Korb aus dem Blatt der Kokospalme.

2) Gesindel, welches Nachts um zu rauben oder sonstiges Unheil anzurichten, umherstreift.

-pakasa, Seil drehen.

-pakáta, in den Arm oder auf den Schoss nehmen.

-pakia, beladen, einladen (in ein Schiff). -pakilia, für jemand einladen. -pakiʒa, verstauen. -pakúa, ausladen, Reis aus dem Topfe nehmen. -pakulia, für jemand herausnehmen.

pakúsa = pangúsa, abwischen.

pa ku tokéa, Auslass, Pforte (zum Hinausgehen).

pale, dort.

-palia, in die unrechte Kehle kommen.

-palia, hacken, umgraben. -palilia, behacken (Mais u. dgl.). -paliliʒa, 1) behacken lassen. 2) Feindschaft gegen jemand erwecken (vergl. auch paa).

palu (la), kleine Kuchen von Zucker, Hanf und Opium.

pamba (ya), Baumwolle.

-pamba, schmücken, verzieren, ausrüsten. -pamba mayiti, einem Verstorbenen Baumwolle, wie es Sitte der Suaheli ist, in die Nase, Ohren, unter die Nägel u. s. w. stopfen. -pambika, geschmückt sein. -pambuka, abfallen, vom Bewurf, Pflaster u. dgl.

-pambija, umarmen.

-pambána, dicht neben einander gehen (von Schiffen). -pambanisha, zusammenbringen, zurüsten, einen Zusammenstoss (von Schiffen) herbeiführen.

-pambania, mit Lügenreden überschreien.

-pambanúa, auseinanderbringen, trennen, auslegen, erklären. -pambanulia, jemand etwas erklären. -pambanuka, getrennt werden, sich aufhellen, offenbar werden, früh am Morgen aufstehen.

-pambauka (pambaʒúka), Tag werden. -pambaukliwa, am frühen Morgen etwas vornehmen. -pambaʒúa, deutlich machen, deutlich reden.

pámbo (ʒa) pl. zu *upambo*, Stöcke, an welchen Fische zum Trocknen oder Räuchern aufgehängt werden.

pámbo (la) = páambo pl. *ma-*, Schmuck, Verzierung. *pambo la nyumba*, Hausrath, Möbel.

pamója, zusammen.

pána, da ist.

-pána, einander geben.

-pana, breit, weit. *pana pana*, ganz eben.

panchajai, Fünferausschuss (Hind.).

panda (ya), Gabelung (von Aesten, Flüssen u. dgl.). *panda ya njia* oder *njia panda*, Kreuzweg. *panda (la)*, derjenige Zweig der Kokospalme, welchem der Saft zum Palmwein abgezapft werden kann.

-panda, 1) hinaufsteigen, hinaufklettern, an Bord gehen, an Land gehen (aus dem Schiff, 2) pflanzen, säen. *-pandana*, quer über einander liegen. *-pandisha*, in die Höhe bringen, hissen, erheben.

pande (ʒa) pl. zu *upande*, Stücke. *pande mbili*, auf beiden Seiten.

pandu (wa), eine Art Fisch.

pánga (ya), Höhle, Grube, Versteck.

pánga (ʒa), pl. zu *upánga*, Schwerter.

pánga, 1) miethen (ein Haus). 2) in eine Reihe stellen. 3) ein Lager aufschlagen. *-pangana*, in Reihen stehen, in Reihen sitzen. *-pangisha*, 1) vermiethen. 2) in Reihen niedersitzen lassen.

pangine, an anderer Stelle.

pángo (ya) - páango, Höhle, Grube.

pangu, meine Stelle.

-pangúsa, abwischen, abreiben.

-pania; ku ji-pania ngúo, sich den Schurz eng um die Lenden winden (um der Dornen willen).

pánja (la), Stirnlocke.

-panúa, öffnen, erweitern. *-panúka*, auseinander gehen, sich erweitern. *-panulia*, um einer Sache willen ausbreiten, ausspreizen.

panya (wa pl. wa oder ʒa), Ratte.

pa nyamáʃu, ein stiller Platz, sichere Ankerstelle.

-pánʒa (cf. panda), in die Höhe heben, erheben. *panʒi (la)*, Heuschrecke, ein Fisch. *panʒi simba*, äusserst gefrässige Heuschrecke ohne Flügel (Pamphagus atrox).

panʒi ya naʒi, braune Rinde des Kokosnusskernes.

páo (la), sehr dünne Dachsparre.

páo, ihre Stelle.

pápa (wa), Hayfisch.

papa hápa, gerade an dieser Stelle.

-papása, im Finstern nach etwas fassen, tappen.

papása pl. zu *upapása*, Art Brod aus Kassava.

papási pási (wa), Art Zecke, soll Fieber verursachen.

-papatika, flattern.

-papatúa (cf. páta), wegnehmen (besonders die Hülsen und dergl. von Früchten), Knospen.

papáyi - papáyu (la), essbare, süsse Frucht.

-papayúka, im Fieber irre reden. *-papayúsha*, irrsinnig machen.

-papía, eilig alles verschlingen, was man bekommen kann.

-papika, Flugfedern an einen Pfeil befestigen.

pápo, dort.

-papúa, zerreissen, zerfetzen.

-papúra, mit den Klauen zerreissen, zerkratzen. *-papurika*, zerrissen, zerfetzt sein. *-papuriana*, einander verläumden.

papuri, dünne Kuchen mit Assa foetida gewürzt.

para (la), Sesamkuchen.

pára (ya), Schnitzel. *-para*, schnitzeln.

parafújo - parfújo (ya), Schraube, Pfropfenzieher.

-pariga, auf einen Baum klettern.

parahára (wa), eine grosse Antilope.

-parapára, mit dem Fusse scharren, ausschlagen (wie ein Pferd).

parara, ein Vogel.

-paria, im Spiel abgewinnen. *-pariwa*, im Spiel verlieren.

-parúa, die Arbeit eilig und ungenau verrichten, pfuschen. -paruparu, in eiliger Weise.

-paruga, rauh sein. -parúʒa, kratzen. -paruʒána, sich aneinander reiben (wie z. B. zwei Böte.

parwa; nanga ya parwa, Anker der Eingeborenen mit vier Haken.

-pasa, pasha, übereinkommen, zur Pflicht werden, nöthig sein. imekupásaje, was geht es dich an? imenipása, ich müsste.

-pásha, leihen. ku-pasha móto, aufs Feuer setzen, aufwärmen.

pásipo, wo nicht ist, ausser.

pasíwe, ohne dass.

pási (ya), eiserne Spitze des Spazierstockes.

pási(ya), Plätteisen. -piga pasi, plätten.

-pasúa, zersplittern (trans.), spalten.

-pasúka, zersplittern (intrans.). -pasúkapasúka, ganz zersplittert sein -pasulía, für jemand spalten.

-páta, bekommen, erreichen, erhalten (wird zn vielen Umschreibungen gebraucht). chapataje, was ist dies werth. jua la pátwa, die Sonne ist verfinstert. kisu chapáta, das Messer. ist scharf. kisu hakipáti, das M. ist n. scharf. -patána, mit einander übereinstimmen, zu einander passen. -patamisha, vereinigen. -patía, für jemand bekommen. -patika, ergriffen werden, erhalten werden. erfasst werden. -patikana, erhältlich sein, zu bekommen sein. -patilía, ärgerlich werden. -patiliʒa, gegen jemand ärgerlich werden, zum Aerger reizen. -patiliʒana, einander schmähen, einander ärgern.

-pata, Gitterwerk herstellen.

páta (ya), Charnier.

patási (ya), Meissel.

páti, ein gefärbtes indisches Zeug.

patiála, ein Schwindler, Erzbetrüger.

páto (la), Einkommen, Gewinn, Erfolg.

patúa -- pasúa.

páu (ʒa) pl. zu upáu (vergl. bao), Stangen, Dachlatten. -paúa, die Dachsparren

und -Latten unter einander zusammen binden.

paura; nánga ya páurá, Anker der Europäer mit zwei Haken.

-páya, im Fieber wirr durch einander reden, Unsinn schwatzen, ausplaudern. mtu ana páyo, der Mensch ist ein Schwätzer, kann kein Geheimniss behalten. -payúka, ausplaudern. -payúsha, zum Plaudern veranlassen.

paʒia (la), (auch ya pl. ʒa), Vorhang, Zwerchfell.

péa (wa), Nashorn; eine Art Dorn.

-péa, 1) ausgewachsen sein, vollständig sein. 2) ausfegen (Momb).

peke, allein, verlassen. peke yangu, ich für mein Theil. peke yako, du für dein Theil u. s. w.

-pekecha = -pekeja, ein Loch bohren, Feuer drillen, fortwährend belästigen.

-peketéka, verspotten, verhöhnen.

-pekúa, scharren im Sande wie eine Henne.

péle (ʒa) pl. zu u-péle, Ausschlag, Räude.

-peléka, übersenden, überbringen, schicken. -pelekéa, an jemand übersenden.

-peléleʒa, ausforschen, ausplaudern, verrathen.

peleléʒi (ya), Scharten im Beil u. dgl.

pema, eine gute Stelle.

-pemba, erreichen, erlangen, mit einem langen Haken Früchte vom Baum nehmen, bei der Sache sein.

pembe (ya), Horn, Elfenbein, Hahnensporn, Ecke. pembe ya nyoka, soll ein grosses Heilmittel sein.

pembe, ein Vogel.

pembéa (ya), Schaukel. -pembéʒa, schaukeln, einwiegen.

-pembejea, den Hof machen, begünstigen.

-pembeléʒa, anflehen, bitten.

pembo (ʒa) pl. zu upembo, Haken. cf. -pemba.

-penda, lieben, wünschen, wählen, vorziehen, begünstigen. -pendana, einander lieben. -pendea, um einer

Sache willen lieben. -pendeka, liebenswerth sein, geliebt werden. -pende-
keʒa, sich angenehm machen, sich
gefällig erweisen. -pendeʒa, gefallen.
-pendeʒea, sich einschmeicheln bei
jemand. -pendeʒéwa, erfreut sein,
sich freuen über etwas.

pendo (la), Liebe.

pengi, viele Stellen.

péngo (la), Kerbe, Lücke, Zahnlücke.

-penya, hineinschlüpfen, hineinkriechen,
eindringen. -penyeʒa, hineinschlüpfen
lassen, hineinstecken.

penyénye (ya), Geheimniss.

-pepa, wanken, taumeln.

pépe (la), Spreu. -pepéa, anblasen,
fächeln. -pepéo (ʒa), pl. zu upepeo,
Fächer.

-peperusha, wegblasen, verwehen. -pe-
peruka, weggeblasen, verweht werden.

-pepésa, blinzeln, scharf zusehen, wie
beim Zielen. -pepesúka, wanken,
schwanken.

-pepeta, im Siebe oder offenen Korbe
das Getreide sichten.

-pepetúa, mit Gewalt öffnen.

pépo (ya und ʒa), meist als Plural zu
u-pepo gebraucht, Wind, Brise,
Kühle. pepo mbaya, böser Geist.
peponi, im Paradiese. pepo ʒa chamchela, Wirbelwind. maji ya pepo,
süsses Wasser.

-pepúa, sieben, aussieben.

pera (la), Guava.

peréma (la), geschwollne Backe.

pésa (ya) pl. ma-pesa oder pesa (ʒa),
kleine indische Kupfermünze, von
welcher 112 — 140 auf den Dollar
gerechnet werden.

-pesa (Momb.) = -pepesa, blinzeln.

pesi (la), Finne des Fisches.

-peta, biegen, krümmen, zusammenwickeln. ku-peta úso, böse aussehen,
die Stirn runzeln. -petana, zum
Kreise biegen. -petemana, gekrümmt,
gebogen sein. -petemanisha, biegen,
beugen, bis die Enden sich berühren.

pete (ya) pl. ma-pete oder pete (ʒa),
Ring.

peto (la) pl. ma-peto, Bündel, zusammengerollter Sack.

-petúa, umstürzen, das oberste zu
unterst kehren. -petuka, sich etwas
verstauchen, verrenken.

-pevu, ausgewachsen. -pevua, zum aus-
wachsen bringen. -pevuka = -peuka,
ausgewachsen sein.

-pewa cf. -pa, bekommen, erhalten.

pi? Fragepartikel. wapi? wo. wan-
gapi? wie viele.

pia (la), die Frucht des mpia oder
mlilána, Kreisel.

pia (ya), pia ya guu, Fussänkel. pia
ya góti, Kniescheibe.

pia, alle.

-piga, schlagen, stossen. Mit diesem
Worte werden viele Umschreibungen
gebildet, z. B.:
    ku piga bándi, heften.

» » bómba, pumpen.

» » bunduki, schiessen.

» » chafya, niesen.

» » chápa, drucken.

» » fálaki, aus den Sternen
weissagen.

» » feli, (böses) Vorzeichen
abgeben.

» » fundo, einen Knoten
machen.

» » keléle, schreien.

» » kengele, läuten.

» » kilemba, sich den Turban
umbinden.

» » kinanda, Zither spielen.

» » kiowe, kreischen, schreien.

» » kofi, ohrfeigen.

» » mabawa, fliegen.

» » mafungu, theilen.

» » magote, knieen.

» » mapindi, sich zusammenwickeln, sich winden
(wie eine Schlange).

» » marfúku, erlauben.

» » mawe, steinigen.

» » mbao, Brett spielen.

» » mbinda, pfeifen.

ku piga mbiji, untertauchen.

» » *mbio*, laufen, rennen.

« » *mbiu*, auf dem Büffelhorn blasen.

» » *miʒinga ya salaamu*, salutiren mit Geschützfeuer.

» » *moyo konde*, neuen Muth schöpfen.

» » *mstari*, eine Linie ziehen.

« » *mtakáso*, mit neuen Kleidern rauschen.

» » *mteu*, aufkochen z. B. Milch.

» » *mvuke*, räuchern z. B. Fleisch.

« » *ngóma*, trommeln.

» » *nyáyu*, gähnen.

» » *pasi*, plätten.

» » *pembe*, durchbohren, aufspiessen.

» » *pigo*, schlagen.

» » *pindu*, einen Purzelbaum machen.

« » *pua*, schnarchen.

« » *ramli*, weissagen (aus in die Asche gezeichneten Figuren).

» » *randa*, hobeln.

» » *sadaka*, eine Opfermahlzeit geben.

» » *teke*, hinten ausschlagen.

» » *umeme*, blitzen.

« » *uwinda*, den Schurz zwischen den Beinen durchziehen.

» » *yowe*, um Hülfe rufen.

» » *ʒomári*, Flöte blasen.

ku pigisha máneno, radebrechen. *-pigana*, einander schlagen, kämpfen, fechten. *- pigana kwa mbávu*, mit einander ringen *-piganisha*, geschlagen werden können. *-piganisha*, zu Wettkampf veranlassen, Feindschaft erregen, Krieg vorausverkündigen (durch Zaubermittel). *-piganishana*, gegen einander hetzen. *pigia*, auf etwas schlagen. *kidude ya ku pigia chuma*, Hammer,

Schmiedehammer. *-pigilia*, fest schlagen, fest stampfen. *-pigiʒa*, schlagen lassen, z. B. *-pigiʒa tanga*, so dicht an den Wind das Schiff herandrehen, dass die Segel flappen.

pigo (la), Schlag.

-pika, kochen (trans.), Speise zubereiten. *-pikia*, für jemand kochen.

pilao, Pilau (indisches Gericht).

pili (wa), eine Schlange.

pili, zwei. *wa pili*, der zweite. *ya pili yake*, das nächste. *marra ya pili*, zum zweiten Mal. *yule wa pili*, der andere.

pilipili, pilpili (ya), Pfeffer. *pilpili mánga*, schwarzer Pfeffer. *pilpili hóho*, rother Pfeffer. *pilpili gusuráti*, Pfeffer mit kleinen beissenden Körnern.

pima (la), Faden (Maass) = 4 mikóno. *-pima*, messen. *-pima máji*, sondiren, lothen. *-pimia*, für jemand abmessen, z. B. *pishi ya ku pimia.*

-pinda, beugen. *-pinda uta*, den Bogen spannen. *-pindamána*, gebeugt, zusammengebogen sein. *-pindána*, zusammengebogen sein. *-pindia*, um jemandes willen biegen. *-pindika*, gebogen sein.

pindi (la), Krümmung, Windung, Drehung, Wendung, Zeitpunct, Epoche.

pindi (ya), Stunde, z. B. *pindi ya súbukhi*, Morgens. *pindi ya áthuuri*, Mittags. *pindi ya magáribi*, Abends. *pindi ya mti*, Jahresring im Baum.

pindo (la), Sahlband.

-pindúa, das oberste zu unterst drehen, umdrehen, das Schiff drehen, wenden. *-pindúka*, umgedreht, umgestürzt sein. *-pindukiʒa*, hinüberwerfen. *-pindúʒa*, drehen, wenden.

-pinga, drehen, wenden, z. B. *ku pinga sukáni la chómbo*, das Steuerruder auf die Seite drehen, wetten, hindern, Schwierigkeiten machen. *pingamanʒi*, Störung, Aufenthalt. *pingamiʒi*, Störenfried. *-pingia*, eine Thür mit einem Riegel verschliessen, zuriegeln. *-pingiria*, rollen (intrans.). *-pingirisha*, rollen (trans.).

pingili ya mua, das Stück Zuckerrohr zwischen zwei Knoten. -*pingiti (ya* pl. *ʒa)*, Stück Zuckerrohr, welches gekaut wird.

pingu (ya), Fesseln. *pingu ya hiriʒi*, ein Amulet (Koranspruch und dergl.), welches gegen Krankheit um Arm oder Bein gebunden wird.

pini (la), Heft, Stiel, Griff, Handhabe.

pipa (la), Fass, Tonne.

-*pirikána*, stark sein.

-*pisha*, vorbeigehen lassen, vorbeischlüpfen lassen.

pisho (la), Brandmal.

pisi, gerösteter Mais.

pishi (ya), ein Maas = 4 kebaba, ungefähr gleich 5½ Pfund (6 Rottel).

-*piswa*, schläfrig werden, einnicken.

-*pita*, vorbeigehen, überschreiten, übertreffen. -*pisha*, vorbeigehen lassen. -*pisha mchana*, den Tag zubringen. *mito haipishi*, die Flüsse lassen sich nicht überschreiten. -*pishána*, aneinander vorbeigehen, einander verfehlen. -*pitána*, einander übertreffen. -*pitia*, an jemand vorübergehen, jemand vernachlässigen. -*pitika*, überschreitbar sein, übergangen sein. -*pitisha*, vorüber lassen, auslassen, den Weg weisen.

po, Localpartikel.

po (la), Frucht des *mpo* Baumes.

-*póa*, kalt werden, sich abkühlen, wieder gesund werden. -*póʒa*, abkühlen, kühlen, heilen. -*poeléa*, von selbst abkühlen, von selbst heilen.

pódo (ya), Köcher.

pófu (la), Schaum.

-*pofúa*, verderben, zerstören, blenden. -*pofu*, verderbt, zerstört, geblendet. -*pofuka*, verderben (intr.), zerstört sein, blind sein.

pógo (ʒa) pl. zu *u-pógo*, auf einer Seite. *kuenda pogo*, nicht gerade, sondern nach einer Seite gehen.

-*pogóa*, einen Baum abästen.

pojo (ʒa) pl. zu *u-pojo*, eine Art Wicke.

-*póka*, mit Gewalt nehmen, rauben, überfallen, ausplündern. -*pokonya*, erpressen, ausplündern.

-*pokéa*, ein Ding aus der Hand jemandes nehmen, empfangen, annehmen. -*pokelea*, für jemand empfangen, überliefern. -*pokeʒa*, verursachen, dass einer dem andern etwas abnimmt, helfen beistehen. -*pokeʒana*, einander eine Last abnehmen, tragen helfen, ablösen.

poko (la), Grösse (des Körpers).

-*pokónya*, erpressen, wegnehmen, wegschnappen.

pólepole, sanft, leise, still, ruhig.

pomboo (wa) pl. *ma*-, Delphin.

-*pomóa*, wegwerfen, zu Fall bringen. -*pomóka*, einfallen, zusammenbrechen, niederstürzen, in Trümmer zerfallen. -*pomósha*, niederreissen, einreissen, zerstören.

-*póna*, sich erholen, wieder gesund werden. -*ponya*, heilen, herstellen, erretten.

-*pónda*, zerstampfen, zerstossen, zerpulvern. -*pondaponda*, völlig zerschmettern. -*pondeka*, zerstossbar sein, zerstossen sein. -*pondéa*, für jemand zerstossen. -*pondekána*, -*pondekeána*, einander zerstossen.

pondo (ya), Schifferstange.

pongóʒi (la), grosse Seemuschel.

póno (wa), ein Fisch, der immer im Schlaf sein soll.

-*ponóa*, abstreifen.

-*ponya*, heilen, herstellen, erretten. *ji-ponye*, pass auf, nimm dich in Acht. -*ponyesha*, die Heilung verursachen, heilen. -*ponyóka*, entrinnen, entschlüpfen, entgleiten. -*ponyósha*, entschlüpfen lassen.

-*pónʒa*, in Gefahr bringen.

-*pooʒa (la)* pl. *ma*-, unvollkommen, Krüppel. -*poóʒa*, verkrüppeln, gelähmt werden, verwelken, verdorren. -*pooʒésha*, lähmen.

pópo (wa), eine Fledermaus, welche gerne Mango und Bananen frist. (Rhinolophus Deckenii und andere ähnliche).

popoo, Kugel, Frucht des Mpopo, Arekanuss.

-popotóa, drehen, verrenken, winden, verdrehen, verderben. *-popotwana*, mit einander ringen, zerren. *-popotóka*, verrenkt sein.

póra (la), junger Hahn, der noch nicht krähen kann.

póroja (la), dünne wässrige Suppe.

-poromóka, hinuntergleiten, herunterrutschen. *-poromósha*, hinuntergleiten lassen, herunterwerfen. *poromóko (la)*, steile Stelle.

-porwa, abkühlen, wässerig, dünn werden.

-pósa, werben um Jemand (um sie zur Frau zu erhalten). *póso*, die Werbung. *posoro*, Dolmetscher, Vermittler.

-posha — *-pósa*, mit Kost versorgen, die tägliche Ration austheilen. *posho (la)*, die Ration, die täglich oder für die Woche an die Dienstleute ausgegeben wird.

póte, überall.

póte (ya) pl. zu *u-póte*, Bogensehne.

-potéa, in die Irre gehen, verirren, verloren gehen. *-potewa*, verloren haben, z. B. *nimepotewa kisu*, ich habe das Messer verloren. *-poteléa*, für jemand verloren gehen. *poteléa mbáli*, geh zum Kuckuck! *-potéʒa*, durch Nachlässigkeit verlieren, verderben. *-potevu*, verschwenderisch, liederlich.

-potóa, krümmen, liegen, verdrehen, verderben, verführen. *-potóe*, verderbt, ungezogen, widersetzlich. *-potóka*, krumm, verbogen, widerspänstig, launisch, verdreht sein. *-potósha*, verdrehen, krümmen, querköpfig machen.

póvu — *pofu (la)*, Schaum, Abschaum.

-povu = -pofu, verdorben, geblendet.

-póʒa, abkühlen.

púa (ya), Nase. *mwánʒi wa púa*, Nasenscheidewand, Nasenloch. *ku piga púa*, schnarchen. *ku seméa puáni*, durch die Nase reden.

púa (ya), Stahl. *ku tia púa kitoka*, das Hackmesser verstählen, schärfen.

-púa, Erbsen, Bohnen enthülsen.

pugi, eine kleine Taubenart.

púju, ein Fisch.

-pujúa, leicht berühren, streifen. *-ji*-*pujúa*, alle Schaam abgelegt haben, unverschämt sein, unverschämt betteln. *-pujúka*, mager, bettelhaft, elend geworden sein, sich die Haut abstreifen, sich die Hände durchgerieben haben. *-pujulika*, elend sein, dahinschwinden. *-pujuliko (la)*, Magerkeit, Armseligkeit.

púku (wa), Maus.

-pukúsa, schenken.

-pukúsa, die Körner vom Maiskolben abbrechen, abfallen lassen (unreife Früchte, Blätter).

pukúte; pukute ya wali, trocken gekochter Reis.

-pukutika, abfallen (von Früchten, Blättern und dergl.). *-pukutisha*, abfallen lassen, das Abfallen verursachen.

-púlika, 1) hören, aufmerken (Lamu). 2) unruhig, aufgeregt sein, gähren. *-pulikána*, auf einander hören. *-púliʒa*, 1) mit dem Munde blasen. 2) hinunter lassen, z. B. den Eimer in den Brunnen. *-púliʒa nanga*, Anker werfen, aber auch *-púliʒa kisusúli*, den Drachen steigen lassen.

pulúki, Flitter.

pulúlu, Wildniss, Wüste.

-púma, pochen, klopfen, pulsiren, (auch von klopfenden, stechenden Schmerzen gesagt).

púmba (la), Klumpen, Stück. *pumba la tumbako*, Rolle Taback. *pumba (ya)*, bezeichnet ein kleineres Stück.

-pumbáa, nachlässig, dumm, träge, faul sein. *-pumbáʒa*, betrügen, täuschen. *-jipumbáʒa*, den Dummen spielen. *-pumbaʒána*, einander betrügen. *-pumbaʒika*, dumm, thöricht, betrogen, faul, nachlässig werden. *-pumbika*, etwas zufällig, unabsichtlich thun. *-pumburuka*, aus Furcht weggehen. *-pumburusha*, wegängstigen, fortgrauen. *-pumbwaʒi*, Angst, Verlegenheit.

púmu (ya), Asthma, Herzklopfen, Brustkrankheit. *-pumúa*, athmen, sich erholen, ausruhen. *púmʒi = púmuʒi ⟮yʲa⟯*, Athem. *-shúsha pumʒi*, ausáthmen. *-paáʒa púmʒi*, einathmen. *-pumʒika*, sich verschnaufen, ausruhen. *mahali yʲa kupumʒikia*, Ruheplatz. *pumʒiko = pumʒikio (la)*, Ruheplatz. *-pumʒisha*, verschnaufen lassen, ausruhen lassen.

-púna, schälen, abschälen, abkratzen, abstreifen.

púnda (wa pl. *wa* und *ʒa*, Esel. *punda kióngwe*, ein Gallaesel. *punda milia*, Zebra.

púnde, ein wenig mehr. *punde hivi*, soeben, bald nachher. *punde kwa punde*, ab und zu, oft, allmählich, wiederholt. *mréfu punde*, ein wenig länger.

punga (ʒa) pl. zu *upúnga*, Blüthe der Kokosnuss, wenn sich die Nuss eben zu bilden anfängt, alle ähnliche Blüthen werden auch so genannt.

-púnga, hin und her schwingen, schwenken, wanken, *ku punga upépo*, frische Luft zufächeln. *-punga pepo*, einen bösen Geist durch besondere Ceremonien aus einem Kranken austreiben. *-pungia*, durch Winke mit der Hand oder mit einem Tuch ein Zeichen geben.

pungu (wa), 1) ein Fisch. 2) ein grosser Raubvogel.

-pungúa, weniger werden, sich verringern, abnehmen, schwächer werden. *-pungúfu*, fehlerhaft, unvollständig. *-punguka*, weniger werden, sich vermindern. *-pungúʒa*, vermindern, kleiner machen. *-punguʒa tanga*, reffen.

pungwa (ya), eine Art Trommel, zu Zaubercentemonien gebraucht.

-punja, zerstampfen, beschwindeln. *punja (ya)*, 1) Getreidekörner. 2) noch ganz unreife Kokosnuss, die noch keinen Kern enthält.

púo (la), Unsinn.

púpa (ya oder *la)*, Eile (um schnell fertig zu werden). *kula kwa pupa*, in aller Eile essen, so dass die Genossen wenig oder garnichts erhalten.

-puputa, hart schlagen, durchprügeln.

-púra, dreschen. *-pura ngúo*, Zeug durch Schlagen reinigen.

pure (ya), ein Gericht aus Mais und mbáʒi.

-púruka, wegfliegen, weggescheucht werden. *-purukusha*, wegscheuchen, wegwerfen, verachten, vernachlässigen. *-ji-purukúsha*, sich etwas nicht zu Herzen nehmen. *purukúshani*, oberflächlich.

-púsa, nachlassen, aufhören (vom Regen).

púsa (la), Horn des Rhinoceros.

-púta, schlagen. *-putika*, geschlagen werden.

putúgali, ein Vogel (Pemba).

púwo = púo (la), Unsinn.

-púʒa, 1) Unsinn reden, nachlässig sein, nicht aufpassen. 2) still sein. *-puʒia móto*, Feuer mit dem Munde anblasen. *-puʒika*, schwatzen, vor lauter Schwätzerei die Arbeit vernachlässigen. *-puʒisha*, zum Schwatzen verführen.

-pwa, trocken werden, ebben. *-pwáni*, am Strande (sowohl vom Wasser wie vom Trockenen gebraucht). *ndege ya pwani*, Strandvogel, Reiher, Kranich (Otis makulipennis).

-pwai, *-pwaya*, schwanken, losgehen (von Kleidern).

-pwaya = -pura, durch Stampfen reinigen (Getreide, Wäsche). *-pwáika*, gereinigt sein. *-pwáisha*, reinigen lassen.

-pwéa, trocken sein. *sauti imenipwéa*, ich bin heiser. *-pwelea*, trocken werden in Bezug auf jemand. *-pwelewa*, durch die Ebbe verhindert werden, auftrocknen. *-pweléka*, bei niedrigem Wasserstand auf den Grund gerathen.

pweʒa, Tintenfisch. *kiti cha pwéʒa*, Seestern.

-pya, neu, frisch.

R.

rádi (ya), Donner, Donnerschlag, Donnerkeil. a.

raff (ya), Hinterwand einer Nische. a.

rafiki (ya) pl. ma-, Freund. a.

rágamu = rajamu(ya pl. ʒa)pl. auch ma-, Adresse, Zeichen auf einem Kolli. (Merima). a.

rágu pl. *maragu*, Hütte der Reisenden, welche sie sich für eine Nacht bauen.

ráha (ya), Ruhe, Rast, Ausruhen, Freude, Beruhigung, Friede. a.

ráhâni (ya), Pfand, Sicherheit, Kaution. a.

ráhisi rakhisi, billig, wohlfeil, leicht, mühelos. a. *njia rahisi*, gefahrloser Weg. *kazi rahisi*, leichte Arbeit. a. *-rahisisha*, billig machen, unterschätzen.

-rái, Jemand die Bissen in den Mund stecken (als Zeichen der Liebe und Freundschaft). a.

rái (ya), Klugheit, List. a.

rájabu (ya), der siebente Monat im Jahr der Moslem; am 27. Rajab soll Muhammed nach Jerusalem gekommen sein. a.

rájel = rajúa, Mann. a.

-rakabisha, vorräthig halten. a.

rakibyueo, Zusammensetzung eines Wortes.

ramatháni (ya), der Fastenmonat der Moslem. a.

-ramba, lecken mit der Zunge. *-rambia*, belecken. *-rambisha*, lecken lassen.

ramba(la), Leinenzeug von Madagaskar.

ramia (ya), Schuss (aus einem Gewehr). a.

ramle (ya), Weissagung aus der Asche. a.

rámnu (ya), Traurigkeit, Kummer. a.

-ramúka, gegen jemand sich erheben, aufstehen.

ránda (ya), Hobel.

-randa, vor Freude tanzen.

rangáite, Fest, nachdem ein Stück neues Gartenland umgerodet ist.

-rangára, durchsichtig, hell sein.

rangi, range (ya), Farbe, Anstrich. (Pers.)

-rarúa, zerreissen, zerfetzen. *-rarúka*, zerrissen, zerfetzt sein.

ras (ya) -rasi, Vorgebirge, Kap. a. *ras il mali*, Hauptbesitz, Kapital. a.

rásáka (ya), Vorrichtung, um Fische zu fangen. a.

-rasharasha, etwas oberflächlich, eilig thun; nicht gründlich verfahren. *mvua ya rasharasha*, schwacher Regen, der nicht tief eindringt. a.

rasua (wa), Gesandter, Beiname Muhammeds. a.

rátaba, feucht, nass, Feuchtigkeit, Nässe. a.

ráthi, bereit, willig, zufrieden, freundlich, Zufriedenheit, Segen. a. *niwie rathi*, entschuldigo mich, vergieb mir. *-rathiana*, zustimmen. *-rathiwa*, zufrieden sein.

-ratibu, einrichten, in Ordnung bringen. a.

raufu, Ehre, Würde. a.

-ráuka alfajiri, früh morgens aufstehen. a. *-raukia*, früh morgens zu jemand kommen, jemand frühmorgens überraschen.

-rausi, die Segel zurecht machen. a.

raushu (ya), Bestechung. a. .

raya = rayia pl. *waria* und *rayat (ya* pl. ʒa), Unterthan. a.

reáli (ya), Thaler. *reali ya mzinga*, Spanischer Dollar.

-réfu, lang.

-regarega, schlottern, wackeln, wanken, schwanken.

-regéa = -rejéa, zurückkehren, schlaff geworden sein. a. *-regéza*, zurückbringen, schlaff machen. *-regezána*, einander wiedergeben.

réhéma (ya), Barmherzigkeit, Gnade. a. -réhemu, sich erbarmen, barmherzig sein. -rehemiwa, Barmherzigkeit erlangen. -rehemesha, Barmherzigkeit erweisen.

rejareja, reʒareʒa, im Detail.

-rejéa = regéa, zurückkehren. a.

-rekabisha, obenaufsetzen. a.

-rekebu, reiten. a.

résa (ya), Schrot, Kardätsche. a. résa ʒa miʒinga, Granatensplitter.

-réva, widerspänstig sein (Lamu).

riba, Bankier. ku toa riba, wuchern.

riháni, Wohlgeruch, Abendstern. a.

rima (la), Fallgrube für grosses Wild.

risála (ya), Botschaft. a.

risási (ya), Blei, Kugel. a.

-rishái, kühl, feucht, nass werden. a.

-rísimu, das erste Gebot machen, wenn etwas zum Verkauf ausgeboten wird. a.

-ríthi, erben. a. -rithisha, die Erbschaft theilen, Erbschichter sein.

-rithia, annehmen, zufrieden sein, sich beruhigen mit einer Sache. a. -rithiana, übereinkommen. -rithika, zufrieden gestellt sein, abgefunden sein.

riʒa (ya), Thürkette.

riʒiki (ya), Mittel zum Unterhalt, Provisionen. a.

robo (ya), ein Viertel (Dollar). robo ingreʒa, ein Sovereign. kassa robo, drei Viertel. robo serenge, ein Fünftel.

róbóta (la), Pack, Bündel. a.

róda (ya), Scheibe eines Blocks, Rolle.

roho = rokho (ya), Seele, Geist, Athem, Leben, Verlangen, Kehle. a.

rójo (ya), Bodensatz, Schlamm. a.

-rongaronga, anflehen, bitten.

-rongofya, belügen.

-roromóka, sich ausbreiten, sich vergrössern. -roromosha, die Ausbreitung, Vergrösserung verursachen.

rottele (ya), ein Pfund. a.

rúba pl. warúba, Blutegel.

rubáni (wa) pl. ma-, Lootse, Führer. a.

-rúdi, zurückkehren, zurückkommen, zurechtbringen, züchtigen. a. -rudisha, zurücksenden, zurückgeben. -rudisha maneno, beantworten. -rudiana, einwenden. -rudika, in Ordnung gehalten, zurückgebracht werden können.

-rudufya, verdoppeln.

rufuf (ya), Wandschrank. a.

rúfúka (la), Weigerung, Verbot. a. -rufuka, verweigern, verbieten, verhindern. -piga marfuku, verhindern.

rugurúgu (la), Geschwulst.

rúhusa = rúhusu = rúkhúsa, rúkhsa (ya), Erlaubniss, Urlaub. a. -rúhúsu, erlauben, gestatten, beurlauben. -rukhusia, in Abwesenheit eines Anderen erlauben.

-rúka, springen, hüpfen, fliegen. mashikio yamruka, die Ohren klingen ihm. -rukaruka, hin und her hüpfen. -rukia, auf etwas losspringen. -rúsha, hüpfen, springen lassen, fliegen lassen, in die Luft werfen, abwerfen. -rúkwa, betäubt, bewusstlos werden.

-rukhuthu, laufen, rennen. a.

rumáda (ya), der Zapfen, um welchen sich das Steuerruder dreht.

rumbi (la), ein grosser Krug.

-rúnda, im Wachsthum zurückbleiben, verkrüppeln, launisch, ärgerlich sein.

-runga, sich versammeln. mvúa warunga, der Regen zieht zusammen, es wird bald regnen.

rúngu (ya pl. ʒa), auch (la), Knopfkeule.

runʒi (ya), Reis. a.

rupia (ya), Rupie.

rusási = risási (ya), Blei, Kugel. a. -rusha cf. -ruka.

rúshwa (ya), Bestechung, Geschenk. a.

rúsuna (ya), ein Schlafmittel. a.

rútuba (ya), Feuchtigkeit, Dumpfheit, Nässe. a. -rutubika, feucht, dumpfig sein. -rutubisha, feucht, dumpfig machen.

ruwása, Modell, Patrone. a.

-rúʒúku, mit allem nöthigen versorgen (besonders von Gott gesagt). a. rúʒúki (ya), Lebensmittel, Unterhalt. a.

S.

-sáa, übrig bleiben, zurückgelassen werden. -salia, jemandem übrig bleiben. -sáʒa, übrig lassen, zurücklassen. -saʒía, jemandem zurücklassen.

sáa (ya), Stunde, Uhr. a. (Die Suaheli rechnen den Tag vom Sonnenuntergang und zählen die Stunden vom Sonnenuntergang und vom Sonnenaufgang an.)

sáa, Interjection: du da! heda! njoo saa, komme doch her!

saala (la), Frage. a.

sáanda (ya), Leichentuch.

sábaa, sieben. a. ya sábaa, der siebente.

sabatashera, siebzehn. a. sabaini, siebzig.

sábabu (ya), Grund, Ursache, weil, jedoch. kwa sábabu ya, weil, jedoch.

sabási (la), Anstifter von Feindschaft, Friedensstörer. a.

-sábekhi, den Morgenbesuch abstatten. a.

sábihi (ya), Art, Sorte. a.

sabili (ya), Weg. a.

sábiri (ya) - saburi (ya), Geduld. a.

sabuni (ya), 1) Seife. 2) eine Art Zeug. a.

sáburi (ya), Geduld, Ausdauer. a. -sáburi, geduldig sein, warten, sich gedulden. -saburia, auf jemand warten. -saburisha, warten lassen.

-sádahi = sabekhi, den Morgenbesuch abstatten. a.

sádaka (ya), Opfer, Opfermahl, Opferfest, Almosen. a. ku piga sadaka, eine Opfermahlzeit geben, ein Fest geben.

-sádiki, glauben, für wahr halten. a. -sadikisha, rechtfertigen, begründen. sádiki (ya), Wahrheit.

sáfari (ya), Reise. a.

saff, heiter. a.

sáfi, rein, hell, klar. a.

-sáfidi, reinigen. pers.

safihi (ya), Rohheit, Grobheit. a.

-sáfihi, reinigen. a. safika, rein werden. -safisha, reinigen.

safina (ya), Schiff, Fahrzeug.

-sáfiri, reisen, wandern, abreisen. a. -safirisha, zum Reisen veranlassen, auf den Weg bringen, sich verabschieden von jemand, indem man ihm das Geleite giebt.

sáfu (ya), Reihe, Linie. a. safu ʒa kaida, regelmässige Reihen.

sáfura (ya), Wassersucht, Gallenkrankheit. a.

-sága, mahlen. -sagáʒa, mahlen lassen. -sagia, für jemand mahlen. jiwe la ku sagia unga, Mühlstein. -sagéka, gemahlen werden können. ku sagwa na gari, übergefahren werden.

sagái (ya), Speer, Assegai.

sáhala (ya), Leichtigkeit, Kleinheit, leicht a. -sahalia, erleichtern.

sáhani (ya), Teller. a. pl. auch ma-, grosse Teller.

sáhari, 1) Gegend in Arabien. 2) karrirter Stoff zu Turbanen, der dort gemacht wird.

-sahau, vergessen. a. -sahauliwa, vergesen sein.

sáhib (wa), Herr. a.

-sahihi, korrekt, richtig sein. a. -sahihisha, korrigiren, berichtigen.

sahibu, Freund. a.

-sahibu, fertig machen, fertig stellen. a.

-sái, zum Spiel auffordern. a.

-saidia, helfen, beistehen. a. -saidiána, einander helfen. -saidika, Hülfe erhalten.

saidia, dasjenige, was dem Said, dem Herrn gehört, herrschaftlich. a.

Saidina, unser Herr. a.

-sáili, fragen, ausfragen. a. -sailia, über jemand ausfragen.

-sáka, jagen.

sákáfu (ya), die festgestampfte Schicht auf den Plattdächern. a. -sakifu, eine solche Schicht feststampfen.

-sakáma, sich klemmen, feststecken, stecken bleiben.

sakáni *(ya)*, Steuerruder. a.

sákara *(ya)*, Sättigung, Uebersättigung, Ueberdruss. a. -*sakarika*, voll sein, überdrüssig sein, ermüdet sein von etwas. -*sakarisha*, erschöpfen.

-*sakhikhi* = -*sahihi*, sicher, richtig, korrekt, berichtigen. a.

-*sákki*, fest zumachen, fest zustopfen. a.

sála *(ya)*, Gebet. a.

sálaba*(ya)*, Kreuz. a. -*sálibu*, kreuzigen.

-*salahisha*, -*selehisha*, -*suluhisha*, Frieden machen, vermitteln, versöhnen. a.

saláma *(ya)*, Friede, Wohlsein, Gesundheit; sicher, gesund. a.

salámu *(ya)*, Gruss, Begrüssung. a. -*salimía*, grüssen, überliefern.- *salamiana*, einander grüssen -*salamisha*, überliefern, übergeben.

sálata, streitsüchtig, händelsüchtig, Friedensstörer. a.

saláti *(ya)*, Gebet, Bitte. a.

-*salia*, übrig bleiben.

-*sálimu*, grüssen, überliefern. a. -*salimika*, sterben.

-*sali*, beten. a. - *salia*, für jemand beten. -*salisha*, beten lassen, beten lehren.

saluda, Kuchen aus Zucker, Stärke und Safran.

-*sáma*, erwürgen, erdrosseln.

sámadi *(ya)*, Dünger, Mist. a.

samaki *(ya)*, Fisch. a.

samáni *(ya)*, Werkzeug, Geräth, Instrument.

samawáti *(za)*, die Himmel. a. *samávi*, blau.

sambáa *(za)* pl. zu usambáa, die Früchte des *msambáa*, die die Frauen wegen ihres Wohlgeruchs am Halse tragen.

sambúku *(ya)*, Art Dhau mit dreieckigem Segel.

sámbusa *(ya)*, Art Kuchen, welche im Ramathan gegessen werden.

sámeha *(ya)*, Vergebung, Verzeihung. a. -*sámehe*, vergeben, verzeihen, übersehen. a. -*samehea*, jemand vergeben. -*samehana*, einander vergeben. -*samehewa*, Verzeihung erlangen.

samesáme, eine rothe, essbare Frucht, Art rother Perlen.

-*sámiri bunduki*, ein Gewehr laden. a.

sámli = sámuli *(ya)*, geschmolzene Butter.

sámmáha *(ya)*, Gummi des *mkanju*.

sána, sehr, viel. *sema sána*, sprich laut.

sánáa *(ya)*, Kunst. a.

sánamaki *(ya)*, Abführmittel, Senna.

sanámu, Bild, Abbild, Götzenbild. a.

sanda = saanda *(ya)*, Leichentuch.

sándali *(ya)*, Sandelöl.

sandarusi *(ya)*, Copal.

-*sandika*, einen Vorwurf machen.

-*sanduku *(ya)*, Kiste, Kasten, Koffer. a. (arab. Plural *senádik*.)

-*sangáa*, rathlos sein, nachdenken über etwas.

-*sanihi* = -*sánii* = -*sanni*, erfinden, ersinnen.

sanjar; *viombo vinakuja sanjar*, die Schiffe kamen zusammen, dicht hintereinander.

sansúri *(wa)*, Narwal.

sarafa *(ya)*, Kinnbart. a.

sárafa *(ya)*, kleines Geld. a. *sárafu*, Geld wechseln. a.

sarára *(ya)*, Beiname, Spitzname.

sáre *(ya)*, Name, der bei der Geburt dem Kinde beigelegt wird.

sari *(ya)*, Silberfäden zur Stickerei.

sárifu -: sárifu = sárufu *(ya)*, Kost, Proviant, Lebensmittel.

-*sárifu*, grammatisch richtig sprechen. a. sáruf *(ya)*, Grammatik. a.

sárufu *(ya)*, kleine Goldplatte mit frommem Spruch, von den Frauen auf der Stirn getragen. a.

saruji *(ya)*, Kalkschutt von zerfallenen Mauern.

sása, jetzt, gegenwärtig. *sasa hivi*, soeben, sogleich, augenblicklich, sofort.

sáta : satta *(la)* pl. *ma*-, der Bodensatz des Kokosnussöls, wird gegessen.

sataranchi *(ya)*, Schachspiel. a.

sátu (wa), eine Art Riesenschlange.

sáumu (ya), Fastenzeit, Fasten. a. *ku funga sáumu*, fasten.

sáuti (ya), Stimme, Schall, Geräusch. a.

sáwa, gleich, richtig, gerade. a. *-sawánisha = -sawaʒisha*, gleich, eben machen. *sawasawa*, ganz gleich, eben, glatt, gerade.

-sayidia, helfen. a.

-sáʒa, übrig lassen. *-saʒia*, für jemand übrig lassen. cf. *-saa*.

sebabu = sababu (ya), Ursache, Grund; weil, jedoch. a.

sebula (ya), Empfangszimmer. a.

sefluti, warmer Umschlag.

-sehemu, theilen. a. *sehemu (ya)*, Theil, Antheil, Portion. a. *kwa sehemu*, abwechselnd.

schéwa, ein Fisch, der gesalzen aus Arabien eingeführt wird.

sekenéko (ya), Syphilis.

sekin (ya), Messer, Schlachtmesser, Schneide. a.

séláha, sélakha (ya), Waffe. a. *-seléa = -selekhéa*, fest bei etwas bleiben. a.

-sélehi = -selekhi, nützlich, gut sein, dienen zu etwas, eben, glatt sein. a. *-selekhiána*, gut mit einander umgehen, sich vertragen. *-selekhisha = -salahisha = -selihisha = -suluhisha*, (auch selekh. u. s. w.) Frieden stiften, versöhnen. *-selehika*, übereinstimmen.

-sélimu, sich übergeben, kapitulieren. a.

-séma, sprechen. *sema sána*, sprich laut. *-seméa*, zu jemand sprechen. *-seméa púani*, durch dieNase sprechen. *-semesána*, mit einander sprechen.

semadari, Bettstelle nach indischer Art.

sembuse = seuse, viel weniger.

séna (ya), eine Art Reis.

-senéa, stumpf werden. *-seneʒa*, 1) stumpf machen, abstumpfen. 2) ganz fein mahlen.

senekári = serkáli, Regierung; öffentlich, jedermann zugänglich. a.

-sengéa, näher kommen, sich nähern. *-sengéʒa*, näher bringen. vergl. *jongea*.

-sengénya, verächtlich hinter dem Rücken über jemand reden, hinter dem Rücken jemand verächtliche Zeichen machen.

senturi, Spieluhr.

séra (ya), Schanze. a.

seráji (ya), das brennende Licht in einer Laterne. a.

Serbocha; bunduki ya Serbocha, Steinschlossgewehr.

serdádo (wa), eine Art Holzwurm.

serénge (wa), Unterkapitän, Art Trommel.

serfa (ya), Proviant. a.

-sérifu, Geld austheilen, ausgeben. a. *-serifia*, zum bestimmten Zweck Geld ausgeben.

serkáli (ya), Regierung, Hof. a. *mtu wa serkáli*, Beamter.

sermáda, Ewigkeit. a.

sermala (wa), Zimmermann.

serúji (ya), arabischer Sattel. a.

sesemi, blackwood.

-seseték a, taumelnd gehen, hin und her taumeln. *-sesetesha*, taumeln machen.

-sesitisa, sengen, absengen.

-séta, zerschmettern, zerbrechen. *-setaseta*, in kleine Stücken zerbrechen.

-sétiri, verstecken, verbergen. a.

settini, sechszig. a.

seuse, seuʒe, viel weniger.

seyedia = sayidia, fürstlich. a. *seyidina*, unser Herr.

séʒo, Krummhaue.

sháábän, der achte Monat des arabischen Jahres, welcher dem Ramathan vorhergeht. a.

shábá (la), Kupfer, Erz, Zinn. a. *kalamu ya shaba*, Stahlfeder.

shábaha = shábikhi (ya), Aehnlichkeit, Scheibe, Ziel. a. *twáa shabaha*, zielen.

shabba = shabbu (ya), Alaun. a.

shábuka (ya), Schlinge, Sprenkel. a.

sháda (la), Schnur, Bündel. a.

shádála wa ku piga mʒinga pl. *ma-*, Artillerist.

-shága, jagen, verfolgen.

shaha, König im Schachspiel. (Pers.)

shaha (ya), das Herz der Kokospalme. (Pers.)

sháhada (ya), Zeigefinger. a.

sháhamu, fett. a.

sháhidi (wa) pl. *ma-*, Zeuge. a.

-sháhiri, regieren, beherrschen. a.

shaibu, alt, ergraut. a. *shaibu la guẓa*, ganz alt, ganz ergraut.

sháiri(la), Vers, poetischer Ausspruch. a.

sháká (la), Zweifel, Unruhe. a. *shakáwa (ya)*, Unruhe. a.

Shakini, Gegend in Somaliland.

sháli (ya), Shawl. a.

-sháliki, lose anbinden.

Sham = Shamu, Syrien. a. *fetha ya Sham*, Maria Theresiathaler.

-shámari, festbinden. a.

shámba (la), Ackerfeld, Ackerland, Landgut.

shambi (wa), eine Antilope.

shámbiro (la), Durchgang, Strasse, Gasse.

-shambúa = chambua, die Hülse abstreifen, enthülsen, reinigen (Gemüse, Baumwolle u. dgl.). M. *shambulia*, jemand unversehends überfallen, sich auf jemand losstürzen.

shamia (ya), eine Art Zeug.

shámili la shikio, Ohrenschmuck.

-shámiri, ein Gewehr laden. a.

-shamúa, niesen.

shána (wa), ein Fisch.

shana (la), Kamm.

-shánga = changa, spalten.

Shanga, eine Stadt nahe bei Melindi, jetzt Ruine.

shánga (ya), Süden.

shangaa = -sangaa, anstaunen, erstaunt sein. *shangáẓa*, in Erstaunen versetzen.

shangáẓi (wa) pl. *ma-*, des Vaters Schwester, Tante.

-shangilia, begrüssen (mit Gesang und Musik), jubeln über etwas.

shangwi (ya), 1) Jubel, Triumpf 2) Goldschmuck, den die Frauen zwischen den Schultern tragen.

sháni, etwas neues, seltenes, unerwartetes. a.

shanúo = shanuu (la), grosser hölzener Kamm.

sharbu, Schnurrbart. a.

shári (ya), Uebel, Schlechtigkeit, Streit, Unruhe. a.

sharia = sheria (ya), Gesetz. a.

sharifu; kaa sharifu, eine Krabbe. Macrophthalmus brevis. a.

-shariki, Antheil haben, Antheil nehmen. a. *-sharikia*, mit jemand an etwas Theil nehmen. *-sharikiana*, zusammen ein Geschäft betreiben.

shárti = sháruti = shúruti (auch *shuti, sherti) (ya)*, Verpflichtung, Kontrakt; nothwendiger Weise. a. *ku fanya shárti*, sich verpflichten.

shásira (la pl. *ẓa)*, Packnadel. a.

shatoruma, Shawl um die Hüfte.

shatri = shetri (ya), Hintertheil des Schiffes, Hinterkajüte. a.

-shaúa, sein Versprechen nicht halten, täuschen, betrügen. *-sháuka*, enttäuscht werden. *sháuku (ya* *ẓa)*, Wunsch, Wille, Lust, Liebe, Begierde.

shauri (la), Rath. *ku fanya shauri*, sich berathen mit jemand. *-shauri = -shauiri*, um Rath fragen. *-shaurisha*, veranlassen, dass jemand um Rath fragt.

shawi = tawi (la), Zweig.

-sháwishi, überreden, beschwatzen. a.

shayiri, Gerste. a.

shédi, Art Baumwollenzeug.

shégar, Stammbaum. a.

shéha, shehe pl. *ma-*, Häuptling, Aeltester, Gelehrter. a.

shehám (ya), Theer, Fett, mit welchem die Schiffe bestrichen werden.

shéhena (ya) pl. *ma-*, Ladung, Kargo. a.

sheheneẓa, beladen (ein Schiff).

sheitani (wa) pl. *ma-*, Satan. a.

shéla (ya), schwarzer Schleier.

shelabéla, so wie es steht, mit allen Fehlern und Vorzügen.

shemáli, links, nördlich, Nordwind, Nebel, Persischer Golf. a.

shembéa = jamvia *(la)*, krummes Messer. shémegi *(ya* oder *wa)* pl. *ma-*, Schwager, Schwägerin. a.

shena, Orseille.

-shénga, brennen.

shérafa *(la)*, langer Bart. a.

shérbet, Getränk. a. sherebi -- shereti, Trunkenbold.

sheria = sharia *(ya)*, Recht, Gesetz. a. sheriẓ, Leim.

-sheta, drängen, drücken. -shet.ina, einander drücken.

shetani = sheitani pl. *ma-*, Teufel, Satan. a.

-shetéka, überreif sein.

shétri = shátri *(ya)*, Hintertheil der Dhau, Hinterkajüte. a.

-shiba, satt sein, voll sein, zufrieden sein. -shibisha, sättigen. a.

shibiri *(ya)*, Spanne. a.

shidda *(ya)*, Schwierigkeit, Unruhe, Noth, Mangel, Unglück. a.

-shika, Hand an etwas legen, fassen, fest halten. *nashika magnu* = shikamoo, Gruss der Sklaven gegenüber dem Herrn. *shika njia*, sich auf den Weg machen, reisen, weiter reisen. -shikamana, einander an der Hand leiten, zusammenhängen. -shikamanisha, mit einander enge verbinden. -shikia, nach einander fassen, lose zusammenhängen. -shikika, gefasst werden können. -shikiẓa, fassen lassen, heften.

shikio *(la)*, Handgriff. shikio la chombo, Steuer.

-shikio = sikio *(la)*, Ohr.

shiku *(la)*, Stütze, mit welchem ein Fahrzeug zur Ebbezeit gegen das Umfallen gestützt wird.

shilámu, das Rohr der Pfeife der Eingeborenen (des *kiko*), welches nach dem Mundstück führt. a.

shiliẓa = ishiliẓa, vollenden, beendigen, beschliessen. m.

shimo *(la)*, Grube, Höhle, Höhlung. shimo la kinu, der innere Raum eines Mörsers.

shina *(la)*, Wurzel, Stumpf eines Baumes.

shinda *(la)*, Ueberrest von etwas Flüssigem im Gefäss oder in der Grube.

-shinda, bei etwas bleiben, fortfahren mit etwas, überragen, übertreffen, bezwingen, besiegen, unterwerfen. *ku shinda kaẓi*, ans Werk gehen. *maji yashinda ya mtungi*, der Krug ist halb voll. *ku shinda kiungáni*, auf der Villa bleiben. -shindamána, aneinander haften. -shindamánisha, mit einander fest verbinden. -shindána, wetteifern, streiten. -shindania, wetten, widersetzen, widerstreben, überwinden, überbieten. -shindaniana, einander überbieten.

shindáno *(la)*, Streit, Wettsreit, Wettkampf.

-shindika, zumachen, anlegen (die Thüre). *ku shindika mafuta*, Oel auspressen. -shindikiẓa, zum schliessen veranlassen. *ku-m-shindihiẓa msáfiri*, jemand bei den Zurüstungen zur Reise behülflich sein.

-shindilia, pressen, drücken, ein Gewehr (mit dem Ladestock) laden, im Uebermaas essen.

shindo *(la)*, Stoss.

-shindúa, öffnen. -shinduka, sich von selbst öffnen, aufgehen. *maji yanashinduka*, das Wasser fängt an zu ebben. -shindulia, für jemand öffnen.

shingari, Genosse, mitfahrende Dau.

shingo *(la)* oder *(ya* pl. *ẓa)*, Genick, Nacken.

shinikiẓo = sinikiẓo *(la)*, Presse.

shipavu, hartnäckig.

shira *(ya)*, Segel.

-shirabu, reichlich trinken. a.

shiraẓi, aus Schiras in Persien.

-shirika = sharika.

shisi la tembo, dunkelfarbiger süsser Palmwein.

shisha ya mtanga, die Sanduhr am Bord der Schiffe der Eingeborenen.

-shitúa, herausziehen, herausreissen, beunruhigen, kitzeln. -shituka, sich von selbst herausziehen (von Nägeln).

-shitúmu, beschimpfen, beleidigen. a.

shiẓi *(la)*, Russ an den Töpfen.

-shoa, schreiben (veraltet).

shóboka (ya), Bürste, welcher die Borsten ausfallen.

shóduro (ya), eine Art Zeug.

shóe, Vater (kigunya).

shoga, Freundin (Anrede der Frauen unter einander).

shogi = shoi (ya), Packsack, Packkorb, Packsattel (für die Esel).

shogóa (ya), Frohndienst.

shóka (la), Axt der Eingeborenen. shoka la bapa oder shoka la púa, Queraxt.

shokóle (ya), Aal.

shóla (ya), Kornähre?

-shóma = -chóma, stechen, durchbohren. nach etwas stechen. munda wa ku shoméa sámaki, Harpune, Fischerspeer.

shómöro (la), eine Art Sperling.

-shona, nähen, fest nähen, flicken. -shonéa, für jemand nähen. -shonóa, auftrennen.

shonde (la), getrockneter Rindermist, der zur Feuerung benutzt wird.

shóngi (la), Flechte, Locke.

shóre, ein Vogel (Muscicapa?).

-shota mzinga, eine Kanone abfeuern.

shoto (la), Linkshändigkeit. mtu ana shoto, der Mann ist linkshändig. mukono wa ku shoto, die linke Hand.

shóti; ku piga shóti, galoppiren.

-shtáki --shitaki, anklagen, beschuldigen. a.

-shtúa siehe -shitúa.

-shúa, vom Stapel lassen.

shuba, die Aeltesten einer Stadt.

shúbáka (la), Fenster. a.

shúbiri = shibiri (ya), Spanne. a.

shúdu (la), Oelkuchen (von Sesamsamen).

shúfaka (ya), Gottesfurcht. a.

shufushúfu (ya), unordentliche, nachlässige Arbeit, eilige Arbeit.

shúghuli (ya), Geschäft, Beschäftigung, Sorge, Mühe, Arbeit. a. -shughulika, sich mit vielen Arbeiten entschuldigen, viel beschäftigt sein.

shúhuda (ya), Zeugniss. a. -shuhudu, Zeuge sein. a. -shuhudia, bezeugen, Zeugniss ablegen über etwas. -shuhudisa, Zeugniss ablegen lassen, als Zeugen anrufen.

shuhuti ya kutolea chani, ein Schuhmacherwerkzeug, um schmale Lederstreifen zu schneiden.

shujáa (wa) pl. ma-, tapfer, kühn, Held.

shúka (ya), Stück Zeug.

-shúka, herunterkommen, herabkommen, herabsteigen, ans Land gehen. nyota zikishuka, Sternschnuppen. -shukia, von etwas oder zu etwas herabsteigen. -shusha, herunterbringen, herabholen, ans Land bringen -shusha punzi, ausathmen. -shusha moyo, sich demüthigen.

shúke (la), Rispe vom Mais, Hirse u. dgl.

-shúkü, beargwöhnen, bezweifeln, jemand für verdächtig halten. a.

-shúkuru, danken, a.; besonders wird ku shukuru Muungu gebraucht, um das Lob Gottes auszudrücken, welches der fromme Moslem ausspricht, wenn ihn Unglück betroffen hat, also = sich in Ergebung fassen, mit der Trauer aufhören u. dgl. shúkuru = shukuráni = shukráni (ya), Dank.

shuli la nyumba, die Vorderseite eines Hauses mit Strohdach.

-shulíwa vergl. shua, vom Stapel laufen, ins Wasser gebracht werden, flott werden.

shuhumu, tadeln. a.

shumbi (la), tiefes Wasser.

shumdwa (la), die grosse gestreifte Hyäne.

shúme (la), Kater.

-shumúa, niesen.

shumvi = chumvi, Salz.

shunda (la), ein kleiner Korb.

-shunga, wegtreiben, wegscheuchen, verscheuchen, wegjagen.

shungi (la), 1) Mähne, langes Haar. 2) Leichentuch, mit dem die Leiche zugedeckt wird, und die über Kopf und Füsse herabhängt.

Shungwáya, in Ruinen liegende Stadt, unweit von Patta.

-shupáa = supáa, hart, nicht weich sein, harte Worte reden.

shupátu (la), Streifen, um Matten daraus zu machen.

shúpi (ya), Art Korb.

shúra (ya), Salpeter.

shúri (ya), Hüftbein.

shurti = sharti (ya), nothwendiger Weise. a.

-shusha, siehe *shuka*.

-shuti = -shuruti. a.

-shutukia, jemand überfallen, überraschen.

-shutumu, beargwöhnen, bezweifeln, böse Absicht voraussetzen, anzweifeln, schmähen, beschimpfen. a. *-shutumiana*, einander beargwöhnen.

shwari (ya), Ruhe, Stille, Windstille.

si, Negationspartikel.

-sia, 1) eine Entscheidung treffen, einen Wahrspruch thun, ein Urtheil fällen. 2) cf. *-sáa*, lassen, hinterlassen, überlassen.

sia, Glied (veraltet).

siáfu (wa pl. *wa)*, grosse, röthlichbraune Wanderameise.

siagi (ya), Rahm, Butter.

sibáo (la), grosser Rock.

sibdi (ya), Vorrathskammer, Vorrathsraum, Speisekammer. a.

sibili (ya), Aloe. a.

sibiri = shubiri (ya), Spanne. a.

-sibu, geschehen, passiren, treffen. a.

-sibúa = -subúa, öffnen.

-sifa (ya), Lob, Preis, Ehrentitel. a. *sifa ya chómbo*, Theer, Fett, mit welchem die Schiffe bestrichen werden.

sifara (ya), eine Art Reis. a.

-sifu, loben, preisen, empfehlen. a. *-jisifu*, prahlen.

sifule (wa), einer, der sich überall eindrängt (tadelndes Wort). a.

sifuria = sufuria (ya), Kupfer, kupfernes Geschirr. a.

sifuru, Null. a.

siga (la), Kohlenstübchen, um Kranke zu wärmen.

-sigida = -siyudu. a.

-sigizia, heften.

-sihi, 1) nützlich sein, nützen. 2) demüthig bitten, anflehen. a. *-sihika*, zu erbitten sein, barmherzig sein.

sihi (ya), Stärke, Kraft, Gesundheit. a.

si jambo, Antwort des mit »jambo« gegrüssten, »mir geht es gut!«

siki (ya), 1) Essig. 2) Der Rand am Kanzu. a.

sikamoo = shikamoo, Gruss der Sklaven an den Herrn = *nashika maguu*, ich erfasse die Füsse.

-sikia, hören, merken, gehorchen, verstehen. *-sikika*, zu hören, zu verstehen sein. *-sikilia*, aufmerksam hören. *-sikiza = -sikiliza*, aufmerksam machen, aufmerken. *-sikizisha*, zum Gehorsam zwingen, jemand zur Erkenntniss bringen.

siku (ya), Tag von 24 Stunden, von Sonnenuntergang an gerechnet. *siku kuu*, Festtag. *siku wa mwáka*, das Neujahrsfest (des persischen Sonnenjahres) »Nairuz«, Ende August. *siku zote*, alle Tage, immer.

sila (ya), Eimer, Fass.

-silihi = -silikhi, verbessern, zurecht machen. a. *silihisha*, zurecht machen. lassen.

-silika, verspotten.

-silimu = -selimu, Muhammedaner werden. a.

sima (ya), ein Gericht der Eingeborenen, Brei von Mais, Hirsemehl mit Kokosmilch.

-simáma, aufstehen, sich aufrichten, sillstehen, zu stehen kommen, kosten. *-simamia*, dabeistehen, beaufsichtigen, kosten. *-simamilia*, eifrig bei der Sache sein. *-simamisha*, aufstehen lassen, aufrichten.

simangi, Noth, Schwierigkeit. *-simángiza*, einem seine Armuth vorwerfen.

simba (wa), Löwe. *Simba uranja*, ein Mangrovenbusch an der Mündung des Rufiji.

simbati, eine Art Holz, das vom Kap Delgado kommt.

-simbúa, herausfinden, entdecken, verrathen.

simda (ʒa) pl. von usimda, eine Medicin gegen Durchfall.

simi, ich bin es nicht.

simi (ya), kurzes Schwert (der Dschagga und Masai).

-simika, aufrichten, aufstellen, z. B. die Pfosten eines Hauses.

-simikia mlango, eine Thüre einsetzen.

simikiro la maji, Wassergefäss, das immer an derselben Stelle stehen bleibt.

similla, similleni, wahrscheinlich korrumpirt aus bismillah (im Namen Gottes), Zuruf, dass man aus dem Wege gehen soll. a. similla punda, gehe weg vor dem Esel. similla mbao, pass auf das Brett auf.

-simiʒa, einladen.

simo (ya), Beiname, Spitzname, improvisirtes Lied.

simo, ich bin nicht darin.

simsim (ya), Sesam. a.

simu, ein kleiner Fisch, Art Sardelle, den die Eingeborenen gerne essen.

sina, ich habe nicht.

-sinasina, schluchzen, das Gesicht zum Weinen verziehen.

sindáno (ya), 1) Nadel. 2) eine Art Reis.

sindigal (wa) pl. ma-, indische Söldner in Sansibar.

-sindikiʒa vergl. -shindikiʒa, eine Strecke Weges begleiten.

-sindúa, öffnen, aufmachen.

singa (ʒa) pl. zu usinga, langes, weiches Haar, wie es gewisse Thiere und die Europäer haben.

-singa, reiben, einreiben, mit wohlriechenden Salben einreiben, parfümiren.

-singamiʒa, tadeln, Vorwürfe machen.

-singiʒa, fälschlich anklagen, verläumden. -singiʒia, fälschlich beschuldigen.

singo (la), die Krümmung eines Flusses.

singefúr (ya), Zinnober. a.

sini, es schadet nicht.

sinia pl. ma-, runde Schüssel, um Speise darauf zu tragen.

-sinikiʒa, pressen.

sinsil (ya), Ankerkette. a.

-sinúa, etwas schief hinstellen. -sinúka, schief, schräge stehen.

-sinʒia, schläfrig sein, immer wieder einnicken, flackern. -sinʒilia, schläfrig, unaufmerksam zuhören.

sio (la), Stange, dünner Pfahl.

sio, es ist nicht so.

sipo, es ist nicht da.

sira (la), Hefen des Palmweins.

siráta (ya), Weg, Strasse, Pfad. a.

siri (ya), Geheimniss, Versteck. a. -siri, sich verstecken, verbergen. a. kwa siri, insgeheim.

sisi = swiswi, wir, uns. sisi wote, wir beide. sisi sote, wir alle.

-sisimia, seufzen.

-sisimúa, überraschen, erschrecken. -sisimuka, überrascht, in Aufregung sein.

sisimiʒi, rothe Ameise.

-sisitiʒa, genauen Auftrag geben, genau ausfragen, befehlen, etwas geheim zu halten.

sita, sechs. a. ya sita, der sechste.

-sita, lahm sein, nicht gut vorwärts kommen.

sitádi = estadi, geschickt. a.

sitáha (ya), das Deck eines Schiffes.

sitáshara, sechszehn. a.

-sitáwi, grünen, blühen. -sitawisha, tüchtig, blühend machen.

-siti, pfeifen mit der Dampfpfeife.

-sitiri, hineingehen, kaufen. a.

sitti, gnädige Frau. a. sittina, die Jungfrau Maria.

sivimója, verschieden, anders.

siwa, Trompete aus Elfenbein.

sivyo, nicht so, nein. siyo, nicht so, nein.

Siyu, die Hauptstadt von Patta.

sóda (ya), Wahnsinn, Mondsüchtigkeit

-soda, ausgleiten, schwanken, gehen wie ein kleines Kind, das noch nicht ordentlich gehen kann.

sofe, Wolle. a.

-sogéṭa, etwas an die Lippen bringen, um es zu küssen. *-sogeṭéa*, zum Gebrauch fertig machen, bereit stellen.

sogi (ya), = *shogi*, Packsattel.

sohála (ya), Langsamkeit, Trägheit. a.

sóhora; nyota ya sohora, Morgenstern. a.

sóka (la), vergl. *maṭoka*, Messingdraht, wie ihn die Eingeborenen zum Schmuck verwenden.

sóko (ya) pl. *ma-*, Markt, Bazar. a.

-sokóta, drehen, spinnen, aushöhlen.

-sóma, lesen, gewisse Koranstellen hersagen. a. *-soméa*, jemand vorlesen. *-somésha*, lesen lassen, lesen lehren, Gebete hersagen lassen.

sóma pl. *ma-*, ein Tanz.

sómbera mti, auf einen Baum klettern.

sombo (la), Stück Zeug, das von den Vornehmen wie ein Gürtel umgebunden wird.

sómo (la), Lesestück, Lection.

somo (wa) pl. *ma-* (pl. auch *ṭa*), Namensvetter, Freund, Genosse.

-sonda, aussaugen.

-songa, drücken, drängen, zusammendrängen, vereinigen, verbinden, flechten. m. Vergl. *-jonga*. *-songana*, einander drängen. *-songéa*, näher kommen. *-songeṭa*, näher bringen. *songo la mwelle*, Locke, Flechte.

-songóa = *-sonjóa*, winden, zusammenschnüren, würgen, erdrosseln. *-songonyóa*, auswinden (z. B. ein nasses Tuch). *-songomána*, sich zusammenwickeln. *-songomeresa, songomésa*, umwickeln, bewickeln.

sóni (ya), Schande, Verachtung.

-sonóna, eintrocknen. *sima ya sonóna*, der Brunnen ist vertrocknet. *moyo wasonona*, das Herz erbebt vor Aerger. *-sononeka*, sehr erregt sein, sehr besorgt sein, Schmerz empfinden. *-soṣonesha*, ärgern, betrüben.

sorwáli (ṭa), Hosen. a.

-sóta, wankend, schwankend gehen.

sóte, wir alle.

-soṭa, ein Fahrzeug auf den Strand ziehen.

-staamani, Zutrauen haben, getreu bleiben. a.

-stahámili = *-stahimili*, geduldig sein, warten, ausharren. a.

-stáhi, Ehre erweisen, ehrerbietig sein. a. *-stahiána*, einander Ehre erweisen. *-stahika*, würdig sein.

stakabáthi (ya), Handgeld. a.

stákhabu, lieber haben, vorziehen, den Vorzug geben. a.

-staki = *shitaki*.

-stákimu, wieder aufkommen, gedeihen. a.

Stámbuli, Constantinopel.

stára (ya), der in Hütte durch einen Vorhang zum Schlafraum abgeschlossene Theil.

-stárehe, ruhig, ungestört bleiben. a. *starehésha*, jemand beruhigen, erfrischen, erquicken.

-stáwe =. *-sitawi*.

-stiri, jemand aus der Noth erretten. *-stirika*, errettet werden, zugedeckt, verborgen werden.

-stusha, verrenken, herausreissen

-súa, suchen, forschen, finden, erfinden, erdichten, lügen. *-sulia*, mit Bezug auf etwas suchen oder finden.

-susuana, einander betrügen.

subána (ya), 1) Fingerhut. 2) Fleisch an zwei Stöckchen gebraten.

subaya (ya), Prunktuch *(nguo ya héschima)*, welches über die Leiche gelegt wird, wenn sie auf der Bahre hinausgetragen wird.

-súbbu, giessen, z. B. Kugeln. a.

subiri (ya), Aloe. *-subiri*, warten. a.

-súbu, geschehen, sich ereignen.

-súbua, ein Loch durch etwas bohren, ein Loch machen. *-subúka*, mit einem Loch versehen sein, durchbohrt sein.

súbui -- *súbuhi* = *súbukhi (ya)*, Morgen, morgens. a. *subulkheiri*, guten Morgen.

suburi (ya), Geduld. a.

-suduku, sich vergewissern, die Wahrheit wissen. a.

-sudumáa, sich setzen (vom Bodensatz in Flüssigkeiten).

súffi, sufii (wa), Mönch, Einsiedler. a.
sufuria pl. ma- oder (ja, Kupfer, überhaupt metallenes Gefäss. a.
sugu (ya), Schwiele, widerspänstig.
-sugúa, reiben, scheuern, putzen, bürsten, abbürsten. -sugulia, an oder auf etwas scheuern. -sugulika, gereinigt, gescheuert sein.
-sugutúa, den Mund ausspülen, gurgeln, die Zähne putzen.
suhéli (ya), Süden. a.
-sújudu, sich niederbeugen, niederfallen, verehren. a. -sujudia, anbeten. julia ya kusujudia, Gebetsteppich.
-súka, 1) schütteln z. B. majiwa oder nájì. 2) flechten, drehen. -sukasúka, heftig schütteln.
sukani (ya) pl. ma-, Steuerruder. a. sukuni pl. ma-, Steuermann. a.
sukari (ya), Zucker. a.
suke = shuke pl. ma-, Aehre.
-sukúma, weiter stossen, vorwärts bewegen. -sukumia, antreiben, veranlassen. -sukumija, eine Sache auf jemand anders schieben.
-súlibi = sálibu, kreuzigen. a.
sultáni (wa) pl. ma-, Herrscher, König, Häuptling, Oberhaupt. a. Sultan errúm, der türkische Sultan. sultania, des Sultans grosse Frau.
-súlu; ku piga súlu, poliren.
súlubu (ya), Kraft, Stärke, Energie, Vermögen. a. -sulubika, stark, kräftig, fleissig sein.
súlúkhi (ya), Eintracht, Friede, Einigkeit, Versöhnung. a. -sulukhia, versöhnen, einigen. -sulukhiana, sich mit einander versöhnen. -sulukhisha, Frieden stiften, Einigung herbeiführen, versöhnen.
súlulu (wa), Strandvogel.
súmaku (ya), Magnet. a.
-súmba, bewegen, schütteln, zucken, -sumbúa, beunruhigen, stören, Besorgniss erregen. -sumbuana, einander stören. -sumbúka, gestört, beunruhigt werden. -sumbukia, wegen einer Sache beunruhigt, gestört, besorgt gemacht werden. -sumbúcha, stören, beunruhigen. -sumbulia, jemand hart zureden.

súmmu (ya), Gift. a. -súmmu, vergiften. a.
súmmukh (ya), Gummi arabicum. a.
sungura (wa), Hase, Kaninchen (das schlaue Thier in der Fabel).
sunje, Spitzmaus.
sunna (ya), Schmuck, Zierrath, Anstand, Tradition. a.
sunobari ya, Fichtenholz, Plankenholz. a.
-sunsa, tappen nach etwas, im Finstern den Weg suchen.
-supaa = -shupaa (shupana), abgehärtet, hart sein.
súra (ya pl. ja, 1) Form, Aehnlichkeit, Schönheit, Gesicht. 2) Kapitel des Koran. a.
suráta = siráta (ya), Weg, besonders der Weg zum Paradiese. a.
suria (wa) pl. ma-, Sklavin, Kebsweib. a. -suriyama, Kind eines Kebsweibes.
súruru (wa), Krabbe.
surwáli (ya pl. ja), Hosen. a.
sus (ya), Süssholz.
-súsha, -súsa, den Staub abspülen, waschen.
súsi (ya), reines Kupfer.
súso, súsu (ya), Haken, um allerlei Geräth aufzuhängen, Topfbrett u. dgl.
-susúa, einen Unerfahrenen, mit dem Lande Unbekannten betrügen, prellen.
-susúka, sich am unbekannten Ort nicht zurecht finden. -susulia, um einer Sache willen betrügen. -susulika, betrogen, geprellt werden.
-súta, zur Rede stellen.
suúdi, suúdi njema, viel Glück. a.
swafi = safi, q. v. rein. a.
swáhel (ya), Küste, Süden. a.
swáli (la), Frage. a.
sweji; chuma cha sweji, weiches schwedisches?) Eisen.
suyu = huyu, dieser (veraltet).

T.

taa (ya), Lampe.

taa (ya), Gehorsam, Unterthänigkeit. a.

taa, ein grosser, platter Fisch.

taábu (ya), Unruhe, Ermüdung. a. *-taabika*, ermüdet, beunruhigt, besorgt sein. *-taabisha*, beunruhigen, ermüden.

-taádabu, Anstand lernen, erzogen werden. a.

-taajabu, sich wundern, erstaunen. a. *-taajabia*, sich verwundern, erstaunen über etwas *-taajabisha*, in Erstaunen versetzen.

-taajaʒi, ermüden, schwächen. a.

-taákhari := taákhiri, langsam sein, zaudern, zögern, zu spät kommen, sich aufhalten. a. *-taakhirisha*, jemand aufhalten, warten lassen, eine Sache verzögern.

-taali, erhöht sein. a.

taamu = tamu (ya), Süssigkeit. *kutia taamu*, versüssen.

taandu (la), Tausendfuss.

taashira (ya), Salve. a.

-taatáa, ängstlich mit den Händen umhergreifen, in Todesnöthen sein.

-taathámisha, trösten, ehren. a.

tabaka (ya), Lage Zeug, Futter. a.

tabakélo = tabakéro (la), Schnupftabakdose. port.

-tabangatabanga kwa tope, beschmutzen, verunreinigen.

tabanja (ya), Pistole. türk.

-tabassama, lächeln. a.

tabekero = tebekero (la), Schnupftabaksdose. port.

tabetabe, ein Fisch.

tabia (ya), Stimmung, Anlage, Natur, Temperament, Neigung, Klima. a.

tabibu (wa) pl. *ma-*, Arzt, Doctor. a. *-tabibia*, ärztlich behandeln.

-tábiki, haften, kleben. a. *-tabikana*, aneinander haften. *-tabikiana*, zu einander stimmen, übereinstimmen, befreundet sein. *-tabikisha*, zusammenleimen, zusammenkleben.

-tabiri, weissagen, wahrsagen, prophezeien. a.

tabo (la), eine Frucht.

-tabúa, abreissen, abpflücken, zerreissen. *-tabúka*, zerrissen sein.

-tabúrudu, abkühlen, erfrischen. a.

-tadáriki, verantwortlich für etwas werden, verbürgen, garantiren. a.

tádi: wakaja tádi, sie kamen mit Halloh.

-tadía, verachten (ohne Grund).

-tafákiri, über etwas nachdenken, nachsinnen, überdenken. a.

tafáruji (ya), Erholung, Erquickung. a.

-tafathali, die Gefälligkeit haben, freundlich sein. a. *tafathal*, Seien Sie so gut.

tafauti (ya), Zweifel, Furcht, Verdacht. a.

táfi, ein Fisch.

-tafiti, nachforschen, untersuchen. a.

-tafsiri, erklären, deuten. a. *-tafsiria*, jemandem etwas erklären.

tafu = chafu (ya und la), Wange. Momb. *tafu ya gu*, Schenkelmuskel. *tafu ya mkono*, Oberarmmuskel.

-tafuna, kauen, knabbern, essen. *-tafunia*, an etwas kauen.

-tafuta, ausschauen nach etwas, suchen, untersuchen. *-tafutia*, für jemand suchen.

-tagáa, die Beine ausspreizen, mit ausgespreizten Beinen gehen.

-tagháfali, unaufmerksam sein, nicht auf der Hut sein. a.

-taghairi, sich verändern. a.

-taghi, aufrührerisch, rebellisch sein. a.

-tagúa = -chagúa, wählen. Momb.

-tagurisha, von der Stelle entfernen. a.

-tahádari = tahathari, sich in Acht nehmen, aufpassen. a. *tahathirisha*, warnen.

-tahafifu, leicht, zart, zierlich. a.

-tahamaka, aufsehen, um zu sehen, was geschieht, zusehen. a.

taharaʒi, Seitenstück des Kanzu.

-taháruki, warm, unwillig, ärgerlich, leidenschaftlich werden, in Unruhe, Sorge kommen. a. *-taharukia*, auf jemand böse sein. *-taharukisha*, ärgern, erzürnen, reizen, betrüben.

-tahassa, auf ein Schiff gehen, um mit demselben mitzufahren. a.

-taháyári, beschämt werden, sich schämen, schamroth werden. a. *-tahayarisha*, jemand beschämen, bestürzt machen.

-tahémili, ruhig, geduldig ertragen. a.

-tahidi, beugen. a. *-jitahidi*, sich anstrengen.

-tahiri, beschneiden (ceremoniell). a.

tahsila, Abschied. a.

tái, grosser Geier.

-taibu, gut sein, wohl sein. a. *-taibika*, sich wohlbefinden, sich freuen.

taifa (ya) pl. *ma-*, Stamm, Volk. a.

-táili, nachfragen, nachforschen. a.

-taja, miethen.

-taja, beim Namen nennen, erwähnen.

taji (ya), Krone, Diadem. a.

*-tájiri(wa)*pl. *ma-*, Kaufmann, Reicher. a.

taka (ya pl. *ʒa)*, Schmutz, Unrath, Unreinigkeit, Abschaum, Kehricht. *takataka (la)* pl. *ma-*, allerlei kleines Zeug, das nirgends unterzubringen ist.

-taka, wollen, wünschen, verlangen. a.

-takábali, annehmen. a.

-takábari, gross machen. a. *-jitakabari*, prahlen.

-takabathi, empfangen, Fracht übernehmen. a. *-takabathisha*, übergeben, anvertrauen, die Fracht bezahlen, zur Besorgung und Beförderung übergeben.

-takaddam, einen Vorsprung haben, vorne sein. a.

takáfu = takatifu, rein.

-takalika, sehr müde, matt sein. a.

-takámali = -takámili, völlig sein, fertig sein. a. *-takamilisha*, fertig machen, vollenden.

-takárimu, Gabe, grosses Geschenk, Schenkung. a.

-takáta, rein sein, rein gewaschen sein. *-takása*, reinigen, waschen. *-takatika = takasika*, rein gewaschen sein. *-takatifu*, rein, heilig. *takato (la)*, die Reinheit, Sauberkeit.

takhani (ya), Mühle. a.

-takhari, bleiben, verweilen. a.

takhfifu, leicht, nicht schwierig. a.

takia (ya) pl. *ma-*, Polster, grosses Kissen. a.

tako (la), Hinterbacke. *tako la bunduki*, Gewehrkolben.

taksiri (ya), Verbrechen. a.

talahéki (ya) = telahéki, kleines Pulverhorn, für das auf die Pfanne zu schüttende feine Pulver. a.

-talaka, die Ehe scheiden. a.

talaléshi (wa), Ehebrecher.

talásimu (la), Talisman. a.

tale (ya), ganz kleine, völlig unreif abfallende Kokosnuss.

-tali -taali, lesen, studiren. a.

-taliki, die Frau entlassen, sich von ihr scheiden. a.

-taliʒa = daliʒa, den Bewurf einer Mauer glätten. a.

tama = chama (ya), Kehricht, Unreinigkeit, Bodensatz, Schlamm. Momb. *-tama = -hama*, verziehen, wegziehen. Momb.

-tamáa, nach etwas verlangen, sich sehnen, dringend bitten, fordern. a. *tamáa (ya)*, Sehnsucht, Verlangen. *ku káta tamaa*, verzweifeln.

-támaʒ, ganz, völlig sein. a.

tamaʒ; kuskika tama, den Kopf auf die Hand stützen.

-tamálaki, beherrschen, regieren, besitzen. a.

-tamáni, nach etwas verlangen, Lust haben, wünschen. a. *-tamanika*, begehrt werden, gewünscht werden. *-tamanisha*, die Begierde erregen.

támani (ya), Preis, Betrag. a. *-támani*, den Preis bestimmen, anrechnen.

tamásha (ya), Schauspiel, Sehenswürdigkeit, Seltenheit. a.

-tamáuka, die Lust zu etwas verlieren.

-támba, gehen, wandern, wanken, schwanken.

-tambáa, kriechen, krabbeln. *-tambalía*, herankriechen an jemand, sich kriechend jemand nähern, servil sein, beschleichen, überfallen.

tambaráre, eben, horizontal.

-tambáza, ganz rein ausfegen, langsam aussprechen, die Worte lang ziehen.

tambázi (ya), eine Krankheit, Rheumatismus.

tambi (za), pl. zu *utambi*, Docht, Nudeln.

tambi (ya), ein Tanz.

tambo (ya), Schnur, Knoten. *kufanya tambo*, listig handeln.

tambo, ein schlanker Mann.

-tambúa, kennen, erkennen, wiederkennen, sich erinnern, unterscheiden. *-tambuána*, einander kennen u. s. w. *-tambulikana*, erkennbar sein, bekannt sein, einander kennen. *-tambulisha*, deutlich machen, erklären, die Lösung des Räthsels sagen.

tambúu (la), Betelblatt, das mit Arecanuss, Taback u. s. w. gekaut wird.

-tambúza, hämmern, ausschmieden; glatt, dünn hämmern.

tamu = taamu, Süssigkeit, Wohlgeschmack. *-tamu*, süss.

-tamúa, den Mund öffnen, gähnen. *-tamuka*, den Mund offen haben, sprechen, reden. *tamuko la neno*, die Aussprache eines Wortes.

tamvúa (la), lange Franse, ausgefranstes Ende eines Tuches, Turbans. *-tamisha = -hamisha*, verziehen, wandern, auswandern.

tana (la) pl. *ma-*, *tana la ndizi*, ein Bündel Bananen, vergl. *mkungu*. *tana la bunduki*, Pfanne des Steinschlossgewehrs.

-tana, trennen, theilen, auseinander theilen, auftrennen (eine Naht), kämmen. *kunatana usiku*, der Tag bricht an. *-tanatana*, in ganz kleine Stücke theilen.

-tanábahi, sich klar sein, wissen, was man zu thun hat. a.

-tanáfusi, Athem holen, athmen. a.

tanda (la), Spreu, ausgedroschene Hülsen.

-tánda, ausbreiten, ausspannen (Zeug), ausgebreitet sein. *-tandáza*, ausbreiten, trans. *- tandíka*, ausbreiten, satteln, Bett machen.

-tandáa, Land, auf welchem das Grass abgebrannt ist.

-tandáma, umgeben, umringen.

-tandawáa, sich zurücklehnen, bequem sitzen oder liegen.

tande (wa), eine kleine Schildkröte. *tande (la)*, grosse Schildkröte.

tando (ya), Einschnitt ins Gesicht, als Verschönerung, als Nationalzeichen. *tando la búibúi*, Spinngewebe.

tándu (za) pl. zu *utandu*, Staar auf den Augen.

-tandúa, ausgebreitetes wieder zusammenlegen, absatteln, vergl. *-tanda*. *-tanduka*, das Obergewand zusammengefaltet tragen.

tanga (la) pl. *matanga* oder *majitanga*, Segel. *tanga kuu*, das grosse Segel. *tanga mbili*, Zeit der veränderlichen Winde März — Mai und Oktober — November, zwischen den Monsunen, wenn man nach Norden ebensogut, wie nach Süden segeln kann. *matanga*, Begräbniss- und Trauergebräuche. *kukaa matanga*, in Trauer sein.

-tanga, 1) versammeln, zusammenrufen, Soldaten ausheben. 2) beitragen zu etwas. 3) herumstreifen, umhergehen, spazieren gehen. *kutanga kuni*, Holz spalten.

-tangáa, bekannt werden. *-tangáza*, bekannt machen, verkündigen, überall mittheilen, benachrichtigen. *-tangamána*, hinzufügen, zusammenmischen.

tangaízi (ya), Ingwer.

-tangamúa, vergnügt machen, erfreuen, *-tangamuka*, erfreut, vergnügt, fröhlich sein, Sport treiben. *-jua latangamuka*, die Sonne scheint hell, es ist schönes Wetter.

-tangana, zusammenkommen. *-tanganya*, versammeln, zusammenbringen, zusammenmischen. *-tanganyika*, sich versammeln, versammelt sein, zusammengemischt sein.

-tanganua, aus einander bringen, von einander entfernen.

-tangaúa, jemand in Unruhe bringen, jemand belästigen. -tangaúka, nichts ausrichten, unnütze Mühe haben.

tangawe (ya), Kies, Sand.

tange (la), neu gerodetes Land, das zur Pflanzung hergerichtet ist.

tangi (ya), Wasserkiste auf den Schiffen.

tango (la), 1) Gurke, Kürbis. 2) Beitrag zu etwas. 3) Herumtreiberei.

tangu, seit, von da ab (zeitlich und räumlich). tangu lini huweʒi, seit wann bist du krank. tangu hapa hatta hapo, von hier bis dort.

tangu, eine Art Fisch.

-tangúa, auseinander reissen, zerstören, scheiden, trennen. -tanguka, losgehen, sich lösen. -tangukana, sich von einander trennen. -tangulia, vorgehen auf dem Wege, voraus sein. -tangulisha, jemand voraussenden, an die Spitze des Zuges stellen. tangulifu, vorgeschritten.

tángúle pl. zu utangule, Streifen von Palmblättern zu Matten.

tánguru, kleiner Kürbis, den die Wasegua zu ihren Zaubereien benutzen.

tani; kua tani, rückwärts, auf dem Rücken.

tankil, Abschrift. a.

táno, fünf; wa tano, der fünfte.

-tansúka, klar, heiter werden (vom Himmel).

tantanbelwa, Verwirrung, grosse Unruhe.

tánu (ʒa) pl. zu u-tánu, Splitter.

-tánu - tánuru, Kalkofen, Haufen gebrannter Kalk.

-tanúa, die Beine auseinanderspreizen, ein Boot abstossen.

tanʒi (ya pl. ʒa) oder (la) pl. ma-, Schlinge, um etwas darin zu fangen. tanʒi ʒa samaki, Fischzug.

tanʒia (ya), Trauerbotschaft. a.

tao = tau (la), Krümmung, Windung des Weges. táo la báhri, kleiner Meeresarm.

taówa, mönchisch. a.

tapa (la), Blatt der Fächerpalme.

-tapa, zittern, zappeln (tapatapa). -jitápa, sich zum grossen Manne machen. -tapia, hinter jemand herschleichen.

-tap.inya, zerstreuen, auseinander werfen. -tapanika, zerstreut werden, überlaufen. -tapanikána, nach allen Richtungen hin zerstreut werden. -tapanisha, zerstreuen.

tapássi (la), Stechbeitel, Schnitzmesser.

tápetápe, ein Fisch.

-tapika, erbrechen, vomiren. -tápisha, Erbrechen erregen. -tapisho, pl. ma-, Brechmittel.

tápo (la), Theil, Abtheilung, Division (der Armee). kukáta tapotapo, in kleine Theile zerschneiden.

tára (la), Zittern, Beben.

tárabe (ya pl. ʒa), Seitenstück am Fenster. a. tarábe ya mlango, eine Thür aus Planken.

-taradia, freundliche Vorstellungen machen. a.

-tárája, hoffen. a.

-tarájali, sich als Mann beweisen. a.

táraju (ya), Wage. a.

táraka (ya), Pfand. a.

tarathia, überreden, zur Versöhnung geneigt machen. a.

taratíbu = tartíbu (ya), Ordnung. a.

táraʒa (ya), Franse. a. nguo ya táraʒa, Zeug mit Fransen.

-taraʒaki, einen kleinen Kram haben. a.

tári (ya), eine Art Trommel mit Handgriff.

tarikhi (ya), 1) Annalen, Geschichtsschreibung, Datum. a. 2) Geitau.

tarimbo (ya), eiserne Stange.

tárishi, flink, rasch, Schnellläufer. a. tárish el báhri, schnell fahrendes Fahrzeug, Aviso, Kreuzer.

-táriʒi, Franzen machen. a. -tariʒia, Franzen an etwas machen.

tartíbu = taratíbu (ya), Ordnung. a. -kwa tartíbu, ordentlich, sorgfältig.

táruna (la), Rand, Leiste. a.

tása, 1) unfruchtbar. 2) eine Art Fisch, der als Köder für Schildkröten dient.

tasáwira = eigentlich pl. zu tuswira, ein Gemälde. a.

-tasawári, im Stande sein, wirklich ausführen. a.

tasbii, die Reihe der Namen Gottes, der Rosenkranz. a.

tashili, Schnelligkeit, schnell. a.

tasfida, höfliche Sitten. a.

tashwishi (ya pl. ʒa), Zweifel. a.

-tásila = -takhsila, Abschiedsbesuche vor der Abreise machen. a.

taslimu, baar vorhandenes Geld. a.

tássa (ya) auch (la) pl. ma-, metallene Wasserschüssel. a.

tassa, ehe, bevor, seit.

tassi, Spindel der Eingeborenen, um Fäden zu drehen.

-tata, verwirrt, unverständlich sein. -tatia, in etwas verwickeln, auf etwas aufwickeln, vergl. -tatana.

táta (ya pl.ʒa) oder (la) pl. ma-, Verwickelung.   tata la maneno, eine schwierige, verwickelte Sache.

tata (ʒa) pl. zu utáta, Vorrichtung von Kokosblättern, um Fische zu fangen.

tatága, einen Baum über einen Fluss legen, so dass er eine Art Brücke bildet.

tatai (wa), ein listiger, verschlagener, betrügerischer Mensch, Spitzbube.

-tatána, dicht aneinander hängen, mit einander verwickelt, verwirrt sein. -tatania, mit etwas verwickelt sein. -tatanisha, in Zusammenhang bringen, verwickeln.   -tatanya, entwirren, Räthsel lösen. -tataʒana, verwickelt sein.   -tatanua = -tataniua, auseinander wickeln, lösen, entfalten, erklären.

-tatatata, wankend gehen, taumeln.

-tataúa, aufbrechen, bersten, zerbrechen von selbst. -tataúka, zerbrochen, gespalten sein. -tatausha, eine Kluft, einen Spalt erweitern.

-tathamika, schön, gefällig, anziehend, reizend aussehen. -tathamisha, verschönern, reizend machen.

-tatia, aufwickeln auf etwas, verwickeln in etwas. -tatiʒa, aufwinden.

tátu (ya), Sauerteig.

-tatu, drei.   wa tatu, der dritte.

-tatua (vergl. -tata), auseinander wickeln, entwirren, zerreissen, schnell fertig machen. -tatuka, aus den Fugen gehen, zerreissen (intr.).

tau (ya), Brenneisen (zu medicinischen Zwecken).

-taúa, wählen, erwählen, auswählen, aussuchen. -taulia, für jemand wählen. -taulika, wählbar sein. -tauʒa, aussuchen lassen.

-tauilisha, verlängern. a.

-taumka = tamka, aussprechen.

táumu (la), Stütze für Fahrzeuge, welche während der Ebbe auf dem Trockenen liegen.

tauni (ya), Seuche, Cholera. a.

tausi (ya), Pfau. a.

-tauwa, spalten mit Keilen.

táwu = tafu, Wange (Lamu).

tawabu ya Muungu, wie es Gott gefällt. a.

-tawa, zu Hause bleiben, das Bett hüten. -tawisha, zu Hause bleiben lassen.

táwa pl. ma-, Bratpfanne (Türk.).

tawa = chawa (wa pl. ʒa), Laus.

tawa wa karhau, willentlich oder nicht willentlich. a.

tawáfa (ya), Lampendocht, Kerze.

-tawákali, sich anvertrauen, sich verlassen auf jemand. a.

tawakáwa katha = katha wa katha, der und der, viele. a.

-táwala, als Gouverneur eingesetzt sein, regieren. a. -tawalisha = -tawaʒa, jemand zum Gouverneur einsetzen, mit einem Amt bekleiden.

-tawánya, zerstreuen, auseinander werfen. -tawanyika, zerstreut, getrennt sein.

tawáshi (wa), Verschnittener, Eunuch.

-tawassuf = -tasawwuf, nüchtern, verständig sein, Nüchternheit. a.

-tawatha, die gesetzlichen Waschungen verrichten. a.

-tawaʒa, ein Gesetz geben. a.

-tawaʒa, die Füsse waschen, die gesetzlichen Waschungen verrichten.

tawi (la), Ast; auch pl. zu utawi, Zweig.

taya (ʒa) pl. zu utaya, Kinnbacken.

-taya, auf etwas losstürmen, losschlagen, jemand anklagen, beschuldigen. -taya nguo maweni, waschen, indem man mit dem Zeug auf einen Stein schlägt.

tayari, bereit.

tayi, Gehorsam. a.

tayo pl. ma-, Vorwurf, Tadel.

-taʒáma, sehen. -taʒamia, nach etwas ausschauen.

taʒia pl. ma-, Mitleid, Trost in Trauer. a.

teende la mguu, Elephantiasis.

tefékuri (ya), Betrübniss, Kummer. a.

tefsiri (la), Erklärung, Uebersetzung, Bedeutung. a. -tefsiri, übersetzen, erklären. -tefsiria, jemand etwas erklären.

-tefúa, Staub aufwirbeln, den Bodensatz aufrühren, nach etwas genau suchen.

-téga, eine Falle stellen.

tege pl. ma-, krummes Bein, O Beine. miʒani ʒa tege, falsches Maass, falsches Gewicht. -tegea, lahmen. -tegemea, sich auf etwas lehnen, sich auf etwas verlassen, auf jemand vertrauen. -tegeméʒa, auf etwas lehnen lassen. kutegeméʒa maguu, ein Bein über das andere schlagen.

tego (ya), Zauber, Bann, besonders um venerische Krankheiten hervorzurufen.

tegu, Bandwurm.

-tegúa, den Zauber wegnehmen, die Falle abstellen, einen Topf vom Feuer nehmen. -tegúa kwa baruti, sprengen (mit Pulver). -teguka, entfernt sein, ausgerenkt sein, gesprengt sein.

-tehaki, sich lustig machen über etwas. a. -tehawika, verspottet werden, lächerlich sein.

-teka, 1) Wasser schöpfen. 2) plündern, rauben.

teka (la) pl. ma-, Kriegsgefangener.

teke pl. ma-, Schlag. kupiga teke, hinten ausschlagen.

-tekelea, ankommen, eintreffen, sich bewahrheiten. -tekeleʒa, erfüllen, z. B. ein Versprechen, erscheinen lassen. -tekeʒa, ankommen lassen, anrennen lassen, auf den Strand laufen lassen (ein Schiff).

-tekenya, kitzeln.

-teketea, verbrennen (intr.). -teketeʒa, verbrennen (trans.).

teketéke, weich, Weichheit.

-tekéwa, bestürzt sein.

-tekúa, erbrechen (eine Thür), in die Höhe werfen.

telahéki (ya), Pulverhorn für das feine Pulver.

tele, viel, völlig. a.

tele, Goldband.

-telea, herunterkommen, landen.

-téleka, auf das Feuer setzen, kochen. -telekeʒa, einen Topf auf den andern setzen.

telele (ʒa) pl. zu utelele, Feinmehl.

-telémuka, an einer steilen Stelle hinuntersteigen, herabgleiten.

-teleʒa, ausgleiten. teléʒi (la), Schlüpfrigkeit. -teleʒesha, das Ausgleiten veranlassen.

telebishi (ya), Matte, mit denen das Schiff gegen überschlagende Wellen geschützt wird. a.

telji, Schnee. a.

telki, Schritt eines Esels.

-téma, fällen, niederhauen. -tema mate, ausspucken. -temea, um einer Sache willen abhauen. -teméka, abhaubar sein.

témbe, wenig, ein bischen. témbe (ya pl. ʒa) = chembe, 1) ein Korn. 2) eine ausgewachsene Henne, die aber noch nicht gelegt hat.

-tembéa, umhergehen, spazieren gehen. -tembelea, zu jemand kommen, besuchen. -tembeleana, einander besuchen. -tembéʒa, umherführen, mit etwas hausiren.

témbo (la), 1) Palmwein. 2) Elephant (im Kisambara). 3) eine Art Fisch.

-temérisha, bestätigen, z. B. jemandes Worte.

témsi (ya), Filigran. a.

téna, wieder, noch einmal, nachher, ferner, auch.

-ténda, thun, machen, handeln, dichten. *-tendéa*, jemand behandeln, etwas mit jemand machen. *-tendeka*, möglich sein, gethan sein. *-tendekeʒa*, sich verstellen, heucheln, simuliren. *tendawala*, ein Vogel.

ténde (ya), Dattel. *ténde hálua*, Leckereien, mit denen die Araber vom persischen Golf Leute an sich locken, um sie zu Sklaven zu machen. *ténde la gúu*, geschwollene Füsse. *ténde gúu la kitanda*, die gedrechselten Füsse einer Bettstelle.

tendéti (ya), eine Art Geblick.

-ténga, theilen, absondern, auf die Seite legen. *-ji-tenga*, Platz machen. *-tengana*, vermeiden, sich enthalten.

-tenga, nisten, sitzend schlafen (von Vögeln). *-tengea*, bequem sitzen.

tenga (ʒa) pl. zu *utenga*, Grobmehl. *tenga wa bahri*, grosse Muschel, deren Stacheln gefürchtet werden.

tenge bora, Allarm, grosse Unruhe.

tengeléle (ʒa) pl. zu *utengelele*, Gedärme. *-tengeléʒa = -tengeneʒa*.

-tengenéa = -tengelea, ganz fertig sein, richtig, vollständig sein. *-tengeneʒa*, völlig fertig machen, vollenden. *-tengeʒa*, vorbereiten, bereiten, fertig machen, behobeln. *-tengeʒéka*, fertig sein.

-tengúa, auf die Seite drehen. *-tenguka*, auf die Seite gedreht sein.

teo (ya), Schleuder. *téo (ʒa)* pl. zu *utéo*, Fächer.

tepe (ʒa) pl. zu *utepe*, Binde, Band, Strippe.

-tepéta, schlaff sein. *-tepetéa*, völlig schlaff sein. *-tepetévu*, schlaff, faul, träge.

-tepúa, knospen, keimen. *-tepukúa*, die Ausläufer eines Baumes abschneiden. *-tepukuʒi (la)* pl. *ma- — tepuʒi*, Wurzelschösslinge. *-tepuʒa*, neue Wurzelschösslinge treiben.

terájali (wa), Lehrling. a. *-terajalisha*, anlernen.

-tereméa, neuen Muth bekommen, besonders von einem Fremden gesagt, der sich fürchtete. *-teremésha*, neuen Muth machen, erfreuen, aufheitern. *-teremeka*, aufgemuntert, getröstet sein.

-teremúa, herabnehmen. *-teremúka*, herabsteigen. *-teremúsha*, herabsteigen lassen, zum herabkommen veranlassen. *teremúko (la)*, Abhang, Neigung, Gebirgspass, Thal.

-tésa, jemand Schmerz zufügen, heimsuchen. *-teséka*, im Leiden stehen, heimgesucht sein. *téso (la)*, Schmerz, Leiden, Heimsuchung.

-tesánya, einander entfremdet sein.

tesbihi (ya), Rosenkranz der Moslem, an welchem die yo schönen Namen Gottes hergezählt werden. a.

-tesénya, Umschweife machen, weitschweifig sein.

teshwishi = tashwishi (ya), Zweifel, Verdacht. a. *kufanya teshwishi*, zweifeln.

tesihili = tasihili (ya), Schnelligkeit, Raschheit. a.

tésira, geschwinde, sogleich. a.

téso (la), Leiden. *téso (ya)*, Qeraxt der Eingeborenen.

-téta, zanken, streiten, feindlich gesinnt sein, hassen. *-tetéa*, jemand feindlich gesinnt sein. *-tetésha*, Feindschaft, Abneigung erwecken. *-tetána*, einander feindlich sein. *-teshanya*, widersprechen.

-tetea = chechea, lahm sein. M. *-tetésha*, einen Kranken sorgfültig pflegen. *-tetéʒa*, eigentlich hinken lassen, einen Kranken sanft führen, leiten.

-t'et'ea, gackern, wie eine Henne, die ein Ei gelegt hat.

tete (ya), 1) noch unreifes Kafferkorn. 2) Funke. *márathi ya téte, tete ʒa maji, tete ya kwanga*, Pocken.

tetéfu; ku fanya tetefu, den Schlucken haben.

-tetéleka, taumeln, schwanken (wie ein Betrunkener).

-teléma, zittern, schaudern, sich schütteln. -teteméka, zittern, schaudern, beben. -tetemésha, schütteln; Beben, Zittern verursachen. -teteméa, auf den Fussspitzen gehen.

teteri, kleine Art Taube.

téu, Termitenhaufen (Merima).

-teúa == -chagúa, auswählen, erwählen, aussuchen.

-teúka, aufstossen (vom Magen), verrenken, verstauchen.

téwa, ein Fisch.

-thábihu (ya), Opfer. a.

thábiti, fest, zuverlässig, treu, tapfer. a.

tháhabu (ya), Gold. a.

tháhiri, klar, offenbar. a. -tháhiri, offenbar sein, klar sein. a. -thahirisha, offenbaren, klar machen.

tháifu, schwach. a.

thálatha, drei. a. thalatháshara, dreizehn. a. thalathini, dreissig. a.

thalíli (wa), sehr arm, ein sehr geringer Mensch. a.

-thálimu, ungerecht sein, Unrecht thun. schädigen, betrügen. thálimu (wa), ein Betrüger, Bösewicht. a.

thámaka (wa), derjenige, welcher sich für die gute Behandlung einer Frau verbürgt. a.

thámana, Sicherheit, Bürgschaft. a.

thámani (ya), Preis, Werth. a. ya thámani, werthvoll, preiswürdig.

thámbi (ya), Sünde, Verbrechen. a.

-thamini, Bürgschaft leisten, sich verbürgen, garantiren. a.

thamiri (ya), Gedanke, Bewusstsein, Gewissen. a.

thanna (ya), Gedanke, Verdacht. a. thanni, denken, meinen, wähnen, voraussetzen (meist fälschlich). a.

-tharáu, verachten, verschmähen, verspotten, schlecht behandeln. a.

tháruba (ya), Schlag, Sturm. a.

tháthu, Art Dohle.

thawábu (ya), Belohnung, gutes Werk. a.

-thélimu, bedrücken, unterdrücken. a.

thelth, der Galopp des Esels.

theluth, ein Drittel. a.

themánia, acht. a. themanini, achtzig. a. themantáshara, achtzehn. a. themuni, der achte Theil eines Dollars. a.

thenáshara, zwölf. a. thenen, zwei.

thiháka (ya), Spott, Verlachung. a. -thiháki, lächerlich machen. a.

-thihirisha, erläutern, erklären. a.

-thii, in Noth sein. a. -thiiki, in Noth, in schwieriger Lage sein.

-thili, entwürdigen. a.

thilimu, ungerecht sein. a.

thiráa, Elle (vom Ellenbogen bis zur Spitze des Mittelfingers. a. thiráa konde, Elle vom Ellenbogen bis zu den Knöcheln der geballten Faust.

-thoofíka, schwach sein. a. -thoofisha, schwächen.

thoumu, Knoblauch. a.

-thúbutu, wagen; fest, zuverlässig, erprobt sein. a. -thubutisha, fest, zuverlässig machen.

-thúku, schmecken. a.

-thukuru, anrufen. a.

thulámu na magúbari, Dunkel und Wolken. a.

thúlli, Elend, Noth, Jammer. a.

thuluru, Art Sandpfeifer.

thúluth, ein Drittel. a.

-thúmu, Klatscherei machen, verläumden. a.

thuréa (ya), Leuchter.

-thúru, verletzen, schaden. a. haithuru, es schadet nichts.

-tia, legen, hineinlegen, setzen, hineinsetzen. ku-m-tia kazini, jemand zu einem Geschäft verwenden, anstellen. ku-ki-tia makali, schleifen (ein Messer). ku-tia mukononi, unternehmen. ku-tia hatiani, unzufrieden sein mit jemand. ku-tia maji, in Wasser auflösen. ku-tia maanani, denken.

-tiana, einander hinein legen. -tiliana shaka, mit einander streiten. -tilia, um einer Sache willen setzen oder legen.

tia (wa), Giraffe.

tiabu (ya), ein Spiel, bei welchem Stöckchen geworfen werden.

tiako (ya), die Kerbe des Pfeiles.

tiara (ya), Papierdrache der Kinder.

tiba (ya), Hülfe, Beistand, Unterstützung. *ku-m-pa tiba*, einen unterstützen. *-tibika*, geheilt werden.

tibitibi (ya), Same, der als Parfüm gebraucht wird.

-tibu, heilen (trans.), kuriren, gesund machen. a. *tibu (ya)*, eine Art Parfüm. *-tibika*, gesund werden, heilen (intr.).

-tibua, sich herumtreiben.

-tifua, in die Höhe fliegen oder springen lassen, in die Höhe heben. *-tifuka*, in die Höhe steigen, wie z. B. Rauch. *-tifusha*, in die Höhe steigen lassen. *mtanga tifu*, feiner Sand, der vom Winde gejagt wird.

-tigara - tijara, beim Handel verdienen, Geschäfte machen. a.

-tii, gehorchen, sich unterwerfen. a. *-tiika*, gehorsam werden. *-tiisha*, gehorsam machen, unterwerfen.

tike, gleich, genau ebenso.

-tikia = -itikia, auf einen Ruf antworten.

-tikisa, 1) schütteln. 2) auf jemand warten, weil derselbe noch etwas zu thun hat. *-tikisana*, auf einander warten.

tikiti (la) pl. *ma-*, Wassermelone.

-tikitika, erschüttert sein, schwanken.

tikitiki, adv. völlig, gänzlich, bis aufs äusserste.

tiko; kufanya tiko, zermalmen, zerschmettern.

-tilia (vergl. *tia*), hinzusetzen, hinzufügen. *ku-m-tilia moto myumbani*, jemandem das Haus anzünden. *ku-m-tilia hofu*, ängstlich, besorgt sein über jemand. *ku-m-tilia nguvu*, jemandem helfen.

-tilifu, ruiniren, verderben. a. *-tilifika*, weniger werden, schwinden. *-tilifisha*, vermindern, verbrauchen, verschwenden.

-tililia, in Ordnung bringen, zurechtlegen, ausflicken, stopfen.

-tilisika, niedertröpfeln.

timamu, Erfüllung, Vollendung, volle Zeit. a.

timazi, Senkblei der Maurer.

timba ya ushanga, Schnur, Perlen. *-timba = -chimba*, graben. q. v.

timbi (ya), Armbänder.

timbo = chimbo (la), Fallgrube. Momb. *timbuko = chimbuko (la)*, der erste Anfang, Natur.

timfi (wa), ein Unglückskind, das der Familie Unheil bringt.

-timia, völlig, vollkommen sein. a. *-timilia*, völlig, fertig werden. *-timiliza*, erfüllen, ausrichten, versprochenes thun. *-timiza*, vollenden, fertig machen. *-timilifu*, fertig.

-tina, beschneiden. Merima.

-tinda = chinja, schlachten, schneiden. Momb. *maji yanatinda*, der Fluss hat zu laufen aufgehört, es ist nur noch hie und da Wasser in seinem Bett vorhanden. *-tindia*, für jemand schlachten. *-tindika*, abgeschnitten, zu Ende sein, aufhören. *-tindikiana*, von einander getrennt sein. *tindanga - tinyanga ya nyama*, Stück Fleisch. *tindo (ya)*, Meissel.

tinde (ya), Tomatoe.

tinge, ein Spiel, bei dem alle nachmachen müssen, was der Anführer vormacht.

tini = chini, unten. Momb.

tini (ya), Feige. a.

tinne (wa) pl. *ma-*, rothe Ameise (viel auf Mangobäumen).

-tipua, aushöhlen, auskratzen.

-tiririka, tröpfeln, wegfliessen, entschlüpfen.

tisa = tissia, neun. a. *tisaini*, neunzig. *tisatashara*, neunzehn.

-tisha, schrecken, ängstigen, alarmiren. *-tishika*, in Angst gerathen, sich fürchten.

-tita, zusammenbinden, zusammenschnüren. *tita (la)* pl. *ma-*, Bündel Holz. *-titika*, ein Bündel tragen.

-titia, schütteln, einsinken.

-titima, rollen, wie der Donner. *ku piga mtitimo*, donnern.

titiwanga, Friesel.

-*to*, Suffix, welches bezeichnet, dass die Sache gut, ordentlich gemacht wird. *kuwekato*, etwas ordentlich hinsetzen. *manukato*, Wohlgeruch. Dieses Suffix wird in Sansibar selbst wenig gebraucht.

-*tóa*, herauslegen, hervorbringen, wegnehmen, vertreiben, auswählen, ausnehmen, geben, überliefern. *kutoa maúa*, blühen. *kutoa hadithi*, eine Geschichte erzählen. *kutoa meno*, die Zähne zeigen, grinsen. -*toléa*, für jemand bezahlen. -*tóka*, herauskommen, herausgehen. -*tókwa na harri*, schwitzen. -*tókwa na machóʒi*, Thränen vergiessen, weinen. -*tokana*, auseinandergehen, sich scheiden. -*tokéa*, zu jemand heraus kommen, erscheinen, sich offenbaren. -*tokelea*, besuchen. -*tokéʒa*, zum Vorschein kommen, herausragen, einen heimlichen Wink geben. -*tóʒa*, herausbringen, fordern, erpressen.

ba, ein Fisch.

ba (ya), 1) Reue, Bekehrung. a. 2) Schlüsselring -*tobia*, sich bekehren zu jemand.

bóa, ein Loch durch die Mauer brechen.

we, Dummkopf.

-*a*, -*toelea*, den gekochten Reis mit r Sauce durchrühren.

to, eine Frucht, Apfel.

to, Ziegel. a.

to (ya), Uneinigkeit, Streit.

tófi meno ya tófio, angefeilte Zähne.

-*to* = -*pofúa*, -*povúa*, verderben, ve zen, schädigen, blenden. -*to-fú* verletzt, geschädigt, geblende in.

-*toga* ie Ohren durchbohren.

togwa ungegohrenes Bier.

tohára a), pl. zu *utohara*, Reinheit (nac en ceremoniellen Acten der Mosl . a. *aone tohara*, möge er der Enge Reinigkeit finden, wenn er zu de räbern kommt.

-*tója*, s öpfen, durch Einschnitte zeichn tättowiren. -*tojána*, ein-

ander schröpfen. *tójo (la)*, der Einschnitt, Einschnittnarbe.

toi (wa), Art wilder Ziege.

-*toka*, herauskommen, herausgehen, vergl. *tóa;* -*tokea*, erscheinen. *tokea*, seit. *tokea hapo*, seit Alters.

tokáa = chokáa (ya), Kalk. Momb.

-*tóko* = -*jóko = pojo*, eine Art Wicke, deren Same mit dem Reis zusammengekocht und gegessen wird.

-*tokóa*, speeren, mit dem Speer fangen (z. B. Fische).

-*tokoméa*, aus dem Gesichtskreise verschwinden, weit abliegen. -*tokomeshа*, aus dem Gesichtskreise verschwinden lassen.

tokóni, Beckenknochen.

tokono, die Hüfte.

-*tokora = -chókora*.

-*tokósa*, kochen, sieden (trans). -*tokósa maneno*, eine Sprache gründlich verstehen. -*tokóseka*, gar gekocht sein. *tokóta*, kochen, sieden (intr.).

-*tolea*, vergl. -*toa*.

-*toma (m.) = -choma*.

toma, Orchitis, Hydrocele.

-*tomasa*, mit den Fingern etwas lebendes befühlen, z. B. ob es fett ist.

tombaku (ya), Taback.

tombo (wa), Wachtel.

tomo, Eisenschlacken.

tomondo, eine Frucht.

tomóndo (wa), Nilpferd, Flusspferd.

-*tona*, tröpfeln. *kutona hina*, Henna auflegen, um den betreffenden Körpertheil roth zu färben. -*tona godoro*, eine Matratze durchnähen.

tondo (ya), eine Art Oelfrucht (callophyllum inophyllum).

tondo, eine Schnecke.

tondo góa, vorvorgestern.

-*tondóa*, Wunden, Geschwüre verursachen. -*tondóka*, voller Wunden und Geschwüre sein.

tóne (la), Tropfen. -*tonéa*, auf etwas tröpfeln. -*tonéka*, beträpfelt sein. -*tonésha*, das Tröpfeln, Bluten verursachen, eine wunde Stelle berühren.

-*toneshéa*, in etwas hineinträpfeln, zugiessen. -*tonesheka*, zum Bluten gereizt sein. *tonésho (la)*, Blutung. -*tonga = -chonga*, schnitzen, behauen. (Momb.). -*tongéa*, verläumden.

tonganya (wa), Anstifter, Verführer.

tonge (ya), ein Bissen, Handvoll Reis, welcher erst zum Klumpen geballt wird, ehe man ihn in den Mund steckt.

tongo (za) pl. zu *utongo*, Augenentzündung, Vereiterung der Augen. *mwenyi tongo*, ein Einäugiger.

tongosimba, ein kleiner Vogel mit weissem Hals, macht beim Fliegen grosses Geräusch.

tono, eine Art Fisch.

-*tononóka*, wieder zu Kräften kommen.

topetope, custard apple.

tope (za), als pl. gilt *matope*, Sumpf, Schlamm, Pfuhl, Moor. -*topéa*, im Schlamm versinken. - *topeza*, in den Schlamm versenken, zusammendrücken, niederdrücken.

tópi (ya), grosse rothe Kappe. *topi ya maturuki*, türkische Mütze.

-*topóa*, hindurchbohren, verletzen, Schmerz verursachen, einen Zauber lösen, ein Stück Land mit Beschlag belegen, dadurch, dass man dasselbe ein wenig bearbeitet. -*topoka*, durchbohrt sein, seine verletzende Kraft verlieren.

tóra (la), ein kleiner Speer (Kigunia). *ku-m-piga tora*, jemand erstechen.

-*tóra*, Einschnitte im Körper zu dessen Verzierung machen. *kutora kartasi*, schreiben.

tórati, das Gesetz Mosis, der Pentateuch. a.

tória, Frucht des *mtoria*-Baumes.

-*tóroka*, weglaufen, desertiren, entrinnen, schlaff werden (von der Bogensehne gesagt). -*torosha*, zur Flucht oder zur Desertion verleiten.

tósa (la), nahezu reif.

-*tósa*, auslassen, in Wasser werfen, versenken, blenden.

-*tóta*, versinken, vergehen. -*totéa = -chochéa*, untergehen (Momb.).

-*toto*, klein (Kijumfu).

totófu, ein giftiger Fisch.

-*totóma*, auf gerathewohl hingehn, planlos umherstreifen.

-*totonóka*, sich von einer Krankheit erholen.

-*tótora*, die Zähne putzen.

-*tóvya*, mit etwas berühren, benetzen.

-*towéka*, verschwinden, vergehen, in Lamu: sterben.

-*towelea*, bissenweise essen.

-*towesha*, aus dem Wege räumen, ruiniren.

-*toweza*, Sauce über den Reis giessen.

tóza (ya), Tabakspfeife, Tschibuk.

tózi (la) = chózi, Thräne.

trufu, Trumpf im Kartenspiel.

tü (mit ganz kurzem u), nur, nur dieses, nur so.

tu, wir, wir sind.

tü = tuu, After.

túa (ya), Bestimmung, Geschick, Schicksalsspruch.

-*túa*, eine Last vom Kopfe niedersetzen, Halt machen, ausruhen, lagern, wohnen. *kuhia -tánga*, die Segel niederlassen. -*tuána*, einander helfen, sich irgendwo ansiedeln. -*tulia*, entlasten.

-*tua*, zwischen Steinen zerreiben.

túa (la), Schatten, Gebüsch.

-*túa*, zerreiben, einreiben. -*tuána*, einander reiben. -*túatúa*, ordentlich einreiben, einsalben.

-*tuama*, sich abklären.

-*túbu*, sich bessern, sich bekehren. a. -*tubia*, bereuen, sich bessern. -*tubisha*, zur Besserung bewegen.

-*túbu (la)*, Ziegel, Backstein. a.

-*tubúa*, die Haut abscheuern. -*tubúka*, durchgescheuert sein.

túbwi (ya), das Gewicht, mit dem der Angelhaken beschwert wird.

tufáli (la), Ziegel, welcher nur an der Sonne getrocknet ist. a.

tufáni (ya), Sturm, Wirbelwind, Regen. a.

tufihti (ya), Befreiung. a.

túffe *(ya)*, Ball. a. *kuchéʒa túffe*, Ball spielen.

-túfu, nutzlos, schlecht, verdorben. a. -tufúa, verderben, völlig aufbrauchen. -tufúka, verbraucht, abgenutzt, schlecht sein.

tugu, 1) kleine runde Matte, um das frischgemahlene Mehl aufzufangen. 2) ein Fisch.

-túhumu, jemand anklagen, verdächtigen, zur Last legen. a.

-tuhúika, leben. a.

-tujá (M.) = -chúja, filtriren, eine Flüssigkeit durchseihen. -tujika, durchgeseiht sein, rein.

-tujúa, verdünnen mit Wasser, kraftlos machen. -tujúka, zu dünn, zu wässerig sein.

túka *(ya)*, Pfeiler, Stütze, Dachtraufe an der Veranda.

-túka, mager werden, elend, erbärmlich aussehen, verächtlich sein.

-tukána, ausschimpfen (besonders mit unanständigen Worten), schmähen, schelten. -tukánisha, schelten lassen. -tukanána, einander schelten. tukáno *(la)*, Schimpfworte, Schmähung.

-tukia, begegnen, zufällig treffen. -jitúka, aufspringen, zurückschaudern, sich entsetzen. -túkiʒa, Erstaunen, Erschrecken verursachen.

-tukia = -chukia, q. v. jemand reizen, herausfordern. (Momb.)

tukio *(la)*, Zufall, zufälliges Ereigniss.

-tukúa = -chukúa, tragen. (Momb.), ebenso die Ableitungen.

-tukúka, erhaben, gross sein. -tukúʒa, erhöhen, vergrössern.

tukuána, ein Fisch.

tukúfu, erhöht, gross, berühmt. sauti tukúfu, laute Stimme.

-tukúsa, schütteln, bewegen, in Aufruhr bringen. -tukúta, ruhelos, unruhig, unbeständig, leichtsinnig, hochmüthig, prahlerisch, eitel sein. -tukutika, sich schütteln.

túl, geographische Länge. a.

-tulánya, jemand zum Narren machen, verspotten (Kigunya).

túle *(wa)*, böses Insect, das im Sande des Meeresufers lebt und sich gerne in Wunden setzt.

túle, niedrig.

-tulia, mahlen.

-tulia, ruhig, still, bescheiden, heiter sein (Gegensatz von -tukúta). -tullka, still, ruhig, heiter sein. -tulilia, um einer Sache willen, ruhig werden. ji-tulilia, sich trösten, sich beruhigen. -tuliliána, sich einigen. -tuliʒa, beruhigen, trösten, aufheitern. -tuliʒanána, einander trösten.

-túhuku, sich scheiden von jemand, jemand zurückstossen. a.

tulúthi, ein Drittel. a.

-túma, senden, schicken, zu einer Arbeit anstellen. -tumia, gebrauchen, verwenden zu einer Sache. -tumika, Verwendung finden, nützlich sein. -tumikána, verbraucht werden. -tumikia, nützlich sein. -tumisha, verwenden, anstellen, gebrauchen

-tumái = -tumáina, hoffen, sich verlassen, sich stützen auf etwas. -tumáika, zuverlässig sein. -tumáinisha, vertrauensselig machen, Hoffnung erwecken.

-tumbáa, liegen, müssig dasitzen. -tumbika, aufgehäuft daliegen.

túmba, langer Reissack. tumba la chúo, Buchfutteral. tumba la mweʒi, Hof um den Mond. túmba ya úa, Blumenknospe.

tumbáko *(ya)*, Tabak. -vúta tumbáko, Tabak rauchen. tumbáko ya ku núka oder kunúsa, Schnupftabak.

tumbási *(ya)*, Geschwulst, Geschwür.

tumbáwe *(la)*, Korallenfels.

túmbi *(ya)*, eine Art Korb, der auch zum Fischfang benutzt wird.

túmbiri *(wa)*, eine Art Pavian.

túmbo *(ʒa)* pl. zu utúmbo, Eingeweide des Bauches.

túmbo *(la)*, der Bauch. matúmbo, Baucheingeweide. túmbo la kuenénda, Diarrhoe. túmbo la kuhára dámu, Ruhr.

-tumbúa, bohren, durchbohren, ausweiden, die Eingeweide ausnehmen.
-tumbúka, durchbohrt werden, ein Loch bekommen, aufbrechen (von einem Geschwür).
-tumbúiza, besänftigen, beruhigen, still machen. -tumbúika, sanft, still, ruhig werden. -tumbukia, in etwas hineinfallen. -tumbukiza, in etwas hineinwerfen.
-tumbulia macho, jemand mit offenen Augen anstarren. -tumbuliza, die Augen gross aufreissen.
tumbúo (ya), Haken des Vorhängeschlosses.
-tumburujika, von Fäulniss angeschwollen sein.
tumbúu, Stapel.
-tumbúza, auf der anderen Seite wieder hinausgehen, ausweiden.
túme (wa), Bote; vergl. -túma, -tumia u. s. w.
túme (ya), Gefahr. mahali pa túme, ein gefahrvoller Ort.
túmo (la), Gebrauch, Erwerb, Gewinn, Geschäft, Industrie.
tumu (ya), Fasten, Geschmack, der Monat Ramathan. a.
-túma = -chúma, schinden (Momb.).
túnda (la), Frucht.
-túnda, die Früchte vom Baum abnehmen, abpflücken. -tundia, abpflücken für jemand. -tundika, hängen, aufgehängt sein.
-tundáma, angesammelt sein (vom Wasser im Brunnen).
túndu (ya), Loch, Käficht, Nest, pl. auch matúndu. túndu ya púa, Nasenloch.
-tundwáa, zurückgezogen, in der Stille leben, ganz still stehen. -tundwia, jemand auflauern, auf jemand warten, über jemand Kundschaft einziehen. mtundwizi wa manéno, ein Aufpasser, Spion, Geheimpolicist.
túnga, runder offener Korb.
-túnga, zusammenstellen, zusammensetzen. -túnga ushánga, Perlen an einem Faden aufziehen. -túnga nyimbo, Verse machen, dichten -túnga

mimba, schwanger werden. -tunga nyáma, Fleischstücke an einem Seil aufreihen. -túnga ngómbe, Rinder zusammentreiben. -túnga (= chunga) unga kwa utéo, Mehl sieben. -tungia, eine Nadel einfädeln.
-tunga, vereitern.
-tungáma, gerinnen, fest werden. -tungamána, sich einigen über etwas. -tungamamisha, einig machen.
túngu (wa) = chúngu, Ameise (Momb.).
túngu (ya), Haufen. tungu ya máwe, Steinhaufen. tungu ya mazíwa, grosse Milchkalabass (Momb.).
túngu la mkia wa taa, Fisch, dessen Schwanz als Raspel benutzt wird.
-tungúa = -chungúa, niederwerfen, herabwerfen, erniedrigen, vermindern. -tungúka, einfallen, niedersinken, zusammenbrechen, sich vermindern. -tungulia, jemand etwas zuwerfen. -tungulia macho, wohin sehen.
tungúja (la), Tomatoe.
tungumánji, Ausschlag.
túnguri = kibandúo, kleine Zauberkalabass (Kisegua).
-tuníka, abgeschunden sein (Momb.), vergl. tuna.
túnu (ya), Seltenheit, Rarität, auserlesenes Geschenk. a.
-tunúka, verlangen, sich sehnen, gelüsten. -tunukia, jemand ein Geschenk machen.
túnza (la), Sorgfalt.
-túnza, bewachen, pflegen, aufpassen, Sorge für jemand tragen, Geschenke geben.
-túpa, werfen, schleudern. -túpa hátti, übertreten. -túpa macho, die Augen auf etwas werfen, schauen. -tupia, auf etwas werfen, bewerfen, jemand etwas heimlich wegnehmen. ku-mtupia mkóno, ein Zeichen machen. -tupia mkia, mit dem Schweife wedeln.
-túpa = -chúpa (la), Flasche (Momb.).
-túpu, nackt, leer, bloss.
-tupua, ausreissen, entwurzeln.
turki (wa) pl. ma-, Türke.
turuháni (ya), Tara.

-turupúka (-purutúka), entschlüpfen, entrinnen. -turupúsha, entschlüpfen lassen.

tusábi, tusbiih = tesbihi, Rosenkranz der Moslem. a.

-túsha, elend, mager, verächtlich machen, sich blossstellen. tushi (la), Schimpfreden.

-tusúa, jemand beschämen, schamroth machen. -tusúka, beschämt, bestürzt sein, in Ungnade fallen.

tuswira vergl. tasáwira, Gemälde. a.

túta (la), ein Erdhaufen, zur Anpflanzung von Bataten aufgeworfenes Beet.

túti, Maulbeere.

-tutíza kitu, ein Ding nach dem andern hergeben.

tútu, lass das liegen (zu kleinen Kindern gesagt).

-tutúa, sein Versprechen nicht halten, beschwindeln, betrügen. - tutúka, 1) betrogen sein. 2) schlagen, klopfen. -tutúsha, beschwindeln, betrügen, verächtlich behandeln.

-tútuma, poltern, rumpeln, donnern, krallen, brodeln.

-tutúmuka, -tutumika, aufgeblasen, aufgeschwollen sein. -tutumisha, aufschwellen lassen, aufblasen. -jitutumsha, sich rühmen, prahlen. -tutumua, alle Kräfte anspannen.

tutúo (la), Kleinmüthigkeit, Unzufriedenheit, Geiz.

tutuziko (la), Herzklopfen.

-tuza, wässerig sein, fliessen, flüssig werden, Geschenke geben, sich erholen nach einer Krankheit, dahinschwinden, vergehen, arm werden, sterben.

-tuzanya, einig werden (Kiamu).

tuzi (la), Tragbahre.

-twaa, wegnehmen, forttragen, empfangen, erhalten, bekommen. -twalia, jemand wegnehmen, berauben. -twalika, beraubt sein. -twana sura, sich ähmen. -twazana sura, ähnlich sein, gleich sein.

twázi (la), Cymbeln.

-twánga, Getreide durch Stampfen im Mörser von den Hülsen befreien. -twangia, für jemand Getreide reinigen.

-twánga, zusammenscharren (Kigunya).

-twazana, ähnen, ähnlich sein.

-twéka, aufhissen, erheben. -twekéa, jemand auflegen. -twéza, erniedrigen, herunterbringen, verächten, verächtlich behandeln.

-twésha, Abends besuchen, gute Nacht sagen.

-twezana, ähnlich sein.

-twéta, athmen, Athem schöpfen, schnaufen.

twiga (wa), Giraffe.

-twika, jemand eine Last auf den Kopf legen.

U.

u, du, du bist.

úa (la), Blume, Blüthe.

úa (ya pl. za), Hecke, Umzäunung, Hof.

-úa, tödten, ermorden, vernichten. -úa makali, stumpf machen. -uána, einander tödten. -ulia, um jemand willen tödten.

uanda, uanja (wa), Hof.

uapo (wa) pl. nyapo, Eid.

Uárabu (wa), Arabien. a.

uáshi (wa), Erbauung, Gebäude.

uási (wa), Abfall, Rebellion. a.

uáyo (wa) pl. nyayo, Fussspuren.

ubabwa (wa), Kinderbrei.

ubáfu (wa) pl. mbafu, Rippe.

ubahili (wa), Geiz. a.

ubainifu (wa), Probe, Beweis, Nachweis. a.

ubambo (wa) pl. mbambo, der Flügelknochen eines Vogels.

ubánga (wa), das Holz, mit welchem
die Eingeborenen Fäden zu Fransen
klopfen.

ubáni (wa), Galban, wohlriechendes
Harz.

ubáo (wa) pl. mbau, Planke, Brett.

ubáti (wa), Seite eines Hauses, Seiten-
gebäude, Schuppen.

ubáwa (wa) pl. bawa, Feder.

ubáya (wa), Schlechtigkeit, Bosheit.

ubéleko (wa), Tuch, in welchem die
Frauen ihre Kinder tragen, für solches
wird der Mutter der Braut bei der
Hochzeit ein Geschenk gesandt.

ubéredi (wa), Kälte. a.

ubéti (wa), die Spitze eines Schiffes.

ubívu (wa), Reife.

ubinda (wa), kupiga ubinda, das Lendentuch fest anziehen (wie die Banyanen).

ubingu (wa) pl. mbingu, Himmel, Wolke.

ubinja (wa), Pfiff. ku piga ubinja, pfeifen.

ubishi (wa), Scherz, Spass, Ungezogenheit.

ubóvu (wa) = ubófu, Fäulniss.

ubóndo (wa), Grasschmuck, den die
Frauen in den Ohren tragen.

ubóra (wa), Grösse, Kraft, Stärke.

ubúgu (wa), ein Schlinggewächs.

ubúyu (wa), das Innere des Affenbrotbaumes.

ubwába (wa) = ubábwa, Kinderbrei.

ubwána (wa), Herrenthum, Hoheit,
Hochmüthigkeit.

ucháche (wa), Geringfügigkeit, Kleinheit, unbedeutendes Wesen.

uchácbi (wa), Furcht.

ucháfu = uchávu (wa), Schmutz, Unreinigkeit.

uchala, ein Gerüst, um Korn u. dgl.
darauf aufzubewahren.

ucháo (wa), kulla uchao, jeden Morgen.

ucháwi (wa), Zauberei, Zaubermittel.
fanya ucháwi, zaubern.

uchi, Nacktheit.

uchipúka (wa), Halm, Blatt.

uchófu = uchóvu (wa), Langweiligkeit,
Lästigkeit.

uchochoro, ein Durchgang, Oeffnung
zwischen zwei Gegenständen.

uchúkwi (wa), eine Art Reis.

uchukúti (wa), die Mittelrippe des Kokospalmblattes.

uchúngu, Bitterkeit, Gift.

udágo (wa), Art Unkraut.

udáku (wa), thörichtes, unsinniges Geschwätz, Ausplaudern.

udámu (wa), Splitter.

udévu (wa) pl. ndévu, Barthaar.

udeherifu (wa), Klarlegung, Offenbarung,
Darstellung. a.

udi (wa), Baum, dessen Holz zu
Räucherungen verwandt wird.

udiki (wa), Anfechtung, Unterdrückung,
Noth. a.

udilifu (wa), Schwachheit, Kleinheit,
Geringfügigkeit. a.

udógo (wa), Kleinheit, Jugend, Kindheit.

udóle (wa) pl. ndóle, Finger.

udóngo (wa), Lehm.

udúi (wa) pl. ndúi, Pocken. a.

udúru (wa), plötzlich eintretender Umstand, Gelegenheit. a.

uekúndu (wa), Röthe.

uembámba (wa), Dünne.

-úfa, Sprünge bekommen, zerspringen.

úfa (wa) pl. nyufa, Spalte, Riss.

ufafanúzi (wa), Offenbarung, Bericht,
Verrath, Ausplaudern von Geheim-
nissen.

ufagio (wa) pl. fagio, Besen, Bürste.

ufahamu (wa), Gedächtniss, Erinnerung,
Verständniss. a

ufálume (wa), Königswürde, Königreich,
Herrschaft.

ufasáha (wa), Schönheit des Stils, wie
sie z. B. der Koran besitzen soll. a.

uféthuli (wa), Hochmuth, Anmassung,
Stolz, Unverschämtheit. a.

úfi (wa) pl. nyúfi, Stachel.

ufidíwa (wa), Lösegeld. a.

ufílisi (wa), Pfändung, Auspfändung,
Subhastation. a.

ufisádi (wa), Laster. a.

ufiski (wa), Fehler, Sünde, Laster, Verdorbenheit. a.

ufitina (wa), Aufruhr, Empörung, Erregung von Hass und Feindschaft. a.

ufito (wa) pl. *fito*, dünne Latte.

ufizi (wa) pl. *fizi*, Gaumen.

ufu (wa), Tod, Erstorbenheit.

ufufuo = ufufulio (wa), Erweckung, Wiederbelebung.

ufugufugu (wa), Wärme, lauwarm.

ufujurifu (wa), Fäulniss, Moder.

ufukira (wa), äusserste Armuth, Bettelhaftigkeit. a.

ufukwe (wa), weisser Triebsand.

ufumbi, Einsenkung, Thal, Boden eines Gefässes.

ufundifu (wa), Zusammenbruch, Schiffbruch.

ufundi ukuu (wa), Werkstatt eines Handwerkers.

ufundo (wa), Gestank, übler Geruch.

ufunga (wa) = *baraza*, Steinbank vor dem Hause für die Besucher.

ufungu (wa), Verwandtschaft.

ufunguo (wa) pl. *funguo*, Schlüssel.

ufunzi (wa), Meisterschaft.

ufuo (wa), der Sand am Strande.

ufupi (wa), Kürze.

ufuraha (wa), kleine Büchse, in welcher die zum Betelkauen nöthigen Ingredienzen verwahrt werden. a.

ufuta (wa), Fettigkeit, Sesamsaat.

ufuthuli (wa), Geschäftigkeit. a.

uga (wa), offener Platz in der Stadt, wo ein Haus abgebrochen ist und wo getanzt werden kann.

ugale (wa), das weisse weiche Holz am Stamm.

ugali (wa), Brei.

ugamu (wa), Zügel. a.

uganda (wa), Riemen.

uganga (wa) pl. *maganga*, Arzneimittel, Medicin, Zaubermittel, Zauberei.

uge (wa), Fett, Schmalz, das inwendig im Gefäss kleben geblieben ist.

ugeni (wa), das Fremdsein.

ughaibu, Betelblatt mit Tabak, Kalk und Arecanuss fertig zum Kauen gewickelt. a.

ugira (wa), Lohn, Miethe, Preis, den man bezahlen muss. a.

ugo (wa) pl. *nyugo*, Hecke, Einfassung, Zaun.

ugoe (wa), Krümmung.

ugoga (wa), Art Gras.

ugombo (wa), die fest angebundene Bogensehne, auf welcher man spielen kann. *kupiga ugombo*, auf der Bogensehne spielen.

ugomvi (wa), Zank, Streit, Händelsucht.

ugonjwa (wa), Krankheit, besonders chronischer Natur, pl. *magonjwa*, Schmerzen, die durch Krankheit verursacht sind.

ugossa (wa), Rinde des *mgossa* Baumes, welche zum Binden benutzt wird.

ugrani, Einsammlung aller Schulden.

-ugua, krank werden, Schmerz empfinden, unpässlich sein, klagen, wehklagen. *-ugulia*, um einer Sache willen krank sein. *-uguza*, einen Kranken pflegen.

ugukwi (wa pl. *wa)*, eine Schlange.

ugumu, Härte, Schwierigkeit.

ugwe (wa), Schnur, dünnes Seil.

uhaba (wa), geringe Zahl. a.

uhafifu (wa), Billigkeit, Mangel an Freigebigkeit. a.

uhalafa: ku fanya uhalafa, etwas umstürzen, umwerfen, vernichten, abschaffen. a.

uhali (wa) pl. *hali*, Zustand. a.

uhalifu (wa), Uebertretung. a.

uharabu (wa), Unheil, Schaden, eine Art Geschwulst. a.

uharara (wa), Wärme. a.

uharibifu (wa) = *uharibivu*, Zerstörung, Verderbniss, Vernichtung. a.

uhasidi (wa) = *uhusudu (wa)*, Neid. a.

uhatari (wa), Gefahr. a.

uhiana (wa), Härte des Holzes. Härte, mit der man dasjenige dem Bittenden verweigert, was man ihm wohl geben könnte.

uhitaji (wa) = *uhtaji*, Bedürfniss, Noth, Wunsch, Verlangen. a.

uhunsi (wa), Schmiedearbeit.

uhúru (wa), Freiheit, im Gegensatz zur Sklaverei. a.

uimbo (wa) pl. *nyimbo*, Lied, Gesang.

uina (wa), Tiefe (des Wassers).

uindi (wa), Wildpret.

uirari (wa), Theilung des Gewinns nach den Verhältnissen der Geschäftstheilnehmer.

uito (wa), Ansteckung von einer Krankheit.

ulʒi (wa), Dieberei.

úja (wa), Sklaverei.

ujáháli (wa), Tapferkeit, Muth, Unverzagtheit, Furchtlosigkeit. a.

ujalifu (wa), Vollsein. a.

ujána (wa), Jugend, Kindheit.

ujanda (wa) pl. *nyanda*, Finger.

ujánga (wa), Lüge (Unguja).

ujangáwe (wa), ein ganz kleines Steinchen, Sandkörnchen.

ujánja (wa) = *ujánga*, Lüge.

ujinne (wa), Wittwenstand.

ujári (wa), Tau, mit welchem die Eingeborenen das Ruder ihrer Fahrzeuge lenken.

ujási (wa), Fülle. a. *ujási wa wita*, Munition.

ujáuri (wa), Ungerechtigkeit, Tyrannei. a.

ujelejéle (wa), Geschrei.

ujenéʒi (wa), Geduld, Verträglichkeit, Friedfertigkeit.

ujénsi (wa), Erbauung eines Hauses (von Holz).

úji (wa), Suppe, Brühe. *úji wa máji* oder *úji utúpu*, wenn keine Kokosnuss zugenommen ist. *úji wa matása*, mit Kokosnuss zubereitete Suppe.

ujibáki (wa), List, Betrug, Lüge, Kriegslist. a.

ujima, Hülfe der Nachbarn bei einer Arbeit.

ujinga (wa), Unerfahrenheit, Thorheit, Dummheit.

ujinni (wa), Narrheit, Wahnsinn. a.

ujio (wa), die Ankunft.

ujira = *úgira (wa)*, Preis, Miethe, Lohn. a.

ujiráni (wa), Nachbarschaft. a.

ujóko (wa), Gefrässigkeit.

ujómba (wa), das Land der Suaheli bei Mombas. a.

ujotojoto wa móto, Wärme.

uju (wa), Lust, Verlangen, Sehnen. a.

ujúfi = *ujúvi (wa)*, Geschäftigkeit. *ana ujuvi*, er steckt seine Nase in alles.

ujuhúla (wa), Dummheit. a.

ujúiʒi (wa), Bekanntschaft.

ujúmbe (wa), Häuptlingsschaft.

ujúme (wa), Handwerk, Beschäftigung, Geschäft.

ujúsi (wa), Reinigung durch ceremonielle Waschung. a.

ujúʒi (wa), Wissenschaft, Kenntniss.

ukaángo (wa) pl. *kaango*, irdener Topf.

ukabáila (wa), Stamm. a.

ukáfu wa maji, Wirbel im Wasser.

ukáimu (wa), Herrschaft, Regierung. a.

ukakáya (wa), ausgedehnt, ausgereckt, dünn, Dünne, Feinheit, Ausdehnung.

ukáki (wa), eine Art Gebäck. pers.

ukáli (wa), Schärfe, Schneidigkeit, Strenge, Härte, Hitzigkeit, Wildheit. *kufanya ukali*, jemand heftig tadeln.

ukálifu (wa), Hitze. a.

ukambáa (wa) pl. *kambáa*, Strick, Tau.

ukámbe (wa), Ausschlag, Scharlach.

ukamili (wa), *ukamilifu*, Vollendung, Vollkommenheit. a.

ukánda (wa) pl. *kánda*, Riemen. *kanda ʒa kuwalia surwáli*, Hosenträger, Hosengurt.

ukándo (wa) pl. *kándo*, Rand, Kante, Krempe, Seite.

ukángo (wa) pl. *kángo*, irdener Topf, um Oel oder Fett zu kochen.

ukáno (wa) pl. *káno*, Sehne.

ukáo (wa), Wohnung, Heimath, Aufenthalt.

ukárimu (wa), Freigebigkeit, Edelmuth. a.

ukáta (wa), Armuth, Bettelhaftigkeit.

ukavu, Trockenheit.

ukáya (wa), Kopfbedeckung, Art Schleier der Frauen.

ukeléle (wa) pl. *keléle*, Schrei, Lärm, Geräusch.

ukémi (wa), ein Ruf. *ni pigie ukémi*, rufe mich.

ukengé wa kisu - *ukengele*, die Messerklinge ohne das Heft.

ukéto (wa), Tiefe.

ukigo (wa), Verhau im Walde, um das Wild an die Fallgrube zu bringen.

úkili (wa) (Kipemba), Schnur aus den Blättern des *mkinda* Baumes, um Matten zu nähen.

-ukilia, etwas beabsichtigen, bestimmen, vorhaben, sich vornehmen.

ukinaifu (wa), Unabhängigkeit, Selbstbewusstsein, Selbstvertrauen.

ukingo (wa) pl. *kingo*, 1) Ueberwurf vornehmer Frauen, wenn sie auf die Strasse gehen. 2) Rand eines Abgrundes.

ukinsáni (wa), Lust zum Widersprechen.

ukiri (wa) pl. *kiri*, Mattenstreifen, aus welchem *mikeka* gemacht werden.

ukiri (wa), hartnäckiges Leugnen.

ukizhwi (wa), Taubheit.

ukiwa (wa), Verlassenheit, Einsamkeit (an Orten, wo einst viele Menschen waren).

úko (wa), Unreinigkeit, Schmutz.

ukóa (wa), 1) Riemen, Zügel, Halfter. 2) Metallring an der Schwertscheide.

ukoga (wa), Weinstein, der sich an den Zähnen ansetzt.

ukohozi (wa), Husten, Hustenauswurf, Schwindsucht.

ukoja (wa) = *uzuri*, Schönheit (im alten Suahili).

ukóka (wa), kurzes Queckgrass, Grünfutter.

ukóko (wa), getrocknete Kruste auf dem gekochten Reis.

ukóko (wa), Husten (Amu).

ukologofu, Verfall.

ukóma (wa), Aussatz.

ukómbe (wa), Kralle, Klaue (Merima).

ukómbo (wa), Krümmung, ein krummes Messer, um das Innere von Holzgefässen auszuhöhlen.

ukombózi (wa), Lösegeld.

ukómo (wa), Ende (eines Weges, einer Pflanzung), *ukómo wa úso*, Stirne.

ukónde (wa), Stein (in einer Frucht).

ukongojo (wa), Stock der alten Leute.

ukóngwa, Stein in einer Frucht (Pemba und Merima).

ukongwe (wa), hohes Alter, Greisenalter.

ukonyézo (wa), Zeichen, Wink (mit den Augenbrauen).

ukóno (wa), Ranke.

ukónso (wa), lange Stange.

ukoo, Schmutz, Unreinigkeit.

ukoo, Stammbaum, Familienzusammenhang.

ukópe (wa) pl. *kope*, Augenbraue, Augenwimper. *kupiga ukope*, mit den Augen winken.

ukópwe (wa) pl. *kopwe*, Kanal, Rinne.

ukórofi wa ungi, Palmwein mit Wasser vermischt.

ukósi (wa), Genick.

ukósa (wa), Fehler, Misslingen.

ukoséfu (wa), Mangel, Fehler.

ukúu (wa) - *ukúbwa*, Grösse.

ukubáli (wa), das Annehmen, die Annahme. a.

ukúcha (wa), Klaue, Fingernagel, Huf.

ukúfi (wa), Hand voll, soviel als auf der Hand liegen bleibt. a.

ukúkwi (wa) pl. *kúkwi*, grüne, harmlose Schlange.

ukulifu (wa), zu viel Speise für einen (von *la*).

ukulima (wa), Ackerbau.

ukúmbi (wa), 1) Vorhalle. 2) Augenbraue.

ukumbúka, ukumbusho (wa), Erinnerung.

ukumbuu, zu einer Art Strick gedrehter Zeugstreifen.

ukúmfi, Spreu.

ukúnde (wa) pl. *kunde*, Bohnen.

ukundúfu (wa), Klarheit, Offenheit, Annehmlichkeit, Freigebigkeit.

ukúngo (wa) pl. kúngo, Einfassungsmauer um einen Brunnen, um ein Dach.

ukungu (wa), Moder, Schimmel. ku fanya ukúngu, vermodern, verschimmeln.

ukungu (wa), Morgenröthe. ukungu wa elfagiri, Morgendämmerung. ukungu wa jioni, Zwielicht.

ukúnguru (wa), Acclimatisationsfieber.

ukúni (wa) pl. kúni, Brennholz.

ukunyúa (wa), ganz kleine Mücke.

ukupáa (wa) pl. kupáa, Kinbackenknochen.

ukurása (wa) pl. kurása, Blatt Papier, besonders solches, auf welches die Araber ihre Familienchronik, Stammbaum und dergl. schreiben. a.

ukutáa (wa) kutáa, Blatt Papier. a.

ukúta (wa) pl. kúta, Mauer.

ukúti (wa) pl. kúti, Blatt der Kokospalme.

ukúu (wa), Grösse.

ukwayu (wa), Frucht der Tamarinde.

ukwási (wa), Reichthum, Wohlstand, Geiz.

ukwasifu (wa), Noth, wenn einer nichts hat.

ukwáta (wa) pl. kwata, Fussstoss, Schlag mit dem Hufe.

ukwato (wa) pl. kwato, Huf, Klaue.

ulifi (wa), Gierigkeit, Gefrässigkeit.

ulaika (wa) pl. malaika, Haar auf dem Körper.

uláinifu (wa), Milde, Sanftmuth, Bildung. a.

ulaiti (wa), europäisches (englisches) Baumwollenzeug.

ulaji (wa), Fresssucht, Gefrässigkeit, Gierigkeit.

ulájisi (wa), Zögern, Langsamkeit, Trägheit. a.

ulalamisi (wa), Bitte um Vergebung.

ulalo (wa), ein Schlafplatz, Schlafstelle, Baum, der am Rande eines Flusses so gefällt ist, dass er eine Art Brücke bildet.

ulambiyambu, eine noch sehr junge dafu (Kokosnuss).

ulanisi, ein zum Fluchen und Schimpfen geneigter Mensch. a.

ulánifu (wa), Fluch, Verfluchung, Spott, Verachtung. a. nyimbo ya ulanifu, Spottgedicht, Satire.

uláya (wa), Mutterland im Gegensatz zur Fremde, Europa. uláyiti, aus der Heimath stammend.

ule, jener dort.

ulédi (wa), Junge, besonders der Schiffsjunge. a.

ulegéfu (wa), Schwachheit, Erschöpfung, Schlaffheit.

ulévi (wa), Trunkenheit.

ulili (wa) pl. malili, Bettstelle mit gedrechselten Füssen.

ulimbolimbo (wa), Vogelleim (vom mbungu Baum), Gummi, Pech.

ulimi (wa) pl. ndimi, Zunge. ulimi wa mti, Zapfen am Balken, der in einen anderen Balken passt.

ulimwéngu (wa), der sichtbare Himmel, sofern er hell ist, Athmosphäre, diese Welt (im Gegensatz zum Grabe), die kleine Welt eines jeden.

ulindi (wa) pl. ndindi, Holz vom mlindi Baum, um Feuer zu reiben. Der ulindi wird gedreht in einem Loche des uombómbo, welcher festgehalten wird.

ulingo (wa), Wächtergerüst im Garten (ohne Dach), vergl. dúngu (mit Dach).

ulinzi (wa), Wache.

-úliza, fragen, befragen, ausfragen, forschen, nachforschen. -ulizia, in Betreff jemand fragen.

ulóngo = uwóngo (wa), Falschheit, Lüge.

-uma, beissen, schmerzen, stechen, verletzen. kitwa chaniúma, der Kopf thut mir weh. -umána, einander beissen. -umia, Schmerz verursachen. nyóka amemwúma maguúni, aber amemwumia mwituni. -umika, schröpfen, Einschnitte machen. -úmiza, Schmerz verursachen, schädigen, beleidigen. -umizána, einander verletzen.

úma *(wa)* pl. *nyuma*, Brenneisen, um
Wunden zu brennen, Bratrost, grosse
Fleischgabel.

umáati *(wa)*, Menge. a.

umaheli *(wa)*, Scharfsinn, Einsicht. a.

umáhiri *(wa)*, Geschicklichkeit. a.

umaldadi, Dandythum.

umánde *(wa)*, Thau, Morgennebel,
Morgenwind, Nebel.

umarári *(wa)*, Idee, Meinung. a.

umaskíni *(wa)*, Armuth. a.

úmáti *(wa)*, Menge. a. *umati Isa*, die
Christen. *umati Musa*, die Juden.
umati Muhammed, die Moslem.

-umba, formen, bilden, schaffen. *ku
úmba jómbo baharini*, ein Schiff ferne
auf der See, wo es kaum sichtbar
ist, erblicken. *-umbika*, geschaffen,
geformt sein. *-umbaúmba*, hin und
her taumeln (wie ein Trunkener).

umbaúmbi *(wa)*, kleiner schwarzer Wurm,
der nach dem Regen erscheint.

umbéa *(wa)*, Glanz (seltenes Wort).

umbiúmbi *(wa)*, Feinmehl, sehr feines
Mehl.

úmbo *(la)* pl. *maúmbo*, Gestalt, Form,
Erscheinung, Einrichtung, Beschaffenheit, Eigenart. *najiona umbo la kuwa
kiʒiwi*, ich fühle, dass ich taub werde.

úmbu *wa máji*, die offene See.

úmbu = úmbule *(la)* pl. *ma-*, Schwester.

-umbúa, einen Fehler aufweisen, entwerthen, verachten.

umbúji, Eleganz, Zierlichkeit.

-umbúka, Aussatz an Fingern und
Zehen bekommen.

-úme, männlich.

úme *(wa)*, Männlichkeit, Kraft, Stärke.
mkono wa kuúme, rechte Hand.

uméne *(wa)*, Blitz.

-umika, schröpfen.

umio *(wa)*, Speiseröhre.

umíto *(wa)*, Schläfrigkeit, Schwerfälligkeit der Bewegung.

-úmka, gehen (Teig vom Sauerteig),
schäumen. *wimbi la kuumka*, Brandung, Brecher.

umója *(wa)*, Einheit, Einigkeit, Einzigkeit.

úmri *(wa)*, Alter. a. *úmri wake wa-
pátaje*, wie alt bist du.

-umúa, *ku umúa nyúki*, Bienen ausräuchern, um an den Honig zu
kommen. *-umulía*, den Honig ausnehmen, stehlen.

-umúka, abfallen (von dem zum
Schröpfen gebrauchten Horn).

úna, eine Art Fisch.

una, du hast.

unáfika *(wa)*, offenbare Lüge. a.

-únda, ein Schiff bauen. *máji ya únda*,
es ist Hochwasser, Fluth.

úndu *wa jogói*, Hahnenkamm.

unenéfu *(wa)*, Ueberfluss.

unéne *(wa)*, Grösse, Dicke.

unenyekéo *(wa)*, Ehrerbietung, Demuth.

únga *(wa)*, Mehl, Pulver.

-únga, einigen, verbinden, vereinigen,
folgen. *-ungía*, mit etwas vereinigen.
-ungika, eingerichtet werden (von
ausgerenkten Gliedern). *-ungána*,
enge mit einander vereinigt sein.
-ungania, enge verbinden, vereinigen, spleissen. *-unganisha*, vereinigen. *-unganika*, vereinigt sein.
-ungáma, gestehen, zugeben, anerkennen. *-ungámana*, vereinigt sein, mit
etwas anderem zusammenhängen,
verbunden sein. *-ungamánisha*, vereinigen, verbinden, zusammenfügen,
zusammenleimen. *-ungamía*, jemand
etwas bekennen, versprechen.

ungámo *(wa)*, gelbe Farbe um Matten
zu färben.

úngi *(wa)*, Fülle, Vielheit.

úngo *(la)*, runder, flacher Korb, der
zum Sieben gebraucht wird.

-ungúa (vergl. *ungá*, 1) trennen, zerhauen, theilen. 2 verbrennen (Pemba),
verbrannt, versengt sein. *-ungulía*,
versengen, verbrennen. *-ungúʒa*,
sengen, rösten, brennen, braten.
ungwána (wa, Freiheit (im Gegensatz zur Sklaverei), Civilisation, Adel.

Unguja, Sansibar.

-ungúruma, summen, brummen.

ungúu (wa), Haufen Getreide auf der Matte, auf welcher das Getreide ausgedroschen wird.

ungúwe (wa), Schwein, Sau.

únzulu = úzulu, jemand absetzen, entlassen, kassiren, vernichten, abschaffen.

unumúzi, Ankauf.

unwéle (wa) pl. *nwéle*, Haar.

unyamáfu (wa), Stille, Ruhe, Schweigen. *Unyamwézi*, früher mächtiges Reich in Ostafrika.

unyási (wa), Gras.

unyáyo (wa) pl. *nyáyo*, Spur, Fussspur.

unyenyiézi (wa), erblindet (nach den Blattern).

unyénde (wa), Schrei (besonders kleiner Kinder). *kupiga unyénde*, jämmerlich schreien.

únyo (wa), Morgennebel, Thau (Kipemba).

unyófu (wa), Aufrichtigkeit, Treuherzigkeit.

unyogófu (wa), Schlaffheit, Langsamkeit, Trägheit, Schläfrigkeit.

unyónga (wa), lahme Hüfte.

unyónge (wa), Schwachheit, Armuth, Niedrigkeit (der Herkunft).

unyóya (wa) pl. *nyóya*, Feder.

unyúshi (wa) pl. *nyúshi*, Haar an den Augenbrauen.

úo (wa) pl. *nyúo*, Scheide, Futteral.

uofu (wa) = uóvu, Verfaultheit, Schlechtigkeit, Verdorbenheit, Sünde.

uóga (wa), Furcht.

uokófu = uokóvu (wa), Errettung, Sicherheit, Friede.

uómbo (wa), Saum einer Sache.

uombómbo (wa), Holz vom *mwombómbo*, zum Feuerreiben benutzt, vergl. *ulindi.*

uómfi (wa), Bettelei.

uóngo (wa), Lüge, Unwahrheit. Falschheit.

uoróro (wa), Weichheit, Sanftmuth, Milde.

uózi wa mke, der Trauungsakt vor Kadi und Zeugen.

upáa (wa) pl. *paa*, 1) Glatze. 2) Dach der Hütte der Eingeborenen.

upája (wa) pl. *paja*, Schenkel, Lende.

upáji wa Muungu, Gabe Gottes, z. B. Regen, gute Erndte.

upámba (wa), Gartenmesser, den Kokosbaum anzuschneiden, um Palmwein zu erhalten. *upámba wa mafúta*, geölter Lappen, der um den Kopf gewickelt wird, um etwaige Schmerzen zu verringern.

upámbo (wa) pl. *pambo*, Stock, an welchem Fische getrocknet oder geräuchert werden.

upána (wa), Breite, Weite.

upande (wa), Seite, Theil, Stück.

upánga (wa) pl. *pánga*, Schwert, Säbel. *upánga wa félegi*, zweischneidiges, langes, gerades Schwert. *upánga wa imáni*, kurzes Schwert mit Parierstange.

upáo (wa) pl. *páo*, Stange, Dachlatte.

upatáji (wa), Werth.

upatilifu (wa), Schande.

upáto (wa), Theebrett, Art Gong.

upáwa (wa), flacher Löffel aus einer Kokosnuss.

upéjo wa mácho, Augenkrankheit.

upekécho (wa), Stück Holz zum Feuerreihen.

upeketéfu (wa), Verderbniss, Beschädigung.

upéle (wa) pl. *péle*, juckendes Geschwür, Krätze.

upémbe (wa), Entwurf, Nachdenken.

upémbo (wa) pl. *pembo*, Haken, Krümmung.

upendaji (wa), Liebe, Gefälligkeit.

upendeléo (wa), Gunst.

upénu (wa) pl. *pénu*, der Theil des Daches, welcher über die Mauer hervorsteht.

upénzi (wa), Liebe.

upéo (wa) pl. *péo*, Bürste, Besen (Pemba). *upeo wa macho*, der äusserste Horizont.

upéo = sána, sehr, auf äusserste.

upekatevu, Zerstörung, Streit, Zank.

upembo, Haken, Hakenstange um Früchte abzunehmen.

upepéo *(wa)* pl. *pepéo,* Fächer.

upépo *(wa),* kühler Wind, Brise.

upési *(wa),* Geschwindigkeit, Eile, geschwind, schnell.

upindi *(wa)* pl. *pindi,* Bogen. **upindi** *wa mwúa,* Regenbogen.

upindo *(wa)* pl. *pindo,* Falte, Saum, das Tuch, in welches eine Leiche eingewickelt ist.

upingo *(wa),* Kolik.

úpo *(wa)* pl. *nyúpo,* Eimer aus der Schale des *nibúyu,* um Wasser aus dem Boot zu schöpfen.

upófu *(upopófu) wa,* Blindheit.

upógo *(wa),* *mwényi upógo,* einer, der schielt, jemand, der an Augenkrankheit gelitten hat und der deshalb trübe Augen hat. *upogopogo,* Zickzack.

upóle *(wa),* furchtsames, bescheidenes Wesen, Sanftmuth.

upóndo *(wa)* pl. *póndo,* Schifferstange.

upóngwe *(wa)* pl. *póngwe,* Palmblattstengel.

upóte *(wa)* pl. *póte,* Sehne, Bogensehne.

upotéfu *(wa)* = *upotevu,* Zerstörung, Verschwendung, Ruin, Verderben, Täuschung.

upumbáfu *(wa),* Thorheit, Dummheit, Unverstand, Unerfahrenheit.

upumzi *(wa)* pl. *púmzi,* Athem, Ruhe.

upunga *(wa)* pl. *punga,* Blüthe der Kokospalme, in welcher die Nuss sich eben zu bilden anfängt.

upungúfu *(wa),* Mangel, Entbehrung, Fehler.

upúzi *(wa),* leeres Geschwätz, Unsinn.

urádi *(wa), ku-vuta urádi kwa tesbihi,* den Rosenkranz beten.

urafíki *(wa),* Freundschaft. a.

urái *(wa),* Klugheit, Verstand, List.

uráibu *(wa),* die fünf Dinge, welche zusammen *(wie Betel u. s. w.)* gekaut werden. a.

urambirambi *(wa),* junge Kokosnuss, wenn sie noch weiches Fleisch und süsse Milch hat.

urári *(wa),* Gleichmässigkeit, Bilanz. *ku fanya urári wa hesabu,* die Bilanz ziehen. a.

uraro *(wa),* Brücke.

urisharasha, Sprühregen.

uráthi, Zufriedenheit. a.

uráthi, Erbschaft. a.

uréfu, Länge.

uregéfu, Schwäche, Schwachheit, Schlaffheit a.

urémbo *(wa),* Zierath, Schmuck.

urithi *(wa),* Erbe *(*vergl. *uráthi).* a.

uróngo *(wa) = uróngo,* Lüge, Falschheit, Betrug.

urotha, Rechnung.

urúri *(wa),* Sorglosigkeit, Leichtsinn, Unverstand, Gedankenlosigkeit.

usáfi *(wa),* Schnitzel. a.

usáfihi *(wa),* Stolz, Zurückhaltung, zugeknöpftes Wesen, Einspännigkeit, Unverträglichkeit. a.

usáha *(wa),* Eiter.

usáhira *(wa),* Zauberei. a.

usakhikhi *(wa),* Fehlerlosigkeit, Zuverlässigkeit. a.

usánni *(wa),* Kunst, Kunstfertigkeit. a.

usémbe *(wa),* Unlust sich anzustrengen, Trägheit, Langsamkeit, Schlaffheit.

usémi *(wa),* Rede, Unterhaltung, Unterredung.

usénge *(wa),* Lüge, Falschheit, Betrug.

usháhidi *(wa),* Zeugniss. a.

usháiri *(wa),* altes Heldengedicht. a.

ushambilo, eilends, plötzlich.

ushánga *(wa),* Perle.

ushárika *(wa),* Antheil am Geschäft, »partnership«. a.

ushárri *(wa),* Neuheit eines arabischen Schiffs. a.

usháufu *(wa),* Betrug, versprechen und nicht halten. a.

usheráti *(wa,* Verschwendung, rasches Leben. a.

úshi (wa) pl. *nyúshi,* 1) Haare der Augenbrauen. 2) *ushi wa bahri,* die Tiefe der See.

ushindáni (wa), Streit, Zank. *ku-fanya ushindani,* widersprechen.

ushingo (wa) = *uchungu,* Gift.

ushirika (wa) = *ushárika.* a.

ushujáa (wa), Tapferkeit, Muth, Entschlossenheit, Heldenmuth. a.

ushúhuda (wa), Zeugniss. a.

ushúkura (wa), ushukuru, Dank. a.

ushungu (wa) = *ushingu,* Gift, Pfeilgift.

ushupáfu (wa), Abhärtung, Ausdauer, Hartnäckigkeit.

ushúri (wa), Dichtung, Erfindung. a.

úshuru (wa), Zehnter, Zoll, Zins. a. *ku-tóa uschuru,* den Zehnten zahlen.

ushutumufu (wa), Beleidigung. a.

usia wa meno, Stumpfheit der Zähne.

-usia, beauftragen, anordnen (besonders von Anordnungen für den Todesfall), ermahnen (die Gläubigen in der Moschee), rathen, befehlen. a.

usifihi (wa), Stolz. a.

usikiʒi = usikiliʒi (wa), Aufmerksamkeit, Zuhören.

usiku (wa) pl. *masiku,* Nacht. *siku (ya),* bedeutet den Tag von 24 Stunden.

usimanga (wa), Spott, Hohn.

usimeme (wa), Festigkeit.

usinga (wa) pl. *singa,* langes Haar der Europäer und Hindu.

usingiʒi (wa), Schlaf, Schläfrigkeit.

usiri (wa), Aufenthalt, Verweilen, Halt. a. *ku-fanya usiri,* sich aufhalten, ausbleiben, verweilen, zögern. *-usirika,* aufgehalten, verzögert werden. *-usirisha,* jemand aufhalten, warten lassen.

usita (wa) pl. *sita,* Weg.

usiwa (wa), offene See.

usogófu (wa), Langsamkeit.

usoháli (wa), Trägheit, Faulheit, Indolenz. a.

uso (wa) pl. *nyuso,* Gesicht, Angesicht. *ku-m-pa uso,* jemand vergnügt machen (indem man ihm beisteht). *ku-piga uso na nchi,* das Gesicht niederbeugen, die Augen zur Erde niederschlagen. *ku-kundúa úso,* ein vergnügtes Gesicht machen. *ku-kunda uso,* das Gesicht in Falten legen.

usúbukhi (wa) = *assubui,* Morgen. a.

ustahifu (wa), anständiges Betragen, mit dem man jedermann die ihm zukommende Ehre erweist. a.

ustáhiki (wa), Achtung, Ehre, Werth. a.

usúbi (wa), kleine Mücke, Sandfliege.

usúfi (wa) pl. *súfi,* Art Baumwolle vom *msúfi* Baum. a.

usúfii (wa), Cölibat, Keuschheit, Mönchsthum. a.

usukáni (wa) pl. *sukáni,* Ruder. a.

usultani (wa), Herrscherwürde. a.

usumbúfu (wa), Beunruhigung, Mühe.

usúshi (wa), Lüge, fälschliche Beschuldigung.

ususu (wa), Unerfahrenheit, Unkenntniss.

uta (wa) pl. *nyúta,* Bogen, Bogen und Pfeile. *mafuta ya uta,* Sesamöl.

utáa (wa) pl. *táa,* ein Gerüst, Hütte auf Pfählen, um Getreide u. s. w. aufzubewahren, Speicher.

utabibu (wa), der ärztliche Stand, die medicinische Wissenschaft. a.

utagáa (wá) pl. *tagáa,* ein Stück Ast.

utáji (wa), Kopftuch der Frauen.

utajiri (wa), Kaufmannsstand, Reichthum, Wohlstand. a.

utakatifu (wa), Reinheit, Sauberkeit, Heiligkeit. a.

utáko (wa), Kiel einer Dhau.

utambáa (wa) pl. *tambáa,* Stück Zeug, Lappen, Lumpen.

utambi (wa) pl. *tambi,* Docht einer Lampe, Stück Zeug zum Turban. *utambi wa maandáʒi,* Nudeln.

utambo (wa), Henkel, der eingehakt ist, wie z. B. der eines Eimers.

utambúʒi (wa), Kenntniss.

utámu (wa), Süssigkeit.

utamvúa (wa), Ende oder Ecke eines Turbans, eines Stückes Zeug.

utándo (wa), Abendroth, Abendhimmel.

utandu (wa), Kruste.

utánga = *uchanga (wa),* Sand.

utango; kwa utango, abwechselnd.

utáni, Landsmann, Volksgenosse.

utanu (wa) pl. *tánu,* Splitter.

utánʒu (wa) pl. *tanʒu,* Ast.

utapishi (wa), Erbrechen, Vomiren.

utári: ku-piga utari, ins Tau nehmen, schleppen, bugsiren.

utáshi (wa), Verlangen, Wunsch, Begehr; das übliche Geschenk, welches der Braut und deren Eltern bei der Werbung gemacht wird.

utássa (wa), Unfruchtbarkeit.

utáta (wa), Hecke, Hürde (zur Fischerei benutzt).

utátu (wa), ein Drittel.

utátu (wa), Säure, Schärfe.

utaúʒi (wa), Auswahl, Wahl.

utáwa (wa) pl. *táwa,* Laus.

utáwi = ucháwi (wa), Zauberei.

utáya (wa), Kinnbackenknochen.

úte (wa), Schleim im Halse, pl. *mate,* Speichel. *ute wa yayi,* Eiweiss.

uteari = utayari (wa), Bereitschaft. a.

uteketefu (ya), Brand.

uteléʒi (wa), Schlüpfrigkeit.

utembe (wa), der ausgekaute *tambuu.*

utengelele (wa), Dünndarm.

utengwa wa barra, eine Lichtung im Walde.

utenʒi (wa), Gedicht, besonders religiöses Gedicht.

uteo (wa) pl. *teo,* Fächer, Korb, um Korn zu reinigen (Mombas).

utépe (wa) pl. *tepe,* Streifen Zeug, Band.

utepetévu (wa), Schlaffheit, Trägheit.

utési (wa), Zank, Streit, viel Gerede.

utéte (wa), ein Stengel vom *Mtama,* aus dem das Mark entfernt ist, so dass man ihn zu einer Art Flöte bearbeiten kann.

uthábiti (wa), Festigkeit, Zuverlässigkeit, Treue. a.

utháifu (wa), Schwäche, Krankheit. a.

utháko (wa), der Boden eines Canoes (Einbaums).

uthálimu (wa), Ungerechtigkeit, Unbilligkeit. a.

uthámini (wa), Sicherheit, Bürgschaft, Garantie. a.

-úthi, beunruhigen, stören, quälen, ermüden. a. *-uthia,* beunruhigen, quälen, stören. *-uthika,* gestört, gequält, ermüdet werden. *uthia (wa),* Lärm, Unruhe, Störung, Qual.

-uthíki, drücken, bedrücken. a.

úthu (wa), Waschung vor dem Gebet. a.

uthíu (wa), Gierigkeit (besonders nach Fleisch).

-úthuru, entschuldigen. a. *úthuru (wa)* vergl. *udhwu,* Ursache, Gelegenheit, Zufall. a.

úti (wa) pl. *nyuti,* Ecke, Grat. *úti wa maúngo,* Rückgrat. *úti wa fúmo,* Schaft eines Speers.

utikiti (wa), Rohrgras, Schilfgras.

utiriri (wa), Kniff, List, schlechter Streich, Betrug.

utisho (wa), Furcht erregendes.

uto (wa), Flüssigkeit, die aus etwas Festem heraus kommt. *uto wa yayi,* das Weisse des Eies. *uto wa mafuta,* herauströpfelndes Fett oder Oel. *uto wa risasi,* flüssiges Blei.

utófu wa macho, schlechte Augen, Blindheit.

utóhara (wa), Reinigkeit. a.

utómfu (wa), Milchsaft gewisser Pflanzen.

utondóti (wa) pl. *tondoti,* Schmuck, den die Frauen auf der Brust tragen.

utondwi, kleine Dhau zur Küstenfahrt.

utóro (wa), Räuberei, Plünderung, Beraubung. *utoro wa bahri,* Seeräuberei.

utóssi (wa), die Fontanellen auf dem Kopfe der Säuglinge, der Scheitel.

utóto (wa), Kindheit, Kindlichkeit, Jugend.

utotóle (wa), Trinkgeld, Fundgeld, Belohnung für freiwillige Dienstleistungen.

utúba (wa), Pflanze, die zu lebendigen Hecken taugt.

utúffe wa kuteʒéa, Ball.

utúfu (wa), Ermüdung.

utukúfu (wa), Grösse, Ruhm.

9*

utukúni (wa), Schlachtplatz, Opferstelle, Altar (?).

utukútu (wa), Ungehorsam, Unverschämtheit, Mangel an Bildung.

utukúʒi (wa) = uchukúʒi, das Tragen. *úgira wa utukuʒi*, Trägerlohn.

utulányo (wa), Scherz, Spass, Spiel, das man mit jemand treibt ,Kigunya'.

utúle (wa), äusserste Armuth, Elend, Noth, Kümmerniss.

utúlifu (wa), Ruhe, Geduld, Ergebenheit.

utúmba = uchumba (wa), Brautschaft, Liebschaft (Momb.).

utumbavu, Geschwulst, Verdickung.

utúmbo (wa) pl. *tumbo*, Gedärme.

utumbuiʒo (wa), besänftigender, beruhigender Gesang.

utúme (wa), Sendung.

utúmi (wa), Wunsch, Platz, wo es etwas zu verdienen giebt, Gebrauch.

utúmo (wa), Gewinn im Geschäft.

utúmwa (wa), Sklaverei, Knechtschaft.

utúngu (wa) = uchúngu, Bitterkeit (Momb.).

utúpa (wa), eine Art Euphorbia, welche als Fischgift gebraucht wird.

utúpu (wa), Nacktheit.

uudi (wa), Aloeholz.

uunguána (wa), Freiheit.

uvambúme (wa), Klatscherei.

úvi (wa), Thüre (Tumbatu).

uvívu (wa), Faulheit, Trägheit.

uvuguvúgu (wa), laue Wärme.

uvúli (wa), Schatten.

uvúmba (wa), Weihrauch.

uvurúngu (wa), Hohlheit. *jiwe la uvurungu*, ein hohler Stein.

uvyáʒi (wa), Geburt.

uvákili (wa), Vertretung, Stellvertretung. a.

uwánda (wa) pl. *nyanda*, freier Platz vor der Thüre.

uwandáa (wa), Grösse (von Wasserkrügen.)

uwánga (wa), Arrowroot, Stärke.

uwángo (wa), Stück Holz.

uwáni (wa) = vita, Krieg.

uwánja (wa) = uwanda, Hof, eingezäunter Raum, Platz in einer Stadt.

uwássa (wa) pl. *nyássa*, Holzstückchen, mit denen die Wand der hölzernen Häuser verdichtet wird, ehe sie mit Lehm beworfen werden.

uwaswási (wa), Irregehen. a.

uwáti (wa) pl. *mbáti*, 1) Art Fachwerk. 2) eine Art Hautausschlag.

uwáʒi (wa), Lichtung, offene Stelle, Deutlichkeit.

uwaʒiri (wa), die Würde des Veziers. a.

uwéli (wa) = uwélle, Krankheit. *uwéli wa vyungo*, Rheumatismus.

uwéngu (wa) pl. *wéngu*, Nieren.

uwéʒa (wa) = uweʒi = uweʒo, Vermögen, Kraft, Geschicklichkeit.

uwéʒo wa nyúmba, Verzierung der Wände, Stuckatur und dergl.

uwimbíʒi (wa), Ueberfüllung, Ueberladung.

uwinda (wa), Perinäum. *ku-piga uwinda*, das Lendentuch, wie die Banyanen, zwischen den Beinen hindurchziehen.

uwingu (wa) pl. *mbingu* und *nyingu*, leichte Wolke, blauer Himmel (*mawingu*, dicke, schwere Wolken).

uwínja (wa), Pfiff (Kipemba).

uwívu (wa), Eifersucht.

uwóngo (wa), Falschheit, Lüge.

uyábisi (wa), das Vertrocknen, Zurückhaltung, ungefälliges Wesen. a. *uyábisi wa matumbo*, Verstopfung. *uyábini wa kitwa*, Grind auf dem Kopfe.

uyúʒi (wa), Freimüthigkeit, Offenheit.

-úʒa = -uliʒa, fragen.

-úʒa, oder vielleicht auch *kú-ʒa*, verkaufen. *-uliʒa*, verkaufen lassen. *-úʒána*, einander verkaufen. *-uʒanya*, zum Verkauf stehen.

uʒandiki (wa), Heuchelei.

uʒaʒi (wa), Geburt.

uʒée (wa), Alter.

úʒi (wa) pl. *nyuʒi*, Faden, Bindfaden, Band.

uʒima (wa), Gesundheit, Munterkeit, Leben.

uꝫinꝫi (wa), Ehebruch, Hurerei. a.

uꝫio (wa) pl. nyuꝫio, Hecke aus langen Stöcken in der See, um Fische zu fangen.

uꝫúka, Wittwentrauer. ku-ondoa uꝫúka wird von der Wittwe gesagt, welche die Trauerzeit für ihren Mann gehalten hat und die dieselbe beschliessenden Waschungen verrichtet.

-úꝫulu = -unꝫulu, jemand absetzen, aus dem Amt entfernen. kujiúꝫulu, auf eine Stelle verzichten. -uꝫulia, um einer Sache willen absetzen.

uꝫúngo wa mwéꝫi, Hof um den Mond.

uꝫúri (wa), Schönheit, Schmuck, Verzierung.

V.

-váa, anziehen, sich ankleiden, tragen (von Kleidern). mshipi wa kuvalia nguo, ein Gürtel, die Kleider aufzuschürzen. -valika, getragen werden.

-váma, einschneiden, wie ein zu fest angezogener Strick.

váo (la), Anzug, Kleidung.

-varánga, unterbrechendes, störendes Geschwätz.

váꝫi (la), Anzug, Kleid.

véma = vyéma, gutes.

-via, in der Ausbildung gehemmt sein, unreif, nicht gar sein. -víꝫa, in der Entwickelung unterbrechen, verderben.

-viáa = -vyáa, zeugen, Frucht tragen.

vidáni (vya), goldene Halskette.

vifáa (vya), Nothwendiges, Nützliches.

-viga, eintauchen, untertauchen.

-vijia, herumgehen, um den Dieb aufzuspüren.

vijinéno (vya), Worte, Geschwätz.

-vika, anziehen, bekleiden.

vile, jene. vile vile, jene, ganz eben solche.

-vilia, stocken, wie das Blut in einer Quetschwunde. vilio (la), Stockung des Blutes.

-vimba, schwellen, mit Stroh decken (ein Dach). -vimbisha, jemand zu viel zu essen geben. -vimbiwa, sich vollstopfen, sich den Magen verderben.

vimo, alles von gleicher Grösse.

vingi, viele. vingine, andere.

-vinjári, umherkreuzen, ausschauen nach etwas, blockiren.

-vinyavinya, hin und her schwanken, ein Kind schaukeln, Speise für Kinder und kranke Leute zurecht machen.

vinyu = mvinyu, Wein.

-vióga, treten.

vioja (vya), Schrecken, Entsetzen erregende Dinge.

vipánde vya kupimia, nautische Instrumente.

-viringa, rund machen, rund sein. -viringina, rund werden.

virúgu (vya), Aerger.

vita (vya), Krieg.

vitushi (vya), schreckenerregende Dinge.

vivihivi, gerade so.

-vivia, beräuchern, verräuchern, ersticken.

vivyo, so. vivyohivyo, ganz ebenso.

-vivu, faul, träge. kisu ni kivívu, das Messer ist stumpf (Lamu).

viwimbi (vya), kleine Wellen, Katzenpfötchen, die über die See laufen, wenn der Wind sich erhebt.

-viꝫa siehe -via.

-viꝫia, bewachen. ku-lála viꝫia, die Nacht über wachen.

viꝫingoꝫingo (vya), Krümmungen eines Flusses.

-vúa, die Kleider ausziehen, erretten, befreien, hinüberbringen. kuvúa sámaki, Fische fangen. kuvúa chuma, schmieden.

-vuáta, etwas mit den Zähnen festhalten, in den Mund stecken. -vuáꝫa, sich verletzen, indem man unversehens auf etwas hinauf läuft.

vúgo (la), ein Horn, auf dem man spielt, indem man hinaufschlägt.

-vuja, lecken, Wasser schöpfen. *-vujia*, durchsickern, auslaufen (von Flüssigkeiten).

-vúka, irgend wohin hinübersetzen, einen Fluss passiren, überschreiten. *-vúsha*, hinüberbringen, hinübersetzen. *-vukísha*, hinüberführen lassen, übersetzen lassen.

vúke (la), Dampf, Dunst, Schweiss. *-vukúta*, den Blasebalg ziehen. *-vukúto*, Schweiss.

vúle, duduvúle, ein im Holze lebendes Insect, Holzwurm.

vúli (la), Schatten. *mkóno wa kuvúli*, rechte Hand.

-vulla, Fische fangen.

-vúma, heftig wehen, blasen, summen, brausen.

vúmbi (la), Staub, Unreinigkeit im Wasser.

-vumbika, in heissen Sand oder heisse Asche stecken. *-vumbikia*, die Saat noch vor dem Regen in die Erde legen.

-vumbilia víta, in Streit gerathen.

Vúmba, der Jubafluss.

vúmbu (la), Klumpen im Mehl u. dgl.

-vumbúa, den Boden ebenen, finden, was man gesucht (Kipemba).

-vumburúka, plötzlich aufspringen (besonders von Thieren gesagt).

vúmi (la), brausendes Geräusch, Art Trommelschlag.

-vumilia, ertragen, aushalten, leiden, dulden, erdulden.

-vúna, erndten, mähen. *-ji-vúna*, sich aufblasen.

-vúnda = -vúnja, brechen, zerbrechen, zerstören, Geld wechseln. *-vunjika*, zerbrochen, zerstört werden.

vúnjajungo, Mantis, ein Insekt.

-vúruga, rühren, schüren, stochern. *-vurumisha*, einen Stein oder dergl. werfen.

-vurujika, zerkrümeln.

-vúsha siehe *-vuka*.

-vúta, ziehen, zerren. *-vúta máji*, Wasser (aus dem Fahrzeug) ausschöpfen. *-vuta makasia*, rudern. *-vuta tombáko*, Taback rauchen.

-vuvia, blasen.

-vuvúmka, rasch wachsen. *-vuvumsha*, rasch wachsen lassen.

vúʒi (la), Schamhaare.

-vyáa, Frucht tragen, Kinder erzeugen. *-vyaliwa*, geboren werden.

vyángu, mein. *vyáo*, ihr. *vyétu*, unser. *vyénu*, euer.

vyovyóte, was auch immer.

W.

-wa, kúwa, sein. *kúwa na*, haben.

wa, und. a.

wáa (la), Flecken.

-wáa, scheinen, leuchten. *-wáka*, scheinen, brennen. *-wásha*, anzünden.

wábba (wa), Cholera.

wádi, Sohn des. a. *wadi Abdallah*, Abdallahs Sohn.

-wadi, beendigt sein (Zeit, Auftrag).

-wádia, Zeit sein für etwas. a.

wadinási, Freigeborener, Adliger. a.

wádui (wa), Feindschaft. a.

wáfi (wa) pl. *nyafi*, vergl. *kiwafi*, Nessel.

-wáfiki, passend, zuträglich sein. a. *-wafikiana*, zu einander passen, zusammenstimmen.

-waga, tödten (Merima).

wagúnya, die Suaheli an der Küste zwischen Lamu und dem Juba.

wáhadi (wa), Versprechen, Vertrag. a.

wáhed = wáhid, einer. a.

-wáhi, erlangen, bekommen. a.

waili, Ursache.

wainna, wirklich. a.

-wájada, helfen beistehen. a.

wájibu (wa), Nothwendigkeit, Pflicht, Recht, es muss. a.

wájihi (wa), die Gestalt, Ansehen, Würde eines Mannes. a. -wajihiana, einander treffen, begegnen, grüssen, einem Vornehmeren Ehre erweisen.

-waka, auflodern, aufbrennen.

wakámo, eine Person im mittleren Alter.

wakáti pl. nyakáti, Zeit. a. wakáti húu, jetzt. wakáti gáni, wann.

wákef (wa), Stiftung. a.

wakia (wa), Gewicht eines Dollars.

-wakifu, kosten. a. -wakifia, jemandem kosten.

wakili (wa), Stellvertreter, Bevollmächtigter, Agent. a.

wáke, sein. wáko, dein.

wála, und nicht, in negativen Sätzen: und, oder. wála—wála, weder— noch. a.

walákin, aber, sondern. a.

wále, jene.

wáli (wa) pl. mawáli, Gouverneur. a.

wáli (wa) pl. nyáli, gekochter Reis.

walli, ein Heiliger. a.

walláh, bei Gott. a.

-wáma, 1) auf dem Gesicht liegen. 2) fest stecken, haften. 3) aufweichen (im Wasser), anschwellen.

-wámba, hinüberlegen, bedecken, das Fell auf eine Trommel ziehen, den Bettrahmen mit Schnüren beziehen.

wámbe (wa), der scharfe Staub vom mtama.

wambiso (wa), Anhänglichkeit.

wáme (wa), Seeungeheuer, Krake, so gross wie eine Insel.

-wána, streiten, ringen (Kimrima).

wánda (wa) pl. nyanda, Antimonium, Collyrium.

wánda (la), 1) Bissen, Brocken. 2) Wildniss.

-wánda, dick und fett werden. -wandisha, fett und stark machen.

-wandáa, Speise künstlich bereiten, kunstmässig kochen. -wandalia, für jemand kochen.

-wánga, schneiden, schlagen, schmerzen, an den Fingern rechnen.

-wánga, 1) jemand, der Zaubermittel wider den anderen gebraucht. 2) Arrowroot.

wangine, andere.

wángwa (wa) pl. nyangwa, unfruchtbares, salziges Land, Watte, die nur bei Hochwasser überfluthet ist.

wángu, mein.

-wangúa, ausschöpfen, aushöhlen.

wánja wa Manga wánda, Antimonium.

wáno (la), hölzerner Schaft des Pfeils oder der Harpune, der nur lose an der Spitze befestigt ist.

wáo, ihr, ihre, ihres.

wápi, wo.

wápo (wa), Gabe.

wáradi = waredi · waridi, Rose. a.

wáraka (wa) pl. nyáraka, Brief. a.

waria, jemand, der sein Handwerk von Grund aus versteht.

warisái, feucht. mchanga warisái, feuchter Sand. a.

waríthi (wa), Erbschaft. a.

warr, ein Yard.

-wása, widersprechen. a. wasi (wa), Aufstand, Empörung.

wásaha (wa), Eiter, der aus einer Wunde oder einem Geschwür kommt. a. kufanya wasaha, eitern.

-washa = -wása, anzünden, brennen, schmerzen.

washaráti (wa), liederliches Leben, Verschwendung, Vergeudung. a.

-wasia, ein Testament machen, seinen Willen erklären, Anordnung treffen. a.

-wasia, Anordnung, Auftrag, Bestimmung, Testament.

-wásili, ankommen, erreichen, herankommen. a. -wasilia, jemand erreichen. -wasilishia, ankommen lassen, übersenden, überbringen.

wásu (wa), grosser Lärm, starkes Geräusch.

wáswas *(wa)*, Zweifel. a.

wátáni *(wa)*, offener, weiter Raum. a.

-watánisha, die Frau entlassen, sich von ihr scheiden.

-watháhisha, lösen. a.

-wáthi, ermahnen, predigen. a. wathiki, enge. a.

-watia, auf den Eiern sitzen, brüten.

wátu, foenum graecum, griechisches Gras, Bockshorn.

wávu *(wa)* pl. nyavu, Jagdnetz, um Gazellen und dergl. zu fangen.

-wáwa, uneben, schräg sein.

-wáwa, jucken.

wáwe *(wa)*, eine Art Gesang, beim Niederbrennen der ausgerodeten Bäume und Büsche.

wáya, irdene Schüssel, um Kuchen darin zu backen.

-wayawáya, hin und her schwanken, wie ein von Früchten voller Ast, schwatzen.

wáyo *(wa)* pl. nyáyo, die Fusssohle, Fussspur, Spur.

-wáza, über etwas nachdenken, nachsinnen, überlegen, sich besinnen. -wazia, etwas jemandem anheimstellen, zum Ueberlegen übergeben.

wazáo *(wa)*, Nachkommenschaft.

-wázi, unbedeckt, klar, offenbar, deutlich. kitwa kiwazi, barhäuptig.

waziri *(wa)* pl. mawaziri, Vezier, Staatssecretair. a.

wazimu, a na wazimu, er ist nicht recht klug, wahnsinnig.

wázo *(la)*, Gedanken.

-wéa, gut für etwas sein.(vergl. -wa).

-wéka \vergl. -wa\, setzen, stellen, legen. -wekána, sich vertragen, übereinstimmen. -wekéa, für jemand hinsetzen, deponiren. anvertrauen. kum-wekéa héshima, ehren. -wekéa wakef, eine Stiftung machen.

wéko *(la)*, Schweissstelle. kutia wéko, schweissen, zusammenschweissen.

-wekúa, aufbrechen (mit der Hacke), aufgraben. -wekúka, aufgegraben, in die Luft gesprengt werden.

wekundu *(wa,)* Röthe.

welekeo *(wa)*, Richtung, Kreuzweg.

-wéleka, ein Kind auf der Schulter tragen; vergl. ubéleko, weleko = ubeleko.

wélle *(la)*, Euter.

wéli *(wa)*, Krankheit, Schmerzen. weli wa viungo, Rheumatismus.

welii, heilig.

wéma *(wa)*, Güte, Schönheit.

wembamba *(wa)*, Dünne.

wémbe *(wa)* pl. nyembe, Rasirmesser.

wembémbe *(wa)*, wilde Biene.

wéna pl. zu mwana, Kinder.

wéngi, viele.

wengine, andere.

wéngo = wéngu *(la)*, Niere.

wéni *(wa)*, Art Gras, das wie eine Nessel brennen soll.

wénu, euer.

wénzi pl. zu mwénzi, Gefährte.

wenzi *(wa)*, Macht. a.

werévu *(wa)*, List, Schlauheit.

wétu, unser.

wéu *(wa)* pl. nyeu, Lichtung, zur Einsaat zubereitetes Stück Land.

weúpe *(wa)*, Weisse.

weusi *(wa)*, Schwärze.

wévi *(wa)* pl. zu mvevi, Dieb.

wéwe, du. weye, du bist es.

-wewedéka = -weweséka, im Schlafe reden, Alpdrücken haben. -wewedésha, veranlassen, dass jemand im Schlafe spricht oder schreit.

-wéza \vergl. -wa\, können, vermögen, kraftvoll sein, im Stande sein, jemand gewachsen sein. siwézi, ich bin krank. nalikúwa siwézi, ich war krank. sikuwéza, ich konnte nicht. amehawézi, er ist krank. -wezakana, möglich sein. -wezesha, ermöglichen.

weziri = waziri, Vezier. a.

-wi, schlecht, böse (im Nyamwezi und im alten Suahili).

-wia (vergl. wa\, jemand als Schuldner haben. -wiwa, Schuldner sein. -wiána, einander schuldig sein. máji ya wia, das Wasser kocht.

wiʄi (wa pl. ʒa), des Bruders Frau oder des Gatten Schwester, Schwägerin.

-wika, krähen wie ein Hahn.

-wili, zwei.

wimbi (la), Welle, Woge. mavimbi, Brandung.

wimbi, Art ganz kleines Korn.

-winda, heimlich und still nach etwas suchen, nachspüren, jagen, pirschen.

winda, eine Art grosser, rother Ameisen.

wingi (wa), Menge, Fülle.

wingu (la), Wolke.

wino (la), Tinte.

-winyawinya, schütteln, schaukeln.

wishwa (wa) pl. nyishwa, Spreu, Kleie.

witiru, unpaar.

-wivu, 1) eifersüchtig. 2) reif.

wogófya (wa) pl. nyogofya, Drohung

wokóvu (wa), Errettung, Erlösung.

wómbo (wa), Saum.

wóngo (wa), 1) Gehirn. 2) Lüge, Falschheit.

wonyésho (wa), Schau, Ausstellung.

wovisi, kühl.

wóte, alle.

Y.

-yáa, Samen setzen (in ein kleines Loch).

yáani, das heisst.

yábisi, trocken, hart, fest a. -yabisika, trocken, hart werden. -yabisisha, trocknen, dörren.

yáche, Cousine, Base.

yáfuyafu (la), Lungen (von Thieren).

Yahúdi pl. Mayahúdi, Jude.

-yáika, schmelzen (intr.), zergehen. (Momb.). -yáisha, schmelzen, auflösen.

yake, yakwe, sein, ihr.

yakini (ya), Gewissheit, Sicherheit, Wahrheit. a. -yakinisha, verwirklichen, bestätigen, wahrmachen.

yako, dein.

yale, jene.

yámbo (la) = jámbo, Wort, Sache, Geschäft.

yamini (ya), Eid mit der rechten Hand (auf dem Koran). a.

yamkini, möglich, Möglichkeit, möglich sein. a. -yamkinika, möglich sein.

yangu, mein.

yao, seine, ihre.

yási, gelbes Pulver aus Indien, welches als Toilettenmittel gebraucht wird.

yatima (wa) pl. mayatima, Waise.

-yaúa, verändern.

yavuyávu = yafuyafu, Lungen.

yáya, 1) Kinderfrau, Ayah. 2) eine Art Gras.

yayi (la) pl. mayayi, Ei.

ye, heda, was giebt es?

yee = yeye, er, sie.

yenu, euer.

yenyi, besitzend.

-yepa = -epa, auf die Seite gehen, ausweichen.

yetu, unser.

-yeyuka, schmelzen (intr.). -yeyusha, schmelzen (trans.).

-yónga, sich nach vorne beugen, krumm gehen, stampfen (vom Schiff).

-yongoa, -yongoja, sich auf den Schultern tragen lassen (als Zeichen der Freude und grossen Reichthums)

yote, alle. kwa yote, durchaus gänzlich.

yówe (la), Ruf, Alarm. ku-piga yowe, um Hülfe rufen.

yu, er ist, sie ist.

-yúa, schwanken, nicht geradeaus gehen.

-yuayúa, in die Irre gehen.

yúko, er ist da.

-yúmba, -yumbayumba, im Winde schwanken.

yúngi (la), Wasserlilie.

-yúʒa, erklären, verdeutlichen.

Z.

-ʒáa, erzeugen, ausbrüten, Frucht tragen.

ʒábádi (ya), Zibetkatze, Moschus. -ʒabidi, den Moschus der Katze entnehmen.

ʒatibu, Beeren, Rosinen. a.

-ʒabúni, kaufen. a.

ʒabúri, Psalm. a.

ʒafaráni, Safran, gelbe Farbe. a.

-ʒagáa, scheinen, glänzen.

ʒáidi = ʒáyidi, mehr. a.

ʒáka, Zehnte (als religiöse Abgabe), der Theil des Einkommens, den man um Gotteswillen, als Almosen, den Armen giebt. a.

ʒake, seine. ʒáko, deine.

-ʒalia, vergl. -ʒaa.

-ʒáma, tauchen, untergehen, versinken. a. -ʒámisha, eintauchen, untertauchen. trans.

ʒamáni, Zeit, vor Zeiten, längst, von Alters her. a. ʒamani hiʒi, jetzt.

ʒambaráu (ya), eine Frucht, wie Pflaumen.

ʒámu, abwechselndes Wachen. a. kwa ʒamu, abwechselnd.

ʒána (ya pl. ʒa), Vorrath, Material. ʒána ʒa wíta, Munition. ʒana ʒa nyumba, Baumaterial.

ʒángefuri, Zinnober. a.

ʒángu, meine.

ʒani, Ehebruch. a.

ʒáo (la), Frucht, Product, Ertrag.

ʒáo, ihre.

ʒarámbo, ein aus Palmwein destillirter Spiritus.

ʒári (ya), kostbarer Stoff, Brokat. a.

-ʒatiti, bereitstellen, z. B. Schiffe für die Reise.

ʒawádi (ya), Ehrengeschenk, das der Gast von dem Gastgeber empfängt, Erinnerungszeichen, Seltenheit (die man aufbewahrt). a.

ʒawáridi, ein Vogel (Java sparrow).

ʒáyidi = ʒáidi, mehr.

-ʒe, seine.

ʒébakh, Quecksilber. a.

-ʒée, alt.

ʒége (la), Kuppel.

ʒéna, eine Art Reis.

ʒényi, besitzend.

-ʒengéa, nach etwas suchen.

ʒéʒe (la), ein Saiteninstrument.

-ʒiba, ein Loch in der Mauer ausfüllen, verstopfen, zustopfen. a. ʒibo (la), Stopfen, Pfropfen.

-ʒibua, den Pfropfen herausziehen, ein Loch in etwas hineinbohren.

-ʒidi, wachsen, hinzufügen, weiter thun. a. -ʒidisha, vermehren, vergrössern.

ʒifuri (ya), Null, Ziffer. a.

-ʒika, begraben. -ʒikia, für jemand begraben. -ʒisha, begraben lassen.

-ʒikika, verarmt sein.

ʒile, jene.

-ʒima, gesund, ganz, völlig, unversehrt, lebendig, unverletzt.

-ʒima, verlöschen (intr.), ausgehen, aufhören. -ʒimia, um einer Sache willen auslöschen. -ʒimisha, auslöschen, löschen. -ʒimika, verlöschen, ausgehen.

ʒimu, am Sterben sein, unsichtbar werden; vergl. waʒimu.

-ʒimúa, heisses Wasser abkühlen, indem man kaltes hinzugiesst. -ʒimúka, kalt werden, sich abkühlen.

ʒimwi pl. maʒimwi, böses Wesen, das Menschen verzehrt.

-ʒindika, feierlich eröffnen.

-ʒindúka, plötzlich aufwachen, aus dem Schlafe auffahren. -ʒindukana, plötzlich aufwachen.

-ʒinga, sich drehen, wenden (vom Wenden des Windes, vom Drehen der Segel). -ʒingamana, sich winden (vom Fluss).

ʒiŋgiʒi (ya), Schlaf.

-ʒiŋgulia, von einem bösen Zauber befreien.

-ʒini, die Ehe brechen, unzüchtig leben. a.

-ʒira, hassen, nicht mögen, meiden. -ʒirána, einander nicht leiden können, einander meiden (Momb.).

-ʒisha, begraben lassen, vergl. ʒika.

-ʒito, schwer, dick, unangenehm, lästig.

ʒitúo (la), Ruhe.

ʒiwa (la), See, Teich. maʒiwa, die Frauenbrüste.

ʒiʒi (la), Hürde, Kraal.

ʒiʒi hiʒi, gerade diese.

-ʒiʒima, kühl sein, ruhig sein, kalt sein.

-ʒiʒimia, auf den Boden sinken.

ʒo ʒote, welche auch immer.

-ʒóa, in kleine Haufen sammeln, zusammenfegen. -ʒoleka, zusammengefegt werden können.

-ʒoéa, etwas gewohnt werden, sich an etwas gewöhnen, gelehrt werden. -ʒoéʒa, gewöhnen, auslehren. -ʒoeʒeka, gelernt oder gewöhnt werden können.

-ʒoma, jemand anrufen, der fallen will.

ʒomári (la), Flöte, Pfeife, Horn.

-ʒoméa; über etwas murren.

-ʒongaʒónga, winden.

ʒóte, alle.

-ʒúa, bohren, durchbohren, anbohren, anzapfen, erneuern, erfinden.

-ʒuia, festhalten, zurückhalten, hindern. -ʒuia pumʒi, ersticken. -ʒuilia, von etwas zurückhalten. -ʒuilika, sich zurückhalten, hindern lassen.

-ʒuka, auftauchen, plötzlich erscheinen. -ʒusha, auftauchen lassen, erscheinen lassen.

ʒuli, Meineid.

ʒulia (la), Teppich.

-ʒulia, erfinden, vorlügen, eine falsche Entschuldigung angeben.

-ʒulu, schwindelig sein, wirr im Kopfe sein. -ʒúlisha, verwirren, schwindelig machen. -ʒulika, verwirrt sein.

ʒumbili, Trost.

-ʒumbúa, finden.

-ʒumgumʒa = -ʒungumʒa, sich unterhalten, amüsiren, mit jemand angenehm verkehren.

-ʒungúa, jemand auf zauberische Weise (mit Anwendung von Koranversen) zu heilen versuchen. -jiʒungúa, den Kopf wenden, zurücksehen. -ʒungúka, herumgehen, umgehen, umzingeln. -ʒungusha, umwenden, umdrehen.

-ʒuri, schön, hübsch, fein.

-ʒúru, besuchen.

-ʒuʒua, in Verlegenheit bringen (z. B. einen Fremden, der nicht Bescheid weiss). -ʒuʒuka, in Verlegenheit kommen.

Deutsch-Suaheli.

A.

Aal, *mkúnga (wa)* pl. *mi-*; *mk. swi* und *mk. mbóno*, wird gegessen, aber *mk. brahim* und *mk. shokúle*, wird nicht gegessen; kleiner dem Aal ähnlicher Fisch, *mʒía*.

Aas, *mʒóga* pl. *mi*.

ab und zu, *púnde kwa púnde*.

abändern, *-ghairi, -badili*.

abästen, einen Baum, *-pogóa*. m.

abbeissen, *-nyúa*. m.

abberufen, *-uʒulu*.

abbezahlen eine Schuld, *-lipa deni*.

Abbild, *sanámu*.

abbitten, *-lalama*.

abbrechen intr., *-katika, -kwanyúka* (Zweige'; trans. ein Gebäude a., *-jengúa, -fomóa*. m.; Zweige a., *-kwanúa;* ein Stück Kassava a., *-batúa*. m.; Maiskolben a, *-konóa*. m.; Körner vom Maiskolben a., *-pukúsa*.

abbrennen trans., *-washa, -teketéʒa;* intrans. *-teketea, -waka;* Land, auf welchem das Gras neuerdings abgebrannt ist, *-tandaa*. m.

abbürsten, *-sugúa*.

abdecken, *-eʒúa*.

Abend, *jióni;* gegen A., *kisikusiku;* -dämmerungszeit, *mshúko wa ésha* oder *wa magáribi (maghrebbi);* -gebet, *magáribi, mághrebbi;* -himmel, *utándo*. m.; -roth, *utándo*. m.; -land, *esha, magáribi (mághrebbi);* Rest der -mahlzeit, den man zum Frühstück des andern Tages aufhebt, *barigo* (Lamu'; Korn, das man zur -mahlzeit braucht, *kialio;* -stern, *rihani*. m.

Abends, *pindi ya magáribi;* A. (letzte Gebetszeit der Moslem, von 6 — 8 Uhr), *ésha;* A. besuchen, *-twésha*. m.

aber, *illakini, lakini, walákini, ela.;* aber doch, *mbóna, ngáwa, bali* (nachgesetzt).

abermals, *tena*.

Abessynier, ein, *habushia*.

Abfall (Rebellion), *maasi (ya), uassi*. m.; A. = Unrath, *takataka*.

abfallen (von Früchten, Blätter u. dergl.), *-pukutika;* von selbst a., *-konyóka;* vom Stiel a. (Hacke u. dergl.), *-gongóka*. m.; a. (Bewurf, Pflaster u. dergl.), *-pambúka;* a. vom Glauben (der Muhammedaner), *-kúfuru;* a. (zum Schröpfen gebrauchtes Horn', *umúka*. m.; das A. verursachen, *-pukúsa, -pukutisha;* unreife Früchte, welche zu früh a., *mapoóʒa (ya);* abgefallene Blätter, Reisig, *madakáta (ya'*. m.

abfegen, *-fagia, -vuta*.

abfeuern, eine Kanone, *-piga mʒinga, -shóta mʒinga (tota)*. m.

abfinden, *-rithika;* nach Krapf bedeutet *rithika* abgefunden sein.

Abführmittel, *dáwa ya kukára, sanamaki* (Senna'.

abfeilen, *-kata na dupa*.

Abgabe, *ada, ushuru, haki ya dóla*.

abgehärtet sein, *-supáa = -shupáa (-shupana)*. m.

abgehen, *-toka, -enda;* mit Tode a., *-fariki dunya*.

abgiessen, ohne den Bodensatz aufzurühren, *kwangúa, -chingirisha*. m.

abgenutzt, *kóngwe;* a. werden, *-lika, -tufuka* (abgetragen'. m.

Abgeordneter, *náibu*. m.

Abgrund, *kishimo*. m.; Rand eines A., *ukingo* pl. *kingo*.

144 abgeschöpfte Milch — abschneiden.

abgeschöpfte Milch, *magándi ya ma-ʒiwa.* m.
abgeschunden sein, *-tunika.* m.
abgesondert sein, *-fariki.* m.
abgetragen, *-kukúu;* alt und a. werden, *-chákáa.*
abgewinnen im Spiel, *-paría.* m.
abgleiten, *-poromoka.*
Abgunst, *hasidi (ya).*
abhalten = hindern, *-ʒuia.*
Abhang, *poromoko (la), terenuko (la).* m.
Abhärtung, *ushubáfu, ushupáfu.* m.
abhängig, jemand von sich durch Gunstbezeugungen a. machen, *-fathilisha.*
abhauen, *-téma;* abhaubar sein, *-teméka.*
abirren, *-potea, -kosa.*
abkaufen, *-nunua.*
Abkomme, *mtoto, kiʒao.*
abkratzen, *-púna, -kwangúa, -páa.*
abkühlen (trans.), *-burudisha, -baridisha, -póʒa, -ʒimúa* (heisses Wasser, in dem man kaltes hinzugiesst); abgekühlt werden, *-burudika;* sich a., *-poa, -porwa, -ʒimúka, -taburudu;* von selbst a., *-poeléa;* warmes Eisen auf die Erde zum a. legen, *-gongoméa.*
abkündigen, *-juisha.*
Abkunft, *asili, chimbúko;* jemandes A. erforschen, *-nasibisha.* m.
abkürzen, *-kúsúru.* m.
abladen, *-pakua.*
ablaufen (wie eine Sprungfeder), *-fyúka;* der Fluss ist abgelaufen, das Bett ist trocken, es ist nur hie und da noch Wasser, *maji yanatinda.* m.
ablegen, *-weka;* Zeugniss a. über etwas, *-shuhudia.*
ableihen, *-aʒima.*
ableiten das Wasser, *-churukiʒa.*
ableugnen, *-kána, -kánisha;* zum a. veranlassen, *-kánisha.*
abliefern, *-vúa.*
ablöschen, *-ʒimisha.*
ablösen (beim Tragen), *-pokeʒána.*
abmagern, *-konda, -dofika.* m.

abmessen für jemand, *-pimia.*
abnehmen (weniger werden), *-pungúa, -tilifika;* (abpflücken), *-pagúa;* die Früchte vom Baum a., *-túnda;* einander eine Last a., *-pokeʒána;* verursachen, dass einer dem andern etwas a., *-pokéʒa;* einer der den Leuten das Geld (im Spiel u. dergl.) abzunehmen versteht, *mkórofi;* Haken, um Früchte von den Bäumen abzunehmen, *ngóe (ya).* m.; langer Stock mit Haken dazu, *chogówe* pl. *vyogówe.* m
Abneigung, *machukio;* A. erwecken, *-tetésha.* m.
abnutzen, *-la;* abgenutzt werden, *-lika.*
abpflücken, die Früchte von Baum, *túnda* Rel. *-tundia, -tabúa.* m.; Maiskolben a., *-konyóa,* (wider den Willen des Eigenthümers, *-gobóa.* m.).
abreiben, *-pangúsa, -páa.*
abreisen, *-ondóka, -sáfiri.*
abreissen, *-pagúa, -tabúa.*
abschälen, *-ambúa, -púna, -gáúa.* m.; abgeschält werden, *-ambuka;* Stab welcher in die Erde gesteckt wird, um damit die Fasern der Kokosnuss abzuschälen, *kifúo (cha).*
abschäumen, *-engúa.* m., *-ngúa.* m.
abschaffen, *-batili;* abgeschafft werden, *-batilika;* (absetzen), *-únʒuhu.* m.; etwas a. (verbieten), *kufanya uhálafa.* m.
Abschaum (Schmutz), *póvu, taka (ya).*
Abscheu, *machukio.*
abscheuern, die Haut, *-tubúa.* m.
Abschied nehmen, *-aga, -agána;* Abschied, bei dem herkömmlicher Weise um gegenseitige Verzeihung gebeten wird, *buriáni;* Abschiedsgruss, einen, überbringen, *-agia;* Abschiedsbesuche vor der Abreise machen, *-tásila (-tákhsila).* m.
abschlagen (verweigern), *-katáa, -nyima;* Früchte vom Baum a., *-bwága.*
abschneiden, *-kata, -fakúa.* m., abgeschnitten werden, *-katika, -tindika.* m.; die Ausläufer eines Baumes a., *-tepukúa.* m.

abschreiben, -nákili, -nuku. m., -eleléʒa. m.; Abschreiber, mwendeléʒi. m.; Abschrift, nakl, tankil. m., manuku. m.

abschrecken, -tisha.

abschüssig sein, -chongóka.

abschütteln, -kung'úta; Kleider a., -kupua.

absengen, -ongúʒa, -ungúʒa, -sesitisa. m.

absetzen, jemand, -úʒulu, -unʒulu. m.

Absicht, makusúdi, kúsüdi, kásidi; absichtlich, makusúdi, kúsüdi, kásidi; einer der a. Böses thut, mtiriri. m.

absondern, -ténga; sich a., -faragúa.

abspülen, -ósha; Staub von den Füssen a., -susha. m., -susa, m.

abstellen, die Falle, -tegúa.

abstossen, die Haut, -chubúa.

abstreifen, -pagúa, -ponóa, -púna; die Hülsen a., -shambúa. m.; sich die Haut a., -pujúka. m.

abtrumpfen, -senéʒa. m.

Abtheilung (Partei), aria; A. von Menschen, tapo (la). m.; im Hause, mkáto wa nyúmba. m.

abtrennen, sich (verlassen), -banduka (Momb).

Abtritt (im Hause), chóo, msáhala. m.

abtrocknen trans., -kaúsha, intrans. -kaúka, -kukutíka. m.

aburtheilen, -hokumu. m.

abwaschen, den Staub abspülen, -súsha. m., -súsa.

abwechselnd, kwa séhemu, kwa ʒamu, kwa utango. m.

abwechselndes Wachen, ʒamu.

abweisen, -nyíma.

abwenden, den Schlag (pariren), -bekua.

abwerfen (den Reiter), -rúsha.

abwesend sein (nicht angetroffen werden), -kösekána.

Abwesenheit, makösekáno (ya); in A. einen Andern erlauben, -rukhusia.

abwischen, -pangúsa (auch -pakúsa. m.), -futa, -epúa.

Abzeichen, Stammes-, némba. m.

abziehen (vermindern), -pungúʒa, -dilifisha; die Haut a., -chúna (-tuna. m.), -kopóa: abgezogen sein, -chumika, -kopoka; Abziehen, das, des Felles, machúni (matúni (ya). m.).

Abzug (vom Lohn), nukuʒáni. m.

Abzugskanal, féreji.

Acclimasationsfieber, ukúnguru. m.

Achselhöhle, kwápa (la); Schweiss der A., kikwápa (cha).

acht, náne, themánia; der achte, -a náne; der achte Theil eines Dollars, thémuni, thúmüni.

sich in Acht nehmen, -tahádari. m.; nimm dich in A., ji-ponye.

Achtung, mapéndo, ustahihi. m.

achtzehn, themantáshara.

achtzig, themanini.

Acker, kilimo (cha); -bau, makulima (ya), ukulima. m. -feld, -land, shámba (la), mgunda; -land, ausroden um A. zu gewinnen, -feka, -fyeka; Ertrag des A., mlimo. m.

Actenmappe, bahasha.

Adam, ádamu; Adamsohn, binadámu.

Adel, ungwána.

Ader, mshipa; zu A. lassen, kutóa mshipa.

Adler, mtónyo.

Adliger, wadinási.

Adresse eines Briefes, anwáni (ya); A. auf einem Kollo, rágamu – rajamu (ya pl. ʒa) pl. auch maragamu. m.

aehnen, sich, -fanána, -twana oder -twaʒána sura.

aehnlich sein, -fafanika; -tweʒana; a. machen, -fananisha, -oleʒa; Aehnlichkeit, mshábaha. m., shabaha (ya), shabihi, mithili, kifáno, súra (ya.)

Achre, súke – shuke pl. mashuke.

Affe, ein, nyáni (wa) pl. ma-nyáni, kima (wa pl. ʒa), ngedere, milhoi (grosser A.); A., der die Bananen und den Palmwein sehr liebt (simia antellus), kómba (wa. ʒa). m.; A., schwarz mit weissem Haar auf den Schultern, mbéga.

Affenbrotbaum, mbúyu; Schale der Frucht des A., ndóo; das Innere des

A., *ubúyu.* Der A. wird gewöhnlich für einen Opferplatz, *muʒimo,* an welchem Geister sich aufhalten, gehalten.

Agent, *wakili.*

Ahle, *gúde.* m. *maharaʒi.*

Ahne, *jáddi (ya* pl. *ʒa).* m.

Alarm, *yówe* pl. *ma-, ténge bora.* m. alarmiren, *-tisha.*

Alaun, *shábbu.*

Albernheit, *mapiswa (ya).*

alle, *pia, ote, kulla, killa, körö.* m.; wir alle, *sote;* ihr alle, *nyote;* alles zusammen, *júmla;* alles haben wollen, was man sieht, *-lafúa, -jilafúa.* m.

allein, *peké, kitwéa,* (einsam a.), a. sein, *-faragha.*

allerlei kleines Zeug, das beim Einpacken übrig bleibt, *táka (la), takatáka (la).*

allmächtig, der Allmächtige, *Mwenyiweʒi.*

allmählig, *púnde kwa púnde.*

Almosen, *sádaka;* der Theil des Einkommens, den man um Gottes willen, als A. den Armen giebt, *ʒáka;* A. am Ende des Ramadan ausgetheilt, *fitiri (ya).*

Aloe, *subiri, sibili.* m. Fasern der wilden A., *gónge* pl. *magónge.* Alocholz zum Räuchern, *údi.*

Alpdrücken, *jinamisi,* haben, *-ewedéka, -wewedeka, -weweséka.*

als, *kana, kama.*

alt, *-kukúu, -ʒee,* (von Menschen), *dakáka,* m. *kongwe.* (abgenutzt), *shaibu.* m., ganz a., *shaibu la gúʒa, kále* (aus alten Zeiten); wie a. bis du, *úmri wake wa pátaje;* a. und abgetragen werden, *-chikáa, -konga;* a. und schwach machen, *-kongésha;* Stab der a. Leute, *mkongójo;* nach a. Art, aus a. Zeit, *kikále,* a. Sitte, *milla.* m.; a. Mann, *mʒee, mfiéle, mkongwe* (a. und schwach); ganz a. Mensch, *kiʒee, kikóngwe,* ganz a. und schwach), *kibiongo.*

Altar, *mathabahu (ya), ulukini,* (Schlachtplatz, *kigumija);*

Alter, *umri, ómri (ya).* m.; hohes A., *uʒee, ukongwe;* eine Person im mitt-

leren A., *wakámo.* m.; längst, von A. her, *ʒamáni.* -genosse, *hirimu (wa* pl. *ʒa).*

Aeltester, *majori, shehe* (pl. *ma-).*

Amboss, *fuáwe* pl. *mafuáwe.*

Ambra, *ambari (ya);* Parfüm aus A. und Sandelöl, womit die Frauen Stirn und Schläfen salben, *kipáji cha úso.*

Ameise, *chungu, (tungu.* m); weisse A. (Termite), *mchwa (wa)* pl. auch *michwa);* rothe A., besonders gern auf Mangobäume, *tinne (wa)* pl. *matinne.* m.; grosse, röthlich braune Wander-A., *siáfu (wa* pl. *wa);* Art rother A., *sisimiʒi, mfúati* oder *mvati,* (Merima), *winda,* (Kijumfu), -haufen, *jugu,* m., *teu* (Merima).

Amme, *mleʒi, aya.*

Amt, jemand mit einem A. bekleiden, *-tawálisha, -tawáʒa,* aus dem A. entfernen, *-úʒulu, -únʒulu.*

Amulet, *talasimu;* Art A. *matambavu (ya);* ein A. (Koranspruch u. dergl), welches gegen Krankheit um Arm oder Bein gebunden wird, *pingu ya hiriʒi.*

Ananas, *nánaʒi (la),* -busch, *mnanaʒi.*

anbeten, *-ibudu, -sujudia.*

anbinden, *-fúnga, -funganisha;* lose a., *-shaliki.* m.; angebunden sein, *-fungika.*

anblasen, *-pepéa;* Feuer mit dem Munde a., *-puʒía móto.*

anbohren, *-ʒúa.*

anbrennen trans., *-ongúʒa.*

andauern, *-ishi.*

andere, der a., *yúle wa pili, -ngine (wengine);* die a. Seite eines Flusses, *ngámbo;* die a. Welt, *áhera:* anderer, an a. Stelle, *pangine;* das Huhn legt Eier, einen Tag um den andern, *kuku yuwakisa;* die Kost eines a. verzehren, *-ima.* m.

anders, *sivimója.*

ändern, *-ghairi.*

anerkennen, *-ungáma, -kubalia.*

anfahren, jemand um einer Sache willen a., *-kemea* (Lamu).

Anfang, *mwánzo (mwándo.* m.*), áwali;* der erste A., *chimbuko (timbúko.* m.*);* der A. zum Flechtwerk einer Matte, *chánzo.* m.

anfangen, *-ánza, -anzia;* ernstlich a., *-anziliza;* (erfinden), *-búni;* a. zu verderben, *-jája.* m.; Streit gegen jemand a., *-omóa vita.* m.

anfassen, *-dáka;* mit schmutzigen Fingern a., *-dabánga.* m.

Anfechtung, *udíki.* m.

nfeilen; angefeilte Zähne, *tófio, meno ya tófio.* m.

anflehen, *-pembeléza, -rougaronga.* m.; demüthig bitten, *-sihi;* jemand um Verzeihung a., *-lalamia.*

anfühlen, sich hart oder weich a., *-bópa.* m.

anfüllen, *-jáliza, -jáza;* angefüllt sein, *-jaa, jáwa, -jázwa.*

angehen, einen, *-fikia, -fikilia.*

Angehörige, *jamaa, ahali (ya* pl. *za).*

angekohlt, lange Stange, deren Spitze im Feuer a. ist, Schlangen damit zu tödten, *kónzo.* m.

Angel, *dwani, kio (cha).* m., grosse Haifisch-A., *kóto (la),* m., *kisingia;* Bleigewicht oder Stein, an die A. zu befestigen, *chúbwi (ya* pl. *za), tubwi.* m.

Angelegenheit, *néno (la), mámbo.*

Angelschnur der Fischer, *mshipi, kisimbo (cha).* m.; Windung der aufgerollten A., *makúndo (ya)* pl. *mikúndo.* m.

angenehm, *-éma;* mit jemand a. verkehren, *-zumgúmza, -zungúmza;* sich a. machen, *-pendekéza.*

angeschwollen, von Fäulniss, sein, *-tumbumjika.* m.

Angesicht, *úso* pl. *nyúso.*

angrenzen, *-pakánisha.*

Angst, *hámu (ya), ghámmu, ghási.* m., *diki, húzuni;* in A. gerathen, *-tishika.*

ängstigen, *-tisha, -dikisha.* m.; sich ä., *-ghumiwa, -diki.* m.; etwas, womit man die Leute ä., Maske, *kinyágo (cha).*

ängstlich sein über jemand, *ku-m-tilia hófu, ü.* mit den Händen umhergreifen, *taatáa.* m.

anhängen, jemand, *-fuáta;* Anhänger, *chókora* pl. *machókora, mfuási;* anhänglich sein, *-kóra;* Anhänglichkeit, *wambíso.*

anhaften, *-ambáta.*

anheimstellen, etwas jemandem, *-waziá.*

Anis, *zamida.*

Ankauf, *ununúzi.* m.

Anker, *nánga (ya);* A. der Europäer mit zwei Haken, *nánga ya páura.* m.; A. der Eingeborenen mit vier Haken, *nanga ya parwa.* m.; *-boje,* die, *cheléza* pl. *vyeléza.* m.; *-* kette, *sincél.* m.; *-* schaufel, *kómbe ya mánga;* -werfen, *-púliza nanga, -tia nanga;* das Rollen eines auf offener Rhede vor A. liegenden Schiffes, *meléži (wa),* m.; *-*stelle, sichere, *panyamáfu;* -Tau, *ayari ya manga.*

Anklage, *mshtáka, matuvumu (ya);* Ankläger, *mshtáki;* anklagen, *-shitáki, -táya, -túkumu, -hatia;* fälschlich a., *-singíza.*

ankleiden, *-vika;* sich a., *-váa.*

anklopfen, *-bisha.*

ankommen, *-fika, -fikilia, -wasili, -tekeléa.* m.; a. lassen, *-fikiliza, -wasilishia, -tekéza.* m.

Ankunft, *kifiko, majilio, ujio.* m.

anlegen (ein Pflaster, Verband), *-bandika;* a. (die Thüre), *-shindika.*

anlehnen, sich dicht an etwas, *-gandamia.*

Anleihe, *máazimo;* auf kurze Zeit ohne Zinsen, *káratha.*

anlernen, *-terajálisha.* m.

Anliegen, *kázi.*

anmachen, Feuer, *-chochea.*

Anmassung, *uféthúli.* m.

anmelden (günstiges), *-báshiri, -bashiria, -kheri.*

Anmuth, *madáha (ya).*

Annahme, *ukubáli.*

Annalen, *tarikhi.* m.

annehmen, *-pokéa*, *-kiri*, *-kúbali*, *-takibali*; (zufrieden sein mit etwas) *-rithia*; Annehmen, *ukubáli*; annehmbar sein, *-kubalíka*.

Anordnung, *wasía*; A. treffen, *-wasía*, *-usia*. m.

anrechnen (den Preis bestimmen), *-támani*.

Anrede, die förmliche A. im Brief, *dibáji*.

anregen, *-kólóga*, *-sumbua*.

anreizen, *-tahamkisha*.

anrennen lassen, *-tekéʒa*. m.

Anrichten, das A. der Speisetafel, *maandiko*, *maandikio*.

anrufen, *-ita*; als Zeugen a., *-shuhúdisa*; jemand a., der fallen will, *-ʒóma*. m.

ansammeln, *-kusanya*, *-kutanisha*, *-jamáa*, *-jamiisha*; angesammelt sein (Wasser im Brunnen), *-tundáma*.

anschauen, *-náthiri*; anschaubar sein, *-angalilika*.

anschnauzen, jemand, *-kwafukia*. m.

anschreien, *-kema* (Lamu).

Anschüren; Werkzeug zum A. des Feuers, *kichochéo (cha)*.

anschwellen, *-wána*; von Fäulniss angeschwollen sein, *-tumburujika*. m.

ansehen, *-angalia*; einen bedächtig, vorsichtig a., *-onéa*; fest a., *-ngiriʒa*; mit Bosheit a., *-gania*. m.; flehentlich a., *-kunyata*; Ansehen, *némsi*. m.; A. (Gestalt, Würde), *wájihi*. m.; Ansicht (Meinung), *náthári*.

ansiedeln, sich irgendwo, *-tuána*.

anspannen, alle Kräfte a., *-tutumua*; a., einen Stock, um ein Seil damit anzuspannen, *kibodóo*. m.

anspornen, *-taharrakisha*. m.

anstossen, *-dóda*. m.

Anstand, *ádábu* (Höflichkeit); richtiges Benehmen, *idile*, Eleganz, *jamála*, der herrschenden Sitte gemäss, *sunna*. m. anständiges Betragen, mit dem man jedermann die ihm zukommende Ehre erweisst, *ustáhifu*. m. A. lernen, *-idili*, *-taádabu*; Kind anständiger Leute, *mtóto wa wátu*.

anstarren, jemanden, *-kodolea*; mit weit offenen Augen a., *-tumbulia*.

anstaunen, *-shangáa (-sangáa)*.

anstecken, jemand mit einer Krankheit a., *ku-m-tia maráthi*; Ansteckung von einer Krankheit, *uito*. m.

anstellen, zu einer Arbeit a., *-túma*, *-tumisha*, *-tia kaʒini*.

Anstelligkeit, *mirimo*. m.

anstieren, *-ngáriʒa*.

Anstifter, *mtongánya*. m.; anstiften, *-tonganya*; A. von Feindschaft, *sabási* pl. *masabási*. m.

anstimmen, ein Lied, *-tóa kóngwe*.

anstossen, mit dem Fusse a., *-kwáa*, *-gúta*; vorbeibringen ohne anzustossen, *-ambaʒa*; Stein des Anstosses, *kwayo*, *kikwási*.

anstreifen, an etwas, *-gumbána*. m.

anstrengen, sich, *-jitáhidi*; a. einen Prozess gegen jemand, *-láumu*. m.; Anstrengung, *júhudi (ya)*, *biddii (ya)*; vor A. stöhnen, *-kakamúka*; fähig Anstrengungen zu ertragen, *-kakawána*.

Anstrich, *rángi*, *ránge*.

Antheil, *séhemu (ya)*; A. am Geschäft, *ushárika*; Antheil haben, nehmen, *-sháriki*; mit andern A. an etwas haben, *-gawánya*.

Antichrist, *masiah eddajáli*.

Antilopenarten, *páa*, *bára*, *kulungu (kuungu)*. m., *málu*. m., *koru*. m., *kúró*. m., *funo*, *shambi*. m., *dondóro*, *parahára*.

Antilopenhorn, *kigúnda*. m.

Antimonium, *wanja (wánda* pl. *nyanda*. m.)*.

antreiben, *-sukumia*, *-taharrakisha*; zur Eile a., *-himia*.

Antwort, *jawábu (la)*, *jibile (la)*, *majibu*; eine A. erhalten, *-jibiwa*; A. geben, wenn man gerufen ist, *-itika*; Interjection der A., *ahaa*; A. des Untergebenen, wenn er gerufen wird, *labéka (lebéka)*.

antworten, *-jibu*; auf den Ruf a., *-itika*

anvertrauen, *-wekéa*, *-takabathisha*, *-ákifu*. m.; sich jemand a., *-tawákali*.

anwerben (Soldaten), *-tia askari*.

anzapfen, *-ʒúa*.

anzeigen, -ambia, -hubiri, -pa habari, -ainisha, in Briefen, -arifu; Vogel, welcher Unheil a., koróji.

anziehen, sich selbst, -váa; jemand anders a., -vika; das Lendentuch fest a. (wie die Banyanen!, kupiga ubinda.

anziehend aussehen, -tathamika. m.

Anzug, váo (la), vazi (la); ganzer A., kisúa.

anzünden, -wásha, -teketeza; jemandem das Haus a., ku-m-tiliá moto nyumbáni.

anzweifeln, -shútumu.

Apfel, tofáa.

Apfelsinen, dánzi; süsse A., danzi la Kizungu; kleine Mandarinen A., kangája; Hälfte einer A., kizio; Schale der A., welche weggeworfen wird, kákä pl. makákä.

Apostel, mtume pl. mitúme.

Arabien, Uárabu; in A. Arabúni; die Provinz Hejaz in A., Hejázi; Arabisch, kiárabu; A. von Maskat, kimanga; Araber, Mwárábu; Backofen der A., mófa. m.

Arak von Ceylon, arak zelán. m.

Arbeit, kazi; Dienstarbeit hoduma; mühevolle A., shúghuli; leichte A., kázi rahisi; zu einer A. anstellen, -túma; eine A. beginnen, -máliki; die A. eilig und ungenau verrichten, -parúa. m.; jemand. Eintrittsgeld bezahlen lassen, weil er mit in neue A. eintritt, kumshika hakali; Stöhnen bei schwerer A. kite; eingelegte A., mjúmu; sich auf seine A. niederbeugen, -kinamizi, -kiinamizi; sich mit vielen A. entschuldigen, -shughulika; arbeiten, -fánya kazi; langsam und sorgfältig a., -kokoteza; ein arbeitsscheuer Mensch, mkúlifu. m.

Arecanuss, popóo; kleine längliche Büchse, in welcher Betel und A. getragen wird, kijannánda (cha); -baum, mpopóo.

Aerger, hasira, ghathabu, kásara. m., gháidi. m., virugu. m., mfundo pl. mifundo; m., muháli. m., kirú, Kigunya; zum A. reizen, -patiliza; vor A. mit dem Fusse stampfen, -dadáa, (tinika); jemand ärgerlich machen, -chukiza, -kasirisha; ärgerlich sein, -gháthabika, -runda. m., -kirihika, -kimisha. m., ä. werden, -patilia, -patiliza, -taháruki, -futúka. m., -firuka, m. ärgern, -ghatábisha, -kásiri,-kasirisha, -sosonesha. m., -taharukisha, numisha. m., -kálifu. m., einander ä., -patilizáma, -kasiriáma; sich ä. -kasirika, -kasirikia, -gháthabika.

Arm, mkóno; A. des Tintenfisches, mnyiriri; Schaukeln eines kleinen Kindes auf den A., kiwinyowinyo. m.; in den A. oder auf den Schooss nehmen, -pakáta.

arm, maskini, fakiri (pl. fukára), múfu. m.; kithúle. m.; sehr a., -thalíli, mlúku, mdúle. m., mkiwa. m.; Armer (Schimpfwort), kibápára (cha); a. sein, -korofika; a. werden, -túza. m., -dudúa. m., -fusaika. m.; a. machen, -korofisha, -fus.ai. m.

Armband, kikúku, timbi; A. von Messingdraht, kikóto. m.; A. von Perlen, kilinsi. m.; A. von Perlen und Korallen, von Frauen um die Mitte des Armes getragen, kingája; A. mit stumpfen Stacheln, banagiri; rundes A. von Silber der eingeborenen Frauen, kekée.

Aermel, mkono; Rock mit A., kisibao cha mikono.

Armseligkeit, pujuliko (la).

Armuth, unyonge, ukata. m., umaskini; äusserste A., ufukára, utúle; Leiden durch Krankheit, A. u. dgl., matéso (ya); einem seine A. vorwerfen, -simángiza. m.; Interjection um äusserste A. auszudrücken, hohehahe.

Arrowroot, kánji, uwanga.

Art, ginsi, aina, láini (ya), sabihi; A. eines freien Mannes, kiungwána (cha); nach A. der Wakamba, kikámba; nach alter A., kikále; was für eine A. Mensch ist es, mnyangalika gani? artiges Benehmen, idili (adili).

Artillerist, shádala wa kupiga mzinga pl. mashádala. m.

Arzeneimittel, *ugánga* pl. *magánga*, *dawa*.

Arzt, *mgánga*, *tabibu* (pl. *ma-), hakim.* m., *mpósi.* m.; ärztlich behandeln, *-tabibia, -agúa* (zauberisch); der ärztliche Stand, *utabibu.*

Asche, *jifu, jivu (la);* weissagen (aus in die A. gezeichneten Figuren\), *-piga rámli;* in heissen Sand oder heisse A. stecken, *-vumbíka;* aschfarben, *kijifujifu.*

Assafoetida, *mvuje, mfúje.*

Assagai, *sagái, mkúke.*

Ast, *utánʒu* (pl. *tánʒu), tawi (la);* grosser A., *tanʒu* (pl. *ma-);* langer A., *kono (la);* kleines Aestchen, *kijitanʒu.* m.; ein Stück A., *utagáa* (pl. *tagáa),* m.; Gabelung von Aesten, *panda (ya* pl. *ʒa).*

Asthma, *púmu.*

Astrologie, Astronomie, *ilmu ya fáláki.*

Athem, *puma (ya), pumʒi (púmuʒi), upumʒi, rokho, náfsi;* athmen, *-pumúa, -tanáfusi;* schwer a., *-tweta;* Athem schöpfen, *-páʒa púmʒi.*

Athmosphäre (hell\), *anga (la), ulimwengu* (allumfassend).

auch, *na, tena.*

Auction, *mnáda;* Auctionator, *dálali.*

auf, *katika, kwa.*

auf und nieder gehen, *-kwenda masia.*

Aufbewahrung, etwas an jemand zur A. übergeben, *-agiʒia.*

aufbinden, *-fundúa.*

aufblasen, *-tutúmisha;* sich a., *-jivúna;* aufgeblasen (stolz) sein, *-jetea;* aufgeschwollen), *-tutumika, -tutumuka.*

aufbrauchen, völlig, *-tufúa.* m.; etwas, was aufgebraucht und fortgeworfen ist, *mankúl.* m.

aufbrechen (Blüthen), *-fundúʒa.* m.; a. (mit der Hacke), *-wekua.* m.; mit einem Steine a., *-banda.* m.; von selbst a. (Spalt), *-tataúa.* m.; a. (ein Geschwür), *-tumbúka, -buʒuka.* m.

aufdecken, *-fanúa;* das A., *kifunúa.*

Aufenthalt (Verzögerung), *usiri.* m.

Aufenthaltsort, *ukáo.* m.

Auferstehung, *kiyáma.*

auferstehen, wieder-, *-fufúka.*

auferwecken, *-fufuʒa, -bwáthi.* m.

aufessen, *-la (kúla), -tumia;* aufgegessen sein, *-lika.*

auffahren, aus dem Schlafe, *-ʒindúʒa.*

auffangen (pariren\, *-kinga;* einen Ball a., *-nyáka,* herauströpfelnden Palmsaft im Gefäss a., *-géma.*

auffüllen, *-dudia.* m.

aufgehen (Thüre\, *-shindúka;* (Sonne) *-cha* (betone *kúcha);* (Keim) *-mea;* aufgehender Keim, *mméa.*

aufgraben, *-chekúa, -wekúa.* m.; feuchtes Land a., *-omóa;* aufgegraben werden, *-wekúka.* m.; a. werden können, *-fukúka.*

aufhängen, etwas zum Trocknen a. oder ausbreiten, *-anikia;* aufgehängt sein, *-angika, -tungika, -tundika, -aliki;* Stöcke, an welchen Fische zum Trocknen oder Räuchern aufgehängt werden, *páambo (ʒa).*

Aufhänger (am Rock), *mkáta.* m.

aufhäufen, *-jumbéʒa.* m.; aufgehäuft daliegen, *-tumbika.* m.

aufhalten (verzögern\, *-kawisha, -taakhirisha, -usirisha.* m.; *-limatisha* (Lamu); hindern, *-pinga;* aufgehalten sein, *-káwa, -usirika.* m.; sich a. (langsam sein), *-kawia, -fanya usiri.* m.; *-taakhari.* m.; *-limatia;* a. einander, *-kaliána.*

aufheben, *-inúa.*

aufheitern, *-túliʒa, -teremesha.* m.

aufhellen, sich, (Morgen\, *-pambanuka.*

aufhissen, *-twéka.*

aufhören, *-koma, -ʒima, -tindika;* mit Regen a., *-anúka, -púsa.* m.; mit der Trauer a., *-ondóa matánga;* Aufhören, *kato (la)* pl. *makato.*

aufklappen, *-funúa.*

aufkochen intr., *-chemka, -chéuka.* m.; trans., *-cheusha, -piga mcheu (mteu).* m.

aufkommen, wieder a., *-stákimu.* m.

aufkratzen (die Erde), *-dótora.* m.

auflauern, *-fichia, -otéa, -tundwia.* m.

aufleben, wieder a., *-húi.*

auflegen (Pflaster), -*bandika*.

auflesen, -*okóta;* Körner auflesen, -*dondóa;* eines nach dem andern a., -*lumbika.* m.

auflösen (schmelzen) intr., -*ayrika;* trans., -*yaisha;* in Wasser a., -*tia máji.*

aufmachen (öffnen), -*sindúa.*

aufmerken, -*sikiliza (sikiza),* -*pulika* (Lamu ; aufmerksam machen, -*sikiza (sikiliza);* a. hören, -*sikilia;* Aufmerksamkeit, *usikizi = usikilizi.*

aufmuntern, -*teremesha;* aufgemuntert sein, -*tereméka.*

Aufmunterung, Interjection der A. an Arbeiter, *hesahesa.* m.

auf sich nehmen, -*áili.* m.

aufpassen, -*linda;* pflegend aufpassen, -*tunza;* sich in Acht nehmen, -*tahadari.* m.; nicht a., -*púza.*

Aufpasser, -*tunduizi wa mameno.* m.

aufquellen (Körner), -*mea.*

Aufregung, *kéra.* m.; in A. sein, -*sisimúka, -púlika.* m.; ein stiller Mensch, der sich nicht geschwinde in A. bringen lässt, *mnyamávu.*

aufreissen, -*pasúa;* die Augen gross a., -*tumbúliza.* m., -*kodóla.* m.; eine Wunde neu a., dass sie blutet, -*gopéa.* m.; von selbst a., platzen (Erdboden in trockener Zeit), -*atuka.*

aufrichten, -*simamisha,* -*imisha* (alte Sprache); einen Pfosten a., -*simika;* aufgerichtet sein, -*imuka;* sich a., -*simáma.*

aufrichtig, *jáli;* Aufrichtigkeit, *unyofu.* m.

aufrühren, das Wasser, es schmutzig machen, -*koróga, -tefúa.*

aufrührerisch sein, -*taghi;* Aufruhr, *ufitina.* m.; in A. bringen, -*tukússa.*

aufschieben, -*ákhiri.* m.

Aufschlag aus den Wurzeln eines gefüllten Baumes, *matepukúzi (ya).* m.

aufschrecken, -*gutúa;* aufgeschreckt werden, -*gutúka.*

Aufschub einer Zahlung, *msámeha (msámehe).*

aufschürzen, ein Gürtel, die Kleider aufzuschürzen, *mshipi wa kuwalia ngúo.*

aufschwellen lassen, -*tutumisha;* aufgeschwollen sein, -*tutumika, -tutumúka, -bwéa.* m.

Aufseher, *nókóa, msimamizi, mwangalizi.*

aufsehen um zu sehen, was geschieht, -*tahámaka.*

Aufsicht, *malinzi.* m.; A. führen, -*nokóa;* unter A. halten, -*athabatisha.*

aufspannen, ein Block, Mützen aufzuspannen, -*furúma.* m.

aufspiessen, -*piga pémbe.*

aufspringen (vor Schreck), -*túka, -ji-tuka.* m.; plötzlich a. (besonders von Thieren gesagt), -*vumburúka.* m.

aufstehen, -*ondóka, -ondokea, -ondokelea, -ima* (alte Sprache); gegen jemand a., -*ramuka.* m.; früh am Morgen a., -*pambanuka, -rauka alfajiri.* m.; aus Ehrerbietung vor jemand a., -*ondokéa;* gegen jemand a., -*imamia* (alte Sprache); a. lassen, -*simamisha.*

aufsteigen lassen, -*páza;* aufsteigendes Land, *mpánda.*

aufstellen, z. B. die Pfosten eines Hauses, -*simika.*

aufstossen (vom Magen), -*teúka.*

auftauchen, -*zúka;* a. lassen, -*zúsha.*

Auftrag, *agizo (la), amri, wasia, mausio.* m.; jemandem einen A. geben, -*amuria;* testamentarischen A. geben, -*hussia.* m.; jemandem einen A. an einen geben, z. B. Schuld einzufordern, -*agilisha;* genauen A. geben, -*sisitiza.* m.

auftragen, -*agiza;* jemand etwas a., -*twekéa;* a., auf den Tisch, -*andika.*

auftrennen, -*shonóa, -tana.* m.

auftrocknen, -*pweléka;* aufgetrocknet, *kukútu.*

aufwachen, -*amka;* plötzlich a., -*zinduka, -zindukana.*

aufwärmen, -*pasha móto;* Speise wieder a., -*rózra.* m.

Aufwärter bei Tisch, *mwandikáji.*

aufwarten, -*ngojéa.*

aufwecken, -*amsha.*

aufweichen (im Wasser), -*wáma.*

aufweisen, einen Fehler, -*umbúa.*

aufwerfen, -*chekúa.* m.

aufwickeln auf etwas, -*tatia.* m.

aufwirbeln, Staub, -*tefúa.*

aufwühlen, ein Loch, -*fukúafukúa.*

aufzählen, einzeln, -*ainía.*

aufziehen, Perlen an einem Faden, -*túnga ushánga;* a. (Thiere), -*fúga.*

Aufzug (eines Gewebes), *miánde.* m.; den A. machen zum Gewebe, -*ténda ngúo.*

Augapfel, *mbóni (ya* pl. *ʒa).*

Auge, *jicho* pl. *mácho, jito* pl. *mato.* m.; kleines A., *kijicho;* ein Gerstenkorn im A., *chokéa;* ein weises Häutchen auf dem A., *chámba cha jicho;* in's A. fassen, -*lekéa;* Wink mit den A., *konyéʒo (la);* einen Wink mit den A. geben, -*konyéʒa;* mit den A. winken, -*piga ukópe;* die A. gross aufreissen, -*tumbulíʒa,* -*kodóla.* m.; die A. zur Erde niederschlagen, *kupiga úso na nchi;* Binde, mit welcher den Kamelen, die am Göpel gehen müssen, die A. verbunden werden, *kidóto;* die A. verbinden, -*funga kidóto;* jemand mit offenen A. anstarren, -*tumbulía;* jemand, der an Augenkrankheit gelitten hat und der deshalb trübe A. hat, *mwényi upógo.* m.; augenblicklich, *sása hivi;* Augenbraue, *ukópe (*pl. *kope),* *ukumbi.* m.; Haar aus den A., *unyúshi, úshi (*pl. *nyúshi);* Stelle der A., *kikomo cha uso;* die A. verdächtig ziehen, -*kunía;* Augenkrankheit, *uélle wa mácho, mapogo, upogo.;* Augenlied, *kope, kikópe;* reizen, kratzen (von Augenschmerzen), -*kerekéta;* Augenverblendung, *kilimato.* m., *kiinimacho (kiinimato.* m.); Augenwimper, *ukópe* pl. *kope.*

aus dem Wege gehen, -*epa (kwépa).*

auseinandergehen, -*panúka.*

ausathmen, -*shúsha púmʒi.*

ausbieten, das erste Gebot machen, wenn etwas zum Verkauf ausgeboten wird, -*rísimu.*

Ausbildung, in der A. gehemmt sein, -*via.*

ausbleiben, -*kawia,* -*fanya usiri.* m.; lange a., -*hajirika.*

ausbreiten, -*tanda,* -*tandika,* -*tandaʒa,* -*nyosha;* weit a., -*panua,* -*panulia;* etwas zum trocknen a., -*anikia;* sich a., -*enéa,* -*farishi,* -*roromoka.* m.; Ausbreitung, *enéo (la);* die A. verursachen, -*roromósha.* m.

ausbrüten, -*angúa,* -*ongúa,* -*ʒáa,* -*atamia.*

Ausdauer, *sáburi (ya), ushupafu.* m.

Ausdehnung, *ukakáya.* m.

ausdreschen, siehe ausgedroschen.

auseinanderbringen, -*pambanúa;* -gehen, -*tokána;* (leck werden) -*fúmuka;* -falten, -*kunjúa;* -reissen, -*tangúa;* -spreizen (die Beine), -*tanúa.* m.; -werfen, -*tapánya,* -*tawanya;* -wickeln, -*tatúa,* -*tatanúa,* -*tatanyúa;* -ziehen, -*nanúa.* m.

auserlesenes Geschenk, *túnu.*

auserwählt, *aáli.*

ausfallen, Bürste, der die Borsten a., *shóboka.* m.

auslegen, -*fagía,* -*péa.* m., -*tambaʒa.* m.

ausfinden, -*fafanúa.*

ausflicken, -*tililia.*

ausforschen, -*peleléʒa,* -*jasisi.*

ausfragen, -*úliʒa,* -*saili,* -*huji;* genau a., -*sisitiʒa.* m.; (Dinge, die einem nichts angehen) -*dadisi.*

ausführen, -*amili;* wirklich a., -*tasawári;* auszuführen sein, -*famika.*

ausfüllen, ein Loch in der Mauer, -*ʒíba.*

Ausgaben, *gharama;* sich grosse A. machen, -*háráʒá.* m.

Ausgang, *matokéo (ya), kipito.*

ausgeben, -*áfia,* -*la (kúla),* -*kháriji;* Geld a., -*sérifu.*

ausgebreitet sein, -*tanda;* gerade a. sein, -*nyióshwa.* m.; ausgebreitetes wieder zusammenlegen, -*tandúa.* m.

ausgedehnt, *ukakáya.* m.

ausgedroschener Maiskolben,*guguta.* m.

ausgehen (Feuer), *-ʒima*, *-ʒimika;* a. (aus dem Hause), *-toka;* zu jemand a., um ihm neues zu erzählen, *-awia.* m.

ausgehungert sein, so dass keine Speise verschmäht wird, *-lápa.*

ausgelassen, ein a. Mensch, *muba-tarifu.*

ausgerenkt sein, *-tegúka;* eingerichtet werden von a. Gliedern, *-ungika.*

ausgezeichnetes, *kishindi (cha).* m.

ausgiessen, *-mimina, -miminia, -mwaga;* ausgegossen sein, *-mwáika.*

ausgleiten, *-teléʒa* (nicht gehen können, wie ein Kind), *-soda.* m.; das A. veranlassen, *-teleʒésha.*

ausgraben, *-chimbúa.*

Ausguck, *kósi.* m.

aushalten, *-vumilia.*

ausharren, *-stahámili (stahimili).*

aushöhlen, *-kómba, -wangúa, -tipúa;* ausgehöhlt sein, *-kombeka;* Werkzeug Holzgefässe auszuhöhlen, *kombe (ya).*

aushorchen, *-nyénya.*

auskauen, *-tafúna;* das Ausgekaute, *tambuu, utembe.* m.

ausklopfen (den Staub), *-kukúta.* m. *-kumánga* (Kijomfu).

Auskommen, (genügendes) haben, *-dononóka.* m.

auskratzen, *-kómba, -kwangúa, -tipua -angúra.* m.

auskundschaften, *-jasísi.*

ausladen, *-pakúa.*

Ausläufer, die A. eines Baumes abschneiden, *-tepukúa.* m.

Auslass, *pakutokéa.*

auslassen, z. B. im Sprechen, *-deteleka.* m.; *-hulu.* m.; (herauslassen) *-pitisha.*

auslaufen von Flüssigkeiten, *-churuʒika, -vujia.*

ausleeren (ausgiessen), *-mimina, -mwaga;* ausgeleert sein, *-kombeka;* das Haus a., wenn man fortziehen will, *-chakácha.* m.

auslegen, *-eleʒa, -pambanúa, -fasiri.*

auslehren, fertig lehren, *-ʒoeʒa.*

auslesen, *-chagúa.*

Auslieger eines Kanoe, *maténgo (ya),* *marenga (ya);* ein kleines Boot mit A., *galawa;* Boot aus einem Baumstamm gehöhlt ohne A., *mtúmbwi.*

auslöschen intr., *-ʒima;* trans., *-ʒimisha.*

auslösen, *-fidi.*

ausnehmen, *-tóta;* Honig a., *-umulia.* m.; die Eingeweide a., *-tumbúa.*

Auspfündung, *ufilisi;* ausgepfündet werden, *-filisika.*

ausplaudern, *-payuka, -peleleʒa, -páya.* m. vergl. *ufafanuʒi.*

ausplündern, *-kumba, -pokonya, -kungúa.* m., *-kungusua.* m., *-poka* (Pemba).

auspressen, *-kamúa, -minya.* m.; ausgepresst sein, *-chakachika.* m.; Oel a., *-shindika mafúta, -chakacha.* m.

ausquetschen, *-kamúa.*

ausräuchern, Bienen a., um an den Honig zu kommen, *-umúa nyuki.* m.

ausreissen, *-ngóa, -nyóa, -tupua;* ausgerissen werden, *-nyóka.*

ausrecken, *-nyosha;* ausgereckt sein, *ukakáya.* m.

ausrichten, *-timiliʒa;* nichts a., *-tangauka;* einer, der etwas a. kann im guten und schlechten Sinne, *-mweʒa.*

ausroden, *-fyeka (feka);* eine Art Gesang beim Niederbrennen der ausgerodeten Bäume und Büsche, *wáwe.* m.

ausrotten, *-nyóa;* ausgerottet werden, *-nyóka.*

ausrüsten, *-pámba.*

ausrufen, öffentlich a., z. B. Waaren, die man verkaufen will, *-nádi.*

ausruhen, sich a., *-pumúa, -pumʒika, -raha, -túa, -oya* (Merima); a. lassen, *-pumʒisha, -oyesha* (Merima).

ausrupfen, *-fútua.* m.

Aussatz, *matana;* A. an Fingern und Zehen, *ukoma, ku-umbúka, chetanu.* m.

aussaugen, *-sonda, -fyonda.* m., *-nyunya.* m.

ausschauen nach etwas, -tafúta, -ta-
zamía, -vinjari.

ausschelten, -futukia. m.

ausschimpfen (besonders mit unanständigen Worten), -tukána.

Ausschlag,pele, tungumánji. m., ukambe;
leichter A. im Gesicht bei Kindern,
vijiwe vijiwe. m.

ausschlagen, nach hinten a., -piga makáta, -piga teke, -parapára.

ausschmieden, -tambúza.

ausschnitzen, -nakshi, -chóra.

ausschnüffeln, -núkiza.

ausschöpfen, -wangúa; aus dem Fahrzeug Wasser a., -vuta maji.

ausschütteln, -kung'úta, -futúa. m.,
-kumúnta (Merima).

Ausschweifung, asheráti.

aussehen, reizend a., -táthamika. m.;
böse a., -péta úso.

Aussenseite, nje.

ausser, pasipo, éla, illa, billa; ausserhalb, nje (nde. m.) ya.

äusserste, bis aufs, tikitiki; die ä. Armuth, Bettelhaftigkeit, ufukára; der
ä. Horizont, upéo wa macho.

Aussicht, Ebene mit weiter, kitetéle. m.

aussieben, -pepúa.

ausspähen, -dádisi.

ausspannen (Zeug), -tánda.

Aussprache eines Wortes, támuko la
néno.

aussprechen, -nena, -támuka, -támka;
langsam a., -tambúza. m.; ausgesprochen werden können, -nenéka.

ausspreizen, -panulia; (die Beine)
-tagáa. m.

aussprengen, Wasser nach einem Gebet
zur Hülfe gegen Krankheit, -eúa.

Ausspruch, poetischer, sháiri (la).

ausspucken, -téma máte.

ausspülen, den Mund, -sukutúa

ausstehen, Schuld a. haben, -ia (wia). m.

Ausstellung, -wonyésho

ausstrecken, -nyósha; die Beine a.,
-kunjúa miguu; sich nach etwas a.,
-dutumía. m.

aussuchen, -chagúa (-tagúa, -taúa,
-téua. m.); a. lassen, -chagúza (-ta-
gúza. m.).

austauschen, -badili; ausgetauscht sein,
-badilika.

Auster, Art grosser A., kómbe (ya pl. za).

austheilen, -gáwa, -gawanya; die tägliche Ration a., -pósha; Geld a.,
-sérifu. m.

austreiben, einen bösen Geist durch
besondere Ceremonie aus einem
Kranken, -púnga pépo.

austrocknen, -ongúza.

auströpfeln, -fujika.

auswaschen, zum a. bringen, -pevúa;
ausgewachsen sein, -pevuka; genug
a. sein, um Frucht zu bringen,
-aúka; ausgewachsen, -kúza, -pevu,
noch nicht a., mkinda. m.

auswählen, -chagúa (-taúa, -teúa. m.),
-tóa, -khitari; Auswahl, hiyari (ya),
utaúzi. m.

auswandern, -hamisha (-tamisha. m.),
-hájiri.

Ausweg, búddi (nur in der Redensart
sina buddi u. s. w.).

ausweichen, -yépa (kwépa).

ausweiden, -tumbúa, -tumbúza.

auswinden, -kamúa, -songonya.

Auswurf (Husten), ukohózi.

ausziehen (die Kleider), -vua; Nägel,
Zähne a., -kongóa.

Auszug, z. B. aus einem Buche, muhtásari.

Autorität, mámláka.

Autor, mbúni (wa). m.

Aviso (Kreuzer) tárish el. báhri. m.

Axt der Eingeborenen, shóka (la),
shoka la tiss (Merima). Spitze der A.,
msúka. m.

B.

Bach, *mto;* Bächlein, *kijito (cha),* *kijuto.* m.

Bachstelze, *kitwitwi (cha).*

Backe, die, *cháfu (la);* die geschwollene B., *perema.* m. *matumbwitumbwi.* m.

backen, *-choma, -óka;* irdene Schüssel, um Kuchen darin zu b., *-mája.*

Backenknochen, *kitugúta.* m.

Backenzahn, *chégo (la).* m.

Backofen der Araber, *mófa.* m.

Backstein, *túbu.* m.

Bad, öffentliches, *hamámi.*

baden, sich, *-óga, -koa* (Merima); beim B. mit dem Kopfe untertauchen und mit den Beinen plätschern, *kupiga mikambe;* Bader, *muumishi;* Badeplatz, *chósha.* m.; -wanne, *birika (ya)* pl. *mabirika, chakogéa;* -zimmer, *maliwátu.* m.

Bahre, *jenénʒa, mténgo* (Merima), *tussi (la).* m.; -tuch, das über die Leiche gedeckt wird, *subáya.*

bald, *bado kidógo;* bald nachher, *púnde hivi.*

Balken, *gógo (la);* Zapfen am B., der in einen andern B. passt, *ulimi wa mti;* das Behauen des B., *kilíngo.* m.

Ball, *tuffe, utúffe wa kucheʒéa (kuteʒéa.* m.); einen B. auffangen, *-nyáka.*

Ballast, *parúmi, fúrumi*

Banane, Baum, *mgomba, kigomba;* Frucht, *ndíʒi, maʒu;* Fruchtbündel, *tana;* Blatt, *gomba* pl. *magomba;* Stamm, an dem die einzelnen *matana* sitzen, *mkungu.*

Band, *uʒi* (pl. *nyúʒi),* *utépe* (pl. *tépe),* *gango (la).*

Bande (Schaar), *kikóʒi.*

Bandit, *mtóro, mkimbiʒi.*

Bandwurm, *tegu.*

Bankerott werden, *-filisika.*

Bankier, *atoaye riba.* m.

Bambus, *mwánʒi.*

Barbier, *kinyóʒi (cha).*

barhaupt, *kitwa kiwáʒi.*

barmherzig sein, *-réhemu, -hurumia,* *-sihika;* Barmherzigkeit, *húruma,* *réhema (ya);* B. erlangen, *-rehemewa;* B. erweisen, *-rehemesha.*

Bart, *madévu (ya), kidevu (kievu* Lamu); langer B , *shérafa;* B. des Ziegenbockes, *kibebéru.* m.; B. des Schlüssels, *jino la ufungúo;* Jüngling, dem der B. eben zu wachsen anfängt, *mvulána;* -haar, *udévu* pl. *ndévu.*

Base, *yáche.* m.

Bataten, *kiaʒi, badáta.* m.; zur Anpflanzung von B. aufgeworfenes Beet, *túta (la).*

Bau, *jéngo (la);* Festigkeit, Sicherheit eines B., *mtómo;* Gerüst zum B., *madúkwa.* m.

Bauch, *túmbo (la), batani (bátini);* auf dem B. liegen, *-ama.* m., *-fuama.* m., *-lala kifunifuni;* Binde, den B. einzuschnüren, *kibóbwe;* -eingeweide, *utumbo, matúmbo (ya).*

bauen, *-jenga;* mit Steinen b., *-áka;* ein Schiff b., *-únda.*

Bauer, *muhádimu;* B. im Schachspiel, *kitúnda.*

Baum, *mti;* hohler B., *mvungu;* Bäumchen, *kijiti;* Gipfel eines Baumes, *kiléle (cha);* -stumpf, *jiti (la)* pl. *majiti, mgólosa.* m.; einen B. über einen Fluss legen, so dass er eine Art Brücke bildet, *-tatága.* m., vergl. *mtatago;* auf einen B. klettern, *-parága, -sómbera mti.* m.; mit einem langen Haken Früchte vom B. nehmen, *-pémba.* m.; Boot aus einem -stamm gehöhlt ohne Auslieger, *mtúmbwi.*

Baumwolle, *pámba (ya);* der Busch *mpamba;* Art B. vom *usúfi* Baum, *usúfi* pl. *súfi.* m.; einem Verstorbenen B., wie es Sitte der Suaheli ist, in die Nase, Ohren, unter die Nägel u. s. w. stopfen, *-pámba máyiti;* B. rein machen, *-chambúa (-shambúa.* m.); -zeug, *ulaiti,* americano, *bafta, shedi.* m., *kisutu* (bedrucktes).

Baumaterial, *mjéngo, ʒana ʒa nyúmba.* m

Bay, *ghúbba.*

Bazar, *sóko (ya)* pl. *masóko.*

beachten, etwas gut b., *-peleleza.*

beackern, *-lima.*

beabsichtigen, *-kusúdia, -ukilia* m.

beanspruchen, *-dái.*

beantworten, *-rudisha maneno.*

Beamter, *mtu wa serkáli.*

beargwöhnen, *-shúku, -shútumu;* einander b., *-shutumiana.*

beaufsichtigen, *-simannia, -nokóa.*

beauftragen, *-agiza, -usia.*

heben, *-tetenéka* (caus. *-tetemesha), -piga matara.* m.; das B., *tara (la).* m.

Beckenknochen, *tokóni.*

bedächtig, vorsichtig ansehen, *-onéa.*

bedecken, *-wámba, -funika.*

Bedeutung von Worten, *maana, tefstri, naháu.* m.

Bedrängniss, *diki (ya);* bedrängen, *-dikisha.*

bedrohen, *-kamía, -kalipia.*

bedrücken, *-thélimu, -uthiki.*

Bedürfniss, *uhtáji (uhitáji), fárathi;* ein B. verrichten, *kú-nya.*

beendigen, *-isha (kwisha), -ishia, -ishilia, -ishiliza (-shiliza.* m.), *-maliza.* m., *-halimisha, -góba.* m., *-kemáa (Lamu);* beendigt sein, *-malizika.*

Beere, *zabibu;* B. des *mkunguma, kungúma (la).*

Beet, zur Anpflanzung von Bataten, *túta (la).*

Befehl, *amri;* befehlen, *-amúru, -amuria, -usia.* m.; Befehlshaber, *jemadári* pl. *majemadári.*

befestigen (fest machen), *-káza;* Flugfedern am Pfeil b., *-papika.* m.; durch einen Keil b., *-kokoméa.* m.

befestigte Stellung, *makubachi.* m.; trockener Graben in Befestigungen, *handáki.*

Beförderung, zur Besorgung und B. übergeben, *-takabathisha.*

befragen, *-uliza.*

befreien (loskaufen), *-kómbóa, -komboza, -komboleza, -fidi;* von einer

Schuld b., *-feleti;* (erretten), *-afu;* Befreiung von einer Schuld, *-tufiliti.* m.

befreundet sein, *-tabikiana.* m.

befriedigen, *-kinaisha.*

befühlen, mit den Fingern sanft b., z. B. eine Frucht, um zu erfahren, ob sie reif ist, *-bófia;* etwas lebendiges b., *-tomasa;* b. lassen, *-bofieka;* die Finger leise an etwas heranlegen, *-gusa.*

begegnen, *-kúta, -kutia, -ónana, -tukia.* m., *-wajihiána.* m.

begehen, einen Fehler, *-kósa;* ein schweres Verbrechen gegen jemand b., *-kóra manza;* begangen sein (Unrecht), *-kóséka.*

Begehr, *makhtáji, utáshi.* m.; begehren, *-ipa, -tamáni;* begehrt werden, *-tamánika.*

Begierde, *sháuku, matongózi (ya).* m.; die B. erregen, *-tamánisha.*

Beginn, *mwánzo, féli (la);* B. des Monats, *mwandámo.* m.; beginnen, *-anza;* eine Arbeit b., *-máliki.*

begleiten, *-fuatána, -andama.* m.; aus Freundschaft bis an die Thür oder ein Stück Weges b., *-adi;* eine Strecke Weges b., *-sindikiza.*

begraben, *-zika, -zikia,* caus. *-zisha;* Begräbniss, *kuzikáni;* B. und Trauergebräuche, *matanga;* -mahl, *khitima (ya);* -platz, *maziko, mafa* (Pemba), *maziarani.* m.

begründen, *-sadikisha.*

begrüssen (mit Gesang und Musik), *-shangilia;* Begrüssung, *salámu (ya).*

begünstigen, *-penda, -pembejéa;* begünstigt, *maadili.* m.; b. sein (von Gott), *neeméka.*

behacken (Mais u. dergl.), *-palilia,* caus. *-paliliza,* vergl. *mapálilo (ya).*

behalten, *-weka, -shika;* bis zum nächsten Tage b., *-cheléza.* m.; der Mensch ist ein Schwätzer, kann kein Geheimniss b., *mtu ana páyo.*

behandeln, *-tendéa;* mit Sorgfalt b., *-engaénga;* rauh b., *-kéma* (Lamu); schlecht b., *-tharáu;* verächtlich b., *-kirihi, -mena, -tutúsha.* m.; ärztlich b., *-tabibia;* freundlich b. werden, *-fathilika;* Behandlung, *mwamáli.*

behauen, -*chonga*, -*chongéa(-tonga*. m.); Holz b., -*chénga*. m.; das B. des Balkens, *kilingo (cha)*. m.

beherrschen, -*ghelibu*, -*tamálaki*, -*shahiri*.

behoheln, -*chengeʒa*, -*tengéʒa*. m.

behülflich, bei den Zurüstungen zur Reise sein, *ku-m-shindikiʒa msáfiri*.

bei, *kwa;* b. mir, *kwangu;* b. dir, *kuenu* u. s. w.; b. jemand sein, -*andáma*.

beide, wir b., *sisi sóte;* ihr b., *ninyi nyote;* sie b., *wote;* auf b. Seiten, *upánde mbili*.

Beifall, seinen B. ausdrücken, -*itikiʒa;* sich gegenseitig B. bezeugen, -*itikiʒána*.

Beil, *shoka;* kleines B., *kishoka (kitóka*. m.)

Bein, *mguu*, *gúu (la)*. m.; O-Beine, *tége (la)*. m.; Lähmung der B., *kiláve;* die B. ausstrecken, *kunjúa mguu;* ein B. über das andere schlagen, -*tegeméʒa mguu;* den Schurz zwischen den B. durchziehen, -*pipa uwinda*.

beinahe, *padógo*.

Beingeschwüre, *nyúngunyúngu*.

beissen, -*úma*.

Beistand, *msáada, núsura, tiba*. m.

Beiname, *simo (ya)*. m., *sarára*. m.

beistehen, -*aúni (-awuni, -awini)*, -*núsuru, -saidia*. m, -*wájada*. m., -*pokéʒa*.

Beitrag zu etwas, -*tángo*. m.; beitragen zu etwas, -*tinga*. m.

bekannt, *báyani;* einander b. sein, -*juikana*, -*tambulikana*, -*bainikana;* b. machen, -*júisha*, -*júvia*, -*tangáʒa*, -*bukua*. m.; b. werden, -*enéa*, -*tangaa*, -*bainika*, -*bainikana*, -*bukúka*. m.; Bekanntschaft, *ujuiʒi*. m.

bekehren, -*ongóa;* sich b., -*ongoka*, -*túbú*, -*tubia;* jemand zu einer anderen Religion b., -*abudisha;* Bekehrter, *mwongófu, háji (la);* Bekehrung, *tóba*.

bekennen, -*ungama*, -*kiri*, -*laláma;* zum Bekenntniss veranlassen (durch Schläge u. s. w.), -*lalamisha*.

bekleiden, -*vika*.

bekleiden, jemand mit einem Amt b., -*tawálisha*, -*tawáʒa*.

beklemmen, -*kwamísha*.

beköstigen, -*lisha;* Beköstigung, *maakuli (ya)*.

bekommen, -*pewa*, -*páta*, -*twáa*, -*wahi*. m., -*kománija*. m.; eilig alles verschlingen, was man b. kann. -*papia;* zu b. sein, -*patikána*.

Bekümmerniss, *húʒuni (ya)*, *majutio*.

beladen, -*pakia*.

belästigen, -*pekeja*. m.; -*nyanyása*. m., -*tangaúa*. m., -*dófisha*. m.; einander b., -*lemeana;* mit fortwährenden Schimpfreden b., -*nyónsa*. m.

belagern, -*húsuru;* Belagerung, *maʒingíwa*.

belecken, -*rambia*. m.

beleidigen, -*úmiʒa*, -*kósa*, -*húsudu*, -*shitúmu;* ein beleidigendes Wort, *ekérahi;* Beleidigung, *mnásaa, ushutumifu*. m.

Belieben, *náthári*.

belohnen, -*jáʒi*. m.; Belohnung, *majáʒo*, *ijaʒa*, *thawábu;* B. für freiwillige Dienstleistungen, *utotóle*. m.

belügen, -*rongófya*. m.

bemächtigen, sich der Person oder der Sachen jemandes b., um sich für die Schuld seines Verwandten oder Landsmannes schadlos zu halten, -*koléa*.

bemeistern, -*ghélibu*.

bemerkbar; sich räuspern, um sich jemandem b. zu machen, -*jikohóʒa*.

bemitleiden, -*awáʒa*.

bemühen, sich, -*dáhidi*. m.

benachrichtigen, -*khubiri, -arifu;* überall b., -*tangáʒa*.

Benehmen, *mwéndo, mwenéndo;* artiges B., *ídili (ádili)*.

beneiden, -*hásidi*.

benetzen mit etwas, -*nyunyiʒa*, -*tóvya*. m.

beobachten, -*angalia*, -*taʒáma;* N. N. b. nicht die Vorschriften des *mganga*, *fulani haua miko*. m.

bequem sitzen oder liegen, -tandawáa, -tengéa. m.

beräuchern, -vivia, -piga mvúke.

berathen, sich b. mit jemand, -fanya sháuri, -barli̠i.

herauben, -twalia; beraubt sein, -twalika; Beraubung, utóro. m.

berauschen, -lévya; berauschendes Getränk, kiléo (cha).

berechnen, -hesábu.

beredt, mlumbáji. m.

bereit, tayári, ráthi, dáhibu. m., hathiri. m.; zum Gebrauch b. stellen, -soge̠éa; Schiffe für die Reise b., -̠atili. m.; bereiten, -tengé̠a; Speise künstlich b., -wandáa. m.; Bereitschaft, utayári (uteári).

bereuen, -juta, -tubla.

Berg, mlima, kilima; Gipfel eines B., kiléle.

Bericht, habari, ufafanú̠i. m., mlumbo. m.; Neuigkeiten berichten, -khúbiri.

berichtigen, -sahihi, -sahihisha.

bersten von selbst, -tatatúa. m.

berufen, -ita.

Berühmtheit, maarúfu (ya). m.

berühren, leise, -gúsa; leicht b., streifen, -pujúa; heimlich b., -kunyúa; eine wunde Stelle b., -tonésha; mit etwas b., -tóvya. m.; vorbeigehen, ohne zu b., -ambáa.

beruhigen, -kináisha, -tumbúi̠a, -túli̠a, -starehésha; ein Kind b., -ongoléa; sich b., -jitulilia, -rithia; beruhigt sein, kinai; beruhigender Gesang, utumbúi̠o; Beruhigung, ráha (ya); -smittel, kitúli̠o.

berühmt, -tukufu.

besänftigen, -tumbúi̠a; die Geister der Vorfahren b., -gónya. m.

besäumen, -kúnga, -kúshúlu. m.; einen Kragen b., kutia vinára.

Besanmast, der Dhau, gálme.

Besatz, kigwe; B. am Kisibao, déria. m.

Beschädigung, upeketéfu. m.

beschäftigt, viel b. sein, -shughulika; Beschäftigung, shughuli, ujúme. m.

beschämen, -tahayarisha, -tusúa. m.; beschämt werden, -taháydri, -tusúka. m.

Beschaffenheit, jisi, úmbo pl. maúmbo.

bescheiden sein, -tulia, -nyenyekéa; bescheidenes Wesen, upóle; Bescheidenheit, háya (ya).

beschenken, -pa heshima, -̠awadi, -jalia.

beschimpfen, -fethehe, -násii, shútumu.

beschirmen, einander, -kingana.

Beschlag, ein Stück Land mit B. belegen, dadurch, dass man dasselbe ein wenig bearbeitet, -topóa. m.

beschleichen, -tambalia, -nyatla, -nyemelea. m.; -nyapa. m.; -nyapia. m.

beschleunigen, -himi̠a, -harrakisha.

beschliessen beendigen', -ishili̠a;-shili̠a, m.); einen Rath, -fanya shauri; Beschluss (Ende), mwisho, (Rath) sháuri.

beschmutzen, -chafulla, -tabángatabánga kwa tópe. m.

beschneiden (rituell), -tahiri, -tina (Merima), ku-m-tia kumbini (Merima); Bäume b., -chénga.

beschnüren (die Bettstelle), -amba, -wamba.

Beschreibung, maandiko, maandikio.

beschützen, -linda, -núsúru, -hami, -hifathi; beschützt sein, -kingika.

beschuldigen, -taya, -shitáki, -kúmbi̠a. m.; einander b., -katiána; fälschlich b., -singi̠ia; fälschliche Beschuldigung, usúshi. m.

beschwatzen, -sháwishi.

beschwindeln,-punja,-tutúa.m. -tutúsha. m., -̠húsubu.

beschwören, -api̠a; Beschwörung, -api̠o, (la); besondere Art des Trommelns bei B., madogóvi.

Besen, ufagio pl. fagio, upeo, peo (Pemba).

besiegen, -shinda.

besingen, -imbia.

besinnen, sich, -wá̠a; etwas auf dessen Namen man sich nicht b. kann, dúde pl. madúde.

Besitz, *mali, kina (ya)*; besitzen, *-miliki (milki)*, *-tamálaki*; besitzend, *-ényi*; Besitzer, *mwényi*; Besitzthum, *miliki (ya)*.

Besorgniss erregen, *-sumbúa*; besorgt sein, *-taabika*; über jemand b. sein, *ku-m-tilia khófu*; sehr b. sein, *-sononéka*. m.; wegen einer Sache b. gemacht werden, *-sumbukia*.

Besorgung, zur B. und Beförderung übergeben, *-takabathisha*.

Besprechungen abhalten, *-bariʒi*; eine Steinbank oder dergl. vor oder in dem Hause, auf der man bei öffentlichen B. sitzt, *báraʒa*.

besprengen, *-nyunyiʒa*.

besser, *afathäli, ikhiari — nikheri*; ein Wissender (auch einer, der alles b. wissen will, ein Schwätzer), *mjúvi*.

bessern, sich, *-túbú, -tubia*; sich b. (von Kranken), *-áshkali*; zur Besserung bewegen, *-tubisha*.

bestätigen, *-yakíniska, -suduku*; jemandes Worte b., *-temérisha*. m.; Bestätigung, *mathúbudu (ya)*. m.

Bestechung, *rushwa, kijiri.* m., *lúkunia.* m.

bestimmen, was geschehen soll, *-ámi, -násibu, -ukilia.* m.; die Gränzen b., *-páka*; Bestimmung, *wasia* (Fatum), *túa (ya)*. m.

bestreichen,*-páka*; einander b.,*-pakána.*

bestürzt machen, *-tahayarisha*; b. sein, *-tekéwa, -tusúka.* m.; b. werden, *-fáthehi*; Bestürzung, *mjangáo,pumbwáʒi*.

Besuch bekommen, *-jiwa*; besuchen, *-tembeléa, -tokeléa, -ʒúru, -enʒa*; Abends b., *-chwesha (-twésha. m.)*; einander b., *-tembeleána, -enʒána*; Ruf des Besuchers, ehe er in ein fremdes Haus eintritt, *hodi*.

besudeln, *-chafulia.*

betäuben,*-gumbáʒa.* m.; betäubt werden, *-rúkwa.*

Betel, die fünf Dinge, welche zusammen wie B. u. s. w. gekaut werden, *tambúu, uráibu, kattu, chokáa, tombáko*; der ausgekaute *tambuu, utémbe.* m.;

kleine längliche Büchse, in welcher B. und Arecanuss getragen wird, *kijamánda, ufúraha.* m.

beten, *-omba, -ombea, -sáli, -salia*; b. lehren, *-salisha*; den Rosenkranz b., *kuvuta urádi kwa tesbihi.* m.

Betrag, *kádiri (kádri), tamania.*

Betragen, *kikáo, menénsi — maenénsi.* m.; anständiges B., mit dem man jedermann die ihm zukommende Ehre erweist, *ustáhifu.* m.

betrauern jemand, *ku-m-kalia.*

betrinken, sich, *-lewa*; völlig betrinken, *-cháp.a, -chapára.*

betröpfeln, *-tonéa*; betröpfelt werden, *-tonéka.*

betrüben, *-julisha, -taharukisha, -susonésha.* m.; betrübt sein wegen einer Sache, *-jua, -julia, -chonsa.* m.; Betrübniss, *hámu, tefékuri.* m.

Betrug, *uwongo, madanganyo, khadáa, hadáa, hila, badili, ushaufu.* m., *usenge.* m., *ujibáki.* m., *utiriri.* m.; durch B. erhalten, *-fililisa.*

betrügen, *-danganya, -pumbaʒa, -thalimu (-dalimu.* m.*), -khini, -hádáa, -shaua.* m., *-lemba.* m., *-kenga* (Merima), *kopa* (alte Sprache); einen Unerfahrenen, mit dem Lande unbekannten b., *-susúa.* m.; mit Versprechungen b., *-ongófya, -tulua.* m.; beim Zahlen, Abrechnen b.,*-fifilia.*m.; Betrüger, *mwóngo, ayari, chanja.* m., *dajali, tatái.* m., *thalimu, mukari.* m., *mfifilisi.* m., *mʒandiki.* m., *mkópi.* m.; ein Lügner und B. sein, *-danganyika.*

Bett (Bettstelle), *kitanda*; das B. machen, *-tandika*; der Raum unter dem B., *mvungu wa kitánda*; das B. hüten, *-tawa.* m.; bettlägerig, *mwéli.* m.

Bettel, *maómvi (ya), uomvi*; Bettelhaftigkeit, *ufukára, ukata.* m.; bettelhaft geworden sein, *-pujúka*; betteln, *-pembeléʒa, -ombea*; unverschämt b., *-jipujua* cf. *mpujufu*; Bettler, *mwombáji, mwómbi.*

Bettrahmen, den B. mit Schnüren beziehen, *-wámba.*

Bettstelle der Eingebornen, *kitánda*; nach indischer Art, *semadari*; die Seitenstücke der B., *mfumbáti*; das

Kopfende des B., *mchágo;* Kopf- und Fussende der B. der Eingeborenen, *kitákiẓo;* grosse B. vornehmer Leute, *mimbar* (eig. Kanzel); mit gedrechselten Füssen, *kilili, ulili* pl. *malili.* m.; die gedrechselten Füsse einer B., *téude gúuula kitánda;* Bettvorhang, *msúdu.* m.; Bettzeug, *matandiko.*

beugen, *-nyumbúa.* m., *-punda, -tahidi;* sich b., *-inama;* b., his die Enden sich berühren, *-pete mánisha;* sich nach vorne b., *-yónga.* m.

Beule, *jipu (la).*

beunruhigen, *-sumbúa, -uthi, -uthia, -taabisha, -chokoẓa, -fanya inda, -irisa.* m., *-kálifu.* m.; beunruhigt werden, *-sumbúka, -taabika;* Beunruhigung, *-usumbúfu, taabu, -faẓáa.*

beurlauben, *-rúkhúsu.*

Beute, *matéka (ya), nyara.*

Beutel, *mfúko;* kleiner Lederb. für Geld oder für Pulver, *kibogóshi.*

Bevollmächtigter, *wakili.*

bevor, *mbéle ya* oder *ẓa, kabla.*

bewachen, *-linda, -tunẓa, -viẓia.*

bewahren, *-okóa, -afu, -hifathi;* bewahrt bleiben, *-okoka, -hafithika.*

sich bewahrheiten, *-tekeleẓa.*

bewegen, *-tukússa, -sumba.* m.; vorwärts b., *-sukuma;* in Bewegung setzen, *-furukúta;* Schwerfälligkeit der B., *uinito.* m.

beweinen, *-lilia;* über jemand trauern, ihn b. (ceremoniell), *-ombelea.*

Beweis, *buruháni (burháni), ubainifu.* m.; beweisen, *-baini;* einander b., *-onyána.*

bewerfen, *-tupia;* eine Mauer mit Lehm b., *-paka, -kandika.*

bewickeln, *-songomerésa, -songomésa.*

bewölken, sich, *-tanda wiugu.*

bewundern, *-taajabu;* Bewunderung, *ajábu (ya).*

Bewurf, den B. einer Mauer glätten, *-tálisa.* m.; abfallen, vom B., Pflaster u. dergl., *-pambúka.*

bewusstlos werden, *-rúkwa.*

Bewusstsein, *thamíri.*

bezahlen, *-lipa, -tóa, -farithi;* die

Schuld für jemand b., *-okóa;* für jemand das Lösegeld b., *-fidia;* die Fracht b., *-takabathisha;* einer, der seines Schuldners Eigenthum versteigern lässt, weil dieser nicht b. kann, *mfilisi.* m.; Bezahlung, *malipo (ya), káro* (in Naturalien). m., *kifídio.* m.

bezaubern, *-óga.* m., *-ogotéa, -aẓimía, -mákhiri;* bezaubert sein, *-chomékwa.* m.

bezeichnen, *-tia alama;* Bezeichnung, *alama.*

bezeigen, Ehre, *-heshímu.*

bezeugen, *-shuhudía;* sich gegenseitig Beifall b., *-itikiẓána.*

bezichtigen, *-tuhumu, -shitaki.*

beziehen, den Bettrahmen mit Schnüren b., *-wámba.*

Beziehung, mit B. darauf, *kwa sababu ya, kwa ajili ya.*

Bezirk (in der Stadt Sansibar), *mta.*

bezweifeln, *-shúkú, -shútumu.*

bezwingen, *-shinda.*

bieder, *nasih, sahih.*

biegen, *-peta, -petemánisha, -petana, -pinda;* siehe auch: gebogen; Eisen, warm b., *-piga mkándo chúma;* beim B. brechen, *-ekúa;* biegsam machen, *-nyumbúsha.* m.; b. sein, *-nyumbúka, nyumbulika.* m.

Biene, *nyúki (wa* pl. *ẓa);* wilde B., *nibembe, wembembe.* m., *mbósa;* B. ausräuchern, um an den Honig zu kommen, *-umúa nyuki.* m.; *-könig, ásali ya nyúki;* -fresser (merops philippensis), *kóndekónde.* m.; *-made, chána (la);* -schwarm, *pumba la nyuki;* -stachel, *ufi* pl. *ufi.* m.; hohler Cylinder von Holz, wie er als -stock benutzt wird, *mẓinga.*

Bier, *pombe, boji, dókwa.* m.; B. der Araber von Weizen und Mais, *búsa.* m.; Rohr, um B. oder andere Flüssigkeiten dadurch zu trinken, *mlija.* m.

Biestmilch, *danya, kilámo (kiámo).* m.

bieten (auf einer Auction das erste Gebot machen), *-risimu.*

Bilanz, *urári;* die B. ziehen, *kufanya urári wa hesabu.*

Bild, *mfano, sanámu, methili, launi;* ein B. malen, *-piga picha.*

bilden, *-úmba.*

Bildung, *ulaínifu.* m.; Mangel an B., *utukútu.* m.

billig, *rakhisi, rahisi, báhasa.* m.; b. machen, *-rakhisisha;* Billigkeit, *urakhisi, uhafífu.* m. (Gerechtigkeit), *ádili (ya).*

Bimstein, *chasi.* m.

Binde, *utépe.* m. pl. *tépe;* den Bauch einzuschnüren, *kibóbwe;* B., mit welcher den Kamelen, die am Göpel gehen müssen, die Augen verbunden werden, *kidóto;* Bindebalken, *mhimili;* Rinde des *mgóssa* Baumes, welche zum B. benutzt wird, *úgossa.* m.; binden, *-fúnga;* Bindfaden, *úzi* pl. *nyúzi.*

bis *hátta;* bisher, *hatta sasa.*

bischen, *kidogo, hába, tembe.* m.

Bischof, *askafu.*

Bissen, *wánda* pl. *mawánda.* m.; ein B. Reis, *tónge.* m.; jemand die B. in den Mund stecken (als Zeichen der Liebe und Freundschaft), *-rai.*

bisweilen, *mára kwa mára.*

Bitte, *saláti, haja, matakwa;* B. um Vergebung, *ulalamisi.* m.; bitten, *-omba, -pembeléza, -nasihi, -sihi, -rongaronga.* m.; dringend b., *-tamaia, -hójihóji.* m.; um Erbarmen und Verzeihung b., *-laláma;* bitte, *kunrathi, tafathali;* Härte, mit der man dasjenige dem Bittenden verweigert, was man ihm wohl geben könnte, *uhiana.* m.

bitter, *-chúngu, kali;* ein wenig b., *kakássi.* m.; -keit *uchungu (utúngu.* m.); -salz, *chumvi ya halúli.*

blank putzen, *-metésha.*

Blase, *kibofu;* B. auf der Haut, *lengelénge (la), kiwe.*

Blasebalg, *mfúa;* den B. ziehen, *-vukúta.*

blasen, heftig b., *-rúma, -vuvia;* mit dem Munde b., *-puliza;* auf dem Büffelhorn b., *-piga mbiu,* Flöte b., *-piga zomári.*

Blatt, *jáni* pl. *majáni (manni.* m.); B. des Grases, *uchipúka;* B. Papier, *ukurása, lahu, ukurasa;* B. im Buche,

gombo *(la), káta;* Blätter, welche auf das Wasser im Kruge gelegt werden, damit es nicht überfliesst, wenn der Krug auf dem Kopfe getragen wird, *mavigo ya máji.* m.; abgefallene B., *madakáta (ya.* m.; B. der Banane, *gómba:* B. der Fächerpalme, *tápa (la);* B. der Kokospalme, *ukúti* pl. *kúti, chanda (la).* m.; das gerollte B. des Mgaddi Baumes, *kigúba.* m.; Blätter, welche der Tabackspflanze ausgebrochen werden, damit sie sich desto besser entwickelt, *kikwápa;* B. treiben, *-janúa (-chanúa.* m.); B. abfallen u. dergl., *-pukutika.*

Blatter, *lengelénge (la);* erblindet (nach den B.), *unyenyiézi.*

blau, *samáwi, nili;* b. Himmel, *uwingu* pl. *mbingu* und *nyíngu;* breites b. Zeug, *begi* (Momb).

Blechgeschirr, *kibátu.* m.

Blei, *risási, rusási;* flüssiges B., *uto wa risási;* -gewicht oder Stein an die Angel zu befestigen, *chúbwi (ya).*

bleiben, *-káa, -káwa, -kéti, -takhári;* bleibe stehen, *koma usije;* irgendwo b., *-dáimu.* m.; bei etwas fest b., *-shinda, -dumia, -seléa.* m.; zu Hause b., *-táwa.* m.; auf der Villa b., *-shinda kiungáni.*

blenden, *-pofúa, -tofúa, -tósa.* m., siehe auch: geblendet.

Blick, einen B. werfen nach etwas, *-nathiri;* neidischer B., *kijícho (cha).*

blind, *mpófu (mtófu.* m.) *kipófu;* b. sein, *-pofúka;* einen Blinden führen, *-detesha.* m.; Blindheit, *upófu, upopófu, utófu.*

blinken, *-mulika, -ngara, -metameta, -merimeta.*

blinzeln, *-pepésa (pésa).*

Blitz, *uméme;* blitzen, *-piga uméme.*

Block, gewaschene Mützen auf einen B. streifen, damit sie nicht einspringen, *-faroma (-furúma.* m.) subst. und verb.

Blockscheibe am Takelwerk, *koradáni (ya), roda.*

blokiren, *-fungisha, -vinjári.*

Blödigkeit, *chánga.*

Blödsinn, *mapiswa*, *puo*, *upuuʒi*.

bloss, *túpu;* sich -stellen, *-túsha.* m.

blühen, *-toa mᴀúa*, *-sitáwi;* Blüthe, *úa (la);* B. der Kokospalme, in welcher die Nuss sich eben zu bilden anfängt, *upúnga* pl. *púnga;* holzige -scheide der Kokospalme, *karára (kalala.* m.); -stengel der Kokospalme, *panda (la);* -stengel der Gewürznelken, *kikónyo (cha).*

Blume, *úa (la);* Blumenknospe, *túmba ya úa;* Blumenzwiebel, *nyinyóro.*

Blut, *damũ;* B. aus der Nase, *mwina.* m.; Stockung des B., *vilio;* -egel, *mrúba*, *rúba*, *msúnswa.* m.; -geld, *dia;* zum Bluten gereizt sein, *-toneshéka;* Bluten verursachen, *-tonésha;* Blutrache, *kisási;* Blutung, *tonésho.*

Boabab, *mbúyu;* die Frucht des B., *búyu (la);* Seil aus der Rinde des B., *chuia.* m.

Bock, *bébera (wa)* pl. *ʒa;* Böckchen, *kibuʒi.*

Bockshorn, griechisches Gras, *wátu.*

Boden, *nchi*, *mchanga;* nasser B., *kinamássi.* m.; den B. gründlich durcharbeiten, um alle Unkrautwurzeln zu beseitigen, *-búruga;* harter B. in der Plantage, *manyándo.* m.; der B. eines Canoes (Einbaums), *utháko.* m.; Loch im B. eines Bootes, um das eingedrungene Wasser herauszulassen, *ngúʒi (ya).* m; Planken, welche quer über dem B. des Schiffes liegen, *kitánsa*, *mbao ʒa kitánsa.* m.; -satz, *cháma (táma.* m.), *masháp o*, *rójo;* der B. des Kokosnussöls (wird gegessen), *sáta.* m *(la);* das Wasser mit Sorgfalt abgiessen, damit kein B. mitkommt, *-kwangúa*, *-chingirisha.* m.; den B. aufrühren, *-tefúa;* sich setzen (vom B. in Flüssigkeiten), *-sudumáa.*

Bogen, *upindi*, *mlémbe*, *uta* pl. *nyuta;* den B. spannen, *-pinda uta;* einen Pfeil auf den B. legen, *-pachika;* -sehne, *upóte* pl. *póte.* m.; auf der B. spielen, *-piga ugómbo.* m.

Bohle, *ubao.*

Bohne, *ukúnde* pl. *kunde;* Bohnenbusch, *mfiwi.* m.; Sauce aus gemahlenen B. mit Kokosmilch, *kikolóle.* m.; Erbsen, B. enthülsen, *-púa.*

bohren, *-tumbúa*, *-ʒúa*, *-pekécha*, *-subúa.* m.; mit der Ahle b., *-didimikia;* in den Grund b., *-ʒamisha*, *-tosa;* Bohrer, der Eingeborenen, *keké (ya).*

Boje, *mléʒa*, *mléʒo*, *kiléʒo.*

Bombe, *kómbóra (la).*

Boot, *mashúa (ya* pl. *ʒa)*, *chombo*, *kichombo*, *kilefi.* m., *ghanja.* m., *betela (la);* B. mit Auslieger, *ngaláwa;* B. aus einem Baumstamm gehöhlt ohne Auslieger, *mtúmbwi;* genähtes B., wie es die Leute in Lamu und Patta haben, *mtépe;* ein B. auf's Land ziehen, *-jáhabu.* m.; rudern, *-vuta makassia*, (nur bei grossen B.) *kuvuta mwambáo;* Eimer aus der Schale des *mbuyu*, um das Wasser aus dem B. zu schöpfen, *úpo* pl. *nyúpo.* m.; Hölzer, auf denen in ein B. die Ladung gelegt wird, damit sie nicht nass wird, *mwáo.* m.; Loch im Boden eines B., um das eingedrungene Wasser herauszulassen, *ngúʒi (ya).* m.; -haken, *kulábu;* -stange, *mgali.* m.

Borassuspalme, *mvuma.*

Bord, an B. gehen, *-panda.*

borgen, *-aʒima*, *-jikaradi.* m.

Borsten, Bürste, der die B. ausfallen, *shoboka.* m.

böse, *-báya*, *násába.* m., *-wi* (alte Sprache); auf jemand b. sein, *-taharukia;* b. ausschen, *-péta úso;* b. Geist, *pépo mbáya*, *mahóka*, *mʒuka*, *kiʒúka*, *bilisi*, *dungumaro;* b. Geist, der auf Befehl seines Meisters Menschen tödtet, *kiʒúu;* einen b. Geist durch besondere Ceremonie aus einem Kranken austreiben, *-púnga pépo;* b. Laune, *mfúndo.* m., *marunga.* m.; einer der absichtlich Böses thut, *mtíriri.* m.; etwas B. im fremden Hause thun, *-fisadi;* b. Vorzeichen, *mdána.* m.; b. Wesen, das Menschen verzehrt, *ʒimwi* pl. *maʒimwi;* -wicht, *fisadi*, *thálimu.*

Bosheit, *ubáya;* mit B. ansehen, *-gamia.* m.

Bote, *mtúme* (Bote Gottes pl. *mitume)*, *mjumbe;* Botschaft, *khábari (ya*, *la*, *ʒa)*, *risala.*

Bräune, *kimio (cha)*.

Bräutigam, *bwana harusi, mchúmba mume (mtumba.* m.), *mwoṟi;* Geschenk, das der B. den Eltern oder Verwandten der Braut vor der Hochzeit zu machen hat, *máhari (ya);* Geschenk, welches der B. der Braut macht, wenn sie sich ihm zum ersten Male entschleiert, *kipa mkóno;* Geschenk, welches der B. der Duenna *(kungu)* der Braut bei seinem ersten Besuch zu machen pflegt, *kiósha miguu, kifungua mlango.*

Brand, *mwáko, utekelefu;* B. im Getreide, *hisinu.* m.; in B. stecken, *-washa, -teketeṟa, -kóka* (Kigunya).

branden (von der See), *-chachúka.*

Brandmal, *písho.*

Brandung, *wimbi la kuúmuka,* auch *mavimbi* allein.

braten, *-káanga,* vergl. auch gebraten; direkt auf dem Feuer b., *-óka, -ota.* m., *-choma* (Pemba), *-koka* (Kigunya); kleiner Topf, darin zu b., *kikáango;* Bratenleiter, Holzstückchen, welche wie eine B. in den Topf unter die zu kochenden Stücke gelegt werden, damit sie nicht anbrennen, *mwalio, nyalio, kialio;* Bratpfanne, *kalái, chiocho* pl. *vyocho.* m., *tawa (la)* (Türk.); Bratrost, *úma* pl. *nyúma.*

brauchen, *-taka, -ihtaji, -hedáji.*

braungelber Stoff zum Kanzu der Männer, *khuṟurúngu, khuṟurungi.*

brausen, *-vúma;* brausendes Geräusch, *vúmi.*

Braut, *hárusi, mchúmba mke,* (*mtumba.* m.); Tuch, in welchem die Frauen ihre Kinder tragen, für solches wird der Mutter der B. bei der Hochzeit ein Geschenk gemacht, *ubéleko;* Brautschaft, *uchumba (utúmba.* m.)

bravo, *ahsánta, taiyib.* m.

brechen, trans. *-vúnja, -vúnda;* intr. *-vunjika;* beim Biegen b., *-ekúa;* die Ehe b., *-ṟini;* ein Loch durch die Mauer b., *-tobóa;* Brecheisen, *mtaimbo.*

Brecher, *wimbi la kuúmuka.* m.

Brechmittel, *dáwa ya ku tapika, tapisho;* Brechreiz, *ngónga* (Lamu).

Brei, *ugáli, hasída;* B. vom *mtama*-Mehl, *hasída;* B. von gekochten Erbsen, *msómbo.* m.; B. von Mais, Hirsemehl mit Kokosmilch, *sima.* m.; B. (noch nicht gekocht) *kibúndwe.* m.

breit, *-pána;* die b. Seite, *-bápa;* Breite, *upána;* nördliche B., *shemál;* südliche B., *júnubi.*

Bremse (Insect), *paanda, paange.*

brennen intr., *-waka;* b. trans., *-chóma, -washa, -shenga.* m., *-unguṟa* (Pemba); nicht b. wollen, z. B. Tabak, *-juniota.* m.; Brenneisen, um Wunden zu brennen, *úma* pl. *nyúma, tau (ya).* m.; Brennholz, *ukúni* pl. *kúni, kijuni.* m.; B. suchen, *-chanja;* trockener Misthaden, der als Brennmaterial benutzt wird, *kishónde.* m.

Brett, *ubáo* pl. *mbáo, kibáo;* Brettspiele, *bao, estaranga, dama.*

Brief, *bárua (ya)* pl. *mabárua, wáraka* pl. *nyáraka, khatti;* der übliche gute Stil beim -schreiben, die übliche Anrede, *dibáji;* -marke, *chappa (cha barua);* -umschlag, *bahasha.*

Brille, *miwáni (ya).*

bringen, *-léta, -fisha, -peleka;* auseinander b., *-tanganía.* m.; einen Fluch über jemand b., *-laánisha;* an die Luft b., *-fumbúa;* näher b., *-jongéṟa (-songeṟa, -sengeṟa.* m.); zu recht b., *-ongósha;* an die Spitze b., *-ongóṟa;* vor jemand b., *-kabilisha.*

Brise, kühle, *upépo* pl. *pépo.*

Brocken, *wánda* pl. *mawánda.* m.

Brod, *mkáte;* Art B. aus Kassava, *upápása* pl. *papása.*

brodeln, *-tutúma, -chemúka (-chéuka.* m.)

Brokat, *ṟári.*

Brotschnitt, *mkáte.*

Bruder, *ndúgu (káka,* kihadimu); des Vaters B., *amu;* B. des Mannes (der Frau). *mwámua (mwáinu.* m.); Bruderschaft, *kindúgu (cha).* m.

Brücke, *daraja, uráro, bonth.* m., *kandára (ya).* m.; Baumstamm, der quer über einen Fluss gelegt, als B. dient, *mtatágo.* m. vergl. *-tataga.*

Brühe, *úji.*

brüllen, *-ngúruma*, (*-vuma*. m.); das Brüllen, *kivumi;* B. des Löwen, *mgurumo wa simba.*

brüten, *-ongúa*, *-otamia*. m.

brummen, *-guʏia*, *-ngurúma*. m. vergl. *mguno.*

Brunnen, *kisima;* Einfassungsmauer um einen B., *ukúngo.* m. pl. *kúngo;* Stange mit eisernem Haken, um aus einen B. u. dergl. hineingefallene Gegenstände heraus zu fischen, *kiopóo;* angesammelt sein (vom Wasser im B.), *-tundáma;* der B. ist vertrocknet, *sima ʏa sonóna.* m.; hinunterlassen den Eimer in den B., *-púliʒa.*

Brust, *fúa* pl. *mafúa*, *kifúa;* Brüste der Frauen, *maʒiwa;* an der B. saugen, *-nyónʏa*, *-ámwa.* m.; säugen, *-nyonʏesha*, *amwisha.* m.; Schmuck, den die Frauen auf der B. tragen, *utondóti* pl. *tondóti.* m.; Brustbein, *kidári;* Brustkrankheit, *púmu;* Brustschmerzen, *kifu ndugu.* m.; Bruststück, vom geschlachteten Thier, *kidári;* Brustwarze, *kilémbwe.* m.

Bruthenne, *kóo la kuku.*

Buch, *chúo* pl. *vʏúo*, *kitabu (cha)*, *makhtasar.* m.; kleines B., eigentlich Kapitel aus dem Koran, *jüʒúu* pl. *majuʒúu;* B. mit Gebeten, bei einem Sterbenden zu lesen, *búrúda;* ein B. einbinden, *-jélidi;* Buchfutteral, *mtúmba wa chúo*, *tumba la chúo.*

Buchstabe, *hárúfu* (*ʏa.* m.).

Bücherbrett, Art von hängendem B., *masúso (ʏa).* m.

Büchse, *kibwéta;* kleine B., in welcher die zum Betelkauen nöthigen Ingre-

dienzen verwahrt werden, *kijamanda*, *ufúraha.* m.; kleine B., welche die Frauen auf der Brust tragen, *kiʏalúba.*

Bucht, *mghúbba* (*la).*

Buckliger, *mwenyi kigongo;* Höcker eines B., *kigóngo.*

Büffel, wilder, *nʏáti;* auf dem -horn blasen, *-piga mbiumbiu.* m.

Bug einer Dhau, *hanámu (ʏa* pl. *ma)*, *fashini.* m.

bugsiren, *-piga utári.* m.

Bugspriet, *mlingóte wa máji.*

Bund, *ahadi*, *maagáno* (*ʏa).*

Bündel, ein B. Bananen, *tana (la)*, *tána la ndiʒi;* B. trockener Kokosblätter, *kienge (cha).* m.; B. Holz, *tita (la)*, cfr. *-tita*, *-titika;* B. Sachen, *péto (la)*, *robota (la);* B. Perlen, *sháda (la)*, *kisháda.* m.; ein B. Reis, Mehl oder dergl. in die Ecke eines Tuches gebunden, *furushi (la)*, *kifurushi;* B. Stroh, *mwénge.*

Burg, *ngóme (ʏa)*, *kut.* m., *buruji.* m., (Gefängniss) *geréʒa -huʒuni.*

Bürgschaft, *thámini*, *uthamini;* B. leisten, *-thámini.*

Bursche, *kijana*, *jana* (*la).*

Bürste, *ufagio* pl. *fagio*, *upeo* (Pemba); B., der die Borsten ausfallen, *schóboka.* m.; bürsten, *-sugúa.*

Busch, *kitawi*, *kitúa*, *gugu*, *koko (la)*, *kijiti.*

Büschel, kleines, *kijobwa.* m.

Buschlaus, *kúpe (kúpa.* m.).

Butter, *siági(ʏa)*, (geschmolzene) *samli;* mit Fett oder B. braten, *-káanga;* -milch, *mtindi wa maʒiwa.*

C.

Cactus, *mpungáti.*

Cajüte, *máule.* m.

Calabas, *mbúgu la tángo.*

Canoe, *galáwa;* der Boden eines C., (Einbaumes), *utháko.* m.; Baum mit leichtem Holz zu Mastbäumen und C. gebraucht, *mléha.* m.; ein Baum,

aus welchem C. gemacht werden, *mjója.* m.

Canter (Gangart des Pferdes), *maghád.*

Capitain (Eingeborener), *nákhosa*, *nakhóda.*

Capital, *räs il máli.*

capitulieren, *-sélimu.*

Caravane, *kófila, safara.*

Cardamom, *héliki.*

Cargoboot, *mashúa (ya* pl. *ʒa).*

Cassava, *muhógo, hógo (la);* getrocknete C., *goba (la).* m.; -wurzel zerschneiden, um sie zu kochen, *-énga.*

castrieren, *-hási.*

Caution, *ráhǎni.*

Cautschuk, *mpíra.*

ceremonielle Reinheit (Art des Moslem), *utohara* pl. *tohára.*

Chamaelon, *lúmbwi (wa).*

Charnier, *páta.*

China, *Chini.*

Cholera, *kipindupíndu, wabba tauni.*

christliche Kirche, *kanisa (ya)* pl. *makanisa;* christlicher Priester, *kasisi.*

chronische Krankheit, *ugónjwa.*

ciseliren, in Metall, *-fulia.*

Cisterne, grosses Wassergefäss, auch Badewanne, *birika (ya)* pl. *mabirika.*

Citrone, *balúngi (la), limáu (la), furungu;* -baum, *mdimu.* m.

Civilisation, *ungwǎna.*

Clan, *kabíla.*

Claret, *devai.*

Cölibat, *usúfi.* m.

Collyrium, *wánda* pl. *nyanda.* m.

Comoren, *Viʒiwa;* die grosse C. Insel, *Ngaʒidja.*

Compagnon, *mshárika.*

Compendium, *muhtásari.*

Concubine, *suria, mwandáni.* m.

Confect, Art von arabischem C., *hálwa.* m.

congruiren, *-fikiliána.*

Constantinopel, *Stámbuli.*

Contobuch, *daftári* (Pers.).

Contract, *scharti, makatáa.* m.

Copal, *sandarúsi (ya);* -Baum, *msandarusi, muchongolo* (Kinika).

copiren, *-nákili;* Copist, *-mwendeléʒi.* m.

Copra, *naʒi kávu.*

Corallenfels, *genge* pl. *magenge.* m.

Coran, *koruanu;* ein Kapitel aus dem C., *juʒúu* pl. *majuʒúu;* die erste -sure, *fátiha.*

Cousine, *yáche.* m.

Couvert (Briefumschlag), *bahasha.*

Creatur, *chúmbe.* m.

Credit, auf C. geben, *kopésha;* Güter auf C. nehmen, *-kópa.*

Curs eines Schiffes, *májira (ya).*

Curry, *mchúʒi,* dazu gehört, *kusubára, biʒan, gilgilán, heliki.*

Cylinder, hohler C. von Holz, wie er als Bienenstock benutzt wird, *mʒinga.*

Cymbeln, *twáʒi (la).*

D.

da ist, *pána;* er ist d., *yúko, yupo;* es ist nicht d., *siko, sipo;* von J. ab (zeitlich und räumlich), *tángu.*

dabei stehen, *-simamia.*

Dach, *dari, sakáfu* (Plattdach), *baanda, paa* (Strohdach); -balken, *bóriti (ya);* -latte, *upáo* pl. *páo, páo (la);* die -sparren und Latten untereinander zusammenbinden, *-paáa.* m.; Einfassungsmauer um ein D., *ukúngo.* m. pl. *kúngo;* D. auf der Giebelseite. *kisusi;* die Längseite eines D., *kipáa;*

vordere -seite, *kipáa cha mbéle;* hintere -seite, *kipáa cha nyúma;* der Theil des D., welcher über die Mauer hervorsteht, *upénu* pl. *pénu;* -balken, der auf der Mauer aufliegt (Wallplatte), *mbáti;* ein D. mit Stroh decken, *-eʒéka;* D. von *mia* (Zuckerrohr), *kúpa (la).* m.; eine Art hohen Grases, das zum -decken benutzt wird, *óndo (la).* m.; -ziegel, *kigái (cha);* Wasserrinne eines D., *kopo, kópwe la máji.* m.

Dachs, *lóma.* m.

dahinschwinden, *-dii*, *-túʓa.* m., *-puju-lika.* m.

dahinstürzen, *kwénda kássi.*

damit, *illi.*

Damm, *kisugúlu.*

dämmerungszeit (Abends-), *mshúko wa isho.*

Dämon, *jinni* pl. *majinni, milhoi, ʓoka* pl. *maʓóka.*

Dampf, *mvúke;* -schiff, *merikébu ya móshi.*

Dank, *ushúkura, ushúkuru;* danke schön! *maráhába, ahsánta.*

darbringen, *-dáhi.* m.

Darm, *tumbo (la),* meist im Plural *matumbo;* D., voll Mist eines Thieres, *kisáfu.* m.

Darre, *m'fá.* m.

darstellen, *-bainisha, -dirishi.* m.; Darstellung, *udéherifu.* m.

dass, *kwa kuwa, kwámba.* m.

Datum, *tarikhi.* m.

Dattel, *ténde (ya):* -baum, *mténde;* kleine oblonge Mattensäcke,in welchen die D. aus Arabien nach Sansibar gebracht werden, *kigúmi (cha).*

Dauer, *áushi;* Lebensd., *máisha (ya);* dauern, *-dishi.*

Daumen, *gumba, kidole (chanda m.) cha gumba.*

Deck eines Schiffes, *sitáha.*

Decke, *busturi (kistiri ⌐ choo).* m.; wollene D., *bushuti.*

Deckel, *kifuniko;* D. eines Buches, *jálada (ya* pl. *ʓa);* decken, *-funika;* d. mit Stroh (ein Dach), *-vimba.*

dehnen, den Körper strecken und d., *-nyogóa.* m.

dein, *-áko;* d. Kind, *mwanao;* d. Mann, *mumeo* u. s. w.

Delphin, *pombóo (wa)* pl. *mapombóo.*

demüthig, *-nenyekévu;* d. sein, *-nenyekéa, -nyenyekea;* d. bitten, *-sihi;* demüthigen, *-hákiri;* sich d., *-shúsha móyo;* Demuth, *unenyekéo.*

Dengue, das -fieber, *kidinga popo.*

denkbar sein, *-kadirika;* denken, *-fikiri, -kádiri, -tia maanani;* fälschlich d., *-thánni.*

deponieren, *-wekéa;* Depositum, *amána (ya);* Depot, *fórda.* m.

Deputatsland der Sklaven, *koónde (la), kodo.* m.

Deserteur, *mkimbiʓi, mtoro;* desertiren, *-toroka;* zur Desertion verleiten, *-torosha.*

desgleichen, *kifáni.*

Detail, im D. verkaufen, *-reʓareʓa.*

deuten, *-tafsiri, -eleʓa;* deutlich, *-waʓi, kiáda;* d. machen, *-pambaʓúa, -tambulisha, -bamika, -dasúa.* m.; Deutlichkeit, *uwáʓi.*

deutsch, *dashi, alemani;* unter d. Schutz, *fi hamáyat el alemani.*

Dhau, eine, *dau (la),* besondere Arten: *ghangi, bédeni, awesia, baghala, batela, sambuku, buti;* Vordertheil der D, *gubete (ya* pl. *ma);* Bug einer D., *hamímu (ya* pl. *ma);* Kiel einer D., *utáko* (Merima).

Diadem, *táji.*

Dialect, *matamúko (ya), lúgha (ya).*

Diamant, *almási (ya).*

Diarrhoe, *tumbo la kwenénda, kuhara.*

dichter Wald, *mwitu;* so dicht an den Wind das Schiff herandrehen, dass die Segel flappen, *-pigiʓa tánga;* dicht heran bringen, *-egésha;* d. machen, *-káʓa, -funga;* d. an einander hängen, *-tatána;* d. neben einander gehen (von Schiffen), *-pambána, -enda embamba;* die Schiffe kamen d. zusammen, d. hintereinander, *viombo vianakuja sánjar.* m.; d. verbunden sein, *-fungamána.*

dichten, *-túnga nyimbo, -tenda.* m., vergl. *utenʓi;* Dichtung, *usháiri, utenʓi.*

dick, *-néne, -ʓito.* m.; d. schwere Wolken, *mawingu;* kurzer d. Knüttel, *mpwéke;* d. Reissuppe der Eingeborenen, *matása (ya).* m.; d. Zeug, *nguo ya máki;* d. und fett werden, *-wánda.* m.; Dicke, *unene, máki (ya)* (im Gegensatz zur Breite, *iki.* m.)

Dickicht, *kóko (la), kicháka.*

Dieb, *mwivi* pl. *wévi, mwiʓi* (Lamu), *mrungúra, mrungúʓi, chépi (wa).* m.; herumgehen um den D. aufzuspüren, *-vijia;* unbewacht, wie für den D.

daliegen, -*ibika;* Dieberei, *uíʒi;* diebisch, *mwibáji,* kijivi.

Dienst, *húdúmu,* *ibáda,* *matumishi;* zu ihren Diensten, *haláli yáko;* dienen, -*ábudu,* -*hudúmu;* d. zu etwas, -*sélehi,* -*sélekhi;* Diener, *mtumishi,* nóker.

Dienstag, *júma yánne.*

dieser, diese, *húyu,* *hawa,* *huu,* *hii,* *hiʒi,* *hiki,* *hivi,* *hili,* *hayɔa;* gerade an d. Stelle, *papa hápa.*

Ding, *kitu,* *néno,* *gharathi.* m.

Distel, *mbáruti,* *bilíwili.* m.

Division (Rechnung), *mkásama.*

Docht, einer Lampe, *utámbi* pl. *támbi;* den D. der Lampe heraufziehen, -*dotéa.* m.; D. einer Kerze, *kópe (la).*

Dock für Schiffe, *gúdi.*

Document, *khátti (hatti).*

Dolch, *dásini,* *jambía (la).*

Dollar, *reale;* Spanischer D., *reali ʒa mʒinga;* Gewicht eines D., *wakia.* m.; Theile des D.: ¹/₁₆, *nuss ya themuni;* ¹/₈, *themuni;* ³/₁₆, *themuni na nuss ya themuni;* ¹/₃, *ʒerenge;* ¹/₄, *robo;* ⁵/₁₆, *robo na nuss ya themuni;* ³, *robo na themuni;* ⁷/₁₆, *robo na themuni na nuss ya themuni;* ¹/₂, *nuss;* ⁹/₁₆, *nuss na nuss ya themuni;* ⁵/₈, *nuss na themuni;* ¹¹/₁₆, *nuss na themuni na nuss ya themuni;* ³/₄, *kassa robo;* ¹³/₁₆, *kassa robo na nuss ya themuni;* ⁷/₈, *kassa themuni;* ¹⁵/₁₆, *kassa nuss ya themuni.*

Dolmetscher,*mkulimáni,* *mfasiri,posoro.*

Donner, *mgúrumo,* *rádi;* der rollende Ton des D., *kivúmo (cha).* m., *mtitimo,* *ngurumo;* -schlag, *rádi (ya);* -keil, *kipapára (cha).* m.; donnern, -*piʒa mtitimo,* -*ngúruma,*-*tutuma;*Donnerstag, *alhamísi.*

doppelläufiges Gewehr, *bundúki ya buférekin;* doppelt, *maradúfu (ya);* Doppelzüngigkeit, *mapióro (ya);* ein unzuverlässiger, doppelzüngiger Mensch, *kaoléni.*

Dorf, *mji,* *kijiji* (m.); *kitongóji* (Lamu); Dörfchen, *mwando.* m.

Dorn, *mwiba;* Arten D., *péa,* *kikóngo,* *kikwáta;* -bäume, *mbilíwili,* *mjáfari.* m., *msaro.* m., *mkwamba;* eine Art -busch mit essharen Früchten, *mkunási.* m.; D. mit kleiner, schwarzer, essharer Frucht, *mchongóma.* dörren, -*yabísisha.*

dort, *pále,* *mle,* *kule,* *hapo,* *huko;* d. ist es: z. B., *iko.*

Dose zu Schnupftaback, *tabakero,* *mkakási.* m.

Doti, Stück Zeug, ein halbes d. = 5—6 mikono, *kuámbi;* dritter Theil des d., *kisóloti* (Merima).

Drache, Papierd. der Kinder, *tiára (ya),* *kisusúli;* den D. steigen lassen, -*púliʒa kisusúli.*

drängen, -*sónga,* -*shéta.* m., -*eleméa.* m.

Draht, *masíngo,* *uʒi wa madini;* durchlöcherte Platte zum D. ziehen, *chamburo.*

draussen, *nje,* *kwá nje.*

drechseln, -*kereʒa;* Drechsler, *mkereʒa;* Drechselbank, *keeʒo.*

drehen (verdrehen), -*popotóa,* -*tatu;* auf die Seite d., -*tengúa.* m.; das oberste zu unterst d., -*pindúa,* -*pindúʒa;* auf die Seite d., -*kengeúa.* m.; Schnur d., -*suka,* -*sokóta,* -*pakása* (Merima); Stück Holz, um Schnur oder Seile damit zu d., *kisóngo;* zwischen den Händen d., -*fiokóta.* m. sich d. (vom D. des Windes), -*ʒinga;* das Steuerruder auf die Seite d., -*pinga sukani* (shikio); *la chómbo;* der Zapfen, um welchem sich das Steuerruder d., *rumáda.* m.; Drehung, *pindi (la),* *mʒingo.*

drei, *tátu,* *thelatha;* -mal, *marra tátu;* dreissig, *kumi tatu,* *thelathini;* Monat von d. Tagen, *mwéʒi mwandámu;* dreizehn, *kumi na tatu,* *thalatháshara;* dreiviertel, *kassa róbo;* Dhau mit dreieckigem Segel, *sambúku.*

dreschen, -*púra.*

Drillbohrer, *kekée,* Stiel desselben, *ivo (la).* m.

drillen (Feuer), -*pekécha,* -*pekéja.*

dringend bitten, -*tamáa,* -*jadi.* m., -*hójihóji.* m.

drinnen, *ndáni.*

dritte, *wa tátu;* Drittel, *utátu, thuluth.*

drohen, *-ogófya, -ogofisha, -khofisha;* Drohung, *wogofya* pl. *nyogófya, makamio (ya).* m.

Druck, *kázo (la);* drucken, *-piga chápa;* drücken, *-gamdamia, -kandamiza, -uthiki, -shindilia, -shéta.* m., *-eleméza, -songa;* sich an die Wand d., um einen andern vorbeizulassen, *-jibánza;* Drücker am Schloss, *kia* pl. *via.*

du, *wewe, u;* du da! *sáa;* du bist es, *weye, ndiwe.*

dulden, *-vumilia.*

dumm sein, *-pumbáa;* d werden, *-pumbazika;* den D. spielen, *-ji-pumbáza;* -heit, *upumbáfu, ujuhúla, ujinga;* -kopf, *mjinga, hayawáni, kipumba, bárzuli.*

dumpf sein, *-rutubika;* -heit, *rútuba;* dumpfig machen, *-rutubisha.*

Dung, *mafi (ya), sámadi mbongéa.* m.

dünn, *-embámba, n'ukakáya.* m., *laini.* d. Latte, *ufito* pl. *fito;* eine d. Platte, *bámba (la);* d. Pfahl, *sio (la).* m.; sehr d. Dachsparre, *páo (la);* d. Seil, *úgwe* pl. *ngwe;* eine Art d. Zeug, *busháshi;* d wässrige Suppe, *pórofa (la).* m.; *mashendéa;* d. Reissuppe, *maabwalabwa (ya).* m.; d. hämmern, *-tawbúza, -papáta;* d. werden, *-dófika.* m.; d. werden (Suppe u. dergl.), *-pórwa;* zu d. sein (Suppe), *-tujúka.* m.; -darm, *utengeléle.* m.; Dünne, *uembámba, ukakáya.* m.

dunkel, ausschender süsser Palmwein, *shisi la témbo;* dunkeler, unverständlicher Spruch, wie ihn der Zauberer gebraucht, *kilinge;* Dunkel und Wolken, *thulímu na magúbari.* m.; -heit, *giza;* Regen und D. am Morgen, *fúndefunde (la).* m.

Dunst, *mvuke, vuke.*

Dünung, *kweléa (ya).* m.

durch, *kwá, na.*

durcharbeiten, den Boden gründlich d., um alle Unkrautwurzeln zu beseitigen, *-búruga.*

durchaus, *kwa yóte, kórö.* m.; *kábisa;* d. nicht, *hásha, kamwe.* m.

durchbohren (mit dem Bohrer), *-zúa;* die Ohren d., *-toga;* d (ein Loch mit dem Messer machen), *-dunga.* m., *-shoma.* m., *-dudumia.* m., *-tumbúa;* durchbohrt sein, *-subúka.* m.

durcheinander, Worte verschiedener Dialecte d. bringen, *-goléza.*

Durchfall, *tumbo la kwenenda;* an D. leiden, *-hára.* m.; eine Medicin gegen D., *usímda* pl. *simda (za).*

Durchgang, schmaler, *kipényo, kipito, shambiro (la).* m., *mwanya.* m.; enger D. zwischen zwei Häusern, *kitóto(cha).*

durchgehn, *-kimbilia;* Jemand der sich Geld leiht und damit d., *msimisi.* m.

durchgekratz sein, *-kunyúka.*

durchnähen eine Matratze, *-tóna gódoro.*

durchprügeln, *-pupúta.* m.; durchpeitschen, *-jelidi, -piga majelidi;* Pfosten, an welchen Verbrecher, die durchgepeitscht werden sollen, angebunden werden, *mkú.* m.

durchreiben, *-pujua, -tubúa;* sich die Hände durchgerieben haben, *-pujúka.*

durchrühren, den gekochten Reis mit der Sauce, *-toéa* (Pemba), *-toeléa.* m.

durchscheuern, *-tubúa;* durchgescheuert sein, *-tubúka.* m.

durchseihen, eine Flüssigkeit, *-chuja* (-tújá. m.); durchgeseiht sein, *-chujika, -tujika.* m.

durchschlagen, ein Loch, *-tumbúka.*

Durchschlag (Küchengeschirr), *kunwóto, kunguto.*

durchsichtig sein, *-ngára, -ngála, -ngáa, -rangára.* m.

durchsickern (von Flüssigkeiten), *-vujia.*

durchstreichen, *-fúta.*

durchwaten, *-furúnga.* m.

durchziehen, den Schurz zwischen den Beinen, *-piga uwínda.*

Durst, *nyóta (ya) kiu;* dürsten, *-ona kiu.*

E.

ebben, -pwá; das Wasser fängt an zu e., maji yanashindúka; tiefste Ebbe, mbánde. m.; durch die E. trocken gelegt, káme; durch die E. verhindert werden, -pweléwa; Stütze für Fahrzeuge, welche während der E. auf dem Trockenen liegen, shiku (la), táümu. m.; Felsen und Sandbänke, welche durch die E. trocken gelegt werden, kipwa; Lache am Strande, welche bei der E. zurück bleibt, kidimbwi.

eben (glatt), -oróro; e. (Land), tambaráre. m.; ganz e., sawasawa, tike. m.; e. machen, -sawánisha, -sawazisha.

ebenso, vivyo, kamán, baraba; ganz eben solche, vilevile.

Ebenbild, kifáno.

Ebene mit weiter Aussicht, kitetéle. m.; ebenen den Boden, -vumbúa.

Ebenholz, mpingo.

Ebenmaass, mtindo. m

Echo, mwángwi.

echt, hálisi.

Ecke, pémbe (ya), uti, pl. nyuti; Ende oder E. eines Turbans, eines Stückes Zeug, utamvúa; ein Bündel Reis, Mehl oder dergl. in die E. eines Tuches gebunden, kifúrushi (cha); Eckzahn, chónge (ya).

Edelmuth, ukárimu; edelmüthig, mfáthili.

Edelstein, jóhari, fusfus (fussus); Edelsteine, kidiku, fetháluke, kito, marjani, akiki.

Egypten, Másri = Misri.

Ehe, ndóa, mikáha; die E. brechen, -zíni; die E. scheiden, -tálaka; -brecher, talaléshi. m.; -bruch, uzíni.

ehe, kábla ya.

Ehre, die man jemand erweist, héshima; anständiges Betragen, mit dem man jedermann die ihm zukommende E. erweist, ustáhifu. m., cheo; ein Verständiger, der jedem seine E. zukommen lässt, mstáhifu. m.; ehren, -héshimu, ku-m-wekéa héshima, -jali, -stáhi, -taathámisha. m., vergl. auch

geehrt; ein Zweckessen zur E. jemandes, kárámu (ya), kirimu. m.; Jedem die ihm zukommende E. erweisen, -toa kwa ráufu. m.; e. Vornehmeren E. erweisen, -wajihiána. m.; Ehrengeschenk, héshima, (das dem Gastgeber gegeben wird); E. an den Gast, zawádi; Ehrentitel, sifa (ya); ehrerbietig sein, -stáhi. m.; Ehrerbietung, unenyekéo; aus E. vor jemand aufstehen, -ondokéa; Ehrgefühl, háya (ya).

Ei, yáyi, pl. mayáyi; gackern wie eine Henne, die ein E. gelegt hat, -t'et'ea, vergl. matetési (ya); Eier legen, -árda (Merima), -zaa; E. ausbrüten, -atamía; der Henne E. unterlegen, -atámisha; junges Huhn, das bald anfangen wird, E. zu legen, msó. m.; Nest, in welches E. gelegt werden, kiota, kióte; ein Präparat von Haschisch, Honig, Opium und E., majimi (ya); Eierpfannkuchen, kiwánda (cha) cha mai ya kúku; das Weisse des E., úto wa yayi; -gelb, kúni cha yayi; Eierschale, káha la yayi. m.

Eichkätzchen, kifuéte. m., kindi. m, kitéte. m.

Eid, kiápo, uápo pl. nyápo; mit der rechten Hand (auf dem Koran), yamini.

Eidechse, mjúsi; Arten: mfaramfára, chúsu, gorómwe (la pl. wa), gorongóndwa, gurúguru (lebt in Erdlöchern), kiuma mbúzi, mjombakáka, mjisikáfiri, nanigwanzúla, mburukenge.

Eifer, júhudi (ya) (jihidáti), bidii; E. zeigen, -hangáika; -sucht, unvivu, ghéiri; -süchtig, -wivu; eifrig bei der Sache sein, -simamilia; e. suchen, -angalilia.

Eigenart der Menschen, úmbo (la).

Eigenschaft, kikáo, hája.

Eigenthum, máli (ya).

Eigenthümer, mwenyi; Schiffsladung von Gütern verschiedener E., júkúmu. m.

Eile, *upési*, *háraka*, *harára*. m., *púpa*;
E., um schnell fertig zu werden,
kikáka. m., *katha*; eilig sein, -*háraka*,
-*nyatúa*; etwas e. thun, -*rasharásha*. m.; die Arbeit e. und ungenau
verrichten, -*papia*, -*parúa*. m.; eilige
Arbeit, *shúfushufu*. m.; in eiliger
Weise, *parupáru*. m.

Eimer, *ndóo*, *sila* (*ya*). m.; E. aus der
Schale des Mbuyu, um das Wasser
aus dem Boot zu schöpfen, *úpo* pl.
nyúpo. m.; Henkel, der eingehakt
ist, wie z. B. der eines E., *utámbu*;
den E. in den Brunnen herunterlassen, -*púliʒa*.

Einäugiger, *mwenyi chóngo* (*tongo* m.)

einathmen, -*palíʒa púmʒi*.

Einband eines Buches, *jildi*.

einbegriffen, mit e. sein, -*huʒika*. m.

einbilden, sich etwas e., -*fithuli*, -*thamni*.

einbinden, ein Buch, -*jélidi*.

einbringen, -*ákifu*. m.

eindringen, -*pénya*; eindrängt, einer,
der sich überall e. (tadelndes Wort),
sifule; Eindringling, *kiʒúshi*.

Eindruck, einen E. in etwas machen,
-*bonyésha*.

einer, -*moja*, *wahed*; auf e. Seite geneigt, *pógo* pl. zu *upógo*; nicht gerade, sondern nach e. Seite gehen,
kwénda pógo.

einfädeln, -*tungia*.

einfallen, -*anguka*, -*tungúka* (Pemba).

Einfalt, *mapiswa*; einfältig, *behaimi*,
bahami.

einfassen, -*kúnga*; Einfassung, *úgo*
pl. *nyúgo*. m.; -mauer um einen
Brunnen, um ein Dach, *ukúngo* pl.
kúngo. m.

Einfluss, *kárama*; E. haben, -*búda*. m.

eingebildet, ein e. Mensch, *mwajisifúni*.

eingeklemmt werden, -*kwáma*.

eingelegte Arbeit (?), *mjúmu*.

eingestehen, -*ungáma*.

Eingeweide des Bauches, *utúmbo* pl.
túmbo; die E. ausnehmen, -*tumbúa*.

eingiessen, -*mwagia*, -*miminia*,
-*kemba*. m.

eingraben, -*chóra*.

Einheit, *umója*.

einig werden, -*tungamana*, -*patana*,
-*tuʒánya* (Kiamu); e. machen, -*tu-
ngamánisha*.

einige, *baáthi*.

einigen, -*únga*, -*sulukhía*; sich e., -*tu-
liliána*, -*tungamana*; Einigkeit, *umója*,
súlukhi; Einigung herbeiführen, -*su-
lukhísha*.

einkerben, -*keléa*. m.

Einkommen, *páto* (*la*).

einladen (z. B. zur Mahlzeit), -*ita*, -*alika*,
-*simisa*; e. (in ein Schiff), -*pakía*,
-*pakilia*; Einladung, *mwito*, *mfo-
doro*. m.

einlassen, -*ingíʒa*.

eingelegtes Silber, *njúmu*; geschnitzt
oder mit eingelegterr Arbeit verziert
sein, -*nakhishiwa*.

einmal, *mara moja*, *deffe moja*. m.

einnicken, -*piswa*, -*kumikia*. m.; immer
wieder e., -*sinʒia*.

Einöde, *nyika*.

einpökeln, Fische, -*ngónda*.

einreiben, -*paka*, -*singa*, -*tua*. m.,
-*twatúa*. m.; ein Boot oder Schiff mit
Fett e., -*déheni*.

einreissen, -*pomósha*.

einrichten, -*rátibu*; eingerichtet werden
(von ausgerenkten Gliedern), -*ungika*.

Einrichtung, *úmbo* pl. *maúmbo*.

eins, -*moja*, *mosi*.

Einsaat, zur E. zubereitetes Land,
wéu. m. pl. *nyéu*.

einsägen, -*keléa*. m.

einsalben, -*páka*; ordentlich e., -*twatúa*. m.

einsam allein, *kitwéa*. m.; Einsamkeit,
fárigha (*ya*); E. (an Orten wo einst
viele Menschen waren), *ukiwa*.

einschenken, -*mwagia*.

einschlafen, -*fagánʒa*, das E. der
Glieder, *chánʒi* (*la*).

Einschlag eines Gewebes, *mshindio*. m.

einschliessen, -*koméa*.

einschmeicheln, sich, -*pendeʒéa*.

einschneiden, -fuáʒa. m.; e., wie ein
zu festangezogener Strick, -váma. m.;
Einschnitt, tójo. m.; E. ins Gesicht
als Nationalzeichen, tándo (ya). m.;
Einschnitte machen, -umíka; E. im
Körper zu dessen Verzierung machen,
-tóra. m.; Einschnittsnarbe, tójo. m.

einsetzen, z. B. zum Gouverneur, -ta-
wálisha = -tawáʒa; eine Thür e.,
-simikia mlángo.

Einsicht, mwangáʒa, náthári, umaheli;
einsichtig, mwelewa. m.

Einsiedler, súffi = sufii; Einsiedlerkrebs,
manamíʒi.

einsinken, -bonyiea.

Einspännigkeit, usáfihi. m.

Einsteckkamm, schanúo.

eintauchen (trans.), -ʒámisha, -chovya,
-owámisha, -viga. m.; eingetaucht
sein, -owáma, -chovéka.

Eintracht, súlukhi.

eintreffen, -tekeléa. m.

eintreten, -ingia; Eintrittsgeld, jemand
E. bezahlen lassen, weil er mit in
neue Arbeit eintritt, ku-m-shika
hakali.

eintrocknen, -kaúka, -sonóna. m.

Einwand, makatáʒo; einwenden,
-rudiána.

einwiegen, -pembéʒa.

Einwohner, ständiger, mkáa, mkáʒi. m.

Einwurf, makindáno.

einzeln aufzählen, -ainia; e. verkaufen,
ku-uʒa reʒareʒa.

einziehen, Kundschaft über jemand,
-tunduia. m.

Einzigkeit, umója.

Eisen, chúma pl. vyúma; magnetisches
E., swéʒi. m., chuma cha swéʒi; E.
warm biegen, -piga mkándo chúma;
E. härten, -tia matiko. m.; warmes
E. auf die Erde zum abkühlen legen,
-gongoméa; Eisenbahn, njia ya
chúma; Eisenbahnwagen, gari ya
móshi; vergifteter Pfeil mit Eisenspitze, mfi wa kigúmba. m.; eiserne
Spitze des Spazierstockes, pási. m.;
eiserner Nagel, msomári, mismári;

e. Hammer, mbáno. m.; eine Art e.
Schellen, die Tänzer an den Beinen
befestigen, mwangáa. m.

eitel sein, -lukúta; er ist e., a na makuu.

Eiter, usáha, wásáha. m.; eitern, -fanya
wásáha. m.

Eiweiss, úto (pl. nyuto) wa yáyi.

Ekel, machukio (ya); E. erregen,
-chukisha, -chefusha. m.; sich ekeln,
-chukia, -chefuka. m.

Eleganz, umbúji. m.

Elend, msiba, thulli, dulli. m., jaddi. m.;
elend, mdilifu. m., kithúle. m., mtúku. m.;
e. sein, -korofika, -pujulika. m.; e.
machen, -kondésha, -korofisha; sich
e. machen, -túsha. m.; e. geworden
sein, -pujúka; e. aussehen, -túka. m.;
ein Elender, maskini meskini.

Elephant, ndóvu, témbo (la); Rüssel
des E., mwiro. m.; -zahn, pembe;
grosser E., buri; die Spitze des E.,
déli. m.

Elephantiasis, teénde la mgúu.

elf, kumi na moja, edashara; der elfte
Monat, der dem Ramadau vorausgeht, mwéʒi wa mlisho. m.

Elfenbein, pémbe (ya); kleines Stück
E., kálasha. m.

Elle (vom Ellenbogen bis zur Spitze
des Mittelfingers), mkóno, thiráa,
dráa. m.; E. (vom Ellenbogen bis zu
den Knöcheln der geballten Faust),
thiráa konde; Ellbogen, kishigino =
kisigino, kisukusuku, kivi, kifundo cha
mkóno.

empfangen, -péwa, -takábathi, -twáa;
ein Ding aus der Hand jemandes e.,
-pokéa, -pokelea; Empfangszimmer,
-sébula.

empfehlen, -sifu; Empfehlung, maagíʒo
(ya).

empfinden, -ona; Schmerz e., -ugúa,
-gónjwa, -umwa.

Empörung, ufitina. m.

Ende, mwisho, maishilio, kikómo, kásiri,
khátima (Spitze), ucha (Gränze), kinga;
E. Land, mkáta. m.; die Enden eines
Stückes Zeug, maklámu; E. eines
Turbans, eines Stückes Zeug, utam-
vúa; Kopf- und Fussende der Bett-

stelle der Eingeborenen, *kitákiƺo;* E. (eines Weges, einer Pflanzung\, *ukómo.* m.; E. des persischen (Nerunzi) Jahres, *kibúnƺi.* m.; zu E. sein, *-tindika.* m.

Energie, *súlubu (ya'.* m.; *jókójoko.* m.

enge, *-embámba, kabibu.* m.; kleine c. Grube, *makúo.* m.; eine c. Durchfahrt, *kilángo;* c. Durchgang, *mwánya.* m.; c. sein, *-finyáno;* e. verbinden, *-unga, -unganía.* m.; c. mit einander vereinigt sein, *-ungána;* in der E. sein, *-dikika.*

Engel, *maláika (wa* pl. *ƺa'.*

Entbehrung, *upungúfu.*

entblössen, *-benúa.*

entdecken, *-simbúa.* m.

Ente, *bata (la';* Entrich, *bata dúme.*

entehren, *-féthehe.*

entfalten, *-kunjúa, -kundúa.* m., *-tatamúa.*

entfernen, *-ondoa, -ondolea, -tenga;* von einander c., *-tanganúa.* m.; von der Stelle c., *-tagúrisha.* m; vom Amt c., *-uƺulu (-únƺulu);* entfernt sein, *-tegúka;* weit c., *mbáli.*

entfremdet sein, *-epukána, -tesánya.* m.

entgegen gehen, *-laki.*

Entgegnung, *makindáno.*

entgleiten, *-ponyóka.*

enthalten, sich, *-tengána, -epuka.*

enthülsen, *-pua, -ménya, -shambúa.* m.

enthülster Reis, *mchele, mtéle.* m.

entkräften, *-kofúa.* m., *-kofusha.* m.; entkräftet sein, *-kofúka.* m.

entlassen (gehen lassen\, *-likiƺa;* jemanden vom Amt c., *-úƺulu, -únƺulu.* m.; die Frau c., sich von ihr scheiden, *-taliki, -watánisha.* m.

entlaufen, *-kimbia;* Zauber, um entlaufene Sklaven zurückzubringen und dergl., *aƺima (ya'.*

entleihen, *-aƺima.*

entnerven, *-kofúa.* m.

entrinnen, *-kimbia, -ponyóka, -tóroka, -okoka, -turupúka (-purutúka).* m.

entscheiden, *-káta, -sia;* entschieden sein, *-katka.*

entschliessen, sich zu etwas, *-aƺima;* entschlossen sein, *-piga móyo kónde;* Entschlossenheit, *ushujáa.*

entschlüpfen, *-ponyóka, -tiririka, -churupúka, -turupúka.* m.; e. lassen, *-ponyósha, -turupúsha.*

Entschluss, fester, *nia (ya', mkatáa.* m.

entschuldigen, *-úthuru;* entschuldige mich, *niwie ráthi, kun rathi;* Entschuldigung (besonders leere Entschuldigung\, *-láfuthi (ya',* m.

Entsetzen erregende Dinge, *viója.* m.; starr vor Erstaunen oder E., *mbumbwáƺi.* m.; entsetzen sich, *-ghumiwa, -sangáa, ji-túka.* m.

Entstellung (körperliche;, *lemáa.*

enttäuscht werden, *-sháuka.* m.

entweder — oder, *ao-ao, ama-ama.*

entwerthen, *-umbúa.*

Entwickelung, in der E. unterbrechen, verderben, *-víƺa.*

entwirren, *-tatúa* (vergl. *tata'.*

entwöhnen, *-likiƺa.*

entwürdigen, *-thili.*

Entwurf, *upémbe.*

entwurzeln, *-tupua.*

Epidemie, wie Cholera, Pocken, *káhadi, maráthi.*

Epilepsie, *kifáfa.*

Epoche, *pindi (la'.*

Equator, *hat el istiwai.* m.

er, *yéye;* c. ist, *yú;* c. ist da, *yumo, yupo, yúko;* c. ist es, *ndíye.*

erbarmen sich, *-réhemu;* Erbarmen, *rehema, huruma,* um E. und Verzeihung bitten, *-laláma;* erbärmlich aussehen, *-tuka.* m.

Erbauung, *uáshi;* E. (eines Hauses von Holz\, *ujensi.* m.; E. (eines Schiffes\ *maúnƺi ya chómbo.*

Erbe, *mrithi;* das E., *urithi;* erben, *-rithi.*

erbitten, *-sihi, -ombea;* zu c. sein, *-sihika.*

erblicken, *-ona;* ein Schiff ferne auf der See, wo es kaum sichtbar ist, c., *-úmba jombo baharini.*

erblindet (nach den Blättern\,
unyenyie̥i. m.

Erbrechen, *utapishi.* m.; E. erregen,
-tapisha; erbrechen (eine Thür\, *-te-*
kúa; sich e., *-tapika, -kokomoka.*

Erbse, *baḁi;* Erbsen enthülsen, *-púa;*
Brei von gekochten E., *msómbo.* n.

Erbschaft, *uráthi, warithi, urithi;* die
E. theilen, Erbschichter sein, *-ri-*
thisha.

Erdbeben, *mtétemo.* m.

Erde, *nchi (nti.* m.); auf der E. schleppen,
-kokórota. m.; E. (Sand), *mchanga*
(mtanga. m.); was zwischen Himmel
und E. schwebt, *maengaénga (ya).* m.;
unter der E., *ku̥imu;* -haufen, ein,
túa (la\; -hügel, *kisugúlu;* -löcher,
mena pl. von *jéna;* -nuss, *mjugu*
nyassa, njugu mawe, júgu, nduu. m.

erdichten, *-súa.* m.

erdrosseln, *-ngónga, -kaba, -sáma,*
-sonjóa (-songóa).

erdulden, *-vumilia.*

ereignen, sich, *-fanyika, -subú.* m.,
-dullía. m.

Ereigniss, zufälliges, *tukio (la\.*

erfahren, *-pata khabari;* e. adj.,
mswéfu. m.

erfassen, *-dáka, -fumbḁ́a;* erfasst
werden, *-patika.*

erfinden, *-búni (bini.* m.\, *-súa, -sánihi*
(-sanii, -sanni). m.; Erfindung,
ushúri. m.

Erfolg, *páto (la\;* E. haben, *-fana, -ea*
(veraltet : jemand E. verschaffen,
-famili̥a; erfolgreich sein für jemand,
-fanikia.

erforschen, *-jasisi;* Jemandes Abkunft
e., *-nasibisha.* m.

erfreuen, *-furahisha, -teremesha,* m.,
-tangamúsha; erfreut sein, *-furahi,*
-pende̥éwa, -tanga, -muka. m.

erfrischen (Kühle\, *-tabúrudu;* jemand
durch freundliches Benehmen e.;
-chekeréa, -stareshesha; sich e.,
-burudika.

erfüllen, (fertig machen\, *-timili̥a; :-* anfüllen, *-jḁa;* e. lassen, *-tekelé̥a.* m.;
Erfüllung, *-timámu.* m.

ergeben, jemand ganz e. sein, *-fuḁ́a.*
m.; Ergebenheit, *utúlifu;* sich in Ergebung fassen, *-shúkuru.*

ergraut, *sháibu.* m.; ganz e., *schaibu la*
gu̥a. m.

ergreifen, *- kamáta, - komanya.* m.,
-kábáthu. m.; *-guia* (Merima\; (vom
bösen Dämon gesagt, der den Besessenen ergreift , *-pagáa, -pagára;*
ergriffen werden, *-patika.*

ergründen, durch Zaubermittel, *-máhiri*
(-mákhiri).

erhaben sein, *-tukúka.* m.

erhalten, *-óna, -pata, -péwa, -twáa;* eine
Antwort e., *-jibiwa;* unversehrt e.
sein, *-okóka;* erhältlich sein, *-patikána.*

erheben, *-pándisha (-pán̥a\, -kwé̥a,*
-inúa, -twéka; gegen jemand sich e.,
-ramúka. m.; sich auf die Zehen e.,
um etwas zu erreichen, *-chuchumia;*
Erhebung des Bodens, *kúima.*

erhöhen, *-kwé̥a, -tukú̥a.* m.; erhöht
sein, *-taali, -athimika;* e., *-tukúfu.*

erholen, sich, *-póna, -pumúa, -pum̥iko,*
-huika; sich e. von einer Krankheit,
-tú̥a, -totonóka. m.; Erholung, *-tafá-*
ruji. m.

erinnern, *-kumbúsha, -juía.* m.; sich e.,
-kumbuka, -tambúa, -fahamu; Erinnerung, *kumbukúmbu, ukumbúko, uku-*
mbúsho, ufahámu; Erinnerungszeichen (Gastgeschenk\, *̥awádi.*

Erkältung, *ukoho̥i;* Schleim im Halse
nach E., *belaghámu.*

erkennen, *-báini, -tambúa, -fafanúa;*
erkennbar sein, *-tambulikana;* jemand
zur Erkenntniss bringen, *-siki̥isha.*

erklären, *-fumbúlia, -pambanúa, -fásiri*
(tafsiri) -tataniúa, -thihirisha, -yu̥a,
-tambulisha; für verboten e., *-hárrimu;*
Erklärer, *mfásiri;* Erklärung, *fásiri*
(tefsiri\, mafafanúsi. m.; E. von
Worten, *naháu.* m.

erklettern, *-kwéa.*

erkrankt, er ist e., *ameháwe̥i.*

erläutern, *-ele̥a, -thihirisha.*

erlangen, *-óna, -páta, -wáhi, -pemba.* m.;
erlangt werden, *-onéka, -patika.*

erlauben, -rúhúsu, -piga marfúku, -acha (ata. m.', -rukhusia; erlaubt (nach dem Islam', -haláli; wenn es e. ist, licha, ado; Erlaubniss, rúkhusa, ithini.

erleichtern, -sahalia. m.

Erleuchtung, mwangáza.

Erlöser, mkombózi, mwokózi; Erlösung, wokóvu, maáfu.

ermahnen, -ayithi, -nabihisha, -wathi. m.; e. (die Gläubiger in der Moschee), -usia. m.; Ermahnung, násaha.

ermattet, mchóvu; e. sein, -choka, -nyongonyeya.

ermorden, -úa.

ermüden, -chósha, -taabisha, -taajazi, -uthi; ermüdet w., -chóka, -nyongoneya, -taabika, -uthika, -sakarika. m.; Ermüdung, machóka (ya), taabu, utúfu.

Erndte, vuno, mavúno, kifúno; von der neuen E. essen, -limbúa. m.; eine reiche E. haben, -bókwa. m.; erndten, -vúna.

erniedrigen, -tungúa. m., -twéza. m.

erpressen, -pokonya, -toza.

erproben, -hakiki; erprobt, mswéfu. m.; e. sein, -thúbutu.

erquicken, -burudísha, -starehesha, -chekeréa; erquickt sein, -farajika; Erquickung, -tafaruji.

erregen, Feindschaft, -pigánisha, -gombanisha; die Begierde e., -tamánisha; sehr erregt sein, -sononéka. m.; Erregung von Hass und Feindschaft, ufitina. m.

erreichen, -fika, -pata, -wasili, -pemba. m.; etwas auf den Zehenspitzen zu e. suchen, -det: méa. m.; nicht e., -kósa.

erretten, -okóza, -ponya, -áfu, -vúa, -stiri; errettet werden, -okóka, -stirika; Errettung, wokóvu.

errichten, -inua, -simamisha; um einer Sache willen errichtet sein, -imilikia.

Ersatz, bádala (ya).

erschaffen, -húluku.

erscheinen, -onéka, -lokea, -zúka, -tokea; e. lassen, -onyesha, -zusha, -tekeléza. m.; Erscheinung (Gestalt), úmbo (la', maangalizi.

erschöpfen, -sakarisha. m.; Erschöpfung, ulegéfu.

Erschrecken, kituko; E. verursachen, -túkiza. m.; erschrecken intr., -sisimia, -kutúka; e. trans., -kutúsha.

erschüttert sein, -tikitika.

ersinnen, -sánni, -blni.

erstaunen, -taajábu; erstaunt sein, -shangáa, -angáa. m., -dwála. m.; Erstaunen, msangáo, mataajábu, kiwéwe. m.; starr von E. oder Entsetzen, mbumbwázi. m.; in E. versetzen, -shangáza, -angáza, -túkisha, -taajabisha; Interjection des E., aka!

erste, wamósi, áwali.

erstechen, ku-m-piga tóra (Kigunya).

ersteigbar sein, -kweléka.

ersticken trans., -zuia púmzi; e. vom Rauch, -vivia.

Erstlinge, die E. zum schmecken heranbringen, -limbúsha.

Erstorbenes, máfu (ya); Erstorbenheit, úfu.

ersuchen, -nasihi.

ertappt werden, -fáthehi.

Ertrag, záo pl. mazáo; E. des Ackers, mlimo, kilimo.

ertragen, -vumilia, -himili.

Ertrunkener, msimisi. m.

erwachsen sein, -pevúka.

erwählen, -chagúa, -taúa. m.

erwähnen (beim Namen', -tája.

erwarten, -ngója.

erwecken, -amsha; wieder zum Leben e., -huisha, -fufúa, -fufuliza; Hoffnung e., -tumáinisha; Erweckung (der Todten', ufufúo = ufufúlio.

erweisen (Ehre', -heshimu, -wajihiána. m.

erweitern, -panúa; e., eine Kluft, einen Spalt, -tataúsha. m.; sich von selbst e., -panúka.

Erwerbsquelle, túmo (la'. m.

erwürgen, -sáma.

Erz, shábá (la), maádini. m.

erzänlen (Neuigkeiten), -khúbiri; (Geschichten) e., -hádithi, -tóa hadithi; etwas in feierlicher Weise e., -lúmba (Kijomfu,Kinika`; ausgehen zuJemand, um ihm Neues zu e., -awía (Merima). Erzbetrüger, patiala.

Erzdieb, lúja pl. malúja.

erzeugen, -vyáa, -ʒáa; Erzeuger, mʒáʒi, mvyaʒi.

erziehen, -léa, -latamía. m.; (zu guten Sitten), -ádibu, -ongósha; e. lassen, -léʒa; erzogen werden, -taádabu; Erziehung, maléʒi (ya).

erzürnen, -kasirisha, -ghatabisha, -taharukisha.

erzwingen, die Zahlung einer Schuld eurch gerichtliche Klage e., -ivisha. m.

Esel, púnda (wa pl. wa und ʒa); der Schritt des E., delki, telki; -sattel, khórj; Packsack, Packkorb(für die E.), shógi = shói.

essen, -lá (kúla), -tafúna; in aller Eile e., so dass die Genossen wenig oder gar nichts erhalten, kúla kwa púpa;

mit der Hend aus der gemeinsamen Schüssel e., -méga; jemandem zu viel zu e. geben, -vimbisha; essbar sein, -lika.

Essig, siki (ya).

euer, wénu, yénu, ʒenu, chenu, vyenu, kwenu, lenu péun.

Eule, mbundi; Art grauer E., kungúyu. m.

Eunuch, mhássi, tawáshi.

Euphorbie, ntongotóngo. m.; mwáta. m.; E., aus welcher ein Gift für Fische präparirt wird, mtúpa.

Europa, uláya; Europäer, mʒúngu; europäisch, kiʒúngu; europäisches (englisches) Baumwollenzeug, ulaiti.

Euter, kiwéle, welle (la), matiti. m.

Excremente, mavi, kinyá. m.

Existenz, makáʒi.

existiren, -káli (kéle).

Expedition nach Innerafrika, cháro. m. pl. vyáro.

Ewigkeit, miléle, sermáda. m.

F.

Fabel, ngáno (ya). m.

Fachwerk, úwati pl. mbáti.

Fackel, Baum, dessen Holz zu F. genommen wird, mtáda. m.

Faden, úʒi pl. nyúʒi, kassi. m.; F., (Maass) = 4 mikóno, pima (la) pl. mapima.

fächeln, -pepéa; Fächer, upepéo pl. pepéo, kipepéo, utéo pl. téo. m.: Blatt der Fächerpalme, tápa (la pl. matápa.

fähig, mwéʒa; der Vergrösserung fähig sein, -ongoʒéka (-fähig- kann in gleicher Weise auch noch bei vielen anderen Worten durch die Endungen auf eka und ika ausgedrückt werden).

Fahne, bándera, berámu (ya). m.; kleine F. der Karavanenführer, kóme (ya pl. ʒa). m.

Fahrzeug, chombo, jaháʒi (ya pl. ma); kleines F., kijombo; schnell fahrendes F., tárish el báhri. m.; Stütze

für ein F., damit es auf dem trockenen Lande nicht umfällt, gádi (ya) cfr. gádimu; die Stelle in den F. der Eingeborenen, wo das Wasser ausgeschöpft wird, bánduru (ya. m.; Schnabel der kleinen F. der Eingeborenen, kikóno.

Fall, maanguko; zu F. bringen, -pomóa.

Falle, mtégo, kiunda, fiuko, kisimba. m.; eine Falle stellen, -téga, -fiussa. m., -násia; die F. abstellen, -tegúa; heraushelfen aus einer F., -namúa (Merima : Sprungfeder an einer F., mtambo.

fallen, -angamia, -angúka, -gwá (Tumbátu; aus der Hand f., -chopóka; seitwärts f., -angúka kewáfuwáfu; einzeln f. lassen, -dondóka; jemand anrufen, der f. will, -ʒóma. m.

Fallgrube. chimbo (timbo. m.); F. für grosses Wild, rima (la). m.; Verhau im Walde, um das Wild an die F.

zu bringen, *ukígo*. m.; spitzer Pfahl in der F., *kónƺo.* m.

fällen, *-téma, -káta;* ein Urtheil f., *-siʒ;* Termin, an welchem eine Schuld fällig wird, *muhúla.*

falsches Maass, Gewicht, *miƺani ƺa tége;* Falschheit, *uwóngo (urongo) usenge.* m.; fälschlich meinen, *-thannu;* f. anklagen, verläumden, *-singiƺa;* f. Beschuldigung, *usúshi.* m., *usingiƺi.*

Falte, *upíndo* pl. *pindo;* falten, zusammenfalten, *-kunja (kúnda.* m.); faltig, zusammengefaltet sein,*-kunjika.*

Familie, *jamáa (ya* pl. *ƺa), ahâli, kina.* m., *kabíla.*

fangen, *-taka, -nyáka, -korowéƺa;* f. (in der Falle), *-ndsáa, vyussa.* m.; im Sprunge f., *-nyakúa;* Fische f., *-vúa sámahi;* Vorrichtung, um Fische zu f., *-rásáka (ya)* m., *uláita.* m. pl. *táta;* Fische mit dem Speer f., *-tokóa;* Jagdnetz, um Gazellen und dergl. zu f., *wávu* pl. *nyavu.*

Farbe, *rángi, ránge* (pers.); weisse F., *cháki;* gelbe F., *ƺaƺarini;* gelbe F., um Matten zu färben, *ungámo;* Früchte einer Mangroveart, welche zum Färben der Netze gebraucht werden, auch wird Tinte davon gemacht, *msissi.* m.; ein gewisses Moos, das zum F. benutzt wird, *marére (ya).* m.

Färse, junges weibliches Thier, das noch nicht geboren hat, *mtámba.*

Fasern der wilden Aloe, *gónge (la);* Kokosfasern, *makumbi, usumba.*

Fass, *pipa (la), sila (ya).* m.; Fässchen, *kipipa.* m.

fassen, *-kamáta, -shika, -kabáthu;* rasch nach etwas f. (wie mit einem Schlage), *-fúa;* f. lassen, *-shikiƺa;* im Finstern nach etwas f., tappen, *-papása;* sich ein Herz f., *-piga móyo kónde.*

Fasten, *tumú (ya), sáumu.* m.; die erste Speise nach dem F., *futari;* sich auf die F. im Ramadan vorbereiten, *-múia,* fasten, *-funga, -tumu, -sáumu.* m.; der Fastenmonat der Moslem, *ramathâni;* -zeit, *túmu, sáumu.* m.; Fasttag, *miráji.* m.

faul, *-vivu, -tepetevu;* f. sein, *-pumbáa;* f. werden, *-pumbaƺika;* Faulheit, *uvívu, usoháli, ukúlifu, usembe, usogófu, ndeo.*

faulen, *-oƺa;* Fäulniss, *ubovu, kióƺa, ndáfu.* m., *ufujurifu.* m.; von F. angeschwollen sein, *-tumburujika.* m.

Faust, *kónde, ngumi (ya).* m.

fechten mit einander, *-pigána.*

Feder, *ubáwa* pl. *báwa, umyóƺa* pl. *nyoƺa, nyóƺa* pl. *manyóƺa;* lange, gekrümmte F. im Schwanze des Hahnes oder des Straussen, *mléli.* m.; Rohrfeder zum Schreiben, *kalamu;* die Feder schneiden, *-honga kalamu;* spitze F., *kalamu nyembamba,* Federbusch, welcher bei festlichen Gelegenheiten oder im Kriege auf den Kopf gebunden wird, *kirú* (Kigunja); Federvieh, *kuku;* Krankheit des F., *kidéri.* m.; ein wildes Thier, welches dem F. nachstellt, *chakápu.* m.

fegen, *-fagia (-fiagia).*

fehlen, *-kosa;* an der Zahl f., *-pungúa;* Fehler, *kósa (la), ukósa, ukósefu, kipungúo, upungufu, kombo (ya, la), ila, khatija, ufiski;* einen F. aufweisen, *-umbúa;* etwas fehlerhaft an jemandem finden, *-onéa;* fehlerlos, *msúaha.* m.; Fehlerlosigkeit, *usakhikhi.* m.; so wie es steht, mit allen Fehlen und Vorzügen (beim Kauf), *shelabéla;* einer, dem etwas fehlt, *mtófu.* m.

Feier bei dem Tode eines Kindes, *akika;* Feiertag, *miráji.* m.; etwas in feierlicher Weise erzählen, *-lúmba* (Kijomfu und Kinika).

Feigenbaum, *mtíni;* Frucht, *tini.*

Feigling, *mwóga.*

Feile, *dúpa (ya* pl. *ƺa).* m.

fein (schön), *-ƺúri;* dünn, *laini;* ganz f. mahlen, *-senéƺa.* m.; ganz f. gemahlen, *dikidiki;* Feinmehl, *uteléle* pl. *teléle.* m.; feines Schrot, *mirisáa, mirisáu.*

Feind, *adúi* pl. *maádúi* und *ádúi, ájfa (la);* feindlich gesinnt sein, *-téta.* m.; Feindschaft, *adáwa, wádui, fitina (ya), kóndo (ya)* (Merima); F. erwecken, -piganisha, -fitini, -tetésha. m., -palilisa. m.; Feindseligkeit, khúsumu.

Feinheit, ukakáya. m.

Feinmehl, umbiúmbi. m.

Feldratte, kúve. m.

Fell, ngózi (ngóvi (ya'. m.), kigozi; das F. auf eine Trommel ziehen, -wámba; das Abziehen des Felles, machuni.

Felsen, jiwe (la), mwámba, kijamba (chamba. m.), jébali (la); grosser F., ngurúnga. m.; F. und Sandbänke, welche durch die Ebbe trocken gelegt werden, klpwa; Korallen-F., tumbáwe (la). m.

Fenster, dirisha (la), shubáka (la'. m.; Seitenstück am F., tarábe (ya): die Holzstücke, welche man über der F. und Thüröffnung einmauert, kikáza. m.; Fensterglas, kióo. ferner, téna.

Fernrohr, mwanzi wa kuangalia, durabini (derbini).

Ferse, kifúndo cha mgnu.

fertig, kamilifu, timilifu, hathiri m.) kiwifu. m.; f. machen, -timiza, -tengéza, -tengenéza, -kamilisha, -takamilisha, -sáhibu; zum Gebrauch f. machen, -sogezéa; f. werden, -timilia; mit der Schule f werden, -ihtimu; f. sein, -tengezéka, -tengeléa, -takámili.

Fesseln, pingu (ya); Fussfesseln, mli. m.

Fest, siku kuu; ein F. geben, kupiga sádaka, -harijia; ein F. zu Ehren jemand's geben, -kirímu, -kárimu; grosses F., kindo; das nächtliche F. der Moslem beim Ramadan, dáku (kula daku); F., nachdem ein Stück neues Gartenland umgerodet ist, rangáile m.; Einladung zum F., mfódoro. m.

fest, thábiti, yabisi; f. kleben, -ambáta; fester Entschluss, mkatáa. m.; festbinden, -shamari; bei etwas f. bleiben, -dumía, -selekhéa. m.; f. nähen, -shóna; f. schlagen, stampfen, -pigilia; f. stecken, -sakáma, -wama. m.; f. sein (im Entschluss), -thúbutu; f. machen, -kazika, -tungamana; f. zumachen,

-sákki. m.; f. halten, -shika, -fawiti, -zuía, -fungiza, -kabithi; einander f. halten, -kazána; Festigkeit, usiméme, uthabiti, imára (ya); F. eines Baues, mtómo; das Festland von Afrika, barra; Küste des F. gegenüber Sansibar, Merima; eine Schicht auf den Plattdächern feststampfen, -sákifu; die festgestampfte Schicht auf den Plattdächern, sákáfu.

Festtag, siku kúu.

Festung, ngóme (ya), hózuni. m.

Fett, fúta, pl. mafúta; ein Boot oder Schiff mit F. einreiben, -déheni; braten mit F. oder Buttter, -káanga; herausträpfelndes F. oder Oel, úto wa mafúta; F. das inwendig im Gefäss kleben geblieben ist, úge; fett, -nóno, sháhamu; f. machen, -dudúsha. m., -wandisha. m.; f. werden, -nenépa, -nona, -wanda. m.; Stück fettes Fleisch, kipámba. m.; Fettigkeit, ufúta.

feucht, kimáji. m., rátaba. m.; f. und in Folge dessen weich werden, -omóka. m.; f. sein, -rutubika; f. werden, -risái. m.; feuchter Sand, mchanga wa risai. m.; f. machen, -rutubisha; Feuchtigkeit, rátaba, rutuba.

Feuer, móto; helles F., mwáko; grosses F., um Bäume und Büsche von einem Stück Lande wegzuschaffen, das man neu kultiviren will, koke ya moto (Kigúnya); F. in einem Scherben holen, -páa móto; F. anmachen, -chochea; ein Grasbündel zum Feueranmachen, mwenge, chénge; Reisig zum F., kidóndo. m.; Feuer drillen, pekécha; Holz, um F. zu reiben, upekécho, speciell dazu taugliche Hölzer, ulindi pl. ndindi. m., mbási. m., nombámbo. m.; F. mit dem Munde anblasen, -puzia móto; Fächer, um das F. anzufachen. kipepéo; Werkzeug zum Anschüren des F., kichochéo; auf dem F. braten, -kóka (Kigunya); bei langsamem F. kochen, -fiufia. m.; auf's F. setzen, -pásha moto, -teleka; einen Topf vom F. nehmen, -tegua; am F. wärmen, -óta. m.; vom F. nehmen, -ipúa; -brand, kinga; -stahl, mthérúba;

Feuerstelle, *jiko* pl. *méko;* getrockneter Rindermist, der zur Feuerung benutzt wird, *shonde.* m.; Feuerwerk. *fantasia ya moto;* Feuerzange, *kichochéo* (*kitotéo.* m.)

Fez, *kofia (ya)* pl. *makofia.*

Fichtenholz, *sunobari.*

Fieber, *hómma, mkúnguru, ukúnguru;* im F. irre reden, *-paya, -papayúka;* -schauer, *kitápo, kembémbe.* m.

Filigran, *témsi.*

Filter, Art Korb, der als F. gebraucht wird, *kungúto (la);* filtriren, *-chuja (tuja.* m.)

finden, *-ona, -kúta, -okóta, -zumbúa, -súa.* m.; etwas fehlerhaft an jemandem f., *-onéa;* f., wonach man sucht, *-vumbúa* (Kipemba).

Finger, *kidóle, chanda* (Merima); Innenseite der F., *kikófi;* die grossen F., *udóle* (pl. *ndóle*); Zeigef., *sháhada.* m.; der kleine F., *chanda cha mwisho.* m.; -geschwür, *mdúdu wa chánda.* m.; -hut der Eingeborenen, *mtondóo, kustubáni.* m., *subana.* m.; -krankheit, *káka;* ein wenig auf einmal mit den F. nehmen, *-chóta;* mit den F. trommeln, *-gotagóta;* Aussatz an F. und Zehen bekommen, *-umbúka;* an den F. rechnen, *-wánga* (Merima); -nägel, *nyáia, ukucha.*

Finne des Fisches, *pési (la).* m.; Fisch mit gefährlichen Finnen, *kipungu.* m.

finster, im Finstern nach etwas fassen, tappen, *-papása;* im F. den Weg suchen, *-sunza;* Finsterniss, *giza (kiza),* *mafurufúru.* m.

Fisch, *sámaki (ya).*

Fische fangen, *-vúa sámaki;* F. trocknen, einpökeln, *-ngónda;* F. mit dem Speer fangen, *-tokóa;* Hecke aus langen Stöcken in der See, um F. zu fangen, *uzio* pl. *nyuzio;* Vorrichtung, um F. zu fangen, *tata, rásáka (ya), tumbi.* m.; eine Leine, F. zu fangen, *chérife.* m.; Euphorbie, aus welcher ein Gift für F. präparirt wird, *mtupa;* Stock, an welchem F. getrocknet oder geräuchert werden, *upámbo* pl. *pámbo.* m.; -flossen, *mapenzi, chápa;* -gift, eine Art Euphorbia, welche als F. gebraucht wird, *utúpa;*

-netz, *léma (la);* Baum, mit dessen Rinde die F. schwarz gefärbt werden, *mkásiri;* -reuse, *dema, éema (la).* m., *jaffu.* m., *kipakaja.* m.; -rogen, *kikwi;* -schuppe, *magámba (ya), mamba (ya* pl. *za).* m.; -zug, *tanzi za samáki, numbi (ya).*

Fischer, *mvuvi;* -speer, *munda wa kuchomea samaki.*

flach, die f. Hand, *kitánga cha mkóno, kofi* pl. *makófi;* mit der f. Klinge schlagen, *ku-piga bápa la upánga;* runder f. Korb, der zum Sieben gebraucht wird, *úngo* pl. *maúngo* (Pemba und Merima); f. Löffel aus einer Kokosnuss, *upáwa.*

Flachs, *katáni (ya).*

Hackern, *-sinzia.*

Fladen, *mkáte.*

Flagge, *bendéra, bandéra, barámu.* m., *kiberámu.* m., *alamu;* eine F. hissen; *-tweka;* eine F. herunterlassen, *-dúlli.* m.

Flamme, *mwáli.*

Flasche, *chupa (ya)* im pl. auch *machupa (tupa.* m.); F. zu Parfüm, *mráshi,* Fläschchen, *kitúpa;* Flaschenkürbis, *dúndu* pl. *madúndu;* -zug, *kápi (ya* pl. *za)* pl. auch *makápi, gofia.*

flattern, *-papatika.*

Flaumhaare auf dem Körper (nicht Haare auf dem Kopf und im Bart), *láika* pl. *maláika.*

Flechte (Haar), *sóngo la nwélle, shongi.* m.; die F. (Hautkrankheit), *chóa, mgoli.* m.; flechten, *-songa, -súka;* Flechtwerk, *móta.* m.; der Anfang zum F. einer Matte, *chánzo* pl. *nyánzo* (Momb.); grosses F., um Korn aufzubewahren, *kibúnchu.* m.

Flecken (Dorf), *mji, mwando* 'der Sklaven); F. (Farbe), *wáa (la), nókota,* (Narbe) *kibaku.* m.; F. (wie auf dem Fell eines Panthers), *bátobáto (la)* (Momb.), *kibatobato;* schwarzer F. auf dem Nacken der Ringtaube, *kipáji cha úso;* F. im Monde, *kútu ya mwézi.*

flehen, an-, -omba, -sihi, -nasihi, -pembele₇a; flehentlich ansehen, -kunyáta.

Fledermaus, popo (wa).

Fleisch, nyáma (ya); Stück F., chinyango (tindango. m.); wildes F., nyama mbi; ein Stück F., wie es der Schlächter erhält, nyáma ya machúni; Stück fettes F., kipámba. m.; in Streifen, getrocknetes F., msikita. m.; F. an zwei Stöckchen gebraten, subána; grosse -gabel, úma pl. nyúma; Reis und F. zusammengekocht, pilau; F. räuchern, -piga nvúke; -stücke an einem Seil aufreihen, -túnga nyáma.

Fleiss, júhudi (ya), jihidát; mit F., makusúdi; fleissig sein, -sulubíka. m.

Flick, kiráka; flicken, -shóna, -chomeléa.

Fliege, n₇i (la) (in₇i, main₇i); kleines Insekt, welches F. fängt, kiumán₇i (cha). m.

fliegen, -rúka; f. lassen, -rúsha; in die Höhe f., -tifúa. m.; Art fliegender Fisch, kikotwe. m.

fliehen, -kimbia, -kimbilia.

fliessen, -tú₇a. m.

flink, tarishi. m.

Flinte, bunduki; Sprungfeder am -hahn, mtámbo.

Flitter, pulúki.

Flöte, filimbi, ₇omari; ein Stengel von Mtama, aus dem das Mark entfernt ist, so dass man ihn zu einer F. bearbeiten kann, utéte. m.; F. blasen, -piga ₇omári; -spieler, kábili. m.

Floh, kirobóto.

Flossen, mapen₇i.

flott werden, -shulíwa.

Fluch, der F., laana (la), úlanifu, maápi₇o. m.; einen F. über jemand bringen, -laaniska.

flüchten, -kimbia; zum F. vor jem. veranlassen, -kimbi₇ía; Flüchtling, mtóro.

Flügel, eines Vogels, báwa (la); Flügelknochen, ubámbo pl. mbámbo. m.; Flugfedern an einen Pfeil befestigen, -papika. m.

Fluss, mto; der F. hat zu laufen aufgehört, maji yanatinda; einen F. passiren, -vúka; über einen F. setzen, -óroka (Kinyássa); die F. lassen sich nicht überschreiten, mito haipishi; einen Baum über einen F. legen, so dass er eine Art Brücke bildet, -tatága. m.; die andere Seite eines F., ngámbo; Gabelung von F., panda (ya); Windung eines F., ki₇ingo, ki₇ingo₇ingo, kipengée. m.; krumm sein, sich winden (von F.), -₇ingamána. m.; Uferregion eines F., Süsswassersees, matawále (ya). m.; Flussbett, telemuko.

flüssig werden, -tú₇a. m.; flüssiges Blei, úto wa rusási; auslaufen von Flüssigkeiten, -churu₇íka.

flüstern, -nongóna, nonyóna.

Flusspferd, boko; junges F., kibóko, kijiboko, tomóndo.

Fluth, es ist F., máji ya únda.

folgen, -fuáta, -unga; den Mahnungen, Lehren f., -fuasa.

Folterwerkzeug, magundalo. m.

Fontanellen, auf dem Kopfe der Säuglinge, utóssi.

fordern, -tamáa, -tó₇a.

Form, súra (ya), láuni, mshábaha. m.; F. des Menschen, umbo (la); formen, -úmba.

forschen, -úli₇a, -súa. m.

fortbleiben, über ein Jahr f., -kímu. m.

fortfahren, mit etwas, -shínda, -dúmu.

fortgehen, -ondóka.

fortnehmen, -ondóa, -ondoléa, -twáa.

fortschaffen, -ondósha.

Fortschritt, maendeléo, kiendelé₇o.

forttragen, -twáa, -chukua.

fortwährend schwatzen, -nónga; f. belästigen, -pekécha, -pekéja; mit f. Schimpfreden belästigen, -nyónsa. m.

fortwerfen, -tupa; etwas was aufgebraucht und fortgeworfen ist, mankúl. m.

Frachtgeld, nauli, mapaki₇i. m.; Fracht übernehmen, -takábathi.

Frage, *mauliʐo, swáli (la), saala;* fragen, *-úliʐa(úʐa), -sáili;* um Rath f., *-sháuri, -shawiri;* jemand f., wie es ihm geht, *-énʐa;* Fragepartikel, *hali.*

Franse, *táraʐa (ya);* lange F., *tamvúa (la), mandúndu.* m.; das Holz, mit welchem die Eingeborenen Faden zu F. klopfen, *ubánga.* m.; F. machen, *-táriʐi.*

Franzose, *mfaránsa;* französisch, *kifaránsa.*

Frau, *mwanámke, mtumke;* Ehefrau, *mke;* deine F., *mkewo;* seine F., *mkewe;* alte F., *mʐee, mfiéle.* m.; F., die noch nicht geboren, *mgúmba.* m.; werben um jemand, um sie zur F. zu erhalten, *-pósa;* des Sultans grosse F., *sultánía;* die F. entlassen, sich von ihr scheiden, *-watánisha.* m., *-táliki;* kleine Büchse, welche die F. auf der Brust tragen, *kijalúba.*

frech, *mtukútu.* m.

frei (kein Sklave), *húru* (pl. *ma*); freier Mann, *muungwána;* Art, Sprache, eines freien Mannes, *kiungwána;* f. lassen, *-likiʐa;* f. werden, *-fungulika, -gandúka.* m.

freigebig, *kárimu, mpaji, mwámyi.* m.; Freigebigkeit, *ukárimu;* Mangel an F., *uhafifu.* m.

Freigeborener, *wadinási, mwana wa watu.*

Freigelassener, ein, *húri.* m.

Freiheit im Gegensatz zur Sklaverei, *ungwána, uhúru.*

Freimüthigkeit, *nyúʐi.*

Freitag, *júma.*

fremd, *-geni;* ein Fremder, *mgeni;* Art des Sprechens, bei welcher die Silben der Worte umgestellt werden, damit der F. nichts verstehen möge, *kinyúme;* Fleisch, welches einem F. als Zukost zu seinem Reis gegeben wird, *mfá.* m.; ohne guten Grund in ein fremdes Haus gehen, *-fuma-nyána;* Ruf des Besuchers, ehe er in ein f. Haus eintritt, *hodi;* das Fremdsein, *ugéni.*

Fresssucht, *uláji.* m.

Freude, *furaha (ya), raha (ya);* vor F. tanzen, *-ránda;* Lachen vor F., *kichéko.* m.; Freudengeschrei, *kigelegele (kijelejele).*

freuen, sich, *-furahi, -pendeʐewa, -tailika.* m.

Freund, Freundin, *kipendi, rafiki (ya)* pl. *marafiki, sahibu, mwenʐi, hababi, mwandani.* m.; *hachi, sómo;* freundlich, *ráthi, mfathili;* f. sein, *-tafáthali;* f. behandelt werden, *-fathilika;* f. Vorstellungen machen, *-taradia.* m.; jemand erfrischen, erquicken durch f. Benehmen, *-chekeréa;* Freundlichkeit, *fathili, manádira (ya);* einander F. erweisen, *-fathiliʐána;* Freundschaft, *urafiki, masahibu.* m.

Friede, *raha, saláma, súlükhi, amáni, nokóvu;* F. stiften, *-sulukhisha;* -stifter, *mselekhisha;* -störer, *sálata, mfitini, sabási.* m.; Friedfertigkeit, *ujenéʐi.* m.

Friesel, *titiwanga.*

frisch, *-pyá;* f. (unreif), *chánga, bichi;* f. Luft zufächeln, *-púnga upépo.*

fröhlich sein, *-tangamúka;* f. machen, *-tangamusha.*

Frohndienst, *shogóa.* m.

Frosch, *chúra.*

Frostschauer, *kitápo, kembémbe.*

Frucht, *túnda (la), ʐáo (la);* unreife F., welche zu früh abfallen, *mapóoʐa;* Stein in einer F., *kóko (ya)* pl. auch *makóko, ukonde, (ukongwa)* (Pemba); Früchte abflücken, *-konyóa;* F. vom Baum abschlagen, *-bwága;* F. vom Baum schneiden und herabwerfen, *-angúa;* mit einem langen Haken F. vom Baum nehmen, *-pémba.* m.; Haken, um F. von den Bäumen abzunehmen, *-ngóe (ya).* m.; abfallen von F., *-ʐukútika;* Fruchtsäfte, kleiner Krug für Honig, F. und dergl., *kikasiki.* m.

frühe, *mapema;* früh morgens zu jemand kommen, ihn überraschen, *-raukia.* m.; f. am Morgen aufstehen, *-pambanuka, -rauka alfajiri;* am f. Morgen etwas vornehmen, *-pambaukira;* früher, *kábla (kábula);* Frühstück, *kifungúa kánwa, chamsakanwa;*

Rest der Abendmahlzeit, den man zum F. des anderen Tages aufhebt, *bariyo* (Lamu).

Fuchs, *mbwéha*, *lóma*. m.

fühlen, *-óna*, *ji-ona*; ich f., dass ich tauh werde, *najiona úmbo la kúwa kiẓiwi*; sich sicher f. gegen etwas, *-nyekeléwa*.

Führer, *dalili*, *mutahádamu*; F. der Karavane, *mwongoẓi*, *kilongóla*, *kiongóẓi*; F. (Lootse), *rubáni* (wa) pl. *marubáni*; führen, *-ongóa*, *-ongóẓa*, *-ongoléa*; einen Kranken sanft f., *-teléẓa*. m.

Fülle, *úngi*, *wingi*, *uj.isi*. m., *merthawa*. m.; füllen, *-kóra*, *-jaẓa*, *-jáliẓa*.

Fuge, aus den F. gehen, *-tatúka*.

Fuhrt, *kivúko* (cha), *makupa*. m.

Fundament; Graben, in welchem das F. eines Hauses gelegt wird, *mẓíngi*.

Fundgeld, *utótole*. m.; *kiokóẓi*. m.

fünf, *táno*, *khamsi*; der fünfte, *wa táno*; ein Fünftel, *robo serenge*; fünfzehn, *khamastáshara*; fünfzig, *khamsini*.

Funke, *chéchi* (la), *tete*. m., *ki.ili*. m.; funkeln, *-meriméta*, *-meme tuka* (Lamu); Funkeln, *kiméta*, *kimérti*.

für, *kwa*, meist durch die Relativform des Zeitwortes auszudrücken.

Furcht, *uoga*, *kicho*, *kituko*, *khófu* (mwáfa. m.), *kiguli*. m., *kila*. m., *tafauli*. m., *uchachi*. m.; F. erregendes, *utisho*. m.; in F. setzen, *-ogofisha*, *-khofisha*; F. zeigen, indem man die Waffen nicht ablegt, *-chúka*. m.; aus F. weggehen, *-pumburúka*; fürchten, *-ogópa*, *-oga*, *-jali*, *kú -cha*, *-cheléa*, *-tishika*; etwas fürchterliches, *kiója*;

furchtlos sein, *jáhili*. m.; Furchtlosigkeit, *ujáhali*. m.; furchtsames Wesen, *upóle*.

Fürsprache (z. B. für einen Gefangenen), *matetési* (ya). m.

Fürsprecher, *mwombéẓi*.

Fürst, *seyid*, *amiri* (wa) pl. *maamiri*, *málaki* (wa), *jumbe* (la); -lich, *seyedia*, *sayidia*.

Fuss, *mgúu*, *gúu* (la); kleiner F., *kijigúu*, *kibete*. m.; geschwollene Füsse, *ténde la gúu*. m.; Hautkrankheit der Hände, F. u. s. w., *mbatinga*. m.; Verstauchung des Fusses, *kisungúa*. m.; die gedrechselten Füsse einer Bettstelle, *ténde gúu la kitánda* pl. *matende gúu*. m.; Fussfessel, *mli*. m.; Stock, in welchem die Füsse von Gefangenen befestigt werden, *mkatále*; mit den F. treten, *-finyanga*; unter die F. treten, *-kanyága*, *-fioga*. m.; mit dem Fuss anstossen, *-kwáa*; mit dem F. scharren, ausschlagen (wie ein Pferd), *-parapára*; vor Aerger mit dem F. stampfen, *-dádaa* (Kinika); Fussänkel, *pia ya mgúu*, *ito* (la) Lamu: -bank, *kibágo*. m.; -boden, grobe Matte vom Palmblattstreifen, den F. zu bedecken, *jámvi* (pl. *majámvi*; -ring der Frauen, *furúngu* (la); -sohle, *wáyo* pl. *nyáyo*; -spangen, *mtáli*; auf den -spitzen gehen, *-teteméa*; die -spur, *unyáyo* (wáyo) pl. *nyáyo*; -stoss *kwáta* (la), *ukwáta*, pl. *kwáta*.

Futteral, *úo* pl. *nyúo tumba*.

Futter, *chakula*; Futter vom Kleid, *nguo ya bitana*; füttern, *-lisha*; f. (ein Kind), *-babia* (Momb.).

G.

Gabe, *wapo*, *kipaji*, *upaji*, *takarimu*, *athia*.

Gabel, *úma* pl. *nyúma*, *kiúma*; -förmiger Ast des *mkoma* Baumes, *kongo* (ya). m.; Gabelung von Aesten, Flüssen und dergl., *panda* (ya).

gackern, *-kokoréka*. m.; g., wie eine Henne, die ein Ei gelegt hat, *-tetea* cfr. *matetési*.

gähnen, *-piga nyáyu miáyu*), *-tamúa*.

gähren, *-cháchaa*, *-púlika*. m.

Galban. *ubáni*. m.

Galle, *nyóngo;* Gallenkrankheit, *sáfura.*

Galopp, kurzer, *maghád;* der G. des Esels, *thélth;* galloppiren, *-piga shóti.* m.

Gang, *mwéndo, mwenéndo, maenenzi.* m.; sehr schmaler G. zwischen den Häusern in Sansibar, *kichochóro.*

gangbar sein, *-endéka.*

Gans, *bata la bukini, kwete pl. makwete;* Gänsehaut von Frost oder Fieber, *kebembe.* m.

ganz, *-zima, kamili;* das Ganze, *jimla;* ganz vollkommen sein, *-kamilia, -kamilika, -tama;* g. alt, *sháibu la gúza.* m.; g. eben, *panapána;* g. ebenso, *vivyohivyo;* g. und gar, gänzlich, *kábisa, tikitiki.*

gar sein, *-iva;* nicht g. sein, *-via;* g. kochen, *-ivisha;* g. gekocht sein, *-tokoséka.*

Garantie, *uthámini.* m.; garantiren, *-thámini, -tadáriki.*

Garn, *úzi, kássi;* ein Knäuel G., *kibúmba cha úzi.*

Garten, *bustáni;* Obstgarten, *kiúnga.* m.; Gemüsegarten, Feld-, *shamba;* Schilderhaus für den Gartenwächter, *kihéma.* m.; Wächtergerüst im G. (ohne Dach), *ulingo, kilingo.* m.; -messer, *mundu pl. mi-undu;* G., den Kokosbaum anzuschneiden um Palmwein zu erhalten, *upámba.*

Gebäck, *mkate, kitumbua, ladu, ukáki.* m., *tendéti.* m.

Gasse, *shámbiro.* m. *(la).*

Gastfreund, *mwenyéji.*

Gatte, *mume;* die Mutter des G., *maviá (wa).*

Gaumen, *ufizi pl. fizi, kaa la kinwa, masine.* m.

Gazellenarten, *paa, bare, dondóro, kóru, kugúni, mpófu, nyúmbo, parahára, kulúnga, mfurumfu.* m.; Jagdnetz, um G. u. dergl. zu fangen, *wávu pl. nyavu.*

gebacken sein, *-choméka.*

gebären, *-vyáa, -zaa;* geboren werden, *-vyaliwa;* weibliches Wesen, das noch nicht g. (von Menschen und Thieren) hat, *mfáiko (ya), mgúmba.* m.; Färse,

junges weibliches Thier, das noch nicht g. hat, *mtámba;* Gebärmutter, *mji.*

Gebäude, *mjéngo, jéngo (la), uáshi;* grosses G. (Tempel), *hékalu;* gewölbtes G., über dem Grabe eines muhamedanischen Heiligen oder Schechs, *kúbba (la';* hölzernes G., Schiff, *kiúnzi.* m.; ein Gebäude niederreissen, *-jengúa.*

geben, *kú-m-pa, -tóa;* auf Credit g., *-kopésha;* sicher in die Hand g., *-kábithi.*

Gebet, *sála, saláti;* gewöhnliches G. der Moslem ist die erste Coransure, *fátiha;* Vorlesung und G. in der Moschee, *hótuba.* m.; Waschung vor dem G., *úthu.* m.; die Moslem zum G. rufen, *-athíni;* Buch mit G., bei einem Sterbenden zu lesen, *búrúda;* G. hersagen lassen, *-somésha;* -teppich, *kitanga cha yanwi, zulia ya kusujudia, msála;* -ausrufer, Muezzin, in der Moschee, *mwádini;* die erste -stunde, morgens 4 Uhr, *alfajiri;* Zeit des mittägigen G. der Moslem, *athuuri, dóhori (ya);* die -stunde um 3 Uhr Nachmittag, *alásiri;* um Sonnenuntergang, *magaribi;* letzte -stunde von 6 bis 8 Uhr Abends, *ésha;* das Zurückkehren vom G., *mshúko.*

Gebirgspass, *teremúko (la).* m.

Gebiss des Zügels, *lijámu, ujámu (lugwamu.* m.).

gehlendet, *póvu (pófu);* g. sein, *-povúka (-tofúka.* m.).

gebogen sein, *-petemána, -pindika, -nyumbúka, -nyumbulika.* m.

Gebot, *amri;* das erste G. machen, wenn etwas zum Verkauf ausgeboten wird, *-rísimu.*

gebraten sein, *-choméka;* Fleisch an zwei Stöckchen g., *-subána;* Fleisch, das auf einem Hölzchen g. wird, *mashakiki.*

Gebrauch, *túmo (la);* gebrauchen, *-tumia, -túmisha.*

gebrechlich, *mafúu.*

Gebrüll, *ngúrumo.*

Gebüsch, *magugu, koko (la), túa (la).* m.;
Geräusch eines durch G. brechenden
Thieres, *mtasálabu.* m.

Geburt, *kizázi, kivyázi, uwyázi, uzázi.*

Gedächtniss, *ufahanm.* a.

Gedärme, *utúmbo* pl. *túmbo, kideme*
(Merima); Dünndarm, *chángo, chen-
gelele (tengelele.* m.).

Gedanke, *wázo, mawázo, fikira, náthiri,
thamiri,* falscher G., *tháuna;* -losig-
keit, *urúri.* m.

gedeihen, *-méa, -kibáli, -stákimu.*

Gedicht, religiöses G., *uténzi;* Spottg.,
nyimbo ya uláifu. m.

Geduld, *sáburi (ya), utúlifu, ujenézi.* m.;
G. haben, *-ngója, -stahámili;* sich
gedulden, *sáburi;* geduldig, *mvumi-
lifu, mstahámili;* g. warten, bis man
an die Reihe kommt, *-limbika.*

geehrt, *mstáhiki, muathám, mukhtaram.*

Gefahr, *khófu, afa (la), uhátari, tumo.* m.,
itiláfu. m., *mvúja;* in G. bringen,
-pónza; gefahrloser Weg, *njia rahisi;*
gefährlicher Ort, *kicho, mahali pa-
tume.* m.

Gefährte, *mwénzi* pl. *wénzi;* die G.
Muhammeds, *masáhaba.*

gefallen, *-pendéza, -isa.* m., *-hibia.* m.;
-arithi. m.; wie es Gott g., *tawábu
ya Muungu, inshallah;* gefällig aussehen, *-tathamika.* m.; sich g. erweisen, *-pendekéza;* Gefälligkeit,
upendáji; die G. haben, *-tafáthali.*

Gefangener, *aliyefungwa;* Stock, in
welchem die Füsse von G. befestigt
werden, *mkatále, msálaba.* m.; Fürsprache für einen G., *matetési.* m ;
Gefängniss, *geréza, kifungo.*

Gefäss, *chombo, bungú, búyu, kibúyu.* m.;
ein sehr grosses G., *jómbo (la);* kleines
G., *kidáua;* metallenes G., *sufuria*
pl. *masufuria* oder *(za);* Gurke, aus
deren harter Schale allerlei Gefässe
gemacht werden, *mumúnye.*

Geflecht, *msóngo.* m.

gefleckt, *madóadóa (ya).*

Geflügel, *kúku (wa* pl. *za).*

Geflüster, *minyonyóno.* m.

Gefolgsmann, *mfiási.*

gefrässig, *mláfu.* m.; Gefrässigkeit, *uláfi,
uláji, kipúpa, ujóko.* m.

gefüttertes Kleid, *nguo ya bitana.*

gegen einander lehnen, *-lemezána.*

Gegend, *inchi (inti.* m.); eine wüste G.,
chángwa, barrafu.

gegenseitige Liebe, *mapendáno.*

gegenüber, *kábala;* -stehen, *-lekéa,
-lekeána, -elekeána, -kábili, -kabiliána;*
-stellen, *-lekánisha.*

gegenwärtig, *sása;* Gegenwart; *kisása.*

Gegenwind, *pepo za ómo, mbisho wa
pépo.* m.

Gegner, *adwi, mdáua.* m., *mshinda-
nízi.* m.

geheim, ins g., *kwa siri, ndáni kwa
ndáni;* Geheimniss, *siri, faraghá
(ya), penyenye.* m., *kúnga (ya).* m.;
Vertrauter, der unsere G. kennt, *msiri;*
der Mensch ist ein Schwätzer, kann
kein G. behalten, *mtu ana páyo;*
Ausplaudern von G., *ufafanúzi.* m.;
Geheimpolizist, *tundwízi wa maneno.* m.

gehen, *-enda (e. kwa migúu), -tamba.*
g. (Teig vom Sauerteig) *-úmuka.* m.;
es geht gut, *kwéma;* wie g. es? *uhali
gani?* mir geht's gut, *si jambo;* dir
g. gut, *hu jambo;* ihm g. gut, *ha
jámbo;* was geht es dich an? *imeku-
pajaje;* gehe von mir fort, *ondóka
mbele yángu;* g. aus dem Wege vor
dem Esel, *similla púnda;* geh zum
Kuckuk, *poteléa mbáli;* hinter einander gehen, *-ongozána;* dicht neben
einander g., *-enda zembámba.* m.;
geradeaus g., *-fuúza, -fuza;* mit jemand
g. *-andáma;* auf und nieder g., *-enda
masia;* ohne guten Grund in ein
fremdes Haus gehen, *-fumanyána;*
an Bord g., *-pánda;* an's Land g.
aus dem Schiff, *-shuka;* auf den
Fussspitzen g., *-tetemea;* aus dem
Wege g. *-aúsa, -jitenga;* nicht geradeaus g., *-úya.* m.; in die Irre g.,
-potea, -yuayúa. m.; krumm g.,
yonga. m.; mit ausgespreizten Beinen
g., *-tagáia.* m.; auf die Seite g., *-épa,
-yépa;* taumelnd g., *-seseléka.* m.;
rasch g., *-dotóma.* m.; spazieren g.,
-tembea, -chendéa. m.

Gehirn, *wóngo.*

gehorchen, *-sikía, -tii, -fuasa;* Gehorsam, *tá'a (ya), táyi;* zum G. zwingen, *-sikiẓisha;* gehorsam, *mtúliju, mtia, mtii;* g. werden, *-tiika;* g. machen, *-tiisha.*

Geierarten, *furukómbe, kipungu.* m., *kwára.* m., *nsú.* m., *tái.*

Geierperlhuhn, *kóroro.*

Geige, *fidela;* Art G., *ẓéẓe.*

Geist, *roho, niá (ya, ẓa), mtima* (alte Sprache); böser G., *pepo mbáya, mẓuka, kiẓúka, mahoka, iblis, dungumáro, koikoi, kitamiri, kiẓuu, mwana, maua;* G. eines Verstorbenen, der den Verwandten im Traum erscheint, *kóma* (wa pl. ẓa); die Geister der Vorfahren besänftigen, *-gónya.* m.; Opferplatz, an welchem G. sich aufhalten, die Affenbrothäume werden gewöhnlich dafür gehalten, *muẓimo;* einen bösen G. durch besondere Ceremonie aus einem Kranken austreiben, *-púnga pépo.*

Geistlicher, *pádiri* pl. *mapádiri, kasisi.*

Geiz, *chóyo* pl. *vyóyo, ubakhili, támani, ukwasi.* m.; geizig, *mbwáyi,* 'mbwáji m.).

Geklätsch, *maámvi (ya).* m.

Gekritzel, *mababúrobábúro.* m.

gekrümmt, *mishitári;* g. sein, *-petemána.*

gelähmt, *mpindáni, mwenyi kupoóẓa;* g. sein, *-pooẓa.*

gelangen, an's Ziel g., *-kóma, -fika.*

gelb, *manjano, kimandáno.* m.; gelbe Farbe, *ẓafaráni;* g. Farbe um Matten zu färben, *ungámo;* gelb werden (von Blättern), *-dóbea.* m.

Geld, *mapesa, máli (ya);* kleines G., *sárafa;* baares G.,*taslimu;* G. wechseln, *-vunja, -sárafu;* Getreide, besonders als Tauschmittel an Stelle des G. beim Handel gebraucht, *náfaka;* G. austheilen, ausgeben, *-toá fetha, -sérifu.* m.; einer, der den Leuten das G. (im Spiel u. dergl.) abzunehmen versteht, *mkórofi;* G. geben, damit eine Schuld bezahlt werden kann, *-féleti;* G. leihen, *-kirithi;* jemanden mit G.

in seinem Geschäft unterstützen, *-náfisi;* kleiner Lederbeutel für G., Geldbörse, *kibogóshi, kifúko;* -strafe, *hákamu.* m.

Gelegenheit, *nafási, údúru.* m.; jemandem G. geben, *-nafisisha.*

Gelehrter, *mwána chuóni, sheha.* m.; gelehrt (geübt) werden, *-ẓoéa.*

Geleite, jemand das G. geben, *-safirisha.*

Gelenk, *kiungo,* pl. *maúngo.*

geloben, *-weka nathiri.*

Geltung, rechtliche, *dama.* m.

Gelübde, *náthári.*

gelüsten, *-tunúka, -tamaa.*

Gemälde, *tuswíra,* pl. *tasawíra.*

gemeinsam, mit der Hand aus der gemeinsamen Schüssel essen, *-méga;* gemeinschaftliche Mahlzeiten, bei denen der Reihe nach einer der Gesellschaft nach dem andern die Kosten trägt, *kikóa.*

gemessenes Wesen, *madáhiro.* m.

Gemüse, Kürbis, auch sonstiges G. *bóga (la);* G. reinigen, *-shambúa.* m.; ein Gericht aus allerlei G., *mshéto.* m.

Gemurmel, *mavúmi.*

genau, *hálisi, tike.* m.; g. so, *hivyovíyyo;* mit genauer Noth, kaum, *hósiko;* genau ausfragen, *-sisitiẓa.* m.; nach etwas g. suchen, *-tefúa* (Merima); genauen Auftrag geben, *-sisitiẓa.* m.

Genehmigung, *kábuli.*

geneigt, auf die Seite g. (vom Schiff), *msóbemsóbe.* m.;

Generation, *kiẓáẓi.*

Genick, *shingo (la)* oder *(ya* pl. *ẓa), ukósi.*

Genosse, *mwénẓi, msáhabu, somo,* pl. *masómo, káumu.* m

Genüge, *maritháwa (ya);* genug, *bassi;* genügen, *-tosha -ákidi, -kifu;* es genügt, *kifai, kidi.* m.; genügendes Auskommen haben, *-dononóka.* m.

geographische Länge, *túl,* pl. *atwál.* m.

gerade, *sáwa, baraba, mswaha;* geradeaus gehen, *-fuúẓa (-fuẓa);* nicht g. gehen, *-vua pogo.* m.; gerade dann, *bábále.* m.; g. sein, *-ongóka, -ngóka.*

m., -nyóshwa. m.; g. machen, -nyó-
sha; g. so, vivi hivi; ganz g., sawasawa.

Geräth, samani (ya), pambo.

Geräusch, maliʒi. m., ukelele, sáuti
(ya), kishindo. m., mgoto. m.; rasselndes G., gúguru. m.; G. machen,
wie eine krabbelnde Maus, -gugu-
rúsha; starkes G., wasū (Merima);
brausendes G., vúmi; ein G. machen,
indem man durchs Gras geht, -chara-
kása. m.; G. eines durch Gebüsch
brechenden Thieres, mtasálabu. m.;

gerathewohl, aufs g. hingehen, -to-
tóma. m

gerathen, in Streit, -vumbiliʒ vita.

gerecht sein, -ádili; Gerechtigkeit, háki,
adili, eidili. m.; G. lehren, -eidi-
lisha. m.

gereinigt sein, -sugulika, -pwaika.

gereizt sein, -kirihika.

Gericht (Tribunal), hókumu (ya); G.
(Speise), ein G. der Eingeborenen aus
Fisch mit Bananen und Kassava zusammengekocht, mjanyáto. m.; ein
G. von Reis, Fleisch, Pfeffer u.
dergl., birinʒi (ya); ein G. der Eingeborenen von Erbsen und Bohnen,
borokóa; ein G. von Reismehl mit
geriebener Kokosnus, búmbwi; ein
G. von Weizenmehl, Fleisch u. s. w.,
bokoboko; ein G. aus Mais und
mbáʒi, -púre. m.; ein G. aus allerlei
Gemüsen mshéto. m.; ein G. aus
Hirsebrei und Bohnen (chooko) bereitet, mséto; Pilau (indisches G.),
pilao; ein G. der Eingeborenen von
Mehl und Kokosmilch sima. m.

gerichtliches Verfahren, maláu (ya)
(Kinika).

geringe Zahl, uhába. m.; ein sehr geringer Mensch, thalili; Geringfügigkeit, ucháche, udilifu.

gerinnen, -ganda, -tungáma.

gerösteter Mais, pisi (bisi).

Gerste, shayíri; Gerstenkorn im Auge,
chokéa; Gerstenzucker, gubiti.

Geruch, manukáto, hárufu; übler G.,
ufúndo. m.; Fäulnissg., ndáfu. m.;
übler G. im Mehl, fondogóa. m.

Gerüst, jukwári, majukwa, madukwa.
m., kombati. m.; ein G., Hütte auf
Pfählen um Getreide u. s. w. auszu-
bewahren, utáa pl. táa. m.; G. für
den Gartenwächter, kiingo. m.

Gesandter, mjúmbe, rasuli. m.

Gesang, uimbo pl. nyimbo; eine Art
G. beim Niederbrennen der ausgerodeten Bäume und Büsche, wawe.
m.; mit G. und Musik begrüssen,
-shangilia.

geschädigt sein, -tofúka. m.

Geschäft, jámbo (la) pl. majámbo oder
mámbo, káʒi, shúghuli, ámali, maa-
fikano, gharati. m., túmo (la). m.,
ujúme. m.; Gewinn im G., utúmo. m.;
gute Geschäfte machen, -tijára (-ti-
gára. m.); Geschäft, von dem jemand
seinen Unterhalt hat, fárathi; Antheil
am G., ushárika; zusammen ein G.
betreiben, -sharikiána; jemanden mit
Geld in seinem G. unterstützen, -na-
fisi; jemanden zu einem G. verwenden, ku-m-tia kaʒíni; ein G. haben,
-fánya ubaʒáʒi; sich geschäftig zeigen,
-biabia. m.; Geschäftigkeit, ufuthuli,
ujufi (ujuvi); Geschäftsgewinn, ghánima; Geschäftstheilhaber, mshárika;
Theilung des Gewinnes an die G.,
uirári.

geschaffen sein, -umbika.

geschehen, -fanyika, -sibu. m. -súbu. m.
-dulli. m.

Geschenk, hedáya, athia, mapaji (ya).
m., ada pl. maada, rushwa, bakhishi,
kiinua mgóngo; grosses G., takárimu;
auserlesenes G., tunu; Ehrengeschenk,
ʒanvadi, heshima; Geschenk, das der
Bräutigam den Eltern oder Verwandten
der Braut vor der Hochzeit zu machen
hat, máhari (ya); für die Mutter der
Braut bei der Hochzeit ein G. gesandt, ubéleko; G., welches der Bräutigam der Duenna (kungu) der Braut
bei seinem ersten Besuch zu machen
pflegt, kiósha migúu, kifungúa mlango; G., welches der Bräutigam der
Braut macht, wenn sie sich ihm zum
ersten Male entschleiert, kipa mkóno;
G., in Erwartung späterer Gegenleistung gegeben, mbéko (ya). m.;
Reis und andere Speise, welche man

befreundeten Personen als G. sendet, welche bei der Trauer oder aus andern Gründen eine Zeit lang zurückgezogen leben, *kitéo;* Geschenke geben, *-túnꞁa (túꞁa', -tunukia.*

Geschichte, *khábari (ya, la,* pl. *ꞁa',* hádithi, *ngáno, kisa;* Geschichten erzählen, *-hádithi, -tóa hádithi;* Geschichtsschreibung, *tarikki.* m.

Geschick :Schicksal , *túa (ya).*

Geschicklichkeit, *uvéꞁa ,uveꞁi, uveꞁo;, busára, hoduma.* m., *umahiri.* m.

geschickt, *máhiri, sitádi.* m., *mbúꞁi.* m.; ein g. Mensch, der alles, was er gesehen, sogleich nachmachen kann, *mwangáfu.* m.; g. Handwerker, der vieles versteht, *mwongóshi wa káꞁi.* m.

Geschirr, *chombo, pambo;* kupfernes G., *sifuria.* m. = *sufuria.*

Geschlecht (Familie), *kina (ya).* m.

Geschmack, *maóndi, maongéꞁi, túmu (ya).*

geschmacklos, *dúfu.*

Geschmeiss, *dúdu.*

Geschrei, *keléle (ya)* pl. *makeléle, ujelejele.* m.

Geschütz, *mꞁinga;* salutiren mit *-feuer, -piga miꞁinga ya salámu.*

Geschwätz, *vijinéno;* leeres G., *upúꞁi, madóro.* m., *kibáuro.* m.; unterbrechendes störendes G., *varánga.*

geschwind, *upési, kwa hima, hima hima, kwa haráka, tésira.* m.; geschwinde! *háya (heiya)!;* geschwind wiederkommen, *-dada;* g. vorwärtsschreiten, *-endeléa;* Geschwindigkeit, *upési, tasihili.*

Geschwür, *tumbási, nasur;* kleines G., *kijáraha;* juckendes G., *upéle* pl. *péle;* krebsartiges G., *mti;* Eiter, der aus einer Wunde oder einem G. kommt, *wásaha.* m.; aufbrechen (von einem G.), *-tumbúka, -buꞁúka.* m.; voller Wunden und G. sein, *-tondóka.* m.; G. verursachen, *-tondóa.* m.

Geschwulst, *kága (ya', uhárabu, tumbási, ipu (la).* m., *kitorónge.* m., *rugu-rugu (la).* m.; leichte G., *dúdu (la).* m.; böse G., *mbúba (ya).* m.

Gesellschaft, *jamáa (ya), shuraka.*

Gesetz, *haki, shéria, shária, kitiba.* m., *matelába.* m.

Gesicht, *úso* pl. *nyúso, sura (ya';* auf das G. :fallen und dergl.;, *fudifudi;* ein vergnügtes G. machen, *-kundúa úso;* das G. niederbeugen, *-piga úso na nchi;* das G. in Falten legen, *-kúnda úso;* auf dem G. liegen, *-wíma.*

aus dem Gesichtskreise verschwinden, weit abliegen, *-tokoméa;* aus dem G. verschwinden lassen, *-tokomésha.*

Gesindel, welches Nachts, um zu rauben, oder sonstiges Unheil anzurichten, umherstreift, *pakácha* pl. *mapakácha ,pakajá'.*

gesinnt, feindlich g sein, *-téta.* m.

Gespenst, *mwána maúa, koma, kiꞁuka.*

Gespräch, *maꞁumgúmꞁo.*

Geständniss, *mwungámo.* m.

Gestalt, *umbo, namna, kimo.* m., *wajihi.* m.; schöne G., *háiba.*

Gestank, *ufúndo.* m.

gestatten, *-rúhúsu.*

gestehen, *-ungáma.*

gestern, *jána.*

gesund, *-ꞁima, salámu;* g. machen, *-tibu, -ponya;* g. werden, *-opóka, tibika;* wieder g. werden, *-póa, -pona.*

Gesundheit, *uꞁima, hali, áfia, saláma.*

Getöse, *keléle (ya).*

Getränk, *kinywa, kinywáji, shérbet;* berauschendes G., *keléo, akari.* m.

Getreide, als Tauschmittel an Stelle des Geldes beim Handel gebraucht, *náfáka;* G. durch Stampfen reinigen, *-pwáꞁa -púra, -twánga;* rein gemachtes G., besonders Reis, *mchéle;* -körner, *punje;* Mörserkeule zum Stampfen des G., *mchi;* Haufen G. auf der Matte, auf welcher das G. ausgedroschen wird, *ungúu.* m.; ein Gerüst, Hütte und Pfählen, um G. aufzubewahren, *utáa* pl. *táa.* m.; im Siebe oder offenen Korbe das G. sichten, *-pepéta;* ein grosser -korb (hält 10 gisila), *mfádu (ya* pl. *ꞁa'.* m.

getreu bleiben, *-staamáni.*

gewachsen, jemandem g. sein, *-weꞁa, -lingana ,Kinika;.*

Gewalt. *ngúvu, mámláka;* mit G. hinwerfen, *-chupia;* mit G. öffnen, *-pepetúa;* mit G. nehmen, rauben, *-póka* (Pemba); Gewaltthätigkeit, *jéuli..*

Gewebe, *nguo;* Aufzug eines G., *mtánde.* m.; Einschlag eines G, *mshindio.* m.; den Aufzug machen zum G., *-ténda ngúo.*

Gewehr, *bundúki;* Steinschloss - G., *bundúki ya Serbócha;* doppelläufiges G., *bundúki ya buférekin;* ein G. laden, *-shámiri (-sámiri) bunduki;* Ladung eines G., *mshindilio.* m.; Schuss aus einem G., *ramia;* -kolben, *tako la bundúki;* -lauf, *kasiba (ya)* pl *makasiba;* Silberring zum Schmuck des G., *kóa (la).*

Gewicht, *kipimo;* G. eines Dollars, *wakia.* m.; falsches G., *mizáni za tége;* das G., mit dem der Angelhaken beschwert wird, *túbwi (ya pl. za).* m.

Gewinn, *uchúmo (utúmo).* m. *pato (la mateka* (im Spiel), *fayida, jibráni.* m., *isilakhi.* m.; Theilung des G. nach Verhältniss an die Geschäftstheilnehmer, *uirári;* einen G. machen, *-chúma;* gewinnen, *-fayidi;* jemand für sich g., *-fuatia.*

gewiss! *eiwá, ë wallá;* gewiss, *kábisa, maalum*; g., *hakika* (mit pron. possessivum); g. nicht, *hásha;* g. sein über eine Person oder Sache, *-kinika.*

Gewissen, *thamiri, niá (ya).*

Gewisser, ein G., *fulláni.*

Gewissheit, *yakini.*

gewöhnen, sich, *-zoéza.;* Gewohnheit, (gute), *áda (la), kawáida (ya), mazoézo.* m.; etwas gewohnt werden, *-zoéa,* gewöhnt, *mzoewa;* gelehrt oder gewöhnt werden können; *-zoezéka.*

Gewölbe, *táo (la);* gewölbtes Gebäude über dem Grabe eines muhamedanischen Heiligen oder Schechs, *kúbba (la).*

gewürfeltes Zeug, *kiodári (cha).* m.

Gewürznelke, *garofúu (gráfú);* Blüthenstengel der G., *kikónyo.*

Gicht, *jónge.* m.

Giebelseite, Dach auf der G., *kisusi.*

Gier, *chóyo, rókho, uláfi.* m, *uláji.* m.; G. (besonders nach Fleisch), *uthúu.* m.

Giessbach, *mfó.* m.

giessen, in einer Form g., *-ita;* (Kugeln), *-súbbu.* m.

Gift, *uchúngu, súmmu;* Euphorbie, aus welcher ein Gift für Fische präparirt wird, *mtúpa.*

Gipfel eines Baumes oder Berges, *kiléle, kileleta.*

Giraffe, *twiga, tia.* m., *nyámbu.* m.

Glanz, *mwánga, kiméta, kimerti, umbea* (selten m.); glänzen. *-méka, -mekaméka, -meriméta, -ngára, -mwílika, -zagáa, -metúka;* glänzend polirt sein, *-katúka;* glänzen lassen, *-ngáza.*

Glas, *kióo;* geschliffenes G., Trinkg., *bilauli, biláuri (ya);* -perle, *ushanga, kibosange.* m.; grosse G., wie sie die Frauen tragen, *kondávi (ya* pl. *za);* blaue G., bei den Wakamba im Innern beliebt, *kikéti (cha).* m.

glatt, *-oróro;* ganz g, *sawasawa;* g. sein, *-sélehi -sélekhu.* m.; g., dünn hämmern, *-tambúza;* glattes Haar, *nyéle za singa;* glätten, *-lainisha;* den Bewurf einer Mauer g., *-taliza.* ein Baum, dessen Frucht die Töpfer zum G. und Verzieren ihrer Waare gebrauchen, *mwáfi.* m.

Glatze, *upáa* pl *páa, kipára.*

Glaube, *imáni (ya);* abfallen vom G. (der Muhamedaner), *-kúfuru;* glauben, *-sádiki, -amini;* glaublich, *mtábari;* glaubwürdig, *mutáabir, amini.*

gleich, *sáwa, tike.* m.; ganz g., *sawasawa;* g. wie, *káma, láumi (ya);* gleicherweise, *kathalika;* jetzt gleich, *haláfa, halásu;* g. machen, *-sawánisha, -sawazisha;* g. sein, *-twazáua;* Gleichaltrigkeit, *hérimu* (pl. *ma-.*. m.; Gleichheit, *mithili, hérimu.* m, *bilkanímu.* m.; gleichmässig, *nakáwa.* m.; Gleichmässigkeit, *urári.* m.; Gleichniss, *mfáuo, fumbo (la), methili.*

gleiten, hinuntergleiten, *-poromóka;* hinuntergleiten lassen, *-poromósha.*

Glied = Gelenk, *kiungo, sia* (alte Sprache); Stumpf eines verstümmelten G., *gútu.*

glitzern, *-meka, -metaméta,* g. lassen, *-memetésha.* m.

Glocke, *kengéle;* Glöckchen, Schelle, die als Schmuck getragen wird, *njúga (ya);* die Glocke läuten, *-piga kengéle.*

Glück, *kheiri, nasibu, jaha, bakhti, chúmu (ya).* m.; G. bringen, *-faniʒika;* G. bringend, *iftahi;* glücklich, *kwa kheiri;* g. sein, *-jáali;* jemand etwas glückliches anmelden, *-bashiria, -kheri.*

Glühwurm, *kimurimúri, kimetiméti.*

Gnade, *réhéma (ya), neema.* m. gnädige Frau, *sitti.*

Gnu, *nyúmbo.*

Gold, *tháhabu;* Zeug in welches -fäden verwoben sind, *kásabu.* m.; kleine -platte mit frommen Spruch, von den Frauen auf der Stirn getragen, *sárufu;* -schmied, *muhúnʒi wa fétha;* -schmuck, den die Frauen zwischen den Schultern tragen, *shángwi.*

Golf, *ghubba;* Persischer G., *shemáli.*

Gong, *upátu.*

Gonorrhoe, *kisunóno.*

Gott, *Muúngu, Allah;* bei G., *wallah;* so G. will, *inshallah;* wie es G. gefällt, *tawábu ya Muungu;* Name Gottes, *isima (ismu);* der Wille G., *maongóʒi ya Muúngu.* m.; Gabe G., z. B. Regen, gute Ernte, *upáji wa Muúngu.* m.; Beiname G., der Regent, *mwawáʒi;* -dienst, *ibáda, dini, dúa;* -furcht, *shúfaka* (alte Sprache); gottesfürchtig, *mjáji Muúngu, mcha Muúngu;* Gotteslästerung, *lahaula.* m.; -urtheil, *kiápo.*

Götzenbild, *sanámu.*

Gouverneur, *wáli* pl. *mawáli;* als G. eingesetzt sein, *-táwala.*

Grab, *káburi* pl. *makáburi;* im Grabe, *kuʒimu;* Rind, welches vor der Thüre eines Hauses, in dem eine Leiche liegt, geschlachtet wird, um derselben den Weg zum G. zu öffnen, *ndongóa;* Lesen der Grabgebete, *khitima (ya* pl. *ʒa);* gewölbtes Gebäude über dem Grabe eines muhamedanischen Heiligen oder Schechs, *kúbba (la)* pl. *makúbba.*

Graben um Wasser zu leiten, *mfúmbi.* m.; trockener G. in Befestigungen, *ha-*

ndáki; G., in welchen das Fundament eines Hauses gelegt wird, *mʒingi.* graben, *-chimba -timba.* m.); das Graben, *kichimbo (kitimbo.* m.); ein kleines tiefes Loch für die Pfosten des Hauses g., *-fukúa;* spitzes Holz zum g., *múo* pl. *miúo.* m.; grosse Art Eidechse, welche sich Löcher in die Erde gräbt, *mgurumgúru.*

Grad, *kiwángo (cha).*

Gränze, *mpáka, kinga;* die G. bestimmen, *-páka;* an einander gränzen, *-pakána.*

Gräte, *miba ya samáki.*

Grammatik, *sáruf, naháu.* m.; grammatisch richtig sprechen, *-sárifu.*

Granatapfel, *kama manga (la), koma.* m.; Granatbaum, *mkama manga, mkomománga.* m.

Granate (Geschoss), *kómbóra (la);* Granatensplitter, *résa ʒa miʒinga.* m.

Gras, *majáni (ya), unyási* pl. *nyási;* -arten, *kikóka.* m., *kangága (la).* m., *mwámba nyáma, ugóga.* m., *ráya, chácha.* m.; G., das wie eine Nessel brennen soll, *wéni.* m.; eine Art hohen G., das zum Dachdecken benutzt wird, *óndo (la).* m.; griechisches G. (Bockshorn', *wátu;* Land, auf welchem das G. neuerdings abgebrannt ist, *tandáa;* neues G., *mgina.* m.; die Knoten eines -halmes oder Rohrs, *kipingiti.* m.; die scharfe Spitze eines Grases, *nyási ya ondo* pl. *maondo, kitója.* m.; Grasbündel zum Feueranmachen, *mwenge, chénge;* -ring, um die auf dem Kopfe getragenen Lasten zu stützen, *kátá (ya* pl. *ʒa);* -schmuck, den die Frauen in den Ohren tragen, *ubóndo.* m.

Grat, *úti* pl. *nyúti.*

graue Haare, *mvi.*

Greis, *mʒee;* Greisenalter, *ukóngwe.*

Griff, *pini (la), mpíni, kipini;* der G. an dem oberen Mühlstein der Eingeborenen, *msúnsö.* m.

Grille, *kúrúrú.*

Grind auf dem Kopfe; *uyábini wa kitwa.* m.

grinsen, *-toa méno.*

grob, grober Mensch, *mtu kali;* Reis g. mahlen, *-páṛa mchéle;* Grobheit, *safihi;* Grobmehl, *ténga.* m.

gross, *-kúbwa, -kuu, -nene, -tukúfu.* m., *bora;* g. machen, *-takábari.* m.; g werden, *-kua, -ongeṛéka;* zu g. für jemand werden, *-kulia;* g. sein, *-tukúka.* m.; grosse Zehe, *gúmba;* g. unersetzlicher Verlust, *mwendangúu;* ein g. starker Mensch, *jitu* pl. *mátu* oder *majitu;* g. Zimmer, *júmba (la);* g. Gebäude, *hékalu;* g. Vermögen, *lasirmali.* m.; grösser machen, *-kúṛa;* Grösse relat.), *kimo, dútu.* m.(abs.), *ukúu, ukúbwa, umene, utukúfu, ubóra.* m.; G. (von Wasserkrügen), *unvandaa.* m.; G., (des Körpers), *póko (la).* m.; Grosskind, *mjukúu, kiningina.* m.; -mutter, Ehrenname für Frauen, *bibi (ya)·* pl. *mabibi, babu, nana* (Kigunya); -vater, *babu.*

Grube, *shimo (la), pánga (ya), lindi (la);* kleine enge G., *makúo (ya).* m.; eine kleine G. wieder vollfüllen, *-fúka.*

grün, *chani kiwiti, rangi ya majani;* (unreif) *-bichi;* ein Grüner, *myinga, msúsu;* g. Mais, *matindi (ya);* -futter, *ukóka;* g. Farbe stehenden Wassers, *kúfu.* m.; g. harmlose Schlange, *ukúkwi* pl. *kúkwi.* m.; grünen, *-sitáwi.*

Grund (Ursache), *maana, sababu, kisa, ajili,* (Erde) *nchi;* bei niedrigem Wasserstand auf den G. gerathen, *-pweléṛa;* auf den G. laufen, von Fahrzeugen, *-tekéṛa;* nicht gründlich verfahren, *-rasharasha.* m.

Gruppe von Kokosbäumen, *kúle la naṛi.* m.

Gruss, *salámu (ya* pl. *ṛa);* G. der Sklaven an den Herrn, *nashika magúu* (ich erfasse die Füsse) *sikamuu, shikamuu;* G. am Morgen, *subhalkheiri;* G. am Nachmittag, *masalkheiri;*

grüssen, *-sálimu, -salimia, -barikia, -salamána, wajihiana.*

Guava (Frucht), *pera (la);* Baum, *mpéra.*

gucken, *-chungulia.*

Guitarre, *kinánda.*

Gummi, Art G., die mit Betel gekaut wird, *kánu;* übelriechender G., *mfúje.* m.; G. arabicum, *súmmukh, ambo, aembwe, ulimbolimbo, hábba.* m.

Gunst, *upendeléo, sáthili;* eine G. erweisen, *-sáthili;* jemand von sich durch -bezeugungen abhängig machen, *-sauhilisha;* Günstling, *mpénṛi, kipendi.*

gurgeln, *-sugutúa.* m., *-sukutúa.*

Gurke, *tángo;* Art G., *kimunyúnie.* m.; Art G., aus deren harter Schale allerlei Gefässe gemacht werden, *mumúnye.*

Gurt, *ukánda, haṛámu (la).* m.; Gürtel, *mahaṛámu, mahaṛimu (ya), ukumbúu.* m., *mshipi;* ein G. die Kleider aufzuschürzen, *mshipi wa kunvalia ngúo;* Stück Zeug, das von den Vornehmen wie ein G. umgebunden wird, *sómbo (la);* ein Messer in den G. stecken, *-pachika;* gürten, *-dádisa.* m.

Gussform, *kálibu (ya).*

gut, *-éma, kheiri, aali;* (danke schön), *marahába;* g. gemacht! *ahsánta!* es geht g., *kwéma;* es geht ihm g., *hayámbo ·: hanajámbo;* Seien Sie so g., *tafáthal;* eine g. Stelle, *péma;* guten Tag, *jámbo sána;* gute Nacht sagen, *-twésha.* m.; ein guter Haushalter, *mkábiti.* m.; gut sein, *-taibu, sélehi;* g. für etwas sein, *-wéa.* m.; einem g. thun, *-famiṛia;* sich als g. erweisen, *-fána;* g. erziehen, *-ongósha;* G., *mali;* reich an Gütern und Weisheit, *mabelakhe (ya).* m.; Güter auf Credit nehmen, *-kópa;* Güte (Gottes), *wema, néema.* m.

H.

H, das weiche H, *mdanvári;* das gutturale H im Arabischen, *ha ngóe.*

Haar, *unvéle (unyéle)* pl. *nwéle;* glattes H. der Europäer und Hindu, *nyele*

ṛa singa; usinga pl. *singa;* langes H., *kivúnga cha mwéle.* m.; langes H., *shúngi (la);* das lange H. einiger Araberstämme, *fúnga* pl. *mafúnga.*

190 Haarzange — Hand.

m.; H. aus den Augenbrauen, *ushi (unyúshi)* pl. *nyúshi;* H. auf dem Körper, *uláika.* pl. *maláika;* H. aus der Mähne oder dem Schwanz eines Pferdes, *nyómbe.* m.; graue H., *mvi;* den Kopf so scheeren, dass nur auf dem Wirbel H. stehen bleiben, *-kata dénge.*

Haarzange, *mentár.* m.

haben, *ku-wa na;* ich habe nicht, *sina;* habend, *-enyi.*

Habicht, *mwéwe.*

Hacke,*jembe(la),kishigino(kisigino).*m.; Spitze einer H., *msúka.* m.; die Oberseite der H. der Eingeborenen, *mfúmbe.* m.; die H. vom Stiel nehmen, *-gongóa.* m.; hacken, *-palia;* ein wenig h., *-buabúa.* m.; Hackmesser, *mdú* pl. *mindu.* m.; das H. verstählen, schärfen, *-tia, -púa kitoka.*

Hafen, *bandari* pl. *benadir, mérsa.* m.

haften, *-nata, -wama, -tábiki.* m.; aneinander h., *-shindamána, -ambatána, -natána, -tabikana.* m.

Hagel, *lembéʒi (la).* m.

Hahn, *jogóo, jimbi (la);* H. eines Fasses, *buludi (ya);* junger H., der noch nicht krähen kann, *póra (la),* *kipóra;* junger H., *kijimbi.* m.; krähen, wie ein H., *wika;* Hahnenkamm, *kilémba cha jogóo, undu wa jogóo.* m.; -sporn, *pémbe (ya), kipi;* lange, gekrümmte Feder im Schwanze des Hahnes, *mléli.* m.

Haifisch, *pápa (wa), kóleköle.* m.; Art H., der von den Eingeborenen gerne gegessen wird, *ngúru, ngúu;* grosse -angel, *kóto (la).* m., *kisingia.* m.

Hain, *kigúta (cha).*

häkeln, *-suka.*

Haken, *kota, kigósha, dwana, kalubu, hángwe (Merima), pembo.* m.; Stange mit eisernem H., um aus einen Brunnen und dergl. hineingefallene Gegenstände herauszufischen, *kiopóo (cha);* der H. des Vorhängeschlosses, *tumbúo;* H., um allerlei Geräth aufzuhängen, *súso, súsu;* H., um Früchte von den Bäumen abzunehmen, *ngóe ya.* m.; H., mit welchem der Schneider seine Arbeit befestigt,

kulábu; mit einem langen H. Früchte vom Baume nehmen, *-pémba.* m.

halb, *nussu;* der Krug ist h. voll, *maji yashinda ya mtúngi,* m.; halbgefüllter Sack, *kipéto;* Hälfte, *nússu, núss (ya);* H. einer Apfelsine, einer Kokosnuss, *kiʒio.*

Halfter, *ukóa.*

Halloh, *kelele;* sie kamen mit H., *wakaja tádi.*

Halm, *uchipúka.*

Hals, *singo;* -band von Perlen, *kipingo.* m ; Zäpfchen im H., *kilimi.* m.; Schleim im H., *úte* pl. *máte;* reizen, kratzen (von H. und Augenschmerzen), *-kerekéta;* -krankheit, *kimio;* Saum um das -loch des Kanzu, *kába ya kanʒu* oder *kába la kanʒu;* -wirbel, *kósi (la).* m.

halt!, *kóma usije;* Halt, *usiri.* m.; Halt machen, *-tua.*

halten, *-shika;* fest in der Hand h., *-kábithi, -kamata;* versprechen und nicht h., *usháufu.* m.; auf der Seite h., *-cheléʒa;* jemand fest h., *-fúngiʒa;* sein Versprechen nicht h., *-shaúa.* m.; *-tutúa.* m.; Halteplatz, *kitúo.*

Halyard, *hénʒa.*

Hammer, *ngúndo (ya), kinyundo, mbáno.* m.; hämmern, *-fúa;* glatt, dünn h., *-tambúʒa.*

Hand, *mkóno;* rechte H., *mkono wa kúume, mkono wa kulia, mkono wa kurúli* (kigunya); die linke H., *mukóno wa kushóto, mkono wa kike.* m.; die flache H., *kitánga cha mkóno, kofi (la);* eine H. voll, *konʒi (ya), oya* pl. *nyóya.* m.; Schlag mit der Oberseite der H., *ku-piga ipi;* lauter Ruf in die H., *kikorómbwe;* Zittern der Hände, *kitetemésa.* m.; Hautkrankheit der H., *mbalánga (wa).* m.; aus der Hand reissen, *-kopóa (-chopóa);* aus der H. fallen, *-chopóka;* einander an der H. leiten, *-shikamána;* mit der H. umspannen, *-fumbáta;* sich die Hände durchgerieben haben, *-pujúka;* zwischen den H. drehen, *-fiokóta.* m.; mit der Hand aus der gemeinsamen Schüssel essen, *-méga;* Speise mit der H.

aus der Schüssel nehmen, -ménya; H. an etwas legen, -shika; sicher in die H. geben -kábithi.

handeln (thun), -tenda, -fanya, 'mit Waaren) -fanya ubaʒaʒi; ordentlich h., -díriki.

Handel, beim H. verdienen, -tigára, -tijára; H. und Verkehr, -biáshara; im H. selten geworden sein, -ghámma. m.; Handelsgeschäft, mwáfaka; Handelsgut, bithaa.

Händelsucht, ugómvi; händelsüchtig, mgómvi, msharri, salata. m.

Handfläche, kigánda cha mkono, ganja (la), kiganja. m.

Handgeld, arabúni (ya), stakabáthi.

Handgelenk, kilimbíli, mbiliwili.

Handgriff, shikio (la); langer H., kóno (la).

Handhabe, píni (la).

Handlung, kiténdo, ámali (ya).

Handschellen, kifúngo.

Handschrift, khátti.

Handtuch, kitambáa cha kufutia mkóno.

Handvoll, ukúfi, chópa (la); eine H. Reis, welcher erst zum Klumpen geballt wird, ehe man ihn in den Mund steckt, tónge. m.

Handwerker, muhúnʒi, ujúme, fundi; geschickter H., der vieles versteht, mwongóshi wa káʒi. m.; Werkstatt eines H., ufúndi ukúu. m.

Hanf, katani (ya); wilder H., bangi; ein narkotisches Präparat von wildem H., bóʒa (ya).

hängen, -tundika; an der Wand h., -angika; dicht an einander h., -tatána; h. bleiben, -angáma.

Harfe, kinubi, kábosi. m.; die H. spielen, -piga kábosi.

harnen, -kojóa.

hart, -gúmu, kassi, kamia, shupáa. m., yabisi; h. werden, -yabisika, -kükuta. m.; h. sein, -shupáa; -shupana); h. schlagen, -pupúta. m.; der h. schwarze Kern des Holzes vom mwáfi. Baum, kunge ʒa mwáfi. m.; andere Bäume mit h. Holz, msindarusi, mtánne. m.; h. Worte reden, -shupáa kwa maneno, -supáa; h.

Boden in der Plantage, manyándo. m.; runder, h., schwarzer Mühlstein, mángo (ya); Härte, ugúmu, ukali; H. des Holzes, uhiána. m.; H., mit der man dasjenige dem Bittenden verweigert, was man ihm wohl geben könnte, uhiána. m.

Hartebeest (bos elaphus), kugúni, bawara.

härten, Eisen h., -tia matiko. m.; hartnäckig, shipávu. m.; hartnäckiges Leugnen, ukiri; Hartnäckigkeit, ushupáfu. m.

Harpune, chúsa pl. vyúsa, múnda. m. (wa kushoméa sámaki); hölzerner Schaft der H., der nur lose an der Spitze befestigt ist, wáno pl. mawáno. m.; harpunieren, -píga (Merima).

Harz, wohlriechendes, ubáni. m.

Haschisch, ein Präparat von H., Honig und Opium und Eiern, majuni (ya).

Hase, sungura, hipánawaʒi. m.; kleiner H., kisungúra; Art H., kitungúle.

Hass, fitina (ya); Erregung von H. und Feindschaft, ufitina; hassen, -chukia, -ʒira. m., -buothu.

Hast, marásharasha (ya). m.

Haue, mit der die Kokosnüsse gespalten werden, mundu pl. mi-undu. hauen, -piga, -pula, -kata; klein h., -kalakáta.

Haufe, chúngu (ya) tungu. m.; Haufen (von Körnern), mshúmbi. m.; H. Getreide auf der Matte, auf welcher das Getreide ausgedroschen wird, ungúu. m.; H. gebrannter Kalk, tánu tánuru; grosser H. von Menschen, jamia, msóa. m.; in kleine H. sammeln, zusammenfegen. -ʒóa; auf einander häufen, -leméʒa.

Haupt, kitwa, rás.

Hauptbesitz, ras il máli.

Häuptling, mfálme (mfálume, mfáume), fumo (alte Sprache), jumbe, sultani, sheha, mʒee.

Häuptlingschaft, ujúmbe.

Hauptmann, akida (ya oder wa) pl. maakida.

Hauptverbrecher, mánʒa (ya). m.

Haus, *nyúmba (ya)*, *béti;* grosses H., *júmba (la)*; H. (Familie), *kína (ya).* m.; zu Hause, nach Hause, *kwángu, kwako, kwake, kwétu, kwenu, kwao;* ohne guten Grund in ein fremdes H. gehen, *-fumanyána;* Abtheilung im H., *mkáto wa nyúmba.* m.; die Vorderseite eines H. mit Strohdach, *shuli la nyumba;* Seite eines H., *ubáti.* m.; jemand aus dem H. hinauswerfen, *-kukúsa.* m.; zu H. bleiben, *táwa.* m.; zu H. bleiben lassen, *táwisha.* m.; lange dünne Stöcke zum Hausbau und zum Korbflechten, *fíto* (plural von *ufíto*); sehr schmaler Gang zwischen den Häusern in Sansibar, *kichochóro (cha);* Häuschen, *kijúmba;* H. für Thiere, *kisímba.* m.; ein guter Haushalter, *mkábithi.* m.; mit etwas hausiren, *-tembéʒa, -debadeba.* m , *-fanya ubaʒaʒi;* Hausirer *mnádi;* Hausschmuck, Zimmerschmuck, als welcher die aufgehängten Haus- und Küchengeschirre dienen, *kipaambo.* m.; Haustaube, *njíwa manga.*

Haut, *ngóʒi (ngóvi.* m.); Poren der H., *nyeleo (la);* Bläschen auf der H., *kiwe;* Schlauch aus der abgezogenen H. eines Thieres, *kiríba;* die H. abziehen, *-chúna, -kopóa;* die H. abstossen, abscheuern, *-chubúa (-tubúa.* m.); sich die H. abstreifen, *-pujúka;* ein weisses Häutchen auf dem Auge, *chámba cha jicho;* eine Art Hautausschlag, *uwáti* pl. *mbáti;* böses Hautgeschwür, *maráthi ya nyáma;* Hautkrankheiten, *balanga, bárasi, búba, mba (ya).* m., *kikwépe.* m.; H. der Hände, Füsse u. s. w., *mbalánga (wa.)* m.

Hausrath, *páambo la nyumba.*

Hausthiere, *mfúgo* pl. *mifúgo.* m., der Plural bezeichnet die verschiedenen Arten: das Männchen der H., *korobésa (la).* m.

He! *-jé.*

Hebeamme, *mkúnga, mʒalisha.*

Hebebaum, *mvukúto.*

heben, in die Höhe h., *-páinʒa* vergl. *-panda*, *-tifúa.* m.

Hecke, *úa (ya), utata.* m., *úgo* pl. *nyúgo.* m.; H. um Haus oder Garten, *nganássa (ya* pl. *ʒa).* m.; H. aus langen Stöcken in der See, um Fische zu fangen, *uʒio* pl. *nyuʒio;* Pflanze, die zu lebendigen Hecken taugt, *utúba.* m.

heda! *-sáa.*

Heer, *jéshi (la*, *dábo (la).* m.

Heerde, *kúndi (la).*

Hefen, *cháchu, dindía.* m.

Heft (Buch`, *káta, makhtásar.* m.; H. (am Messer), *píni (la*, *kipíni;* die Messerklinge ohne das H., *ukenge wa kísu.* m.; heften, *-shikiʒa, -sigiʒia, -piʒa bándi* (Lamu).

heftig, *kássi;* h. schütteln, *-sukasúka;* jemanden h. tadeln, *-fanya ukáli;* h. etwas von jemandem verlangen, *-chádi* (Momb.); h. wehen, *-vúma;* Heftigkeit, *kásara, tadi.* m.

Heftpflaster, *mélham.* m.

Heide, *káfiri* pl. *makafiri, maamuma;* jemand für einen H. halten, *kufúrisha;* Heidenthum, *makúfuru (ya).* m.; heidnischer Indier, *bányani* pl. *mabányani.*

heilen (trans.`, *-poʒa, -ponya, -ponyesha, -ganga, -opóa, -tibu, -áfu;* Jemand auf zauberische Weise (mit Anwendung von Koranversen) zu h. suchen, *-ʒungúa.* m.; h. (intr.`, *-tibika;* von selbst h., *-pwelea;* Heilmittel, *maróʒa (ya);* ein grosses H. soll sein *fémbe ya nyóka;* Heilung verursachen, *-ponyésha.*

heilig, *-takatifu;* gewölbtes Gebäude über dem Grabe eines muhamedanischen Heiligen oder Schechs, *kúbba (la);* Heiligkeit, *utakatifu, matakatifu.*

Heimath, *ukáo.* m.

Heimchen, *chenéne* pl. *vyenéne.* m.

heimlich zuhören, *-dúkiʒa;* h. berühren, *-kunyúa;* h. verläumden, *-bógódu.* m.; h. und still nach etwas suchen, *-winda;* jemand etwas h. wegnehmen, *-tupía;* jemandem h. ein Zeichen geben, *-kuniʒúra.* m.; mit einander h. reden, *-nonyeʒána;* einen h. Wink geben, *-tokéʒa.*

heimsuchen, -tésa; heimgesucht sein, -teséka; Heimsuchung, téso (la).

Heirath, ndóa, nikaha; heirathen (vom Manne gesagt), -óa; h. (von der Frau gesagt), -ulówa; einander h., -oána; .h. lassen, -óʒa; Heirathsantrag, mapóso: Heirathsvermittler, kijúmbe.

heiser, ich bin h., sauti imenipwéa.

heiss sein, -chomóʒa, -kaliba. m.; h. sein (vom Feuer), -bimbirisa. m.; heisses Wasser, mayi ya moto; h. Wasser abkühlen, indem man kaltes hinzugiesst, -ʒimúa; in heissen Sand oder heisse Asche stecken,-fumbika. m.

Heisshunger, kikómba. m., kwiu. m.

heiter, saff, mkundúfu. m.; h. sein, -tulíka; h. werden (vom Himmel), -tansúka. m.

Held, shujáa (wa) pl. mashujáa, mkátili; altes Heldengedicht, utenʒi. m.; Heldenmuth, ushujáa.

helfen, -sayidia, -pokeʒa, -wájada, -áwuni (-áwini, -áuni).

hell, -eupe, -epesi, kwéu, sáfi; die Sonne scheint h., jua la tangamúka. m.; heller Tag, mchana (mtana. m.); helles Feuer, mwáko; hell sein, -ngara, -rangára. m.; Helligkeit, núru (ya), mwangaʒa.

Hemde, kánʒu (ya), kamisa; Hemdchen, kikánʒu.

hemmen, -katiʒa, -ʒuia.

Henkel, der eingehakt ist, wie z. B. der eines Eimers, utámbo.

Henna, hina; H. auflegen, um den betreffenden Körpertheil roth zu färben, -tóna hina.

Henne, kuku; eine ausgewachsene H., die aber noch nicht gelegt hat, témbe (ya pl. ʒa); scharren im Sande wie eine H., -pekúa; gackern, wie eine H., die ein Ei gelegt hat, -tetea, vergl. matetesi.

herabgleiten, an einer steilen Stelle, -telemúka.

herabholen, -shúsha; herabkommen, -shúka; das Herabkommen, mshúko; zum H. veranlassen, -teremúsha m.

herablassend, nenyiekévu; h. sein, -nenyekéa.

herabnehmen, -teremúa. m.

herabsteigen, -shúka, -teremúka. m., -pámka (Pemba); h. lassen, -shusha, -teremúsha. m.

herabwerfen, -tungua (Pemba).

heranbringen an etwas, -ambisha; dicht h., -egésha.

herankommen, -wásili, -jiri. m.

herankriechen an jemand, -tambalia.

heraufziehen, den Docht der Lampe, -dotéa. m.

herausbringen, -toʒa.

herausfinden, -simbúa. m.

herausfliessen, -bubujika.

herausgehen, -tóka.

herausgraben, -dodóra.

heraushelfen, z. B. aus einer Falle, -namúa (Merima).

herauskommen, -toka, -tokéa.

herausnehmen, herauslegen, -tóa, -opoa, -tósa, -pakúa, -dodóra, kulúla. m.

herausplatzen, -chachia.

herausschütteln, den Staub, -kukúta. m.

herausstecken, -benúa.

herausstossen, -dóda. m.

herausragen, -tokéʒa.

herausreissen, -shitúa. m.

herauswickeln, -namúa (Merima).

herausziehen, -shitúa. m.; sich von selbst h. (von Nägeln), -shitúka. m.

hereinführen, -ingiʒa, -kabilisha, -fikiliʒa.

hergeben, ein Ding nach dem andern, -tútisa kitu. m.

herkommen, -toka, -lawa (Merima).

Herkunft, ásili; Niedrigkeit der H., unyónge.

hernach, kiisha, akiisha, baada, badén, kima.

herstellen = machen, -fanya, nach einer Krankheit, -pónya.

Herr, bwána, mwenyi, sáhib, habábi; unser H., seyidína; der junge H., bwána mdógo; Herrenthum, ubwána. m.; Herrschaft, ufálume, milki, mámläka, jahi, áenʒi. m., ukáimu. m. (ya); herrschaftlich, saidia. m.; Herrscher, *mfalme, sultáni (wa)* pl. *ma-sultáni;* H (Gott\, *rabb, mola, jabári;* Herrscherwürde, *ufaume, usultáni.*

herunterbringen, *-twéʒa, -shusha.*

herunterfallen, *-angúka.*

herunterkommen *-shuka, -telea.*

herunterlassen, z. B. eine Flagge, *-dúlli.* m.

herunterlaufen (vom Wasser) *-churu-rika.* m.

herunternehmen, *-angúa.*

herunterrutschen, *-poromoka.*

herunterschlucken, *-gugumiʒa (-gugu-mea.* m.).

heruntersetzen, *-káshifu.*

herunterwerfen, *-poromosha, -shusha.*

herumführen, um etwas zu zeigen, *-aúsha.*

herumgehen, *-ʒungúka;* h., um den Dieb aufzuspüren, *-vijia.*

herumstreifen, *-tánga.* m.

herumtreiben, sich, *-tibúa;* Herum-treiber, *hasháráti.* m.; Herumtreibe-rei, *tángo.*

hervorbrechen, *-bubujika.*

hervorbringen, *-tóa, -chupúʒa, -kúsa, -bwéa.* m.

Hervorragung, *dútu.* m.

Herz, *móyo* (pl. auch *nyóyo*), *nia (ya), mtima* (alte Sprache); *-chen, kijóyo.* m.; das Herz der Kokospalme, *sháha* (Pers.), *kicheléma;* das H. erbebt vor Aerger, *móyo wasonóna.* m.; sich ein H. fassen, *ku -piga móyo kónde;* sich etwas nicht zu H. nehmen, *-ji-puru-kusha;* Herzgrube, *chémbe cha móyo* (Lamu); Herzklopfen, *kiherehére (cha moyo), púmu, tutuʒiko.* m.

hetzen, gegen einander h., *-piganishána.*

Heuchelei, *ajári, uʒandiki.* m.; heu-cheln, *-tendekeʒa;* Heuchler, *mnáfiki, mʒándiki.*

heulen, *-lía;* das H., *kilio.*

Heuschrecke, *mʒige, nʒige;* Heu-schreckenarten, *nyóye (nyóe).* m., *panʒi, baráre.* m.

heute, *leo;* der vierte Tag von h., *mtondo goa.*

hier, *hápa, húku, humo;* von h. bis dort, *tángu hápa hatta hápo;* er ist nicht h., *hamo, hayúko (háko);* h. bin ich, Antwort des Untergebenen, wenn er gerufen wird, *labéka (lebéka).*

Himmel, *uwingu* pl. *mbingu* (auch *nyingu\, anga, samawáti;* der sicht-bare H., sofern er hell ist, *ulimwéngu;* Klarheit des H. nach dem Regen, *chánga.* m.; was zwischen H. und Erde schwebt, *maengaénga (ya).* m.

Hin- und Herlaufen, *fújo* pl. *mafújo;* H. und Herhüpfen, *-rukarúka;* h. und hergehen, um etwas zu beauf-sichtigen, *-kagúa;* den Kopf beim Tanzen h. und her neigen, *-línga;* h. und her schwingen, *-pung:a;* h. und zurück, *kuku na huku.*

hinaufklettern, hinaufsteigen, *-panda, -páa, -kwea.*

hinausgehen, *-tóka;* auf der andern Seite wieder h., *-tumbúʒa.*

hinauswerfen, *-tupa;* jemand aus dem Hause h., *-kukúsa.* m.

hinbringen, *-fisha, -peleka.*

hineinfallen, in etwas, *-tumbukia.*

hineingehen, *-ingla, -sitiri* m.

hineinkommen, *-ingia.*

hineinkriechen, *-pénya.*

hineinlegen, *-tia.*

hineinpressen, *-dudumisha.* m.

hineinschlüpfen, *-pénya.*

hineinschütten, *-mimina;* ein Tuch, in welches man sich etwas h. lässt, *bindo (la).*

hineinsetzen, *-tia.*

hineinstecken, *-penyéʒa.*

hineinträufeln in etwas, *-toneshéa.*

hineinwerfen in etwas, *-tumbukiʒa.*

hindern, *-pinga,* (aufhalten) *-ʒuia,* (fest-halten) *-kingamisha,* (verdrehen) *-fawiti;* sich h. lassen, *-ʒuilika;* Hin-derniss, *kiʒwi (cha), kiʒwiʒi;* Hin-derungsgrund, *makatájo.*

hinken, *kwenda chopi, -detéa.* m.; jemand hinken lassen, *-detesha.* m.

hinrichten, auf etwas, *-elekéʒa, -lekeʒa.*

hinsetzen, für jemand, *-wekéa.*

hinstellen, -tia, -weka; etwas schief h., -sinúa.

hinten, nyúma, kinyume; dort h., hukúle; h. ausschlagen, -piga téke, -piga makáta.

hinter, nyúma ya; Hinterkajüte, shátri. m. = shétri; Vorder- u. Hintermauer der Hütten der Eingeborenen, ngáo ya nyúmba; verächtlich hinter dem Rücken über jemand reden, -sengénya; h. einander gehen, -fuatana, -ongoʒána, -endeléʒa; h. jemand herschleichen, -tapia; hintere Dachseite, kipáa cha nyúma; Hinterbacke, kitáko (la); hintereinander, die Schiffe kamen zusammen dicht h., viombo vianakuja sánjar.

hinterbleiben, -saa.

Hinterhalt, kikóʒi.

Hinterkopf, kishógo, kogo (la). m.

hinterlassen, -sáʒa

Hintertheil der Dhau, shétri, -shátri; Waarenraum im H. der Schiffe der Eingeborenen, makanádili (ya).

Hinterwand einer Nische, raff.

hinüberbringen, -vúa, -vúsha; einen anderen über einen Fluss und dergl. h. -abirisha; hinüberfahren. -abiria; hinüberführen lassen, -vúkisha; hinüberlegen, -wámba; quer h., -ikiʒa.

hinübersetzen, trans., -vúsha; h., als Passagier (nicht als eigener Unternehmer) mit einem Schiff, einer Karavane reisen, -abiri; (intr.) h., -vúka.

hinübersteigen, über etwas, -kia.

hinüberwerfen, -pindukiʒa.

hinuntergleiten, -poromóka; -gleiten lassen, -poromósha.

hinunterlassen, -shusha; den Eimer in den Brunnen h., -púliʒa.

hinuntersteigen, an einer steilen Stelle, herabgleiten, -telemúka. m.

hinunterstürzen, trans., -poromosha; intrans. -poromoka.

hinwegnehmen, -ondoa, -ondoléa, -twaa.

hinwerfen, -tupa, -chupa.

hinzufügen, -ongéʒa -tilia, -tangamána, -ʒidi.

hinzukommen, -huthuria. m.

hinzusetzen, -tilia.

Hirnschale, bupuru la kitwa.

Hirse, mtama; rothe H. (Pemba), páje; Stengel einer Art H., die wie Zuckerrohr gekaut werden, kóta (la), mgóti. m.; Rispe von H., -shúke (la); ein Gericht von -brei und Bohnen (chooko) bereitet, mséto.

Hirte, mchúnga (mtunga. m.) (wa), mlishi (mlisha).

hissen, -pandisha, -twéka; Tau, um die Segel zu h., cherári (cha). m.

Hitze, hárri, jóto, harára, ukalifu, jásho; Hitzigkeit, ukáli; Hitzkopf, hararii.

Hobel, ránda; hobeln, -piga ránda.

hoch, -refu; hoch gestellt, makámu. m.; auf hoher See sein, -ditimia. m.

Hochmuth, kibúre (ya), majífuno, uféthuli. m., ubwana. m.; hochmüthig sein, -tukúta.

Hochwasser; es ist H., máji ya únda.

Hochzeit, ndóa, hárúsi; den Bräutigam bei der H. auf den Schultern tragen, -jonjóga. m.; Festessen bei einer H., wali wa lima m.; die erste Woche nach der H., da der Vater der Braut dem jungen Paar die Kost zuschickt, fungáte; -bitter, mwalishi wa harusi.

Höcker, kigongo, chóngo, núndu, kinyundu; H. des Kameels, mgónga.

Hof, úa (ya), uánda (uánja), kiwánda; der innere H. eines von Steinen erbauten Gebäudes, behewa; H. um den Mond, uʒúngo wa mwéʒi. m., tumba la mwéʒi. m.; den H. machen, -pembejéa.

hoffen, -tumáina, -táraja. m.; Hoffnung, matumáini; H. erwecken, -tumainisha.

Höflichkeit, ádábu, jamála, madáka; höfliche Sitten, tasfída.

Höhe, atháma; in die H. fliegen, -tifúa. m.; in die H. heben, -pánʒa (vergl. -panda); in die H. bringen, -pándisha; Hoheit, ubwána. m.

hohler Baum, mvúngu; h. Cylinder von Holz, wie er als Bienenstock benutzt wird, mʒinga; h. Rohr, *mwánƺi;* ein h. Stein, *jiwe la uvurúngu;* Höhle, *shíino (la), paanga (paango);* Hohlheit, *uvurúngu.*

Hohn, *usimánga.*

holen, *-léta;* Feuer in einem Scherben h., *-páa móto.*

Hölle, *jahim.* m.

Holz, *mti;* Brennholz, *kuni;* Bündel H., *tita (la);* Haufen H., *kicháka;* weiches H., *jawáwa.* m.; das weisse, weiche H. am Stamm, *ugále.* m.; Stück H. zum Feuerreiben, *upekécho;* H. spalten, *-tánga kúni.* m.; hohler -block, wie er als Bienenstock benutzt wird, *mƺinga;* spitzes H. zum Graben, *múo* pl. *mi-úo.* m.; Hölzer, auf denen im Boot die Ladung gelegt wird, damit sie nicht nass wird, *mwáo.* m.; ein Holz mit Löchern für die irdenen Lampen der Eingeborenen, *mwángo;* das H., in welchem das Eisen des Drillbohrers der Eingeborenen steckt, *msukáno;* Stück H., um Schnur oder Seile damit zu drehen, *kisóngo;* H. zum Feuerreiben benutzt, *upekecho, uombómbo* m., *ulíndi* pl. *ndindi.* m.; das H., mit welchem die Eingeborenen Fäden zu Fransen klopfen, *ubánga.* m.; wohlriechendes H. aus Madagascar, *líwa, sandal;* Baum, dessen H. zu Räucherungen verwandt wird, *uúdi.* m.

Holzblock, *kigógo.*

Hölzchen, zum Reinigen der Zähne, *mswáki.*

hölzern, h. Gebäude, Schiff, *kiunƺi.* m.; h. Art Löffel, *mkámshe;* h. Pfeiler, *ngúƺo (ya);* h. Schaft des Pfeils oder der Harpune, der nur lose an der Spitze befestigt ist, *wáno* pl. *mawáno.* m ; h. Schloss der Eingeborenen, *koméo (la);* h. Schüssel, *héro;* kleiner h. Teller, *kifúa (cha).*

Holzgefässe, Werkzeug, um H. innen auszuhöhlen, *kómbe (ya* pl. *ƺa), ukómbo.*

Holzhaufen, *mabíwi.*

Holzplatte, eine H., *cháno* pl. *vyáno.*

Holzschnitzerei, *nakshi.*

Holzschüssel, *fúa.*

Holzschuh, *kiatu, mtawánda.* m.; der Pflock an den H. der Eingeborenen, welcher zwischen die Zehen genommen wird, *msurwáki.*

Holzspitze, Pfeil mit H. (oft vergiftet) *mrémbe.* m., *mƒi wa mrémbe.* m.

Holzstückchen, mit denen die Wand der hölzernen Häuser verdichtet wird, ehe sie mit Lehm beworfen werden, *uwássa* pl. *nyássa.* m.

Holzwurm, *vúle, duduvúle, serdádo.* m.

Honig, *ásali;* den H. ausnehmen, *-umulía.* m.; ein Präparat von Haschisch, H., Opium und Eiern, *majuni;* kleiner Krug für H., Fruchtsäfte u dergl., *kikasiki.* m.; -kuchen, die für die Reise gebacken werden, *mabúmda;* -thau im Getreide, *kisímu.* m.; -wabe, *kálala.* m.

Horcher, *dúkiƺi* pl. *madúkiƺi.*

hören, *-sikia, -pulika* (Lamu); zu h. sein, *-sikia.*

Horizont, der äusserste H., *upéo wa mácho;* horizontal, *tambaráre.* m.

Horn, *pémbe (ya);* ein grosses H., *dudúmi.* m.; H. der Kunguantilope, *kidudúmi.* m.; H. des Rhinoceros, *púsa (la);* H. (Musikinstrument), *baragúmo, ƺomári;* ein H., auf dem man spielt, indem man hinaufschlägt, *vúgo;* zum Schröpfen benutztes H., *chúku, ndumiko.*

Hornisse, *manyíga, duduvule.*

Hosen, *surwáli (ya);* -träger, *kánda ƺa ku-walia surwáli.*

hübsch, *-ƺúri.*

Huf, *ukúcha, ukwáto* pl. *kwáto;* Schlag mit H., *kwáta* pl. *makwáta, ukwáta.*

Hüfte, *kiúno (chino), unyonga, tokóno* (Lamu), Hüftbein, *shúri.*

Hügel, *kilíma.*

Huhn, *kúku (wa* pl. *ƺa);* H. mit gesträubten Federn, *kuku wa kidimu;* junges H., das bald anfangen wird Eier zu legen, *mso.* m.; Hühnchen, *kigíso.* m.; Hühnerhabicht, Art H., *kengéwa (wa* pl. *ƺa).* m.; Hühnerhaus, *kisímba.* m.; Hühnerlaus, *kirobóto.*

Hülfe, áwūni, msáada, núsura, tiba. m.;
H. erhalten, -saidika. m.; um H.
rufen, -piga yówe.

Hülsen,kápi(la), chunga(Pemba\,ganda;
unausgedroschene H., tánda (la); Reis
in H., ndúme ʒa mpúnga; die H.
abstreifen, -shambúa. m.; die H. und
dergl. wegnehmen von Früchten,
-papatúa vergl. -páta\; Getreide durch
Stampfen im Mörser von den H. befreien, -twánga.

Hund, mbwa pl. majibwa, kibwa; ein
grosser H., jibwa (la); junger H.,
kinda kibwa; wilder H., wbwa mwitu;
grosser wilder H., báwa (la). m.;
kleines Hündchen, kijibwa (cha). m.

hundert, mia; zweihundert, miteen;
hunderttausend, láki (Indisch).

Hundszahn, chóngo (ya).

Hunger, njaa (ndáa. m.), jáddi (ya);
grosse Hungersnoth, gúmbo, gúmbo
la njaa (ndá). m.

Hurerei, uʒinʒi.

hüpfen, -rúka; hin und her h., -ruka-
rúka; h. lassen, -rúsha.

Hürde, ʒiʒi (la); (zur Fischerei benutzt\,
utáta. m.

husten, -kohóa; Husten, ukohóʒi, ukóko
(Lamu); trockener, quälender H.,
kikohóʒi; H. der Kinder, kifadúro. m.;
Schnupfen und H., mafúa; zum H.
reizen, -kohóʒa; Mittel gegen den H.,
kungariʒi. m.

Hut, chapéo, borneta; nicht auf der
H. sein, -taghafali.

Hütte, kibánda; H. auf Pfählen, um
Getreide u. s. w. aufzubewahren, utáa
pl. táa. m.; H. auf Stangen für Feldwächter, dúngu (la); H., wie sie sich
die Reisenden unterwegs machen,
kambi; der in der H. durch einen
Vorhang zum Schlafraum abgeschlossene Theil, stára. m.

Hyäne, fisi; die grosse gestreifte H.,
shúmdwa. m. (la); die gefleckte H.,
kingúbwa.

I.

Ibis, goigoi. m.

ich, mimi; und ich, nami: ich, der ich
bin, miʒe; ich bin es, ndimi; ich bin
nicht darin, simo.

Idee, umarári. m.

ihr, ninyi (nyinyi); (Anrede an jüngere
Leute), akina; ihr alle, nyóte; ihr
seid es, ndinyi; ihr :poss. singl.),
-ake, (pl.) ao; ihr Kind, mwanáwo;
zu, bei ihrem Hause, kwáo.

immer, siku ʒóte, mlele, midirára. m.,
dayima. m., ábádan; welche auch i.,
wo wote, ʒo ʒóte u. s. w.

improvisirtes Lied, simo (ya). m.

in, katika, kwa, -ni.

Indier, heidnischer I., banyani pl. mabanyani; muhammedanischer I., muhindi; nach indischer Art, kihindi,
kibanyani; indisches Zeug, mdara-
hámi; ein gefärbtes i. Zeug, páti.

Indolenz, usoháli. m.

Industrie, túmo (la). m.

Ingwer, tangaiʒi. m.

innen, kati ya, katika, katikati; das
Innerste, kini = kiini, m.; Innenbord
der Dhau, daruméti; Innenseite der
Finger, kikófi; das Innere des Affenbrotbaumes, ubúyu.

Insect, dúdu (la), mdudu; Insecten,
vúnja jungo, kitéma kuni. m.,
kuliwi. m.; ein I., welches das Vieh
belästigt, mifu pl. máfu. m.; böses
I., das im Sande des Meeresufers
lebt und sich gerne in die Wunden
setzt, túle (wa). m.; ein schwarzes
I. in den Düngerhaufen, boroshóa;
ein I., welches Schwellung verursacht,
wo es den Körper berührt, cháfi;
kleines I.. welches Fliegen fängt,
kiumánʒi. m.

Insel, kisiwa.

Instrument, sámani (ya); ein I. Kokosnüsse zu schaben, mbúʒi ya kunia

naʒi; l., um einem Sack mit Getreide oder dergl. Proben zu entnehmen, *bambo* oder *bambu;* nautische l., *vipánde vya kupimía.*

inwendig, *ndáni.*

irden; kleine runde i. Schale, *kitúnga;* i. Wasserflasche, *kúʒi;* i. Schüssel, *kibungúu.* m.; i. Schüssel, um Kuchen darin zu backen, *wáya;* i. Topf (zum Braten), *ukaángo* pl. *kaángo, kaángo* pl. *makaángo;* (zum Kochen), *chungu, nyungu;* grosser i. Krug,

kasiki (ya) pl. *makasíki;* i. Wasserkrug mit engem Halse und mit Henkel, *kigúdwia.* m. Irre; in die l. gehen, *-potéa, -yuayúa.* m.; in die l. leiten, *-kosesha;* im Fieber irre reden, *-papayúka;* irren, *-kósa;* er ist irrsinnig, *ana waʒimu;* irrsinnig machen, *-papayúsha;* Irrthum, *kósa (la), uwaswási.* Islam, *islamu, dini;* ein Urtheil auf Grund des l. abgeben, *-fétwa;* erlaubt (nach dem l.), *haláli;* verboten (nach dem l.), *harámu.*

J.

ja, *náam, ndio, aée, ewa, eiwá, éwallá, ehée.*

Jacke, *kisibáo.*

Jackfruchtbaum, *artokarpus integrifolia, mfinéssi;* Frucht, *finéssi.*

Jähzorn, *karo.* m.; jähzornig, *habali.* m.

jagen, *-sáka, -shaga.* m., *-winda;* Jäger, *mwinda, mwinsi;* Jagdbeute, *mawindo (ya);* Jagdnetz, um Gazellen und dergl. zu fangen, *wávu* pl. *nyavu.*

Jahr, *mwaka;* voriges J., *mwáka jána;* vorvoriges Jahr, *mwáka júʒi;* über ein J. fortbleiben, *-kímu.* m.; letzter Tag des persischen J., *kigúnʒi;* Jahresring im Baum, *pindi ya mti.*

Jammer, *thulli;* jämmerlich, *mtúku.* m.; j. schreien, *ku-piga unyende.* m.

Jasmin, *jasmíni;* wilder J., *áfu, mtundaúfu.* m.

jedenfalls, *biai hali.* m.

jeder, *-ote, kúlla, killa;* Vertheilung, so dass j. Anwesende etwas erhält, *maenéʒi (ya)* m.; jedermann zugänglich, *senekári.* m. *(senkári).*

jedoch, *ngáwa, sabábu;* weil j., *kwa sabábu ya.*

Jemand, *mtu.*

jener, *-le* z. B. *ule, wale, vile, ʒile.*

jetzt, *sása, ʒamáni hiʒi, wakati húu;* j. gleich, *halása, haláfu.*

Johanna-Insel, *Anʒwáni.*

Joch, *néra.* m.

Jubafluss, *Vúmba.* m.

Jubel, *shángwi;* -geschrei, *kiapio.* m.; jubeln über etwas, *-shangilía.*

jucken, *-nyéa (ea), -wáwa.* m.; juckendes Geschwür, *upéle* pl. *péle.*

Jude, *Yahúdi* pl. *Mayahúdi.*

Jugend, *utóto, ujana, udógo.*

jung, *-dogo, -changa, mkinda.* m.; j. Hahn, der noch nicht krähen kann, *póra (la);* der j. Herr, *bwana mdogó;* j. Mann, *gholám.* m.; j. Pflanze, *chipukiʒi;* Anrede an jüngere Leute, *akína.*

Jüngling, dem der Bart eben zu wachsen anfängt, *mvulína.*

Junge, *kitwána;* besonders der Küchenjunge auf dem Schiff, *úlédi.* m.

Jungfrau, *bikira, kiʒinda, mwána, mwáli;* die J. Maria, *Sitti.*

Juwel, *johári.*

K.

Kabale, *kitímbo*.

Kälficht, *tundu (ʒa)* pl. auch *matundu*, *kiʒímbi*.

Kaffee, *kahawa;* -bohne, *búni*, *bunni (ya);* -mühle, *mdíla* pl. *midíla*, *kinu cha kahawa;* -topf, *mdíla*, *kómıda (la)* pl. *makómda*. m.

Kafferkorn, *mtáma;* Arten K., *kibákuli*, *kipáje;* Bündel K., *kipúga.* m.; Stengel des K., welcher wegen seiner Süssigkeit gekaut wird, *kigota.* m.; noch unreifes K., *téte (ya* pl. *ʒa).*

Kaftan, *kaftáni.* m.

kahl, *n'upaa;* den Kopf k. scheeren und nur ein Büschel stehen lassen, -*kata kinjúnjuri.*

Kajüte, Hinter-, *shátri.* m. = *shétri.*

Kakadu, grüner, *gongónda.*

Kalabass, *kidúndu* (Lamu); kleine K., als Trinkgefäss benutzt, *kiparía.* m.; kleiner Kürbiss, der zu K. verbraucht wird, *kitóma.*

Kalb, *ndáma.*

kalfatern, -*kalafati*, -*chéni.* m.

Kaliko, dunkelblauer, *kániki.*

Kalk, *cháki*, *chokáa (tokáa);* -ofen, *tanoni ya chokáa;* -schutt von zerfallenen Mauern, *saruji.* m.

kalt sein, -*ʒiʒíma*, -*poa*, -*póra;* k. werden, -*póa*, -*ʒunúka;* die kalte Zeit, *kipúpwe;* Kälte, *báridi*, *ubéredi.* m.; kalter Nebel, Wind, *báridi.*

Kameel, *ngamía (wa* pl. *ʒa* oder *wa);* Höcker des K., *mgónga;* Binde, mit welcher den Kameelen, die am Göpel gehen müssen, die Augen verbunden werden, *kidóto.*

Kamm, *kitána*, *shána (la)* (Pemba); grosser hölzerner K., *schanúu (la);* kämmen, -*chána.*

Kammer, *chúmba (ya);* Vorrathskammer, *sibdi.* m.; Kämmerchen mit Kloset auf den Schiffen der Eingeborenen, *kanádili* pl. *makanádili.* m.

Kampf, *mapigáno (ya)*, *kóndo* (Merima); kämpfen, einander, -*pigána*, -*tadi.*

Kampher, *káfúri.*

Kanal, *ukópwe* pl. *kópwe.* m.

Kaninchen (das schlaue Thier in der Fabel), *sungura.*

Kanne, *dúmmu;* K. mit Schnauze, *kópwe la mdómo.* m.

Kanoe mit Ausleger, *galawa;* ohne Ausleger, *mtumbwi;* ein kleines K., *kiperéa*, *kihóri.* m.; die Ausleger eines K., *maténgo (ya).*

Kanone, *mʒínga;* eine K. abfeuern, -*shóta (-tota.* m.) *mʒínga.*

Kante, *ukándo* pl. *kándo.* m.

Kap, *rás (ya)*, *rási.*

Kapitel des Koran, *súra*, *juʒúu;* K. im Buche, *kitúo (cha).*

Kappe, *kofía;* grosse rothe K., *tópi (ya).*

Kapsel, *kibwéta (cha).*

Karavane, *msáfara*, *charo.* m.; grosse K., *káfila.* m.; eine kleine K. von 12 — 20 Mann, *kinúngu.* m.; der mit einer K. Mitreisende, *mjáro.* m.; -führer, *kiongoʒi*, *kilongoʒi;* kleine Fahne desselben, *kóme (ya).* m.; Zauberstab desselben, *kirúmbi.* m.

Kardätsche, *résa (ya* pl. *ʒa).* m.

Kargo, *shehena (ya)* pl. *mashehena.*

Karre, *gári.*

karrirt, *marakaráka.*

Kartoffel, süsse, *kiaʒi*, *kindóro* (auf Pemba). m., *badáta.* m.

Käse, arabischer, von Maskat, *chibene (ya).* m.

Kassawa, *muhogo;* ein Stück getrocknete K. gewässert und gekocht, *kópa* pl. *makópa.*

kassiren, jemanden, -*únsulu.* m.

Kasten, *ndusi*, *sandúku*, *kisandúku;* Kästchen, *búeta;* kleines K., *kidauati.*

Kastoroelbaum, *mbárika.* m.

Kater, *shúme. (la).*

Kattun, gedruckter, *górdi.* m. m.

Katze, *paka (wa* pl. *wa* und *ʒa)*; wilde K., *mónso* pl. *mónso.* m., *gála.* m.;
luchsartige grosse K., *kinyegere.* m.;
Katzenpfötchen, die über die See laufen, wenn der Wind sich erhebt, *viwímbi.*
kauen, *-tafúna, -fuáta.* m., *-dutama.* m.
kaufen, *-nunúa, -sitíri.* m.; Käufer, *mustiri.* m.; Kauffahrer, *merikébu ya tája;* Kaufmann, *tájiri (wa)* pl. *matájiri, mtájiri;* Kaufmannsstand, *utájiri, utagiri.*
kaum, *hósiko.*
Kaurimuschel, *káuri, kéte.*
Kautschukfeige (Fixus elastika), *mtoria.* m.
Kebsweib, *suria (wa)* pl. *masuria;* der Sohn eines K., *suriyáma, mpungúfu wa ungwána.*
Kehle, *kōo (la), roho;* in die unrechte K. kommen, *-palia.*
kehren (wenden), *-geuka,* das oberste zu unterst k., *-petúa, -fudikiʒa,* (fegen), *-fagia;* Kehricht, *fúsi (la), jáa, chama (tama.* m.), *taka, kimámu.* m.
Keil, *kábári (ya), kiwányo.* m.; durch einen K. befestigen, *-kokoméa.* m.; mit K. spalten, *-táuwa.* m.
Keim, *mche (mte.* m.); aufgehender K. *mméa.* m.; keimen, *-óta, -tepúa.* m
Kelle, *mwiko.*
kennen, *-júa, -tambúa;* Kenntniss *ujúʒi, utambúʒi, maarifu.*
kentern, zum k. bringen, *-fuamiʒa.* m.
Kerbe, *péngo (la);* die K. des Pfeiles, *tiáko (ya).* m.
Kerkermeister, *bawábu (ya) wa gereʒa.*
Kern, einer Frucht, *kisa cha kóko, kondavi;* der geschabte und ausgepresste K. der Kokosnuss, *chicha (ya);* der harte, schwarze K. des Holzes vom mwañ-Baum, *kungo ʒa mwáfi.* m.
Kerze, *meshmáa, tawáfa (ya);* Docht einer K., *kope (la).*
Kette, *mkúfu, mnyoróro;* Ankerkette, *sínsil.* m.
Ketzer, *mʒúshi.*

Keule, *rungu, kigóngo;* kleine K., *kirúngu.* m.
Keuschheit (mönchische), *usúfii.* m.
Kichern, *kichéko.*
Kiel eines Schiffes, *mkúku wa chombo, utáko* (Merima); Kielwasser, *mgóndo wa máji.* m.
Kiemen der Fische, *mapenʒi, matáfu.* m.
Kies, *changaráwi ya kawe (ya);* Kiesel, *changáwe (ya)* pl. *káwe ʒa changawe;* kleine weisse K., grösser als *changaráwi, mbwe.*
Kind, *mwána, mtóto;* kleines K., *kitóto;* das letzte K. einer Frau, *kitinda mímba;* K. anständiger Leute, *mtóto wa wátu;* K. eines Kebsweibes, *suriyáma;* K., welches mit Zähnen geboren wird und welches Unglück bringt, *kijégo;* das K. bekommt Zähne, *mtóto anaota méno;* K. erzeugen, *-vyáa, -ʒaa;* er hat keine K., *si mʒáʒi;* ein K. rittlings auf der Hüfte oder dem Rücken tragen, *-eléka, -weleka;* ein K. im Tuch auf dem Rücken tragen, *-béba;* ein K. erziehen, *-latamia.* m.; Tuch, in welchem die Frauen ihre K. tragen, *ubéleko, mwéleko;* Speise für K. (und kranke Leute) zurecht machen, *-vinyavinya;* Schrei kleiner K., *unyénde.* m.; ein K. beruhigen, *-ongoléa;* Schaukeln eines kleinen K. auf den Armen, *kiwinyowinyo.* m.; gehen wie ein kleines K., das noch nicht ordentlich gehen kann, *-sóda.* m.; Art Drache, welchen die K. steigen lassen, *kisusúli;* -brei, *(ubábwa), -ubwába.* m.; -frau, *yáya;* -krankheit, *babu;* -spielzeug, *furúngu (la);* Feier bei dem Tode eines K., *akika;* Kindheit, Kindlichkeit, *utóto, ujana, udógo.*
Kinn, *kidevu, kilévu;* ein Frauenschmuck, unter dem K. getragen, *jébu;* -backen, *kitáyra.* m., *utáya.* m., *masine.* m., *ukupáá.* m.; -bart, langer, *sárafa.*
Kirche, christliche, *kanísa (ya)* pl. *makanísa.*
Kissen, *mto (mdo.* m.); grosses K., *takia (ya)* pl. *matakia.*

Kiste, *kásha (la)*, *sandúku;* Kistenschloss, *kitása.*

Kitzel, *nyege;* kitzeln, *-nyéa, -tekénya, -shitúa.* m.; kitzelndes, stechendes Gefühl, *mnyéo.*

Klätscher, *dúʒi* pl. *madúʒi, mʒúʒi; mdáku.* m.; Klätscherei machen, *-iʒára, -thúmu;* Klätscherei, *uvambúme.* m., *dúnsi.* m.

Klage, *malio, malilio (ya);* laute K., *maomboléʒa, maomboléʒo.* m.; die Zahlung einer Schuld durch gerichtliche K. erzwingen, *-iwisha.* m.; klagen, *-ugúa.*

Klammer, *gángo (la).*

klar, *-eúpe, -wáʒi, kwéu, safi, thahiri.* m.; k. sein, *-ngára, -ngála, -ngáa, thahiri;* k. (deutlich werden), *-eléa, -fafanúka;* k. werden (vom Himmel), *-tansúka.* m.; k. Wetter nach dem Regen, *kiánga;* sich k. sein, *-tanábahi;* jemandem k. machen, *-fafanulia, -bainisha;* nicht k. sehen, wie ein Trunkener, *-gúmbáa.* m.; diese Sache ist k., *mambo haya mwawana.* m.;

Klarlegung, *udéherifu.* m.; Klarheit (der Rede), *ukundúfu, fáseha;* K. des Himmels nach dem Regen, *chánga.* m.

Klaue, *ukwáto* pl. *kwáto, ukúcha, ukómbe.* (Merima); mit den Klauen zerreissen, zerkratzen, *-papura.*

kleben, *-tábiki.* m.; fest k., *-ambáta.*

Kleid, *nguo (ya), váʒi (la);* Kleider (Anzug), *kisúa;* etwas vom Kleide abschütteln, *-kupúa;* mit neuen Kleidern rauschen, *-piga mtakaso;* Kleider anziehen, *-vaa;* die K. ausziehen, *-vúa;* Kleidung, *váo, maváo (ya).*

Kleie, *wíshwa* pl. *nyíshwa.*

klein, *-dogo, -toto, dúni;* eine k. Stelle, *padógo;* der k. Finger, *chánda cha mwisho.* m.; k. Wellen, *viwimbi;* von kurzer, k. Statur sein, *-kundáa;* in ganz k. Stückchen zerbrochen, *dikidíki;* k., enge Grube, *makúo (ya).* m.; kleiner machen, *-pungúʒa;* Kleinheit, *udógo, udilifu, uchácha.* m., *sahala.* m.; Kleinigkeit, *núʒura.* m.; irgend eine K., *kidúde.* m.

Kleinmüthigkeit, *tutúo.* m.

klemmen, sich, *-sakáma, -náta.*

klettern, auf einen Baum, *-paraga, -sómbera.* m.; abbrechen (intr.) von Zweigen gesagt, die unter einem Kletternden brechen, *-kwanyúka.*

Klima, *hawa, tabia (ya);* -fieber, *mkúngúru.* m.

Klinge, *kengéa (ya);* mit der flachen K. schlagen, *-piga bápa la upánga.*

klingen, *-lia;* die Ohren k. ihm, *mashikio ya mruka.*

Klinke, *kia* pl. *via.*

Klippe in der See oder im Fluss, *mwamba, kiámba.* m.

klopfen, *-góta, -púma; -tutúka.* m.; an die Thür eines fremden Hauses k. und *hodi* rufen, um seine Ankunft anzuzeigen, *-bisha.*

Kloset, *choo;* Kämmerchen mit K. auf den Schiffen der Eingeborenen, *kanádili* pl. *makanádili.* m.

Kloss, Speise, die in den Händen zum runden K. geformt wird, ehe sie in den Mund gesteckt wird, *kitónge (cha).* m.

Klotz, ein K., *gógo (la);* K. auf dem man sitzen kann, *kibágo.* m.

Kluft, eine K. erweitern, *-batausha.* m.

klug, n'akili, *mweléwa.* m.; er ist sehr k., *a na akili ndefu;* er ist nicht recht k., *a na waʒimu;* Klugheit, *ákili (ya), mwangáʒa, uráí.* m.

Klumpen, *púmba (la), búmba, fúmbo (la) fúmba (la);* K. in Mehl u. dergl., *vúmbu;* K. harten Lehms, *kidongóa.* m.; kleine K. Lehm, wie sie vom Wasser, welches eine Wand hinunter rinnt, gebildet werden, *vinundúnúndu.* m.; Klümpchen, *tonge (la), kitónge.*

knabbern, *-tafúna, -gugúna.*

knacken, *-alika;* Nüsse k, *-bánja.*

Knäuel Garn, *kibúmba cha úʒi.*

Knall, *mshindo.* m.; knallen, *-tutúma, -lia.*

Knecht, *mtumwa, mtumishi;* -schaft, *utúmwa.*

kneifen, *-finya, -nyukúa.*

kneten, *-kánda;* einander k., *-kandamána.*

knicken, *-ngoka.*

Knie, *góte (la), futi* (Lamu), *ondo (la)* (Lamu); knieen, *-piga magóte;* Kniescheibe, *pia ya goti, kilege-sambwa.* m.

Kniff, *káʒo (la), utiriri.* m.

knirschen, mit den Zähnen, *-kwáʒa méno.*

Knoblauch, *thóm.*

Knochen, *mfúpa;* kleiner K., *kifúpa;* ein grosser K., *fúpa (la).*

Knöchel, *ngúyu.* m.; der K. am Fuss, *jitu la guu, ito* (Lamu).

Knopf, *kifúngo.*

Knopfkeule, *rúngu (ya* pl. *ʒa)* auch *(la).*

Knospe, *mte.* m.; knospen, *-chupuʒa, -chanua, -mea, -tepúa.* m.

Knoten, *támbo, fúndo (la), kifundo;* einen K. machen, *-piga fúndo;* K. am Grashalm oder Rohr, *kipingiti.* m.; das Stück Zuckerrohr zwischen zwei K., *pingili ya múa.*

Knüttel, *jóma.* m.; kurzer, dicker K., *mpwéke, mbarángo.* m.

knurren, *-kóroma, -piga migúno;* mit jemandem k., *-núna.* m.; Knurren eines Raubthieres, *kiungúrumo.* m.

Koch, *mpishi, mwandáʒi.* m.; kochen (trans.), *-pika, -tokósa, -chóma, -teléka;* k. (mit Kunst), *-andáa;* gar k., *-ivisha;* in kleine Stücken schneiden und so k., *-chanyáta.* m.; kochen (intr.), *-tokóta, -chemkachemka;* gekochter Reis, *wáli* pl. *nyáli;* Kochtopf, *chungu, nyúngu (ya;* Schmutz an dem K., *masiʒi;* einer der Eine Steine, auf welche die Eingeborenen den K. zu setzen pflegen, *jiko (la)* pl. *meko, jifya (la).*

Köcher, *pódo, msalo wa mshale, diaka (la).* m.

Köder, *chámbo;* eine Art Fisch, der als K. für Schildkröten dient, *tásua.* m.

Koffer, *sandúku, kasha (la).*

Kohle, *káa (la);* todte K., *kaʒímwi.* m.; Kohlenstübchen, um Kranke zu wärmen, *siga (la).* m.

Kokosbaum, *mnáʒi;* alter, hoher K., *mnáʒi kóngo.* m.; Gruppe von K., *kole la naʒi.* m.; das weiche Mark der Spitze des K., welches gegessen wird, *kúmbi (la), shaha, kichilema;* Blatt der Kokospalme, *kuti (la), ukúti* pl. *kúti, chanda (la).* m.; Bündel trockener Kokosblätter, *kienge.* m.; die Mittelrippe des K., *uchukúti;* Korb aus den grünen K., *kitúmbi.* m.; Gartenmesser, den Kokosbaum anzuschneiden, um Palmwein zu erhalten, *upámba;* Blüthenscheide des K., *karára, kalala.* m.; der Blüthenstengel des K., *panda (la);* Blüthe des K., in welcher die Nuss sich zu bilden anfängt, *upúnga* pl. *púnga.*

Kokosfaser, *kumbi (la);* reingemachte Fasern, *usumba.*

Kokosmilch, *maji ya naʒi;* Sauce aus gemahlenen Bohnen und K., *kikolólo.* m.

Kokosnuss, *náʒi, núngu (la)* (Pembo); noch ganz kleine, unreife K., *kidáka;* kleine, vertrocknete K., *kibáta.* m.; ganz kleine, unreif abfallende K., *dále, kidale;* noch ganz unreife K., die noch keinen Kern enthält, *púnje* (Pemba), *búpu la dafu* (Merima); junge K., wenn sie noch weiches Fleisch und süsse Milch hat, *urambirámbi.* m.; junge K. mit weichem Kern und süsser Milch, *ugúndi.* m.; die K., halb reif, wenn die Milch am besten ist, *dáfu (la);* Milchsaft der K., *kassimele.* m.; eine grosse K., welche abfällt, *dáka (la).* m.; fast reife K., *kóroma (la);* K., deren Kern völlig trocken ist, *mbáta (ya);* Art K., *jóya (la);* Hälfte einer K., *kiʒlo;* leere K., *kisimwi.* m.; Schale der K., *kifúu, kifúfu.* m.; Löffel aus der Schale der K., *káta (ya)* pl. *makata ya* (oder *ʒa);* Tabakspfeife aus einer K., *kiko;* Sack oder Korb um K. den Saft auszupressen *kifúmbu (cha);* ein Instrument K. zu schaben, *mbúʒi ya kunia naʒi;* mit K. zubereitete Suppe *úji wa matása;* Suppe, Brühe, wenn keine K. zugenommen ist, *uji wa máji* oder *úji utúpu;* Stock, welcher in die Erde gesteckt wird um damit die Fasern der K. abzuschälen, *kifúo,*

chuo. m.; der Bodensatz des Kokosnussöl, wird gegessen, *sáta* — *satta*
(la). m.; das Stück, welches übrig
bleibt, wenn eine Kokosnuss gerieben wird, *kitáko.*

Kolben, reifer K. des Kafferkorns, *kitópa.* m.; Gewehrkolben, *tako la
bunduki.*

Kolik, *upíngo.* m.

Kollo, Adresse, Zeichen auf einem
K., *rágamu* — *rájamu (ya* pl. *ʒa)* pl.
auch *marágamu.* m.;

kölnisches Wasser, *márashí ya Búrobo.* m.

kommen, *-já (kújá), -fika;* zu jemand
k., *-jia, -tembelea;* zu einander k.,
-fikána; frühmorgens zu jemand k.,
-amkia, -raukia; komm herein, k.
näher, *kárib;* k. her, *njóo (ndóo.* m.*),
njoo sáa;* zu jemand um einer Sache
willen kommen, *-jília;* näher k.,
-jongéa, -karibia, -sengéa. m.; in die
unrechte Kehle k., *-palia;* zum Vor-
schein k., *-tokéa.*

Kompagnie (Soldaten), *kikoʒi.*

König, *fumu, mfálme (mfálume, mfáume),
sultáni, málka;* K. im Schachspiel,
scháha (Pers.); Königin, *malkía;* K.
im Schachspiel, *kishi, waʒiri;* auf
königliche Art, *kifalume;* Königreich,
ufálume; Königswürde, *ufálume,
usultáni.*

können, *-wéʒa.*

Kopalbaum, *msandarúsi.*

Kopf, *kitwa, kichwa;* der K. thut mir
weh, *kitwa cha-ni-úma;* der K. der
Pfeife der Eingeborenen, *bóri (ya);*
den K. beim Tanzen hin und her
neigen, *-linga;* den K. so scheeren,
dass nur auf dem Wirbel Haare stehen
bleiben, *-káta dénge, kinjunjuri;* den
K. wenden, *-jiʒungúa.* m.; seidenes
Tuch, das die Frauen um den K.
wickeln, *dusamáli;* jemand eine Last
auf den K. legen, *-twika;* die Last
vom K. herabnehmen, *-túa;* -be-
deckung, *ukáya;* Grasring, um die
auf dem K. getragenen Lasten zu
stützen, *káta (ya* pl. *ʒa);* -ende des
Blattes, *mchágo;* -kissen, hölzernes,
msámilo. m.; Köpfchen, kleines K.,

kijitwa; kopfüber kopfunter, *kitwakitwa,*

Korallen, *fetháluka;* rothe K., *marijáni;*
-fels, *tumbáwe (la);* Armband von
Perlen und K., von Frauen um die
Mitte des Armes getragen, *kingája.*

Koran, *koráni (koroani, kuruani);*
Kapitel des K., *súra (ya), juʒúu;*
Manuskript des K., *msáhafu;* ein
vollständiges Exemplar des K., *khítima
nʒima.*

Korb, runder K. von Rohr mit Deckel,
jamánda (la); runder offener K.,
túnga; grosser K., *kápu (la);* eine
Art K., der auch zum Fischfang be-
nutzt wird, *túmbi (ya* pl. *ʒa).* m.;
K. mit breitem Rande, *kidunga.* m.;
Sack oder K., um Kokosnüssen den
Saft auszupressen, *kifúmbu;* K., um
Korn zu reinigen, *utéo* pl. *téo, kíteo;*
K. aus Rohr, um Garneelen zu fangen,
jáfu. m. *(cháfu);* ein kleiner K.,
shúnda. m., *(la);* eine Art K. aus dem
Blatt der Kokospalme, *pakácha (la).* m.,
(pakaja); Art K., der als Sieb oder
Filter gebraucht wird, *kungúto (la),
ungo (la).* (Pemba); K. aus den grünen
Blättern des Kokosbaumes, *kitúmbi.* m.;
kleiner K., *kitóto;* eine Art hoher
K., *dóháni, dókhän;* andere Arten K.,
dúndu (la), shupi. m.; eine Art K.
vom Nyassasee, *dúnga (la).* m.;
-deckel, um Speisen u. s. w. vor Staub
zu schützen, *káwa (la);* lange dünne
Stöcke zum Häuserbau und zum
-flechten, *fíto* (pl. von *ufíto);* Palme,
deren Blätter zu Matten, Körben
u. dergl. verarbeitet werden, *mgúne,*
junge *mkoma.* m.; im Siebe oder
offenen Korbe das Getreide sichten,
pepéta.

Kordamom, *heliki.*

Koriandersaat, zum Currypulver, *kusubára* (Indisch). m.

Korn, ein K., *chémbe, tembe.* m.; ganz
kleines K., *wimbi;* Art sehr feines K.,
kimánga (la), welches noch nicht ganz
reif ist, *mkéwa.* m.; K., das man
zur Abendmahlzeit braucht, *kialio;*
grosses Flechtwerk, um K. aufzubewahren, *kibúnchu.* m.; Sand-Körn-
chen, *ujangáwe.* m.; Haufen von

Körnern, *mshumbi;* Körner auflesen, -*dondóa;* Kornwurm, *mgú, móngu,* *kimúngu* m.

Körper, *mwili, bátani, jisima.* m.; den K. strecken und dehnen, -*nyogóa.* m.

korrect sein, -*sahihi;* korrigiren, -*sahi-hisha.*

Kost, *sárifu (sárifu, sárufu), posho;* durch Arbeit verdiente K., *kisuduo.* m.; mit K. versorgen, -*pósha,* -*pósa.*

Kostbarkeit, *afiʒi;* etwas sehr kostbares, *mánúfa (mánúfe).* m.

kosten, -*simáma,* -*wákifu;* (schmecken), *onja,* -*batúa.* m.

Kraal, *ʒiʒi (la), nganassa (ya).* m.; ein K., wie ihn die Reisenden unterwegs um ihr Lager machen, *chengo (la).* m.

Krabbe, *kaa, sururu, mkámba* (pl. *mi-*). m.; kleine rothe K., welche die Wanika essen, *kówe;* ganz kleine essbare K., *kaa kisagaúnga;* die Scheere der K., *gándo (la).*

krabbeln, -*tambáa.*

Krach, *mshindo.* m.; krachen, -*alika.*

Kraft, *uweʒa (uwéʒo), ngúvu, súlubu.* m.; *sihi, ubóra.* m.; wieder zu Kräften kommen, -*tononóka.* m.; kraftvoll sein, -*weʒa;* (muskulös sein), -*kaka-wána;* derbe sein, -*sulubika.* m.; junger, ordentlicher k. Mensch, *mbeja wa káni;* kraftlos, *mdilifu.* m.; k. machen, -*tujúa.* m.

Kragen, einen K. besäumen, -*tia vinára.*

Krähe, *kúnguru.*

krähen, wie ein Hahn, -*wika;* junger Hahn, der noch nicht k. kann, *póra (la)* pl. *kipóra.*

Krahn, *duara.*

Krake, Seeungeheuer, so gross wie eine Insel, *wáme.* m.

Kralle, *ukusha (mkúsha.* m.), *ukombe* (Merima).

Krämer, *mchurúʒi (wa), baʒaʒi;* K. sein, -*taraʒaki,* -*churuʒika.* m.

Krampf, *kiharusi, kifáfa, chanʒi (la).* m.

Kranich, *korongo, ndége ya pwáni.*

krank, *mwéli,* -*mgonjwa, dáifu.* m.; sehr k., *makhdud.* m.; k. sein, -*ugúa,* -*gónjwa,* -*daifika;* ich bin k., *siwéʒi;*

ich war k., *nalikúwa siwéʒi;* k. machen, -*daifisha;* sich k. fühlen, -*eléa;* einen Kranken pflegen, -*ugúʒa;* einen K. sanft führen, leiten, -*teteʒa;* Speise für Kinder und k. Leute zurecht machen, -*vinyavinya;* Krankenpflege, *maugúʒi (ya).* m.; Krankenpfleger, *mwugúʒi.*

Krankheit, *uwéli (welle.* m.), *utháifu, mkóngo.* m., *márathi (ya);* (Rheumatismus), *tambáʒi* m.; K., welche in den Adern stecken soll, *mshipa;* K., besonders chronischer Natur, *ugónjwa;* K. des Federviehs, *kidéri.* m.; K. der Cassava, *gunyombe.* m.; Schmerzen von K., *nduéle.* m.; Leiden durch K., Armuth und dergl., *matéso;* Ansteckung von einer K., *uito.* m.; Jemandem mit einer K. anstecken, *ku-m-tia maráthi;* ein Amulet (Koranspruch und dergl., welches gegen K. um Arm oder Bein gebunden wird), *píngu ya híriʒi;* sich erholen von einer K., -*totonóka.* m.; Wasser nach einem Gebet zur Hälfte gegen K. aussprengen, -*eúa;* Krankheitsursachen wegnehmen, -*opóa;* Kränklichkeit, *mafunde.* m.

Krätze, *upéle* pl. *péle;* die K. bekommen, -*dudúka.* m.

kratzen, -*kunyúa,* -*kúna,* -*parúʒa,* -*chakúra.* m.; k. (von Hals und Augenschmerzen), -*kerekéta.*

Kraut mit grossen Blättern, *maómbo.* m.

Kreatur, *kiúmba.* m.

Krebs, *kámba (wa* pl. *ʒa);* -scheere, *meno la kámba;* krebsartiges Geschwür, *mti;* Krebsgeschwulst, *máhawa.* m.

Kreis, *mdáwara;* zum K. biegen, -*petána.*

kreischen, -*piga kiowe.*

Kreisel, *pia (la).*

Krempe, *ukándo* pl. *kándo.* m.

Kreuz, *sálaba.* m.; Kreuzer (Schiff), *tarish el báhri.* m.; kreuzigen, -*sálibu.* m.; Kreuzweg, *njia panda, uelekéo.* m.

kriechen, -*tambáa,* -*fumbána;* Spur, die ein k. Thier im Sande hinterlässt, *mtambáʒi.* m.

Krieg, *vita (wíta), kóndo.* (Merima); K. voraus verkündigen (durch Zaubermittel), *-pigánisha;* Kriegsgefangener, *téka (la), mtu nyára;* Kriegslist, *ujibáki.* m.; lederne Kriegsmarke, *kirú.* (Kigunja); Kriegsschiff, *manowári.*

Krokodil, *mámba (wa* pl. *ʒa).*

Krone, *tají.*

Kropf, *góle.* m.; K. der Vögel, *firigisi, kibófu.*

Krug mit Schnauze, *mdúmu;* grosser K., *rúmbi;* grosser irdener K., *kasíki (ya)* pl. *makasíki;* kleiner K. für Honig, Fruchtsäfte u. dergl., *kikasíki;* Blätter, welche auf das Wasser im K. gelegt werden, damit es nicht überfliesst, wenn der K. auf dem Kopfe getragen wird, *mavígo ya máji.* m.

Krümchen, *kitikitiki.* m.

krumm, *kombokómbo;* grosser k. Dorn, *kikwáta.* m., *kikóngo.* m.; ein kleines k. Ding, *kikómbo;* k. Messer, *jamvia, shembéa;* ein langes Messer mit k. Spitze zur Gewinnung des Palmsaftes benutzt, *kotáma (ya);* krumm sein, *-potóka;* (von Flüssen), *-singamána.* m.; k. gehen, *-yónga.* m.; krümmen, *-péta, -potóá, -potósha,* vergl. auch gekrümmt; Krummhaue, *séʒo;* Krummheit, *hangwé.* (Merima); Krümmung, *kómbo (ya)* pl. *makómbo, ukombo, pindi (la), kóta, kigósho, upémbo.* m., *táo, ugóe.* m., *misgída.* m., *msádari.* m., *kitára;* K. eines Flusses, *kipengée cha mto.* m., *kiʒingoʒingo.*

Krüppel, *kiléma (cha), pooʒa (la), mwenyi lemáa, chonswe.* m.

Kruste, *utándu.* (Lamu); getrocknete K. auf dem gekochten Reis, *ukóko.*

Kuchen, *mkáte, chélebi.* m., *kinyúnya, matobósha.* m.; -werk, allerlei, *máandáʒi (ya).* m.; Art K., welche im Ramadan gegessen werden, *sambusa.* m.

Kuckuck, geh zum K., *poteléa mbáli.*

Küche, *méko* pl. von *jiko;* in der K., *fufumónye;* Küchengeschirr, irdenes, *kigúngu.* m.; Küchenjunge auf dem Schiffe, *ulédi.* m.

Küchlein, *faránga (la), kifaranga;* K., das eben aus dem Ei gekommen ist, *kisíwi.*

kühler Wind, Brise, *upépo;* schattiger k. Hain, *kigúta;* kühl werden, *-burudi, -ʒiʒima, -risháí.* m.; Kühle, *pepo (ʒa), burúdi;* kühlen, *-póʒa.*

kühn, *shujáa* pl. *mashujáa, hodári, jágina.* m.

Kugel, *poopóo, risási;* K. oder Schrotbeutel, *béti ya risasi;* K. giessen, *-súbbu.* m.

Kuh, *ngombe mke;* junge K., *kitamba.* m.

Kummer, *kasaráni, majonsi, rammu, kibúhudi, tefékuri.* m., *jitimái.*

Kümmel, *kisibiti.* m.

Kümmerniss, *utúle.* m.

Kunde (Käufer), *mustíri.* m.; K. (Nachricht), *khabari.*

Kundschaft über jemand einziehen, *-tunduia;* Kundschafter, *mpeleleʒi, chasúsi* pl. *wach-.* m.

Kunst, *usánni.* m., *sanáa.* m.

künstlich, Speise bereiten, *-wandáa.* m.

Kupfer, *shábá (la), sifúri;* reines K., *súsi(ya).* m.; kupfernes Gefäss, *sufuria* pl. *masufuria (ʒa);* Kupfer-Vitriol, *mrutútu;* Kupfermünze, *pesa.*

Kuppel, *ʒége, kubba.*

Kürbiss, *mbogá, mtango;* Frucht, *boga, tángo;* Art kleiner K., *kitánga pepéta.* m.; kleiner K., den die Wasegua zu ihren Zaubereien benutzen, *tánguru.* m.; kleiner K., der zu Kalabassen verbraucht wird, *kitóma.*

kuriren, *-ganga, -ponya, -tibu.*

kurz, *-fúpi;* k. dicker Knüttel, *mpwéke, mbarángo.* m.; k. Galopp, *maghád;* k. schneiden, *-díra.* m.; k. geschnitten sein, *-dirika;* von k. kleiner Statur sein, *-kundáa;* k. Schwert mit Parierstange, *upánga wa imáni;* Kürze, *ufúpi.*

Kuss, *busu;* küssen, *-búsu (-bussu);* etwas an die Lippen bringen, um es zu k., *-soʒéʒa.*

Küste, *kíndo (ya), swáhel;* wüstes Land, K., *bára* oder *bárra;* die K. gegenüber Sansibar, *mríma;* flache Küstensee, *mapwáji ya kiráka.*

Kutscher, *sáis.*

L.

Lache am Strande, welche bei der Ebbe zurückbleibt, *kidimbwi*.

lachen, -*chéka* (-*teka*. m.), -*chekelea*; das L., *chéko (la)*, *kichéko* (*kitéko*. m.); lächeln, -*tabássama*; lächerlich sein, -*tehawika*. m.; l. machen, -*thiháki*.

Laden, *dukani*, *duka (la)*; einen L. haben, -*churuʒika*. m.

laden, ein Gewehr l., -*sámiri búnduki* (-*shámiri*); ein Schiff laden, -*pakia*; ein Gewehr (mit dem Ladestock) l., -*shindilia*; das Schiff ist voll geladen, *chómbo kidóbe*; Ladestock, *mdéki*. m.; Ladung eines Schiffes, *shehena*, *érfa*. m.; Hölzer, auf denen im Boot die L. gelegt wird, damit sie nicht nass wird, *mwáo*. m.; L. eines Gewehres, *mshindilio*. m.

Lafette, *gurtúmu la mʒinga*.

Lage, Zeug, *tábaka*. m.; schwierige L., *máshaka*; in schwieriger L. sein, -*thiiki*.

lagern, sich l. (unterwegs), -*túa*; Lagerplatz auf der Reise, *kitúo*.

lahm gehen, -*chechéa*, -*tegéa*, *kwenda chópi*, -*sita* (Lamu); l. sein, -*chekeméa*; lahme Hüfte, *unyónga*. m.; lähmen, -*pooʒésha*, vergl. auch gelähmt; Lähmung, *kipoóʒa*, *kukutiko*. m.; L. der Beine, *kiwéte*, *kitewe*.

Lamm, *mwana wa kondóo*, *mwáladi*.

Lampe, *táa (ya)*; ein Holz mit Löchern für die irdene L. der Eingeborenen, *mwángo*; Lampendocht, *utambi* pl. *tambi*, *tawáfa (ya)*; Lampenschirm, *chengéu*. m. pl. *vyengéu*.

Lamu, die Insel L., *Amu*.

Lämmergeier, *kósi pingu*. m. pl. *mákósi pingu*, *fukómbe*. m.

Land, *inchi (nti)*; sumpfiges L., *kinamássi*. m.; wüstes, unbebautes L., Küste, *bára* oder *bárra*; ein Stück L. mit Beschlag belegen, dadurch, dass man dasselbe ein wenig bearbeitet, -*topóa*. m.; L., auf welchem das Gras abgebrannt ist, *tandáa*. m.; zur Einsaat zubereitetes Stück L.,

wéu pl. *nyéu*; das Stück L., das dem Sklaven zur Bearbeitung zugemessen wird, *kuo (ya* pl. *ʒa)*; ein unfruchtbares, salziges L., *wángwa* pl. *nyángwa*; ans L. gehen (vom Schiff), -*shúka*, -*teléa*; ans L. bringen, -*shúsha*; aufs L. ziehen, ein Boot und dergl., -*jáhabu*. m.; im L. selbst geborener Sklave, *mʒalia*, *kivyaliwa*. m.; seichte See in der Nähe des L., *pwa*; Landesherr, *mwenyi wa inchi*; Landgut, *shámba (la)*; Landkrabbe, *káa (ya* pl. *ʒa)*; Landschildkröte, kleine, *kóbe (la)*; Landsee, *kisiwa*; kleine Landschnecke, *mwanamiʒi*; Landmann, *mtani*; Landungsplatz *diko* (*liko*) pl. *madiko*, *bándari*; Landwind, der, *njü*. m.

ländlich, *kimashamba*.

landen, -*shuka*, -*telea*.

lang, -*réfu*; ein wenig länger, *réfu púnde*; lange Franse, *tamvúa (la)*; langes Haar, *kivúnga cha nwéle*. m.; eine lange Rede, *milúmbe*; zweischneidiges, langes, gerades Schwert, *upánga wa félegi*; lange ausbleiben, -*hajirika*, -*kawia*; Länge, *uréfu*; geographische L., *tul* pl. *atwál*; längs *bavúni*, *kándo (ya)*, *kandokándo (ya)*; l. etwas streifen, -*kwarúʒa*; Längsseite eines Daches, *kipáa*; längs von Alters her, *ʒamáni*.

langsam, *kiada*, *polepole*; l. sein, -*taákhiri* (-*taákhari*. m.); L aussprechen, -*tambáʒa*. m.; l. und sorgfältig arbeiten, -*kokotéʒa*; bei langsamem Feuer kochen, -*fiusia*. m.; Langsamkeit, *fújofújo*, *usogófu*. m., usembe. m, *unyogófu*. m., *ulájisi*. m., *sohála*. m.; Langweiligkeit, *uchófu*.

Lappen, *utambáa* pl. *tambáa*; Stück L., *kitambáa*; geölter L., der um den Kopf gewickelt wird, um etwaige Schmerzen zu verringern, *upámba wa mafúta*.

Lärm, *keléle*, *ukeléle*, *kishindo*. m., *uthia*, *iówe*. m., *chacháwi*. m., *wású*. (Merima); lärmen, -*uthia*, -*chacháwa*. m.

lassen, -ácha (-ata. m.), -sáʒa (übrig lassen).

Last, mʒigo; eine L. tragen, -pagaʒa, -ditika. m.; eine L. jemand auf den Kopf legen, -twika; eine L. vom Kopfe niedersetzen, -tua; zur L. legen, -túhùmu; einander eine L. abnehmen, tragen helfen, -pokeʒána; schwer auf jemand l., -leméa; ein Stock, L. daran zu tragen, mpiko.

Laster, ufiski, ufisádi.

Lastträger, hamáli, mpagaʒi.

lästig, -ʒilo; Lästigkeit, uchófu.

Latte, dünne, ufilo pl. filo; die Dachsparren und L. unter einander zusammenbinden, -paúa. m.

Laterne, kandíli pl. makandíli, fanúsi; das brennende Licht in einer L., seráji.

lau, mtéu; l. Wärme, uvuguvúgu.

Lauer; gegen jemand auf der L. sitzen, -otéa.

Lauf, mbio (ya); auf den L. bringen, -kimbiʒa; laufen, -piga mbio, -fuliʒa maguu, -kimbia, -rukhuthu; schnell l., -káʒa mbio; Läufer im Schachspiel, khámi.

Laune, násába. m.; böse L., marúngu. m., mfundo. m., muháli. m.; launisch sein, -déka, -potóka, -rúnda. m.; launisches Wesen, chúki (ya).

Laus, cháwa (tawa. m.).

laut schreien, -kafukia. m.; sprich l., sema sána; l. Klage, maomboléʒa (maomboléʒo. m.); lauter Ruf in die Hand, kikorómbwe; laute Stimme, sauti tukúfu; mit lauter Stimme, búrù. m.

läuten, die Glocke l., -piga kengele.

lauter, aswahi, fásihi.

lauwarm, ufúgufúgu. m.

leben, -ishi, -tuhuika m.; lebe wohl, kúa kheiri; Leben, uʒima, maisha, rókho; rasches liederliches L., usheráti; wieder zum L. erwecken, -fufúa; lebendig, -ʒima, hái; Lebensmittel, rúʒuki, sárifu (sárifu, sárufu).

Leber, ini (pl. ma-ini).

Leck, ein L. haben, -fúja, -fumka;

Stück Holz, mit welchem ein L. zugestopft ist, hasho (ya pl. ma-).

lecken, mit der Zunge, -rámba.

Leckereien, halua.

Lection, sómo (la).

Leder, ngóʒi (ngóvi. m.) (ya pl. ʒa), kigovi; lederne Kriegsmaske, kirú (kigunya); lederner Schuh, kóshi (la, ya, pl. ʒa). m.; Ledersack, kleiner, kibogóshi (cha).

leer, -túpu; eine l. Schale (einer Frucht u. dgl.), fúvu (la).

legen, -wéka, -tia; auf eine Seite l., -inika, -cheléʒa; einen Pfeil auf den Bogen l., -pachika; legen (Eier), -dá. m.

Lehm, udóngo, ndóngo; -klumpen, dongóa pl. madongóa. m., kidongóa. m.; -mauer, kiwambáʒa; kleine Klumpen L., wie sie vom Wasser, welches eine Wand hinunter rinnt, gebildet werden, vinundunúndu. m.; Holzstückchen, mit denen die Wand der hölzernen Häuser verdichtet wird, ehe sie mit L. beworfen werden, uwássa pl. nyássa. m.; eine Mauer mit L. bewerfen, -pandika.

lehnen, sich auf etwas l., -egéma, -leméa, -lemeʒána, -tegeméa.

Lehre, mafundisho (ya), ilimu. m.; lehren, -fúnda, -fúnʒa, -fundisha; Lehrer, mfúnʒi, mkufúnʒi, mfúnʒi. m., mfunʒaji. m.; Lehrling, mwánafúndi, telamiʒi, terájali. m.

Leib, mwili, jisima. m.; -binde der Wöchnerin, mkája; -gericht, welches eine Frau ihrem Liebhaber während des Ramadan zusendet, bémbe.

Leiche, mʒóga, mayiti, kimba. m.; Rind, welches vor der Thüre eines Hauses, in dem eine L. liegt, geschlachtet wird, um derselben den Weg zum Grabe zu öffnen, ndongóa.m.; Planke, mit welcher die L. bedeckt wird, ehe man das Grab zuschüttet, kiúnga; Tuch, in welches eine L. gewickelt wird, ehe sie gewaschen und mit dem eigentlichen Todtenkleid bekleidet wird, upindo, kipindo; Bahrtuch, das über die L. gedeckt wird, subáya; Leichenbahre, jenénʒa;

Leichenbesorger, *mɟishi;* Leichentuch, *sáanda, maɟishi;* Tuch, mit welchem die Leiche zugedeckt wird, und das über Kopf und Füsse herabhängt, *shúngi (la)* pl. *mashúngi;* -wüscher, *mwósha, mwoshi.* m.; Ort, wo die L. gewaschen werden, *páhali pa ku-oshéwa, ufuo.*

leicht, -*epési,* r*akhísi,* t*akhfísu.* m., s*ahala.* m.; l. Arbeit, *káɟi rahísi;* Baum mit l. Holz zu Mastbäumen und Canoes gebraucht, *mléha.* m.; l. berühren, streifen, -*pujúa;* Leichtigkeit, s*áhala.* m.; Leichtsinn, *kiɟunguɟúngu, urúri.* m.; leichtsinnig sein -*tukúta.*

Leiden durch Krankheit, Armuth u. dergl., t*eso (la);* im L. stehen, -*teséka;* einander nicht leiden können, -ɟir*ána.* m.; (ertragen), -*vumilia;* an Durchfall l., -*hára;* -schaftlich werden, -*tahárúki.*

leihen (von jemand), -*aɟima;* Geld l., -*kirithi;* l. (an jemand), -*aɟima, -pásha,* -*kirithi;* Jemand, der sich Geld leiht und damit durchgeht, *msimisi.* m.

Leim, *aémbwe (la), embwe, lámi, sheriɟ.* Lein, *kitáni.*

Leine, *mshipi, cherife.* m.

Leinenzeug von Madagascar, *rámba (la).* leise, *polepóle;* l. berühren, -*gúsa.*

Leiste, t*arúma (la).* m.; Art L., die als Thürangel dient, *makíri (ya* pl. ɟ*a).* m.

leisten, etwas ordentliches, -*ongósha.*

Leistendrüsen, Schwellung der L., *mtóki.*

leiten, -*ongóa,-ongóɟa;* irre l. -*kosésha;* einander an der Hand l., -*shikamáua;* einen Kranken sanft l., -t*eléɟa.* m.

Leiter, *daraja, ngáɟi (ya); kikweɟo.* m.; Stufe einer L., *kipáwa (cha).* m., *kipago.*

Lende, *kiúno, nyonga ya sarára;* sich den Schurz eng um die Lenden winden (um der Dornen willen), *ku-jipania ngúo.* m.; weisses Lendentuch mit bunten Streifen am Rande, *kikói;* das Lendentuch, wie die Banyanen

zwischen den Beinen hindurchziehen, *ku-piga uwinda (ubinda.* m.).

Leopard, *chúi (wa* pl. ɟ*a);* ausgewachsener L.; *chwi kimángo;* Flecken, wie der L. sie hat, *kibatobáto (cha).* m.

lernen, -*jifundisha,* Anstand l., -*eidili,* -*idili.*

Lesebuch, *dárasa.*

lesen, -*sóma, -fyoma.* m.; l. lernen, -*taali;* l. lehren, -*somésha;* Lesen der Grabgebete, *khitima (ya);* Schule, in der man L. lernt, *dárasa;* Lesestück, *sómo (la).*

Letzte, *áhiri, akheri;* das letzte Kind einer Frau, *kitinda mimba;* letzter Tag des persischen Jahres, *kigúnɟi.*

leuchten, -*mwilika, -wáa;* Leuchter, *thuréa;* ein kleiner L., *kinára.*

leugnen, -*kána;* geleugnet werden, -*kanika;* hartnäckiges Leugnen, *ukiri.*

Leute, *watu;* Leute jemandes, *aháli (ya* pl. ɟ*a),* Leute wie wir, *kina sisi;* diese Kisten gehören zu Abdallas Leuten, *makasha haya ya kina Addallah.*

Licht, *auga (la), mwánga, mwángáɟa, núru;* das brennende L. in einer Laterne, *seráji.* m.; ans L. bringen, -*fútwa.* m.; Lichtöffnungen, kleine, oben in den Wänden der Zimmer, *mwangáɟa;* Lichtung, im Walde, *uténgwa wa bárra.* m., *wéu* pl. *nyéu.* m.

Liebe, *pendo (la), mapénɟi, upénɟi, upendaji, háwa, hábba (húbba, mahába), sháuku, matamányo, hashiki.* m.; in L. brennen, *áshki, ashiiki.* m.; lieben, -*pénda, -isa.* m., -*ashiiki;* geliebt werden, -*pendéka,* -*kóra;* liebenswerth sein, -*pendéka;* lieber (adv.), *ikhiari, ni kheri;* lieb haben, -*stákhábu.* m.; liebkosen, -*otésha;* Liebling, *mpénɟi;* Liebschaft, *uchumba (utúmba.* m.).

Lied, *uimbo* pl. *nyimbo;* improvisirtes L., *simo (ya).* m.; ein L. anstimmen, -*tóa kóngwe;* ein L. mit Refrain singen, -*ombolea.*

liederlich, -*potévu.* m.; liederliches Leben, *washarati.*

liegen, *-lala, -súa. -tumbaa;* auf dem Gesicht l., *-wáma, -ama, -fuáma.* m.; auf dem Rücken l., *-lala kwa tani;* quer über l., *-kingáma, -pandána;* aufgehäuft da l., *-tumbika;* lass das l. (zu kleinen Kindern gesagt), *tútu;* soviel als auf der Hand l. bleibt, *ukúfi.*

Linie *mistari;* Linienblatt, *msadrak.*

Lippe *mdomo.*

Lispeln, das, *kidémbe.* m.

Litze, goldene, *tele.*

Lob, *hámdi, sifa (ya);* loben, *-hámidi, -sifu;* Gott l., *-shukuru Mnungu;* Lobpreisung, *masifu (ya).*

Loch, *túndu (ya* pl. *ya)* pl. auch *matúndu;* das L., in welchem der Mastbaum befestigt ist, *kuwída.* m ; L. in der Erde, in welches Same gelegt werden soll, *koróngo (la);* L. in der Ohrmuschel, um Schmuck einzuhängen, *ndéwe.* m.; L. im Boden eines Bootes, um das eingedrungene Wasser herauszulassen, *ugúzi (ya).*m.; ein Loch bohren, *-pekécha (pekéja), -tumbúka, -subúa.* m.; ein L. machen, *-dudumla.* m.; ein kleines tiefes L. graben für die Pfosten des Hauses, *-fukúa;* ein L. aufwühlen, *-fukúa-fukúa;* ein L. durch die Mauer brechen, *-tobóa;* ein L. in der Mauer ausfüllen, *-ziba;* mit einem L. versehen, *-subúka.* m.; voll Löcher, *chá-buduchábudu.* m.; grosse Art Eidechse, welche sich L. in die Erde gräbt, *mguramgúru;* ein Holz mit L. für die irdene Lampe der Eingeborenen, *mwángo.*

Locke, *kuto (la), shongi (sóngo) la nwélle.* m.; einzelnstehende Locke auf dem Kopf, *kipáku.*

Löffel, *mwiko;* kleiner L., *kijiko;* L. aus der Schale der Kokosnuss, *káta (ya)* pl. auch *makata;* flacher L. aus einer Kokosnuss, *upáwa;* Art hölzerner L., *mkamshe.*

Log, Schiffsl., *bátli.*

Lohn, *malipo (ya), ujira (úgira);* Fleisch, welches derjenige als L. erhält, der das Schlachten und Zerlegen eines Thieres übernommen, *nyama ya*

matúni. m.; Löhnung, *shahara, ijara;* L. der Seeleute, *hálasa.*

Loos, *kúra (ya);* das L. werfen, *-piga kúra.*

Lootse, *rubáni (wa)* pl. *marubáni.*

losbinden, *-fungúa.*

lose anbinden, *-sháliki.* m.

löschen, *-zimisha.*

Lösegeld, *makombózi, kombózi, ukombózi, ufidiwa, fidia;* Lösegeld zahlen, *-kombóa, -fidia.*

lösen, *-fungua, -watháhisha, -tatanúa, -tatanya;* sich l., *-tangúka.*

losgehen, *-fyúka, -fungúka, -tangúka, -nanuka,* (von Kleidern) *-pwaya;* (anfangen) *-anga*

losmachen, *-fungúa, -gandúa.* m.

losschlagen, auf etwas, *-táya.*

losspringen, auf etwas, *-rukia.*

losstürmen, auf etwas, *-táya.*

losstürzen, sich auf jemanden, *-shambulia.*

Lösung, die L. des Räthsels sagen, *-tambúlisha.*

Loth (des Schiffers), *-bildi (ya);* lothen, *-pima máji;* L. zum Löthen, *láhamu (ya).* m.; löthen, *-tia bati, -lihámu (-lehemu.* m.).

Löwe, *simba (wa);* kleiner L., *kisimba.* m.; Brüllen des Löwen, *mgúrumo wa simba.* m.; ein Zaubermittel gegen l., *ilízi.*

luchsartige grosse Katze, *kinyégere.* m.

Lücke, *péngo (la);* L. zwischen den Zähnen, *mwánya.* m., *mfeko wa meno.* m.

Luft, *háwa;* frische L. zufächeln, *-pinga upépo;* an die L. bringen, *-fumbúa;* in die L. gesprengt werden, *-wekúka.* m.; in die L. werfen, *-rúsha;* nach L. schnappen, *-héma.* m.

Lüge, *uwóngo (urongo), ujánja, usénge.* m., *usúshi.* m., *ujibáki.* m., *kimkúmu.* m., *uráfiki.* m., *ghálati;* Lügen, über jemand erzählen, *-binia.* m.; zum L. veranlassen, *-kethebisha.* m.; Lügengewebe, *madáyo (ya);* Lügner, *mwóngo, mnáfiki, múkari.* m.; ein L. und Betrüger sein, *-danganyika.*

Lumpen, *utambáa* pl. *tambáa, kitambáa*.

Lunge, *páfu (la)*, *yavuyávu*.

Lunte, *mráo*. m.; Baum, aus dessen Rinde Lunten fabrizirt werden, *mgósa*. m.; Luntenschlossgewehr, *bunduki ya mrao*, b. *ya meriki*. m.

Lust, *háwa, hawát, shauku (ya), ngóa, (ya', uju*. m.; L. zum Widersprechen, *ukinsáni*. m.; nach etwas L. haben, *-tamani;* die L. zu etwas verlieren, *-tamáuka.*

lustig, sicn über jemanden l. machen, *-komáȥa, -teháki*. m.

M.

Maass, *kipmo, cheo, kiawanyo*. m., *kiási, kadri, pima (la) = 4 mikóno, pishi (ya* pl. *ȥa) = 4 kibaba; kisága = 2 kibaba;* falsches M., *miȥáni ȥa tége.*

Maassstab, *chenéȥo.*

machen. *-ténda, -fányja;* zu nichte m., *-kingamisha;* ein Loch m., *-subúa*. m.; ein Zeichen m., *ku-m-tupía mkóno.*

Macht, *ngúvu, jaha, wénȥi (aenȥi)*. m.; mit M. schlagen, *-pága* (Merima); mächtig sein, *-weȥa, -jáali, -jahi.*

Madagascar, *Buki, Bukini;* Spottname der Madagassen in Sansibar, *makalaláo.*

Made, *puu (la), fúnȥa, dudu.*

Mädchen, junges, *kijána mwanamke.*

Magen, *tumbo;* der erste M. der Wiederkäuer, *kilihájfu.* m.; -aufstossen, *kiungulia.*

mager, *mtúfu*. m., *chembámba*. m.; m werden, *-kónda, -pujúka, -túka*. m., *-kofúka*. m.; m. machen, *-kondésha, -dofisha.* m.; Magerkeit, *pujuliko (la'*. m.

Magnesia, schwefelsaure, *chúmvi ya halúli.*

Magnet, *sumaku, sweȥi.*

mähen, *-vúna.*

mahlen, *-saga, -tulla*. m.; m. lassen, *-sagáȥa;* ganz fein m., *-senéȥa*. m.; ganz fein gemahlen, *dikidiki;* gemahlen werden können, *-sagika;* Reis grob mahlen, *-páȥa mtéle.*

Mahl, *chakula;* gemeinschaftliche -zeiten, bei denen der Reihe nach einer der Gesellschaft nach dem andern die Kosten trägt, *kikóa.*

Mähne, *shungi (la)*; Haare aus der M. oder dem Schwanz eines Pferdes, *nyómbe*. m.

Mais, *hindi (la), mhindi, mahindi;* grüner M., *matindi;* gerösteter M., *mbisi (pisi);* schlecht gewachsener M., *kimbúgwe cha hindi.* (Merima'; ein Gericht aus M. und *mbáȥi, púre*. m.; Rispe von M., *shúke (la);* -stengel, *mgóti*. m.

Maiskolben, *gunȥi (la), mchewa wa hindi;* junge M., *ngára;* die Körner vom M. abbrechen, *-pukúsa;* M., von dem die Körner entfernt sind, *kigugúta cha hindi*. m.; M. abpflücken, *-konyóa(konóa*. m.); (wider den Willen des Eigenthümers', *-gobóa.*

Majestät, *-énȥi, -éȥi.*

Makler, *daláli.*

mal, *kóno (ya), marra (ya);* fünf mal fünf, *tano fi tano;* zum zweiten M., *márra ya pili.*

Mandarinen - Apfelsine, *kangája.*

Mandel, *loȥi (ya).*

Mandelentzündung, *halúla (ya)*. m.

Mangel, *kipungúo, upungúfu, ukoséfu, makósekáno*. m., *shidda;* M an Bildung, *utukútu*. m.; M. haben, *-limki*. m., (wird nur in der negativen Form gebraucht).

Mangobaum, *mwembe;* kleiner M., *kiembe;* Frucht, *embe (la);* eine Mangoart, *dódo;* Sauce von M. und süssem Palmwein, *kijengele cha ajári.* m.

Mangrove, *mkóko;* Mangrovenarten, *mbia*. m., *msindi*. m.; Früchte einer M., welche zum Färben der Netze gebraucht werden, auch wird Tinte davon gemacht, *insissi*. m.; Mangrovesumpf, auf der Insel Sansibar, *Cheráwi*.

Manguste, *ngochirochiro;* die braune M., *cheche*.

Maniok, *mhógo*; kleines -beet, *kishóroba*. m.

Mann, *mtu mume, mwána múme, rájel (rajúa)*, *mfúli* (Kigunva); sich als M. beweisen, *-tarájali;* junger M., *kijána;* alter M., *mẓee (mfiéle.* m.); sich zum grossen M. machen, *-jitápa;* ein weit blickender M., der die Zukunft vorher erkennt, *mbáshiri*. m.; das Männchen der Hausthiere, *korobésa (la)*. m.; mannbar, *mbáleghi*. m.; männlich, *-úme, fahali* pl. *mafáhali;* Männlichkeit, *úme;* im Mannesalter stehend, *makámu*. m.

Mantel, *mansúli (ya)*. m., *mfuría*. m.; M. von Wollenzeug, *joho, bushúti (la)*.

Mantis religiosa, *vunjajúngu (la)*.

Manuscript, (besonders der Koran), *msaháfu*.

Märchen, *kisa, hadíthi, ngano (ya)*.

Marder, *kánu (wa)*. m.

Maria Theresia Thaler, *fétha ya Shám*.

Mark eines Baumes, *kiíni cha mti;* das weiche M. der Spitze des Kokosbaumes, welches gegessen wird, *kúmbi (la)*.

Marke, *chápa, chéti*.

Markt, *sóko (ya)* pl. *masóko;* M., der in manchen Gegenden alle vier Tage abgehalten wird, *jéte* (Merima).

Marokko, *maghrébbi (magaribi)*.

Masern, *churúwa*.

Maskat, *Maskáti, Mánga* (doch wollen die Leute von Maskat letzteren Namen nicht gerne hören).

Maske der muhamedanischen Frauen, *barakóa;* lederne Kriegsmaske, *kiru* (Kigunya).

Masse, *jamía* oder *jamii*.

mässig, *kádiri (kadri)*.

massiren, *-kánda*.

Mast, *mlingóte;* das Loch, in welchem der Mastbaum befestigt ist, *kiwída*. m.; Baum mit leichtem Holz zu Mastbäumen und Canoes gebraucht, *mléha*. m.; Baum, dessen Holz aus Arabien und Indien eingeführt wird, um es zu Masten zu verwenden, *mféni*. m.

mästen, *-nonésha*.

Masttaue u. a., *hánsa*. m.

Mastthier, *kinóno*.

Material, *ẓána (ya)*. m.

Matratze, *godoro;* eine dünne, leichte M., *mfárasa;* eine M. durchnähen, *-tóna godoro;* Kokosfaser zu M., *makúmbi ya usúmba*.

Matrose, *baharía*.

matt, sehr m. sein, *-takalika*. m.

Matte, *mkéka;* grobe M. von Palmblattstreifen, den Fussboden zu bedecken, *jámvi (la);* kleine M., wie sie unter den Mühlenstein gelegt wird, um das Mehl aufzufangen, *kitánga cha yámvi;* eine Art M. aus Maskat, *busáti;* M., mit denen das Schiff gegen überschlagende Wellen geschützt wird, *telebishi*. m.; runde M. mit Kante beim Kornmahlen gebraucht, *dúgú*. m.; grosse M. Mattensegel, *tánga, matánga (ya);* Palme, deren Blätter zu M., Körben und dergl. verarbeitet werden, *mgúne,* junge *mkoma*. m.; gelbe Farbe, um M. zu färben, *ungámo,* Streifen, um M. daraus zu machen, *shupátu (la) mashupátu;* Schnur aus den Blättern des *mkindu* Baumes, um M. zu nähen, *úkili* (Kipemba); Streifen von den Blättern der *mkoma* Palme, welche zu M., Säcken, Seilen und dergl. verarbeitet werden, *mwáa;* -sack, eine Art M., *júnya, fúmba, kifumba*. m.; langer M., unten breiter als oben, *kanda (la);* kleine, oblonge M., in welchen die Datteln aus Arabien nach Sansibar gebracht werden, *kigúni*, Mattenstreifen, aus welchem *mikeka* gemacht werden, *ukiri* pl. *kiri*. m.

Mauer, *ukúta* pl. *kúta;* M. von Steinen, *kitáhu;* Vorder- und Hinter-M. der Hütten der Eingeborenen, *ngáo ya nyúmba;* der Theil des Daches, welcher über die M. hervorsteht, *upénu* pl. *pénu;* ein Loch durch die M. brechen, *-tobúa.*

Maulbeerbaum, *mforsaji (fersádi).* m.; Maulbeere, *túti.* m.

Maulesel, *nyúmbu;* Maulthier, *bághala (wa).*

Maurer, *mwáshi, mhúnʒi wa máwe;* Senkblei der M., *timáʒi.*

Maus, *púku (wa);* grosse M., *pánya (wa* pl. *wa* oder *ʒa);* Geräusch machen, wie eine krabbelnde M., *-gugurúsha.*

Mayotte, französische Insel bei Madagascar, *Maótwe.*

Medizin, *dawa* pl. *madawa, ugánga* pl. *magánga;* M. für die *mshipa* (Blutgefäss) Krankheit, *kánya;* M. gegen Durchfall, *sinda (ʒa);* Speise, die man aus medizinischen Gründen vermeidet, *msiro.* m.; die m. Wissenschaft, *uganga, utabibu;* sich m. Räucherungen unterwerfen, *-alikiwa.*

Meer, *bahari;* rothes M., *bahari ya Shám;* der Persische -busen, *bahari elali;* -enge, *kilángo cha bahári;* Meeresarm, *mto wa bahari;* ein schmaler M., *khúri;* ein kleiner M., *táo la bahari.*

Mehl, *únga;* Feinm., *utelèle* pl. *teléle.* m.; sehr feines M., *umbiúmbi.* m.; eine Art minderwerthiges M., *felefèle;* übler Geruch im M., *fondogóa.* m.; kleine runde Matte, um das frisch gemahlene M. aufzufangen, *tugú.* m.; M. sieben, *-chunga (-túnga), -unga kwa utéo.*

mehr, *ʒayidi (ʒáidi);* mehrere, *kathawakátha;* ein wenig mehr, *púnde.*

meiden, *-ʒira.* m.

mein, *-ángu;* m. Kind, *mwanángu;* m. Stelle, *pángu;* in m. Hause, *mwangu, kwángu.*

Meineid, *aʒur, ʒuli.*

meinen (fälschlich), *-thánni;* Meinung, *máána (ya), hesábu (ya), umarari.* m.

Meissel, *chembéu (cha), patási, tindo.* m., *chúrusi.* m.

Meister, *fúndi* pl. *mafúndi, mstadi, estadi;* -schaft, *ustadi, ufúnsi.* m.

Mekka, *Makka;* Richtung nach M., wohin die Muhammedaner beim Gebet neigen, in Sansibar also nach Norden, *kibula;* -pilger, *háji (la)* pl. *ma-.*

melken, *-káma.*

Melone, *mtango;* Frucht, *tángo.*

Menge, *wingi, makutáno, matangamáno, mashetáno.* m., *jamía, úmáti.*

Mensch, *mtu, adámu, mwána Adámu, binadámu;* alter M., *mʒee;* ein alter, schwacher M., *kibióngo mkóngwe.* m.; grosser Haufe von M., *msóa, ghaʒía.*

Menstruation, *héthi.*

merken, *-óna, -sikia;* merkwürdig, *masehúr, -mashuhur.*

messen, *-pima;* an einander m., *-enenʒa.*

Messer, *kisu, kijembe;* ein sehr grosses M., *jisu (la)* pl. *majisu;* kleines M., *kijisu.* m.; krummes M., *shembéa, jamvia;* ein krummes M., um das Innere von Holzgefässen auszuhöhlen, *ukómbo.* m.; ein langes M. mit krummer Spitze, zur Gewinnung des Palmsaftes benutzt, *kotáma (ya):* Schneide eines M., Schwertes, *máso (ya)* m.; Spitze eines M., *msúka.* m.: das M. ist nicht scharf, *kisu hakipáti;* das M. ist stumpf, *kisu ni kivivu* (Lamu); ein M. in den Gürtel stecken, *-pachika;* mit einem M. stechen, *-chókora;* ein Handwerker, welcher M. und Schwertgriffe aus Holz oder Horn fertigt, *mjúme.* m.; die -klinge ohne das Heft, *ukenge wa kisu;* die -klinge vom Stiel nehmen, *-gongóa.* m.; Metallring um das -heft, *noléo (la).*

Messingdraht, Art M. zum Schmuck, *maʒóka;* Armband von M., *kikúto.* m.

Messschnur, *chenéʒo.*

Metall, *maádini (ya);* in M. arbeiten, *fulia;* -arbeiter, *mfúsi.* m.; grosse metallene Schale, *kópo (la);* metallenes Gefäss, *sufuria (la);* Metallring um das Messerheft, *noléo (la);* M. an der Schwertscheide, *ukóa.*

Miethe, *újira ǀúgiraǀ.*

miethen, *-paʋga, -ajiri, -taja.*

Milch, *maʒiwa;* abgeschöpfte M., *magándi ya maʒiwa.* m.; M. aufkochen, *-piga mtéu;* -bruder, -schwester, *ndúgu kunyóuya;* -gefäss, *karasia.* m.: grosse -kalabass, *túngu ya maʒiwa.* m.; -saft der Kokosnuss, *kassimele;* M. gewisser Pflanzen, *utómfu.* m.

Milde, *uoróro, ulainifu.* m·

Million, *kár.* m. (Indischǀ.

Minute, *dakika.*

mischen, *-changánya;* gemischt sein, *-changanyika;* Mischung, *machangamáno (ya).*

Mispel, *búngo (la).*

Missgunst, *hásidi (ya* pl. *ma).*

misslingen, *-kósa.*

Mist, *sámadi (ya), mavi;* trockener -Haden, der als Brennmaterial benutzt wird, *kishónde.* m.

mit, *na, kwa;* mit jemand gehen, *-andáma, -fuatana.*

Mitleid, *rehema, taʒia.* m.; M. erregen, *-bembeléʒa.* m.; mitleidig sein, *-hána.*

Mitsklave, *mjóli.*

Mitreisender, mit einer Karavane, *mjáro.* m.

Mittag, *athuuri, jua kituáni, mchana (mtana), pindi ya dóhori;* Platz, wo Mittags geruht wird, *kitindio.* m.

Mitte, *kati;* ganz in der M., *katikáti.*

Mittel zum Unterhalt, *riʒiki (ya).*

Mittelfinger, *chánda cha tokaa.* m.

Mittelmast, *mwongóti ǀcfr. mlingóte,.* m.

Mittelrippe des Kokospalmblattes, *uchukúti.*

Mittelstück einer Thür, *mfáa.*

mitten in, *-kátiya* oder *katika.*

mittheilen, überall, *-tangáʒa.* m., ǀNachricht gebenǀ *-arifu, -pa khabari.*

mittrauern, *-hána.*

Mittwoch, *júma ya táno.*

Modell, *kieléʒo, mfáno, ruwasa, ishara.* m.

Moder, *ukúngu, ufujúrifu.*

Möbel, *páambo la nyumba.*

mögen, *-penda;* nicht m., *-ʒira.* m.

möglich, *huenda, yamkini;* m. sein, *-fanika, -tendéka, -yamkinika;* Möglichkeit, *yamkini.*

Mönch, *súffi, sufii;* mönchisch, *taówa;* Mönchsthum, *usúfii.* m.

Mörder, *muuáji; kátili (nkatiliǀ;* mörderisch, *kúnwáʒi.*

Mörser, *kinu:* der innere Raum eines M., *shimo la kinu;* Art Baum, aus dessen Holz M. gemacht werden, *mdáni.* m.: -keule, *mtwango;* M. zum Stampfen des Getreides,

Mombassa, *Mvita;* alter Namen für M., *Kongowéa, Kángawéa, Faladi.*

Monat ǀwird nach dem Monde gerechnetǀ, *mwéʒi, sheher.*

Namen der Monate.

Suaheli.	Arabisch.
Ramathani,	*Ramathan,*
Mfunguo a mosi	*Shaowal,*
" *a pili,*	*Thil kaada,*
" *a tatu,*	*Thil hajja,*
" *a ine.*	*Moharram,*
" *a tano,*	*Safar,*
" *a sita,*	*Rabia al aowal,*
" *a saba,*	· *al akhr,*
" *a nane,*	*Jemad al aowal;*
" *a kenda,*	· *al akhr,*
Rajabu,	*Rajab,*
Shaabani;	*Shaaban;*

M. von 30 Tagen, *mwéʒi mwandámu;* M. von 29 Tagen, *mwéʒi mpungúfu;* Beginn des M., *mwandámo.* m.; -lohn, *mshahara.*

Mond, *mwéʒi;* Flecken im M., *kútu ya mweʒi;* erstes Viertel des M., *mweʒi mchanga, kongo, mweʒi kóngo* m.; Vollmond, *mweʒi mpevu;* abnehmendes Viertel, *mweʒi wa konda;* der M. ist verfinstert, *mweʒi unapatwa, unaliwa:* -schein, *balamwéʒi;* -stichtigkeit, *sóda.*

Monsun, *msimu.* m.; Zeit, wenn die M. wechseln und man nach allen Richtungen schiffen kann, Mitte März bis Mitte April und Mitte November bis Mitte Dezember, *maleléʒi* (Unguya): *maleléji.* m.

Montag, *júma ya tátu.*

Moor, *tópe* *(ʒa)*, als pl. gilt *matópe*.

Moos, ein gewisses M, das zum Färben benutzt wird, *marére (ya)*. m.; -

Morgen, *assúbui (ussúbukhi, assubukhi)*; Regen und Dunkelheit am M., *fundefúnde (la)*; guten M., *subalkheiri*; vom M. überrascht werden, *-cheléwa*; früh am M. aufstehen, *-pambanuka*; an frühem M. etwas vornehmen, *-pambaukiwa*; morgen, *késho*; -besuch abstatten *-amkia*, *-sábekhi*. m.; -dämmerung, *ukungu wa alfajiri*; -grauen, *kucha*; -nebel, *umande, unyo* (Pemba); -röthe *ukúngu*, pl. *makúngu*; morgens, *assúbukhi*; die erste Gebetsstunde m. 4 Uhr, *alfajiri*; -stern, *sóhóra, nyota ya sohora*. m.; -wind, *umande*.

Moschee, *meskiti (moskiti)*; Vorlesung und Gebet in der M., *hótúba*. m.; Mueddin, Gebetsausrufer in der M., *mwádini*.

Moschus, *ʒábádi*, *méski (miski*. m.); den M. der Katze entnehmen, *-ʒabidi*.

Moskito, *imbu (mbú*. m.); Mosquitonetz, *chandalúa*.

Motte, *ménde*, *makalaláo, noóndo*.

Möwe, *bata ʒiwa*.

Mücke, kleine M, *usúbi*: ganz kleine M., *ukunyúa*. m.

Mueddin, welcher zum Gebet ruft, *mwadini, mpiga adana*.

müde, *mchóvu*; m. sein, *-choka*, *-kimwa*, sehr m. sein, *-takaliha*. m.; m. machen, *-chósha*.

Muhammedaner, *moslim, islámu (wa)* pl. *maisilamu* oder *maislam*; M. werden, *-silimu*, *-selimu*; Nicht-M., *káfiri* pl. *makáfiri*; Gebetsmatte der M., *musála*; muhammedanischer Indier, *muhindi*.

Mühe, *shúghuli, usumbúfu*. m.; sich M. geben, *-jifúnga*, *-jidáhi*. m.; unnütze M. haben, *-tangaúka*. m.; mühelos, *rahisi, rakhisi*.

Mühle, *takháni*. m., *taháni*.

Mühlstein, *kimángo, jiwe la kusagia unga*; der untere M., *mima (wa* oder *ya)*; der Griff an dem oberen M. der Eingeborenen, *msúnso*. m.; der obere M., *mwána*; kleine Matte,

wie sie unter den M. gelegt wird, um das aufzufangen, *kitánga cha yámvi*; runder, harter, schwarzer M. *mángo (ya)*; ein M., der gedreht werden kann, *cheréhe*. m.

Müllhaufen, *jáa*.

Mumie, *mumyáni*.

Mund, *kinwa, kánwa (la)*; den M. verächtlich verziehen, *-ji-chakúa*. m.; den M. ausspülen, *-sukutúa*, *-sugutúa*. m.; in den M. stecken, *-vuata*; den M. öffnen, *-tamua*; Jemand die Bissen in den M. stecken (als Zeichen der Liebe und Freundschaft), *rái*; eine Handvoll Reis, welcher erst zum Klumpen geballt wird, ehe man ihn in den M. steckt, *tónge*. m.; mit dem M. blasen, *-púliʒa*; ein Mundvoll, *fúnda* pl. *mafúnda*.

Munition, *ʒana ʒa wita*. m., *ujasi wa wita*. m.

munter sein, *-changá'mka*; Munterkeit, *uʒima*.

murren, *-gúna*, *-nungunikia*, *-ʒomea*.

Muscatnuss, *kúngu mánga*; Muscatblüthe *basbási (ya)*.

Muschelarten: *kómbe (ya* pl. *ʒa), góme* pl. *magóme*. m., *kijogóo, chaʒa (la)*; grosse M., deren Stacheln gefürchtet werden, *ténga wa báhri*. m.; Art essbare M., *kóme la pwáni*; eine leere Muschelschale, *fúfu (la)*. m.

Musik, *ngoma*; Musikinstrumente: *baragúmo, ngóma, kinanda, ʒéʒe*. m.; Musikinstrument (Art Brummtopf) der Wanika, *mwánʒa*. m.; Büffelhorn, als M. gebraucht, *mbiu* (Momb.), *mbui* (Unguja); begrüssen (mit Gesang und Musik), *-shangilia*.

Muskete, *bunduki ya magúmegúme*.

müssen, *-juʒu, -laʒimu*; ich müsste, *ime-ni-pasa*.

müssig sein, *ku-kaa burre*; müssig dasitzen, *-tumbáia*. m.

Muster, *namna*.

Muth, *ushujáa, ujáháli*. m.; neuen M. schöpfen, *ku-piga móyo kónde, -teremea*; neuen M. machen, *-teremésha*. m.; muthig, *mjásiri, jáhili, jágina (cháʒina)*. m.; m. sein, *-jahilika*,

-jasiri; m. machen, -jasirisha; muthlos werden, -dilika. m.; m. sein, -angema. m.

muthwillig, mnyámbi. m.

Mutter, máma (wa oder ya pl. ʒa), inya (wa) (Kigunya); seine M., nyawe. m.; Vater oder M., mʒáa; die M. des Gatten, mkwe, máviá (wa). m.; verwandt von Mutters Seite, kinyu-

mba, kuukéni; Oheim mütterlicherseits, múhwa. m.; Verwandte m., ákraba ya kuúke; Muttermal, chóa.

Mutterthier, kö (la).

Mütze, kofia (ya) pl. makofia; türkische M., tópi ya matúruki. m.; ein Block M. aufzuspannen, furúma. m.

Myriade, kikwi.

Myrrhen, manemáne.

N.

Nabel, kitovu; -schnur, mshipa.

nach 'zeitl.), baada (ya), (örtl.) nyuma; n. eurem Hause, kwénu.

nachahmen, -eleléʒa.

Nachbar, jiráni (wa) pl. ma oder ʒa; -schaft, kiyámbo, ujiráni.

nachdem dies beendigt ist, hernach, kiisha.

nachdenken, über etwas, -tafákiri, -wáʒa (aʒa), -sangáa. m., -márári. m.

nachfolgen, -fuáta.

nachforschen, -úliʒa, -tafuta, -tafiti, -dáili (-taili. m.).

nachfragen, -úliʒa, -dáili (-taili. m)

Nachgeburt, kóndo ya nyúma.

nachher, baada, kiisha, téna; bald n., punde hivi.

Nachkommenschaft, waʒáo.

nachlässig sein, -púʒa, -pumbáa; n. werden, -pumbaʒíka; n. Arbeit, schúfushúfu. m.

nachlassen (vom Regen), -púsa. m.

nachlaufen, -kimbilia.

Nachmittag, die Zeit von 3—5 Uhr N., alásiri; Gruss am N., masalhhéiri.

Nachricht, khabari; N. vom Tode jemandes, -tanʒia; N. geben, -arifu.

nachsehen, -aúa, -tafuta.

nachsinnen, über etwas, -wáʒa, -tafákiri.

nachspüren, -winda.

Nächster, sein, ya pili yákwe.

Nacht, usiku pl. masiku; die ganze N., usiku kúcha; die N. mit etwas zubringen, -késha; die N. über wachen, kulala viʒia, kulala kimato. m.; gute N. sagen, -twésha. m.

Nachtgeschirr, kipátu cha kikójo. m.

Nachtlager, malálo (ya), (auf der Reise) kilálo.

Nachtwache, késha (ya).

Nachweis, ubáinifu. m.

Nacken, shingo (la) oder (ya pl. ʒa); schwarzer Fleck auf dem N. der Ringtaube, kipáji cha úso; -grube am Halse, kishógo, darunter, kikósi.

nackt, -túpu; Nacktheit, utupu.

Nadel, sindáno; eine N. einfädeln, -tungia.

Nagel, eiserner, msomári, mismári; Nägel einschlagen, -gongoméa; N. ausziehen, -kongóa; sich von selbst herausziehen (von N.), -shitúka. m.; Nagel am Finger, ukucha pl. kucha.

nahe, káribu ya oder na; Nähe, Platz in der N., páhali.

nähen, -shóna, -fumia. m.; Näharbeit, mashóni (ya): Schnur aus den Blättern des mkindu-Baumes, um Matten zu nähen, úkili (Kipemba); Nähmaschine, charkhán (ya kushonea).

näher bringen, -songéʒa, -jongéʒa, -karibisha, -sengéʒa. m.; n. kommen, sich nähern, -égema, -jongéa, -songéa, -sengéa. m., -karibia.

nahezu, padógo; n. reif, tósa (la) pl. matósa.

Nahrung, *mlisho.* m.

Name, *jina* pl. *majína*, (N. Gottes' *isimu (ismu)*; N., der bei der Geburt dem Kinde beigelegt wird, *sáre.* m.; etwas, auf dessen N. man sich nicht besinnen kann, *dúde* pl. *madúde;* Namensvetter, *sómo (wa)* pl. *masómo* pl. auch *ţa*. nämlich (eigentlich: zu sagen), *kwámba.* Narbe, *kóvu (la).*

Narr, *mpumbáfu, mshupáfu.* m., *dahili.* m., *baghami.* m., jemand zum Narren machen, *-tulánya* (Kigunya); Narrenstreich, *mbulúkwa.* m.; Narrheit, *ujinni, waţimo.*

Narwal, *sansúri.* m.

Nase, *púa (ya);* durch die N. sprechen, *-seméa puáni, kuwa na kingóngo;* die N. schnauben, *-futa kamasi*, er steckt seine Nase in alles, *ana ujuvi;* einem Verstorbenen Baumwolle, wie es Sitte der Suaheli ist in die N., Ohren, unter die Nägel u. s. w. stecken, *-pámba máyiti;* Blut aus der N., *mwína.* m.; Schmuck den die Frauen in den Ohrläppchen oder in der N. tragen, *kipini;* -loch, *mwínţi wa púa, tíndu ya púa; -*ring, *aţama;* -scheidewand, *mwínţi wa púa;* -schleim, *kamasi* pl. *makamasi.*

Nashorn, *péa;* kleines N., *kifáru.*

nass, *majimáji, ráthaba;* n. vom Regen, *chepechepe;* n. werden, *-rishái.* m.; Hölzer, auf denen im Boot die Ladung gelegt wird, damit sie nicht n. wird, *mwáo.* m.; nasser Boden, *kinamássi.* m.; Nässe, *rúthuba (rathaba).*

Nationalzeichen, Einschnitt in's Gesicht als N., *ţindo (ya* pl. *ţa).* m.

Natur, *tabia, chimbuko (timbúko.* m*.);* Naturgesetz, *matelába.* m.

nautische Instrumente, *vipánde vi ku pimia.*

Nebel, *umánde, shemáli;* kalter N., *báridi;* verschwinden, vom N. gesagt, *-gungúmka.* m.

neben, dicht n. einander gehen, *kwenda ţembámba.* m., (von Schiffen) *-ţambána.*

necken, *-chohóţa.*

nehmen, *-twaa, -toa, -guia* (Merima); in den Arm oder auf den Schooss n., *-pakáta;* ein wenig auf einmal mit den Fingern n., *-chóta;* immer nur ein wenig nehmen, *-dodóa;* Speise mit der Hand aus der Schüssel n., *-ménya;* auf sich n., *-áili.* m.; auf Credit n., *-kópa;* vom Feuer n., *-ipúa, -tegua;* mit Gewalt n., *-póka* (Pemba); Reis aus dem Topfe n., *-pakúa;* ein Ding aus der Hand jemandes n., *-pokéa;* mit einem langen Haken Früchte vom Baum n., *-pémba.* m.

Neid, *mfundo.* m., *hásidi (ya* pl. *ma), (uhúsudu), maonéfu.* m.; neidischer Blick, *kijicho;* aus N. weinen, wenn man nicht auch bekommt, was dem andern gegeben wird, *-lia ngóa*

neigen, sich, *-ináma;* Neigung, *ngóa (ya), nia (ya, ţa), tabia, teremuko (la).* m.

nein, *sivyo, siyo, la.*

nennen, beim Namen n., *-tája, -ita.*

Nessel, *kiwáfi, wafi* pl. *nyafi.* m; Art Gras, das wie eine N. brennen soll, *wéni.* m.; Insect, welches über die Haut kriechend, wie eine N. brennt, *jáfi.* m.

Nest, *túndu (ya* pl. *ţa)* pl. auch *matúndu;* N., in welches Eier gelegt werden, *kióta, kióte.*

Netz, *kimía, chávu (cha);* -fett eines geschlachteten Thieres, *kitámbi (cha).*

neu, *pyá;* etwas neues, unerwartetes, *sháni;* neues Gras, *mgina.* m.; das Rauschen neuer Kleider, *mtakáso;* Neuerer, *mţúshi;* ausgehen zu Jemand, um ihm neues zu erzählen, *-awía* m.

ein neugeborenes Kind mit Wasser und Medizin waschen, *-ósha na jimbo.*

neugerodetes Land, das zur Pflanzung hergerichtet ist, *tánge (la).* m.

neugierig, *mjassusi, mtumbwíţi.* (Lamu); sehr n. sein, *-fatiishi.*

Neuheit eines arabischen Schiffs, *ushárri.* m.

Neuigkeit, *khabari (wa* pl. *ʒa);* Neuigkeiten erzählen, *-khubiri;* Jemandem N. überbringen, *-khubiria,-nwilia.* m.; Neuigkeitskrämer, *kitukiʒi.* m.

Neujahrsfest (des persischen Sommerjahres »Nairuz« Ende August, *siku wa mwáka, néros.*

Neuling, *mjinga, msúsu.* m.

Neumond, es ist N., *mweʒi wa tendáma.*

neun, *kénda, tissa (tissia);* der neunte, *wa kenda;* neunzehn, *tis.atáshara;* Monat von neunundzwanzig Tagen, *mwéʒi mpingúfu;* neunzig, *tisami.*

nicht, *si, la;* und n., *wála;* n. so, *sio, sivyo, siyo;* noch n., *haitassa, haʒitássa;* das ist n., *kápo, hapana, hakuna;* hier ist es n.. *hámna;* er hat n., *hána;* es ist n. da, *sipo;* er ist n. da, *háko;* durchaus n.. *hásha;* zu nichte machen, *-kingamisha.*

nichts, es schadet n., *haithuru;* Noth, wenn einer n. hat, *ukwásifu.*

Nichtsnutz, *báa* pl. *mabaa, hasharáti.*m., *mtúku.* m.

nie, *abadan* (mit neg. Verbum).

nieder, auf und n. gehen, *kwenda masia.*

niederbeugen, sich, *-nama, -inama, -jinamia, -súgudu*

niederdrücken, *-leméa, -topéʒa.*

niederfallen (vor Gott),*-súgudu, -sujudu.*

niederhauen, *-téma.*

niederlassen, die Segel, *-túa tinga;* sich niederlassen (um zu wohnen), *-kheti.*

niederlegen, *-láʒa;* sich n., *-lála.*

niederreissen, *-kwanúa, -pomosha,* (ein Gebäude) *-jengúa.*

niederschlagen, *-angusha;* die Augen zur Erde n., *ku-piga úso na nchi.*

niedersetzen, eine L. vom Kopfe, *-túa;* sich n., *-kaa kitáko.*

niedersinken, *-tungúka* (Pemba).

niedersitzen, *-káa kitáko, -khéti.* m.; n. lassen, *-kétisha.* m.; in Reihen n lassen, *-pángisha.*

niederstürzen (intr.), *-pomóka.*

niedertreten, *-kanyága.*

niedertröpfeln, *-tilisika.* m.

niederwerfen, *-bwága, -tungúa* (Pemba).

niedrig, *dúni, túle.* m.; niedriger stellen, *-epuliʒa;* bei n. Wasserstand auf den Grund gerathen, *-pweléʒa;* Niedrigkeit (der Herkunft), *unyónge.*

niemals, *áushi, kámwe.* m., *abadan* (mit negirtem Verbum).

Niere, *nso, fīgo.* m., *wengu, wéngo* pl. *manvéngo.*

niesen, *-piga chafya, -shamúa (-shumúa, -chemúa), -hekemúa.* m.

Nilpferd, *kiboko, tomóndo.*

Nippfluth, *maji mafu, kimbúyu.* m.

Nische. *kidáka cha nyúmba, shubaka, kishubáka;* Hinterwand einer N., *raff;* N. in der Moschee, welche die Richtung nach Mekka anzeigt, *mimbara mimbári.*

nisten, (von Vögeln), *-ténga.* m.

noch nicht, *bádo, haʒitassa — -hatassa;* weder n., *wála-wála;* n. einmal, *téna.*

Norden, im N., *von* N., nach N., *kaskaʒini, shemáli.*

Nordpol, *jahi.* m.

Nordwind, *shemáli;* Nordwestwind, der von Dezember bis März weht, *kaskáʒi;* die Zeit, wenn der N. zu wehen anfängt, *fuli.* m.

Noth, *simanʒi, uhitáji, uhtáji, diki (udiki), thulli, shidda;* N., wenn einer nichts hat, *ukwásifu;* in N. sein, *-dikika, -thiiki, -thii;* in N. bringen, *-diki;* jemanden aus der N. erretten, *-stiri.*

nöthig sein, *-pása, -páshа;* mit allem Nöthigen versorgen (besonders von Gott gesagt),*-rúʒúka;* einer, der etwas n. hat, *mhitáji.*

nothwendiger Weise, *shúruti;* Nothwendiges, *vifáa, kanúni;* Nothwendigkeit, *láʒima (la), kawáida, wajibu, farathi.*

Nudeln, *utambi* pl. *tambi wa maandáʒi.*

nüchtern sein, *-tawássuf — -tasánwuf;* wieder n. werden (von der Trunkenheit), *-levúka;* Nüchternheit, *tawássuf — tasánwuf.*

Null, *ʒifuri.*

nur, *tu* (mit ganz kurzem u).

Nuss, reife N. des *mkanju* Baumes, *kórósho (la)*; die kleinen N. in der Frucht der Oelpalme, *kichikichi*; N. knacken, *-banja*.

Nutzen, *mafáa (ya'.* m.; nützen, *-fáa, -falia, -siki, -selekhi.* m., *-tumika*; Nützliches, *vifáa*; nutzlos, *isiyofaa, -dakáka.* m., *túu.* m.

O.

oben, *júu.*

obenaufsetzen, *-rekabisha.*

Oberarmmuskel, *tafu ya mkono.* m, oberflächlich, *purukúshani;* etwas o. thun, *-rasharásha.* m.; Oberfläch-lichkeit, *marásharásha.* m.

Oberhaupt, *ras, sultáni (wa)* pl. *masul-táni.*

Oberschwelle der Thür, *kipágo.*

Oberseite der Hacke der Eingeborenen, *mfúmbe.* m.

oberste, das o. zu unterst drehen, *-pindúa, -petúa.*

Oberstock eines Hauses, *ghórófa (ya* pl. *ʒa).*

obgleich, *kungáwa, kwamba (chamba).*

Obstgarten, *kiúnga.* m.

Ochse, *maksái, kúrusi wa ngómbe.* m.

oder, *ao;* (in negativen Sätzen), *wala;* entweder o., *ao-ao, ama-ama.*

Ofen, *m'fá.* m.; O. des Töpfers, *jóko, chojo (cha).* m.; Kalkofen, *tanoni cha chokáa;* eine Art O. auf den Schiffen, *fúruni.* m.

offen, *-waʒi;* offene Stelle, *uwáʒi.* m.; jemand mit offenen Augen anstarren, *-tumbulia;* runder offener Korb, *túnga;* o. Platz zwischen den Häu-sern, *kiwánda;* o. weiter Raum, *wátáni.* m.; die offene See, *úmbu wa máji, usiwa.* m., *bahari kúu;* den Mund offen haben, *-tamuka.*

offenbar, *-wáʒi, tháhiri, báyani;* offen-bare Lüge, *unáfiki.* m.; offenbar sein, *-funúka, tháhiri;* o. werden, *-pamba-nuka, -dullu.* m.; offenbaren, *-fum-bulia, -thahirisha, -dirishi.* m.; sich o. *-tokéa;* Offenbarung, *ufafanuʒi.* m., *udéherifu.* m.

Offenheit, *uyúʒi, ukundúfu,* öffentlich, *senekári.* m. = *senkári;* ö. ausrufen, z. B. Waaren, die man verkaufen will, *-nádi;* öffentliches Bad, *hamámi.*

Offizier, *akida (ya* oder *wa)* pl. *maakida.*

öffnen, *-fumbúa, -fungúa, -panúa, -shindúa (-sindúa), shindulia, -sibúa (-subúa).* m.; mit Gewalt ö., *-pepetúa;* sich von selbst ö., *-shindúka;* sich ö. (von den Wolken gesagt., *-nanasúka, -nanáuka.* m.

Oeffnung, Stück Zeug, welches vor eine O. gesetzt wird, *lisáni.*

oft, *marra nyingi;* öfters, *púnde kwa púnde;* oftmals, *kathawakátha.*

Oheim mütterlicherseits, *mjómba, baba ndogo;* Vaters Bruder, *amu.*

Oel, *mafúta (ya);* hoher Baum, dessen Früchte Ö. geben, Calophyllum inophyllum, *mtondúo;* Frucht des-selben, *tondoo (ya* pl. *ʒa).* m.; O. auspressen, *ku - shindika mafuta, chakácha.* m.

Oelkuchen (von Sesamsamen), *shúdu (la), bákái (Kigunya).*

Oelpalme, *mchikichi;* die Früchte der O., *chikichi* pl. *machikichi;* die kleinen Nüsse in der Frucht der O., *kichi-kichi.*

ohne, *ghairi;* o. dass, *pasiwe.*

ohnmächtig werden, *-irika (?).* m.

Ohr, *shikio, sikio (la);* Theil des äusseren Ohres, *mwádini wa shikio;* die Ohren klingen ihm, *mashikio ya mruka;* die O. durchbohren, *-togʒa;* Grasschmuck, den die Frauen in den O. tragen, *ubóndo.* m.; einem Ver-storbenen Baumwolle, wie es Sitte der Suaheli ist, in die Nase, O., unter die Nägel u. s. w. stopfen, *-pámba máyiti;* ohrfeigen, *-piga kófi;*

Loch in der -muschel, um Schmuck einzuhängen, ndéwe. m.; Schmuck im -läppchen, jássi (la); Schmuck, den die Frauen in den Ohren oder in der Nase tragen, kipíni; -schmalz, mdúdu wa sikío; Art grosser Eidechse, deren Fett gegen -schmerzen benutzt wird, mburukénge (wa pl. wa oder ʒa). m.; -schmuck, shámili la shikío. m.

Omen, ishára. m.

Onkel, Vaters Bruder, amu; Mutters Bruder, baba mdogo.

Opfer, korbani, sádaka, mathabúha, thábihu. m., háddi. m.; -fest, -mahl, sádaka; eine -mahlzeit geben, -píga sadáka; opfern, -thábiha. m.; Opferplatz, an welchem Geister sich aufhalten; die Affenbrotbäume werden gewöhnlich dafür gehalten, muʒímo; -stelle, utukúni. m.

Opium, afiúni; ein Präparat von Haschisch, Honig, O. und Eiern, majuni (ya).

opponiren, -khálifu.

Orange, chúngwa (la), chenʒa, danʒi (la).

ordentlich, kwa tartíbu; junger, ordentlicher, kräftiger Mensch, mbéja wa káni pl. wambeja; etwas ordentliches leisten, -ongósha; ordentlich einreiben, -túatúa. m.

ordnen, -rátibu; von einander trennen, -bagúa. m.

Ordnung, tartíbu, taratíbu (ya); in O. bringen, -tililia, -rátibu; in O. gehalten werden können, -rudíka.

Orkan, madérúba wa pépo.

Ort, mihali (pl. mwahali); gefährlicher O., kicho (cha).

Osten, kunapokucha, masháriki, máo ya júa. m.; östlich, masháriki ya; Ostwind, masháriki (ya), matlaa.

ovale, grosse Schüssel, kómbe (ya) pl. makómbe.

P.

Paar, jóʒi, júra.

Pack, robota la, bumba (la). m., -búnda (la) m., (Handelsausdruck) kórja (ya pl. ʒa) (Ind.).

Packet, kipéto.

Packkorb (für den Esel), schógi - shói

Packnadel, shásira (la pl. ʒa). m.

Packsack (für den Esel), shógi - shói.

Päckchen Taback, kipopóo. m.; ein kleines P. von irgend etwas, kibúmba.

Palisadenzaun oder Steinmauer um ein Dorf, bóma (la).

Palmbäume, mnaʒi, mtende, mkindu, mkóche, mwále. m., mlala, mouma, mchikichi, mkóma; P., deren Blätter zu Matten, Körben u. dergl. verarbeitet werden, mgúne, junge mkoma. m.; Messer mit krummer Spitze zur Gewinnung des Palmsaftes benutzt, kotáma (ya), upámba; die

zeugähnliche Hülle der jungen Palmblätter, kilifu; Palmblatt, mit dem man sich gegen die Sonne schirmt, dápa, dápo pl. madápa, madápo; -stengel, upóngwa pl. póngwe.

Palmwein, témbo (la); frischer, süsser P., welcher zu Syrup eingekocht wird, ngíʒi. m.; dunkel aussehender, süsser P., shisi la témbo; Hefen des P., sira (la). m.; P. mit Wasser vermischt, ukórofi wa úngi. m.; P. auffangen, géma; Zweig der Kokospalme, welcher angezapft wird, um den Saft zum P. zu erhalten, panda (la), kaanʒa la mnaʒi. m.; -schnaps, ʒarámbo.

Pandane, mkádi.

Panzer, kanʒu ya chuma, diriʒi. m.

Papagei, grüner, kasuko, kwénsi (wa). m.; Vogel mit grossem, hakigen Schnabel wie ein P., mbángo.

Papier, *karatási (kartasi*', *kurása*. m.; Blatt P., *ukutáa* pl. *kutáa*. m., *la-hu*. m.; -drache der Kinder, *tiara (ya* pl. *ʒaʾ*.

Paradies, *pepóni, jenna, ferdausi*. m.; die Thür des P., *Kilango cha jáha;* der Weg zum P., *suráta*. m. = *siráta*.

Parfüm, *mésiki, méski, harufu, mamuka, mukato, marashi;* P. aus Amber und Sandelöl, womit die Frauen Stirn und Schläfen salben, *kipáji cha úso;* Blätter des *mgadi*-Baumes, welche als P. gebraucht werden, *gúba (la)*. m.; sonstige P., *tibitibi, tibu, mfunúmu.* m.; Flasche zu P., *mráshi;* Krug mit Schnauze für parfümirtes Wasser, *mdúmu;* parfümiren, *-singa*.

pariren, *-kinga, -bekúa;* Parirstange, *kikóno;* kurzes Schwert mit P., *upánga wa imáni.*

Pass (für Reisende), *chéti*.

passen, zusammen p., *-ongoána, -patána; -wafikiána;* passend sein, *-wáfiki.*

Passionsblume, *konyéʒa (la)*.

passiren *-pita, -sibu*. m.

Patrone, *kiasi cha bundúki.*

Pauke, *góma (la), kumbwága.*

pausiren, *-óya* (Merima).

Pavian, *nyani;* eine Art P., *túmbiri*. m.

Pech, *ulimbolimbo, mtembo*. m., *lámi (ya)*.

Peitsche, *mjéledi, jálada, kikúto*. m.

Periode, *kipindi.*

Perle, *ushánga, lulu (la)*; Schnur Perlen, *timba ya ushánga*. m.; P. an einem Faden aufziehen, *-túnga ushánga;* kleines Bündel P., *kisháda*. m.; Arten P., *kondavi (la), samesáme*. m., *fetháluka, jasása*. m.; Halsband von P., *kipingo.* m.; Armband von P. und Korallen, von Frauen um die Mitte des Armes getragen, *kingája*, Armband von P., *kilinsi*. m.; Art rother P., *kimbosánge*. m.

Perlhuhn, *kanga (wa* pl. *ʒaʾ*.

Persien, *Ajam;* Persier, *Ajemi;* der persische Meerbusen, *bahari elali.*

Petschaft, *chéti.*

Pfad, *njia (ndia*. m.), *nkóndo, siráta;* kleiner P., *kandía*. m.

Pfändung, *ufilisi.*

Pfahl, *mti;* dünner P., *sio (la*'. m.: spitzer P. in der Fallgrube, *kónʒo*. m.: ein kleines, aber tiefes Loch für einen P. graben, *-sukúa;* Hütte auf Pfählen, um Getreide u. s. w. aufzubewahren, *utáa* pl. *táa*. m.

Pfand, *amána (ya*', *daraka*. m., *láʒima (la*', *ráhani;* Pfändung, *ufilisi.*

Pfanne des Steinschlossgewehrs, *kifa, tána la bunduhi*. m

Pfannkuchen, Art P., *kiwanda, kitumbúa.*

Pfau, *dáusi.* m.

Pfeffer, *pilipili (ya* pl. *ʒaʾ;* P. mit kleinen beissenden Körnern, *pilipili gusuráti;* rother P., *pilpili hóho;* schwarzer P., *pilpili ya Mánga;* -kuchen, *mkate wa hoho;* runder P. der Eingeborenen, *ládu.*

pfeifen, *-piga mbinda, -piga miunsi, -siti;* Pfeife zum pfeifen', *ʒonnúri;* P. (zum Rauchen), *kiko;* der Kopf der P. der Eingeborenen, *mredya, bóri (ya);* das Rohr der P. der Eingeborenen 'des *kiko*', welches nach dem Mundstück führt, *shilámu.*

Pfeil, *mshare (mshále), mfi*. m.; vergifteter P. mit Eisenspitze, *mfi wa kigúmba*. m.; P. mit Holzspitze (oft vergiftet', *mrémbe*. m.; einen P. auf den Bogen legen, *-pachika;* Flugfedern an einen P. befestigen, *-papíka*. m.; Widerhaken eines Pfeils, *págwa (ya* pl. *ʒaʾ*. m.; Widerhaken an grossen Pfeilen, *mgúmba*. m.; hölzerner Schaft des Pfeils oder der Harpune, der nur lose an der Spitze befestigt ist, *wáno* pl. *mawáno*. m.; die Kerbe des P., *tiako (ya* pl. *ʒaʾ*. m.; Pfeilgift, *uchúngu (uthúngu);* eiserne Pfeilspitze, *kigúmba*. m., *nyana*. m., *chémbe.*

Pfeiler, *amud (la*', *tuka (ya* pl. *ʒaʾ*. m.; hölzerner P., *nguʒo (ya* pl. *ʒaʾ*.

Pferd, *frási (fárási*' pl. *masarasi;* ein P. satteln, *-tandika frasi;* nach Art eines Pferdes, *kifarasi;* Pferdestall, *bánda la frási;* Pferdefliege, *kipánga*. m.; Pferdchen, *kifarasi.*

Pfiff, *msónyo*, *ubínja*. m., *uwinya* (Pemba).

Pflanze, *mti*; Pflänzchen, *mche*, *mte*. m.; pflanzen, *-pánda*; Pflanzung, *shamba (la)*, neugerodetes Land, das zur P. hergerichtet ist, *tánge (la)*. m.; Ende einer P., *ukómo*. m.; Zeit des Behackens der P., *mapálilo (ya)*.

Pflaster, *mwandíko*; einer, der solche P. zubereitet und auflegt, *mwandíki*; abfallen vom P. u. dergl., *-pambúka*.

Pflaumenähnliche Frucht, *ʒambaráu*, *embe*.

pflegen (einen Kranken), *-túnʒa*, *-otésha*, *-uguʒa*, *-tetésha*. m.; p. = öfters thun wird durch das Präfix *hu* ausgedrückt, z. B. er pflegt zu sagen, *hunena*.

Pflicht, *wájibu*; zur P. werden, *-pása*, *-pásha*; seine P. vernachlässigen, störrisch, ungehorsam sein, *-asi*.

Pflock, *ngurúʒi*; P., an dem man etwas aufhängen kann, *chíngo*; der P. an den Holzschuhen der Eingeborenen, welcher zwischen den Zehen genommen wird, *msurwáki*.

Pforte, *mlango*, *pa-ku-tokéa*; P. des Paradieses, *kilíngo cha jáha*.

Pfosten, *ngúʒo (ya)*; kleiner P., *kigúʒo*; P., an welchen Verbrecher, die durchgepeitscht werden sollen, angebunden werden, *mku*. m.; die P. eines Hauses aufrichten, aufstellen, *-símika*.

Pfropfen, *ngurúʒi*, *ʒibo (la)*, *kiʒibo*, *kiʒibiko*. m.; -zieher, *parafújo* — *parfújo*.

Pfuhl, *tópe (ʒa)* pl. *matópe*.

Pfund, *rótteli*.

pfuschen, *-parúa*. m., *-gurugúsha*. m.

photographiren, *-piga picha*.

picken (der Vögel), *-dóna*.

Picknick veranstalten, *kúla kwa kuchanga*.

Pilau (indisches Gericht), *pílao*.

Pilgerfahrt nach Mekka, *háj*.

Pille, *kidónge*.

Pirat, *haramía*.

pirschen, *-wínda*.

Pistol, *bastóla*, *tabánja*, *kimerti*. m.

Pilz, *kióga*.

plagen, *-kúsa*, *-sumbúa*, *uthía*.

Planke, *ubáo* pl. *mbao*; P., mit welcher die Leiche bedeckt wird, ehe man das Grab zuschüttet, *kiúnʒa*; Baum mit leichtem Holz, von dem Planken gemacht werden können, *msúnobari*; das Holz selbst, *sunobari*; P., welche quer über den Boden des Schiffes liegen, *kitánsa*, *mbao ʒa kitánsa*. m.

planlos herumschweifen, *-totóma*. m.

Plantage, *shamba*; harter Boden in der P., *manyándo*.

plätschern, beim Baden, mit dem Kopfe untertauchen und mit den Beinen p., *ku-piga mikambe*.

Plattdach, die festgestampfte Schicht auf den Plattdächern, *sakafu*.

Platte, eine dünne, *bamba (la)*; durchlöcherte P. zum Draht ziehen, *chamburo*.

Plätteisen, *pási*; plätten, *-piga pási*.

Platz, *páhali*, *máhali*, P., wo es etwas zu verdienen giebt, *utúmi*. m.; freier P. vor der Thüre, *uwánja (la)*, pl *nyánda* (ungu Pemba), *kiwánda* (uga Merima); tief gelegener P., *lindi (la)*; verabredeter P., zur Zusammenkunft, *kiagáno*. m.; ein verlassener P., *gándo (la)*, *kinamiʒi*; P. machen, *-aúsa*, *-jiténga*.

platzen, leicht p., *-bogoéka*. m.

plaudern, *-ʒumgumʒa*; zum P. veranlassen, *-payúsha*.

plötzlich, *gháfála*; p. eintretender Umstand, *úduru*. m.; p. aufspringen (besonders von Thieren gesagt), *-vumburúka*. m.; p. erscheinen, *-ʒúka*; p. aufwachen, *-ʒindúʒa*, *-ʒindukána*, plötzlicher Windstoss, *pepo ʒa makápa*. m.; plötzliches Geräusch, *mshindo*. m.

plündern, *-téka*; Plünderung, *utóro*. m.

pochen, *-púma*.

Pocken, *udui* pl. *ndui*, *márathi ya tete*, *tete ʒa máji*, *tete ya kwánga*; Rückenschmerzen und Geschwüre der P., *kónga ʒa mbúba*. m.

poetischer Ausspruch, *sháiri (la)*; der poetische Dialect, *kingóʒi*.

poliren, -katúa,-piga súlu. m.; glänzend
polirt sein, -katúka; Baum, dessen
rauhe Blätter zum poliren gebraucht
werden, msása. m.

Polster, takía (ya) pl. matakía, gódoro.

poltern, -tutúma.

Poren der Haut, nyeleo (la).

Portion, núngu (la), séhemu (ya pl ʒa).

Portugiese, Mréno.

prahlen, -ji-kwéʒa, -jitutúmisha, -ji-
gamba, -jisifu, -jitakábari. m.; prahlerisch sein, -tukúta, -ji-vuna.

Pranger, an den P. stellen, -násii.

predigen, -khútubu, -wáthi. m.; Prediger, khatibu, mwenyi kukhubutu,
kasisi; Predigtstuhl in der Moschee,
mimbara = nimbari.

Preis (Geld), újira, thámani, (tamania),
kima; den P. bestimmen, anrechnen,
-támani; P. (Lob), hamdi, sifa (ya
pl. ʒa); preisen, -sifu, -hamidi.

prellen, einen Unerfahrenen, mit dem
Lande Unbekannten, -susúa. m.:
geprellt werden, -susulika. m.

Presse, shinikiʒo (sinikiʒo) (la); pressen,
-sinikiʒa, -shindilía.

Priester, káhini.

Prozess, da'a, hoja; einen P. gegen
jemand anstrengen, da'i, -láumu. m.

Probe, maónji (ya), ubáinifu. m.; Instrument, um einem Sack mit Getreide oder dergl. Proben zu entnehmen, bambo oder bambu.

Product, ʒáo (la).

Prophet, mtume pl. mitume, nábii pl.
manabii; prophezeien, -tabiri.

Proselyt, mwongúfu.

Prostituirte, káhaba pl. makáhaba.

Proviant, madáraka, riʒiki (ya), leu
(la). m., sárifu (sérfa (ya). m.).

Provinz, jimbo pl. majimbo (altes
Suaheli); Provinzialismus, matá-
mūko (ya).

prüfen, -ónja (-onda. m.); ein Prüfer,
mdádisi. m.; Prüfung, nyónda.

Prunkstück (das nicht zum Gebrauche
dient), lónyo (ya). m.

Psalm, ʒaburi.

Pudding, bumúnda (la).

pürschen, -nyápa, -nyapía. m.

Puls, an den P. fassen, -kánda mshipa;
pulsiren, -púma.

Pult, kibwéta.

Pulver, únga, (Schiesspulver) baruti;
ein kosmetisches P., dália; kleiner
Lederbeutel für Geld oder P., kibogóshi; -horn, pembe, telahéki. m.;
-maass, mtete pl. mi-, kiasi; pul-
verisiren, -pónda tikitiki.

Pumpe, bómba; pumpen, -piga bómba.

Punkt, nókota.

Puppe, mtoto wa bandia.

Purzelbaum, kitwangómba; einen P.
machen, -piga pindu.

Pustel, kipéle.

putzen (Messer), -sugúa, -kwatúa. m.;
die Nase p., -vuta kamasi; die Zähne
p., -sukutúa, -totara. m.; blank p.,
-metésha.

Pygmäe, chúchu (wa) pl. machúchu,
mbilikimo. m.

Q.

Quadrat, *mrábba.*

Qual, *uthia;* quälen, *-uthi, -uthia, -diki, -áthibu, -kálifu.* m., *-nyumbúa.* m.; gequält werden, *-uthika;* quälender, trockener Husten,. *kikohóʒi.*

Quecksilber, *ʒebakh.*

Queckgras, kurzes, *ukóka.*

Quelle, *jícho la máji, chemchem.*

quer vor jemandem liegen, *-kingamia;* q. übereinander liegen, *-pandána;*

q. hinüberlegen, *-ikiʒa;* Planken, welche q. über den Boden des Schiffes liegen, *mbáo ʒa kitánsa.* m.; Baumstamm, der q. über einen Fluss gelegt ist, als Brücke dient, *mtalágo.* m.

Queraxt, *téso, shoka la bapa, shoka la pwa* (Merima).

querköpfig machen, *-potósha.*

quetschen, *-chubua, -fianda;* gequetscht sein, *-gwáma.* m.

R.

Raa, *foramali, foromali;* R. des Grosssegels der Dau, *bumu.*

Rache, *kasási, malipiʒi, majilipa, majilipo.* m.; sich rächen, *-jilipiʒa, -nahma.*

Rad, *gurtumu (la).*

radebrechen, *-pigisha manéno.*

Rahm, *siági (ya).*

Ramadan, *ramadani,* die letzten drei Tage vor Beginn des R. (des Fastenmonats der Muhammedaner), *mfúngo.* m.; Reisgericht, welches von Clienten vom Patron im R. ausgetheilt wird, *eftari.* m.; Speise während des R. geben, *-funguʒa;* Schwerttanz nach Beendigung des R., *hanʒúa;* besondere Speise, wie sie eine Muhammedanerin ihrem Geliebten während des R. sendet, *kánʒi (ya).*

Rand, *kando* pl.. *ukando, ukúngo* pl. *kungo, fára, taruma.* m.; R. eines Abgrundes, *ukingo* pl. *kingo;* der R. am Kanzu, *siki (ya).*

Ranke, *ukóno.*

Rarität, *túnu.*

rasch, *híma, háraka, tarishi.* m., (als Zuruf) *háva (heiya)!;* r. gehen, *-piga mbio, -dótoma.* m.; r. segeln, *-dotoma.* m.; r. wachsen, *-vuvúmka;* Raschheit, *tesihili.*

rasieren, *-nyóa;* Rasiermesser, *wémbe* pl. *nyémbe.*

Raspel, *dúpa. (ya).* m.; Fisch, dessen Schwanz als R. benutzt wird, *túngu la mkia wa táa.* m.; raspeln, *-keréʒa.*

Rassel, welche beim Tanzen und Zaubern gebraucht wird, *kayámba.*

Rast, *ráha (ya).*

Rath, *sháuri (la), násaha;* um R. fragen, *-sháuri, -schauiri;* rathen (Rath geben), *-shauri, -usia.* m.; r. (Räthsel), *-kisi, -bahatisha, -tatanya;* Räthsel, *fúmbo* pl. *mafúmbo, kitendawili;* die Lösung des R. sagen, *-tambúlisha.*

Ration, die täglich oder für die Woche an die Dienstleute ausgegeben wird, *pósho (la);* die tägliche R. austheilen, *-pósha, -pósa.*

rathlos sein, *-ghumiwa, -sangaa.*

Rathsherr, *diwani* pl. *madiwani.*

Rathssitzung, *diwani* pl. *madiwani.*

Ratte, *pánya (wa* pl. *wa* oder *ʒa).*

Raub, *nyára (ya);* rauben, *-nyangánya, -téka, -jepa* (Lamu), *-póka* (Pemba); Räuber, *mnyangányli, haramia;* Räuberei, *utóro.* m.; räuberischer Ueberfall, *gháʒiya.* m.; Raubthier, Raubvogel, *nyáma mbwáwi* (Lamu); Knurren eines R., *kiungúrumo.* m.;

Raubvögel, *kimbúru*. m., *kipánga*, *kóho*, *kósi (wa)* pl. *makósi*. m., *p'úngu*.

Rauch, *móshi;* in die Höhe steigen wie R., *-tifúka*. m.; rauchen, *-fúka móshi;* Taback r., *-vuta tumbáko;* Rauchsäule, *dúmwi (ya)*. m.; räuchern, *-fukiza*, *-piga mvúke;* Stöcke, an welchen Fische zum Trocknen oder R. aufgehängt werden, *upámbo* pl. *pambo;* Räuchergefäss, *chetézo (cha)*, *mkébe;* Baum, dessen Holz zu Räucherungen verwandt wird, *údi.* m.; sich medizinischen R. unterwerfen, *-alikiwa;* Räucherwerk, *fukizo*, *jivumbe*. m.

Räude, *péle* (pl. zu *upéle)*.

rauh sein, *-páruga;* jemanden r. behandeln, *-kema* (Lamu).

Raum, *náfási;* offener weiter R., *watáni.* m.; eingezäunter R., *uwánja;* der R. unter dem Bett, *mvúngu wa kitanda;* der R. im Hintertheil der Dhau, wo Sachen zum täglichen Gebrauch verwahrt werden, *féuli.*

rauschen, mit neuen Kleidern, *-piga mtakáso.*

räuspern, sich, *-ji-kohóza.*

Rebellion, *maasi (ya)*, *uasi;* rebellisch sein, *-aási*, *-taghi.*

rechnen, *-hesabu;* an den Fingern, *-wánga* (Merima); Rechnung, *hesábu (ya* pl. *za)*, *ankra* (Hind.); R. über gelieferte Waare), *bárua (ya)* pl. *mabárua;* Rest in der R., *baki.*

Recht, *hákki*, *sheria*, *wajibu;* lernen, was recht ist, *-eidili.* m.; zu r. bringen, *-ongósha;* zu r. machen, *-silihi*, *-silikhi*, rechte Hand, *mkóno wa kuvúli*, *mkono wa kulia.*

rechtfertigen, *-sadikisha.*

rechtliche Geltung, *dáma.*

rechts, *mini*, *kuume.*

Rechtsanspruch (besonders auf Lohn), *hákki.*

recitieren, *-karirisha.*

Rede, *usémi;* eine lange R., *milúmbe;* zur R. stellen, *-súta.* m.; reden, *-sema*, *-támuka;* deutlich r., *-pambazua;* Unsinn r., *-púza;* im Schlafe r., *weweséka*, *-wewedéka;* harte

Worte r., *-tushupáa kwa manéno;* verächtlich hinter dem Rücken über jemand r., *-sengénya*, *-dénguri* (Kigunya); durch die Nase r., *ku-seméa puáni;* Redner, *msémi*, *msemáji*, *mnéni.*

reffen, *-pungụza tánga.*

Refrain, ein Lied mit R. singen, *-ombolea.*

Regel, *ilkanún;* regelmässig, *ya káida;* regelmässige Reihen, *sáfu za káida;* Regelmässigkeit, *káida.*

Regen, *mvúa;* R. verursachen, *-nyésha;* der R. zieht zusammen, *mvúa wa rúnga.* m.; schwacher R., der nicht tief eindringt, *mvua wa rasharásha.* m.; Sturm, Wirbelwind mit R., *tufáni*, *tufánu;* R. und Dunkelheit am Morgen, *fúndefúnde (la)*. m.; klares Wetter nach dem R., *kiánga;* aus dem R. nehmen, *-anúa;* -bogen, *upíndi wa mwúa*, *kisiki cha mvúa;* -schauer, *manyúnyo.*

Regent, Beiname Gottes, *mvawázi.*

Regenwasser auffangen, *-kinga mvua.*

Regenwolke, *ghubari* pl. *maghubari.*

Regenzeit, *masika (ya)*.

regieren, *-tawála*, *-miliki (-milki)*, *-tamalaki*, *-shahiri;* Regierung, *daulati*, *serkali (senekári.* m., *senkári)*, *ukáimu.* m.

regnen, *-nyá (kú-nya);* aufhören mit r., *-amuka;* es wird bald r., *mvúa wa rúnga.* m.

reihen, *-singa*, *-sugúa;* einander r., *-tuána.* m.; sich aneinander r. (wie z. B. zwei Boote), *-paruzána;* Holz vom mlindi Baum, um Feuer zu r., *ulíndi* pl. *mlindi.* m.

reich sein, *-neeméka.* m.; reich werden, *-dobéa.* m.

reichen (geben), *-léta;* ausreichen, *-tosha.*

Reich, *mwenyi mali*, *-kwási*, *tajiri*, *mabelakhe (ya).* m., *mtufúku.* m.

reichlich trinken, *-shirábu.* m.

Reichthum, *utájiri*, *ukwási*, *neema.* m.

reif, *-bifu (bivu);* r. sein, *-iva;* nahezu r., *tósa (la)* pl. *matósa;* völlig r., *kikómu.* m.; völlig r. werden lassen, *-limbika;* nicht r. werden, *-dundwá.* m.

Reife, *ubivu.*

Reihe, *sáfu (ya¹, mtábaka.* m.; regelmässige R., *sáfu ya kaida;* in eine R. stellen, *-pánga;* in R. sizen, stehen, *-pangána;* in R. niedersitzen lassen, *-pangisha;* geduldig warten, bis man an die R. kommt, *-limbika;* reihum essen, *-liána.*

Reiher, *ndége ya pwáni.*

Reim, *kinyágo.*

rein, *-takatifu, -sáfi, -cúpe, aswáhi, jáli, fásihi;* r. sein, *-takáta, -pwayíka.* m.; r. werden, *-safika;* Baumwolle r. machen, *-chambúa;* r. gewaschen sein, *-takatika, -takasika;* ganz r. ausfegen, *-tambáza.* m.; r. gemachtes Getreide, besonders Reis, *mchéle;* ein (ceremoniell) Reiner, *mtohára;* Reinheit, *takáto (la), utakatifu, masáfi.* m., *fáseha;* R. (nach den ceremoniellen Acten der Moslem), *utohara* pl. *tohára;* reinigen, *-takassa, -safihi, -safisha* (vergl. auch gereinigt); r. lassen, *-pwáisha;* für jemanden Getreide r., *-twangia;* durch Stampfen r. (Getreide, Wäsche), *-pwája, -púra;* Hölzchen zum Reinigen der Zähne, *msuáki;* Reinigung durch ceremonielle Waschung, *ujúsi.*

Reis mit den Hülsen, *mpúnga, ndume ya mpúnga;* enthülster R., *mchele (mtéle), runzi.* m.; gekochter R., *wali* pl. *nyáli;* trockner, gekochter R., *pukute ya wali;* wässeriger, schlecht gekochter R., *mashendéa (ya);* getrocknete Kruste auf dem gekochten R., *ukóko;* -arten: *zena, bungala, shindano, garofuu, kapwai, kifungo, madevu, mwanga, sifara, uchukwi, móra;* R. aus dem Topfe nehmen, *-pakúa;* R. und Fleisch zusammengekocht, *pilau;* den gekochten R. mit der Sauce durchrühren, *-toéa* (Pemba), *-toeléa.* m.; -gericht, welches an Clienten vom Patron im Ramadan ausgetheilt wird, *eftari.* m.

Reise, *mwendo, mwenendo, safari, charo.* m.; Proviant für die R., *léu* pl. *maléu.* m.; Honigkuchen, die für die R. gebacken werden, *mabúmda;* sich zur Reise rüsten, *-fung inya.* m.; Führer auf der R., *kirongózi, kilongóla.* m.; jemandem bei den Zu-

rüstungen zur R. behülflich sein, *ku-m-shindikiza msáfiri;* Nachtlager der R., *kiláio.* m.; zurückbleiben auf der R., *-limatía* (Lamu); auf der R. aufhalten, *-limatisha* (Lamu); bereitstellen, Schiffe für die R., *zatiti.* m.; -decke, *bushuti;* reisen, *-enda, -shika njia, -sáfiri;* Reisender, *msáfiri;* Reiseziel, *kifiko.*

Reisgarbe, *mgánda*

Reisig, abgefallenes, *madakáta.* m.; zum Feuermachen, *kidóndo.* m.

Reismaass, des Zimmermanns, *mahali.*

Reissack, *gunia (la)* pl. *ma-.*

reissen, auseinander, *-fumúa;* aus der Hand r., *-chopóa, -kopóa.*

Reissuppe, dicke, der Eingeborenen, *matása.* m.; dünne R., *matábwatabwa.* m.

reiten, *-rekebu.*

reizbar sein, *-kamía.*

reizen (zum Zorn), *-chokóza, -kirihi, -taharukisha; -chukia (tukia.* m.*), jirúsha.* m.; r. (von Hals- und Augenschmerzen), *-kerekéta* (vergl. auch gereizt).

reizend machen, *-tathámisha.* m.

Religion, *dini.*

rennen, *-piga mbio, -rúkhuthu;* gegeneinander r., *-kumbána.*

Rest, *baki, mabakia;* R. der Abendmahlzeit, den man zum Frühstück des andern Tages aufhebt, *bariyo* (Lamu); übrig gelassener R. (von Speisen), *masázo, chandála.*

Rettich, weisser, *figili.*

Reue, *tóba, majuto, majutio.*

Reuse, *léma* pl. *maléma.*

Rheumatismus, *uvéli wa viungo, tambázi.* m.; ein Baum, dessen Rinde für den R. gut sein soll, *mkáa.* m.

Rhinozeros, *kifáru, péa;* Horn des Rh., *púsa (la).*

Ricinusbaum, *mbóno.*

richten, *-amúa, -húkumu;* Richter, *mwamúa (mwamuzi, mwamzi¹, hákimu, kádhi;* Richterspruch, *hákánu, hokumu.*

richtig, *-sahihi*, *-sáwa;* r. sein, *-tenge-néa*, *-sahihi;* r. führen, *-ongóa*, *-ongoléa;* grammatisch r. sprechen, *-sarifu;* r. würzen, *-koméa*.

Richtung, *maagiᶎo, uelekéo;* R. nach Mekka, wohin die Muhammedaner beim Gebet neigen, in Sansibar also nach Norden, *kibula*.

riechen, (trans.) *-nuka*, (intrans.), *-nuka*, *-núsa*, *-dúnsa*. m.

Riegel, hölzerner, *kupáa (la);* eine Thür mit einem R. verschliessen, *-pingia*.

Riemen, *kánda (la)*, *ukanda* pl. *kanda*, *ukóa*.

Riesenschlange, eine Art R., *sánu (wa)*. m.; fabelhafte R., die im Innern Afrikas leben soll, *mwánika*. m.

Riff, *mwámba*.

Rind, *ngómbe (wa* pl. *wa);* R., welches vor der Thür eines Hauses in dem eine Leiche liegt, geschlachtet wird »um derselben den Weg zum Grabe zu öffnen«, *ndongóa*. m.; die Wamme der R., *mgoa, góa (la)*. m.; Rinder zusammentreiben, *-túnga ngómbe;* die Stunde, wann die R. auf die Weide getrieben werden (um 8 Uhr Vormittags), *mafungulia ngómbe*.

Rinde, *góme (la)*, *ganda (la);* R., aus deren Fasern Stricke gedreht werden, *kónge (la):* Baum, mit dessen R. die Fischnetze schwarz gefärbt werden, *mkásiri;* ein Baum, dessen R. für den Rheumatismus gut sein soll, *mkáa*. m.; R. des *mgóssa* Baumes, welche zum Binden benutzt wird, *ugóssa*. m.

Rindermist, getrockneter, der zur Feuerung benutzt wird, *shónde (la)*. m.

Ring, *péte (ya)* pl. *mapéte* oder *pete (ᶎa)*.

ringen, miteinander, *-pigána kwa mbávu, -popotwána, -wána* (Merima).

Ringfinger, *chánda cha kati ya kando*. m.

Rinne, *mlisámo*. m., *ukópwe*. m.

Rippe, *ubáfu* pl. *mbáfu, kiwávu chana* (Lamu).

Rispe von Mais, Hirse und dergl. *shúke (la)*.

Riss, *úfa* pl. *nyúfa*.

Risiko, *júku, muuja*. m.

Ritz, *mtái*.

Röcheln, *kóroro (la)*.

Rock, *kisibáo, kápa (la);* grosser R., *sibáo (la)*. m.; langer Wollrock des Arabers, *jóho*.

roden, *-topoa*.

roh (Speise), *-bichi;* ein r. Geselle, *nduli, mféthuli*. m.; Rohheit, *safihi*.

Rohr, hohles (Bambus), *mwánᶎi;* die Knoten am Grashalm oder R., *kipingíti*. m.; Rohrfeder zum Schreiben, *kalamu;* Rohr, um Bier oder andere Flüssigkeiten dadurch zu trinken, *mlija*. m.; R. der Tabackspfeife, *hensirani (ya)*. m.; Rohrgrass, *utikiti*. m.;

Rolle, *róda, kápi (ya* und *la)*, *gófia;* R. Taback, *púmba la tumbáko*.

rollen intr., *-gagáa, -pingiria*. m.; r. trans., *-gagáᶎa, -pingirisha*. m.; sich r., wie eine verwundete Schlange, *-fingirika, -fingínyuka*. m.; Rollen des Donners, *mtetemo, kivúmo* m.; R. des Donners in der Ferne, *ngúrumo;* das R. eines auf offener Rhede vor Anker liegenden Schiffes, *meléᶎi (wa)*. m.; das heftige R. eines Schiffes, *mramáa*.

Rose, *wáradi (wáredi, wáridi)*.

Rosenkranz der Moslem, an welchem die oo schönen Namen Gottes hergezählt werden, *tesbihi (ya* pl. *ᶎa);* den R. beten, *-vuta uradi kwa tesbihi*. m.

Rosenwasser, *mᶎomári, marashi mawárdi*.

Rosinen, *ᶎabibu*.

Rost, *kútu (ya* pl. *ᶎa)*.

rösten, *-chóma, -ota*. m., *-unguᶎa* (Pemba), vergl. auch geröstet.

roth, *-ekúndu;* Henna auflegen, um den betreffenden Körpertheil r. zu färben, *-tóna hina;* r. Ameise, *tinne (wa)* pl. *matinne*. m.; r. Erde, *ngéu;* r. Koralle, *marjáni;* grosse r. Kappe, *tópi (ya)*. m.; das r. Meer, *bahari ya sham;* r. Pfeffer, *pilpili hóho;* Art r. Zeug, *kilúdu*. m.; Röthe, *uekúndu:* Rötheln, *mbá (ya* pl. *ᶎa)*. m.; Rothstift, *ngéu*.

Rücken, *nyúma*, *mgóngo*, *maóngo;* auf den R., *kwa táni;* ein Kind im Tuch auf dem R. tragen, *-béba;* Tuch, in welchem die Kinder auf dem R. getragen werden, *mweléko*, *ubeleko;* -schmerzen und Geschwüre der Pockenkrankheit, *kóngo ʒa mbúba*. m.; Rückgrat, *uti wa maúngo*, *mgóngo.*

Rückkehr, *marúdi (mardúdi.* m.), *maregéo (ya!*.

rücklings, *kingalingali*, *kitamitani*. m.

rückwärts, *cháli*, *kwa táni;* r. fallen, *-anguka matanitáni;* vorwärts und r., *kisengesénge*. m.

Ruder (Riemen), *kasia (la);* Tauschleifen am Schiff zum Befestigen der R. und dergl., *kishwára;* rudern, *-vúta makasia;* (bei grossen Böten), *-vuta mwambáo.*

Ruder (Steuer), *usukáni* pl. *sukáni;* der Mann am R., *mshíki shikio*. m.; Tau, mit welchem die Eingeborenen das R. ihrer Fahrzeuge lenken, *ujári.* m.; -pinne, *kana (gána) (ya* pl. *ʒa).*

Ruf, *yówe*, pl. *mayówe*, *ukémi;* lauter R. in die Hand, *kikorómbwe;* auf einen R. antworten, *-itikia*, *-tikia;* rufen, *-ita*, *-alika*, *-piga ukemi;* die Moslem zum Gebet r., *-athini;* um Hülfe r., *-piga yówe.*

Ruhe, *unyamáfu*, *ráha*, *shwári*, *upúmʒi*, *utúlifu*, *ʒitúo;* Jemand nicht in R. lassen, *-uthia*, *-jokósa.* m.; zur R. kommen, *-dundáma.* m.; Platz, wo Mittags geruht wird, *kitindio.* m.; ruhelos sein, *-tukúta;* ruheloser Mensch, *mtukússi.* m.; Ruheplatz, *maháli ya kupumʒikia*, *pumʒiko;* Ruhestörer, *mtongéʒi.* m.

ruhig, *nyamáfu*, *túlifu;* r.! *púlepúle!* r. bleiben, *-starehe;* r. ertragen, *-stahémili;* r. sein, *-tulika*, *-ʒiʒima;* r. werden, *-tumbúika;* ruhiges Wesen, *makini (ya).*

Ruhm, *sifa*, *utukúfu*, *fákhari;* rühmen, *-gámba*, *-sifu;* sich r., *-jigámba*, *-jikwéʒa*, *-fákhari.*

Ruhr, *túmbo la kuhára dámu.*

rühren, *-vúruga*, *-kologa.*

Ruin, *upotéfu (upotévu)*, *magangáo.* m.; Ruine, *maangúko (ya)*, *kofu (la)*. m.; ruiniren, *-tilifu.*

rumpeln, *-tutúma.*

Rumpf, *kiwiliwili*, *batani.*

rund, *mdauara*. m.; kleine r. irdene Schale, *kitunga (cha);* ein r. Haus, wie die Wakamba es machen, *nyúmba ya kóngo.* m.; runder offener Korb, *túnga;* r., flacher Korb, der zum Sieben gebraucht wird, *úngo (la).* (Pemba und Merima); r., harter schwarzer Mühlstein, *mángo (ya* pl. *ʒa).*

rund sein, *-viringa;* r. werden, *-viringána;* Rundung, *mviringo*, *kitengéle.* m., *mdauara.* m.

runzeln, *-kunja*, *-kunda.* m., *-kunjána;* die Stirn r., *-jikunja uso.*

rupfen, *-nyonyóa*, *nyonyóya.*

Rupie, *rupia.*

Russ, *káa la móshi*, *siʒi*, *shiʒi.* m.

Rüssel des Elephanten, *mwiro.* m.

rüsten, sich zur Reise r., *-fungánya.* m.

rutschen, herunter r., *-poromóka.*

rütteln, *-derewénga.* m.

S.

Saat, *mbégu (ya)*, *mbeyu;* die S. noch vor dem Regen in Erde legen, *-vumbikia.*

Säbel, *upanga*, *upanga cha kitára*, *hanjar.* m.; -scheide, *ala;* Silberring zum Schmuck der S., *-kóa (la).*

Sache, *kitu*, *néno (la)*, *jambo (la)*, *kisa*, *hoja*, *jawabu;* eine gewöhnliche S., von der Ueberfluss vorhanden ist, *jáʒi;* diese S. ist klar, *mambo haya mwawana.* m.

Sack, ein grosser S., *fúko (la)*, *kanda (la);* zusammengerollter S., *péto (la);*

Saum eines S., *uómbo*. m.; halbgefüllter S., *kipéto;* S. oder Korb, um Kokosnüssen den Saft auszupressen, *kifúmbu;* Säckchen, *kikápu (cha),* *kifúko, kikánda;* Streifen von den Blättern der *mkoma* Palme, welche zu Säcken, Seilen und dergl. verarbeitet werden, *mwáa.*

Säemann, *mpánʒi;* säen, *-pánda;* Säezeit, *mpándo;* die zweite S. im Jahr (Juli bis September), *mjoo.* m.

Safran, *ʒafaráni.*

Säge, *msuméno.* m.; S. der Europäer, *jembéni.* m.

sagen, *-néna, -sema;* zu jemandem s., *-ambia.*

Sahlband, *pindo (la),* *ubindo.* m.

Saiteninstrument, Art Guitarre, *kinanda (cha),* vergl. *ʒeʒe.*

Salbe, *marhamu (ya);* mit wohlriechender S. einreiben, *-singa;* einander salben, *-pakána.*

Salpeter, *shúra.*

salutiren mit Geschützfeuer, *-piga miʒinga ya salámu.*

Salve, *taashira.* m.

Salz, *chúmvi (shumvi,* Pemba), *múnyu.* m.; salziges, unfruchtbares s. Land, *wángwa* pl. *nyángwa;* -kruste, *chúmyu.* m.

Same, *mbegu;* S., der als Parfüm gebraucht wird, *tibitibi, tibu;* S. setzen, *-panda,* (in ein kleines Loch) *-yáa;* Loch in der Erde in welches S. gelegt werden soll, *koróngo* pl. *makoróngo;* Sämling, *mche, mte.* m.

Sänfte, *machela (ya).*

sammeln, *-jámaa, -chuma, -kusanya;* s. in kleine Haufen, *-ʒóa.*

Sammet, *kidúlu.* m. (?)

Sand, *mchanga (mtanga.* m.), *uchanga,* *changáwe (tangáwe.* m.); schwarzer S., *fusi (la);* feiner S., *fúkwe.* m., *mtangátifu.* m.; -körnchen, *uchangáwe;* in heissen S. oder heisse Asche stecken, *-vumbika;* der weisse S. am Strande, *mfuo* pl. *mifuo;* ein Ackerfeld mit S. zudecken (bei der Ueberschwemmung), *-fokéa.* m.; böses Insect, das im S. des Meerufers lebt und sich gerne in die

Wunden setzt, *túle (wa).* m.; nach etwas im S. suchen, *-pekúa.*

Sandale, *kiátu (chá), ndála.* m.; -riemen, *gidam.*

Sandbänke, Felsen und S., welche durch die Ebbe trocken gelegt werden, *kipwa.*

Sandelholz, *lúva;* Sandelöl, *sándali.* m.; Parfüm aus Amber und S., womit die Frauen Stirn und Schläfen salben, *kipáji cha úso.*

Sandfliege, kleine S., *usúbi.*

Sanduhr an Bord der Schiffe der Eingeborenen, *shisha ya mtánga.* m.

sanft, *pólepóle, -anána;* s. werden, *-tumbúika;* einen Kranken s. führen, leiten, *-tetéʒa.* m.; Sanftmuth, *uoróro, upóle, ulainifu.* m.

Sänger, *mwimbáji.* m.

Sansibar, *Unguja;* Sprache, Art von S., *kiungúja.*

Sardelle, *simu.* m.

Satan, *sheitáni.*

Satire, *nyimbo ya ulaifu.* m.

satt sein, *-shiba.*

Sattel, *kiti cha ferási;* arabischer S., *serúji;* satteln, *-tandika,* absatteln, *-tandua.*

sättigen, *-kóra, -shibisha, -kinaisha, -kimisha.* m.; sich s., *-isa.* m.; Sättigung, *sákara.* m.

Sau, *ungurúwe mke.*

Sauberkeit, *takáto (la), utakatifu.*

Sauce, *mchúʒi (ntúʒi.* m.); S. aus gemahlenen Bohnen mit Kokosmilch, *kikolólo (cha).* m.; S. von Limonensaft und rothem Pfeffer, *ajári.* m.; S. von Mangofrüchten und süssem Palmwein, *kijengele cha ajári.* m.; den gekochten Reis mit der S. durchrühren, *-toéa* (Pemba), *-toeléa.* m.

sauer, *-káli;* etwas s., um die Sauce *(mtuʒi)* zu würzen, *kiúngo (cha);* s. sein, *-kaliba.* m.; s. werden, *-chachúka;* säuern, *-chácha;* Sauerteig, *cháchu (tatu* m.), *hámira;* gehen (Teig vom S.), *-úmúka.* m.

saugen, *-nyónya, -amua.* m., *-fyónda;* säugen, *-fyónʒa, -nyonyesha, -amwisha.* m.; aufsaugen, *-sonda.*

Säule, *ngúʒo (ya* pl. *ʒa), amūd (la).* m.; eine kleine S., *kigúʒo* pl. *vigúʒo.* m.

Saum, *upíndo* pl. *pindo, wómbo.* m., *mshóno, wómbo, pindi (la), upindi;* gehefteter S., *bandi (la)* pl. *mabandi;* S. um das Halsloch des Kanzu, *kába ya kanʒu* oder *kába la kanʒu;* säumen, *-pinda.* m.

Säure, *makáli, utatu* m.

Schaar, *makutáno, kikógi, dábo (la).* m.; sich in Schaaren versammeln, *-kungána, -kungamána.*

schaben, *-chakúra* (Momb); ein Instrument, Kokosnüsse zu s., *mbúʒi ya kunia naʒi.*

Schachspiel, *sataránchi;* Schachsteine, *watoto;* Bauer im S., *kitúnda;* König, *sháha;* Königin, *kishi;* der Thurm, *fil;* der Läufer, *khámi;* der Springer, *frási.*

Schachtel, kleine, *kidawati.*

Schädel, *bóngo (la).*

Schaden, *mathara, uhárabu;* schaden, *-thúru;* es s. nichts, *haithúru, sini;* schädigen, *-úmiʒa, -thálimu, -pofúa;* ohne Grund beleidigen und s., *-húsudu;* schädlich, *kináji, túndu, -hárabu;* sich der Person oder der Sachen jemandes bemächtigen, um sich für die Schuld seines Verwandten oder Landmannes schadlos zu halten, *-koléa.*

Schaf, *köndóo (wa* pl. *ʒa);* Schäfchen, *kikondóo.*

schaffen, *-úmba.*

Schaft eines Speers, *úti wa fúmo;* hölzerner S. des Pfeils oder der Harpune, der nur lose an der Spitze befestigt ist, *wáno* pl. *manʼáno.* m.; der S. grosser Straussenfedern, von dem die eigentliche Flaum weggenommen, *kengée.*

Schakal, *mbwa mwita, kikúti.* m.

Schale, eine leere S., *fúvu (la), bupuru (la);* S. der Frucht des Affenbrotbaumes, *ndóo;* S. der Apfelsine, welche weggeworfen wird, *kákā (la);* S. der Kokosnuss, *kifúu (kifúfu);* grosse metallene S., *kópo (la);* kleine

runde irdene S., *kitúnga;* die grüne S. mancher Früchte, *dúnge* pl. *madúnge;* schälen, *-púna.*

Schall, *mllo, sáuti (ya* pl. *ʒa).*

Scham, *haya, ari, fetheha, heʒáya, aibu;* alle S. abgelegt haben, *-ji-pujúa;* sich schämen, *-óna háya, -ona aibu, taháyari.* m.; sich s. müssen, *-aibika;* etwas, worüber man sich s. muss, *ári, aibu;* Schamhaare, *vúʒi;* schamlos, *mtófu wa háya.* m.; jemand schamroth machen, *-tusúa.* m.; schamroth werden, *-taháyari.* m.

Schande, *aibu, heʒáya, soni.* m., *upatáji.* m., *mtásahi.* m., *ila, násaa;* zu Schanden machen, *-hiʒi, -dálisha.* m.; zu S. gemacht werden, *-hiʒika.*

Schanze, *séra, boma.*

scharf, *-káli;* s. sein, *-káliba.* m.; das Messer ist nicht s., *kisu hakipati;* die s. Spitze eines Grases *(nyási ya óndo), kitója.* m.; s. zuschen wie beim Zielen, *-pepésa;* Schärfe, *makáli, ukáli;* schärfen, *-nóa;* das Hackmesser s., *-tia púa kishoka;* geschärft werden, *-noleka;* Scharfsinn, *umaheli.*

Scharlach, *ukámbe.* m.

scharren im Sande wie eine Henne, *-pekúa;* mit dem Fusse s., ausschlagen (wie ein Pferd), *-parapára.*

Schärpe, *shadda, deuli.*

Scharten im Beil und dergl., *peleléʒi (ya* pl. *ʒa).* m.

Schatten, *mvuli, vuli, kivuli, uvuli, tua (la).* m.; -dach, *chenderúa.* m.; schattiger, kühler Hain, *kigúta.*

Schatz, *kháʒana (haʒina), kánʒi.*

Schatzanweisung, *awála.*

Schau, *uwonyesho.*

schaudern, *-teténa, -teteméka, -tapatápa.*

schauen, *-túpa mácho, -taʒama.*

Schaufelruder, *káfi* pl. *makáfi;* Ankerschaufel, *kómbe ya nánga.*

Schaukel, *pembéa;* schaukeln, *-pembeʒa, -pembésha, -winyawinya;* das Sch. eines kleinen Kindes auf den Armen, *kiwinyowinyo.* m.

Schaum, *póvu (la), pófu, fúo.* m.; schäumen. *-umúka.* m.

Schauspiel, *fantasia, tamásha.* m.

Schech, *shekhi,* gewölbtes Gebäude über dem Grabe eines muhammedanischen Heiligen oder S., *kúbba (la)* pl. *makúbba.*

scheckig, *marakaráka.*

Scheere *makási (ya!;* Krebss., *meno la káa;* den Kopf so scheeren, dass nur auf dem Wirbel Haare stehen bleiben, *ku-káta dénge, kukáta kinjunjuri;* Scheermesser, *wembe.*

Scheibe, *shábaha (shábikhi) (ya* pl. *ʒa);* S. eines Blocks, *róda.*

Scheide, *álá (ya* pl. *ʒa)* pl. *nyála, úo,* pl. *nyúo;* Metallring an der Schwerts., *ukóo.*

scheiden, *-tangúa;* die Frau entlassen, sich von ihr s., *-tálaka (taliki), -watánisha.* m.; sich s., *-tokána.*

Schein, *mwánga;* scheinen (glänzen), *-ngára (-ngála, -ngáa), -wáka, -ʒagáa, -wáa, -merimeta;* s. lassen, *-ngáʒa.*

Scheitel, *utóssi.*

Schelle, *ubátu, njuga;* eine Art eiserner S., die Tänzer an den Beinen befestigen, *mwangáa.* m.

Schelmenstreich. *ujanja, maáribu.* m.

schelten, *-tukána, -fióa.*

Schenkel, *paja (la), upája* pl. *paja;* -muskel, *tafu ya guu.* m.

schenken, *-pukúsa;* Schenkung, *takárimu.*

Scherbe, *gai, kigai, kerenyénsa, kigerenyénʒa.*

Scherz, *ubíshi, masihára.* m., *utulanyo* (Kigunya); scherzen, mit einander, *-bishána;* scherzhaft, *mléshi.*

scheuern, *-sugúa, -sugulia.*

schicken, *-túma, -peléka.*

Schicksal, *kinga, násibu, ájali;* Schicksalsspruch, *túa (ya).*

schieben, *-sukuma;* eine Sache auf jemand anders s., *-sukumiʒa;* auf die Seite s., *-goroʒéʒa.* m.

Schiedsrichter, *mwamúa (mwamúʒi, mwámʒi).*

schief, *hamámu, hanánu;* etwas s. hinstellen, *-siníia;* s. stehen, *-sinúka.*

Schielen, *makengéʒa, mapógo (ya).* m.; einer der s., *mwényi upógo.*

Schienbein, *mundi.* m.

schiessen, *-piga bundúki;* Schiesspulver, *barúti (ya);* Schiessscharte, *shúbaka la búnduki.*

Schiff, *chombo, jaháʒi,* vergl. *kiunʒi.* m.; S. der Europäer, *merikébu;* das S. drehen, wenden, *-pindúa;* einladen (in ein S.), *-pakia;* das S. ist voll geladen, *chómbo kidóbe;* Kiel eines S., *mkuku wa chombo;* das Deck eines S., *siláha;* Planke, welche quer über den Boden des S. liegen, *kitánsa, mbao ʒa kitánsa.* m.; vordere Spitze des S., *ómo;* die Spitze eines S., *ubéti.* m.; das Bug des S., *fashini (ya).* m.; Hintertheil des S., *shátri, shétri;* Seitencabine auf den Schiffen, *kipénu;* Matte, mit denen das Schiff gegen überschlagende Wellen geschützt wird, *telebishi.* m.; Theer, Fett, mit welchem die Schiffe bestrichen werden, *sifa ya jómbo.* m., *sheháu.* m.; Waarenraum im Hintertheile der S. der Eingeborenen, *makanádihi (ya);* eine Art Ofen auf den Schiffen, *fúruni.* m.; die Ladung e. Sch., *sheheua, érfa.* m.; das heftige Rollen eines S., *mramáa;* das Rollen eines auf offener Rhede vor Anker liegenden S., *meléʒi (wa).* m.; Schiffsjunge, besonders der Küchenjunge auf dem Schiff, *úlédi;* ein S. bauen, *-úndá;* Erbauung eines Schiffes, *maúnʒi ya chómbo;* Neuheit eines arabischen S., *ushárri.* m.; ein Schiff steuern, *-andika chómbo;* Curs eines Schiffes, *majira (ya);* Schiffe für die Reise bereitstellen, *-ʒalíti.* m.; auf ein Schiff gehen, um mit demselben mitzufahren, *-tahassa;* ans Land gehen (aus dem S.), *-pánda, -shuka;* ein S. ans Land ziehen, *-jáhabu.*

Schiffbruch, *ufundífu.* m.; Schifferstange, *póndo (ya* pl. *ʒa), mpóndo, upóndo;* Schiffskapitain, *nakhodha, malimo;* Schiffskompass der Schiffe, *dira (ya* pl. *ʒa);* Schiffskontrakt, *mnawála.* m.; Schiffsladung von Gütern verschiedener Eigenthümer, *júkúmu.* m.; Schiffsraum, *ngáma;*

Schiffstau, *jarari*, *hábdа*. m.; eine Rolle für die Schiffstaue, *gábi (ya* pl. *ʒa)*. m.; Schiffszimmermann, *muunʒi;* Schiffszwieback,*boksumát.* m.

Schild, *ngáo (ya* pl. *ʒa)*.

Schilderhaus für den Gartenwächter, *kihéma (cha)*. m.

Schildkröte, *kása* pl. *makása;* grosse S., *tánde (la)* m.; eine S., welche zuweilen giftig ist,*dúfi.* m.; S., welche Schildplatt liefert, *ngámba;* -schale, *galili* pl. *magalili.* m.; eine Art Fisch, der als Köder für S. dient, *tásua.* m.

Schilfgrass, *utikiti.* m.

Schimmel, *ukúngu*, *káwa (la)*.

Schimpf, *fétheha;* schimpfen, -*kalipía*, -*tukána;* einander s., -*lawána;* Schimpfen mit unflüthigen Wörtern, *matukáno (ya);* Schimpfreden, *tushí,* mit fortwährenden S. belästigen, -*nyónsa.* m.

schinden, -*chuna*, -*túna*. m., -*kopóa*.

schlachten nach Art der Moslem, -*chinja*, -*tindá*. m.; das Stück, welches der Schlächter für seine Arbeit bekommt (gewöhnlich das Halsstück), *chinyángo*, *nyama ya kinamiʒi*, *nyáma ya matúni*. m.; Schlachthaus, *mátindó (ya)*. m; Schlachtmesser, *sekin*. m.; Schlachtopfer, *edáha*. m.; Schlachtplatz, *utukúni*. m.; Schlächter, *mchinje*, *mtindi*. m.

Schlacken, *tomo*.

Schlaf, *uʒingiʒi (ya);* ein Fisch, der immer im S. sein soll, *póno;* aus dem Schlaf auffahren, -*ʒindúʒa;* im S. reden, -*wewedéka*, -*weweséka;* veranlassen, dass jemand im S. spricht oder schreit, -*wewedésha*.

Schläfe, *kipáji cha úso*.

schlafen, -*lála;* zum S. bringen, -*láʒa;* guten Platz zum S. bieten, -*lalíka;* sitzend s. (von Vögeln), -*téngа*. m.

schlaff, *tepetévu;* s. machen, -*regéʒa;* s. sein, -*tepéta;* s. werden, etwa wie die Bogensehne, -*regéa*, -*tóroka;* Schlaffheit, *utepetévu*, *uregéfu*, *unyogófu*. m., *usémbe*. m.

Schlafmittel, *rúsuna*. m.; Schlafplatz, ein S., *ulálo;* der in der Hütte durch einen Vorhang zum Schlafraum abgeschlossene Theil, *stára*. m.; schläfrig sein, -*ʒinʒia*, -*kunikia;* s. werden, -*piswa;* s. zuhören,-*ʒinʒilia;*Schläfrigkeit,*léppe(la),* umito. m.,*unyogofu.* m., *uʒingiʒi;* Schlafsack,*fúmba (ya* pl. *ʒa),* *kifúmba;* Schlafstelle, *ulálo, maláʒi (ya)*.

Schlag, *pígo (la)*, *kéu.* m., *tháruba (derba), téke (la);* S. mit der Oberseite der Hand, *ku-pigа ipi* (veraltetes Wort); S. mit dem Hufe, *kwáta (la), ukwáta;* einen S. abwenden, pariren, -*bekúa;* Schlaganfall, *kukutíko.* m.; schlagen, -*piga*, -*góta*, -*gónga*, -*gogóta*. m., -*púta* (Pemba), -*ménya*, -*fúa*, -*tutúka*. m., -*wánga* (Merima); auf etwas s., -*pigía;* dünn s. (beim Schmieden), -*babáta.* m.; fest s., -*pigília;* hart s., -*pupúta.* m.; die Trommel s., -*chapúa.* m.; Zeug durch S. reinigen, -*púra ngúo;* mit Macht s., -*pága* (Merima): mit der flachen Klinge s., -*piga bápa la upánga;* ein Bein über das andere s., -*tegeméʒa magúu;* Schlägerei, *mapigáno (ya)*.

Schlamm, *tópe*, *chamа, tamа.* m., *rójo.* m.; in den S. versenken, -*topéʒa;* im S. versinken, -*topéa*.

Schlange, *nyóka (wa* pl. *ʒa);* grosse S., *jóka* pl. *majóka* oder *mijóka;* Arten Schlangen: *dili.* m., *fia.* m., *fundarere, kikwili (cha).* m., *kwili.* m., *mtemaʒánje.* m., *pili (wa);* grüne harmlose S., *ukúkwi* pl. *kúkwi.* m.; S., welche auch am Schwanze einen Kopf haben soll, *ndúmа kwili.* m.; eine grosse S., *bóa.* m.; eine giftige S., *bafe (wa)* pl. *mabafe.* m.; eine rothe dicke S., *mkóko;* weisse kurze aber dicke S., *kundamánʒi.* m.; Art S. von der Farbe des Perlhuhns, *kibáwa cha kangа.* m.; Zauber um S. zu vertreiben, *aʒíma (ya);* sich winden wie eine S., *ku-piga mapíndi*.

schlank, -*refu*, *makámu*. m.; ein s. Mann, *támbo*.

schlau, -*erévu;* s. sein, -*linúka*. m.; s. werden, -*erevúka;* s. machen, -*erevúsha*, -*limusha*. m.

Schlauch aus der abgezogenen Haut eines Thieres, *kiríba.*

Schlauheit, *werévu.*

schlecht, *-báya, -óvu, -bovu, túfu.* m., *chege* pl. *machége.* m.; s. behandeln, *-tharáu;* s. sein, *-tufúka.* m.; Schlechtigkeit, *ubáya, uóvu, shári.*

schleichen, *-nyáta.* m.; hinter jemand her s., *-nyatia, -nyemelea.*

Schleife, *kitánzi.*

schleifen (ein Messer), *ku-ki-tia makáli, -nóa;* Schleifstein, *noléo (la), jérehe.*

schleim, *kohózi (ya)* pl. *makohózi;* S. im Halse, *úte* pl. *máte, belaghámu.*

Schleier der muhammedanischen Frauen, *utáji, ukáya, mswáni, shéla.*

schleppen, *-kokóta, -burúra, -piga utári.* m.; auf der Erde s., *-kokórota.* m.; sich am Stocke weiter s., *-gongojéa, -jigongojea;* Schleppnetz, *júya (la), járifa (la);* Schleppspur, *mkokóto;* ins Schlepptau nehmen, *-fungása.*

Schleuder, *téo (ya).* m.; schleudern, *-lúpa, -furúmiza.* m.

schliessen, z. B. die Augen, die Hand, *-fumba;* mit dem Schlüssel, *-funga;* eine Thür s., zumachen, *-shindika;* schliesslich, *kíma.* m.

Schlinge, um etwas darin zu fangen, *tánzi (ya* pl. *za* oder *la), kombéo, shábuka;* Vogel in der S. fangen, *-nása.*

Schloss (Burg), *ngóme (ya* pl. *za), gereza,* (zum Schliessen) *kitása;* hölzernes S. der Eingeborenen, *koméo (la).*

schlottern, *-regaréga.* m.

Schluchzen, *keukéu, kikeukéu;* S., welches dem Weinen vorausgeht, *kitetéfu (cha).* m.; schluchzen, *-sinasína.* m.

Schlucken, *kwikwe, kekévu (ya* pl. *za).* m.; den S. haben, *ku-fanya tetéfu.* m.

Schlummer, *uzingísi.*

Schlund, *kóo (ko), umio* pl. *mio, koméo.* m.

Schlüpfrigkeit, *utelézi, telézi.*

Schlüssel, *kifungúo, ufungúo* pl. *fungúo;* Bart des S., *jíno la ufungúo;* -bein, *mtulinga;* -ring, *tóba.*

Schlupfwinkel, *kipényo, kidáka.*

Schmach, *mnásaa.* m., *mfásahi.* m.

schmähen, *-shútumu, -tukána, -násii;* einander s., *-patilizána;* Schmähung, *tukáno (la).*

schmal, *-embamba, kabíbu.* m.; ein s. Meeresarm, *khóri;* sehr s. Gang zwischen den Häusern in Sansibar, *kichochóro.*

Schmarotzerpflanze auf Obstbäumen, *kirukia.*

schmecken, *-ónja, -onda.* m., *-limbua, -limbuka;* die Erstlinge zum s. heranbringen, *-limbúsha;* Schmecker, *kiónda.*

Schmeichler, *msifu.*

schmelzen, (intr.) *-ayika, -yaika.* m., *-yeyúka,* (trans.) *-yáisha.* m.; Schmelzofen, *kálibu (ya).*

Schmerz, *teso (la), maumivu, welle;* S., die durch Krankheit verursacht sind, *ugónjwa* pl. *majongwa;* geölter Lappen, der um den Kopf gewickelt wird, um etwaige S. zu verringern, *upámba wa mafúta;* S. empfinden, *-ugúa, -gonjwa, -sononéka;* S. verursachen, *-umiza, -tésa, -nyonyota, -topóa.* m.; Stöhnen bei grossem S., *kíte (cha);* schmerzen, *-úma, -wásha, -wánga* (Merim.); von klopfenden, stechenden Schmerzen wird gesagt, *-púma.*

Schmetterling, *kipepéo.*

Schmied, *mhúnzi, mfúa, msáni.* m.; Schmiedearbeit, *uhúnzi;* schmieden, *ku-vúa chúma.*

Schmuck, *uzúri, sunna.* m., *urémbo* (Merim.), (des Hauses) *páambo (la);* S. im Ohrläppchen, *jássi (la);* S., den die Frauen in den Ohrläppchen, oder in der Nase tragen, *kipíni;* S., den die Frauen auf der Brust tragen, *utondóti* pl. *tondóti.* m.; Messingdraht, wie ihn die Eingeborenen zum S. verwenden, *zóka (la).* m.; schmücken, *-pámba.*

Schmutz, *táka (ya), matópe, nóngo.* m., *úko, ucharu, najisi;* S. an den Koch-

töpfen, *masiʒi (ya);* -linke, *mkó.* m.;
schmutzig, *-cháfu;* mit s. Fingern
anfassen, *-dabánga.* m.; s. machen,
-chafúa; das Wasser durch Aufrühren
s. machen, *-koróga;* s. sein, *-chafúka.*
Schnabel, *mdómo, domo (la);* S. der
kleinen Fahrzeuge der Eingeborenen,
kikóno; Vogel mit grossem
hakigen S., wie ein Papagei, *mbángo.*
Schnalle, *bínʒimu.*
Schnalz mit der Zunge, *kidóka.* m.
schnappen, *-akia;* nach Luft s., *-he-
ma.* m.
Schnarchen, *mwóno, msono;* s., *-piga
púa,* -*vuta misóno, -kóróma, -kóróta
-fórota.* m.
schnauben, *-vuma;* die Nase s., *-vuta
kamasi.*
schnaufen, *-tweta.*
Schnauze, *domo;* Krug mit S, *mdúmu.*
Schnecke, *konokóno, kóa* pl. auch
makóa, tóndo. m.; kleine Lands.,
mwanamiʒi; Schnecke, deren Gehäuse als Schmuck getragen wird,
kiwángwa. m.
Schnee, *teleki, télji.* m.
Schneide (eines Messers, Schwertes),
máso (ya). m., *sekin.* m.; schneiden,
-káta, -chinja, -tinda. m., *-fióa.* m.,
-wanga (Merima); kurz s., *-díra.* m.;
in kleine Stücke s. und so kochen,
-chanyáta. m.; sich mit etwas Scharfem s., *-fuaʒika.* m.; die Feder s.,
-honga kalámu; Schneider, *mshóni
wa nguo;* Haken mit welchem der
S. seine Arbeit befestigt, *kulábu;*
Schneidigkeit, *ukáli.*
schnell, *-epési,* adv. *upési;* s. fertig
machen, *-tatúa (*cfr. *-tatá);* s. sein,
-nyatúa, -nyatúka; s. laufen, *-káʒa
mbio;* Schnelligkeit, *teskhili (taskhi-
li).* m.; Schnellläufer, *tárishi.* m.,
schnellfahrendes Schiff, *tarish il
bahri.*
Schnitzel, *pára, usáfi;* schnitzen,
-chonga, -tonga. m.; schnitzeln,
-bamfúa. m.; Schnitzerei, *chóro
(la).* m.; mit S. verzieren, *-kata nakshi;*
Schnitzmesser, *tapássi (la).* m.
Schnupfen und Husten, *mafúa (ya);*
ich habe den S., *siwéʒi kamasi.*

Schnupftaback, *tumbáko ya ku-núka*
oder *ku-núsa;* -dose, *tabakéro, te-
bekéro, mkakási.* m.
Schnur, *sháda (la), támbo, kássi, úgwe,
mshipi;* S. Perlen, *timba ya
ushánga.* m.; S. aus den Blättern
des mkindu Baumes, um Matten zu
nähen, *úkili* (Kipemba); geflochtene
S., *kigwe;* die Schnüre der
Kitanda, *mshupátu, mshindio wa
mashupátu.* m.; den Bettrahmen
mit S. beziehen, *-wámba;* zum Verkauf auf eine S. gereihte Fische,
kisháʒi. m.; Stück Holz, um S.
oder Seile damit zu drehen, *kisongo;*
schnüren, *-tia kássi.*
Schnurrbart, *sharbu, shwaru.*
schön, *-ʒúri, -ema, nakáwa;* s. Gestalt,
háiba; s. aussehen, *-tathamúka.* m.;
Schönheit, *wéma, uʒúri, súra;* S.
des Stils, *ufasáha.*
Schooss, *kivua;* in den Arm oder auf
den S. nehmen, *-pakáta.*
Schorf, *kigága.*
schöpfen, Wasser s., *-téka, -vuja;* sorgfältig Wasser s., ohne den Bodensatz
aufzurühren, *-dánga;* Eimer aus der
Schale des mbuyu, um das Wasser
aus dem Boot zu s., *úpo* pl. *nyúpo.* m.;
Athem s. *-páʒa púmʒi, -twéta;* neuen
Muth s. *-piga móyo kónde.*
Schöpfer, *mwumbáji.*
Schöpfgefäss, *ndóo.*
Schornstein, *doháni, dokhán.*
Schoss (eine Pflanze), *kifúa, chipukiʒi,
fasili (ya), kambu, mkua.*
schräg sein, *-wáwa.* m.; s. stehen,
-sinúka.
Schramme, *mtái, kóvo* pl. *makóvo,
mbabúra (wa)* besonders von einer
Vogelklaue. m.
Schraube, *parafújo (parfújo), héssi.* m.;
Schraubstock, *iriwa, kiriwa,* auch
jiriwa (la).
Schrecken, *kigúli.* m.; S. erregende
Dinge, *viója.* m., *vitúshi.* m.; schrecken,
-tisha, -fathaisha; Schreckbild, *áfa (la),*
Schrei, *mlio, ukeléle* pl. *keléle, iówe.* m.;
(besonders kleiner Kinder), *unyénde.* m.

schreiben, -*andika*, -*kataba*; Rohrfeder zum Schreiben, *kálamu*; das S., *maandiko*, *maandikio (ya)*; Schreiber, *mwandishi*, *mwandikaji*, *karáni*, *kátibu* pl. *makátibu*. m.; Schreibpapier, *kartasi ya koléa* (in alter Sprache); Schreibtisch, *dawati*.

schreien, -*lia*, -*piga keléle*, -*piga kiówe*; jämmerlich s., -*piga unyénde*. m.; laut s., -*kafukia*. m.

schreiten, vorwärts, -*endeléa*.

Schrift, *mwandiko*, *maandishi*.

Schritt, *khatúa*; der S. des Esels, *delki*, *utelki*.

schröpfen, -*umika*, -*toja*; ein Horn zum S., *chúku*, *ndumiko*. m.; abfallen (von vorstehendem gesagt), -*umúka*. m.; Schröpfer, *muumishi*.

Schrot, *marisáa (ya)*, *mirisáa*; -beutel, *béti ya risasi*.

schüchtern, *kiwi* (Kinika).

Schublade, *mtoto wa meʒa*.

Schuh, *kiátu (cha)*; lederner S., *kóshi (la, ya* pl. *ʒa)*. m.; -macher, *mshóni wa viatu*; Ahle des S., *maharaʒi*. m.

Schuld, *déni* pl. *madeni*; die Zahlung einer S. durch gerichtliche Klage erzwingen, -*iwisha*. m.; S. ausstehen haben, -*ia (-wia)*. m.; Geld geben, damit eine S. bezahlt werden kann, -*féleti*. Termin, an welchem eine S. fällig wird, *múhúla*; sich der Person oder der Sachen jemandes bemächtigen, um sich für die S. seines Verwandten oder Landsmannes schadlos zu halten, -*koléa*; die S. für jemand bezahlen, -*okóa*; schuld am Tode jem. sein, -*fisha*; schuldig sein, -*wiwa*, *áili*. m.; Schuldner, *mdenengwa*, *mdeni*, *basasi*; einer, der seines S. Eigenthum versteigert lässt, weil dieser nicht bezahlen kann, -*mfilisi*. m.

Schule, *dárasa*, *chuoni*; mit der S. fertig werden, -*ihtimu*; Schüler, *mwána fúnʒi*.

Schulter, *béga (la)* pl. *mabega* (nach Krapf nur im pl. gebräuchlich), *fúʒi (la)* (Lamu); auf der S. tragen, -*pagáa*, -*pagára*; auf der S. tragen lassen, -*pagáʒa*; ein Kind auf der S. tragen, -*wéleka*. m.; sich auf den S. tragen

lassen (als Zeichen der Freude und grossen Reichthums), -*yongóa*, -*yongóya*. m.; Goldschmuck, den die Frauen zwischen den S. tragen, *shángwi*; -blatt, *kómbe la mkóno* (Lamu), *fuʒi*. m.; auf der S. getragenes Zaubermittel gegen gewisse böse Geister, *pagáro*. m.

Schuppen, *kipénu*, *ubáti*. m.; S., um Korn und dergl. aufzubewahren, *jága*. m.; ein S., um Versammlungen darin zu halten, *bánda (lá)*.

schüren, -*vúruga*.

Schurz, *kikói*; sich den S. eng um die Lenden winden, um der Dornen willen, -*ji-pania ngúo*; den S. zwischen den Beinen durchziehen; -*piga uwinda*.

Schuss (aus einem Gewehr), *ramía*.

Schüssel, *bákuli (ya)*; grosse ovale S. *kómbe (ya)*; grosse S., *bia (la)* m.; hölzerne S., *héro*; irdene S., um Kuchen darin zu backen, *wáya*; irdene S., *búngo (la)*, *kibungúu*. m.; runde S., um Speise darauf zu tragen, *sinia (la)*; runde Messing-S. (Theebrett), *upáto*; tiefe S. der Wanika, *mfúre*. m.; kleine S., *kisahani*; Speise mit der Hand aus der S. nehmen, -*ménya*.

Schutt, *kifusi*.

schütteln, -*furukúta*, -*tukusa*, -*tikisa*, -*sumba*. m.; -*telemesha*, -*winyawinya*, -*súka*; heftig s., -*sukasúka*, sich s., -*tukutika*, -*télema*, -*tapatápa*.

Schutz, *hamáya*; einen Zauber zum S. einer Sache anwenden, -*kága*; -dach, *nyumba ya mgongo*; -zauber, *kágo (la)*; schützen, -*kinga*, -*okoʒa*, -*linda*.

schwach, -*dufu*, -*tháifu*; s. sein, -*thaufika*; alt und s. werden, -*kónga*; alt und s. machen, -*kongésha*; schwächer werden, -*pungúa*; schwacher Regen, der nicht tief eindringt, *mvua ya rasharásha*. m.; ein alter, s. Mensch, *kibióngo*, *mkongwe*. m.; Schwäche, *utháifu*, *ulegéfu*; Schwachheit, *unyonge*, *dufu (la)*, *ulegéfu*, *udilifu*. m.; aus S. zittern, -*héhema*; Schwächlichkeit, *mafúne*. m.; Schwächling, *mlegéfu*. m.

Schwager (Schwägerin), *mwámu, shémegi, mamávia;* Schwägerin, *wiſſi.*

Schwalbe, *mbayuwágu* (Lamu).

schwanger werden, *-túnga mimba, -hamili;* Schwangerschaft, *mímba (ya* pl. *ʒaʲ.*

schwanken, *-tamba, -pepesúka, -likitika, -pwaya, -soda.* m., *-onga.* m., *-regarega.* m., *-yuá.* m.; (wie ein Betrunkener), *-teiéleka.* m.; im Winde s., *-yúmba, -yumbayúmba, -eónga;* hin und her s., *-nyongamyónga, -vinyavínya;* hin und her s., wie ein von Früchten voller Ast, *-wáyawáya.* schwankend gehen. *sóta.* m.

Schwanz, *mkia;* Schwänzchen, *kikía.* m.; Haare aus der Mähne oder dem Schwanz eines Pferdes, *nyómbe.* m.; lange, gekrümmte Feder im S. des Hahnes oder des Straussen, *mléli.* m.; mit dem S. wedeln, *-tupia mkia, -sukasúka mkia;* S., kleines Thier mit langem S. (Eichkätzchen), *kindi.* m.; *-*feder, *-*haar, *msúsu.* m.

Schwarm (von Bienen), *pumba la nyuki.*

Schwärmer (Feuerwerkskörper), *kiáti.* m.

schwarz, *-eúsi;* Baum, mit dessen Rinde die Fischnetze s. gefärbt werden, *mkásiri;* s. Pfeffer, *pilpili ya Manga;* s. Sand, *ʃusi* pl. *maʃusi;* s. Schleier, *shéla;* runder, harter, s. Mühlstein, *mángo (ya* pl. *ʒaʲ;* Schwärze, *ueússi.* m.; schwärzen, *-hálibu.*

schwatzen, *-wáyawáya, -bayabaya, -puʒika, -piga ulimi;* Unsinn s., *-páya;* zum S. verführen, *-puʒisha;* Schwätzer, *mpuʒi, mjuvi, msemi, kibarabára.* m.; der Mensch ist ein S., kann kein Geheimniss behalten, *mtu ana páyo.*

Schwefel, Schwefelholz, *kibriti, kiberíti.*

Schweif, *mkia;* mit dem S. wedeln, *-tupia mkia, -sukasúka mkia.*

schweigen, *-nyamáa;* Schweigen, *unyamáʃu.*

Schwein, *ngurúwe, unguúe (wa* pl. *ʒaʲ;* wildes S., *jivi, gwáʒe.* m.

Schweiss, *vuke, vukúto, hári, mʃúke.* m.; S. der Achselhöhle, *kikw.ípa.*

schweissen, *-tia wéko.* m.; Schweissstelle, *wéko* pl. *mawéko.* m.

Schwelger, *mláʃi.*

Schwelle, *kiʒingiti.*

schwellen, *-vimba, -ʃúra;* Schwellung der Leistendrüsen, *mtóki.*

schwenken, *-púnga.*

schwer, *-ʒito, -gúmu, hali;* nicht s. *-epési, -rakhísi;* dicke s. Wolken, *mawíngu;* s. Zunge, *kitémbe;* zu s. für jemand werden, *-kulia;* s. auf jemand lasten, *-leméa;* Schwerfälligkeit der Bewegung, *umito.* m.

Schwert, *upánga* pl. *pánga;* ein S. geringerer Sorte, *upanga wa msánda.* m.; kurzes S. mit Parierstange, *upánga wa imáni;* zweischneidiges S., *upánga na maúso mawili;* zweischneidiges, langes grades S., *upánga wa ʃélegi;* Schneide eines S., *maso (ya).* m.; ein Handwerker, welcher Messer- und -griffe aus Holz oder Horn fertigt, *mjúme.* m.; -tanz, *hanʒúa.*

Schwester, *ndúgu, umbu.* Kigunya und Pemba); (Kosewort), *dadá;* S. von demselben Vater und derselben Mutter, im Verhältniss zu ihrem leiblichen Bruder so genannt, *mastukhu(ya).* m.: des Vaters S., Tante, *shangáʒi (wa.* pl. *mashangáʒi.*

Schwiegersohn oder -Tochter, *mkwe;* Schwiegervater oder -Mutter, *mamávia (wa), mkwe.*

Schwiele, *sugu (ya).* m.; schwielig werden, *-ʃaganʒi.*

schwierig, *-gumu, ghali;* eine s. Sache, *táta la manéno.* m.; in s. Lage sein, *-thiiki;* Schwierigkeit, *ugúmu, simánʒi, shidda;* Schwierigkeiten machen, *-pinga.*

schwimmen, *ogeléa, eléa, -enda msimbáa.* m.: ein Wassergeist, der die Schwimmenden in die Tiefe zieht, *chinusi.*

Schwindel, *masúa (ya), mbásua, kisunsi.* m., *kiʒúli;* S. erregen, *-ʒúlisha;* schwindelig sein, *-ʒúlu.*

schwinden, *-tiliʃika, -punguka.*

Schwindler, *mjanja, patiala, basasi múkari.* m.

schwingen, *-ninginya;* s. hin und her, *-púnga.*

schwitzen, -tókwa na hári.

schwören, -ápa; s. lassen, -áfya; Schwur, kiapo.

Scorpion, nge (wa pl. wa).

Scropheln, mgóli. m.

sechs, sita; der sechste, wa sita; sechszehn, sitáshara; sechszig, settini.

Secretair, karáni, mtu wa siri.

Secte, matháhábi (ya).

See, báhari (ya); Strömung in der S., mkondo; die offene S., úmbu wa máji, bahari kū; seichte S., in der Nähe Landes, pwá; die Tiefe der S., úshi wa báhri; auf hoher S. sein, -ditimia. m.; Landsee, ṛiwa pl. maṛiwa; -gras, mwáni; -mann, mwána máji, mbaharia. m.; grosse -muschel, pongóṛi. m.; -nessel, kiwávi; -räuberei, utóro wa báhri. m.; -stern, kíti cha pwéṛa, mwanshónswa. m.; -ungeheuer, wáme. m.

Seele, nafsi, ruho.

Segel, tánga (la) pl. auch majitánga, shira. m.; ein Dhau-, duumi; die S. zurecht machen, -ráusi; die S. hissen, -twéka; die S. niederlassen, -túa tánga; über Stag gehen mit den S., -kisi, -gisi. m.; wenden (vom Wenden des S.), -ṛinga; -halse, góshi; -leinwand, kitáli (cha); -tau, hénṛa, demani; rasch segeln, -dotóma. m.

Segen, baraka (ya), mbáraka, ráthi; segnen, -báriki, -fáraji, -jalia; Segnung, diára pl. madiára. m.

sehen, -óna, -óa (Pemba), -taṛáma, -angalia, -náthiri, -búsuri. m.; seitwärts s., -beja. m.; zu s. sein, -onekána; wohin s. -tungulia mácho. m.; nicht klar s., wie ein Trunkener, -gúmbáa. m.; Sehenswürdigkeit, tamásha. m.

Sehne, upote pl. pote, káno (la), ukáno pl. káno.

sehnen, -uju. m.; sich s., -tamáa, -tunúka; Sehnsucht, tamáa, mtáshi, uju.

sehr, sána, mno, upéo; s. gut! maráhába; s. viel, fúlifúli.

seichte See in der Nähe des Landes, pwá.

Seide, hariri (ya); eine seidene Schärpe, deuli.

Seife, sabúni.

Seil, úgwe pl nyúgwe, júgwe. m.; S. aus der Rinde des Boabab, chuia. m.; S. drehen, -pakása. (Merima); Stock, um ein S. damit anzuspannen, kibodoo. m.; Fleischstücke an einem S. aufreihen, -túnga nyáma; Stück Holz, um S. damit zu drehen, kisóngo; Streifen von den Blättern der mkoma Palme, welche zu S. verarbeitet werden, mwáa.

sein (verb.), kú-wa, -káa; (pron.), -ake; s. Kind, mwanáwe; s. Frau, mkewe; s. Vater, babaye; s. Mutter, mamaye. bei b. Hause, kwake.

seit, tángu, tássa.

Seite, kando (ya), ukándo pl. kándo. m.; upande pl. pande; S. eines Hauses, ubáti. m.; die S. eines Menschen, matambávu (ya); S. eines Blattes im Buche, númbar ya kartasi; die rechte S., kuume, kuvúli; die breite S., bápa; die andere S. eines Flusses, ngámbo; auf eine S. geneigt, pógo (pl. zu u-pógo ; auf die S. geneigt (vom Schiff), -msobemsóbe. m.; auf beiden S., upánde mbili; auf allen S., kotekote; auf die S. gehen, -yépa, -épa; nicht gerade sondern nach einer S. gehen, kwenda pógo; auf die S. legen, -inika; -ténga, -cheléṛa; sich auf der S. halten, -cheléṛa; auf die S. stossen, ku-piga kikúmbo, -kumba; auf die S. schieben, -gorodéṛa. m.; auf die S. drehen, -tengúa, -kengeúa. m.; das Steuerruder auf die S. drehen, -pinga shikio la chónbo; auf die S. gedreht sein, -kengeúka. m.; verächtlicher -blick, kitongotóngo; -cabine auf dem Schiff, kipénu; -gebäude, ubáti. m.; -pfosten des Thürrahmens, mwímo; -stück am Fenster, tarábe (ya pl. ṛa); die -stücke der Bettstelle, mfumbáti pl. mifumbáti; seitwärs fallen, -anguka kiwáfuwafu. m.; s. sehen, -beja. m.

selbst, z. B. ich s., mimi náfsi yangu; er s., mwenyéwe; was von s. gewachsen ist, kimeléa. m.; -bewusstsein, ukináifu. m.; -ständig, gháwini. m.;

-ständigkeit, *kálima;* -überhebung, *majifúno (ya).* m.; -vertrauen, *uki-náifu.* m.; mit sich s. zufrieden sein, -*kináí.*

selig, *marehému.*

selten, *nádira;* im Handel s. geworden sein, -*ghámma;* Seltenheit, *sháni, túnu, anzíni.* m., *tamásha.* m.

Senna, *sanamaki.*

senden, -*túma,* -*kabilisha,* -*peleka;* Sendung, *utúme.* m.

Senf. *khardáli.*

sengen, -*unguza,* -*sesitisa.* m.

Senkblei (der Maurer), *timázi;* (der Schiffer), *bildi (ya).*

Serviette, *kitambáa cha méza.*

servil sein, -*tambalia.*

Sesam, *simsim;* -oel, *mafúta ya úta;* -saat, *ufúta;* Oelkuchen von -saat, *shúdu (la),* bakái (Kigunya).

setzen, -*wéka,* -*tía;* Samen s. (in ein kleines Loch), -*yáa;* einen Topf auf den andern s., -*telekéza;* auf das Feuer s., -*teleka;* sich s., -*káa kitáko;* sich s. (vom Bodensatz in Flüssigkeiten), -*sudumáa,* -*suama;* Setzling, *fásili (ya).*

Seuche, *táuni.*

seufzen, -*sisimia.*

Shawl, *sháli;* -gürtel, *mahá;amu, mahazimu.*

sich, -*ji-.*

Sichel, *mdú* pl. *mindú.* m.

sicher, *sahihi, salama (ya);* s. sein, -*kingika;* sich s. fühlen gegen etwas, *nyekeléwa.* m.; s. in die Hand geben, *kábithi;* sichere Ankerstelle, *panyamáfu;* Sicherheit, *uokówu;* (Unterpfand), *amani, yakini, thámana, uthamini, rahani;* (eines Baues), *mtómo;* in S. bringen, -*okóza;* sicherlich, *maálum.*

sichtbar werden, -*onéka,* -*onekána;* s. machen, -*onyesha.*

sichten, das Getreide im Siebe oder offenen Korbe, -*pepéta.*

Sieb, Art Korb, der als S. gebraucht wird, *úngo* pl. *maúngo,* kung*úto* pl. *makungúto, kiteo;* sieben, -*pepúa,*

-*chúnga,* -*tunga.* m., -*únga,* -*derewénya.* m.

sieben, *sábaa;* Siebengestirn, *kilimia;* der Siebente, *wa sábaa;* siebzehn, *sabatashara;* siebzig, *sabaini.*

sieden (trans.), -*tokosa;* (intrans.), -*tokóta, -dútuma.* m.

Siegel, *múhuri, kheti;* -lack, *lákri* (Indisch). m.

Silber, *fétha (ya* pl. *za);* eingelegtes S., *njúmu;* -fäden zur Stickerei, *dari, sari.* m.; -ring zum Schmuck der Säbelscheide, des Gewehrlaufs, *kóa (la).*

simuliren, -*tendekeza.*

singen, -*imba;* ein Lied mit Refrain s., -*ombolea;* singbar sein, -*imbika;* Singvögel, *delekátwi.* m., *kurumbisa.* m.

Sinne, *roho, akili, nia;* im S. haben, -*nuía.*

Sitte, *mazwézo.* m., *áda* pl. *maáda, tabia, desturi, mathehebi, matlába.* m., *kilíba.* m.; alte S., *milla (ya* pl. *za).* m.; höfliche S., *tasfida, adabu.*

sitzen, -*kaa,* -*kaa kitáko,* -*keleti.* m.; bequem s., -*tengéa.* m.; gegen jemand auf der Lauer s., -*otéa;* in Reihen s., -*pangána;* nicht still s. können, -*chawacháwa.* m.; zusammen gekauert s., -*otáma.* m.; sitzend schlafen (von Vögeln), -*ténga.* m.; Sitzung, *shauri, majilisi (ya).* m.

Sklave, *mtúmwa, mtwána;* im Lande selbst geborener S., *mzalía, hadímu;* die Schaar der S. eines Herrn, *kijóli;* Gruss der S. gegenüber dem Herrn, *nashika maguu shikamú;* Deputatsland der S., von dessen Ertrag sie sich beköstigen müssen, *koónde (la),* kodo *(la),* makódo. m., *kúo (ya).* m.; Zauber entlaufene S. zurückzubringen, *azíma (ya);* -mädchen, *kijakázi;* Sklaverei, *utúmwa, uja.* m.; Sklavin, *mjakázi (wa),* suria pl. *masuria;* weisse S. (aus Georgien), *jórgiya;* durch Kriegschiff befreiter Sklave, *teka* pl. *mateka.*

so, *vívyo;* genau so, *hivyo vívyo;* so ist es, *ndío.*

Soda, *magádi (ya).*

Sodbrennen, *kiungulia.*

soeben, *sasa hivi, punde hivi.*

sofort, sogleich, *sasa hivi, tisira.* m.

Sohn, *mwana, mwanamume, wádi, bin,* der Sohn eines Kebsweibes, *mpungúʃu wa ungwána.*

solche, auf s. Weise, *hivyo.*

Soldat, *askari, káumu* (pl. auch *akwámu.* m.; Soldaten ausheben, *-tánga.* m.

Söller, *órʃa, ghórʃa, óroʃa.*

Sommer, *chaka.* m.

sondern, *lakini, walakini, illa, illakini.*

sondiren, *-pima máji.*

Sonnabend, *júma ya mósi.*

Sonne, *júa (la);* untergehende S., *kajúa.* m.; die S. scheint hell, *jua la tangamúka.* m.; die S. ist verfinstert, *jua la pátwa;* aus der S. nehmen, *-anúa;* in der S. trocknen, *-anika;* Sonnendach, *chandalúa;* Sonnenscheibe, *kengee ya jua;* Sonnenschirm, *mwavúli;* Sonnenuntergang, *machwéo wa jua.*

Sonntag, *júma ya pili.*

Sorge, *húʒuni (ya) ghámmu, shughuli, búka.* m.; in S. kommen, *-taháruki;* S. für jemand tragen, *-túnʒa;* ohne S. sein, *-esterehe.*

Sorgfalt, *túnʒa (la);* mit S. behandeln, *-engaenga;* das Wasser mit S. abgiessen, damit kein Bodensatz mitkommt, *-kwangúa;* sorgfältig, *kwa tartíbu;* einen Kranken s. pflegen. *-telésha.* m.; langsam und s. arbeiten, *-kokotéʒa.*

sorglos, *mʒémbe;* Sorglosigkeit, *urúri.* m.

Sorte, *namna, sabihi.* m.

Souveränität, *énʒi, éʒi.*

Sovereign, *róbo ingreʒa.*

Spalte, *úʃa* pl. *nyúʃa;* einen S. erweitern, *-tataúsha.* m.; spalten, *-pasúa,-chínga, tanga.* m.; *-atúa, -áya.* m.; mit Keilen s., *-táuwa.* m.; von selbst s., *-atúka.*

Spanne, *shibiri, ʃúturi;* spannen, *-tia kássi;* den Bogen s., *-pinda uta.*

Spanischer Dollar, *reali ʒa mʒinga.*

sparen, *-weka akiba.*

Sparren, *kumbamóyo, kombamóyo.*

Sparsamkeit, *kábithi.*

Spass, *ubishi, utulányo* (Kigunya); seinen S. mit jemand treiben, *-keʃyakéʃya, -thihaki;* -macher, *mtestéshi, mchekesháyi.*

spät, *kásiri;* zu s. kommen, *-taákhari, -taákhiri.*

spazieren gehen, *-tembéa, -chendéa.* m.; *-tánga.* m.; Spaziergang, *matembéʒi (ya);* Spazierstock mit Krücke, *bákora;* ein gerader S., *ʃimbo;* eiserne Spitze des S., *pási.* m.; Holz zum S. passend, *mtóbwe.*

Specht, *gogóta.* m.

Speer, *mkúki, sagái;* ein S. mit breiter Klinge, *ʃúmo (la);* ein kleiner S., *tóra (la)* (Kigunya); Schaft eines S., *úti wa ʃúmo;* Fische mit dem S. fangen, *-tokóa.*

Speichel, *úte, máte.*

Speicher, *bohári, utáa* pl. *táa.* m.

Speise, *chakúla, makúli (ya), makulya* (Tumbatu); S., die man aus medicinischen Gründen vermeidet, *msiro.* die erste S. nach dem Fasten, *ʃutari;* besondere S., wie sie eine Muhamedanerin ihrem Geliebten während des Ramadan sendet, *kánʒi (ya);* Ueberrest von S., *makómbo, masáʒo, mwiko, chandála.* m. zu viel S. für einen, *ukúliʃu.* m.; S. künstlich bereiten, *-wandáa.* m.; S. für Kinder und kranke Leute zureci machen, zerdrücken, *-vinyavínya;* S. wieder aufwärmen, *-góʒa.* m.; S. mit d. Hand aus d. Schüssel nehmen, *-ménya;* runde Matte, S. hinauf zu legen, *kitánga cha yámvi;* -kammer, *sibdi.* m.; -röhre, *umio;* das Anrichten der -tafel, *maandiko, maandikio (ya).*

Sperling, *shómóro.* m.

Spesen, *masáriʃu (ya).* m.

Spiegel, *kióo.*

Spiel, *mchéʒo, machéʒo, masihára.* m., *maliyandímu.* m; S. um Geld, *dádo;* S. der Kinder, *madéssi, kishándo* m.; ein S., bei dem alle nachmachen müssen, was der Anführer vormacht, *tinge;* ein S., bei welchem

Stöckchen geworfen werden, *tiabu;* S., das man mit Jemandem treibt, *utulányo* (Kigunya'; zum S. auffordern, *-sái.* m.; im S. abgewinnen, *-paría.* m.; im S. verlieren, *-pariwa.* m.; einer der den Leuten das Geld im S. abzunehmen versteht, *mkórofi;* -brett mit 32 Löchern, *bao la kómwe;* -dose, *sántur.*

spielen, *-chéẓa;* mit etwas s., *-laabu,* Ball s., *-cheẓa tuffe;* Zither s., *-piga kinánda;* die Harfe s., *-piga kábosi;* auf der Bogensehne s., *-piga ugómbo.* m.; den Dummen s., *-ji-pumbáẓa;* jemand einen Streich s., *-limúsha.* m.

Spielkarte, *kárata.*

Spiere in der Takelage der Dhau, *desturi.* (Pers.).

Spindel der Eingeborenen, *tássi.* m.

Spinne, *buibui, kitungúle;* Spinngewebe, *tándo la búibúi.*

spinnen, *-sokóta, -dirabu.* m.

Spion, *mpenyéẓi, mdóva, tunduiẓi wa manéno;* spioniren, *-doya.*

Spiritus, aus Palmwein destillirt, *ẓarámbo.*

Spitzbube, *harábu.* m., *tatái.* m.

Spitze, *ncha, uta.* m.; S. einer Hacke, Axt, Messer u. dergl., *msúka.* m.; die S. des Elephantenzahnes, *deli.* m.; die S. eines Schiffes, *omo (la), ubéti.* m.; eiserne S. des Spazierstockes, *pási.* m.; die scharfe S. eines Grases *(nydsi ya óndo), kitója.* m.; ein langes Messer mit krummer S. zur Gewinnung des Palmsaftes benutzt, *kotáma (ya);* an die S. bringen, *-ongóẓa;* an die S. des Zuges stellen, *-tangulisha.*

spitzer Pfahl in der Fallgrube, *kónẓo.* m.; spitze Feder, *kalamu nyembamba;* spitzes Holz zum Graben, *múo* pl. *miúo.* m.

Spitzmaus, *junje, kirukanjía.*

Spitzname, *kisibo, msibo.* m., *simo.* m., *sarára.* m.

spleissen, *-gánga, -ungania.*

Splitter, *kijiti, banẓi (la), kibánẓi, góme.* m., *kwanyo.* m., *kitanu, utánu.*

Spott, *mẓáha, thiháka, ulánifu.* m., *usimánga, matuláno.* (Kigúnga); spotten, *-fanya mẓaha, -thihaki;* s. *-déuri.* m.; Spottgedicht, *nyimbo ya uláifu.* m.

sprengen (mit Pulver), *-tegúa kwa báruti;* (Wasser), *-nyunyiẓa.*

Sprenkel, *shábuka.*

Sprache, *lúgha (ya* pl. *ẓa), lesani.* m.; eine S. gründlich verstehen, *-tokósa manéno.*

sprechen, *-nena, -sema;* grammatisch richtig s., *-sárifu;* Urtheil s., *-húkumu;* s., *-néna, -séma, -ambia;* deutlich s., *-dasúa.* m.; sprich laut, *sema sána;* durch die Nase s., *-seméa púani;* durcheinander s., *-chachawi.* m.; in gebrochenen Worten s., *-kikísa.* m.

Spreu, *kápi* pl. *makápi, tanda (la), magánda, pépe(la).* m., *ukúmfi, komvi.* m., *wishwa* pl. *nyishwa.*

springen, *-rúka;* s. lassen, *-rúsha;* in die Höhe s. lassen, *-tifúa.* m.

Springer im Schachspiel, *frasi.*

Springfluth, *bamvua.*

spriessen, *-chipúka, -chupúka.*

Spross, *kámbu (ya* pl. *ẓa).* m.

sprudeln, *-chemkachemka;* das S. des Wassers in der Wasserpfeife, *malio ya kiko.*

Sprühregen, *manyunyu, nyonyóta (la)* pl. *manyonyóta, nyonyóta la mvúa, urasharásha.* m.

Sprung, im S. fangen, *-nyakúa.*

Sprungfeder, an einer Falle, am Flintenhahn, *mtámbo;* ablaufen wie eine S., *-fyúka.*

Spur, *unyáyo, wáyo* pl. *nyáyo;* S., die ein kriechendes Thier im Sande hinterlässt, *mtambáẓi.* m.; S., die den richtigen Weg weist, *dalili.*

Spuckschlange, *fira.*

Staar auf den Augen, *utándu* pl. *tándu (ẓa).* m.

Staat, *dole;* staatlich, *ya serkali.*

Staatssecretair, *waẓiri* pl. *mawaẓiri.*

Stab, *fimbo;* S. der alten Leute, *mkongójo.*

Stachel, *mfi.* m., *úfi* pl. *nyúfi.* m.

Stachelschwein, *núngwe (wa* pl. *ʒa'.*

Stadt, *mji, karia* (alte Sprache); -kundig, *mbayáni (ya'; -thor, lángo* pl. *malángo.* m.; -viertel, *mtáa.*

Stag, über S. gehen mit den Segeln, *-kisi.*

Stahl, *púa (ya', búa.* m., *feleji;* -feder, *kalámu ya shába.*

Stall, *faja, cha* oder *chayi.* m.; Pferdes. *bánda la frási.*

Stamm (Volk), *táifa, kabíla, ukabáila.* m.; (Baum), *gógo* pl. *magógo;* das weisse weiche Holz am S., *ugále.* m.; -baum, *shégar.* m., *násaba.* m.; Stammesabzeichen, *némba.* m.; Stammgenosse, *mtani.*

stammeln, *-kwáa;* Stammler, *kigugúmiʒa, kigugumiʒi, kitémbe.*

stampfen, *-pigilia;* das Dach fests., *-sakifu;* (vom Schiff), *-yónga.* m.; durch S. reinigen (Getreide, Wäsche), *-pwáya, -púra;* Getreide durch S. im Mörser von den Hülsen befreien, *-twánga;* Mörserkeule zum S. des Getreides, *mchi* pl. *michi.*

Stand (in der Welt), *-chéo* pl. *vyéo;* die Leute nach ihrem S. behandeln, *ku-toa ráufu.* m.; jemand in den S. setzen, etwas zu thun, *-weʒesha;* im S. sein, *-weʒa, -tasawári.*

ständiger Einwohner, *mkási, mkaa.*

Stange, *mti, upáo* pl. *páo, sio (la).* m.; lange S., *kónʒo, ukónʒo.* m.; eiserne S., *tarímbo;* S. mit eisernem Haken um aus einem Brunnen und dergl. hineingefallene Gegenstände herauszufischen, *kiopóo (cha).*

Stapel, *tumbúu;* vom S. lassen, *-shúa;* vom S. laufen, *-shulíwa.*

stark, *-néne, kássi, -káli, hodári, mgi.* m.; ein grosser s. Mensch, *jitu* pl. *mátu* oder *wajitu;* s. sein, *-pirikáina, -nenéa, -sulubíka.* m.; fett und s. machen, *-wandisha.* m.; Stärke, *nguvu, úme, sihi, máki, ubóra,* *súlubu.* m.; (von Gegenständen, die nicht leicht brechen) *imára (ya);* (zur Wäsche) *kánji, uwanga, dóndo.*

starr sehen, *-sangáa, -angáa.* m.; Starrheit vor Erstaunen oder Entsetzen, *mbumbwáʒi.* m.

Statthalter, *liwáli* pl. *maliwáli, náemu.*

Statur, *umbo, sura;* von kurzer kleiner S. sein, *-kundáa.*

Staub, *vúmbi (la);* S., der sich auf unbenutzten Geräthen anhäuft, *kóga (la);* S. aufwirbeln, *-tefúa;* den S. abspülen, waschen, *-susha, -susa;* den S. ausklopfen, *-kukúta.* m., *-kumánga* (Kijomfu), der scharfe S. vom Mtama, *wámbe;* ein Korbdeckel, um Speisen u. s. w. vor S. zu schützen, *káwa* pl. *makáwa;* Stäubchen, *kitakatáka.* m.; Staubwolke, *ghúbari (la).*

Staunen, in S. versetzen, *-ajabísha.*

stechen, *-úma, -chóma, -shóma.* m.; mit einem Messer s., *-chókora;* kitzelndes s. Gefühl, *mnyeo;* Stechbeitel, *tapássi (la);* Stechfliege, *búnʒi (la'.*

stecken, in heissen Sand oder heisse Asche, *-vumbíka;* ein Messer in den Gürtel s.,*-pachika;* s. bleiben,*-kwáma, -wama, -sakáma, -gandáma;* (im Boden) *-bonyiéa.*

Steckling, *mche, mte.* m., *fásili.*

stehen, *-simáma;* im Wege s., *-kindána;* ganz still s., *-tundwaa;* in Reihen s., *-pangána.*

stehlen, *-iba, -jepa* (Lamu), *-chépa.* m., *-umulía.* m.

steif werden, *-kukuta.* m.

Steigbügel, *kikúku cha ku pandia ferasi.*

steigen, *-panda;* in die Höhe st., wie z. B. Rauch, *-tifúka.* m.; in die Höhe st. lassen, *-tifúsha.* m.; den Drachen st. lassen, *-púliʒa kisusúli.*

Stein, *jiwe* pl. *majiwe* oder *máwe;* S. einer Frucht, *kúnde (ya* pl. *ʒa), kóko (ya* pl. *ʒa)* pl. auch *makóko, ukongwa* (Pemba); ein S. des Anstosses, *kwáyo, kikwási.* m.; einer der drei S., auf welche die Eingeborenen den Kochtopf zu setzen pflegen, *jiko (la). méko, figa (la), jifya* pl. *máfya;* ein hohler Stein, *jiwe la mvurúngu;* S., an die Angel zu befestigen, *chúbwi (ya* pl. *ʒa';* Mauer von S., *kitálu;* mit einem S. aufbrechen, *-banda.* m.;

einen S. werfen, -vurúmisha; -bank
vor dem Hause für die Besucher,
baráża, kibaraża, ufúnga; -bock
Himmelszeichen), jáddi (ya pl.
ża. m.; Steinchen, káwe (ya pl. ża),
kikáwe. m., kijiwe. m.; ein ganz
kleines S., ujangáwe. m.; Steinchen,
wie man sie in die Lehmwände
hineindrückt, kokóto (la); -spiel,
kíbe. m., kódwe. m.; Steinhaufen,
túngu ya mawe. m.; steinigen, ku-
piga máwe; Steinmauer, ukuta, kikuta, boma (la); Steinschlossgewehr,
bundúki ya gumegume, bundúki ya
Serbócha; Pfanne desselben, kífa,
tána la búnduki. m.

steile Stelle, poromoko (la), teremuko;
an einer steilen Stelle hinuntersteigen, herabgleiten, -teremúka. m.

Steissbein, kífu ndúgu.

Stelle máhali (pa; pl. mwahali; eine
gute S., péma; wunde S., dónda pl.
madónda; viele S., péngi; auf eine
S. verzichten, -jinżúlu; von der S.
entfernen, -tagúrisha. m.

stellen, -tia, -wéka; eine Falle s,
-téga; vor jemand s., -kabilísha;
Stellung, kiwángo; S. in der
Welt, chéo pl. vyéo; befestigte S.,
boma, makubáshi. m.

Stellvertreter, wakili, náibu. m.; der
S. des Fürsten, káimu pl. makáimu;
Stellvertretung, uwákili.

Stemmeisen, júba (la).

Stempel, chápa.

Stengel von Mais und Hirse, búa (la);
ein S. vom Mtama, aus dem
das Mark entfernt ist, so dass man
ihn zu einer Art Flöte bearbeiten
kann, utéte. m.

sterben, -fa (kúfá), -salimika, -fariki,
-dilífu. m., -towéka (Lamu), -ondóka
katika ulimwéngu; Buch mit Gebeten
bei einem Sterbenden zu lesen, chuo
cha búruda; Sterbeort, kifo. m.

Stern, nyóta (ya pl. ża): aus den Sternen
weissagen, -piga fálaki; Sternschnuppen, nyota żikishúka, kimwóndo.

Steuer (der Schiffer), msukíni, shikio
la chómbo. m.; das S. auf die Seite
drehen, -pinga shikio la chómbo; der
Zapfen, um welchem sich das S.
dreht, rumáda. m.: S. (Abgaben),
ushuru; steuern (ein Schiff, -andíka
chómbo; wohin s., -lekéża; Steuermann, msukáni.

sticken, -dariżi; Stickerei, dariżi,
masóngo, almaria; Silberfäden zur
S., sári.

Stiefkind, kámbo; Stiefmutter, mama
wa kámbo, áki; Stiefvater, bába wa
kámbo.

Stiel, mkóno, mpíni, píni (la), kipíni;
S. des Drillbohrers (keke) der Eingeborenen, ívo pl. maívo. m.; vom
S. abfallen, -gongóka. m.; die Hacke
oder die Messerklinge vom S. nehmen,
-gongóa. m.

stiften, Frieden s., -sulukhisha; Stiftung
(fromme), wákef; eine S. machen,
-wekéa wákef.

Stil, guter, ufasaha; der übliche gute
S. beim Briefschreiben, dibáji.

still, -túlifu, nyamávu, pólepóle; stilles
Wesen, mákini (ya); still machen,
-tumbúiża; s. werden, -tumbúika;
s. sein, -nyamáia, -púża, -tulika;
heimlich und s. nach etwas suchen,
-winda; nicht s. sitzen können, -cha-
wacháwa. m.; Stille, kímya, unyamáfu, shwári (shwáli); etwas in der
S. beschleichen, -nyeméléa; in der
S. leben, -tundwaa. m., stillen, (Kinder), -nyamáża; stillstehen, -simáma.

Stimme, sáuti (ya pl. ża), lesáni. m.;
laute S., sauti tukúfu; mit lauter S.,
búrů. m.; zu einander stimmen, -tabi-
kíana. m.

Stimmung, tabía (ya).

stinken, -núka vibáya; s. Insect, ki-
famfani.

Stirn, komo (la), kikomo, kibánda cha
úso; S. und Schläfen, kipáji cha
úso; die S. runzeln, -péta uso, -jikunya
uso; kleine Goldplatte mit frommen
Spruch, von den Frauen auf der
S. getragen, sárufu; -locke, pánja,
panda. m.

stochern, -vúruga, -chócha, -chóma.

Stock, *uti, fimbo, bakora;* kurzer, schwerer S., *kibaránga, kibarángo;* kleiner S., *kagóngo.* m.; S. der alten Leute, *nkongójo;* sich am S. weiter schleppen, *-gongojea, -jigongojea;* S., um etwas daran zu tragen, *mláṉ̃a, mpíko;* S., an welchem Fische getrocknet oder geräuchert werden, *upámbo* pl. *pámbo;* S., welcher in die Erde gesteckt wird, um damit die Fasern der Kokosnuss abzuschälen, *kifúo, chúo.* m.; S., in welchem die Füsse von Gefangenen befestigt werden, *mkatále, msálaba;* S., um ein Seil damit anzuspannen, *kibudóo.* m.; lange dünne Stöcke zum Häuserbau und zum Korbflechten, *fito;* ein langer Stock mit Haken um die Früchte von den Bäumen abzunehmen, *chogówe.* m.; ein Baum, von dem man Stöcke schneiden kann, *mwabekè.* m.; Hecke aus langen S. in der See, um Fische zu fangen, *uṉ̃io* pl. *nyuṉ̃io.*

stocken, wie das Blut in einer Quetschwunde, *-vilia;* Stockung des Blutes, *vilio.*

Stockwerk, oberes, *dári (ya* pl. *ṉ̃a),* *ghórfa.*

Stockzwinge, *fanguru.* m. *(ya* pl. *ṉ̃a).*

stöhnen, vor Anstrengung, *-kakamúka;* Stöhnen bei grossem Schmerz, schwerer Arbeit, *kite.*

Stoff Zeug, *ngúo;* kostbarer S., *ṉ̃ári.*

stolpern, *-kwáa;* s. lassen, *-kwáṉ̃a.*

Stolz, *kibúre (ya), násába.* m., *kiméme.* m., *ufélhuli, usifihi.* m.; stolz sein, *-nyéta, -fithuli, -chetéa.* m.; ein unverschämter, s. Mensch, *msáfihi.* m.

Stopfen, *ṉ̃ibo (la);* stopfen, *-tililia;* einem Verstorbenen Baumwolle, wie es Sitte der Suaheli ist, in die Nase, Ohren, unter die Nägel u. s. w. s., *-pámba máyiti.*

stören, *-sumbúa, -sumbúsha, -uthia;* unterbrechendes störendes Geschwätz, *-varánga;* Störenfried, *ṉ̃ingamiṉ̃i, mdebdabina.* m.; Störung, *fawiti, uthia.*

störrisch, ungehorsam sein, *-asi.*

Stoss, *shindo (la);* stossen, *-piga;* weiter s. *-sukúma;* an einander s., *-gotána;* auf die Seite s., *-piga kikúmbo, -kúmba;* plötzlich auf jemand s., *-fumánya.*

Stotterer, *kiguṉ̃umíṉ̃a, kiguṉ̃umiṉ̃i;* stotternd sprechen, *-babika.*

Strafe, *athábu;* strafen, *-athibia;* zum s. veranlassen, *-athibisha.*

straff wie ein Trommelfell gespannt, *kimámbo.*

Strand, *kándo (ya), pwa;* am S., *pwáni;* der weisse Sand am S., *mfuo* pl. *mifuo, ufúo;* ein Schiff auf den S. ziehen, *-soṉ̃a;* -krabbe, kleine weisse, *kúrurú.* m.; -vogel, *ndége ya pwáni, súlulu.*

Strasse, *njia, ndia.* m., *siráta, shámbiro. (la).* m.

Strauch, *kijiti, koko* pl. *makóko.*

Strauss (Vogel), *búni, mbúni;* lange, gekrümmte Feder im Schwanze des S., *mléli.* m.; der Schaft grosser Straussenfedern, von dem der eigentliche Flaum weggenommen, *kengée.* m.

Streich, *kéu.* m.; schlechter S., *utiriri.* m.; jemand einen S. spielen, *-limúsha.*

Streifen, *mfúo, mtánda.* m., *mlia.* m.; S. Zeug, *utépe* pl. *tépe;* S. im Zeuge, *mualámu.* m.; Palmblättern von S. zu Matten, *tángule* pl. *utangule, shupátu (la);* S. auf dem *debuani* Zeug, *kúfuli (ya).* m.; S., um Matten daraus zu machen, *mwaa;* in S. getrocknetes Fleisch, *msikíta.* m.

streifen (leicht berühren), *-pujúa;* längs etwas s., *-kwarúṉ̃a.*

Streit, *ugómvi, shári, shindano (la); tofáuti, naṉ̃áa, kondo, utési.* m., *khósumu.* m.; S. gegen jemand anfangen, *-omóa vita.* m.; in S. gerathen, *-vumbília vita;* von einander getrennt in S. sein, *-farakana, -farakiana;* streiten, *-gómba, -shindána, -wána* (Merima), *-húsumu, -téta.* m., *-kinsa.* m., *-kinsánya.* m.; mit einander s., *-tiliána sháka, -naṉ̃iváana, -jadiliána, -gombána, -neneṉ̃ána, -nenána;* Streitigkeit, *matéto (ya);* streitsüchtig, *sálata.* m.

strecken, sich s., *dutumúa*. m.; sich dehnen und s., *nyongóa*. m.

Strenge, *ukáli;* strenge, -*káli*.

Strick, *ukambáa* pl. *kambáa*, *úgwe* pl. *nyúgwe;* Rinde, aus deren Fasern S. gedreht werden, *kónge (la)* m.; mit S. zusammenbinden, -*forári*. m.; einschneiden, wie ein zu fest angezogener S., -*váma*. m.

stricken, -*suka*.

Strieme, *sugu;* S. machen (beim Schlagen), -*alúa*.

Strippe, *utépe* pl. *tépe*.

Stroh, *mwénge;* mit S. decken (ein Dach*, -*vímba*, -*eʒéka;* -dach, *kipáa;* die Vorderseite eines Hauses mit S., *shúli la nyumba*. m.; Sparren der -dächer auf den Hütten der Eingeborenen, *komba móyo*.

Strom, *mto, júto* pl. *majúto*. m., *mfú*. m.; Stromes, Bucht eines S., *maghúbba (ya);* Strömung in der See, *mkóndo*.

Stuckatur u. dergl., *uwéʒo wa nyúmba*.

Stück, *púmba (la);* (Theil), *kipánde, upánde;* S. Fleisch, *chinyango, tindango*. m., *kipamba;* S. Zeug, *utambáa* pl. *tambáa;* S. Holz, *uwángo*. m.; ein S. Zeug von einer gewissen Länge (ca. 4 yards), *dóti;* dritter Theil des *doti, kisólóti;* S. Zeug, welches vor eine Oeffnung gesetzt wird, *lisáni;* ein S. abbrechen, kosten, -*batúa*. m.; Stückchen, *kerenyénsa*. m.; ein ganz kleines S., *kagongóngo*. m.; in Stücke zerbrechen, -*mwafúa*. m., -*bandabanda*. m.; in S. zerbrochen sein, -*muafúka*. m.; in S. zerlegen, -*kongóa;* in S. zerschlagen, -*bandúa*. m.; in S. brechen, *setaséta;* in ganz kleine S. zerhauen, *bandubandu*. m.; in kleine S. schneiden und so kochen, -*chanyáta*. m.

studiren, -*tali*, -*taali;* zum s. regelmässig zusammen kommen, -*dúrusi;* Studium, *mtáala*.

Stufe einer Leiter, *kipágo, kipáwa*. m.

Stuhl, *kiti;* niedriger S. der Araber, Speise hinauf zu setzen, *cháno*.

Stümperei, *boróngoboróngo*.

Stumpf eines verstümmelten Gliedes, *gútu*. m.; Baums., *shina (la), mgólósa*. m., *kishiku*. m.

stumpf machen, -*úa makali*, -*senéʒa*. m.: s. werden, -*senéa*. m.; das Messer ist s., *kisu ni kivivu* (Lamu); -heit der Zähne, *gánʒi (la), usia wa méno*. m.

Stunde, *sáa, kipindi, pindi*.

Sturm, *tháruba, mthérúba wa pépo;* S. mit Regen, *tufáni, tufánu*.

stürzen, -*anguka;* (schnell laufen), *kwenda kwa tadi*.

Stütze, *mategeméo (ya), túka*. m.; eine kleine S., *kiguʒo*. m.; S. für Fahrzeuge, welche während der Ebbe auf dem Trockenen liegen, *gádi, shiku (la), tʒúmu*. m., *jáhabu (la);* sich stützen auf etwas, -*túmái, -tumáina;* ein Fahrzeug s., -*gádimu;* den Kopf auf die Hand s., -*tama;* Grasring, um die auf dem Kopfe getragenen Lasten zu s., *kátá (ya* pl. *ʒa*.

Stutzer, *maldádi, mtongóʒi*.

Subhastation, *ufilisi;* subhastiren, -*filisi* pass. -*filisika*.

suchen, -*angalia*, -*tafuta*, -*tafua* (Merima), -*ʒengea*. m., -*sua*. m., -*biabia*. m.; nach etwas suchen, bis es gefunden ist, -*bahia*. m.; heimlich und still nach etwas s., -*winda;* nach etwas im Sande s., -*pekúa;* Brennholz s., -*chanja kuni*.

Süden, *shánga;* südliche Breite, *júnubi*. m., südlich, *kusini;* Südwind, *kúsi (ya)*.

Sultan, *sultani;* des S. grosse Frau, *sultánia*.

Summe, *jumla, jimla*.

summen, -*ungúruma*. m.; heftig s., -*vúma*.

Sumpf, *tópe (ʒa)* pl. *matópe;* sumpfiges Land, *kinamássi*. m.; Art Gras im Sumpf, *kangága (la)*.

Sünde, *uóvu, thámbi, dámbi, ufiski, khatiya;* sündig, *bátili;* sündigen, -*kósa, -hálifu*. m.

Supercargo, *nakhoʒa elmali, karáni*.

Suppe, *úji;* dünne, wässrige S, *póroja (la).* m.; dünne Reiss., *mashendéa (ya).* süss, *-támu;* s. Wasser, *maji ya pépo;* Süssigkeit, *támu, utámu;* Sussholz, *sus;* Süsskartoffel, *kiáʒi.*

Syphilis, *sekenéko.*

Syrien, *Shám.*

Syrup, *asali;* dicker S., *asali nʒito.*

T.

Taback, *tumbáko;* T. rauchen, *-vúta tumbáko;* Schnupft., *tumbako ya kunuka;* Rolle T., *púmba la tumbáko;* eine Art T., *hamumi ya).* m.; grünes-blatt, *mnóga.* m.; Blätter, welche der -pflanze ausgebrochen werden, damit sie sich desto besser entwickelt, *kikwápa;* -pfeife, *tósa, tóʒa.* m.; T. aus einer Kokosnuss, *kiko;* Rohr der T., *hensirani (ya.* m.

Tadel, *táʒo* pl. *matáʒʒo, matuvúmu, ila, láiuma.* m., *fédeha.* m., tadeln, *-kamia, -nenea, -fédeha.* m.; *-singamúʒa.* m, *-kimisha.* m., *-shulumu.* m., jemanden heftig t., *-fánya ukáli;* Tadler, *mfiosi.* m.

Tag (heller, *mehana, mtana.* m.; (von 24 Stunden, von Sonnenuntergang an gerechnet), *siku (ya* pl. *ʒa);* Zeit von 10 Tagen, in welche das Sonnenjahr (Nairuz) getheilt wird, *mvóngo* pl. *mióngo;* alle Tage, *siku ʒóte;* Tag nach übermorgen, *mtóndo;* der vierte T. von heute, *mtondo goa;* T. werden, *-pambaúka, -pambaʒúka;* einen T. überschlagen, *-kisa, -telekeʒa;* den T. zubringen, *-pisha mehána;* bis zum nächsten T. behalten, *-cheléʒa.* m.; das Huhn legt Eier, einen T. um den andern, *kuku wakisa;* Tagelöhner, welcher für seinen Zettel seinen Lohn empfängt, *kibárua* pl. *mabárua;* tägliche Ration an die Arbeiter, *posho;* die tägliche Ration austheilen, *-posha;* tagen (Morgen), *kú-cha, -pambauka, -nanasúka, -nanáuka.* m.

Takelwerk, Blockscheibe am T., *koradáni (ya* pl. *ʒa).*

Talg, *fúta* pl. *mafúta, móri.* m.

Talisman, *talásimu la.*

Tamarinde, *mkwáyu.* m.; Frucht der T., *ukwáyu.*

Tante, *ummu,* Vaters Schwester, *shangáʒi (wa)* pl. *mashangáʒi.*

Tanz, *machéʒo, msapáta, támbi, kitánga cha pépo, sóma (la).* m.; tanzen, *-chéʒa;* vor Freude t., *-ránda;* Art Rassel, welche beim t. und zaubern gebraucht wird, *kayámba;* den Kopf beim T. hin und her neigen, *-lingʒa;* Tanzplatz, *alisa.*

tapfer, *shujáa (wa)* pl. *mashujáa, hodári, khátari, jáhili.* m., *chágina.* m., *mjasiri, thabiti;* Tapferkeit, *ushujáa, ujáhahali.* m.

tappen nach etwas, *-sunʒa,* (im Finstern), *-papása.*

Tasche, *mfúko, bahasha;* kleine T., *mkóba;* Taschenkrebs, *mgó* pl. *migo.* m.; Taschenmesser der Europäer, *kijembe;* Taschenspielerei, *kilimato.* m.; *kiinimato.* m.; Taschentuch, *kitambaa cha mkono, léso (ya* pl. *ʒa).*

Tasse, *kikómbe.*

tätowiren, *-toja.*

Tau, *kámbá (ya* pl. *ʒa), ukambáa* pl. *kambáa, ngole, dakawa.* m.; Anker-T., *amári ya nanga.* m.; T., um die Segel zu hissen, *cherári.* m.; T., mit welchem die Eingeborenen das Ruder ihrer Fahrzeuge lenken, *ujári.* m.; in's T. nehmen, *-piga utári.* m.

taub, *kiʒiwi;* -heit, *ukiʒiwi.* m.; -stumm, *búbui (wa),* pl. *mabubui.*

Taube, *húa, njiwa, ndiwa.* m., *kipúre, gúde.* m., *fukwa.* m., *púji, pugi.*

tauchen, *-ʒáma.*

taugen, *-faa.*

taumeln, *-pepa,* (wie ein Betrunkener), *-umbaumba, -teteleka.* m., *-seseléka.* m.; t. machen, *-sesésha.* m.

Tausch, *bádili;* tauschen, -*bádili;*
Tauschhandel treiben, - *awithi;*
Tauschmittel, besonders Getreide an
Stelle des Geldes, *náfaka.*

Tauschleifen, am Schiff zum Befestigen
der Ruder u. dergl., *kishwára.*

täuschen, -*danganya, -pumbaza,-shaua;*
Täuschung, *upotefu, madánganyo.*

tausend, *elfu* (pl. *alafu*, *kikwi.*

Tausendfuss, *taándu.*

Teich, *ziwa* pl. *maziwa.*

Teig aus gestampften Mbazibohnen und
Kassava, *kisómbo.* m.

Telegraph, *simu*

Teller, *sáhani* (*ya* pl. *za*), *kisáhani;*
metallener 'Theebrett', *upáto* pl. *páto;*
Art T., welcher aus Sur in Arabien
importirt wird, *mdúli.* m.; kleiner
hölzerner T., *kifúa.*

Tempel, *baniya;* der T. in Jerusalem,
hékalu.

Temperament, *tabia* (*ya*).

Teppich, *zulia;* Gebetsteppich, *zulia*
ya kusujudia.

Termin, *muda, mohúlla.*

Termite, *mchwa* pl. *mchwa;* T., welche
Flügel bekommen haben, *kumbi-*
kumbi; -hauten, *teu* (Merima), *júgu.* m.

Tesching, *bundúki ya fiándi.*

Testament, *wasia, hátti.* m., *hussu.* m.;
ein T. machen, -*wasia,* -*hussu.* m.

Teufel, *iblis, sheitáni.*

Thal, *bónde, buónde, teremúko* (*la*). m.,
ngúuri. m.

Thaler, *reále* (*ya* pl. *za*); Maria Theresia
T., *fétha ya Shám.*

That, *mtendo, kitendo, ámali;* thätiger
Mensch, *mtendáji;* Thätlichkeit,
wilder,roher, zu T. neigender Mensch,
ndúli.

Thau, *umánde, unyo* (Pemba).

Thee, *cháyi;* -brett, *kipáto, up.ito;*
-kessel, *búli* pl. *mabúli, kanderinya,*
birika.

Theer, *lámi* (*ya*), *beréu.* m., *sheham.* m.

Theil, *upande, tapo* (*la*). m., *hussu,*
bathi. m., *aria, kisma, sehemu, fungu*
(*la*, *nungu.* m.; kleiner T., *kifúngu.* m.;
ich für mein T., *peke yángu;* du

für dein T., *peke yáko;* mit jemandem
an etwas T. nehmen, -*sharikia;*
theilen, -*piga mafúngu, -gawánya,*
-*gáwa.* m., -*hússu, -séhemu, -tána,*
-*ténga, -ungúa;* Theilung, des Gewinns nach Verhältniss an die Geschäftstheilnehmer, *uirári.*

Theologie, *dúa.*

theuer, *gháli.*

Thier, *nyáma;* wildes T., *nyáma ya*
mwitu, hayawáni. m.; verendetes T.,
nyamáfu; zaubern, um wilde T.
fern zu halten, -*gága* (Merima).

Thon, weisser, *ngáma;* poröses -gefäss,
gudulia, guduwia.

Thor (Thür), *mlango, lango* (*la*); T.
(Mensch), *kipúmba.* m., *mpungúfu*
wa ákili, behaimu, mjinga; -heit,
upumbáfu, ujinga; thörichtes Geschwätz, *upuuzi, udáku.* m.; thöricht
handeln, -*ghafalika;* t. werden, -*pu-*
mbazika; t. Weise und Rede, *kijinga-*
jinga. m.

Thräne, *chózi* (*la*), *tozi.* m.; T. vergiessen, -*tókwa na machózi.*

thun, -*fanya, -tenda;* etwas zufällig,
unabsichtlich t., -*pumbika;* etwas mit
einander zu t. haben, -*hujiana.*

Thüre, *mlángo, mwángo, úvi* Tumbatu);
eine T. aus Planken, *tarábe ya*
mlángo; das Mittelstück einer T.,
mfáa; -angel, *bawába* (*la*); Art
Leiste, die als T. dient, *makiri* (*ya*
pl. *za*). m.; die Oberschwelle der T.,
kipágo. m.; Seitenpfosten des -rah-
mens, *mwímo;* eine Thür einsetzen,
-*simikia mlango;* eine T. mit einem
Riegel verschliessen, -*pingía;* an die
T. eines fremden Hauses klopfen
und *hodi* rufen, um seine Ankunft
anzuzeigen, -*bisha;* freier Platz vor
der T., *uwánda* pl. *nyánda, ungu*
(Pemba), *úga* (Merima); -hüter,
mugója mlíngo, bawábu. m.; -kette,
riza; die Holzstücke, welche man
über der Fenster- und Thüröffnung
einmauert, *kikáza.* m.

Thurm, *mnára;* ein kleiner T., *kinára;*
der T. im Schachspiel, *fil.*

Thymian, *riháni.*

tief gelegener Platz, *lindi (la)*; tiefes
Wasser, *kilindi*, *shúmbi*. m.; tiefste
Ebbe, *mbánde*. m.: Tiefe, *kwenda
chini*, *ukéto*, *kina*. m.; T. des
Wassers', *uina*. m.; die T. der See,
úshi wa báhri; ein Wassergeist, der
die Schwimmenden in die T. zieht,
chinusi.

Tinte, *wino*; Früchte einer Mangroveart, welche zum Färben der Netze
gebraucht werden, auch wird T. davon gemacht, *msissi*. m.; -fass, *kidáua
cha wino*; -tisch, *pwé3a*, *ngi3i*. m.;
Arme des T., *mngiriri*.

Tisch, *mé3a*; ein niedriger T. der
Araber, *cháno*; Aufwärter bei T.,
mwandíkáji; -tuch, *kitambaa cha
mé3a*, *ngúo ya mé3a*.

Tochter, *binti (wa)* pl. *benáti*, *mtoto
mwanamke*, auch blos *mwána*, *mtóto*;
Schwieger-T., *mkwe*.

Tod, *ufu*, *mafu*, *mauti (ya)*, *maáfa*. m.,
ajali; Feier bei dem T. eines Kindes,
akika; Todesnachricht, *tan3ia*; durch
den Tod verlieren, *-fiwa* (cfr. *-fa*);
am T. schuld sein, *-fisha*; in Todesnöthen sein, *-taatáa*. m.; Todschläger,
mwuáji pl. *wauaji*, *kátili*.

todt, *máyiti (ya)*, *fu*. m.; halb t., *majú-
ruhu*. m.; Käfer, welcher sich t. stellt,
wenn man ihn anrührt, *kifau-
ongo*. m.; todte Kohle, *ka3imwi*. m.;
Auferstehung der Todten, *kiáma*. m.;
-bahre, *jenén3a (la)*. m.; -gräber,
m3ishi, *m3i3i*; -stille, *jinamisi*, *kina-
misa*. m.; tödten, *-fisha*, *-úa*; durch
Zaubergift t. *-óga*. m.: tödtlich, *kiuwáji*, *kiuáji*.

Tomatoe, *tungúja*. m., *tinde*. m.

Ton, *sauti*, *mlio*, *kishindo*. m.

Tonne, *pipa (la)*.

Topf, *nyungu*, *chungu*, *mkúngu*;
metallener T., *sufuria*, *mkébe* (zum
Räuchern); grosser T., *márgeli (ya)*;
irdener T., Fleisch darin zu braten,
kaángo (la), *uk.iángo* pl. *kaángo*,
kik.iángo; die drei Steine, auf
welche ein T. gesetzt wird, *figa* pl.
mafiga; Reis aus dem T. nehmen,
-pakúa; einen T. auf den anderen
setzen, *-teleké3a*; -brett, *súso*, *súsu*;

-deckel, irdener, *kibia*, *mkúngu wa
kufunikia*, *kiána*; Töpfer, *mfinángi*; Ofen des Töpfers, *jóko*; ein
Baum, dessen Frucht die Töpfer
zum Glätten und Verzieren ihrer
Waare gebrauchen, *mwafi*. m., *shi3i
(la)*; Töpferei betreiben, *-finyánga*;
grobes indisches Töpferzeug, *jáwa*.

trahen, *kwenda matiti*, *kwenda kwa
mashindo*.

Tradition, *sunna (ya)*. m.

Tragbahre, *kién3i*. m.

tragen, *-chukúa*, *-tukúa*. m., *-himili*;
ein Bündel t., *-titika*; (Kleider, *-váa*;
(Frucht), *-yyáa*, *-3áa*; ein Kind rittlings auf der Hüfte oder dem Rücken
t., *-weléka*, *-belea*; auf der Schulter
t., *-pagáa*, *-pagára*; sich auf den
Schultern t. lassen, *-yongóa*, *-yo-
ngoja*. m.: auf der Schulter t. lassen,
-paga3a; einander eine Last t. helfen,
-poke3ana; Stock, um etwas daran
zu t., *mlán3a*, *mpiko*.

träge, *-tepetévu*, *-vivu*; ein träger
Mensch, besonders der unterwegs
zurückbleibt, *msoháli*. m.; träge sein,
-pumbáa.

Träger (von Lasten), *mchukú3i (wa)*,
mtukú3i. m., *mpaga3i*, *hamáli*; -last,
m3igo, *mdala*, *mtau*, *mtumba*; -lohn,
machukú3i (ya), *úgira wa uchukú3i*.

Trägheit, *utepetévu*, *uvivu*, *fujofújo*,
unyogófu. m., *usémbe*. m., *usoháli*. m.,
ulájisi. m.

Trank, *chakúnwa*; tränken, *-nywesha*;
Tränktrog von Stein, *kibirika*.

Trauben, *m3abibu*. Bündel T., *kicháia
cha m3abibu*.

Trauer, *msiba*; in T. sein, *-kaa matánga*, *-ombelea*, *-hana*; mit der T.
aufhören, *-ondóa matánga*, *-ondóa
u3úka*; -botschaft, *tan3ia*. m.: -ge-
bräuche, *matánga*; trauernde Wittwe,
ki3úka; Trauerzeit der Wittwe um
ihren Mann, *eda*, *u3úka*.

Traum, *ndóto*; Geist eines Verstorbenen,
der den Verwandten im T. erscheint,
kóma (wa pl. *3a)*; Träume verursachen, *-ósa*. m.; träumen, *-óta*,
-lota (Merima).

Traurigkeit, *rámmu*.

Trauung, der Trauungsact vor Kadi und Zeugen, *úoʒi wa mke.*

treffen, *-sibu, -piga, -fuma;* einander t., *-wajihiána.* m.

treiben, *-sukuma;* (von Pflanzen) *-óta;* Blätter t., *-chanúa.*

trennen, *-pambanúa, -tangúa, -ungúa, -fumúa, -tána;* sich t., *-achana, -fumukána, -epusánya, -tangukana.*

Treppe, *dáraja* pl. *madáraja, kikwéʒo.* m.

treten, mit den Füssen, *-finyánga, -fióga.*

treu, *mwaminifu, thábiti;* Treue, *uthábiti;* Treuherzigkeit, *unyófu.* m.

Triebsand, *ufúkwe.* m.

trinken, *-nywa, -nwa;* reichlich t., *-shirábu;* trinkbar sein, *-nywéka;* Rohr, um Bier oder andere Flüssigkeiten dadurch zu t., *mlíja.* m.; Trinkgeld, *ada* (la), *utotóle.* m., *bakhshishi;* Trinkglas, *kikómbe cha bilúuli, bilauli.*

Triumph, *shángwi.*

trocken, *yábisi, -kukútu, -kavu;* sehr t., *káme;* t. gekochter Reis, *pukúte ya wali;* Felsen und Sandbänke, welche durch die Ebbe t. gelegt werden, *kipwa;* durch die Ebbe t. gelegt, *káme,* trockener Graben in Befestigungen, *handáki;* die trockene Zeit, *kaskáʒi;* Trockenheit, *ukáfu.* m.; trocknen (intr.), *-kauka, -nyauka, -pwa, -yabisika;* (trans.), *-kausha, -yabisisha;* Fische t., *-ngónda;* in der Sonne oder an der Luft t., *-aníka;* Stöcke, an welchen Fische zum T. oder Räuchern aufgehängt werden, *pámbo (ʒa)* pl. zu *upámbo;* trockener, quälender Husten, *kikohúʒi.*

Trommel, *ngóma;* besondere Arten. *kumbwáya, chapuo* klein), *mandóndo,* (lang), *tári* mit Handgriff), *góngwe, ngoma ya marwási, msóndo* lang), *púngwa; dunguumáro;* der Schall der grossen T., *bómu* (la); Name eines bösen Dämon, der durch den Ton der *dunguumáro* T. verscheucht wird, *mdunguumáro.* m.; das Fell auf eine T. ziehen, *-wámba;* etwas, das strafl wie ein Trommelfell übergespannt

ist, *kiwámbo;* trommeln, *-piga ngóma, -chapúa.* m.; mit den Fingern t., *-gotagóta;* besondere Art des T. bei Beschwörungen, *madogóvi; -schlag, vúmi.*

Trompete, *trompeta, paanda, gunda;* die T. blasen, *-piga trompeta.*

Tropfen, *tone (la), kitóne;* tröpfeln, *-tiririka, -tóua, -nyotanyóta, -dururíka.* m., *-doda.* m.; das Tröpfeln, *marasharásha* (ya). m.; T. verursachen, *-tonésha.*

Trost, *fáraja, mfáraja;* T. in Trauer, *taʒía.* m.; trösten, *-túliʒa, -ondoléa húʒumi, -fáraji, -taathámisha.* m.; sich t., *-ji-túlília, -shúkuru;* Tröster, *mfáriji.*

trotzen, *-kábili;* auf etwas t., *-nyetéa.* m.; Trotzkopf, *mshindáni, mpóto, mpotóe,*

Trübung des Wassers, *fúnsu* (la). m.

Trümmer, *maangúko;* in T. zerfallen, *-pomóka, -bomoka.*

trunken machen, *-lévya;* t. werden, *-léwa;* Trunkenbold, *mlévi, shérebi, mtahámari.* m.; hin und her taumeln (wie ein Trunkener), *-umbaúmba;* nicht klar sehen, wie ein T., *gumbáa.* m.; Trunkenheit, *ulévi, malévi.*

Trupp, *kúndi* (la); Trüppchen, *kikúndi.* m.

Truthahn, *bata la mʒinga, kolokólo.* m.

Tuch, *nguo;* wollenes T., *joho;* ausgefranstes Ende eines T., *tamvúa (la);* seidenes T., das die Frauen um den Kopf wickeln, *dusamáli;* T., in welchem die Kinder auf dem Rücken getragen werden, *mweléko.* m.; T., in welches man sich etwas hineinschütten lässt, *bindo (la), mabindo;* in ein T. eingebunden, *furushi* pl. *mafúrushi;* Tuch, in welches eine Leiche gewickelt wird, ehe sie gewaschen und mit dem eigentlichen Todtenkleid bekleidet wird, *upindo* pl. *pindo, kipindo;* Bahrtuch, das über die Leiche gedeckt wird, *subájra.*

tüchtig, *hodari, mbúji.* m.; t. sein, *-dirihi;* t. machen, *-sitawisha.*

Türke, *túrki* wa) pl. *matúrki;* der türkische Sultan, Sultân *errûm;* türkische Mütze, *tópi ya matúruki.* m.

Tumult, *gháȥíya*. m.
Turban, *kilémba;* ein Mann mit einem
T., *mkilémba.* m.: Stück Zeug zum
T., *utámbi* pl. *támbi;* karrirter Stoff
zum T., *sáhari;* Ende oder Ecke eines

T., *utamvúa, tamvúa ,la ;* sich den
T. umbinden, *-ȥiga kilémba.*

Tyrann, *mnyanyányü;* Tyrannei,
jauri. m., *ujáuri.* m.

U.

Uebel, *shári, ubáya;* ein Zauber. um
U. abzuwenden, *kafára (la);* übeles
anstiftender Mensch, *mtukússi.* m.;
übele Laune, *muháli.* m.

über, *juú ya.*

überall, *máhali pote.*

überbieten, *-shindania, -shindaniána.*

überbringen, *-peléka;* Jemand Neuigkeiten ü., *-awilia;* ü. lassen, *-wa-
silishia.*

überdenken, *-tafákiri.*

Ueberdruss, *sákara.* m.: U. erregen,
-kinaisha; überdrüssig sein, *-kimwa,
-sakarika.* m.

übereilt handeln, *-ghafalika.*

übereinkommen, *-afikána, -rithiána,
-pasa, -pasha, -agána;* Uebereinkunft, *mwáfaka.*

übereinstimmen, *-patana, -ongoana,
-wekana, -selehika, -tabikiana.* m.

Ueberfahrtstelle, *kivúko.*

überfahren (mit einem Wagen), *-saga
na gari.*

Ueberfall, räuberischer, *gháȥíya.* m.

überfallen, *-tambalia, -shambulia, -póka*
(Pemba).

überfliessen, *-miminika, -enea, -fu-
furika.* m.: überfliessend voll, *lenibe-
lémbe.* m.; Blätter, welche auf das
Wasser im Kruge gelegt werden, damit es nicht überfliesst, wenn der
Krug auf dem Kopfe getragen wird,
mavigo ya máji. m.; Ueberfluss,
marithâwa (ya), néema. m., *une-
mefu.* m., *jaȥi;* U. haben, *-neeméka.* m.

Ueberfüllung, *mwimbiȥi.* m.

übergeben, *-takabathisha, -salamisha,
-pokeȥa;* sich ü. (in die Gewalt jemandes), *-sélimu.*

übergehen, *-pita, -acha:* übergangen
sein, *-pitika.*

übergespannt, straff, wie ein Trommelfell, *kiwámbo.*

übergiessen, *-mimina;* übergegossen
sein, *-miminika.*

Ueberhebung, *kináya.*

überkochen, *-fúrika, -fufuririka.*

Ueberladung, *uwimbiȥi.*

überlaufen, *-tapanika, -fúrika.*

überlegen, *-waȥa, -aȥa, -fikiri;* Ueberlegung, *fikira.*

überliefern, *-sálimu, -salamisha, -toa.*

Ueberlieferung (Tradition), *hadithi (ya*
pl. *ȥa), mausio.* m.

übermorgen, *késho kútwa;* Tag nach
ü., *mtóndo.*

überragen, *-shinda.*

überraschen, *-sisimia, -shutukia, -sumá-
nya, -gigiȥa.* m., *-sufúma.* m.; einen
der sich versteckt hält ü., *-gundúa;*
früh Morgens ü., *-raukia.* m.; überrascht sein, *-sisimúka;* Ueberraschung, *muúȥiȥa.* m.

überreden, *-sháwishi, -tarathia.*

überreif sein, *-nyambúka.* m.; *-shetč-
ka.* m.

Ueberrest, *msáȥo, masáa;* U. von etwas
Flüssigem im Gefäss oder in der
Grube, *shinda (la), mashinda, kishinda;* U. von Speisen, der für den
folgenden Tag verwahrt wird, *makómbo, mwiko.* m.

Uebersättigung, *sákara, ndéo.* m

überschätzen, *-furungika.* m.

überschlagen (einen Tag, *-kisa.*

überschreien, beim Zank, *-hanikiȥa.*

überschreiten, *-pita, -kiúka, -dúpa.* m.:
einen Fluss ü., *-vúka;* die Flüsse

lassen sich nicht ü., *mito haipishi;* überschreitbar sein, *-pitika.*

überschwemmen, *-gharikisha;* überschwemmt werden, *-ghariki;* Ueberschwemmung, *ghárika.*

übersenden; *-peléka;* ü. lassen, *-wasilishia.*

übersetzen (Buch), *-tefsiri;* Uebersetzung, *tefsiri;* ü. (über einen Fluss), *-vusha.*

übertreffen, *-pita, -shinda, -kulúla.* m.; übertroffen sein, *-chibakika.* m.

übertreten, *-batili, -hálifu.* m ,*-túpa hátti;* Uebertreter, *muhálifu.* m.; Uebertretung, *uhálifu.* m.

übervortheilen bei einer Vertheilung, *-kónya.* m.

überwinden, *-shindania, -ghálibu.* m. Ueberwinder, *mshinda, mshindi.*

Ueberwurf vornehmer Frauen, wenn sie auf die Strasse gehen. *ukingo* pl. *kingo,*

überzeugt sein, *-kinai.*

Ueberzieher, *kisibao, koti.*

Übel, *-baya, -bovu;* übler Geruch, *ufúndo.* m.

übrig bleiben, *-sáa, -salia, -baki;* ü. lassen, *-sáza, -acha;* ü. gelassener Rest (von Speisen), *masázo (ya).*

Uebung, *mtáala.* m.

Uferregion eines Flusses, Süsswassersees, *matawále (ya).* m.

Uhr, *sáa.*

umarmen, *-kumbatia, -pambája.*

umbinden, den Turban, *-plga kilémba.*

umdrehen, *-pindúa;* umgedreht sein. *-pindúka.*

Umfang, *mzingo, kwimba.* m.

umfassen, mit der Hand, *-fumbáta;* umfasst sein, *-fumbatika.*

umgeben, *-tandáma, dúru.*

Umgegend eines Ortes, *kitutáni.* m.

umgehen, *-zungúka;* gut miteinander u., *-selekhiáma.* m.; Umgehung, *mzungúko.*

umgraben, *-palia;* feuchtes Land u., *-omóa.* m.

umherführen, *-tembéza.*

umhergehen, *-tombéa, -zúza, -tánga.* m.

umherkreuzen, *-vinjári.*

umherschleudern, *-tánga.*

umherstreifen, *-totóma.* m.

umhergestreut, *chahichaki.* m.

umkommen, *-fa, -angamia, -agáa* (Merima).

umringen, *-tandáma, -zungúka.*

umroden, Fest, nachdem ein Stück neues Gartenland umgerodet ist, *rangáile.* m.

umschauen, sich, *-márisi.* m.

Umschlag (warmer), *sefluti.*

Umschweife machen, *-tesénya.* m.

umsonst, *burre, bilashi.*

umspannen, mit der Hand, *-fumbáta.*

Umstand, *jámbo (la)* pl. *majámbo* oder *mámbo;* plötzlich eintretender U., *údúru.* m.

umstürzen, *-petúa, -angúsha, -fuamiza.* m., *-fanya uhálafa.* m., umgestürzt sein, *-pindúka.*

umwenden (trans.), *-zungúsha, -geusha;* (intr.), *-zunguka, -geuka.*

umwerfen, *-angusha, -fanya uhálafa.* m.

umwickeln, *-gánga, -songoméza.*

umwinden, *-dádisa.* m.

Umzäunung, *úa (ya)* pl. *za, ugo* pl. *nyugo.*

umzingeln, *-zungúka.*

unabhängig, *gháwini.* m., *mkináifu.* m.; Unabhängigkeit, *ukináifu.* m.

unabsichtlich, etwas zufällig, u. thun, *-pumbika.*

unangenehm, *-zito.*

unartig, *mtukútu.* m.

unaufmerksam sein, *-taghafali;* u. zuhören, *-sinzilia.*

Unaufrichtigkeit, *hangwe* (Merima)

unbekannt, *gúgu.*

unbedeckt, *-wazi.*

unbedeutend, ein unbedeutender Mensch, *mnyónge;* unbedeutendes Wesen, *ucháche.* m.

unbeschädigt erhalten, *-okóa.*

unbeständig sein, *-tukúta.*

unbewacht, wie für den Dieb daliegen, -ibika.

Unbilligkeit, uthálimu. m.

und, na, wa; in negativen Sätzen, wala, u. nicht, wála: u. ich, nami; u. du, nuwe; u. er, naye; u. wir, uaswi; u. ihr, nanyi; u. sie, nao.

uneben sein, -wáwa. m.

uneinig sein, -kosána, -bagukána. m.; Uneinigkeit, tofáuti.

Unerfahrenheit, upunubáfu, ujinga, usúsu. m.

unersättlich sein, -lafúka. m.

unersetzlicher, grosser Verlust, mwe-ndangúu.

unerwartet weggehen, -churúka. m.; etwas unerwartetes, sháui.

unfruchtbar, tassa; unfruchtbares, salziges Land, wángwa pl. nyángwa; Unfruchtbarkeit, utássa. m.

ungefähr, kádiri (kadri).

ungefälliges Wesen, uyábisi. m.

Ungehorsam, utukútu. m.; ungehorsam, aási, mtukútu. m.; u. sein, -asi.

ungenau die Arbeit verrichten, -parúa. m.

ungerecht, mthalímu; sein, -thálimu, -thilimu; Ungerechtigkeit, jáuri, ujáuri, uthálimu.

ungestört bleiben, -stárehe.

ungewaschen, chávu.

ungezogen, potóe; Ungezogenheit, ubishi.

Unglauben, makúfuru ya. m.

Unglück, báa ya; masáibu, msiba, shidda: unglücklich machen, -dulisha. m.; Unglückskind, das der Familie Unheil bringt, timfi, kijego.

Ungnade, násáa pl. mi-násáa): in U. fallen, -tusúka. m.

Unheil, mathara ya, uhárabu; Vogel, welcher U. anzeigt, koráfi.

Unkenntniss, usúsu, ujinga.

Unkosten, ghárama; sich U. machen, -gharimia.

Unkraut, magúgu ya, kékwe, kwékwe. m.; lästiges U. in den Plantagen, mwámba nyáma, kitáwe. m.;

Haufen U. im Garten gesammelt, um verbrannt zu werden, biwi (la); den Boden gründlich durcharbeiten, um alle Unkrautwurzeln zu beseitigen, -búruga.

Unlust, sich anzustrengen, usémbe. m.

unmöglich machen, -danganisha.

unnütz, mtúndu, chége pl. machége. m.; unnützes Geschwätz, mapuuzi, madóro; ya). m., kibáuro. m.; unnütze Mühe haben, -tanganka. m.

unordentliche Arbeit, shufushúfu. m.

Unordnung, fújo pl. mafújo; in U. bringen, -chafúa; in U. sein, -chafúka.

unpaar, witiru.

unpässlich sein, -ugua.

Unrath, táka ya pl. ya).

Unrecht, hatía ya; u. thun, -thálimu.

unreif, -bichi, -chánga, kijánga. m.; u. sein, -vía; unreife Früchte abfallen lassen, -pukusa; u. Kokosnuss, in welcher sich Fleisch und Milch bereits zu bilden anfängt, kitále; u. Früchte, welche zu früh abfallen, mapoóza ya; noch u. Kafferkorn, tete ya pl. ya; Korn, welches noch nicht ganz reif ist, mkéwa. m.

unrein, nejisi.

Unreinigkeit, táka, ucháfu, úko, utóhara, cháma, tánua. m., nájisi, vúmbi.

Unruhe, uthia, fazáa, kero, taabu, shidda, fujo, sháká la, mfúrugo. m., gharíza. m., pingamánzi; grosse U., ténge bóra. m.; in U. kommen, -taháruki; jemanden in U. bringen, -tangaúa. m.; unruhig, mtukútu. m.; u. sein, -tukúta, -fazáika, -púkka. m.; u. machen, -fazaisha.

unser, -etu; u. Herr, seyidína; u. Kind, mwanétu; in u. Hause, kwétu.

unsichtbar geworden sein, -zimu.

Unsinn, púo, púwo, upuúzi; U. schwatzen, -puúza, -páyua. m.; unsinniges Geschwätz, mapuuzi, udáku. m.

Unstätigkeit, fazáa.

unten, chini, tini. m.; unter, chini ya.

Unterarm, mkóno, kiwéko. m.

unterbrechen, -katíʒa, -deteléka. m.; u. in der Rede, -hamikiʒa, -chachá-wiʒa. m.; in der Entwickelung u., verderben, -viʒa; unterbrechen, verderben, -burugányʒa; unterbrechendes störendes Geschwätz, varánga; Unterbrechung, káto pl. makáto.

unterdessen, maadám.

unterdrücken, -thélimu; Unterdrückung, jauri, udiki. m.

untergehen, im Wasser, -ʒáma, -chochéa, -toléa. m.; (von Schiffen), -msu (kúmsu); (von der Sonne), -chwa (kúchwa); untergehende Sonne, kajúʒa. m.

Unterhalt, rúʒuki; Mittel zum U., riʒiki (ya pl. ʒa), unterhalten (ernähren), -riʒiki, -lisha.

unterhalten, sich, -ʒumgúmʒa; sich mit etwas u., -láabu; unterhaltend sein, -changaímka; Unterhaltung, usémi, maʒumgúmʒo (ya).

Unterholz, magúgu (ya).

Unterkapitain, serénge. m.

unterlegen, der Henne Eier, -atámisha.

Unterlippe, chónda mtuʒi. m.

unternehmen, -járibu, -tia mkonóni.

Unterredung, usémi.

Unterricht, fundisho (la), élimu; unterrichten, -fundisha, -elemísha, -alimisha; unterrichtet sein, -funʒika.

unterschätzen, -rahisisha.

unterscheiden, -baini, -tambúa.

untersinken, -didimia, -ʒáma.

unterst, das oberste zu u. drehen, -petúa, -pindúa, -fudikiʒa.

unterstützen, -chukúa, ku-m-pa tiba. m.; jemanden mit Geld in seinem Geschäft u., -náfisi; Unterstützung, mategeméo (ya) tiba. m.

untersuchen, -tafúta, -tafiti; ein Untersucher, mdádisi. m.

untertauchen (trans.), -ʒámisha, -vigaa. m., -gháriki, intr. -ʒáma; beim Baden mit dem Kopfe u. und mit den Beinen plätschern, ku-piga mikambe.

Unterthan, ráya, ráyia pl. waria und rayát (ya pl. ʒa); Unterthänigkeit, tia (ya).

unterwerfen, -shinda, -tiisha; sich u. (intr.),tii; Unterworfener, mshinde. m.

Untiefen in der See, kiráka, fungu, makupa.

Unvereinbarkeit (wie etwa von Oel und und Wasser), mbayana (ya). m.

unvergänglich, áushi.

unverletzt, -ʒima.

unverschämt sein, -nyéta, -ghúrika, -ji-pujua; u., msáfihi; Unverschämtheit, kináya, utukútu. m., uféthuli m., kiráhi. m., ghururi, inda.

unverschrt, -ʒima; u. erhalten sein, -okóka.

unverständig, mjinga, kijánga. m.

unverständlich sein, -táta. m., u. Weise und Rede, kijingajinga. m.; u., dunkler Spruch, wie ihn der Zauberer gebraucht, kilinge; Unverstand, upumbáfu, urúri. m.

Unverträglichkeit, usáfihi.

unverzagt, mjasiri, jahali; Unverzagtheit, ujáhali. m.

unvollkommen, poóʒa (la).

unvollständig, -pungúfu.

Unwahrheit, unvóngo.

unwichtig, khafífu.

unwiderstehlich, sui.

unwillig werden, -taháruki.

unwissend, mjinga, jáhili.

unzüchtig leben, -ʒini.

unzufrieden sein mit jemand, -tia hatiáni, -núna. m.; Unzufriedenheit, tutúo. m.

unzuverlässiger, doppelzüngiger Mensch, kaoléni.

unzweckmässige, unnütze Dinge, mapoóʒa (ya).

urbar sein, -limika; u. gemachtes Land, kúnde (ya pl. ʒa).

Urenkel, kirémba, kijukúu, kitukúu. m., jaddi.

Urgrossmutter, mʒáa bibi.

Urin, mkójo, kojoʒi (la). m.

Urlaub, rúkhsa; U. geben, -likiʒa.

Ursache, *sabábu, maáma, huja hoja*, Urtheil, *maámuʒi (ya*, *hókumu;* U.
úthuru, ajili, kisa, wáili. m.   sprechen, *-sia, -hukumu, -hokumu.*
                                    ein U. auf Grund des Islam abgeben,
Ursprung, *ásili.*   *-fétwa.*

V.

Vater, *bába ya, wa* pl. *ʒa*, *mʒáa,*
shóe Kigunya; des V. Schwester,
shangáʒi (wá pl. *mashangáʒi;* von
V. Seite, *kuuméni.*

verabredeter Platz zur Zusammenkunft,
kiaʁáno. m.

verabschieden, sich v. von jemand,
indem man ihm das Geleite giebt,
-safirisha.

verachten, *-tharáu, -purukusha, -tweʒa,*
-umbúa, -áʒiri. m.; (ohne Grund,
-tadia. m.; Verachtung, *uláuifu.* m.,
sóni. m.; Interjection der V., *kéfule;*
verächtlich behandeln, *-twéʒa, -kefya-*
kéfya, -tutúsha. m., *-ména.* m.; sich
v. machen, *-túsha.* m.; hinter dem
Rücken über jemand v. reden, *-se-*
ngénya, -déngüri (Kigunya); v. sein,
-túka. m.; die Augenbrauen v. ziehen,
-kunia; den Mund v. verziehen,
-jichakúa. m.; v. Seitenblick, *kito-*
ngotóngo.

verändern, *-badili, -geúʒa;* verändert
sein, *-badilika, -geúka, -gháiri;* Veränderung, *geúʒi (la*, *mageúʒi.*

veranlassen (meist durch das Causativum) *-sukumia.*

verantwortlich machen, *-laʒimisha;* v.
für etwas werden, *-tadáriki.*

verarmen, *-kombereka.* m.; die Verarmung jemandes veranlassen, *-fuka-*
risha.

verbannen, *-fukuʒa, -hamisha, -gurisha*
(Lamu).

verbergen, *-ficha, -setiri;* sich v., *-siri;*
ein verborgenes Ding, *fúmbo* pl. *ma-*
fúmbo; verborgen werden, *-stirika.*

verbessern, *-silikhi.*

Verbeugung, *-chinamisi.* m.

verbiegen, *-kombóa;* verbogen sein.
-kombóka, -potóka; sich v., *-nema.* m.,
-nénika, -nemúka, -nepa.

verbieten, *-kataʒa, -komésha, -gombéʒa,*
-rufuka; siehe auch Verbot.

verbinden (getrenntes), *-unga, -ungania,*
-ungamanisha, -shikamanisha, -shinda-
manisha, -songa; die Augen v., *-funga*
kidóto.

Verbot, *rúfuka;* verboten, *marufúku;*
v. (nach dem Islam), *harámu;* v. sein,
-epúsha; für v. erklären, *-hárimu.*

verbrannt sein, *-ungúa.*

verbrauchen, *-tilifisha, -diisha;* verbraucht sein, *-tumika, -lika, -tu-*
fúka. m.

Verbrechen, *taksiri, hatia, thambi;* ein
schweres V. gegen jemand begehen.
-kóra manʒa; jemand eines V. beschuldigen, *-kumbiʒa;* Pfosten, an
welchem Verbrecher, die durchgepeitscht werden sollen, angebunden
werden, *mku.* m.

verbunden, dicht v. sein, *-fungamana;*
mit etwas anderem v. sein, *-ungama;*
verbundenes trennen, *-fumúa.*

Verdacht, *mashutumu (ya*, *mashutumio,*
tafáute. m., *teshwishi.* m.; falscher V.,
thanna; jemand für verdächtig halten,
-shúku; verdächtigen, *-túhumu.*

Verderben, *upotefu, upotevu;* verderben
(intr.), *-pofuka, -óʒa;* anfangen zu v.,
-jaja; v. (trans.), *-pofúa, -potóa,*
-angamisha, -komboa, -fishia, -ha-
ribu, -fisadi, -ifia. m., *-tofua.* m.;
sich die Zähne an harten Dingen v.,
-jitúka; Jemandes Arbeit v., *-boro-*
ngaboronga; durch Unterbrechen v,
viʒa burugánya. m.; sich den Magen
v., *-vimbúua;* durch Nachlässigkeit v.,
-potéʒa; Verderber, *muharibivu;* ver-

verdeutlichen — Verkauf. **253**

derblich, *kináji;* Verderbniss, *upeketéfu.* m., *uharibifu;* verderbt, *-ovu,
-bovu, -pofu, -potóe.*
verdeutlichen, *-yúʒa, -fafanúsha.*
verdichten; Holzstückchen, mit denen
die Wand der hölzernen Häuser verdichtet wird, ehe sie mit Lehm beworfen werden, *uwássa,* pl. *nyássa.* m.
verdienen, beim Handel, *-tijára, -tuma;*
verdiente, durch Arbeit v. Kost,
kisudúo. m.; Platz, wo es etwas zu
verdienen giebt, *utúmi.* m.: Verdienst,
ajara, kibráni. m.
verdoppeln, *-rudúfya.*
verdorben, *-ovu, -bovu, -pofu, túfu.* m.;
v. werden, *-fukujika.*
verdorren, *-poóʒa.*
verdrehen, *-potóa, -popotóa, -potósha,
-tatia;* verdreht sein, *-potóka;* Verdrehung der Worte, wenn die Silben
umgestellt werden, Räubersprache,
kinyume, kiúnʒe.
verdünnen mit Wasser, *-tujúa.* m.
verehren, *-abudu, -sujudu.*
vereinigen, *-patanisha, -unga, -unga-
mánisha, -ungamisha, -songa.* m.;
vereinigt sein, *-ungana, -ungamika,
-ungamana.*
vereitern, *-unga;* Vereiterung der
Augen, *uchóngo* pl. *chóngo, utongo.* m.
verendetes Thier, *nyamáfu.*
verfälschen, *-ghóshi, -ghúshi.*
Verfasser, *mbúni (wa).* m.
verfaulen, *-óʒa;* anfangen zu v., *-jája.* m.;
v. lassen, *-oʒésha;* verfault, *-ovu,
-bovu;* Verfaultheit, *uóvu.*
verfehlen, *-kosa, -kosakosa;* einander
v., *-pishána;* verfehlt sein, *-köséka.*
verfinstern, die Sonne ist verfinstert,
jua la pátwa.
verfluchen, *-láani;* Verfluchung,
ulánifu. m.
verfolgen, *-fukuʒa, -kimbilisha,
-shága.* m.
verführen, *-potóa, -kösésha;* zum
Schwatzen v., *-puʒisha;* Verführer,
tongánya. m.

vergangen, längst v., *kále.* m.
Vergehen, *thambi, dámbi.* m.
vergehen, *-toweka, -tóta, -dii, -túʒa.* m.
vergessen, *-saháu;* plötzliches Vergessen
einer bekannten Sache, *kidúdu.* m.;
vergesslich, *msáhau.*
Vergeudung, *washaráti.*
vergeben, *-sámehe, -achilia, -atilia.* m.,
-ghófiri; vergieb mir, *niwie ráthi;*
Vergebung, *msámeha, msámehe, ghó-
fira (la), musáma, aráthi, maáfu.* m.,
manádira; Bitte um V., *ulalamisi.* m.
vergeblich, *burre, bilash.*
vergiessen, *-mwága;* Thränen v.,
-tókwa na machóʒi.
vergiften, *-súmmu;* vergifteter Pfeil mit
Eisenspitze, *mfi wa kijúmba.* m.; v.
Pfeil mit Holzspitze, *mfi wa
mrémbe.* m.
vergnügt sein, *-furahi, -tangamúka.* m.;
v. machen, *-furahisha, -tangamúa.* m.,
ku-m-pa úso; ein vergnügtes Gesicht
machen, *-kundúa úso;* Vergnügen,
furaha (ya pl. *ʒa).*
vergraben, *-chimbúa.*
vergrössern, *-kúʒa, -ongéʒa, -ʒidisha,
-lukúʒa, -roromosha;* sich v., *-kithiri,
-roromóka.* m.; der Vergrösserung
fähig sein, *-ongoʒéka.*
Verhalten, *maenénʒi (ya).* m.
Verhau im Walde, um das Wild an
die Fallgrube zu bringen, *ukigo.* m.
verhelfen, Jemand zu einem Vortheil,
-kibrisha. m.
Verhetzer, *fitina* pl. *mafitina.*
verhindern, *-danganisha, -rúfuka, -piga
marfúku, -ʒuia;* durch die Ebbe verhindert werden, *-pweléwa.*
verhöhnen, *-pekeléka, -thihaki.*
verhungern, *-laláika.*
verirren, *-potéa.*
Verkauf, *mnáda;* zum V. stehen,
-uʒánya; das erste Gebot machen,
wenn es zum V. ausgeboten wird,
-risimu; verkaufen, *-kúʒa, -úʒa, -liʒa;*
lassen, *-uliʒa;* einzeln v., *ku-uʒa
reʒareʒa;* Ding, das verkauft wird,
mnáda.

254

Verkehr — Verrath.

Verkehr, Handel und V., *biashara;* verkehren, intim mit einander, *-lána.* m.

verkehrt, *mtúndu.*

verkrümmt, *mpindáni.*

verkrüppeln, *-poóʒa, -fiʒ, -dʒndwʒʒ.* m.; *-rúndʒ.* m.

verkündigen, *-tʒngáʒa.*

verkürzen, *-fupiʒa.*

verlachen, *-kufuru, -thihʒki.*

verlängern, *-tawilishʒ, -ongeʒa.*

Verlangen, *mʒpénʒi, hʒjʒ, háwa, hʒwʒt, uhitʒji, tamʒʒ, ngóʒ, rúkho, úju.* m., *utáshi.* m., *mʒdʒika.* m., *kijóyo.* m.; verlangen, *-tákʒ, -tunúkʒ, -ihiʒji, -hedʒji, -dʒi, -tamʒʒ, -tamʒni;* heftig etwas von jemandem v , *-chʒdi.* m.

verlassen, *-áchʒ, -atʒ.* m., *-hújuru, -bʒnduka.* m.; verlassener Platz, *kinʒmiʒi, kando (lʒ).* m : die Welt v., sterben, *-ondókʒ kʒtikʒ ulimwéngu, -fariki dunyʒ;* sich auf etwas v., *-tumʒina, -tegeméʒ, -nyeléʒ.* m., *-tʒwʒkʒli.*

verläumden, *-chongeleʒʒ, -tongéʒ.* m., *-thúmu, -sutʒ, -aʒiri.* m.; heimlich v., *-bógódu.* m.; fälschlich v., *-singiʒa;* einander v.,*-papuriana,-bogodiana.*m.; Verläumder,*fitina* pl. *mʒfitinʒ, mʒúʒi, mdáku.* m., *mwʒmbi.* m.; ein V. unter Freunden, *mbéʒ* pl.*wambéʒ.* m.; Verläumdung, *fitinʒ (yʒ* pl. *ʒa),* m*ʒsingiʒio, mʒʒmvi.* m., *isʒra.* m.

Verlegenheit, *pʒmbwʒʒi;* in V. setzen, *-chʒchíʒ.*

verleiten zur Flucht oder Desertion, *-toroshʒ.*

verletzen, *-umʒ, -thuru, -povúʒ, -tofúʒ.* m., *-topóʒ.* m., *-hasiri, -hasirʒ, -fiándʒ.* m.; v.,(mit Worten\, *-onʒʒ.* m.; v., indem man unversehends hinaufläuft, *-vuáʒa;* seine verletzende Kraft verlieren, *-topókʒ.* m.; verletzt sein, *-chubúkʒ, -hʒsirikʒ, -tofúkʒ.* m.; *-onsékʒ.* m.

verleugnen, *-kánʒ.*

verlieren (durch Nachlässigkeit', *-poteʒʒ;* v. 'ein Spiel', *-pariwʒ;* die Lust zu etwas v., *-tamʒukʒ;* verloren haben, *-potéwʒ;* verloren gehen, *-potéʒ,*

-agáʒ. m.; v. sein, *-angamiʒ, -angamikʒ, -poteʒ;* jemand durch den Tod v. haben, *-fiwʒ.*

verloben, *-úʒʒ.*

verlöschen intr.\, *-ʒimʒ, -ʒimika;* trans. *-ʒimishʒ.*

Verlust (im Geschäft), *hʒsára;* der V. eines Auges, *chóngo* pl. *vyóngo;* grosser, unersetzlicher V., *mwendʒngúu.*

vermachen, jem. etwas, *-rithishʒ, -husiʒ.* m.; Vermächtniss, *wʒsiʒ, háddi.* m.

vermehren, *-ongéʒa, -ʒidishʒ;* sich v., *-ongéʒ, -kithiri, -ʒidi, -durumánʒ.* m.

vermeiden, *-epúkʒ, -tengánʒ;* zu v. sein, *-epukikʒ, -epékʒ;* Speise, die man aus medicinischen Gründen v., *msiro.* m.; zu v. suchen, *-gengeúka.* m.

vermiethen, *-pʒngishʒ, -ujirishʒ.*

vermindern, *-pungúʒa, -tilifishʒ, -tʒngúʒ, -dilifishʒ.* m.; sich v., *-pungúkʒ, -tʒngúkʒ.* m., *-dilifikʒ.* m.; Verminderung, *mʒkuʒáni.* m.

vermischen, *-changanyʒ, -burugʒ, -fundʒ.*

vermitteln, *-afikʒnishʒ,-sʒlʒhishʒ, -selehishʒ, -sulúhishʒ;* Vermittler, *mwombéʒi.*

vermodern, *-fányʒ ukúngu, -furujikʒ.*

Vermögen 'Kraft', *uwéʒa, uweʒi, uweʒo, sulúbu.* m.; V. 'Geld), *mʒli;* grosses V., *lʒsirmʒli.* m.; vermögen, *-wéʒa.*

vernachlässigen, *-purukushʒ, -pitiʒ;* seine Pflicht v., störrisch, ungehorsam sein, *-asi;* vor lauter Schwätzerei die Arbeit v., *-puʒikʒ.*

verneigen, sich tief v., *-jinikʒ;* Verneigung, *jinʒmisi.*

verneinen, *-kanʒ. -dʒkuliʒa.*

vernichten, *-uʒ, -ʒmbuʒ, -bʒtili, -unsulu.* m., *-fanyʒ uhálafʒ.* m.; Vernichtung, *uhʒribífu.*

Verödung, *mʒgangáo (yʒ).* m.

verpflichten, sich, *-fányʒ shárti;* verpflichtet sein, *-juʒu, -laʒinu;* jemand v. sein, *-fuáʒa;* Verpflichtung, *shárti.*

verpfuschen, *-ifiʒ.* m.

Verrath,*ufʒfamúʒi.* m.; verrathen, *-pele-*

léʒa, -simbua. m.; Verräther, *kháini, mpenyéʒi.*

verräuchern, *-vivia.*

verrenken, *-popotóa, -stusha, -téúka;* sich etwas v., *-petúka;* verrenkt sein, *-popotóka.*

verrichten, *-tenda, -fanya;* die Arbeit eilig und ungenau v., *-parúa* m.

verringern, *-punguʒa;* sich v., *-pungúa.*

Vers, *sháiri (la!, kinyágo;* V. machen, *-túnga nyimbo.*

versammeln, *-kusanya, -jamisha, -tánga.* m., *-tangánya, -kungamana;* sich v., *-jámia, -húduru, -kusanyika, -tanganyika, -rúnga.* m.; versammelt sein, *-kusanyika,-kutanika.* m.; Versammlung, *jumáa, makusanyiko, makutigamáno.*

versäumen, *-kawia, -kawilia.*

verscheuchen, *-fukuʒa, -inga.* m.. *-shunga.* m.

verschieden, *-ngine, ihtilafu, sivimoja, dilladilla.* m.

verschimmeln, *-fanya kawa, -fanya ukúngu.*

verschlagener, ein v. Mensch, *tatái.* m.

verschlingen, *-papia, -miʒa.* m.

verschliessen, *-funga;* mit einem hölzernen Schloss der Eingeborenen v., *koméa;* mit einem Riegel v., *-pingia.*

verschlucken, *-akia.*

verschmähen, *-tharau, -kataa.*

verschnaufen, sich, *-pumʒika;* v. lassen, *-pumʒisha.*

Verschnittener, *tawáshi.*

verschönern, *-tathámisha.* m.

verschuldet sein, *-iwa.*

verschüttet sein, *-mwáika.*

verschwenden, *-fúja, -harijia, -tilifu, -tilifisha, -bádiri.* m.; verschwendet werden, *-fujika;* Verschwender, *mpotévu, mwáfi (mwamfi).* m., *mbáthiri.* m.; Verschwendung, *upotéfu, usheráti.*

verschwinden, *-towéka, -fisia;* v. Nebel, *-gungúmka.* m.; v. (aus dem Gesichtskreise), *-tokoméa.*

versengt sein, *-ungúa.*

versenken (ins Wasser), *-tósa;* v. (in den Schlamm), *-topéʒa.*

versetzen, *-tia, -weka;* v. (in Erstaunen), *-shangáʒa.*

versinken, *-tota, -ʒáma;* v.(im Schlamm), *-topéa;* v. von Schiffen), *-msu (kúmsu).* m.

versöhnen, *-suluhia, -afikánisha;* Versöhnung, *súlukhi;* zur V. geneigt machen, *-tarathia.*

versorgen (mit Kost, *-pósha - posa;* mit allem nöthigen v. besonders von Gott gesagt), *-rúʒúku.*

verspotten, *-peketéka, -bishia, -kufuru, -tharáu, -silika.* m., *-dudusha.* m., *-thihaki,-tulánya*, Kigunya; v.(Fremde durch Nachahmung ihrer Sprache), *-iga.*

Versprechen, *wahadi, ahadi, kiagano;* ein Versprechen erfüllen, *-tekeleʒa;* sein V. nicht halten, *-shaúa.* m., *-tutúa.* m.; Versprechungen, mit V. betrügen, *-ongófya;* versprechen, *-ungamia, -ahidi, -agia;* V.und nicht halten, *ushaúfu.* m.; versprochenes thun, *-timiliʒa.*

verstählen, das Hackmesser v., *-tia pua kishóka.*

Verstand, *ákili ya* pl. *ʒa!, hékima, uráii.* m.; verständig, *mweléwa;* Verständiger, der jedem seine Ehre zukommen lässt, *mstáhifu.* m.; verständig sein, *tawassuf, tasawwuf;* Verständigung, *mapatano ya!;* verständlich machen, *-fahamisha;* v. sein, *fahamika;* Verständniss, *ufáhamu.*

verstauchen, *-petúka, -téúka;* Verstauchung des Fusses, *kisungúa.* m.

verstauen, *-pákiʒa.*

verstellen, sich, *-tendekeʒa;* Verstellung, *ajári.* m.

Versteck, *maficho, pánga ya!, siri;* verstecken, *-ficha, -setiri;* sich v., *-siri;* einer, der etwas versteckt, *-mfisifisi, -mfitaji.* m.; einen überraschen, der sich v. hält, *-gundúa.*

verstehen, *-sikia, -fafanúa, -fahamu;* v. können, *-júa;* eine Sprache gründlich v., *-tokósa manéno;* zu v. sein, *-sikika;* einer, der eine Sache gut versteht, *estádi.*

verstopfen, -kwamisha; ein Loch in der Mauer v., -ʒiba; verstopft werden, -kwáma; Verstopfung, uyábisi wa matúmbo.

verstorben, hiathi. m., mérhem, marehemu; einem Verstorbenen Baumwolle in die Nase, Ohren, unter die Nägel u. s. w. stopfen, -pámba máyiti; Geist eines V., der den Verwandten im Traum erscheint, kóma .wa pl. ʒa'.

verstümmelt, Stumpf eines v. Gliedes, gútu.

Versuch, maónji (ya ; versuchen, -járibu, -ónja; Versuchung, majáribu; versüssen, -tia taamu.

vertheilen, -eneʒa, -awaʒa, -gawanya; Vertheilung, so dass jeder Anwesende etwas erhält, maenéʒi; übervortheilen bei einer V., -kónya. m.

vertheuern, -ghalisha.

vertilgen, -ondósha.

Vertrag, maagáno, mapatáno, wáhadi, ahadi, maafikáno, makatibu; vertragen, sich v., -wekána, -elekána, -lekeʒána, -selekhiána; jemand nicht v. können, -chukia; Verträglichkeit, ujenéʒi. m.

Vertrauen, imáni (ya', matumaini; vertrauen auf jemand, -tegemea, -amania; vertrauend, mtumáini; vertrauensselig machen, -tumainisha; Vertrauter, der unsere Geheimnisse kennt, msiri.

vertreiben, -tòa, -fukúʒa; Zauber, um Schlangen zu v., aʒima (ya).

Vertretung, uvákili.

vertrocknen, -kukuta, -yabisi, -kauka; an der Sonne v., -pata kiamámba. m.; das Vertrocknen, uyábisi; vertrocknet, -kavu, kukutáfu. m.

verunreinigen, -tabangatabánga kwa tópe.

verursachen ist durch das Causativum auszudrücken.

verwahren für später, -weka akiba; Ueberrest von Speisen, der für den folgenden Tag v. wird, mwiko. m.

verwandeln, -geúʒa, -badilisha.

Verwandter, mjukúu, karibu (ya pl. ʒa) pl. auch ákriba; naher V., ndúgu; verwandt von Mutters Seite, kinyúmba; Verwandtschaft, kindúgu. m., ufúngu. m.

verwehen, -peperúsha; verweht werden, -peperúka.

verweigern, -kataa, -nyima, -iʒa, -rufuka, -hini, -kinsa. m.; Härte, mit der man dasjenige dem Bittenden v., was man ihm wohl geben könnte, uhiána. m.

verweilen, -taakhári, -fanya usiri. m., -kawia, -kaa, -shinda.

verwelken, -poʒʒa.

verwenden, -tumia, -tumisha; Verwendung finden, -tumika.

verwickeln, -tatánisha, -ta tia. m.; mit einander verwickelt sein, -tatána, -tataʒána; eine v. Sache, táta la manéno. m.; Verwickelung, táta (ya pl. ʒa) oder (la).

verwirklichen, -yakinisha.

verwirren, -changanyisha, -chafua, -ʒulisha; verwirrt sein, -tatana, -ʒulika, -tata; Verwirrung, faʒáa, kitata, matáta; ganz und gar in V. sein, -chafukachafuka.

verwunden, -jerahisha, -piga, -thuru, -umiʒa, -fuáʒa. m., -ónʒa. m.; verwundet werden, -jeruhi, -onʒéka. m.; verwundet, -majirukhu.

verwundern, sich, -taajabía.

Verwunderung, mataájabu (ya); Ausruf der V., lo, kumbe.

verzaubern, -lóga, -fanya uchawi.

verzehren, la (kú-la); die Kost eines andern v., -ima. m.

verzweifeln, -káta tamáa.

verzeihen, -samehe; verzeihlich sein, -atika. m.; Verzeihung, hisa, masámeho, masámeha. m.; V. erlangen, -samehéwa; um Erbarmen un V. bitten, -laláma.

verzichten, -burái. m.

verziehen (verreisen), -hána, -tama m' -hamisha; das Gesicht zum Weinen v. -sinasina. m.

verzieren, -pámba; mit Schnitzereien v., -káta nakshi; ein Baum, dessen Frucht die Töpfer zum Glätten und V. ihrer Waare gebrauchen, mwáfi. m.; Verzierung, uʒúri, pámba (la); (der Wände), uwéʒa wa nyúmba; Einschnitte im Körper zu dessen V. machen, -tóra. m.

verzögern, -taakhírisha. m.; verzögert werden, -usirika. m

Vezier, waʒíri pl. mawaʒíri; die Würde des V., uwaʒíri.

Vieh, ngombe, nyáma; V. weiden, -chúnga; -krankheit, kipukúsa. m.

viel, téle, -ingi, kathawakatha; wie v.? wengápi? v. Mal, mara nyíngi; sehr v., sána, fulifúli; nicht v., -cháche; v. weniger, sembuse, seuse; v. werden, -ongéʒ; zu v. Speise für einen, ukúlifu. m.; jemanden zu v. zu essen geben, -vimbisha; Vielheit, úngi.

vielleicht, lábuda, huenda, káli (kéle).

vier, -nne, arbaa; Viereck, mrábba; vierte, wa nne; der v. Tag von heute, mtóndo góa; Viertel, robo; ¹/₄ Pishi = kibába; erstes V. des Mondes, kóngo, mweʒi kóngo. m.; drei V., kássa róbo; vierzig, arobaini.

Vitriol, Kupfer-V., mrutútu (murdútu. m.).

Villa, auf der V. bleiben, -shinda kiungani.

Vogel, ndege, nyuni. m.; junges Vögelchen, kinda, kijúni; V. in der Schlinge fangen, -nasa; die V. verscheuchen, -inga. m.; Vogelleim (vom mbungu Baum), ulimbolimbo, hábba. m.

Volk, táifa (ya) pl. matáifa; Volksgenossenschaft, utáni.

voll sein,-jáwa, -shiba, -máa. m., -sakaríka. m.; überfliessend v., lembelémbe. m.; bis an den Rand v., fára (ya); eine Hand v., konʒi (ya pl. ʒa), óya pl. nyóya. m.; der Krug ist halb v., máji yashinda ya mtúngi; das Schiff ist v. geladen, chómbo kidóbe; volle Zeit, timámu. m.; voll werden, -jaa; das Vollsein, ujalifu.

vollenden, -tengenéʒa, -timiʒa, -khatimisha, -takamilisha, -shiliʒa. m.; Vollendung, ukámili, ukamilifu, khátima, timámu.

vollfüllen, -jaʒa; eine kleine Grube wieder v., -fúka.

vollkommen, mkamilifu; v. sein, -kamiʒia,-kamilika,-timia; Vollkommenheit, ukamili, ukamilifu.

völlig, -ʒima, kámili, tikitiki; v. aufbrauchen, -tufúa. m.; v. fertig machen, -tengenéʒa; v. zerschmettern, -póndapónda.

Vollmond, mweʒi mpevu, kitanga cha mweʒi. m.

vollständig, kamilifu.; v. sein, -péa, -tengenéa; ein vollständiges Exemplar, des Koran, khitima nʒima.

vollstopfen, sich, -vimbiwa.

vomieren, -tapika; das V., utapishi.

vor, mbéle ya oder ʒa, kabla ya; v. Zeiten, ʒámani, ʒamani ʒa kale; v. jemand sein, kábili.

Vorarbeiter, nokóa, kadamu.

voraus sein, -tangulia.

vorausgehen,-ongóa,-tangulia;v. lassen, -ongóʒa

voraussagen, -agua.

vorausschicken, -kadámisha,-kadímisha.

voraussehen, -básiri.

voraussenden, -tangulisha, -kudamiʒa.

voraussetzen (loc.), -kádiri; im Geiste, -mararia; fälschlich v., -tháinni; böse Absicht v., -shutuma.

vorbeibringen ohne anzustossen, -ambaʒa.

vorbeidrängen, sich, -pujua.

vorbeieilen, -pita na mvumi. m

vorbeigehen, -pita; v. ohne zu berühren, -ambía; v. lassen, -pisha; aneinander v.,-epushána,-kingamána; sich an die Wand drücken, um einen andern v., -jibamʒa.

vorbereiten, -tengéʒa, -diriki; Vorbereitung, madaríka (ya).

Vorderseite, mbéle (ya); die V. eines Hauses mit Strohdach, shuli la nyúmba. m.; vordere Dachseite, kipáa cha mʒéle; Vorder- und Hintermauer der Hütten der Eingeborenen, ngáo ya nyúmba; vordere Spitze des Schiffes, ómo la; Vordertheil der Dhau, gubéti (ya), pl. magubeti.

258 Vorfahr — Wachtel.

Vorfahr, *babu*, *jaddi* (*ya*).
Vorgänger, *mtangulishi*, *mtakádamu*.
vorgeben simulare\, *ku-ji-óna*.
Vorgebirge, *rás* (*ya*), *rási*.
vorgehen, *-tangulia*.
vorgestern, *júʒi*.
vorhaben, *-ukilia*. m.
Vorhängeschloss, *kófuli*, *kúfuli*.
Vorhalle, *ukúmbi*.
vorhanden sein, z. B. es ist v., *iko*; es ist nicht v., *haiko*; nicht v. sein, *-adinúka*.
Vorhang, *paʒía* (*la*) (auch *ya* pl. *ʒa*); der in der Hütte durch einen V. zum Schlafraum abgeschlossene Theil, *stára*. m.
voriges Jahr; *mwáka jáua*.
Vorladung, *mwito*.
Vorlage (Modell), *kiasi*; der V. gemäss arbeiten, *-oléʒa*.
Vorlegeschloss, *kúfuli* (*ya*).
vorlesen, *-soméa*; Vorlesung und Gebet in der Moschee, *-hotuba*. m.
vorne, *mbele*; sich nach v. beugen, *-yónʒa*. m.
vornehm, *kúu*, *bóra*; Vornehmer, *-mufúku*. m.
vornehmen, sich, *-áʒima*, *-ania*, *-ukilía*. m.
Vorrath, *akiba* (*ya*), *ʒána*. m.; grosser V., *kánde*, *kándi* (*ya*) pl. *makánde* (Merima); vorräthig halten, *-rakabisha*. m.; Vorrathskammer, *síbdi*. m.

Vorsatz, *ania*, *makusúdi* (*kasidi*), *mrádi*. m., *maukilifu*. m.
Vorschein, zum V. kommen, *-tokéʒa*, *-fumbúka*,
vorschlagen, *-nasiha*.
Vorschrift, *mafundisho* (*ya*), *ilkanún*; N. N. beobachtet nicht die V. des *mganga*, *fulani hana miko*. m.
Vorsicht, *hathari*; vorsichtig sein, *-háthari*; einen v. ansehen, *-onéa*; ein Vorsichtiger, *mwenyi beko*. m.
Vorsprung, *dómo* (*la*). m.; einen V. haben, *-takaddam*.
Vorstadt, *kiungani*.
Vorstellungen, freundliche, *taradia*. m.
Vortheil, *fayida*, *jibráni*, *kibráni*. m., *ghánima*, *mafáa*. m.; V. haben, *-fayidi*, *-jibrika*, *-kibrika*. m.; Jemand zu einem V. verhelfen, *-kibrisha*. m.
vorüberlassen, *-pitisha*; vorübergehen, *-pita*, *-pitia*.
vorvorgestern, *tondo góa*. m.; vorvoriges Jahr, *mwáka júʒi*.
Vorwand, *kisingíso*. m.
vorwärts bewegen, *-sukúma*; nicht gut v. kommen, *-sita* (Lamu).
Vorwurf, *táyo* (*la*) *msháka*; Vorwürfe machen, *-singámiʒa*. m., *-sandika*. m.
Vorzeichen, *ishára*, *dalíli*, *kisiráni*. m.; böses V., *feli*, *mdána*. m.
vorziehen, *-pénda*, *-fathali*, *-stákhábu*. m.; vorzugsweise, *afathali*.

W.

Waare, *bíthaa*; W. öffentlich ausrufen, die man verkaufen will, *-nádi*; Waarenfach, *kibáo*; Waarenhaus, *bohári*, *bokhári*; Waarenraum, *ghála* (*ya*) pl. *maghala*; W. im Hintertheile der Schiffe der Eingeborenen, *makanádili* (*ya*).
Wabe, *kámba* pl. *makámba*.
Wache, *kingójo*, *lindo*, *ulinʒi*; wachen, *-késha*, *-chésa*. m.; die Nacht über w.,

ku-lála viʒia, *ku-lála kimáto*. m.; wach erhalten, *-keshéʒa*; abwechselndes Wachen, *ʒámu*.
Wachs, *nta* (*ya* pl. *ʒa*).
wachsen, *-kúa*, *-méa*, *-ʒidi*, *-kithiri*; w. lassen, *-kuʒa*; rasch w., *-fumfumka*; rasch w. lassen, *fufumisha*; auf etwas w., *-meléa*. m.; im Wachsthum zurückbleiben, *-rúnda*. m.
Wachtel, *tómbo*, *kwále*, *kerenyénde*.

Wächter, *mlínҙi, kósi.* m.

Wächtergerüst im Garten (ohne Dach), *ulíngo.* m.

wackeln, *-kongója, -regaréga.* m.

Waffe, *seláha, selakha;* die Waffen gegen einander richten, *-lekeҙána;* Furcht zeigen, indem man die W. nicht ablegt, *-chúka.* m.

Wage, *miҙáni (ya), táraju.* m.

Wagebalken, *mtange.* m.

Wagen, *gári.*

wagen, *-jásiri, -shúbutu, -kuthuria.* m.

Wagschale, *kitánga cha miҙáni.*

Wahl, *uchaguҙi, utaúҙi.* m.; wählen, *-chagúa, -tagúa.* m.,*-penda;* wählbar sein, *-chagulika, -taulíka.* m.; wählerisch, *-mchéuҙi.*

Wahnsinn, *mahóka (ya) kicháa, soda, ujinni, waҙimu;* wahnsinnig, *mwenyi kichaa.*

wähnen, *-thanni.*

wahr, *-a kweli, msádaka.* m.; w. sein, *-kini.* m., für w. halten, *-sádiki;* sich als w. herausstellen, *-elekéa;* Wahrheit, *kwéli (ya), hakika, sadiki, msádaka, yakíni;* wahrmachen, *-yakinisha.*

während, *katika, maadam,* Tempus mit *-ki-.*

wahrsagen, *-tabiri;* Frucht, die von den Zauberern zum w. benutzt, *mbúruga.* m.; Wahrsager, *mtábiri, kahini, mpiga ramli.*

Wahrspruch, einen W. thun, *-sia.*

Waise, *yatima* pl. *mayatima.*

Wald, *msitu, mwitu, cháka.* m.; eine Lichtung im W., *uténgwa wa bárra.* m.; Wäldchen, *kishóka.* m.

Walfisch, *ngúmi, mgúmi.*

Wall, *kisugúlu.*

Wallplatte, auf welcher das Dach des Lehmhauses ruht, *mbáti, mwamba, mwámba.*

Walzen, um Schiffe, schwere Bäume u. dergl. auf dem Lande weiter zu bewegen, *cháo* pl. *vyáo.* m.

wälzen, sich, *-geuka, -gaúka.*

Wamme des Rindes, *goa (la), mgóa.*

Wand, *ukuta* pl. *kuta;* Holzstückchen, mit denen die W. der hölzernen Häuser verdichtet wird, ehe sie mit Lehm beworfen werden, *uwássa* pl. *nyássa.* m.; an der W. hängen, *-angika;* kleine Lichtöffnungen oben in den Wänden der Zimmer, *mwangáҙa.*

wandern, *-tamba, -safiri, -hamisha, -tamisha.* m.; Wanderameise, röthlich braune, *siáfu.*

Wandschrank, *rúfuf.*

Wange, *kitefute, cháfu, táfu.* m.

wankelmüthig, *kigeugéu.* m.

wanken, *-pepa, -pepesuka, -kongoja, -onga.* m., *-regarega.* m.; wankend gehen, *-sota.* m.

wann?, *lini, wakati gáni?;* seit wann bist Du krank, *tángu lini hawéҙi.*

Wanze, *kungúni (wa* pl. *ҙa).*

warm werden, *-táháruki.* m.; Eisen w. biegen, *-piga mkándo chuma;* Würme, *uharara, ujotojóto wa moto.* m., *ufugufúgu;* wärmen, *-kánga moto, -ota;* Kohlenstübchen, um Kranke zu w., *-siga (la).* m.

warnen, *-ónya, -nási, -tahathirisha.*

warten, *-ngoja, -saburi, -stahamili;* geduldig warten, bis man an die Reihe kommt, *-timbíka;* auf jemand w., weil derselbe noch etwas zu thun hat, *líkisa.* m.; einen Kranken w., *-tunҙa.*

Wärter, Wärterin (von Kindern), *mléҙi.*

warum?, *sababu gani?*

Warze, *chungúo.*

was?, *nini?, ngáwa?;* w. für einer?, *gáni;* w. auch immer, *vyovyóte.*

Wäsche, durch Stampfen reinigen, *-pwáya, -púra.*

waschen, *-kóga, -ósha, -takássa;* w., indem man mit dem Zeug auf einen Stein schlägt, *-taya ngúo mawéni;* w. lassen, *-kúsa;* sich w. (ceremoniell), *-nawa;* sich vor dem Beten w., *-tawaҙa, -dawáda.* m.; Wäsche w., *-chachága;* Wäscher, *dóbi;* Waschplatz, *chósha.* m.; Waschung vor dem Gebet, *úthu.* m.; Reinigung durch ceremonielle W., *ujúsi.*

Wasser, *máji;* süsses W., *maji ya pépo;* tiefes W., *kilíndi, shúmbi.* m.; Tiefe des W., *nina.* m.; Trübung des W., *fúnsu* pl. *mafúnsu.* m.; wohlriechendes W., *maráshi (ya);* kölnisches W., *márashi ya Búrobo.* m.; grüne Farbe stehenden W., *kúfu.* m.; das W. kocht, *maji ya wía;* das W. hat sich im Brunnen angesammelt, *maji ya tundama;* W. mit Sorgfalt abgiessen, damit kein Bodensatz mitkommt, *-kwangúa, -dánga;* W. aufrühren, es schmutzig machen, *-koróga;* W. ableiten, *-churukíza;* W. aus dem Fahrzeug ausschöpfen, *-vúta maji;* W. sprengen, nach einem Gebet zur Hülfe gegen Krankheit aussprengen, *-eúa;* in's Wasser gebracht werden, *-shuliwa;* W. schöpfen, *-téka, -vúja;* in's Wasser werfen, *-tósa;* Unreinigkeit im W., *vúmbi* pl. *mavúmbi;* Graben, um W. zu leiten, *mfumbi* pl. *mifúmbi.* m.; die Stelle in den Fahrzeugen der Eingeborenen, wo das W. ausgeschöpft wird, *banduru (ya).* m.; Blätter, welche auf das W. im Kruge gelegt werden, damit es nicht überfliesst, wenn der Krug auf dem Kopfe getragen wird, *mavigo ya máji.* m.

Wassereidechse, grosse, *kénge.*

Wasserflasche, irdene, *kúzi.*

Wassergefäss, simikiro *la maji, birika.*

Wassergeist, der die Schwimmenden in die Tiefe zieht, *chinusi.*

Wasserglass, *kikómbe cha biláuri, biláuri.*

Wassergraben, *mfumbi (mfómbi.* m.).

Wasserjungfer, *kerenyénde.*

Wasserkanne, *dúmmu.*

Wasserkessel, *kanderínya (ya)* pl. *makanderínya.*

Wasserkiste auf den Schiffen, *tángi (ya* pl. *za).* m.

Wasserkrug, *mtúngi, kitundwi, báasi* (Tumbatu); irdener W., mit engem Halse und mit Henkel, *kigúdwia.* m.; kleiner W., *kifúko;* grosser W., *nsío (ya).* m.

Wasserlilie, *yungiyúngi (la).*

Wassermelone, wilde, *tikiti (la).*

Wasserpfeife, *nelli, kiko;* ein Theil der W., das Rohr, welches vom Kopf in das Wassergefäss geht, *digali;* das Sprudeln des Wassers in der W., *malio ya kiko;* Rohr der W., *shilámu.*

Wasserrinne, *mtilizi.* m.; am Dach, *kópwe la máji.* m.

Wasserschüssel, metallene, *tássa (ya* auch *la)* pl. *matássa.*

Wasserstelle, *búpo (la).*

Wasserstrahl, *marizábu (ya).*

Wassersucht, *sáfura, istiska.*

Wasservogel, *ndege ya pwani, chúni* pl. *machúni.* m.; *-kwémbe (wa).* m.

wässerig, *-chéléma, chége* pl. *machége;* w. sein, *-túza.* m.; zu w. sein, *-tujúka.* m.; w. werden, *-pórwa;* dünne, w. Suppe, *póroja (la);* schlecht gekochter w. Reis, *mashendéa (ya)*

weben, *-fúma;* Weber, *mfúma.*

Wechsel (Schuldschein), *háwala.* m., (Kibanyani *-hundi-).*

wechseln, *-geuza, -gauza.* m.; (Geld), *-sirafu;* (die Wohnung), *-hima.*

wedeln, mit dem Schwanze, *-sukasúka mkia, -tupia mkia.*

weder — noch, *wála — wála.*

Weg, *njía, ndia.* m., *siráta.* m., *sabíli.* m., *usita* pl. *sita.* m.; offener Weg, *gúrufu (la).* m.; gefahrloser W., *njia rahísi;* Ende eines W., *ukómo.* m.; den W. weisen, *-pitisha;* auf den W. bringen, *-safirisha;* auf den richtigen W. führen, *-ongóa;* auf dem richtigen W. sein, *-ongóka;* sich auf den W. machen, *-shika njia;* im Finstern den W. suchen, *-súnza;* im W. stehen, *-kindána, -kingamía;* aus dem W. gehen, *-aúsa, -epa (kwepa);* aus dem W. gehen, besonders Personen, die man nicht ansehen darf, *-jitónga.*

wegängstigen, *-pumburusha.*

wegblasen, *-peperúsha;* weggeblasen werden, *peperúka.*

wegen, *kwa sababu,* meist durch die Relativform des Zeitwortes auszudrücken.

wegfliegen, *-puruka.*

wegfliessen, *-tiriríka.*

weggehen, -*ondoka*, -*epuka*, -*awa*; aus Furcht w., -*pumburúka*; unerwartet w., -*churúka*. m.; zum w. bewegen, -*epúsha*.

weglaufen, -*tóroka*, -*kimbía*, -*shúnga*. m.

Wegnahme, *mxondoléo*.

wegnehmen, -*tóa*, -*ondóa*, -*twáa*, -*pokónya*; (besonders die Hülsen u. dergl. von Früchten), -*papatúa*; (besonders die Krankheitsursache), -*opúa*; einen Topf vom Feuer w., -*deúa*. m.; den Zauber w., -*tegúa*; jemand etwas heimlich w., -*tupía*.

wegschaffen, -*gogoa*. m.; grosses Feuer, um Bäume und Büsche von einem Stück Lande wegzuschaffen, das man neu cultiviren will, *koke ya moto Kigunya*.

wegscheuchen, -*purukúsha*, -*shunga*. m.; weggescheucht werden, -*puruka*.

wegschnappen, -*pokónya*, -*kwakia*. m.

wegsetzen, -*epúa*.

wegtreiben, -*fukuȥa*, -*epúa*, -*shúnga*. m.

wegwerfen, -*pomóa*, -*purukúsha*.

wegziehen, -*háma*, -*tama*. m.

weh, der Kopf thut mir weh, *kitwa chaniúma*.

wehe, *ole*; w. den Leuten, *ole ni wa watu*; w. mir, *ole wangu*.

wehen, heftig, -*vuma*.

wehklagen, -*ugúa*.

Wehrgeld, *fidia*, *kisási*, *dia*.

Weibchen, *mke*; weiblich, -*ke*; weibliches Wesen, das noch nicht geboren, *mtamba*, (von Menschen und Thieren) *mfárika* (*ya* pl. *ȥa*); Weiblichkeit, *kike*. m.

weich, *oróro*, *teketéke*; w. werden, -*regéa*; nicht w. sein, -*shupáa*. m.; feucht und w. werden, -*omóka*. m.; Weichheit, *teketéke*, *uoróro*.

Weide (Baum), *búgu* (*la*). m.

weiden, -*lisha*, -*lishiȥa*, -*chunga*; Weidefeld, *máchunga*, *matúnga*. m, *malisha*; die Stunde wann die Rinder, auf die Weide getrieben werden (um 8 Uhr Vormittags), *mafungulia ngómbe*.

Weigerung, *rúfúka*.

Weihrauch, *uvúmba*, *búhuri*. m.

Wein, *winyu*; französischer W., *devai*. weinen, *lia*, -*tokwa ni machóȥi*; jemand zum w. bringen, -*liȥa*; aus Neid w., wenn man nicht auch bekommt, was dem andern gegeben wird, -*lia ngóa*; das Gesicht zum Weinen verziehen, -*sinasina*. m.; das W., *kilio*, *malio*, *malilio*.

Weinstein, der sich an den Zähnen ansetzt, *ukóya*.

Weinstock, *mȥabibu*.

Weise, auf solche W., *hivyo*.

weisen, -*onyéȥa*; den Weg w., -*pitisha*.

Weisheit, *hékima*, *akili*; reich an Gütern und W., *mabelakhe* (*ya*). m.

weiss, *eúpe*; w Ameise, *mvati*, *mchwa* pl. auch *michwa*; w. Farbe, *cháki*; w. Thon, -*ngáma*; das Weisse des Eies, *úto wa jayi*.

weissagen, -*tabiri*; aus in die Asche gezeichneten Figuren, -*piga rámli*; aus den Sternen w., -*piga fálaki*.

weit, *pána*; offener w. Raum, *wátáni*. m.; w. ab, *mbáli*; die Augen w. aufreissen, -*kodóa*. m.; weiter stossen, -*sukúma*; w. thun, -*ȥidi*; weitblickender Mann, der die Zukunft vorhererkannt, *mbáshiri*. m.; Weite, *upána*.

weiterreisen, -*shika njía*.

weitschweifig sein, -*tesénya*. m.

Weizen, *ngánu*, *ngáno* (*ya*).

welche auch immer, *wo wóte*, *ȥo ȥóte* u. s. w.

Welle, *wimbi* (*la*), *muuja*. m.; kleine W., *viwimbi*; Matte, mit denen das Schiff gegen überschlagende W. geschützt wird, *telebishi*. m.

Welt, *dúnya* (*ya*), *ulimwengu*; die andere W., *akhera*.

wenden, -*pindúȥa*, -*pinga*; das Schiff w., -*pindúa*; den Kopf w., -*jiȥungúa*. m.; das Segel w.; -*gissi*, -*ȥinga*; Wendung, *pindi* (*la*).

wenig, *hába*, -*cháche*, *dúni*, *tembe*. m.; ein w.: *kidógo*, *katili* (Lamu; ein w. mehr, *púnde*; ein w. länger, *mréfu púnde*; einige wenige, *akali* (*ya*):

immer nur ein wenig nehmen, -dodóa.

weniger, *kássa (kasoro)*; viel w., *séiubuse, seuse;* w. werden, -*pungua*, -*pungúka*, -*tulifika*.

wenn, kana, *kaina, kwaimba, chamba.* m.

wer, *náni*.

werben um jemand (um sie zur Frau zu erhalten), -*pósa;* Werbung, *póso.*

werfen, -*túpa, -vurumisha, -furúmiza.* m.; Anker w., -*tia nanga;* herunter w., -*poromósha.*

Werg zum Kalfatern der Schiffe, *kalfati (ya* pl *za).*

Werk, *kazi, shughuli, amali, kitendo;* ans W. gehen, -*shinda kázi;* -statt eines Handwerkers, *ufúndi, ukúu.* m.; -zeug, *chómbo* pl. *vyómbo, sámani;* W., um Holzgefässe innen auszuhöhlen, *kombe (ya* pl. *za); W. zum Anschüren des Feuers, kichochéo.

Werth, *kima, thamani, ustahihi.* m., *upatáji.* m.; was ist dies werth, *chapátaje;* -los, *bátili;* -voll, *ya thamani.*

Wesen, *cheneo.* m.

Westen, *magharibi.*

weswegen, *yáni = ya nini, sababu nini.*

wetteifern, -*shindána, -chibáki.* m.; wetten, -*shindania, -pinga, -wéka mashárti.* m.; Wettkampf, *shindáno (la), kisebábu.* m.; zu W. veranlassen, -*pigánisha.*

Wetter, *hawa;* klares W. nach dem Regen, *kiánga;* es ist schönes W., *jua la tangamúka.* m.

wetzen, -*noa;* Wetzstein, *kinóo.*

wichtig, *bora;* Wichtigkeit, *karama.*

wickeln, -*kúnja.*

Wiederbelebung, *ufufúo, ufufúlio.*

Widerhaken eines Pfeiles, *págwa (ya* pl. *za).* m., *mgúmba.* m.

widersetzen, sich, -*gómba, -shindamia.*

widersetzlich, widerspänstig, *potóe, mship.avu, -kaidi;* w. sein, -*potoka,* -*reva;* Widersetzlichkeit, *mbishi.* m.

widersprechen, -*wása, -kindána, -dakuliza, -teshánya.* m., -*fanya ushindáni;* Lust zum W., *ukinsáni.* m.

widerstehen, -*khálifu, -bishia.*

widerstreben, -*shindania.*

wie, *káma;* w.?, *kwáje?, kama ipi? ngáwa.* m.; wie geht es? *uhali gani.*

wieder, *téna;* w. aufkommen, -*stakimu;* w. erkennen, -*tambúa.*

wiedergeben, -*regeza, -rudisha.*

wiederholt, *púnde kira púnde.*

Wiederkäuer, der erste Magen der W. *kilihâfu.*

wiederkommen, -*rudi, -regea;* geschwinde w., -*dada.* m.

wiedervergelten, -*lipa;* Wiedervergeltung, *kasási.*

Wiege, *matira.* m.

Wiesel, *kidéte.* m.

wieviel? -*kadri yani, kiási gáni;* wie viele? *wengápi* wieviel Mal, *mara ngápi.*

wild, *káli, -a mwitu;* wilder, roher, zu Thätlichkeiten neigender Mensch, *udúli;* wilde Taube, *njiwa ya mwitu;* wildes Thier, *uyáma ya mwitu, hayawáni;* zaubern, um wilde Thiere fern zu halten, -*gága* (Merima); Fallgrube für grosses Wild, *rima (la)* pl. *marima.* m.; Wilde, *washenzi;* nach Art der Wilden, *kishénzi;* Wildheit, *ukáli;* Wildniss, *pululu (la),* *nyika, wanda.* m.; Wildpret, *uindi.* m.; Wildschwein, *ungurúwe, kipánga.*

Wille, *mapénzi, matíkwa, ikhiari, sháuku;* der W. Gottes, *maongózi ya Muungu.* m.; seinen Willen erklären, -*wasia.*

willkommen, *marahába.*

Willkür, *jáuri.*

Wind, *pépo;* kühler W., *upépo;* kalter W., *báridi;* ein starker W., *dérba (ya* pl. *za'.* m.; der kalte W. im Juni und Juli, *kipúpwe;* im Winde schwanken, -*yúmba, -yumbayúmba.*

Winde, Lasten zu heben, *duára.*

winden, -*popotóa, -zongazónga, -sonjóa, songoa.* m.; sich w. (von Flüssen), -*singamáma.* m.; (wie eine Schlange), -*piga mapindi, -finginyuka, -fingirika;* sich den Schurz eng um die Lenden w. (um der Dornen willen, -*pania,* -*ji-pania ngúo.* m.

Windstille, *shwári, shwáli;* plötzlicher Windstoss, *pepo ţa makápa.* m.

Windung, *pindi (la);* W. der aufgerollten Angelschnur, *makundo (ya);* W. eines Flusses, *kiţingo;* W. des Weges, *táo (la).*

Wink mit den Augen, *konyéţo (la), ukonyéţo;* einen W. mit den Augen geben, *-konyéţa, -piga ukope;* einen heimlichen W. geben, *-tokéţa;* durch Winken mit der Hand oder mit einem Tuch ein Zeichen geben, *-pungía.*

Winter (April bis August), *masika (ya); -regen, mvúa wa mwáka.*

wir, *sisi, swiswi;* wir alle, *sisi sóte;* wir sind es, *ndisi.*

Wirbel, den Kopf so scheeren, dass nur auf dem W. Haare stehen bleiben, *-káta dénge.*

Wirbelwind, *ţéţo ţa chámchela, kikwákwi.* m.; W. mit Regen, *tufani, tufanu.*

wirklich, *inna, hálisi;* w. ausführen, *-tasawári.*

wirr; im Fieber w. durcheinander reden, *-páţa.* m.; w. im Kopfe sein, *-ţúlu, ku-wa na waţimu.*

wissbegierig, *mjassissi.*

wissen, *-júa, -báyini, -funţika;* wissen was man zu thun hat, *-tamábakhi;* Wissenschaft, *maárifa, élimu, ujúţi.* m.

Wittwe, *mjanni;* trauernde W., *kiţúka;* Trauerzeit der W. um ihren Mann, *eda;* Wittwenstand, *ujanni.*

wo, *wápi.*

Woche, *júma;* die erste W. nach der Hochzeit, da der Vater der Braut dem jungen Paar die Kost zuschickt, *fungáte.*

Leibbinde der Wöchnerinnen, *mkája.*

Woge, *wimbi (la); wogen* (von der See gesagt) *-chácha.*

wohl sein, *taibu.* m.; sind sie w.? *hujambo?*

wohlbefinden, sich, *-taibika.* m.

wohlfeil, *rakhísi.*

Wohlgeruch, *mukáto (la), lúththa, aţma, riháni.* m.

Wohlgeschmack, *támu, lúththa.*

Wohlhabend, *mkwássi, mdirifu.* m.

wohlriechendes Wasser, *márashi (ya);* mit w. Salben einreiben, *-singa.*

Wohlsein, *salama (ya).*

Wohlstand, *utájiri, ukwási, némsi.* m.

wohnen, *-káa, -keti, -tua;* Wohnplatz, *kikáo, makáo, maskáni (ya), makíni;* Wohnung, *makaţi, makao, ukao, makani;* die W. wechseln, *-háma, -gúra* (Lamu).

wölben, *ku-fanya seggi.*

Wolke, *wingu* pl. *mávingu, ubingu* pl. *mbingu* m.; dicke W., *dúfuda.* m.; leichte W., *uwingu* pl. *mbingu* und *nyingu;* dunkel und Wolken, *thulámu na magúbari.* m.; kleine W., *kúngu, kiwingu;* sich öffnen (von den W. gesagt), *-nanasúka,-nanauka.* m.

Wolle, *sofe;* Wollenzeug, *joho;* Mantel vom W., Wolldecke, *bushuti (la);* Wollhaar; *nyéle ţa kipilipili.*

wollen, *-táka, -ania;* so Gott will, *inshallah;* alles haben w., was man sieht, *-lafúa, -jilafúa.* m.

wollüstig sein, *-ghalima;* m.

womit? *kwáje?*

Wort, *néno (la), kauli.* m.; *kálima;* Worte, *vijinéno;* W. verschiedener Dialecte durcheinander bringen, *goléţa;* die W. langziehen, *-tambáţa.* m.; harte W. reden, *-shupáa kwa maneno.* m.

wozu, *yáni = ya nini.*

Wucher, *iriba;* Wucherer, *mla riba;* wuchern, *-tóa riba.*

Wunde, *kiónda, kidónda, jeraha;* kleine W., *kitóne, kijáraha;* eine W. neu aufreissen, *-gopéa.* m.; Eiter, der aus einer W. oder einem Geschwür kommt, *wásaha.* m.; wunde Stelle, *dónda* pl. *madónda;* eine w. Stelle berühren, *-tonésha;* Wunden verursachen, *-tondoa.* m.; voller W. und Geschwüre sein, *-tondóka.* m.

Wunder, *mwuujiţa, maujiţa (ya);* wunderbar! *-ajib!* sich wundern, *-taájabu.*

Wundpflaster, *mwandiko.*

Wundschorf, *kigógo.*

Wunsch, *matákwa, ukhtaji, ikhtiari, shauku; utáshi.* m., *utúmi.* m.; wünschen, *-taka, -tamani, -penda, -ihtaji, -ipa, -ania.*

Würde, *haiba, daraja (la!, wajihi;* würdig, *astahili;* w. sein, *-stahika.*

Würfel, *dado;* beim würfeln verlieren, *-pariwa.*

würgen, *-kaba, -sonjoa.*

Wurm, *mdúdu;* ein kleiner W., *kitéwe;* ein kleiner dünner W., *kitewatéwa.* m.; schwarzer W., mit vielen Füssen,

jongóo pl. *majongóo;* ein kleiner dünner W., *chembámba.* m.; kleiner schwarzer W., der nach dem Regen erscheint, *umbaúmbi.*

Wurzel, *shina (la*; Schösslinge, welche aus der W. des Mlilanabaumes hervorwachsen, *kúa* pl. *mikúa;* Wurzelfaser, *mʒi, mʒiʒi.* m.; Wurzelschössling, *tepukúʒi (la*; neue W. treiben, *-tepúʒa.*

würzen, *-kolea.*

Wüste, *jangwa, wangwa, barra, barrafu.*

Y.

Yard (der Bananen', *gesi (ya).* m.; ein Stück Zeug von etwa 30 Y., *góra.*

Z.

Zahl, *kiwángo, idádi;* geschriebene Zahl = Ziffer, *matrabi;* geringe Z., *uhába.* m.; zahlbar sein, *-lipika;* zahlen, *-lipa, -toa;* Lösegeld z., *-kombóa;* zählen, *-hesibu, -hasibu, -anga, -wanga;* zusammen z., *-jumlisha;* Zahlung, *malipo;* Aufschub einer Z., *msameha;* die Z. einer Schuld durch gerichtliche Klage erzwingen, *-iwisha.* m.

Zahn, *jino* pl. *méno;* angefeilte Zähne, *tófio, meno ya tófio.* m.; das Kind bekommt Z., *mtoto anaota méno;* Stumpfheit der Z., *usia wa méno.* m.; das Stumpfwerden der Z., *gánʒi (la*; Hölzchen zum Reinigen der Z., *msuaki;* die Z. putzen, *-totóra.* m.; *-sugutúa.* m.; Z. ausziehen, *-kongóa;* sich die Z. an harten Dingen verderben, *-jitúka;* Lücke zwischen den Z., *pengo la*. *mjeko wa meno* Merima, *mwanya.* m.; mit den Z. knirschen, *-kwiʒa méno;* etwas mit den Z. festhalten, *-vuáta;* Mensch mit vorstehenden Z., *mbáingo;* Kind, welches mit Z. geboren wird und welches Unglück bringt, *kijégo;* zahnen, *-nunúʒa, -ngowa meno.* m.

zähmen, *-fúga;* zähmbar sein, *-fugika.*

Zange, *koléo (la*, *kweléo.* m.

Zank, *ugómvi; naʒáa, ushindáni.* m., *utési.* m.; überschreien beim Z., *-hanikiʒa;* zanken, *-gombana, -téta, -bishana, -husumu;* Zänker, *mfiósi.* m.; Zänkerei, *fúgu (ya*. m.

Zäpfchen im Halse, *kíimi.* m.

Zapfen, um welchen sich das Steuerruder dreht, *rumáda.* m.; Z. am Balken, der in einen andern Balken passt, *ulimi wa mti.*

zappeln, *-tápa.*

zart, *tahafifu, láini;* z. sein, *-lainika.*

Zauber, *kágo* pl. *mágo;* Z. aus Nägeln u. dergl. um einen Feind zu tödten, *amali (ya* pl. *ʒa*; ein Z., um Uebel abzuwenden, *kafira (la*; Z., um Schlangen zu vertreiben, entlaufene Sklaven zurückzubringen u. dergl., *aʒima (ya*; einen Z. zum Schutz einer Sache anwenden, *-kaga, -gaga* Mer.; einen Z. lösen, *-tegúa, -topóa.* m.; Zauberdoctor, Zauberer, *mgánga, mchawi, mtawi.* m.; die Behandlung eines Kranken durch den Z., *miko.* m.; Zauberei, *uganga* pl. *magánga*, *uchawi*, *utáwi*. m., *usahíra*; mit Z. umgehen, *-mákhiri*. m.; Zaubergilt, *unga wa ndére*; durch Z. tödten, *-óga*. m.; Jemand auf zauberische Weise (mit Anwendung von Koranversen) zu heilen versuchen, *-ʒungúa*. m.; die zur zauberischen Heilung eines Kranken nöthigen Vorbereitungen treffen, *-adúa*. m.

Zauberkalabass, *kibandúa* (Merima), *tánguru*. m., *túngüri* (Kisegua).

Zaubermittel, *ucháwi*, *ugánga* pl. *magánga*; Z. gegen Löwen, *iliʒi*.

zaubern, *-fanya ucháwi*; Art Rassel, welche zum z. gebraucht wird, *kayámba*.

Zauberstab des Karawanenführers, *kirúmbi*. m.; Zaubertrommel, *pungwa*. m.

zaudern, *-káwia*, *-taákhari*.

Zaum, *hatámu* (ya pl. ʒa). m.; -gebiss, *lijamu, ujánu* m.

Zaun, *úgo* pl. *nyúgo*.

Zebra, *punda milia*.

Zecke, *kúpe*, *papasi*.

Zehe, *kidóle*, *chanda*. m.; grosse Z., *gúmba*; sich auf die Zehen erheben, *-chuchumia*, um etwas zu erreichen, *-chuchumia*, *-detemea*; Aussatz haben an Fingern und Z., *-umbáka*.

zehn, *kumi (la)*, *áshara*; Zeit von z. Tagen, in welche das Sonnenjahr (Nairuz) getheilt wird, *mwóngo* pl. *mióngo*; Zehnter, *wa kumi*; (Abgabe), *úskuru*, *ʒáka*; den Z. zahlen, *-toa ushuru*.

Zeichen, *dalili*, *alama* (ya pl. ʒa), *burudhani*; Z. mit den Augen, *ukonyéʒo*; Z. auf einem Kollo, *rágamu = rájamu* (ya pl. ʒa) pl. auch *marágamu*. m.; das Z., welches die Eingeborenen von Jagga und Usambara an der Stirn machen, *kijápi*. m.; Jemandem ein Z. geben, *-ashiria, ku-m-tupía mkono*; Jemandem heimlich ein Z. geben, *-kunyura*. m.; hinter dem Rücken Jemands verächtliche Z. machen, *-sengénya*; durch Winken mit der Hand oder mit einem Tuch ein Z. geben, *-pungía*; zeichnen, durch Einschnitte, *toja*. m.

zeigen, *-ónya*, *-onyéʒa*, *-onyesha*; Zeigefinger, *sháhada*. m.; z., wie man es machen soll, *-fúnʒa*; Zeiger an der Uhr, *ákraba*.

Zeit, *wakáti* pl. *nyakáti, muda, májira, náfasi, dáhara*. m.; *ʒamáni*; aus, in alter Z., *kikále*; kurze Z., *kitánbo*; von Zeit zu Zeit, *márra kwa márra*; vor Zeiten, *ʒamáni*; Z. sein für etwas, *-wadia*; Z. zubringen, *-ongéa*; Zeitmaass, *kipindi*; Zeitpunkt, *pindi (la)*, Zeitraum, *múda*.

Zelt, *khéma*, *mdule* pl. *mindule*. m.

zerbrechen (trans.), *-vúnʒa*, *-vúnda*, *-seta mwafúa*. m.; in kleine Stücken z., *-setaséia*; zerbrechen (intr.), *-vunjika*, *-minyúka*. m.; von selbst z., *-tataúa*. m.; zerbrochen sein, *-tataúka*. m., *-muafúka*. m.; in ganz kleine Stückchen z., *-dikidiki*; Zerbrochenes wieder zusammenbinden, *furári*. m.

zerdrücken, *-mumúnya*, *-fyéta*. m.

zergehen, *-yáika*. m.

Zerfall, *maangúko (ya)*; in Trümmer z., *-pomóka*.; zerfallen, *-nyambúka*. m.

zersetzen, *-rarua*, *-pasua*; zersetzt sein, *-papurika*, *-rarúka*, *-nyanyúka*. m.

zerhauen, *-chánja*, *-ungúa*; in ganz kleine Stücken z., *bandubandu*. m.

zerkratzen, *-papura*.

zerkrümeln, zwischen den Fingern, *-fikija*.

zerlegen, in Stücke, *-kongoa*.

zerlumpt sein, *-inyanuka*. m.

zermalmen, *-fanya tiko*. m.

zerpulvern, *-ponda*.

zerreiben; *-mumunya*, *-tua*. m.

zerreissen (intr.), *-tatuka*; zerreissen (trans.), *-rarúa*, *-papua*, *-tatua*, *-tabua*. m., *-kwenyua*. m.; mit den Klauen z., *-papura*; zerrissen, *chabuduchábudu*. m.; z. sein, *-rarúka*, *-papurika*, *-inyanuka*. m., *-tabuka*. m.

zerren, *-vúta*; einander z., *-popotwana*. m.

zerschlagen, *-vunja*; in Stücke z., *-bandua*. m.

zerschmettern, *-seta*, *-fanya tiko*. m.; völlig z., *-pondaponda*.

zerschneiden, *-kata;* in kleine Theile z., *-kata tapotapo.* m.

zersplittern, (trans.) *-pasua;* (intr.) *-pasuka;* ganz zersplittert sein, *-pasukapasuka.*

zerspringen, *-ufa;* zersprungen, *mafuu.*

zerstampfen, *-púnja, -ponda.*

zerstören, *-vunja, -vunda.* m., *-tangua, -pomosha, -haribu, -pofua, -angamisha;* Zerstörer, *mvunja, muharibivu;* zerstört werden, *-vunjika, -haribika;* z. sein, *pofúka;* Zerstörung, *-upotévu, uharibifu.*

zerstossen, *-pónda;* z. sein, *-pondéka.*

zerstreuen, *-tawanya, -tapanya, -tapanisha;* zerstreut werden, *-tawanyika, -tapanika, - dairika.* m.; nach allen Richtungen hin z. werden, *-tapanikána;* Zerstreutheit, *kidúdu.* m.

zertreten, *-kanyága.*

Zettel, *kibárua.*

Zeug, *ngúo (ya* pl. *ʒa);* Stück Z., *kitambáa, shúka, kingúo.* m.; Stück Z. ca. 4 Yards, *doti;* ½ *doti kitámbi;* ein Stück Z. von etwa 30 Yards, *góra;* Stück Z. zum Turban, *utámbi* pl. *támbi;* Streifen Z., *utépe* pl. *tépe;* dickes Zeug, *ngúo ya maki;* gewürfeltes Z., *kiodári.* m.; Z., welches zwischen die Schiffsplanken gestopft wird, um sie dicht zu machen, *kalfáti (ya* pl. *ʒa);* Z. durch Schlagen reinigen, *-púra ngúo.*

Zeuge, *sháhidi (wa)* pl. *masháhidi;* Z. sein, *shúhudu;* Zeugniss, *ushúhuda, usháhidi;* Z. ablegen über etwas, *-shuhudía;* Z. ablegen lassen, *-shuhúdiʒa.*

zeugen (Kinder), *-vyáa, -ʒaa.*

Zeugstreifen, *mshípi.*

Zibethkatze, *ʒábádi, fúnga, fungo, ngáwa (wa* pl. *ʒa).*

Zickzack, *upogopógo.*

Ziege, *búʒi* pl. *mabúʒi, mbuʒi (wa* pl. *ʒa);* Art wilde Z., *tói;* -bock, *beberu, mdengu.*

Ziegel, *túbu.* m.; Z., welcher nur an der Sonne getrocknet ist, *tufáli (la), mtúfali.*

Ziehen, *-kokóta, -vuta;* die Bilanz z., *-fanya úrari wa hesabu.* m.; die Augenbrauen verächtlich z., *-kuniʃa;* den Blasebalg z., *-vukúta;* auseinander z., *-namúa* m.; eine Linie z., *-piga mstári;* ein Boot oder Schiff auf's Land z., *-jáhábu.*

Ziel, *kikomo, shábaha, shábikhi, maishilio;* ein Gegenstand, welcher als Z. für Schiessübungen aufgestellt wird, *chéra* pl. *vyéra.* m.; ans Z. gelangen, *-kóma;* zielen, *-twaa shábaha, lekéʒa, lénga.* m.; scharf zusehen, wie beim Zielen, *peʃésa.*

zierlich, *tahafifu;* Zierlichkeit, *umbuji.* m.

Zierrath, *pambo, urembo* (Merima) *sunna.* m.

Ziffer, *matrabi.*

Zimmer; *nyumba, mkato wa nyumba;* grosses Z., *jumba (la);* kleines Z., *chúmba;* Empfangs-Z., *sébula;* kleine Lichtöffnungen oben in den Wänden der Z., *mwangáʒa.*

Zimmermann, *sermala;* Schiffszimmermann, *nuunʒi;* Reissmaas des Z., *mahati (ya).*

Zimmetbaum, *mdalasini, kerfa;* Zimmet, *dallasini.*

Zinn, *shábá, báti (la).*

Zinne, *kinára, menomeno ya mnara.*

Zinober, *ʒangefuri.*

Zins, *úshúru;* Geld auf kurze Zeit ohne Z. leihen, trans und intrans, *kárethi.*

Zipfel, *kishúngi.*

Zither, *kinánda.*

zittern, *-tápa, -teféma, -tememéka;* das Z., *kitélemo, tára (la);* Z. der Hände, *kitetemésa.* m.; Z. verursachen, *-tetemésha.*

zögern, *kawa, -fanya usiri, -taakhiri;* das Z., *ulájisi.* m.

Zoll, *úshúru;* Zolleinnehmer, *mtoʒa ushura.* m.; Zollhaus, *fortha.*

zu, *kwa katika;* zu Hause, *kwetu, kwenu, kwao;* ab und zu, *púnde kwa púnde.*

zuflüstern, *-nonyéʒa.*

zu viel nehmen, *-kóuya.* m.

zubereiten, Speise, -*pika;* Speisen künstlich z., -*andáa.*
zubringen, Zeit, -*ongéa;* die Nacht mit etwas z., -*késha;* den Tag z., -*pisha mchána.*
züchtigen, -*athibu,* -*sudi.*
zucken, -*súmba.* m.
Zucker, *sukari (ya), gúru.* m.; -rohr, *múa* pl. *miwa;* Stück Z., welches gekaut wird, *pingiti (ya* pl. *ʒa).*
zudecken, -*funika;* zugedeckt werden, -*stirika.*
Zügel, *ukóa, ujámu.* m.; Gebiss des Z., *lijámu.*
Zündhütchen, *fataki.*
zuerst, *kwanʒa, awali.*
zulächeln, frische Luft, -*púnga upépo.*
Zufall, *nasibu, matukio, bakhti, uthuru;* zufällig, *kwa násibu;* z. treffen, -*tukia.* m.; etwas z. thun, -*pumbika;* z. Ereigniss, *tukio (la).*
Zufluchtsort, *makimbilio.*
zufrieden, *rathi;* jemand z. stellen, -*kifia,* -*kidia.* m ; z. gestellt sein, -*rithika;* z. sein, -*rithia,* -*shiba,* -*rathiwa;* Zufriedenheit, *rathi, uráthi.*
zugänglich sein, -*jika.*
zugeben, -*ungáma.*
zugiessen, -*mimina,* -*toneshéa.*
zuhören, -*sikia,* -*sikiliʒa;* heimlich z., -*dukiʒa;* Zuhörer, *msikiʒi.*
zuklappen, -*funika.*
Zukost, *kitoweo, mfá* m.
zuletzt, *hatúna, kásiri, kiisha.*
zumachen, -*fúmba;* (die Thüre), -*shindika;* fest z., -*sákki.* m.; z. (mit dem Schloss der Eingeborenen), -*goméa.*
zunageln, -*gongoméa.*
Zuneigung, *mapéndo, húbba, mahába.*
Zunge, *ulimi* pl. *ndimi, lisáni;* schwere Z., *kitémbe;* mit der Z. schnalzen, -*piga kidóko.* m.
zurecht, z. bringen, -*rudi;* z. legen, -*tililia;* sich am unbekannten Ort nicht z. finden, -*susúka.* m.; z. machen, -*silihi;* z. machen lassen, -*silihisha;* die Segel z. machen, -*ráusi;* -weisen, -*onea,* -*sumbulia.*

zuriegeln, eine Thür, -*pingia.*
zurück, -*nyúma;* hin und z., *kuku na huku.*
zurückbehalten, -*hini.*
zurückbleiben, -*akiri;* z., auf der Reise, -*limatia,* -*damu;* im Wachsthum z., -*runda.* m.; Ueberrest der im Gefäss, im Mörser zurückbleibt, *kishinda;* ein träger Mensch, der unterwegs z., *msoháli.* m.
zurückbringen, -*regeʒa,* -*rudisha;* Zauber um entlaufene Sklaven zurückzubringen; *aʒima (ya);* zurückgebracht werden können, -*rudika.*
zurückgeben, -*rudisha.*
zurückhalten, -*ʒuia;* sich z., -*ʒuilika;* Zurückhaltung, *uyábisi.* m.
zurückkehren, -*rúdi,* -*rejea,* -*regea;* das Z. vom Gebet, *mshúko;* zurückkehren, geschwind von einer Sendung, -*tát͟a.* m.
zurücklassen, -*saʒa,* -*acha,* -*fia;* zurückgelassen werden, -*sáa,* -*achiliwa,* -*fiwa.*
zurücklehnen, sich, -*tandawáa.*
zurückschaudern, -*ji-túka.* m.
zurücksehen, -*ji-ʒungúa.* m.
zurücksenden, -*rudisha.*
zurückstossen, -*túluku.* m.
zurückweisen, -*kataa.*
zurückgezogen leben, -*tundúa.* m.
zurüsten, -*pambanisha;* jemanden bei den Zurüstungen zur Reise behülflich sein, *ku-m-shindikiʒa msáfiri.*
zusammen, *pamója, kóro.* m.; dicht z., *kigúgu.* m.; z. ein Geschäft betreiben, -*sharikiána.*
zusammenbiegen, -*pinda;* zusammengebogen sein, -*pindana,* -*pindamana.*
zusammenbinden, -*tita;* mit Stricken z., -*forari;* die Dachsparren und Latten untereinander z., -*paúa.* m.
zusammenbrechen, -*pomóka,* -*tungúka* (Pemba).
zusammenbringen, -*pambanisha,* -*tutanischa,* -*tangánya.* m.
Zusammenbruch, *ufundifu.* m.
zusammendrängen, -*songa.*

zusammendrücken,-*topeʒa*; zusammengedrückt sein, -*finyana*.

zusammenfalten, -*kunja*; zusammengefaltet sein, -*kunjika*; das Obergewand z. tragen, -*landúka*. m.

zusammenfegen, in kleine Haufen,-*ʒoa*; zusammengefegt werden können, -*ʒoleka*.

zusammenfügen, -*ungamanisha*.

zusammenhängen, -*ungamana*, -*shikamana*, -*shikia*; in Zusammenhang bringen, -*tatanisha*.

zusammengekauert sitzen, -*otama*. m.

zusammenkleben, -*tabikisha*. m.

zusammenkneten, -*bishania*.

zusammenkommen, -*fikiliana*, -*kutana*, -*tangana*. m.; zum studieren regelmässig z.,-*dúrusi*; die Schiffe kommen dicht hintereinander z., *viombo vinakuja sánjar*. m.

zusammenlegen, ausgebreitetes wieder z., -*tandua*. m.

zusammenleimen, -*ungamanisha*, -*tabikisha*. m.

zusammenmischen, -*tangamana*, -*tanganya*. m.; zusammengemischt sein, -*tanganyika*. m.

zusammennähen, -*shonea*, -*ganga* (Merima).

zusammenpacken, -*fungánya*. m.

zusammenpassen, -*ongoana*.

zusammengerollter Sack, *péto (la)*.

zusammenrufen, -*tanga*.

zusammenschnüren, -*tita*, -*sonjoa*, -*songoa*.

zusammenschrumpfen. -*nyauka*; zusammengeschrumpft, *kukutáfu*. m.

zusammenschweissen, *ku-tia wéko*. m.

zusammensetzen, -*túnga*.

Zusammensetzung eines Wortes, *rakibyueo, iliopandana*.

zusammenstellen, -*túnga*.

zusammenstimmen, -*wafikiana*.

zusammenstossen, -*pigana*, -*gumbana*; Zusammenstoss (von Schiffen) herbeiführen, -*pambanisha*.

zusammentreiben, Rinder, -*túnga ngómbe*.

zusammentrocknen, -*nyauka*.

zusammenwickeln, -*kunja*, -*peta*; sich z., -*piga mapindi*, -*songomana*.

zusammenzählen, -*jumlisha*.

zusammenziehen, -*kunyata*; der Regen zieht zusammen, *mvua ya runga*. m.

zuschnappen, -*fiuka*. m., -*korowéʒa*. m.; z. lassen, -*fiúa*. m.

Zuschnitt, *mtindo*.

zusehen. -*angalia*, -*taʒama*, -*tahamaka*.

zusetzen, -*tia*; mit harten Worten z., -*kamia*.

Zustand, *uhali, hali, jámbo (la)* pl. *majámbo* oder *mámbo, jawábu*.

zustimmen, -*rathiana*, -*kubalia*.

zustopfen, -*ʒiba*; fest z., -*sakki*. Stück Holz, mit welchem ein Leck zugestopft ist, *hasho (ya* pl. *ma)*.

zustossen (begegnen), -*kuta*.

zuträglich sein, -*wáfiki*.

Zutrauen, *matumáini (ya)*; Z. haben, -*staamáni*.

zuverlässig, *amini, mwaminifu, thábiti*; z. machen, -*thubutisha*; z. sein, -*tumáika*, -*thúbutu*; Zuverlässigkeit, *uthábiti, usahihi*.

zuversichtlich, *mtumáini*; z. sein, -*edéa*. m.

zuweilen, *marra*.

zuwerfen, -*tungulia* (Pemba).

zwanzig, *asharíni, makumi mawili*.

Zweckessen zur Ehre jemandes, -*karamu (ya)*.

zwei, -*wili, tenén, ethnén*; zweimal, *marra mbili*; zum zweiten Mal, *marra ya pili*; -schneidiges Schwert, *upánga ua mauso mawili; z.* langes gerades Schwert, *upánga wa félegi;* zweiter, *wa pili;* zweihundert, *miten;* zweitausend, *elfeen, elfain*.

Zweifel, *mashaka, tashwishi, tafsiti*. m., *waswas, gháshi*. m.; zweifeln, -*fanya tashwishi*.

Zweig, *táwi (la*), *shawi*. m., *kitáwi, utawi, lagua;* kleiner Z, *kilapukúzi*. m.; Z. der Kokospalme, *kúti* pl. *makúti;* derjenige Z. der Kokospalme, welchem der Saft zum Palmwein abgezapft werden kann, *panda (la), káanga la mnáʒi*. m.; abbrechen (intr.), von Z. gesagt, die unter einem Kletternden brechen, *-kwanyúka*.

Zwerchfell, *paʒia*.

Zwerg, *kibéti*.

zwicken, *-nyukua*.

Zwieback, *boksumát, káki*.

Zwiebel, *kitungúu*.

Zwielicht, *ukungu wa jioni*.

Zwilling, *pácha*.

zwingen, *-laʒimisha, -júburu, -juʒia, -gogoroda*. m.; zum Gehorsam z., *-sikiʒisha, -tiisha*.

zwischen, *baina;* offener Platz z. den Häusern, *kiwánda;* was z. Himmel und Erde schwebt, *maengaénga (ya)*. m.

zwölf, *thenáshara, kumi na mbili*.

www.ingramcontent.com/pod-product-compliance
Lightning Source LLC
Chambersburg PA
CBHW030349270326
41926CB00009B/1016